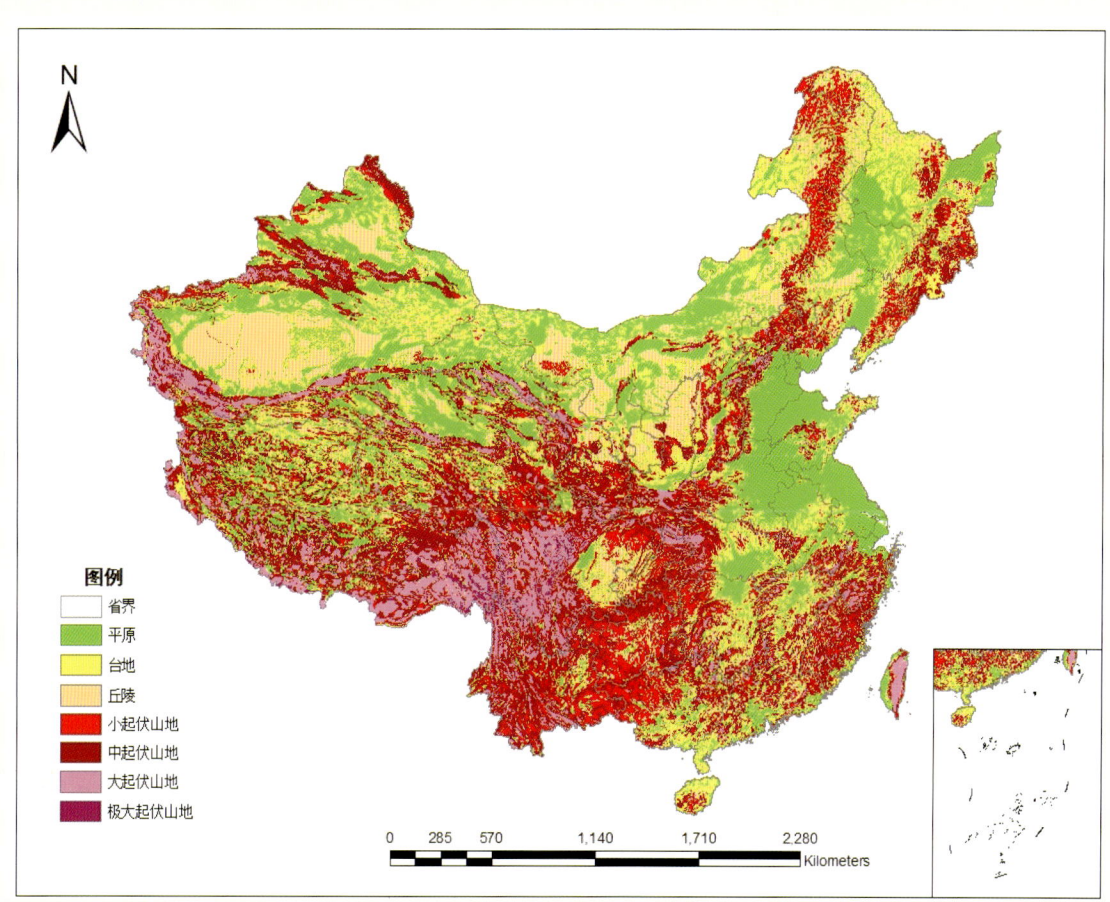

中国地貌类型图/来源:中国科学院资源环境科学数据中心

青藏高原起伏的地形/吴成基 摄　　　　　　　　　　　　　　　　　　昆仑山/吴成基 摄

大别山(皖鄂交界)/吴成基 摄　　　　　　陕西金丝峡嶂谷地貌/吴成基 摄

陕西南宫山地质公园金顶火山岩地貌/吴成基 摄　　　　　　三清山花岗岩地貌/张科利 摄

张家界砂岩峰林地貌/王辉 摄　　　　　　黄土高原河谷地貌/吴成基 摄

山西黄土梁峁沟壑地貌/白淑兰 摄　　　　　　黄土梁峁沟壑地貌/吴成基 摄

云贵高原红土地貌/刘涛 摄　　　　　　　　　贵州喀斯特峰丛地貌/吴成基 摄

贵州织金洞喀斯特洞穴地貌/吴成基 摄　　　　陕西秦岭朱雀公园冰缘地貌石海/吴成基 摄

新疆天山一号冰川/吴成基 摄　　　　　　　　巴丹吉林沙漠/吴成基 摄

五大连池火山熔岩形成的翻花石地貌/吴成基 摄　　　　甘肃黄河石林/党安荣 摄

陕西靖边红层波浪地貌/赵国光 摄　　　　　　　　　桂林八角寨丹霞地貌/蒋惠民 摄

张掖丹霞地貌/蒋惠民 摄　　　　　　　　　　　　　新疆雅丹地貌/吴成基 摄

云南元谋土林/张安定 摄　　　　　　　　　　　　　台湾野柳地质公园海蚀地貌/张科利 摄

山东岱崮地貌/张安定 摄　　　　　　　　　　　　　台湾垦丁猫鼻头珊瑚礁海岸/吴成基 摄

"十二五"国家重点图书出版规划项目
陕西出版资金资助项目

# 中国地学通鉴

## 地貌卷

主 编 景高了 揭 毅 景才瑞

陕西师范大学出版总社

图书代号：ZZ16N0194

### 图书在版编目（CIP）数据

中国地学通鉴．地貌卷／徐冠华等主编；景高了，揭毅，景才瑞分册主编．—西安：陕西师范大学出版总社有限公司，2018.1
　　ISBN 978-7-5613-8350-6

Ⅰ.①中… Ⅱ.①徐… ②景… ③揭… ④景… Ⅲ.①地理学—研究—中国 ②地貌学—研究—中国 Ⅳ.①K90 ②P942.2

中国版本图书馆 CIP 数据核字(2016)第 030418 号

## 中国地学通鉴·地貌卷
ZHONGGUO DIXUE TONGJIAN DIMAO JUAN
主编：景高了　揭　毅　景才瑞

| | |
|---|---|
| 出版统筹 | 刘东风 |
| 项目策划 | 郎根栋　卢文石 |
| 责任编辑 | 卢文石 |
| 责任校对 | 卢文石　郎根栋 |
| 封面设计 | 龚心宇 |
| 出版发行 | 陕西师范大学出版总社 |
| | （西安市长安南路199号　邮编：710062） |
| 网　　址 | http://www.sunpg.com |
| 印　　刷 | 陕西金德佳印务有限公司 |
| 开　　本 | 850mm×1194mm　1/16 |
| 印　　张 | 22.75 |
| 插　　页 | 6 |
| 字　　数 | 500千 |
| 版　　次 | 2018年1月第1版 |
| 印　　次 | 2018年1月第1次印刷 |
| 书　　号 | ISBN 978-7-5613-8350-6 |
| 定　　价 | 160.00元 |

# 《中国地学通鉴》编委会

主 任　刘昌明
副 主 任　高经纬　刘东风
总 主 编　徐冠华　郑　度　陆大道　管华诗
编　　委　（以姓氏笔画为序）

马林兵　王劲峰　王恩涌　方修琦　石　朋
卢文石　卢新卫　刘　康　刘东风　刘安国
刘昌明　齐清文　芮孝芳　李天杰　李凤棠
李家清　杨永春　杨守仁　杨胜天　杨景胜
吴启焰　吴晋峰　吴殿廷　吴德星　汪新庄
宋长青　张　臣　张　量　张安定　张远广
张治勋　张科利　陆大道　陈忠暖　罗　宏
岳冬菊　周尚意　郑　度　郑景云　郎根栋
孟　伟　封志明　赵　烨　赵　媛　郝志新
胡方荣　胡兆量　宫作民　姚　成　高经纬
索文清　党安荣　徐冠华　曹小曙　揭　毅
葛全胜　董玉祥　景才瑞　景高了　程顺有
傅伯杰　甄　峰　雷明德　蔡运龙　管华诗
樊　杰　颜廷真　薛东前

# 总　序

地球科学是以地球系统(包括大气圈、水圈、岩石圈、生物圈和日地空间)的过程与变化及其相互作用为研究对象的基础学科,是研究地球内部和表面、地球与周围流体,以及与人类的相互关系等一类学科的总称。地球科学涵盖范围极其广泛,主要包括地质学、地理学、地球物理学、地球化学、大气科学、遥感科学、海洋科学和空间物理学以及新的交叉学科(地球系统科学、地球信息科学)等分支学科。地球科学的根本任务在于认识地球,合理开发利用自然资源,预防或减轻自然灾害,保护与改善人类生存环境,协调人与自然的关系,为经济、社会发展服务。

中国古代地学知识萌芽很早,至春秋战国时代已在许多方面取得了杰出的成就。战国以后逐渐形成传统的"方舆之学"。明中叶以后,徐霞客等注重实地考察、探讨自然规律,开辟了中国地学研究的新方向。但是,中国近代地学是在西方近代地学传入后开始的,张相文、竺可桢、翁文灏等为中国传统地学向近代地学的转变和发展作出了贡献。

20世纪以来,地球科学发展突飞猛进,其研究成果和科学认识对人类生存、生活质量的提高和社会可持续发展至关重要,地球科学已成为人类社会发展的支柱科学之一。中国地球科学也得到长足发展,取得许多重大成就。从地域背景来看,中国具有的许多世界上独特的自然环境和资源有利于地球科学研究的发展,例如,有"世界屋脊"之称的青藏高原对全球自然环境及其变化产生了显著影响;独具特色的东部滨太平洋成矿带和绵亘东西的中亚成矿带的地质演化和成矿条件;黄土高原是世界上黄土分布最集中、覆盖厚度最大的区域,河流泥沙含量之高,举世闻名;覆盖面积约100万平方千米之广的喀斯特(或岩溶)区,其发育程度和类型堪称世界之最;中国还是地震断裂带十分活跃的国家,有丰富的历史地震资料;中国诸多时代的地层比较完整,埋藏着独特的古生物群,是进行古生物、古人类与古环境研究的优越场所;中国海岸线漫长、海域和陆架区辽阔,生态环境独特,矿产资源丰富,物理、化学、生物和地质过程复杂,为研究陆海相互作用和边缘海形成、演化及其动力学提供了理想场所;中国地域辽阔,气候、生物与生态环境的多样性,举世瞩目。所有这些,形成了具有显著特色和优势的中国地球科学研究事业,产生了众多在国际上具有重大影响的研究成果。中国老一辈地质学家创立并发展的"陆相生油"理论,打破了西方的"中国贫油论",甩掉了中国贫油帽子;"黄土风成说"的确立,使中国黄土与海洋沉积、冰芯一起,成为全球环境变化国际对比的三大标准;叶笃正创立的大气长波能量频散理论,对动力气象学发展作出了重要贡献,"夏季高原为热源"和"大气环流有季节性变化"的理论已成为大气科学方面的经典;中国科学家对珠穆朗玛峰地区和青藏高原的综合科学考察,成为人类科学了解"地球第三极"自然环境的基础;云南澄江大批动物群化石的发现,揭示了生物进化的突发性,并将动物起源时间向前推进5000万年。经过长期不懈的努力,中国地球科学不仅在地理学、地质学、气象学等传统地球科学分支学科研究中不断深入,在一些交叉学科如地球物理、地球化学、海洋学等领域也都取得重要突破。并为国家宏观决策提供依据,对各类自然资源能源的普查勘探与开发、天气预报与气候预测、海洋开发、国土整治与规划、农业的可持续发展、环境保护与改善、自然灾害防治、重大工程建设、空间计划实施、国防建设以及人类对自然认识的提高等起到不可替代的重要作用。因此,系统全面地分析、研究、总结中国地学各领域科学研究工作取得的一系列成就和实践状况,对进一步推动中国的社会经济建设、地球科学及其他各项事业的发展具有重大的现实意义和深远的历史意义。

在全国数十所大学和科研单位的大力支持下,我们集多方之力编纂成《中国地学通鉴》这套大型地球科学研究志书。全书由地理卷、测绘与地理信息卷、地质卷、地球物理卷、地球化学卷、地貌卷、气候卷、水文卷、土壤卷、生物卷、海洋卷、灾害卷、资源卷、人口卷、民族卷、城市卷、文化地理卷、旅游卷、国土经济卷、环境卷、地理教育卷共21卷组成。各卷内容包括中国各地学要素的综合研究概况、各学科科学研究工作的进展及取得的成就、各地学要素的区域特征、科学研究的主要信息等4部分。翔实记载了中国地球科学领域发生的重大变化和在科学研究与实践等方面取得的巨大成就,系统介绍了中国各地学要素的形成、发展、分布规律与特征等方面的研究进展,全面反映了中国地球科学各领域的研究成果、现状和发展趋势。然而,地球科学范围非常广泛,分支学科纷繁复杂,取得的研究成果和成就更是数不胜数,不是21卷书所能穷尽的。我们这里仅选择了部分重点的学科加以总结,以期能够为推动中国地球科学发展和社会经济建设提供参考与借鉴。

《中国地学通鉴》是由全国40多所大学和科研院所300多位地学领域的专家和学者先后历时5年编纂而成,涵盖了地球科学的主要领域,以经济建设为轴线的指导思想明确,因此,可广泛服务于生产建设各个部门,是制定发展战略、规划、生产布局等方面必不可少的科学参考文献,并有助于提高其科学性、求实性和效益性。全书以其全面、权威的古今发展变化资料记载,为国家的国土资源及能源开发利用、经济社会与文化事业的发展、生态环境的综合治理、科学研究工作等提供详细、可靠的信息资料并发挥积极的推动作用和强有力的支持。

在《中国地学通鉴》付梓之际,仅对参加和支持本书编纂工作的各位专家、学者以及有关部门、科研院所、大专院校表示衷心感谢!对书中所引用的书籍、文献的作者表示由衷的谢意!

由于水平能力所限,书中难免存在一些疏漏和差谬,恳请广大地学工作者和读者不吝批评。

中国科学院院士

2015年10月

# 前 言

大自然是一个无限广阔而结构又复杂多样的规模巨大的自然综合体。它是由其组成要素如气候、地貌、水文、土壤、植物、动物等互相影响、互相作用、相互制约而形成的。在这些构成要素中起决定影响的是气候与地貌。

中国既是一个大国,面积960万平方千米,又是一个多山的国家,山地、丘陵、高原、盆地、平原各种形态地貌类型齐全,但其中真正平原的面积并不大,大体上来说是七山一水二分田,即平原仅占中国国土的20%上下。因此,在中国国土上既显示出水平自然带规律,更显示出垂直自然带规律,而垂直自然带便是由于众多山地地貌形态所形成的。平原少,限制耕地面积不大,好像是一个缺点似的;山地面积大,好像也是一个缺点似的。其实并不完全尽然。山地多,面积大,就丰富了中国自然环境的多样性,也就提供了自然物产的多样性,有便于中国人民把自然环境中为人们提供的各种各样的材料,通过人们的多种劳动——农、林、牧、副、渔,变成各种各样的财富,供人们享用,满足人们不同的需要。充分显示出中国地貌形态类型齐全与地貌形态多样化的特色。不仅如此,由于中国的面积广大,各处的气候不同,形成地貌的动力差异,在成因地貌类型方面也各处不同。中国的东半部为流水地貌,大西北多为风成地貌,其中黄土高原的黄土地貌在世界上更是中国独一无二的地貌特色。大西南多为喀斯特地貌,东南沿海海岸为海成地貌,高、中、低山地为冰川地貌,成因类型也是丰富多彩的。它们共同构成了中国地貌多样性的特色。

中国不仅仅是一个自然环境各种各样的大国,而且还是一个有上下五千年历史的文明古国,在各代人民利用改造自然环境的过程中,实践出真知,便自发地对自然环境多样性,即水平自然带与垂直自然带有所认识。在水平自然带方面,早就认识到中国南方与北方的差异。南方温高多雨,北方温低少雨;南方宜稻,北方宜麦;南方使舟,北方骑马;南方的桔过淮河即变成了枳,失去了桔的性质。所以,秦岭与淮河成为中国南北的分界线,大别山之名就是来自于其山南山北大有区别。表现在垂直自然带的认识则更多,如人们平常所说的"高处不胜寒""高一丈不一样""南北坡差得多"(即阳坡与阴坡差得多)等等。气温随高度增加而不断降低,一般来讲,每升高100米,气温降低0.6℃。例如,在中国西部的高山喜马拉雅山、昆仑山、玉龙山、阿尔泰山、天山、祁连山、贡嘎山等等都发育有现代冰川。第四纪大冰期时世界上与中国的冰川规模更大,现在处于冰后期(相当于间冰期),冰川规模便小了,但冰川侵蚀地貌与冰碛地貌遗迹犹存,如秦岭太白山的大爷海、二爷海、庐山、黄山、天目山、螺髻山、长白山的白头山、大兴安岭、台湾玉山等都保留有冰川地貌遗迹。但是在人类认识自然的过程中,对于中国的冰川地貌很久以来就争论不休,百家争鸣嘛!这是一个好现象,愈争愈明。

进入21世纪以来,新的研究成果不断出现,如2003年海洋出版社出版的李乃胜、石学法、赵松龄等所著的《崂山地质与古冰川研究》;2008年海洋出版社出版的李培英、徐兴永、赵松龄所著的《海岸带黄土与古冰川遗迹》;2009年地质出版社出版的施满堂、俞建长所著的《冰期白云山》;

2012年海洋出版社出版的徐兴永、于洪军所著的《冰消期地貌》等研究专著，都对中国冰川地貌有最新的发现与创新。由于篇幅所限，不能一一备述。仅就李培英、徐兴永、赵松龄所著的《海岸带黄土与古冰川遗迹》而言，确实是一部很有分量的科学专著。这部专著包括刘东生院士生前所撰写的序言、李培英撰写的前言及正文部分的9章54节。书中有不少原始创新内容，涉及中国东部第四纪冰川地貌中的一些久争未决的问题，提供了解决途径。正如刘东生院士在序言中所肯定的："更新世期间，山东丘陵一带普遍地发育了低海拔型古冰川，留下了大量古冰川遗迹。许多古冰川遗迹已进入陆架区，展示了陆架沉积与古冰川活动间存在密切关系。更新世多次出现的冰期时代，北方冷空气强劲，特别是频繁的寒潮活动，不断地带来大风、低温与降雪。不仅在北方加大了黄土的堆积速度，而且还使华北古湖周边的低山丘陵和中低山地出现了多期冰川活动。大量调查资料已证实：有的古冰川遗迹已深埋于古华北湖的底部；有的则延伸到黄海陆架区；有的则构成山东半岛和辽东半岛所特有的冰碛海岸；有些巨大的古冰川漂砾还会形成冰碛小岛。冰期时期降落在冰川活动区和积雪分布区的黄土物质，在冰雪消融时会将其带入古华北湖中，或者带入陆架，而成为黄、渤海陆架区沉积的物源之一，这就是我国东部，特别是华北古湖周边黄土堆积剖面部分缺失的原因。"良哉斯言。刘东生院士用高度概括的文字将海岸带黄土与古冰川遗迹，原原本本地陈述得一清二楚。

刘东生院士还认为："东部是中国第四纪研究的发祥地，是一个研究较多的地区，对其地质历史似已有了'定论'。从科学研究来说，这是一种发现不了的问题，找不出新的解释的'窘境'。李培英等所著这本书全面系统地把华北地区东部作了全新的阐述和讨论，并在理论上有所创新，走出了这种'窘境'，值得庆贺与学习。本书使人们可以重温以往的知识，使人们在开始认识中国东部的地质中，全面系统地认识东部，认识中国全部，这是一部发人深思的富于思想力的书，愿广大读者喜欢它，理解它。"

我们作为此书的读者，读完后有与刘东生院士有同感。"温故而知新"。中国东部并不是海拔3000米~2500米以下的中低山地从无发生过冰川作用，这个"定论"把人们引入"窘境"，到该走出这个"窘境"的时候了。不仅庐山、黄山、天目山、兴安岭、台湾玉山、太行山等有冰川地貌，而且山东丘陵在第四纪地质时期也发育了"低海拔型古冰川""留下了大量古冰川遗迹"，如特有的冰碛海岸、冰碛小岛等冰川地貌。百家争鸣，越争越明。中国东部的古冰川作用所留下的冰川地貌是客观存在的事实。虽说事实胜于雄辩，但仁者见仁，智者见智，仍可以继续争鸣，目的在于追求真理，并不在于谁是谁非。

在本书编写过程中，参考并吸取了《中国自然地理·地貌》（科学出版社）、《当代中国科技名人成就大典》（福建科学技术出版社）、《中国地理学会会讯》等，以及胡薇莉、刘武、刘昌茂等许多专家学者的资料和成果，在此特别致意谢意！

作　者<br>2014年1月1日

# 目 录

总序 ………………………… 001　　前言 ………………………… 001

## 第一篇　中国地貌概况

**第一章　中国地貌特征及地理意义** …… 002
  第一节　地貌或地形概念 ………… 002
  第二节　中国地貌的基本特征 …… 004
  第三节　中国地貌的地理意义 …… 012

**第二章　中国地貌动力** ………………… 015
  第一节　地壳运动对中国地貌的影响
   ……………………………………… 015
  第二节　外营力对中国地貌的影响 … 019

## 第二篇　中国地貌学研究综述

**第一章　中国地貌学发展历程** ………… 030
  第一节　中国地貌研究简史 ……… 030
  第二节　中国地貌学及其发展 …… 036
**第二章　中国地貌学方法论研究** ……… 054
  第一节　传统的地貌研究方法 …… 054
  第二节　现(当)代最新地貌研究方法
   ……………………………………… 056
**第三章　中国地貌类型划分研究** ……… 058
**第四章　中国地貌区划研究** …………… 067
**第五章　中国地貌学科研究** …………… 072
  第一节　中国构造地貌学研究 …… 072
  第二节　中国流水地貌学研究 …… 076

  第三节　中国喀斯特地貌学研究 …… 082
  第四节　中国黄土地貌学研究 …… 087
  第五节　中国河口与海岸地貌学研究
   ……………………………………… 094
  第六节　中国风成地貌(沙漠地貌)学
   研究 ……………………………… 098
  第七节　中国冰川地貌学研究 …… 107
  第八节　中国丹霞地貌学研究 …… 112
  第九节　中国应用地貌学研究 …… 124
  第十节　中国其他地貌学研究 …… 136
  第十一节　中国地貌实验模拟与制图
   研究 ……………………………… 153
**第六章　中国地貌学展望** ……………… 161

## 第三篇　中国的地貌类型

**第一章　中国的常态地貌** …… 164
  第一节　中国的山地 …… 164
  第二节　中国的丘陵 …… 181
  第三节　中国的平原 …… 187
  第四节　中国的高原 …… 199
  第五节　中国的盆地 …… 211
**第二章　中国的特殊地貌** …… 220
  第一节　中国的喀斯特地貌 …… 220
  第二节　中国的红层地貌 …… 230
  第三节　中国的冰川地貌 …… 241
  第四节　中国的黄土地貌 …… 260
  第五节　中国的风成地貌 …… 270
**第三章　中国的海底、海岸和岛屿地貌** …… 288
  第一节　中国的海底地貌 …… 288
  第二节　中国的海岸地貌 …… 291
  第三节　中国的岛屿地貌 …… 298

## 第四篇　中国地貌科学信息要览

**第一章　中国地貌学科研单位** …… 305
**第二章　中国地貌学学术期刊** …… 310
**第三章　中国地貌科学家** …… 315
**第四章　中国地貌学大事记** …… 334
**第五章　中国地貌学主要文献** …… 344

# 第一篇

# 中国地貌概况

- 中国地貌特征及地理意义
- 中国地貌动力

# 第一章 中国地貌特征及地理意义

## 第一节 地貌或地形概念

地貌与地形这2个名词相比较,地形在中国使用比较早,地貌则是1949年后,从俄文翻译过来才使用的。地理学家徐进之认为,研究地表形态的学科,自来简称地形学,它源出于地质学。中国古籍《荀子》中说:"循名指实,以辨异同",已相当确切,而《礼乐记》中则说"在天成象,在地成形",使得人们常说:观天象,看地形。看来地表形态学应当着重于地表形态及其发生发展、形态成因、类型及其演变过程等研究。

从这门学科发展过程来看,其与地质学的渊源关系,大体是在文艺复兴时代即对于流水侵蚀作用便有所了解,而对河流体系发展,则迟到18世纪之初到19世纪之交,便留意地形的地质论证,赖尔的名著《地质学原理》于19世纪前期问世,论及了岩石分解与流水搬运岩屑等。然而康奈乃尔大学的房思格(O. D. Von Engeln)教授认为,最早的地形发展思想出于中国老子的《道德经》第70章。他在1942年出版的《地表形态学》一书前面专页上有不寻常的标题——"早于卜莱费尔(Playfair)两千年"之下,引用了《老子》译文,其原文为:"天下莫柔于水,而攻坚强者莫之能胜,其无以易之。"足见真理不会被埋没或磨灭。欧洲流传较广的地表形态学名著,先后出于德国彭克父子之手,均以形态学见称,老彭克(A. Penck)书2卷,1894年印行;小彭克(W. Penck)书虽1924年始出,以研究坡度著名,英译本(1953)且远较原著德文本流行。20世纪初美国戴维斯(W. M. Davis)在欧讲学的《地表形态解释描述》,只有德文本而未见原著。在英国,"风景"一词百余年来殆为地表形态之同义语,例如,吉启(A. Geikie)所著《苏格兰风景》(1965),西松斯(J. B. Sissons)的《英格兰风景演变》(1967)等专著。此学科在美国的别号是地文学,芬勒曼(N. M. Fenneman)20世纪30年代有巨著2卷,与近年亨特(C. Hunt)的《美国地文学》就是明证。

中国《谷梁传》上有这样一句话说得十分深透,分得十分清楚:"望远者察其貌而不察其形。"足见前人对地"形"、地"貌"中之2字的含义早已明确分清,并无含糊之处。研究地表形态是为了利用,也就不限于察其貌,而更重要的是察其形;我们使用的方法和手段,都不只以外貌为研究对象,而要深入到地表形态的内部地质构造等等。如对冲积平原的沉积分析、孢粉分析,光谱测定岩层岩芯年龄鉴定与其水化学元素迁移等,连同江河、湖海、洞穴实测方面,自然不是外貌所能概括;即使利用航测与卫星照片,也只能对地表作轮廓了解。直言之,不能以貌取人,也不能以貌取地也!

《辞海》(1948)中指出2点,值得注意:①凡著于外者曰貌;②中无实情者亦曰貌。从此一解释,肯定这"形"与"貌"一字之差,非同小可。有人提出大地测量上的地势学也叫地形学,大比例尺地势图通称地形图,不改地形为地貌难以区别,也易混淆……! 众所周知,大地测量上的地形只是我们地形学研究对象的一小部分,广义的地形包括地势,不可以因为大地测量以地势为形,便把地形真义都丢掉!

公元6世纪,贾思勰的《齐民要术》中明言"地势有良薄",殊有见地。现在经常见到"地形""地貌"并列,等于取消了"地势"一词,更易引起混乱不清。

纵观地表形态研究的形势,1926年~1938年德国柏林有《地形学报》(季刊),二次世界大战中停出。1938年~1942年美国哥伦比亚大学也出同名季刊,因主办人去世未再出。1957年以来,原西德继续出版《地形学报》,已成为本学科的世界论坛,主要论文用德、法、英文字刊布均可,从1960年起,同一季刊还刊论丛专册,已多至30余卷,内容涉及学科的各个方面。法国的《动力地形论评》(季刊)已历数十年之久,其独特之点是书评之外,每期有若干代表文献卡,便于分类剪贴;斯特拉士堡大学有应用地形研究室,颇有成绩。英美方面近年也有地形学新学报出版,命名为《地球表面过程》,1968年初次出版了《地表形态学百科全书》。本学科的历史专著4大卷已出前2册,首卷论戴维斯以前的发展,2卷综述了戴维斯生平,还介绍了他和彭克父子论战要点,后2卷论戴维斯学说主要的新成就。环境科学也注重地表形态,如科特斯(D. R. Coates)的《环境地形与地形保持》3卷即为显例。所以,地貌或地形概念研究为时久矣,在1949年前常用地形以代表地表形态,既研究外表形状,又研究其内部地质构造,使二者辩证统一起来。1949年后从俄文翻译为地貌,从外表上看,好像与地形有了差别,因此,一些老地理学家与老地质学家仍使用地形术语,不赞成使用地貌术语,但新成长起来的地貌学家便用地貌一词,也包括其内部构造了。新地貌学家关于对地形与地貌的认识,现已视为了同一概念。为适应现代大多数学者们的主流称呼习惯,本书作者遂亦对"地貌"2字加以使用,仅此说明。

地貌具有以下基本性质:

(1)物质性。地貌是由岩石所构成。地球表面分布有大气、水、生物和岩石,只有由天然岩石或土("松散的岩石")组成的地表形状才称为地貌。如河槽和山坡是由岩石构成,均属地貌形态,而河槽里的水面起伏是由水构成的,山坡上的植被起伏外貌是生物形态,都不是地貌形态。在其他条件相同的情况下,组成地貌的岩石在成分、结构、构造和特性上的差异必然表现为地貌形态上的不同。反过来说,地貌的形态特征常能在一定程度上反映岩石的种类与特性。

(2)界面性。地貌是地壳表面的形状,可从几何学上视之为一个面,一个在三维空间上复杂起伏的连续面。任何一个地貌形态都可看作是由许多形状不同(有平坦的、凹形的、凸形的或波状的)、倾向不同、倾角不同的小平面所组成。这些面的数量和形状与观察的精度和表达的比例尺有关。不同性状物质的分界面或接触面是能量交换、转化的活跃地带,因而也是物质流动的集中部位。地貌位处岩石圈与大气圈、水圈及生物圈的分界面,多种能量的作用带来多种物质的变化都会在这里进行,深刻影响着地貌的发生和发展。

(3)动力性。任何地貌形态的形成、发展和演化,在实质上都是岩石物质(原地的或外来的)的增加、减少或位移,都是地质营力作用的结果,亦即能量流动导致物质流动的产物。例如,海浪把泥沙搬到岸边堆成海滩、冰川刨蚀形成U型槽谷、岩浆喷出堆成火山、风沙吹蚀出石蘑菇、地壳断裂运动产生断层崖等。对能产生地貌的地质作用,可称之为造貌作用或地貌作用,其种类虽然多样(如风化、流水、风力、波浪、生物、重力、地壳运动、岩浆活动等),但是在造貌过程中,都集中表现为对岩石物质的剥蚀、搬运和堆积。剥蚀作用、堆积作用和地壳运动都能直接产生地貌。搬运作用虽不直接构筑地貌形态,但属造貌过程的重要组成部分和造貌能量分配的主要项目之一,突出地影响着地貌的发育。例如,河水的流动,当其能量消耗于克服水分子间的摩擦阻力之外尚有剩余,就能对河床土石进行侵蚀;当能把被侵蚀掉的土石颗粒搬走,就继续侵蚀;若无余力搬运,则剥蚀不能深入;若无力侵蚀,就会减少原搬运的土石,产生堆积。不同的营力在不同的条件下,有不同的动力学规律和地貌形成过程,从而产生不同的地貌。反过来说,一些特征性地貌及其某些要素的特点,能在一定程度上表明造貌营力与作用的种类及其动力学条件。

(4)天然性。地貌位于地壳的天然表面,地貌是自然环境的重要组成部分,地貌是由天然物质(土和岩石)组成,地貌是在自然力作用下发育,凡此等等,充分说明地貌作为一种物质存在的天然性。对地貌的研究将有助于我们对自然界的认识、开发与保护。值得指出的是,地貌的这种绝对天然性,自人类出现以来,特别是进入现代文明时期以来,发生了越来越大的变化。人口越来越多,科学技术越来越发达,人类对自然界的影响越来越强烈。时至今日,人类已成为塑造地貌的重要营力,人类造成的地貌(如运河、堤坝、房屋、道路、梯田、矿坑等),已成为地表的一个重要组成部分。专门研究人类地貌作用的学科——人类地貌学,已于1980年前后出现。

(5)变化性。和世间其他事物一样,地貌总是在变化着。现存的地貌只不过是地貌变化过程中的一个暂时存在。这个存在有时会保留过去的残迹。其今后的变化将主要取决于今后的具体条件。地貌的变化可分为2大类,即因环境条件的改变而改变("因变而变")和随着时间的流逝而改变("因时而变")。前者如一些河床在洪水期会冲刷出深槽,而在枯水期却堆积浅滩。后者如火山锥在岩浆不再活动和地壳稳定的条件下,经受剥蚀,随着时间的推移,会逐渐削低变小,最后被夷为平地。因时而变与因变而变的划分是相对的,因为任何环境条件的变化都需要有一个较长的时间过程,才会在地貌上有明显的改变,故此因变而变常包含了因时而变;因时而变大都需要较长的时间才会使地貌有较显著的不同,而环境在长时间里常有各种改变,所以,因时而变常包含了因变而变。在地貌演化中,地形本身对地貌作用会产生一个反作用("反馈"),即使其他环境条件不随时间而变,变化了的地貌也会影响其随后的演化。如海蚀崖因浪蚀而后退,随着后退的发展,海蚀平台加长,对波浪的消能作用加强,使海蚀崖的发育减弱、消亡。因此,实际上既不存在简单的因变而变,也不会有纯粹的因时而变。现存地貌正是这些变化历史的物质记录,对这个记录的研究,不仅可以认识地貌的成因和演变历史,并有助于自然界历史的重建。

显然,上述基本性质相互有着密切的联系,它们共同说明:地貌是地表的天然起伏形状。其外形多样,但都是由岩石或土组成,位于岩石圈与大气圈、水圈或生物圈的接触面上。其产生、变化与发展的复杂程度不一,形成的地貌多种多样,但在实质上都是物质和能量在地表流动导致地表物质流动的结果。地貌既是自然环境的主要组成部分,又是重要的自然资源,故与人类的生存和发展息息相关,对地貌的研究不仅具有重要的地学意义,而且具有重要的使用价值。

## 第二节 中国地貌的基本特征

**一、地势西高东低,呈阶梯状分布**

中国地势西高东低,高山、高原都分布在大兴安岭—太行山—巫山—雪峰山一线以西,丘陵和平原主要分布在此线以东。黄河、长江、珠江等主要河流发源于西部的高原、山区，顺着地势的倾斜，东流入海。这种西高东低的地形，按海拔的差别，略呈阶梯状，可以分为以下较明显的三级阶梯。

第一级最高的阶梯为号称"世界屋脊"的青藏高原，其平均海拔为4000米~5000米。高原面上耸立着一系列近东西向或北西—南东向的山系，耸峙在高原南缘的是世界最高山脉——喜马拉雅山，其平均海拔在7000米左右，十分雄伟，主峰珠穆朗玛峰为世界第1高峰，海拔达8844.43米。而在高原东缘的山脉则转为南东或近南北向，许多亚洲著名的国际性河流顺势南流，形成了闻名于世的紧密排列着南北向的横断山脉高山峡谷地貌。因此，青藏高原是中国最高一级地貌阶梯。

第二级阶梯位于青藏高原外缘的以北、以东至大兴安岭、太行山、巫山、雪峰山一线的中部地区，主要为广阔的高原和大盆地，海拔一般在1000米~2000米。青藏高原东缘以东的第二级地貌阶梯上，高原自北而南主要有内蒙古高原、黄土高原和云贵高原，青藏高原北缘以北的第二级地貌阶梯上为高大山脉所环抱的大盆地，自南而北是昆仑山与天山之间的塔里木盆地、天山与阿尔泰山之间的准格尔盆地，它们分别是中国最大盆地和第2大盆地，均为内陆盆地，盆地中戈壁、沙漠广布。此外，青藏高原东缘以东的第二级地貌阶梯上还有四川盆地，它是中国4大盆地中面积最小的盆地，也是中国4大盆地中海拔最低的盆地，但却是外流区盆地，为丘陵盆地。

在第二级地貌阶梯东缘的大兴安岭、太行山、巫山、雪峰山一线以东的东部地区，主要为宽广的平原和低缓的丘陵地貌，海拔在500米以下，而在海岸线以东为宽阔的浅海大陆架，一般海水深度不到200米，是中国最低一级地貌阶梯。这里集中分布着中国3大平原：东北平原、华北平原和长江中下游平原，它们几乎相互连接，称东部平原，其地势低平。而这里的丘陵主要集中分布在长江以南、雪峰山以东的中国东南地区，故有东南丘陵之称。此外，长江以北的丘陵主要有山东丘陵和辽东丘陵。

从海岸线向东，则是一望无际的碧波万顷、岛屿星罗棋布、水深大都不足200米的浅海大陆架区。也有人把它当作中国地形的第四级阶梯。

从陆地地形来说，两条界线，三级阶梯，自西向东逐级下降，大致可以勾绘出中国地形的总轮廓。而这种阶梯状的地形形势，从中国北纬32°线的地形剖面（图1-1-1）中都可以得到反映。

以贺兰山、六盘山、龙门山、哀牢山为界，可将中国分为东西2部分，中国西部，从新疆吐鲁番盆地底部的艾丁湖湖面（海拔-155米）到中尼边界的珠穆朗玛峰（海拔8844.43米），高差可达9000米；东部从海滨平原到秦岭的太白山（海拔3767米）或台湾省的玉山（海拔3997米），高差不到4000米。两者地势高差和倾斜方向均不相同，特点各异：

（1）昆仑山以南的西部南方，阶坡明显的只有其北缘的昆仑山北坡和东缘的龙门山东坡，其余边缘多和缓的倾斜，很难划出阶梯的边坡。昆仑山以北的西部北方，主要为高大山系所围隔的大型盆地，如昆仑山与天山之间的塔里木盆地、天山与阿尔泰山之间的准噶尔盆地、昆仑山与祁连山之间的柴达木盆地、祁连山与北山之间的河西走廊等。上述盆地底部均甚平坦，但其高程却甚悬殊，最高者和最低者可相差近3000米。各盆地周围的山地，许多山峰又高出盆地本身3000米~4000米，甚至5000米~6000米，地面相对起伏巨大。

（2）中国东部真正存在阶梯地形的，只有在上述第二阶梯的前缘和第三阶梯的后缘之间。前

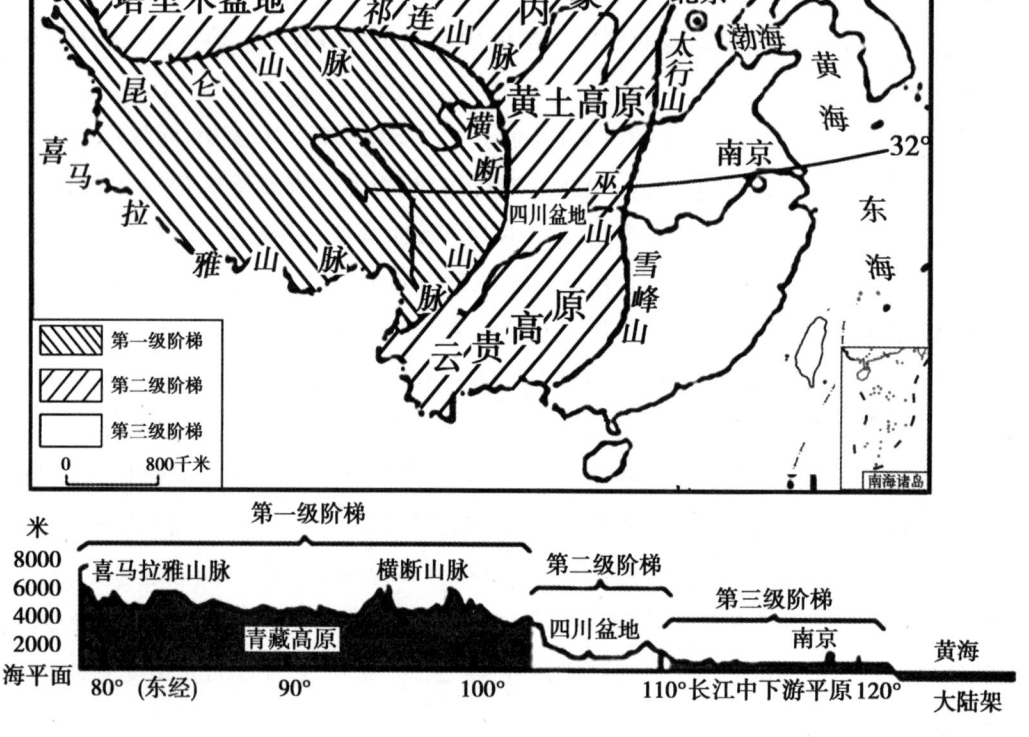

图 1-1-1　中国地貌三级阶梯及剖面图

者是内蒙古高原、山西高原、鄂西高原和云贵高原,后者是东北平原、华北平原、江汉平原和江南丘陵,双方高差达 1000 米~2000 米,其间又多具有连续而陡峭的斜坡,坡折相当明显。然而,在高原地带的西侧,出现地势低下的河套—银川平原、渭河关中平原和四川盆地,而在平原丘陵地带的东侧,更有地势较高的辽东山地(丘陵)、山东山地(丘陵)及浙、闽、粤沿海山地(丘陵)。

综上所述,中国地貌总轮廓是西高东低,东西高差十分悬殊,故有"东水西山""百川东流"之说。但是西高东低并非一大斜面,而是在每级地貌阶梯都以阶坎与下一级地貌阶梯相接,因此,它们是逐级下降,形成一个层层降低的阶梯状斜面,呈三级明显的巨大地貌阶梯,成为中国地貌总轮廓最为突出的特征。

**二、山地众多,起伏显著**

在中国辽阔的土地上,从最西的帕米尔高原到东部海岸,从最北的黑龙江畔到南部南海之滨,山脉纵横交错,构成了中国地貌的基本骨架,并且控制着地貌类型空间分布格局及其平面轮廓。中国山地众多,约占全国地面总面积的 33%。中国隆起程度不等的高原,其主体部分往往仍以山地为基础,大盆地四周被山地所环绕,甚至有的盆地中仍以山地、丘陵为主,因此如果将分割的高原、崎岖不平的山地性高原、丘陵性高原和方山丘陵性盆地连同和缓的丘陵合计来算,广义的山地约占全国土地总面积的65%。如果全国土地按海拔高度计算,从表1-1-1可见,海拔500米以下的仅占全国土地总面积的25.2%,主要是平原和丘陵,而海拔500米以上的却占全国土地总面积的74.8%,主要是山地、高原和山间盆地,因此从海拔高程统计数字上也可反映出山地在全国地貌中所占的优势地位。全球超过8000米的山体共12座,中国就占7座,世界最高峰——珠穆朗玛峰就在中国与尼泊尔的国境线上。这些与其他国土面积较大的国家如俄罗斯、加拿大、美国、巴西、澳大利亚等相比,中国山地占国土总面积的比重最大,故以往有"中国是一山国"之说。因此,中国是一个多山的国家。中国的土地在三级地貌阶梯上均有分布。最高一级地貌阶梯——青藏高原,实际上由许多近东西向或北西—南东向的巨大山脉所交叉组成。在第二级地貌阶梯上的一些高原,山地也占重要位置,如云贵高原;大盆地四周均为群山环抱,如塔里木盆地、准格尔盆地和四川盆地,其中海拔较低的四川盆地,除成都平原之外,仍然以方山丘陵为主。在最低一级地貌阶梯上,不仅东北平原、华北平原本身也受到山地围限,而且长江以南的广大地区更是以山地、丘陵占优势,就是沿海岛屿如台湾岛、海南岛等也可见到起伏的山地。但各类山地在各级地貌阶梯上分布不均衡,超过3500米的高山和高逾5000米的极高山主要出现在最高一级地貌阶梯上,少数也见于第二级地貌阶梯上;超过1000米的中山主要集中于第二级地貌阶梯上,部分散见于第三级地貌阶梯上的高峰地区;超过500米的低山则以第三级地貌阶梯上出现的山地为主。

表1-1-1 中国不同高程所占面积及其百分比

| 海拔/米 | 面积/万平方千米 | 占全国总面积/% |
|---|---|---|
| <500 | 241.7 | 25.2 |
| 500~1000 | 162.5 | 16.9 |
| 1000~1500 | 174.6 | 18.2 |
| 1500~2000 | 65.3 | 6.8 |
| 2000~3000 | 67.6 | 7.0 |
| >3000 | 248.3 | 25.9 |
| 总计 | 960.0 | 100 |

资料来源:国家统计局.中国统计年鉴(2008)[M].北京:中国统计出版社,2008.

中国陆地不仅海拔高度很高,而且相对高度也很大,地势高度相差悬殊,起伏显著。就全国来讲,世界最高峰珠穆朗玛峰海拔达884.43米,而世界陆地第2个最低点的吐鲁番盆地内的艾丁湖却低于海平面以下155米,高差达9000米,为世界陆地所仅有;青藏高原海拔平均高达4000米~5000米,而东部平原海拔多在200米以下。就地区而言,横断山脉西面的藏北高原海拔高达5000米,而其北面的塔里木盆地海拔为1000米上下,这种一山之隔的巨大高度差异,实属罕见。就局部地区来说,高差也很壮观,喜马拉雅山东部的南迦巴瓦峰高达7756米,但它与水平距离不到40千米的雅鲁藏布江水面垂直高差达7100米;新疆天山东段最高峰博格达峰海拔高达5445米,而与在它南麓的艾丁湖相对高差也达5600米；就是在中国东部的台湾,有中国东南部最高峰的玉山海拔达3997米,与它附近海拔低于100米的台南平原也有巨大的高度差别。

### 三、地貌复杂多样,地貌类型齐全

中国地域辽阔,地质构造、地表组成物质及自然条件都很复杂,在内外营力相互作用或特定的外营力作用下塑造了多种多样地貌,除有各种地貌形态基本类型外,还有多种特殊的地貌类型(图1-1-2)。

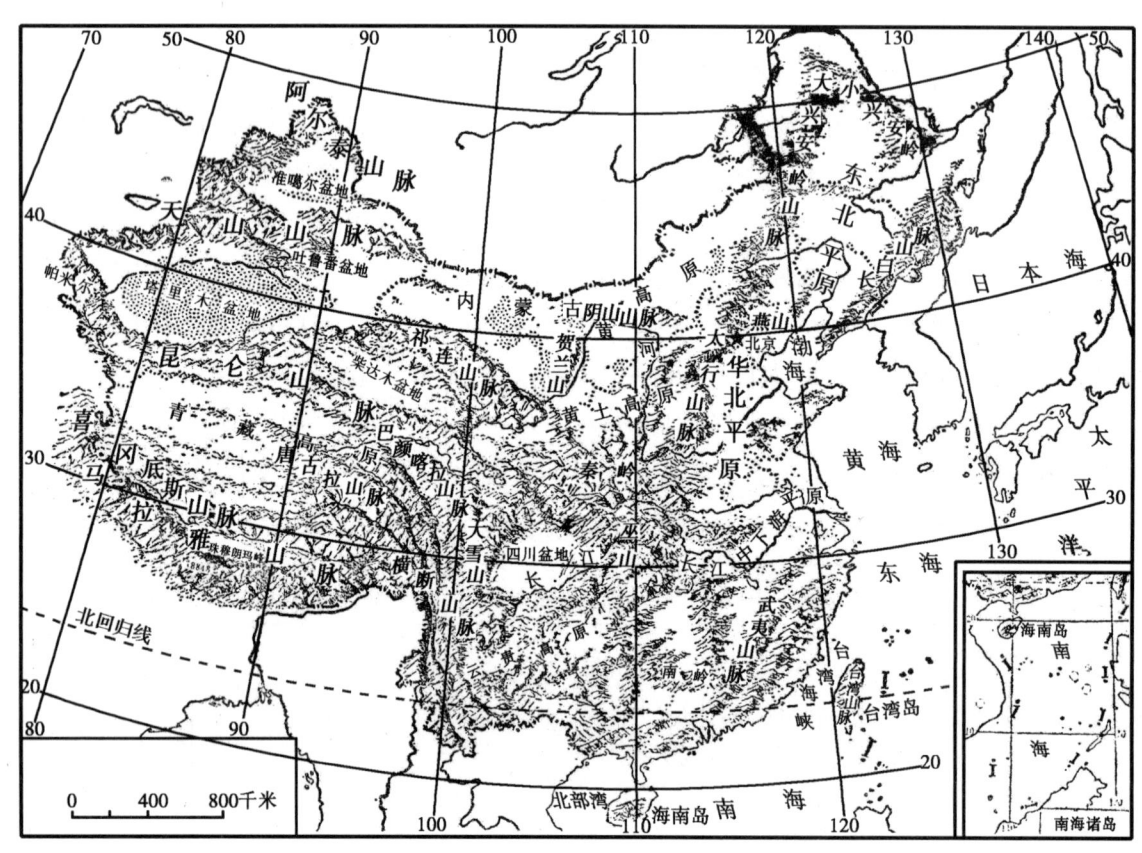

图1-1-2 中国地貌图

中国地貌的基本类型,按形态可划分为山地、高原、丘陵、盆地和平原5大类型(表1-1-2)。其中以山地和高原的面积最广,分别占全国土地总面积的33%和26%；其次是盆地,占全国土地总面积的19%；再次是平原和丘陵,分别占全国土地总面积的12%和10%。它们在平面上的排列组合形式与垂直向上的高低起伏形态,都与地质构造和地壳表层的构造形态关系至为密切,基本以山地的脉络最为明显。中国的4大高原、4大盆地和3大平原就镶嵌于纵横交错的网格状格局骨架的山地中。在4大高原中,青藏高原是中国面积最大、世界海拔最高的高原,亦是世界最宏伟的山原；内蒙古高原是中国第2大高原,亦是中国高原形态表现明显、高原面保存比较完整的高原；黄土高原是中国唯一被疏松的黄土所覆盖的高原,其大部被流水强烈侵蚀切割破碎、而高原面仅局部保存完整的高原；云贵高原是大部被江河分割而崎岖不平的高原。塔里木盆地、准噶尔盆地、柴达木盆地和四川盆地均属于构造断陷盆地,其中前3大盆地均为内陆干燥盆地,柴达木盆地是中国海拔最高的盆地,有"聚宝盆"之称；四川盆地是典型的湿润盆地,有"天府之国"美称。中国3大平原都集中分布在东部地区,其中东北平原是地势较高、黑土广布的平原;华北平原是黄河、淮河、海河冲积形成,故也称黄淮海平原;长江中下游平原是地势最为低平的平原,为中国著名的"鱼米之乡"。中国的丘陵也主要分布在东部地区,自北而南有辽东丘陵、山东丘陵、东南丘陵等,其中辽东丘陵、山东丘陵分别在辽东半岛和山东半岛上,而东南丘陵是中国面积最大的丘陵。

以山地的脉络作为框架的中国高原、盆地、山地、丘陵、平原等大的地貌单元在平面上的排列组合,亦构成一定格局,在很大程度上代表了地质构造线方向,而且东部与西部亦很不相同:

**表 1-1-2 中国 5 种地貌类型比较**

| 类 型 | | 海拔高度 | 相对高度 | 构造特征 | 外营力作用 | 地面特征 |
|---|---|---|---|---|---|---|
| 平 原 | | 多 <200 米 | 50 米 | 沉降为主 | 沉积为主 | 平坦,偶有残丘孤山 |
| 盆 地 | | 高低不一,因地而异 | 盆心与盆周高差在 500 米以上 | 四周隆升,中间沉降或上升量小于四周 | 内流盆地以沉积为主,外流盆地为沉积或侵蚀 | 内流盆地地势平坦,外流盆地分割为丘陵 |
| 高 原 | | >1000 米 | 500 米以上 | 古侵蚀面或沉积面上升 | 剥蚀为主 | 古侵蚀面或沉积面部分保留平坦,其余部分崎岖 |
| 丘 陵 | | 多 <500 米 | 50 米~500 米 | 轻度上升 | 流水侵蚀为主 | 宽谷低岭,或聚或散 |
| 山地 | 中山 | 500~3000 米 | 500 米以上 | 成山较早 | 流水侵蚀和化学风化为主 | 有山脉形态,但分割较碎 |
| | 高山 | 3000 米以上 | 1000 米以上 | 成山较晚,上升量大 | 冻裂作用强烈,高山上有冰川作用 | 尖峰峭壁,山形高峻 |

(1)中国西部的昆仑山以北地区,山脉主要走向为北西西或北东东,如阿尔泰山、天山、昆仑山、阿尔金山、祁连山和西秦岭等。它们所围隔的准噶尔、塔里木、柴达木、陇中等大型盆地具有菱形的轮廓,长轴呈北西西方向。昆仑山以南的青藏高原,其北面的山脉走向由北西西转为南东东,如巴颜喀拉山、可可西里山、唐古拉山等,形成向东北突出的圆弧;南面的山脉走向则由北西西转向北东东,如冈底斯山、念青唐古拉山和喜马拉雅山等,构成向西南突出的圆弧。整个青藏高原的轮廓可视为以北西西方向为长轴的巨大菱形。

(2)中国东部的山脉走向,主要是东西向与北东向或北北东向的相交截,间或有北西向的。东西走向的山脉以阴山—燕山和秦岭—大别山最为明显,向西前者可与天山相连,后者可与昆仑山相接。南岭山脉亦呈东西走向,但因北东向或北北东向构造的干扰,表现不很明显。东西走向的山脉是地理上的重要界线,燕山隔开了东北平原与华北平原,阴山是内蒙古高原的南缘,秦岭是黄河与长江的分水岭,南岭是长江与珠江的分水岭,习惯上所称的东北、华北、华中、华南就是依次以燕山、秦岭、南岭为分界的。然而,分布地域最广的是北东或北北东的山脉走向,沿此构造方向在地质上形成一系列的拗陷带与隆起带。表现在今天地貌上,前者多为盆地和平原,后者多为高原和山地。自西而东:第 1 列为拗陷带,包括呼伦贝尔—巴音和硕盆地、鄂尔多斯盆地、四川盆地、滇中盆地;第 2 列为隆起带,包括大兴安岭、太行山与吕梁山及其间的山西高原、鄂西—黔东—湘西山地;第 3 列为拗陷带,包括松辽平原、渤海—华北平原、江汉平原、北部湾;第 4 列为隆起带,包括吉辽东部山地、山东山地、浙闽粤沿海山地;第 5 列为拗陷带,包括东海、南海的海盆;第 6 列为隆起带,即中国的台湾岛,是太平洋西部的边缘岛弧的组成部分。

从外营力来看,河流无疑是塑造中国地貌形态的主要力量,流水地貌遍及全国各地,故被称为常态地貌。但是,一些岩性特殊的地表物质,在不同方式的外营力作用下也会形成特殊的地貌。中国的特殊地貌多种多样,主要有喀斯特地貌、红层地貌、冰川地貌、冰缘地貌、黄土地貌、风成地貌、火山地貌和海岸地貌等等。

中国具有喀斯特地貌发育的有利条件。不同时代的碳酸盐类岩石分布遍及全国,约占总面积的1/7,但主要集中分布在广西、贵州和云南东部地区,其面积占这些地区的50%以上,为中国喀斯特地貌最为发育的地区,因此中国碳酸盐类岩石分布图在一定程度上也就是中国喀斯特地貌分布图。中国地跨热带、亚热带和温带,自然条件复杂,尤其热带、亚热带水热等自然条件优越,喀斯特作用强烈,更有利于喀斯特地貌发育。因此,各处喀斯特地貌特点不一,秀丽如画的峰林、形态各异的洼地、坟头状的喀斯特丘陵、深邃曲折的溶洞、时隐时现的伏流和天生桥、清凉可口的喀斯特泉、千姿百态的石钟乳、石笋和石柱等喀斯特地貌形态齐全。所以,中国喀斯特地貌分布之广、类型之多、发育之典型,为世界其他国家所不及,堪称是一座喀斯特地貌完美的自然博物馆。

中国不同时代的红层分布很广,尤以中国南方最为集中,在盆地中堆积有一套陆相为主的红色岩系,在热带、亚热带的高温多雨的气候条件下,经过特定的风化和流水侵蚀,形成2种形态截然不同的红层丘陵地貌。单层很厚、固结坚硬的砾岩和砂岩往往形成峭壁悬崖、石峰林立的丹霞地貌,以粤北丹霞山为典型;单层厚度较薄、岩性较软的泥质岩系则形成比较低矮而起伏和缓的红色方山丘陵,以四川盆地方山丘陵为典型。

中国第四纪冰川作用和冻融作用普遍存在,即使在东部地区一些中山以上的山地也曾发生过第四纪冰川作用。现代冰川作用和冻融作用相当突出,但仅分布在西部高山高原,使中国成为全球中低纬度现代冰川最发达的国家。中国无论是第四纪冰川还是现代冰川均以山岳冰川为主,按其物理性质可分为海洋性冰川和大陆性冰川。现代冰川比第四纪冰川作用所形成的冰斗、角峰、刃脊、冰川谷、悬谷、羊背石、终碛垄、中碛堤、侧碛堤等冰川地貌保存完好,清晰可见。中国的冰缘地貌有不少发育很典型,而且具有一定特色,石海、石流坡、石河、石条等都是中国发育典型地方冰缘地貌,石冰川和石堤垄是中国特有的冰缘地貌类型。

中国的黄土主要分布在昆仑山、秦岭、大别山以北地区,其中黄河中游地区是中国黄土分布最集中的地区,形成世界上最大的黄土高原。黄土是第四纪干冷冰期气候的产物,黄河中游地区黄土连续堆积,黄土覆盖厚度大部分地区为100米~200米,在温暖湿润间冰期气候条件下,质地疏松的黄土经流水强烈侵蚀形成独特的黄土地貌,黄土塬、梁、峁是黄土地区的沟间地地貌,它们被河谷或黄土沟谷侵蚀地貌所分隔,使黄土高原大部分地区沟壑纵横,支离破碎。

中国风成地貌主要集中在西北、华北北部和东北西部的干旱和半干旱地带,是世界上沙漠、戈壁面积比较广阔的国家之一。塔克拉玛干沙漠、古尔班通古特沙漠、巴丹吉林沙漠、腾格里沙漠是中国4大沙漠。沙漠地区地表物质经风沙侵蚀作用所形成的风蚀地貌主要有风蚀城堡、垄岗状风蚀丘、风蚀雅丹等,而经风沙堆积所形成的风积地貌主要是各种形态的沙丘。

中国约有660座火山,火山锥一般都不大,但却成群分布。中国火山群除昆仑山火山群分布在西部山地以外,绝大部分均分布在东部地区的新华夏系隆起断裂带换为东西向构造带交汇地区,其中阴山山脉东段南北两侧共有270多座火山丘,其北侧的达里诺火山群是中国最大的火山群,这里100多座火山丘展布在玄武岩台地上。长白山火山群是中国第2大火山群,也有100多座火山丘广布在玄武岩熔岩台地上。此外，台湾、雷州半岛、海南岛北部、南京附近的长江两岸以及江淮之间、云南腾冲附近均有火山丘或火山锥或玄武岩台地或火山口等地貌分布。

中国濒临太平洋，海岸类型多种多样，在海洋水动力作用下塑造了复杂多样的海岸地貌。中国海岸可分为平原海岸、山地丘陵海岸和生物海岸3大类型。其中平原海岸主要分布在杭州湾以北，包括三角洲与三角湾海岸、淤泥质平原海岸以及砂质砂砾质海岸；山地丘陵海岸除分布在辽东半岛、山东半岛、海南岛南部和台湾岛东侧外，主要分布于杭州湾以南到吴川的浙、闽、粤沿海海岸，除台湾岛东侧为断层海岸外，其余地段多属于岬湾海岸；生物海岸又可分为珊瑚礁海岸和红树林海岸，它们主要集中分布在北回归线以南的平原海岸和山地丘陵海岸上。

中国海域辽阔，在渤海、黄海、东海和南海的广大海域内，分布着6536个大小岛屿。这些岛屿按其成因可分为基岩岛、冲积岛和珊瑚岛。台湾岛、海南岛、长山群岛、庙岛群岛、舟山群岛、大万山群岛、澎湖列岛、钓鱼列岛等均为基岩岛。在冲积岛中以崇明岛为最大。东沙群岛、西沙群岛、中沙群岛及黄岩岛、南沙群岛均属珊瑚岛。

**四、宽广的浅海与大陆架**

渤海、黄海、东海、南海和台湾岛东侧的太平洋海区为中国近海，它们彼此相连，呈一弧形，属于太平洋西部的陆缘海，其面积为473万平方千米，约占中国陆地总面积的一半，其中除了东海东侧的冲绳海沟和南海中部的深海盆地以外，海水深度一般只有几十米到100多米，渤海、黄海的平均水深分别为18米和44米，最大水深也只有70米和140米，全部为浅海，因此中国有非常宽广的浅海。

中国近海的海底地势大致由西北向东南倾斜，若将南海的海南岛南面经台湾岛至日本五岛列岛之间连成一弧线，则此线的西北部全为平缓的大陆架区，其坡度基本上不超过0°02′，渤海、黄海全部为大陆架，坡度均是平原海岸边缘的大陆架，坡度更小，平均坡度分别仅0°0′28″和0°01′21″，就是山地丘陵附近的南海大陆架，虽然略陡，也仅只有0°01′～0°05′。东海、南海分别有67%和50%的海域为大陆架，因此中国大陆架面积约272.3万平方千米，约占中国近海总面积的57.67%，所以中国也有非常宽广的大陆架。世界上各地大陆架宽度不等，平均约70千米，而中国黄海大陆架东西宽750千米，东海大陆架宽130千米～560千米，南海的珠江口以东和以西的大陆架宽分别为165千米和240千米，因此中国近海大陆架是世界上最宽广的大陆架之一。

大陆架是大陆向海洋的自然延伸部分，其地质、地貌的形成和发展与大陆有着不可分割的联系。晚更新世大理冰期盛冰期时，中国大部分大陆架由于海面下降到低于现今海面120米而出露，成为陆架平原，台湾海峡、琼州海峡也成为陆桥，台湾岛、海南岛与大陆相连，因此入海的河流延伸在大陆架平原上，而且陆架平原也成为喜冷的植物生长和动物生活的场所，并发育了土壤和风化壳。这些都因冰后期海面上升而成为残留在大陆架的遗迹。在地貌方面，渤海辽东湾大陆架上发育有右辽河、大凌河河谷；黄海大陆架上发现有古黄河河谷及其三角洲；东海大陆架上发现有古长江河道及其三角洲和贝壳堤；南海大陆架上发现有古珠江河谷和海成阶地。在地层方面，黄海、东海大陆架上均发现有淡水泥炭层和滨岸砂、贝壳砂和河流冲积物。在生物方面，黄海大陆架陆相层中含有冷杉、云杉、莎草科和蒿属等花粉，以及发现有披毛犀下臼齿化石；东海大陆架上发现有猛犸象牙齿、原始牛头骨、披毛犀头骨及其他动物化石；渤海大陆架上发现有披毛犀上臼齿化石。在东海、黄海大陆架上均发现有古土壤和古风化壳。由此可见，从大陆架上种种遗迹来看，中国大陆架可能是冰期低海面时被外力侵蚀、堆积夷平的大陆边缘,在冰后期由于海面上升而被淹没所致。

## 第三节 中国地貌的地理意义

中国自然环境的复杂性在世界上处于十分突出的地位。西高东低呈阶梯状下降是中国地貌的基本特征,因此,作为自然地理物质基础的地貌,对中国自然环境的形成与演变有着深刻的影响。

### 一、对气候的影响

三级地貌阶梯对中国气候的影响,最突出的是青藏高原。因为青藏高原开始隆起之前,中国基本上是一个广阔、准平原化的低平大陆,而青藏高原在上新世末也只有1000米的高程,尚不足以抵挡西风环流系统,盛行行星风系,因此,中国气候在第三纪时期普遍较现在温暖。青藏高原与中国东部同纬度地区一样同受纬度地带性规律的控制,其温暖湿润的热带、亚热带气候是受大气环流的影响。但当青藏高原在第四纪强烈隆起到一定高度之后,不仅高原本身形成了独特的高寒高原气候,而且促进东部地区季风气候的形成和西北地区干旱气候的加强,它们分别成为世界上最典型的东部季风区和中国唯一的西北干旱区,从而构成中国3大气候区。青藏高寒区由于本身高耸的高原地貌决定了本区具有空气稀薄、气压低、含氧量少、温度低、气温年较差小、太阳辐射强、降水少、干湿季分明等特点。

青藏高原通过它对大气环流的热力作用和动力作用来影响东部地区和西北地区的气候。青藏高原的热力作用影响主要表现在它与同高程自由大气之间的温度差异,这种差异类似于海、陆之间的温度差异。冬季,青藏高原降温比自由大气快,逐渐变为冷源,因而出现冷高压,而周围同高程自由大气则为低压;又由于青藏高原的屏障作用,使西伯利亚、蒙古高原一带不易受到暖平流的影响,因而有利于冷空气的积累,使冷高压得以加强,因此,在高原东侧平原的上空产生了东北风,从而加强了由于海陆分布而引起的中国冬季风的势力。夏季,青藏高原的热力作用强,并渐变为热源,因而出现热低压,其长轴所在的平均位置在北纬32°附近,从而大大破坏了亚热带高压带,加强了高原东侧上空的西南季风,并增加了东部地区的降水;也由于青藏高原热低压的出现,从而影响太平洋副热带高压脊的西伸,加强了东南季风的势力,为陆地输送丰富的水汽。因此季风气候显著是中国气候基本特点之一,它具有风向明显季节变化、气温夏季南北差异小而冬季差异大、降水集中在夏半年、雨热同季等特点。由此可见,中国现代季风是青藏高原第四纪迅速抬升之后才出现的,高原冷、热源的季节变化,是导致季风季节变化的重要因素,所以,高原季风加强了由海陆分布所引起的季风环流。加之中国三级地貌阶梯面向太平洋自西向东逐渐下降,既有利于冬季风直驱南下,更有利于来自海洋的夏季风深入内地,从而为广大内陆地区带来充沛的降水,也使中国东部季风面积广大(其范围大致在大兴安岭—阴山—贺兰山—乌鞘岭—巴颜喀拉山—唐古拉山—冈底斯山一线以东、以南)。在青藏高原隆起并影响东部季风区范围的同时,受其本身影响,青藏高原也形成了高原季风,而高原作为热源,其气流上升并向高原四周流出,气流下沉。而高原北侧的新疆南部、甘肃、宁夏一带正是气流下沉的地区,加上这一地区环境闭塞,从而加强了该地区的干旱程度。同时,青藏高原的屏障作用,使海洋湿润气流难以进入西北地区,而且西伯利亚冷高压的加强,也使这个地区的干旱程度进一步加强,因此,西北干旱区具有全年降水偏少、夏季炎热、冬季严寒等特点。由此可见,西北干旱区的形成也是由于青藏高原强烈隆起及其形成了现代季风环流所直接造成的后果。

中国西高东低的三级阶梯地貌还使得同一气候带内的气候差异加大,从而也使得中国的气候进一步变得复杂多样。

## 二、对河湖的影响

### 1. 对河流源地和流向的影响

中国绝大多数河流分布在东南半壁的外流流域。外流河的主干大部分发源于三级地貌阶梯边缘隆起带上。第一河源带是第一级地貌阶梯——青藏高原边缘。发源于这里的河流都是亚洲大陆源远流长的巨川大河,如长江、黄河、怒江、澜沧江、雅鲁藏布江等,它们不仅是世界上著名的河流,而且有许多是国际性河流,如怒江、澜沧江流入中南半岛之后分别称萨尔温江和湄公河,雅鲁藏布江流入印度半岛之后称普拉马布特拉河,是恒河的重要支流。第二河源带是第二级地貌阶梯东缘隆起带,即大兴安岭、冀晋山地、豫西山地、云贵高原一带,发源于这里的河流有黑龙江、辽河、海河、淮河、西江、元江等,虽然它们亦称为大河,但长度和水量大部分次于发源于第一级地貌阶梯的河流。第三河源带是第三级地貌阶梯陆地边缘隆起带,即长白山地、山东低山丘陵和东南沿海山地丘陵,发源这里的河流主要有图们江、鸭绿江、沂河、沭河、钱塘江、瓯江、闽江、九龙江、韩江、东江和北江等,它们的源地临近海岸,其长度和流域面积也都远较发源于上述2个地貌阶梯的河流为小,但水量较丰富,水能资源也很丰富。

中国三级地貌阶梯自西向东逐渐下降,向太平洋倾斜,因而控制了中国大多外流河干流自西向东的流向,这不仅在水文地理上有着重要意义,而且对于沟通东西交通、加强沿海与内地经济联系有着重要作用,并且在河流流经地貌阶梯急剧下降地段有十分丰富的水能资源。

### 2. 对湖泊分布的影响

中国是湖泊众多的国家,天然湖泊遍布在三级地貌阶梯,但主要集中分布在第一级地貌阶梯和第三级地貌阶梯上。青藏高原是地球上海拔最高和构造运动最强烈的地区,因此,湖泊多为构造作用和冰川作用形成的。高原上许多平行山脉之间的山间盆地和洼地都有湖泊分布,是中国两大稠密湖群之一,但与中国东部平原湖泊所不同的是,绝大多数湖泊为内陆湖,而且大多数是咸水湖和盐湖,其中青海湖就是中国最大的湖泊和咸水湖。第三级地貌阶梯主要地貌类型是平原和丘陵,是一地势低平的地貌阶梯,尤其平原区,地势更为低平。第三级地貌阶梯是中国新构造运动大面积沉降区,因此,湖泊多为河流作用的产物,也大多是与河流相通的外流湖。东部的湖泊均是淡水湖,所以,东部平原亦是中国2大稠密湖群之一,中国著名的5大淡水湖——鄱阳湖、洞庭湖、太湖、洪泽湖和巢湖就是在本地貌阶梯上。另外,第三级地貌阶梯的山地丘陵区也分布有一些湖泊,如东北山地的湖泊大都与火山活动有关,其中,白头山天池是中国最大的火山口湖,也是中国目前所知的最深的湖泊,而镜泊湖是中国由玄武岩流堰塞而成的最大的堰塞湖。第二级地貌阶梯的湖泊面积仅占全国湖泊总面积的比例较小,这里的西北部是山体强烈隆起、盆地拗陷的新构造运动区,而东部则是整体抬升的新构造运动区,因此湖泊多为构造湖。但在本地貌阶梯的西北还有一些风蚀湖,而且多为咸水湖或盐湖,其中,吐鲁番盆地的艾丁湖是中国地势最低的湖泊。而本地貌阶梯东部的云贵高原还有溶蚀湖，它是喀斯特发育过程中形成的。

### 三、对自然景观的影响

三级地貌阶梯由不同的大地貌组合而成，是构成中国自然环境的因子之一，因此，中国自然环境的自然历史是印度板块、太平洋板块分别向亚欧板块推进碰撞的过程。三级地貌阶梯虽然是非地带性因素，但对中国自然环境的区域分异所起的作用并不亚于地带性因素。

最高一级地貌阶梯——青藏高原，由于强烈隆起而地势高亢，因而高寒气候使自然景观的形成、演变与中国其他地区迥然有别，它从第三纪的亚热带、热带森林自然景观演变为现今的高寒荒漠、高山草原、高山草甸灌丛自然景观，并发育着与此相应的高山寒漠土、高山草原土和高山草甸土等土壤。可见，青藏高原的植被的演替和土壤的发育均偏离所处纬度的地带性特征，完全打破了与同纬度东部地区的水平地带性联系，成为世界上罕见的极其独特的自然景观区，而且青藏高原强烈隆起还深刻地影响中国其他地区自然环境的演变过程。

第二级地貌阶梯的主要地貌类型是广阔的高原和大盆地，由于地势较高，且距海较远，自然景观总的格局未受破坏，但已发生一定程度的变异，其中尤以西北地区最为明显，其气候由第三纪的亚热带演变为现今的干旱气候带，自然景观也由森林草原、草原演变为荒漠、荒漠草原，并发育了与之相应的灰漠土、灰棕漠土和棕漠土等荒漠土壤。这种景观在同纬度东北地区因转变为温带海洋性森林地带而发生尖灭。

第三级地貌阶梯的主要地貌类型是宽广的平原和低缓的丘陵，且濒临海洋，是典型的季风气候，水热条件决定了现今的森林自然景观自北而南的寒温带、温带、暖温带、亚热带向热带、赤道带呈现有规律更替，并发育了与此相适应的森林土壤漂灰土、暗棕壤、棕壤、红壤和砖红壤等，具有纬度水平地带性规律特征。但与第三纪时期自然景观分布相比，有显著的不同：当时地势显得平坦和低矮，现代季风系统尚未建立，气候也较温暖，因而渐新世时亚热带北界比现今向北推移了10个纬度以上，秦岭—淮河一线以北属暖温带—亚热带常绿与落叶阔叶混交林景观，而此线以南至南岭南麓则属于亚热带—热带常绿林景观，南岭以南属于热带常绿林景观。可见，东北北部地区寒温带落叶针叶林在第四纪冰期时才得到发展，其余均向南移动到现今纬度位置，暖温带南界向南移动了3个~5个纬度之多，秦岭也就成为中国东部亚热带自然景观和暖温带自然景观的分界。而且中国广大的亚热带地区不但不像世界同纬度许多地区表现为荒漠或草原自然景观，则呈现生机勃勃的常绿阔叶林自然景观。

# 第二章　中国地貌动力

中国现代地貌所反映的基本特点和地貌类型分布格局,是地表长期受内、外营力共同作用下发展演化的结果,并受到人类活动的影响。在不同内、外营力作用下而产生的中国各种地貌,分别具有不同的形态特征和物质组成。总的来说,内营力的地壳运动所产生的构造骨架,控制了中国海陆分布轮廓和西高东低的三级地貌阶梯,以及山地、高原、丘陵、盆地和平原的地域配置。外营力的流水、冰川、风沙和海洋水动力对地表物质不断风化、剥蚀、侵蚀、搬运和堆积,塑造了各种类型的地貌形态。因此,地壳运动、气候、地表物质和人类活动,对中国地貌的形成和发展均有着深刻的影响。

## 第一节　地壳运动对中国地貌的影响

### 一、中国构造演化与地貌发育

中国地貌分布特点以山地的脉络作为框架的中国高原、盆地、山地、丘陵、平原等大的地貌单元在平面上的排列组合,亦构成一定格局,在很大程度上代表了地质构造线方向,而且东部与西部亦很不相同(表1-2-1)。

表1-2-1　中国东西部地质构造和地貌格局的差异

| 西部 | 东部 |
| --- | --- |
| 地壳厚度在昆仑山以南为50千米~70千米,在昆仑山以北为55千米~60千米 | 地壳厚度由东向西大致从30千米增至50千米 |
| 除准噶尔、塔里木、柴达木属于比较稳定的地块外,其余都属于长大的地槽褶皱带,构造变动强烈 | 属于地台占优势的比较稳定的地区 |
| 构造与山脉走向以北西到北北西占绝对优势,在西藏东南、川西和滇西转为南北向 | 构造与山脉走向以北东到北北东占绝对优势 |
| 岩浆活动在古生代比较剧烈,中生代不太显著,新生代有岩浆侵入,除滇西外喷发岩较少 | 中生代岩浆侵入与喷发活动比较剧烈,愈向东愈显著,新生代有多处玄武岩喷溢 |
| 深大断裂较为发育,分布密集,延伸又很远 | 深大断裂较少,分布较稀,以郯庐断裂带延续最远 |
| 块断式运动形式显著,断裂以"剪切—拉开"与"剪切—挤压"相交替为主 | 北东到北北东向的断裂最为显著,运动方式以拉开和挤压相交替为主;北西到北北西的断裂不太显著,以剪切平移运动方式为主 |

| 西部 | 东部 |
|---|---|
| 山地边缘的逆掩与逆掩层到新生代仍有强烈活动,如天山的南麓与北麓、昆仑与祁连山的北麓、喜马拉雅山的南麓都形成很深的山前拗陷,而且引起拗陷中新生代成排的错断和褶皱 | 新第三纪以来山地边缘有逆掩或逆掩层,如阴山南侧和贺兰山东侧,到新生代一般只见到正断层活动,郯庐断裂是个例外,除龙门山前似乎不见中新生代山前拗陷的挤压褶皱 |
| 新第三纪以来的绝对升降运动与差异性升降运动都很强烈,因而地形的绝对高度与相对高差都很大 | 新第三纪以来的绝对升降运动与差异性升降运动,除华北地区外一般比较微弱,因而地形的绝对高度与相对高差都不太大 |
| 地貌类型在昆仑山以北多为高山夹持的大型盆地,以南几乎全属大高原,高原上有极高山,高原边缘地带有深切峡谷 | 地貌类型在秦岭—大别山以北以堆积平原、高原为主,高峻山地不多,以南除云贵高原外绝大部分是山地丘陵和小型盆地 |

资料来源:中国科学院《中国自然地理》编委会.中国自然地理·地貌[M].北京:科学出版社,1980.

中国现代地貌的基本轮廓,都与地壳运动有直接关系,特别是受地壳运动所形成的地质构造在很大程度上控制了中国海陆分布轮廓(表1-2-2),西高东低的巨大地势起伏,以及山地、高原、丘陵、盆地和平原在平面上的组合形式。

表1-2-2 中国地貌与新生代以来构造的特征

| 梯级 | 范围 | 海拔/米 | 地貌特征 | 构造类型 | 构造特征 |
|---|---|---|---|---|---|
| 一级 | 青藏高原 | 4500 | 世界最高高原,"世界屋脊" | 强烈隆起区 | 是个大面积大幅度强烈隆起区;近期仍不断上升 |
| 二级 | 青藏高原东缘与二级阶梯东缘之间 | 2000~1000 | 三大高原和三大盆地分布区 | 升降交替区 | 大部分地区长期隆起,小部分地区相对沉降;近期有中等幅度的隆起 |
| 三级 | 二级阶梯以东 | 丘陵低于500,平原低于200 | 三大平原和丘陵分布区 | 沉降为主区 | 大部分地区长期沉降;部分地区近期轻微隆起 |
| 四级 | 大陆海岸线以东 | -200以内的海底 | 地势向东南缓倾,地形平坦,岛屿棋布 | 陆降海升区 | 构造上同大陆是连续的整体;地形上是大陆的自然延伸部分 |

印支运动时期是中国大陆形成的关键时期。在三叠纪时,昆仑山—秦岭—大别山以北已经全部成为陆地,但以南地区仍为广泛的海域,海水曾达江苏、皖南一带。经三叠纪末的印支运动,南方隆起,除少数地区如喜马拉雅山区、塔里木盆地西部、广东南部和台湾以外,中国全境连成一块大陆。

燕山运动是中国地貌平面分布格局的基本奠成时期。它贯穿了侏罗纪与白垩纪,除岩浆活动外,在其构造变动中,除去喜马拉雅山区和台湾岛以外,在中国所有前述的构造方向,即纬向的、经向的、北西西向和北东到北北东向的,都在这时期构造运动中突现出来或新生起来;较坚硬的塔里木、准噶尔、柴达木、鄂尔多斯、四川盆地中部等地块,虽没有引起盖层产状的很大变化,却发生较平稳的沉降活动。燕山运动的结果完成了中国大地构造的架格,其中若干主要构造线控制了大的地貌单元的边界。

喜马拉雅运动的第1幕主要发生在渐新世晚期到中新世中期,第2幕主要发生在上新世晚期到更新世早期,第三纪的其余大部分时间属于地质构造较宁静时期。喜马拉雅运动的主要表现形式,除岩浆活动以外,一是先后形成喜马拉雅山褶皱带和台湾褶皱带;二是在中国广大地区发生继承性的断裂活动,即在地壳水平运动的驱使下,引起块断式的垂直升降运动,特别在第2幕运动所产生的升降幅度很大,它们是造成中国目前地势高差的最根本原因。

喜马拉雅期的块断式的垂直升降运动,大多数场合是在燕山期的大地构造架格上进行的,在大部分地区是加大了原先地形正向(隆升)和负向(沉降)的幅度,在小部分地区却改变了原先地形的运动方向,其中情况相当复杂。

中国各部地势经过喜马拉雅第2幕的构造变动,高差显著增大,地貌平面格局愈加突现。在中国西部,喜马拉雅山的褶皱在渐新世已开始,中新世最为强烈,而在上新世晚期以来才作急剧的隆升,估计上升幅度达到3000米~4000米。川西高原面,原先是在第三纪末完成的地势不高的夷平面,现已上升到海拔3000米~4000米。昆仑山、天山和祁连山等山前拗陷的山麓相堆积,第三系一直是细颗粒物质,但至上新世晚期、尤其早更新世,才突然出现粗大的砾石层,即所谓西域砾岩和玉门砾岩,厚度多在4000米~5000米,甚至更大。这些长大的山地目前海拔多在4000米~5000米,山峰甚至超出6000米,主要是从上新世晚期以来上升的结果。

由喜马拉雅第2幕运动所引起的升降幅度,中国东部显然要比西部的小得多,但各地仍有很大差别。在云贵高原面上保留了上新世发育的热带型的红色古风化壳,表明当时该地区仍为低地,现在滇中、滇东高原面已抬升到海拔2000米左右,黔中高原面也抬升到海拔千米左右。湘、赣一带的红层盆地,从喜马拉雅第1幕运动以来,随区域大面积的上升而抬升,红层丘陵的割切深度多不到500米。洞庭、鄱阳两断陷盆地的上第三系和第四系,总厚度不过500米。浙、闽、粤沿海山地的晚第三纪夷平面,从上新世晚期以来已升到海拔700米~800米。晚第三纪开始沉降的雷琼断陷,属上上新统和下更新统的湛江群,其最大厚度近千米。华北有许多断块山地从上新世以来也急剧上升,而山前拗陷与山间断陷则相应接纳沉积,例如,渭河河谷的晚上新世到第四纪堆积的三门系厚度达千米以上,山西的运城、临汾、太原、忻定、大同和冀北的怀来、蔚县等盆地的第四系厚度亦有400米~700米;银川平原在平罗、银川一带的第四系厚度更大,竟达1600米~2400米;华北平原的中部与东部的第四系厚度也有500米~600米。这些地区,如果加上上新世晚期的沉积,其厚度更要增大。渤海和黄海南部的上第三系和第四系总厚度达1500米左右。然而,燕山以北、大兴安岭以东的松辽平原,除辽东湾北部的下辽河平原以外,新生界总厚度不过2000米,其中大部分属下第三系,上第三系较薄,第四系更薄,从第三纪以来,该地区沉降幅度愈来愈小。大兴安岭以西,阴山以北的内蒙古高原上一些低洼地,新生界厚度更小,反映构造变动规模不大。

中国地貌的平面分布格局是燕山运动奠成的。而今天的地势高差却是喜马拉雅运动,尤其第2幕运动造成的,其对中国西部的影响远远大于东部。如果说燕山运动反映太平洋板块较为活跃的话,那么喜马拉雅运动则表示印度板块较为活跃。

**二、中国地貌格局与板块构造运动**

中国位于欧亚板块的东南部,东以岛弧、海沟与太平洋板块相隔,西南则与印度板块直接接触。中国现代地貌的基本轮廓就是这3大板块在地质历史发展中相互碰撞和俯冲的地壳运动及其地质构造所形成的。

在古生代初期，印度板块与亚欧板块之间存在着特提斯海，印度板块不断向欧亚板块俯冲，而亚欧板块不断向南运动。运动的结果是，这两大板块之间产生了南北向的巨大压力，从而造成中国西部近东西向的一系列山脉。在海西运动中，阿尔泰山、天山、昆仑山、祁连山和秦岭等发生褶皱。但中生代以前的地壳运动与现代地貌一般已很少有直接联系，只是通过出露在地表的岩石性质和褶皱程度等间接影响现代地貌的发育。

中生代以太平洋板块为活跃，三叠纪末的印支运动是中国大陆形成的关键，川西、滇北产生褶皱，古昆仑山、古秦岭等进一步抬高，古地中海再一次向西南退缩，在昆仑山—秦岭—大别山以南地区均隆起，除少数地区，如喜马拉雅山、塔里木盆地西部、广东南部和台湾为海侵区外，中国全境基本上连成一块大陆。侏罗纪末的燕山运动使中国大地构造的轮廓基本定型，对中国宏观地貌格局的形成具有决定性的意义，为中国宏观地貌奠定基础。中国西部的古生代褶皱带在燕山运动时期重新活动，普遍发生基底褶皱，横断山脉、唐古拉山脉发生褶皱，而塔里木、准噶尔等地块发生平稳的垂直升降，这些都是印度板块与欧亚大陆板块相互作用的结果。中国东部地区在欧亚板块向东南方向运动与太平洋板块向西北方向运动的相互挤压和扭动下，造成了自西向东的北东向和北北东向相间分布的隆起带和拗陷带，而中国东部的山地、高原、丘陵、盆地、平原等主要地貌单元则基本上是按北东或北北东方向排列。因此，从构造背景来看，中国东部地貌实际上由一系列北东向和北北东向平行排列的隆起带和拗陷带演化而成的。而且中国除喜马拉雅山和台湾仍为海侵区外，其余均已成陆地，使中国陆地更加扩大。中国山脉纬向的、经向的、北西到北西西向的和北东到北北东向的等都在燕山运动中突出来或者新生起来，天山、阴山、昆仑山、阿尔金山、祁连山、秦岭、大兴安岭、太行山和横断山脉等延伸方向都和现在相差不多。燕山运动还形成了华中和华南地区许多堆积了白垩—第三系红层的断陷盆地。由此可见，在中国所有控制现代地貌轮廓的构造走向，在燕山运动时期都最后完成了。

中国地貌西高东低的差异与新生代以来地壳升降运动的强度是基本一致的。新生代以印度板块为活跃，它向北俯冲，和亚欧板块相互碰撞挤压，产生强大的南北向挤压力，致使青藏高原强烈隆起，喜马拉雅地槽封闭褶皱成陆，形成了喜马拉雅山，故称为喜马拉雅运动，使印度大陆与亚洲大陆相连。同时，太平洋板块以较大角度向亚欧大陆板块俯冲，造成了包括中国台湾岛山地等在内的东亚沿海的边缘岛弧以及中国陆缘海。

尤其重要的是发生于上新世—更新世的晚喜马拉雅运动。在亚欧板块、太平洋板块、印度板块三大板块的相互作用下，发生了强烈的差异性升降运动，全国地势出现了大规模的高低分异。差异运动的强度自东向西由弱变强。由于印度洋不断扩张，推动着刚硬的印度板块沿雅鲁藏布江缝合线向亚洲大陆南缘俯冲挤压，使喜马拉雅山和青藏高原大幅度抬升。这种以小的倾角俯冲于亚欧板块之下的印度板块持续向北的强大挤压力，在北部遇到固结历史悠久的刚性地块（塔里木、中朝、扬子）的抵抗，产生强大的反作用力，使构造作用力高度集中，引起地壳的重叠，上地幔物质运动的加强和深沉及表层构造运动的激化，导致地壳急剧加厚，促使地表大面积大幅度急剧抬升，于是形成雄伟的青藏高原，构成中国地表的第一级阶梯。中国西部地区受南北向挤压力的作用，在青藏高原上的一些近东西向的山脉南麓均有向北倾斜的规模巨大的逆冲断层，形成褶皱断块山地。各个山地的形成时代虽不同，但上述断层在新构造时期均有明显活动且规模巨大。其长度可达300千米~700千米,最长可达2000千米~3000千米,且多为逆冲断层或逆冲走滑断层。在青藏东南部地区,由于南北向挤压力的作用,派生出向东挤压作用,使川滇菱形块体向南移动,因而形成一系列向东北方向突出的大型弧形断裂,它们常控制山脉的走向,形成一些规模巨大的挤压弧形山地,山岭之间为深切的河谷。

在持续的挤压环境下,西部各大古陆块皆发育成为中—新生代凹陷盆地。从上新世晚期开始,盆地周围山地急剧上升,盆地本身也随之抬高,而且盆地边缘的第三系、第四系都产生最新褶皱的长垣缓岗,褶皱强度有从南向北减弱的趋势。

中国东部受太平洋板块对亚欧板块作用的影响,处于弧后盆地的引张应力状态,形成一系列断陷盆地和北东走向的山脉。中生代以来,太平洋板块的分异和相对运动较为复杂。早侏罗纪,太平洋板块开始增生,以快速、低角度向东部大陆俯冲,在仰冲侧大陆产生广泛的拱行隆起,并有频繁的火山喷发和岩浆侵入。而其后方则产生大规模拗陷,形成以鄂尔多斯和四川盆地为代表的华夏向第1沉降带。晚侏罗纪,由于海洋板块向北运动,前期对东部大陆正面挤压的强大压力消失,使东部广阔的隆起带应力松弛,在其中央地带产生裂陷构造,形成松辽、华北与江汉盆地,即华夏式第2沉降带,其西侧为大兴安岭—太行山—武陵山第1隆起带,其东侧形成华夏式第2隆起带。

始新世中末期至渐新世,东部海洋板块重新分异,太平洋板块扩展,向西俯冲,对东北、华北施加较大的推挤力,松辽平原抬升。此外,随着日本海开裂所产生的侧向推挤力,使长白山地翘升。在南方,台湾作为岛弧与大陆碰撞的典型场所,其挤压力可对福建、广东大陆产生影响,而南海东缘是西太平洋唯一向东倾斜、反转的俯冲带。

大兴安岭、太行山、巫山、雪峰山一线以东的东部地区,除第2隆起带、第3隆起带随着区域性上升而抬升成为山地丘陵外,第2拗陷带的东部平原、第3拗陷带的陆缘海就是中国新构造运动大面积沉降区,这里堆积有深厚的第四纪沉积物,地势低平,从而成为中国最低一级地貌阶梯。中国天山及其南北两侧的塔里木盆地和准噶尔盆地,在新构造期产生差异断块升降运动,而第1拗陷带和第1隆起带均处于上升状态。因此,这些地区新构造运动是介于上述两大地貌阶梯之间的过渡地带,从而成为中国第二级地貌阶梯。

## 第二节 外营力对中国地貌的影响

### 一、各种外营力对中国地貌的塑造

外营力在中国地貌长期形成发育过程中,与内营力具有同等重要的意义,特别是以外营力作用为主形成的流水地貌和特殊地貌,更是占重要地位。外营力的性质和强度都与水分和气温这两大气候要素有极为密切的关系,它们的变化综合地影响着风化、剥蚀、侵蚀、搬运和堆积作用的过程与强度。因此,地貌的外营力基本上受气候的支配。从理论上说,在地貌形成过程中,内动力与外动力是同时作用的,只是双方力量的对比,在时间上互有消长的更替,在空间上各有强弱的变化。但在实际上,对中国地貌形成的外动力,能够系统地或成套地追索其作用过程的,在时间上很难越出晚第三纪，多数是在上新世晚期到第四纪。因为：第一，晚第三纪喜马拉雅山褶皱隆升后，东亚季风体系才基本建立。在上新世晚期到更新世初期，西藏高原整体急剧抬升达到一定高度时，印度洋季风受阻，出现中国东南部湿润，西北部干旱的气候格局，从而控制了地貌外动力的地域分布。第二，在第四纪时，全球性气候变化，中国亦发生多次冰期与间冰期的交替，改变了地貌外动力原先在地域上的分配，而冰期与间冰期所引起的海面下降与上升，又导致海岸带的大幅度水平移动。第三，喜马拉雅运动第1幕、尤其第2幕的强烈的构造变动，使原先地面上存在的某些地貌外动力的结果，受到很大程度的干扰和更改。

（1）流水地貌。在形成中国地貌的外动力中，分布地域最广的是流水作用，它集中表现在河流的侵蚀地貌与堆积地貌上。在中国西北内陆地区，河流多属内流水系，其余广大地区几乎全为外流水系。

中国广大地区的外流河流，除北疆的额尔齐斯河和中俄界河黑龙江外，其余大河都发源于青藏高原，分别注入太平洋和印度洋。这些大河的水系分布往往受到大致东西走向的长大山脉的制约，例如，阴山—燕山山脉分隔了东北水系与黄河水系，巴颜喀拉山—秦岭—伏牛山—大别山分隔了黄河水系与长江水系，冈底斯山与喜马拉雅山约束了雅鲁藏布江的流路；而南北走向的横断山脉支配了金沙江、澜沧江、怒江的流向。

中国外流水系中若干中小河流，多向相对沉降的盆地作扇状汇集。例如，陕西的渭河、泾河、洛河、灞河等；四川的岷江、沱江、涪江、嘉陵江等；湖南的湘江、资水、沅江、澧水等；江西的赣江、修水、盱江、信江等。这种扇状集合的水系，是由地质构造变动所引起的地势倾向所造成的。至于浙南、福建、粤东一带直接入海的中小河流，如瓯江、闽江、晋江、九龙江和韩江等，流向受地面倾斜方向的操纵，更加明显。

中国长大的河流，如长江、黄河、西江，中俄界河的黑龙江，出中国国境的雅鲁藏布江等，干河流路多有大角度的转折，而且沿途往往穿过若干盆地，横切其间的山地，它们的发育历史必然会较为复杂。目前地面上河道的具体流路，多数是在上新世晚期以来发生的，其中某些河段可能孕育于第三纪，更早的就难以恢复了。

（2）冰川地貌。冰川作用是中国地貌形成的重要外动力之一。特别在中国西部高山地区，在相当大的程度上改造了流水作用所造成的地貌，因为这一地区的更新世所发生的多次冰期，其冰川规模都较现代冰川的要大得多。现代冰川所塑造的地貌，不论侵蚀或堆积的，其范围都很有限。

中国西部地区，更新世冰川的分布相当广泛，尤其西部的高山，如阿尔泰山、天山、祁连山、昆仑山、巴颜喀拉山、唐古拉山、横断山脉、念青唐古拉山和喜马拉雅山等，大多形成以高峰、岭脊为中心的山谷冰川和山麓冰川；某些地方，如阿尔泰山西段、天山东段、祁连山西南部以及青藏高原上某些山地，还有过局部的冰盖。更新世冰川作用干扰甚至局部中断了常态地形的演进。根据更新世冰川作用遗迹所划分的冰期次数及其分别所归属的地质年代，目前学者存在有分歧的意见。

至于中国东部地区，更新世冰川分布肯定不如西部地区的来得广泛。有冰川作用遗迹的，有大兴安岭、太行山、秦岭、大巴山、鄂西山地、大别山、庐山、黄山、天目山、台湾山地等地方。人们对秦岭的太白山和台湾的雪山、南湖大山、玉山等（均海拔接近4000米），在晚更新世晚期发育了冰川，无所置疑；而对其他地方的冰川作用遗迹，目前仍有不同的看法。

在更新世任何一次冰期中，不论中国西部或东部，由于各地自然地理条件的不同，冰川发育的规模有大有小,甚至还会出现有无的差别。然而从气候角度来看,各次冰期理应在全国范围内得到某些共同特点的反映。因此,更新世冰期与间冰期多次的交替,势必影响各地气候,从而影响地貌外动力在地域上的分布。冰期到来,气候寒冷,冰雪面积扩大,在中国东部平原,苔原带要向南移,在西部山地,苔原带要向下移;间冰期则相反,苔原带相应地向北移和向上移,实质上就是冻融作用所产生的冰缘地貌发生水平方向上和垂直方向上的大幅度移动。特别在中国西部一些高山,如阿尔泰山、天山、昆仑山、祁连山等,在冰期时冰雪带和多雨带向下移,在间冰期冰雪带和多雨带又向上移,冰雪融水与雨水通过河流,把原先冰川领域的物质搬运到非冰川区域去,如准噶尔盆地、塔里木盆地、柴达木盆地、河西走廊和阿拉善等地,成为那里的戈壁与沙漠的主要物质来源。

(3)风成地貌。风力作用作为地貌形成的外动力,其领域主要是在干旱地区的沙漠和戈壁。

沙漠与戈壁所分布的中国西北内陆地区,气候相当干燥。不过在更新世,特别早、中更新世的冰期与间冰期交替时期,发源于周围高山的河流,带来了丰富的水源,可在干旱的盆地或平原上形成了若干宽阔的湖泊和长大的水路网,并在那里堆积了冰水相、河流相、湖沼相的物质,只在某些干燥地面上,有可能出现局部的风蚀岗洼和风积沙丘。大抵从晚更新世晚期、尤其是冰后期以来,地面水文状态起了显著变化,即湖泊面积日益缩小,水路网流程逐渐缩短,脱离水域环境的地方相应扩大,在强风吹袭下,在沙砾石堆积的地方,即靠近山麓地带的盆地边缘,细粒物质吹走,形成砾石戈壁;在沙土堆积的地方,即远离山麓的盆地底部,出现风蚀岗洼和风积沙丘,随着时间的推移,地面水系衰退、瓦解到一定程度以后,沙丘面积扩大,并相连接成长,才发展成为现代浩瀚的沙漠。目前沙漠周缘分散的沙丘或沙丘链,尚在沿着强风方向作短距离的移动。至于沙漠本身高大而密集的沙丘群体是不可能移动的;能够随风力飘扬,作长距离搬运的,仅为沙漠戈壁中的细小物质,如粉沙与粘土,它们堆积下来,即所谓风成黄土。

(4)黄土地貌。中国境内的黄土主要分布在昆仑山、秦岭、大别山以北地区。面积约63.25万平方千米。最集中的是在黄河中游的黄土高原。

黄土高原的黄土,在早更新世堆积的午城黄土,只在某些塬区如隰县的午城、陕北的洛川等地有所出现。分布在广大的黄土塬、梁、峁地区的是中更新世的离石黄土和晚更新世的马兰黄土。离石黄土含有若干红色条带,即褐色型古土壤层,又称红色黄土,厚度很大,分布很广,覆盖在岩石山地之间的各种地形上,构成塬、梁、峁的物质主体。马兰黄土颜色灰黄,质地松软,厚度不大,却罩盖在所有塬、梁、峁上面,并散布在一些石质山地的坡麓甚至山顶上。

关于中国黄土的成因,尚属有争论的问题。由于黄土分布地域很广,不同地区的黄土,其物质来源、搬运动力、堆积环境,理应不尽相同。对黄土高原的黄土,多数人认为其物质来源于西北广大的沙漠地区,运送动力是风,堆积环境是有流水作用的。其理由是:①黄土高原的黄土覆盖层的分布高度,其变化趋势取决于下伏古地形面的总倾斜方向,海拔可从1800米～2000米下降到400米～500米,沿途随分水岭与河谷的高低,忽起忽落,并非一平整的倾斜面。黄土在石质山地坡麓上的覆盖高度,断续相连,隐约有一条所谓"黄土线",但是黄土线的高度,西端高于东端,西坡高于东坡,北坡高于南坡;黄土线并非黄土分布的上限,在它以上的山坡,甚至接近海拔3000米的吕梁山山顶,仍出现片状黄土。②黄土堆积厚度的地域变化,其趋势是从西北向东南,由薄变厚,再由厚变薄,呈条带状分布。六盘山与吕梁山之间的渭河北山以北的董志塬与洛川塬一带,黄土最大厚度达到180米～200米。③黄土颗粒成分相当均一,粒径小于0.1毫米的粉沙与粘土平均可占

98.7%；而且自西北向东南,粗粉砂(粒径0.1毫米~0.05毫米)逐渐减少,粘土(粒径小于0.005毫米)逐渐增多。黄土的矿物成分,轻矿物(比重小于2.90)含量一般可占矿物总量的90%~96%,其中以石英和长石含量占绝对优势,表明各地黄土在矿物种类上及其含量分配上具有高度的相似性。④厚度最大的中更新世离石黄土,普遍夹有七八层至十多层古土壤层,古土壤层产状多向现代的干支河谷和较大沟谷作相向的弯曲或倾斜。古土壤层是黄土堆积间歇时期的古地面,其起伏与今天地面形态大体相似。⑤黄土高原的岩石山岭之间,在六盘山以西堆积了甘肃群,以东堆积三趾马红土,它们都经过上新世晚期与早更新世初期强烈的流水割切,其所形成的古地面起伏,很大程度上控制了黄土堆积期间及其以后的谷间地的塬、梁、峁与干支河谷、较大河谷的形态。黄土多次的堆积,只能缓和岭谷之间的地势高差,填满了一些较小的沟谷,较大的水系没有遭到严重的打乱,流水作用只有时强时弱的变化,始终并未中断。

黄土的沟谷发育过程,反映流水侵蚀作用在时间上的变化。现代的干沟沟谷绝大多数孕育于中更新世黄土沟谷中,两者的谷形差不多是叠套的。现代为数众多的冲沟沟谷几乎是马兰黄土堆积以后形成的,在人类历史时期,特别在农业兴起以来,由于不合理的利用土地,破坏了原先的植被与土壤,造成现代加速侵蚀,即快速的大量的水土流失。

(5)喀斯特(岩溶)地貌。中国碳酸盐岩分布很广,但喀斯特地貌发育最完美的是在西南地区,即广西、贵州、云南和川东、鄂西、湘西一带,因为这些地区在相当长的地质时期处在湿热的气候环境之下。

广西过去和现在都属热带型气候,碳酸盐岩分布很广,而且多属厚层的石灰岩和白云岩,喀斯特地貌非常发育,大致可分4种类型:一是峰丛,山体巨大,顶部为分割的峰林,基部彼此接连,相对高度可达500米~600米,峰丛之间有溶蚀洼地、漏斗、落水洞等;二是峰林,形状如圆柱或锥体,溶洞极为发育,有"无山不洞"之称,如桂林的七星岩、芦笛岩等,溶洞长达数千米,高有数十米;三是孤峰,即分散的、孤立的峰林,相对高度一般在50米~100米。孤峰之间,地表有串珠状的落水洞,地下常有暗河;四是残丘,丘体低矮,星散在喀斯特平原与谷地上。这4种类型反映喀斯特发育从不成熟到更成熟的不同阶段。

黔中、黔南和滇东高原上,碳酸盐岩分布面积与厚度亦较大。这些地区目前属亚热带型气候,在高原面未抬升的新第三纪时则为热带型气候,喀斯特地貌是当时气候条件下发育起来的。一般情况:在海拔2000米或2000米以上的高原面上主要是溶蚀小洼地、漏斗和落水洞等,以及散布其间的一些低矮的峰林和石林,石林分布于路南、宜良、东川、弥勒、罗平一带,其中以路南石林最著名。在海拔1000米~1500米的地面上,则以大型溶蚀洼地、矮小的丘陵或石林为特征,大型洼地中有许多落水洞和漏斗,它们成连串分布,其地下往往是暗河。贵州南部向广西盆地降落的斜坡地带,地下水运动以垂直方向为主,高大的峰丛往往伴以深陷的圆洼地,地表河流多半转入地下。

黔北、鄂西、川东、湘西一带,碳酸盐岩分布亦广泛,但多属复杂的褶皱构造,地表出露的碳酸盐岩与非碳酸盐岩成条带分布,因而较前述地区的喀斯特发育较弱。然而,在靠近长江、乌江地带,由于地面向河谷倾斜,地下水垂直循环旺盛,所以溶蚀洼地、漏斗、落水洞等的密度和深度都很大,水流往往从出水洞注入河流。

(6)海岸地貌。中国海岸类型,根据海洋所接触的陆地形态,可以概括为平原海岸与山地丘陵海岸。此外,还有生物海岸。

杭州湾以北的平原海岸从第四纪以来都是沉降的,山东、辽东半岛及杭州湾以南的山地丘陵海岸都是上升的。平原海岸下降的幅度,根据海岸带的第四系厚度,一般变化于300米~400米到500米~600米。山地丘陵海岸上升的数字难以确定,估计最大上升幅度总在200米以上。而第四纪以来,由陆地构造变动而产生的海岸升降最大幅度至少有800米。由冰期与间冰期交替所引起的海面变动,就世界范围而论,也不过一百数十米。所以整个第四纪的海岸带的水平移动范围,仍然取决于构造升降运动。然而就全新世的海岸带变化而论,冰后期海面的回升幅度具有重大的作用,以最近一次冰期的最盛时间起算,冰后期也只有2万年左右。即使外在构造变动很活跃的海岸带,升降幅度亦很有限。现代海岸轮廓大体上处在距今6000年左右以来较稳定的高海面与陆地的接触界上。正因如此,山地丘陵海岸由于海面上升大于陆地上升,海水侵入造成岬湾相间的海岸线;平原海岸由于陆地下降敌不过河流输出大量泥沙的填充,使海岸线仍然向海伸展。

中国岛屿按其成因可归为3类:一类是与大陆或大陆架的地质构造直接有关系的基岩岛,除台湾岛和海南岛以外,还有若干面积较小的群岛,如渤海海峡中的庙岛群岛由30多座岛屿组成;浙江东南海岸外的舟山群岛由1339座岛屿组成;珠江口外的大万山群岛由150多座岛屿组成;台湾海峡的澎湖列岛由64座岛屿组成;台湾岛东北海岸外的钓鱼岛列岛由钓鱼岛、黄尾屿、赤尾屿和南小岛、北小岛等组成。另一类是河流河口的冲积岛,亦称沙岛,如长江口的崇明岛、长兴岛和横沙岛等,珠江口的一些沙岛,台湾岛西海岸外的几列沙岛。第三类珊瑚礁岛,分布于南海中。分为岛、沙、礁、滩4种,其含义是,成陆已久,海拔较高的,称之为岛;成陆不久,海拔较低,一般高潮不被淹没的,称之为沙;高潮淹没,低潮出露的,称之为礁;低潮不露出海面的,称之为暗沙;水深较大,距海面20米~30米的,称之为暗滩。

**二、气候对中国地貌的影响**

中国降水的地区分布极不均匀,年降水量的分布总的趋势是由东南沿海向西北内陆递减。在中国东部,南方地区的年降水量在800毫米以上,东南沿海地带年降水量可高达2000毫米以上,而北方地区的华北和东北大部分年降水量在400毫米~800毫米之间,因此,中国东部地区是湿润和半湿润地区,地貌的外营力以流水作用为主。但流水作用过程在高地与低地的不同地貌单元存在着差异,在山地、丘陵和高原地区是以坡面水流冲刷和线状水流下切的侵蚀作用为主,形成各种流水侵蚀地貌,如凹地、浅沟、切沟、冲沟和峡谷等,这在黄土高原地区尤为突出(由于黄土质地疏松,在暴雨洪水季节,坡面水流冲刷和沟谷水流及河流下切作用都十分强烈,水土流失极为严重,使黄土高原大部分地区被河谷和黄土沟谷侵蚀地貌切割成支离破碎,黄土梁、峁等黄土丘陵十分发育)。平原、盆地、洼地地区是以坡面水流和线状水流的堆积作用为主,形成各种流水堆积地貌,如冲积扇、冲积平原、河口三角洲和河流阶地等,在东北平原、华北平原、长江中下游平原、珠江三角洲等都是河流携带大量泥沙在中下游或下游不断堆积作用形成的。东部地区的年平均气温大致自南向北随纬度增加而逐渐降低(从南岭以南20℃以上递减到黑龙江北部0℃以下),因此,东部地区以流水作用为主的地貌外营力,其活动方式也存在南北差异。南方地区湿热环境使流水作用固然十分强烈,而化学风化作用和碳酸盐类岩石分布区喀斯特作用也很活跃,地表河网密布,侵蚀切割强烈,丘陵低山广布;江南一带由于淋溶作用旺盛,风化物中铁、铝富积,因而发育了厚达数十米的红色风化壳；湿热的环境使雨水、河水、地下水对碳酸岩的侵蚀与融蚀作用加强，使广西和云贵高原及长江中下游各省发育以峰林为特点的热带喀斯特地貌和以喀斯特丘陵、洼地为特点的亚热带喀斯特地貌。北回归线以南的东南沿海和沿岸生长适应热带、亚热带环境的珊瑚和红树林。这里生物作用十分显著，因此形成珊瑚礁海岸、珊瑚岛和红树林海岸等热带、亚热带海岸地貌，如闽南、广东大陆海岸和海南岛海岸均发育有珊瑚礁海岸等，澎湖列岛和南海4大群岛几乎全为珊瑚岛，福建、广东、广西以及海南岛、台湾的许多沿海地段均发育有红树林海岸。北方地区为暖温带、温带、寒温带地区，水热条件不及南方地区，流水作用强度比南方地区逊色，但其强弱的季节变化却比南方地区突出，雨季地面侵蚀与河流泥沙的搬运和堆积都很强烈。黄河中游地区，黄土广布质地疏松，抗蚀力差，在夏季降雨的冲刷下，坡面、沟谷侵蚀旺盛，沟壑纵横，河流携带大量泥沙输往下游，黄河、海河及淮河水系的泥沙长期在下游堆积，从而形成华北平原。东北地区属温带和寒温带，东南部的长白山地降水丰富，在冻融作用下形成冻土和冰缘地貌；中部地势低平，以接受河流沉积为主，形成广阔的东北平原。北方地区喀斯特作用远不如南方地区强烈，但也发育了以喀斯特泉和干谷为特点的温带喀斯特地貌，如济南的趵突泉、黑虎泉、乌龙泉、珍珠泉等72处名泉（故济南被称为"泉城"）。

在中国西部，年降水量在400毫米以下，其中贺兰山以西的西北内陆地区以及青藏高原的大部分地区年降水量更低于200毫米。西北内陆的年平均气温虽然与华北接近，但年较差和日较差则为中国最大的地区；青藏高原大部分地区的年平均气温在0℃以下。因此，这两地的气候分别是温暖干燥和高寒干燥为特征，从而使它们的主要地貌外营力完全不同。前者地貌的外营力是以风沙作用和干燥剥蚀作用为主，因此形成风成地貌和干燥剥蚀地貌。风成地貌中的风蚀地貌有以新疆乌尔禾的"风城"为最典型的风蚀城堡，有以新疆罗布泊洼地的古楼兰附近为典型的风蚀雅丹等；而风积地貌有新月形沙丘、沙丘链、新月形沙垄等各种沙丘形态类型。干燥剥蚀地貌主要有干燥剥蚀高原、干燥剥蚀平原、剥蚀石质戈壁等。此外，在大型盆地外围的高大山脉，地貌外营力呈明显的垂直带状分布，如阿尔泰山从山麓到山顶依次是干燥剥蚀作用带、流水深切侵蚀带、冰缘作用带和冰川作用带等4个地貌外营力带。由于山脉坡向和所处地段不同，一般来说，从北疆到南疆，随着水汽的减少，干燥剥蚀带幅度逐渐加大，雪线逐渐升高，冰川规模相应变小，外营力的垂直分带界线也相应发生变化。青藏高原北部柴达木盆地和阿尔金山同气候干旱的西北地区相邻，也是全国降水量最少、蒸发量最大的地区，干燥剥蚀作用与风蚀、风积作用为主要外营力，形成干燥剥蚀山地、平原及沙丘、戈壁等地貌类型；藏北高原广大地面则以冰冻作用占优势，形成冻土地貌和冰缘地貌；高原上高山、极高山现代冰川十分发育，地貌外营力则以冰川作用居优势，因此冰蚀地貌和冰碛地貌广泛分布；高原东南部边缘地带，邻近印度洋，受西南温湿气流影响，降水丰富，流水作用居主导地位。但高山顶部白雪皑皑，以冰川、冰缘作用为主。

此外，中国气候在近代地质历史发展中曾有不同程度的变迁，因而地貌外营力也随之发生较大的变化，所产生的地貌遗迹保存到现今，它们只能代表古气候条件的外营力。中国第四纪气候发生过多次的寒冷干燥冰期气候与温暖湿润间冰期气候的交替变化，第四纪冰川规模远比现代冰川大得多，在中国西部海拔2700米～3500米的山地，冰川地貌遗迹仍然可以辨认；高寒的青藏高原和亚热带的贵州南部、云南东部尚残留峰林和落水洞为代表的热带喀斯特地貌；新疆、内蒙古干旱区发现有与近代流水作用不相称的宽阔河谷、湖滨和河流阶地以及发育良好的水文网等地貌现象。在青藏高原、四川盆地和华北地区普遍堆积有第三纪三趾马土层,在云贵高原有深厚的红色风化壳,这使得中国地貌更加复杂。长江以南地区基本上继承了第四纪以前湿热的热带、亚热带环境,塑造地貌的地表营力中,化学淋溶作用得以继续进行,流水作用也从未间断,使得红色风化壳深厚,红层地貌与喀斯特地貌得以保存和发展。中国其余地区,由于气候变迁,地表营力和地貌形态较地史时期(主要是第三纪及第四纪初期)都有所变化。

### 三、地表物质对中国地貌的影响

中国地貌的内营力与外营力相互作用的结果,但都必须通过一定的物质才能在形态上表现出来,因此,地表物质在地貌形成与发展中也占有重要地位,是地貌形成与发展的物质基础。中国地表物质复杂多样,既有第四纪以前的各个地质时代的岩层,又有第四纪松散沉积物。各种地表物质在组成成分、坚硬程度和物质结构上有很大差别,抗外营力风化、侵蚀的能力不一,于是产生了各种各样的地貌。这些地貌,可称为岩石地貌。

中国有许多山地是由岩浆岩和变质岩构成,其中,岩浆岩中的侵入岩以花岗岩出露最广,特别在中国东南各省的许多褶皱山地都有巨大的花岗岩侵入体,坚硬致密、抗蚀力强,经断层抬升,当它们出露地表并受到不同的外营力的侵蚀作用或风化作用时,或成为奇峰峭壁的山地,或成为低缓的丘陵。前者如浙江的天目山、广东的罗浮山、湖南的衡山、山东的崂山、陕西的秦岭太白山等山地。而陕西的华山和安徽的黄山均是巨大的花岗岩体呈岩株构造,经断块抬升而形成挺拔陡峻的山地。但在湿热的气候条件下,花岗岩的球状风化作用和层状剥蚀作用强烈,多形成形态浑圆的山地,如福建武夷山的杉岭、戴云山的九仙山及浙江的天台山、广西的大荣山等山地。又由于花岗岩多交错节理,易于风化,因而往往形成花岗岩丘陵,如浙闽丘陵。两广丘陵的东部,有些花岗岩丘陵的表层全部或大部为红色风化壳,从而形成"红土丘陵"。中国岩浆岩中的喷出岩以玄武岩分布最广,它不但有坚硬的性质,而且结构也非常致密,是一种抗蚀能力较强的岩石。东北、华北、华南、华中有大面积第四纪玄武岩熔岩流,形成了熔岩高原、熔岩台地、火山群、火山锥、火山湖、堰塞湖等多种地貌形态。熔岩高原见于东北长白山区,广泛分布在长白、抚松、安图三县,面积1400平方千米;熔岩台地分布于东北的长白山、华北的阴山东段、华南的雷州半岛和海南岛北部,其中,长白山熔岩台地面积有4万平方千米,而雷州半岛熔岩台地大部分地面非常平坦,成为高出海面25米~50米左右的海岸台地;火山锥见于各熔岩台地,如雷州半岛熔岩台地上就有24座火山锥;火山湖著名的是长白山主峰白头山火山口形成的天池,还有广东湛江市的湖光岩,以近圆形的火山湖而闻名;中国著名的熔岩堰塞湖有黑龙江的镜泊湖和五大连池,还有内蒙古的达里诺尔湖。

古老的结晶岩一般比较坚硬,具有较强的抗蚀能力,通常构成褶皱山系的核心部分,在地貌上大多为高峻的山地或峰脊,如天山、昆仑山、祁连山、阴山、秦岭、横断山等山脉,以及五台山、泰山等著名山峰。

中国各时代的沉积岩分布广泛,占全国总面积的3/4,其中古生代和中生代的沉积岩分布很广,形成了各种特殊地貌形态。中国碳酸盐类岩石分布几乎遍及全国各省区,其面积约130万平方千米,占全国总面积的14%,是世界上喀斯特面积最大的国家,其中尤以西南地区分布最广(其面积约42万平方千米)。中国碳酸盐岩系以厚度巨大、层组类型多样而连续状岩系为主,岩性复杂而质纯灰岩较多。这些无疑有利于喀斯特作用,为喀斯特地貌发育提供了雄厚的物质基础。中国地域辽阔,不仅有热带、亚热带和温带等3个热量带,而且还有青藏高原高寒区和西北干旱区等干、冷地区,各处迥异的水热条件,使喀斯特作用强度不等,从而所形成的喀斯特地貌的特点也各不相同,因此,中国喀斯特地貌类型众多,既有两广的热带峰林、华中的亚热带喀斯特丘陵和洼地、华北的温带喀斯特泉和干谷,也有西藏的高寒小溶洞,还有新疆、柴达木的干旱喀斯特,这一特点是世界上任何地区都无法比拟的。

中国红色岩系主要包括侏罗纪到早第三纪的红色砾岩、砂砾岩、砂岩、粉砂岩、砂质页岩和泥质页岩等,它们是在炎热、干燥的气候条件下的河流、湖泊相堆积于构造盆地内。在中国南方的大小构造盆地内,红层所构成的地貌独具特色。坚硬而层厚的砾岩、砂砾岩,在热带和亚热带的湿热气候条件下,经过特定的风化和流水侵蚀而形成许多峭壁悬崖、石峰林立的丹霞地貌;岩性软弱而岩层倾角不大的砂岩和页岩,在湿润气候条件下,经过河流侵蚀切割,形成比较低矮而起伏和缓的红色丘陵。这2种地貌是中国东南部具有代表性的自然景观之一。

中国第四纪黄土广泛分布于北方地区,其面积63.25万平方千米,大部分地区黄土厚度达100米~200米,因此中国黄土覆盖面积之广和沉积厚度之大为世界所罕见。黄土是在第四纪干冷冰期气候条件下,经风力搬运,在黄河中游地区堆积在准平原状地貌或基岩平台或平缓的盆地、梁状丘陵和丘陵等古地貌之上,从而形成了堆积型的黄土塬、梁、峁等地貌形态。但也有经沟谷水流和河流侵蚀切割而形成的侵蚀型的黄土塬、梁、峁等地貌形态。黄土高原千沟万壑,地表支离破碎。因而说,黄土地貌是古代地貌和现代地貌综合作用下的产物。

中国西北内陆沙漠面积广大,沙丘累累,这固然与地处内陆、气候极端干燥密切相关,但和第四纪疏松沉积物分布广泛,具有起沙的大量冲积、洪积、湖积物质也密切相关。中国四大沙漠集中分布在北方内陆,其面积为45.81万平方千米。中国沙漠和冰川、黄土同是第四纪气候的产物。沙漠的沙质地表物质是构成各种沙丘地貌的物质基础,它在起风沙作用下,经风沙流搬运、堆积形成各种沙丘形态的风积地貌。中国4大沙漠中的沙丘形态,塔克拉玛干沙漠有垄状复合型沙丘链、复合型纵向沙垄、鱼鳞状沙丘、金字塔沙丘和穹状沙丘等;古尔班通古特沙漠主要为树枝状沙垄;巴丹吉林沙漠主要是复合型沙丘链;腾格里沙漠以格状沙丘链及新月形沙丘链为主。中国平原集中分布在东部地区,冲积物、湖积物都是组成平原的物质基础,但冲积物则是中国冲积平原的主体物质,也是组成平原上的各种河流堆积地貌形态的物质基础。

### 四、人类活动对中国地貌的影响

人类活动是现代地貌形成与发展中的一个有巨大意义的因素。人类通过有目的的生产活动,可促进或减缓地貌动力,或者使外营力作用的速度增强或减弱,将地貌发育引导到有利于人类发展的方向,以满足人类的需要。

中国是世界上历史悠久、人口众多、文化发达的文明古国,中国人民在长期与自然共存的过程中,对地貌产生较为深刻的影响,其影响是多方面的,可以直接造成地貌,即所谓人为地貌。中国国土面积中除了约占19%的沙质荒漠、戈壁、寒漠、永久积雪和冰川、石质裸露的山地等人迹罕至的地方外,其余81%均为城市、工矿、交通、农、林、牧、渔的用地或可用土地,地表形态无不打上人类活动影响的烙印。人类在长期的生产活动过程中兴建的江河大堤、开凿的运河、修筑的梯田、兴建的护岸海塘和防波堤等,均属于人为地貌,都显著地改变着地表的地貌形态。早在秦代,中国先民就在南岭修建了灵渠,沟通了长江和珠江两大水系,使区域河流地貌发生了变化;黄河下游的人工堤防工程宏大,形成高于华北平原之上的地上河床,构成华北平原上明显的分水岭;长江的荆江河段两岸大堤,好似河流天然堤,其实是在天然堤基础上加高兴建的,从而人为地限制荆江河曲带的发展,影响荆江水文特性,大量泥沙堆积河底,河床逐年增高,成为高出堤内平原10米~16米的地上河;京杭大运河是一条人工河道,呈南北方向贯穿于华北平原和长江中下游平原,沟通了东西方向的海河、黄河、淮河、长江、钱塘江5大水系,改变了中国东部平原地区的水系面貌,新开挖的河道、修筑的河道堤坝及截弯取直、修过堰闸等都影响和改变着河川流量、水文特征,使河流的侵蚀、搬运、堆积过程发生显著的变化,从而导致地貌形态的变化。人类利用有利地貌条件兴建工程设施,影响外营力过程,促进新的地貌产生。典型例子如中国选择在河流水资源十分丰富的地貌阶梯急剧下降地段,利用有利地貌部位,兴建许多大中型水库,这种人工湖泊兴建后,既改变了地表的地貌形态,也改变了河流的流量、流速、水位等水文特征,使河流的侵蚀、搬运、堆积过程发生显著的变化,进而产生新的地貌,如库首三角洲。当然,随着水库的建成,也会产生库坝以下河道的冲刷作用,从而使河床加深。另外,广大山地、高原、丘陵上修筑的层层梯田,沿海地带兴建的护岸海塘、防波堤坝以及移山填沟、围湖造田等都显著地改变着地表的地貌形态。大的建设项目,如开山劈岭、筑路架桥、开挖矿山、兴建国防设施等巨大工程,挖垫土石方量巨大,也不断改变着地表面貌。如大的露天煤矿的开挖,常要剥掉煤层上的盖层,大量土石运往他处堆积,对地表形态影响显著;选矿地矿碴与煤矸石堆积起来的小山,起伏相连,也非常醒目。

　　人们对地貌的认识也有一个过程,不合理利用可能引起地貌的破坏甚至消亡(同样改变地表的地貌形态),而导致自然环境恶化,如围垦湖泊。长江中下游平原是湖泊星罗棋布的"水乡",长江中下游的湖南、湖北、江西、安徽、江苏等5省,20世纪50年代初期湖泊面积达28 859平方千米,但到80年代初期湖泊面积仅有18 695平方千米,在30年间湖泊面积减少了10 000多平方千米,其主要原因是人们的盲目围湖造田,致使许多中小型湖泊消亡,大型湖泊面积大为缩小。其中,素有"千湖之省"的湖北,围湖造田尤为严重,湖泊数量从20世纪50年代初期的1066个减少到80年代初期的326个,在30年间共围垦740个,消失率为69.4%,每年平均围垦24.6个,而湖泊面积从8380平方千米减少到2370平方千米,在30年间共围垦湖泊面积达6010平方千米,占长江中下游5省围垦湖泊面积的49.7%,致使江汉平原湖泊调蓄能力大大减弱,洪涝灾害日益严重,湖泊生态环境遭受破坏。同样,人类活动也可以间接促成对地貌的破坏,使地表的地貌形态发生变化,从而导致自然环境的破坏(自然环境任何一种因子变化都促成地貌的变化)。譬如,黄土高原植被遭受人为破坏严重,加上坡地耕垦,从而加速流水侵蚀作用,水土流失极为严重,到处都是光山秃岭,沟壑纵横,梁峁地及塬地的面积日益缩小,使下游河床淤塞填高,频繁发生河流决口、改道,酿成水患。尤以黄河、永定河下游河道决口改道次数最多,在华北平原上遗留下了许多古河道的遗迹。中国南方地区水土流失也很严重。气候湿热,风化物深厚,当地表植被被破坏后,侵蚀速度、范围迅速增大。如贵州省,随着森林覆盖度的下降,水土流失面积已由1964年的3.5万平方千米增加到现在的5万平方千米,全省每年通过河流外泄泥沙总量达5 800万吨。除了毁林、毁草外,盲目开垦也是水土流失加剧的重要原因。贵州省很多大于30°~40°的坡地都曾被开垦,这无疑使其地表侵蚀作用趋于增强。在中国干旱与半干旱地区,长期以来,由于人口数量的增加,滥垦、滥牧、滥伐现象加剧,沙区的天然植被遭到破坏,使风沙危害越来越严重。许多无沙地区被风沙吞没,固定沙丘变为流动沙丘。据史料记载,陕北榆林、靖边一带的毛乌素沙地,至少在唐代以前还是水草丰美的地方,经过明、清两代不适当的耕垦,草原被破坏,流沙南侵,使长城以外数十千米的地带流沙广布。近些年来,中国沙漠化过程又有所加剧。中国对于治沙工作十分重视,个别地区的沙漠治理取得了一定成效。如包兰铁路线上的沙坡头、吐鲁番盆地中的五星乡等地,采用工程措施与生物措施,又使原来的流动沙丘变为了固定或半固定沙丘。

# 第二篇

# 中国地貌学研究综述

- 中国地貌学发展历程

- 中国地貌学方法论研究

- 中国地貌类型划分研究

- 中国地貌区划研究

- 中国地貌学科研究

- 中国地貌学展望

# 第一章 中国地貌学发展历程

## 第一节 中国地貌研究简史

**一、记述中国地貌形态阶段**

中国地貌是构成中国自然地理环境的最主要的因素之一。地貌是地理环境中的一个重要因素,尤其是在生产力水平较低的古代,人类的生产、生活乃至生存都与地貌形态密切相关。所以在早期人们开始认识他所处之地周围的自然状况,也就开始逐步认识他所在地周围的地貌状况。从中国的远古神话,到西方圣经的传说,地表形态形成与发展一直是人类关注的基础知识。古人依山傍水而居、据关占隘而战、利用地势高低不同引水灌溉,古代文明的发展过程已经积累了相当丰富的地貌知识。

在中国一些早期人们居住过的洞穴中,古人类所遗留下来的一些壁画与壁刻上,就可以看到他们刻画的什么地方有山、什么地方有水、什么地方有树、什么地方有鱼等等。这些非常简单的刻画,虽还谈不上什么研究,但却是他们感观简单的记述。就是到了有文字历史记载之时,那时的读书人也还是一些"上知天文,下知地理"的"百科全书式"的学者,还处在"统一科学"知识的时代,科学还没有什么分工。当然,既然已经"下知地理"了,也就包括了"下知地貌"。古代传说中的夏禹治水的故事,就是以地貌之高低,因势利导,开辟河道,导水入海,治平洪水。

古代《山海经》的《山经》中就记载了当时所有了解的中国山脉大势。《诗经·大雅·笃公刘》已有"岗"(丘陵)、"塬"(平原)、"隰"(低湿地)3 种不同类型地貌记载。近人对《山海经》进行的系统研究表明,中国在 4200 年前确曾组织实施过一次大规模的地理考察和测量绘图工作,当时所绘地图即《山海图》早已失传,但提交的地理考察报告即《五藏三经》流传至今,它记载了 26 条山脉、500 余座山峰,彼此存在着良好的分布与衔接关系。战国时的《尚书·禹贡篇》(前 3 世纪~前 4 世纪)用文字最早记载了中国的地表形态,所记述的"导山""导水"等也是对当时黄河流域与长江流域的山脉、河流、湖沼等的记述,并以自然实体(如山脉、河流)为标志把中国分为 9 个区(州),对每个区的河流、山脉、植被、土壤、物产、人口等给予了简要描述。这应是全球范围内最早有关地貌的记载。《史记》的作者司马迁曾西至崆峒(今甘肃一带),北过涿鹿(今河北一带),东渐于海,南浮江淮,搜集了不少地学方面的第一手资料,后来在他尽毕生之力所著的《史记》中便专门书写了一篇《河渠书》,记述了当时他所了解到的中国水道的灌溉与航运等。从班固所著的《汉书》开始,历代史书中多列有《地理志》独篇,其中包括对中国山山水水的记述。西晋裴秀绘成《地形方丈图》,后修改为《禹贡地域图十八幅》,使当时所了解到的中国的山山水水跃然纸上,西安碑林中还保存着《禹迹(跡)图》与《华夷图》两石刻。北魏郦道元注东汉时桑钦所著的《水经》而成的《水经注》,记述了大小河道1252条之多,除对黄河、长江等沿河的地形、气候等特点进行了详细记载外,还对地形的形成进行了一些正确解释。如记述黄河三门峡段说:"自砥柱以下,五户滩以上,在60千米的距离内,河道中怪石突出,河水虽已刻蚀山地而过,但还有不少湍流怒波的阻梗。"唐代颜真卿(708~784)在《抚州南城县麻姑仙坛记》中,已有"东海三为桑田"的海水进退概念。

同时,中国古代地貌学的知识散见于浩瀚的地方志中,如唐代李吉甫的《元和郡县图志》、宋代乐史的《太平寰宇记》、清代的《大清一统志》,以及各代的《一统志》与各省、府、州、县志等,虽然其内容多庞杂,但材料丰富,其中均有记述其所辖范围之内的地貌材料。

北宋时代沈括(1032~1096)的《梦溪笔谈》中虽然记述的也是"无所不包"的统一知识,但他已注意到中国地貌变迁的状况,他在太行山麓发现螺蚌壳和鹅卵石之后,认为大陆"此乃昔日之海滨,今日距海已近千里,所谓大陆者,皆浊流所湮耳。"指出海变陆是河流堆积的结果,同时又指出由于流水侵蚀(称"冲激")山地(雁荡山为例)而造成了山峰和深谷。对流水侵蚀、搬运与堆积作用的关系有清晰的概念,并提出了华北平原是河流堆积作用的结果。明代徐霞客(1586~1641)的《徐霞客游记》虽是一部地理范畴的著作,但其内容大部分是记述中国地貌知识,对河流侵蚀作用阐述得更加透彻,认为陡崖地貌是河流侵蚀的结果,如称"山凿成矶""江流出山,山削成壁,流回流转,云根迸出。"他还提出"程愈迫则流愈急"的科学见解。尤其是对中国大西南的喀斯特地貌记述得比较详细,特别"正名"了金沙江为长江之上游,澄清了《禹贡》中所说"岷山导江"的错误。虽然《汉书·地理志》与《水经注》中均有金沙江与长江合流的记述,但均未肯定金沙江为长江上游,到徐霞客时才加以肯定。清代孙兰(约1638~1705)在《柳庭舆地隅说》和《大地山河图说》提出了"变盈流谦"说,称"流外则损,损久则变,高者因淘洗而日下,卑者因填塞而日平,故曰变盈而流谦。"其对地形形成作用已具有蚀积平衡的概念,认识到侵蚀和沉积是不可分割的统一过程。他还解释地形形成是3种力量,即"有因时而变,有因人而变,有因变而变",这也就是今天所说的内、外力作用和人为因素的影响。例如,他认为"因时而变者,如大雨时行,山川洗涤洪流下注,山石崩从,久久不穷,则高下易位"。这里指出了由于降雨而出现片流和暴流的侵蚀作用,地形发生变化,即高地削平,低地填高。又如人为作用,亦可改变地形,他说:"因人而变者,如凿山通道,地道顿异。"他提出的"有因变而变者"是指一种突变力量,包括内力因素,如说:"因变而变者,如土壅山崩,地震川竭,忽然异形,山川改观。"

此外,中国劳动人民在社会和生产实践中,利用有利地形和应用地貌知识,做出了卓越的成绩。都江堰、万里长城和大运河长存至今,就是明证。

中国是一个历史悠久的国家,我们的先辈很早就对中国地貌知识有所了解,有所记述,如西周的《毛诗小雅·十月之交》中即用"高岸为谷,深谷为陵"的话语来描述地貌变迁的认识。春秋战国时的《管子》一书中,也有如何利用土地,根据地表露头特征及地貌形态状况来推论地下矿体存在等见解的记述。李四光(1889~1971)在其所著《地质力学之基础与方法》一书的序言中说,宋代朱熹曾说过"今登高山而望群山皆为波浪之状,便是水泛如此,只不知因什么事凝了"。李四光认为,"朱子用了山、水、波、浪、泛、凝等项代表事物的词句,将他的问题这样展开,在770多年以前已经见到如此地步,实在令人敬佩"。那时候知识尚未分工,朱熹已看见客观存在的群山波浪状起伏的地貌形态,但尚不知其形成的原因,只知其然而不知其所以然,因而发出"只不知因什么事凝了"的疑问。尽管如此,但朱熹毕竟还是记述了波浪起伏的山地地貌形态,在那时也是一个忠于客观事实的记述,当然也是一个进步,不能不令人敬佩。因为人们不满足于这种只知其然而不知其所以然的状况,所以,近代科学便要探索其所以然以解释"只不知因什么事凝了"的疑问。

## 二、解释中国地貌形态形成原因阶段

### 1. 外国学者对中国地貌研究的开端

近代中国地貌研究的早期,多半是由一些外国地质学家开始的。那时地貌知识既包含在地质科学内,也包含在自然地理学内,还没有独立成为一门专门的自然科学。18世纪初,清政府请西方传教士白晋(Bouvet, Joachim)、雷孝思(Regis)、杜德美(Jartoux, Pierre)等人,实地协助测绘全中国地图,绘制成《皇舆全览图》一幅,中国测绘员在工作过程中发现了世界最高峰——珠穆朗玛峰,并绘制在全图中,这在中国地貌研究史中是一个很大的发现,功不可没。此后,美国地质学家庞培勒(R. pumpelly, 1837~1923)来到中国,在长江流域与华北等地做过考察,由美国斯米森协会出版他的著作《1862~1865年在中国、蒙古、日本的地质调查》,全书10章,其中有8章是写中国调查的。他注意到中国东北山脉反映出来的构造线方向多为北东—南西向,也认出了三峡宜昌到秭归间有一个以花岗岩体为核心的大背斜,后来被命名为"黄陵背斜"。他对洞庭湖乃湘鄂间大湖淤塞缩小的残留物已有认识,并注意到黄河多次改道,以及中国人把古脊椎动物化石称为"龙骨",当做药材等。继他之后而来中国调查的是德国地理学家李希霍芬(F. Von Richthofen, 1833~1905),他于1860年与1868年2次来中国,后7次直延至1872年,在中国进行过7次野外实地调查,足迹遍及大半个中国,1903年在上海出版《李希霍芬中国旅行报告书》,回德国后历时35年才出齐德文巨著《中国——亲身旅行和据此旅行作研究的成果》,共分5卷,还附有地文图及地质图。1911年正在柏林大学留学的张相文之子张星烺,在阅读了当时已出版的《中国》4卷后,一方面指出这有为德国谋算中国的作用,另一方面也认为它是体大思精的绝世之作,认为"苟得同志五六人,分门译之,则二三年内,中土之研求地质矿产者,亦得最良之参考书。"其中包含有不少中国地貌材料,他认为中国黄土是风成的(原生黄土),也有湖成黄土(次生黄土)等。他还认为,中国海岸,杭州湾以北是上升海岸,以南是下沉海岸等。此外,1900年与1901年先后出版的由俄国地质学家奥布鲁切夫(B. A. Obpyyeb, 1865~1956)所写的《中亚、华北和南山》2卷;1907~1913年出版的由美国维里士(B. Willis, 1857~1949)整理的《在中国的调查研究》3卷4册等,其书名虽然叫什么"旅行记"或什么"调查报告"等等,其实,它们的内容都有中国地貌材料,可供参考。但是,这些充其量也只能算是中国地貌研究的开端而已。

### 2. 中国学者对中国地貌的研究

近代早期中国学者对中国地貌研究也多数是地质学家,少数是自然地理学家。地质科学家李四光从英国伯明翰大学留学归来,自担任北京大学地质系教授开始,在20世纪20年代即先后对中国华北太行山麓、山西大同盆地的冰川地貌进行了初步研究,撰写有《华北晚近冰川作用的遗迹》一文,用英文发表在1922年1月英国《地质杂志》第59卷第691期上。继之从30年代开始,又陆续对长江中下游的庐山、黄山、天目山、九华山、鄂西、川东、湘西、桂北、贵州高原等地的第四纪冰川地貌做了不懈的调查研究,先后发表《扬子江流域之第四纪冰期》《关于研究长江下游冰川问题材料》《安徽黄山之第四纪冰川现象》《鄂西川东湘西桂北第四纪冰川现象述要》《中国冰期之探讨》《贵州高原冰川之残迹》等论著。尤其是他以庐山为典型,进行了详细具体的综合研究,完成了他的代表著作之一《冰期之庐山》,在中国地貌研究方面影响更甚。

关于中国山脉的形成,李四光、丁文江(1887~1936)、翁文灏(1889~1971)等均进行过研究。1945年1月11日,李四光在重庆举行的蔡元培诞辰纪念会上发表了《从地质力学观点上看中国山脉之形成》。他认为,中国山脉有纬向构造所形成的东西走向的山脉,在华北为天山—阴山—燕山,华中为昆仑山—秦岭—大别山,华南为南岭。也有经向构造体系所形成的南北走向的山脉,如贺兰山、六盘山、龙门山、哀牢山、横断山脉、茅山等等。还有扭动构造体系所形成的山脉,有北北东走向的新华夏构造带所形成的山脉,如大兴安岭、太行山、巫山、雪峰山、武陵山、长白山、泰山、武夷山、玉山、东南沿海丘陵。也有河西系构造所形成的北西走向的山脉,如祁连山等。还有西域系构造所形成的北西西走向的山脉,如阿尔泰山、唐古拉山、冈底斯山、念青唐古拉山、喜马拉雅山等。这一研究成果,使中国山地地貌系统一目了然。1925年翁文灏在《科学》上先后发表了《中国山脉考》、丁文江发表《中国的造山运动》,1920年叶良辅(1894~1949)出版《北京西山地质志》,1925年叶良辅与谢家荣(1898~1966)发表《扬子江流域巫山以下之地质构造与地文史》、袁复礼(1893~1987)发表《华北地文期研究的平阿基及今后地貌学研究的新方向》(节选),1939年吴尚时在《地质论评》上发表《巫峡》,1944年李承三(1899~1967)等在《地理》上发表《扬子江水系发育史》等,都对中国山脉的形成与地貌发育史进行了研究,将鄂西地貌划分为鄂西期准平原地面、山原期壮年地面、峡谷期等等。后来杨怀仁推而广之,将贵州高原地貌划分为高原期、山盆期、乌江期。这些研究成果影响甚远。

关于河流地貌研究方面,1933年林文英在《方志月刊》上发表《江流索隐》一文,认为长江石鼓大湾为东北—西南断层线所致,任美锷在《江流索隐质疑》一文中认为是河流袭夺而成,后来沈玉昌又认为是断层所致。1965年~1966年景才瑞等在实地考察2年后,发现X节理与断层线是存在的,它们都是破碎软弱之处,四川盆地下降,云南高原抬升,河流沿软弱带加快溯源侵蚀,是在各种因素综合作用下,发生过河流袭夺。因为流水地貌在中国所占面积最广,又是中国人口密集的发达地区,所以,很早就被学者们所研究,成果累累。如杨怀仁等的《长江中下游(宜昌—南京)地貌与第四纪地质》、林承坤的《下荆江自由河曲形成与演变的探讨》、景才瑞等的《荆江河曲的地貌特征》、冯景兰的《黄河流域的地貌、现代动力地质作用及其对坝库址选择的影响》、叶汇的《北江下游河道的变迁》、周廷儒的《南疆塔里木河中游的变迁问题》、丁锡祉的《第二松花江的河谷阶地》、沈玉昌的《汉水河谷的地貌及其发育史》、张伯声的《陕北盆地的黄土及山陕间黄河河道发育的商榷》、王乃樑的《对张伯声先生〈从黄土线说明黄河河道发育〉一文的意见》、张保升的《黄河河道地形的发育》等等,都是研究中国流水地貌特别是与河谷地貌发育有关的研究成果。在这些传统地貌学快速、深入研究的基础上,中国地貌学家另外还拓展了海岸地貌、黄土地貌、风成地貌、喀斯特地貌、融冻地貌(冰缘地貌)、冰川地貌等新的研究领域,这些卓有成效的研究,产生了许多新的研究成果。尤其是1978年以来,一方面引进国外地貌研究的先进方法,一方面密切结合中国地貌的实际,对中国地貌进行微观与宏观相结合的研究,胞粉、$^{14}C$、热释光、古地磁、航片、卫片等的广泛应用,使中国地貌研究更加深入,研究进程也迅速加快,绘制地貌图的速度与精确度都大大提高。由黄签任总体设计和影像数据处理的《中国卫星影像地图》,荣获国际摄影测量与遥感学会(ISPRS)第17届大会最佳展示奖(1992年8月,华盛顿),由陈述彭院士任科学技术顾问的《中国卫星影像图》,也由科学出版社出版。这些中国地貌研究的最新成果的完成,说明中国地貌研究已由中国地貌学家将其推进到一个崭新的阶段。另外,曾昭璇的热带地貌研究、王颖和陈国达的海岸地貌研究、黄进的丹霞地貌研究、甘枝茂的黄土地貌研究、徐近之(1908~1982)的地形学研究、丁骕的中国地形学研究(出版《地形学》专著)、潘凤英的区域地貌研究、夏开儒的冰缘地貌研究、陈吉余的河口地貌研究、严钦尚的沉积地貌研究与景才瑞的冰川地貌研究、陈国达和王富葆的西藏地貌研究、丁锡祉的气候地貌研究、穆桂春的城市地貌研究等等,均有独到见解。

中华人民共和国成立后,中国地貌科学研究得到了迅速发展。中国地貌学的发展也引进了热力学、分形分维等新的理论,但这些基本还处于初始阶段,尚需进一步深入探讨。

1987年以后,4年一度的地貌与第四纪研讨会基本反映了中国近年来地貌学在理论和实践上的发展态势。1987年广州地貌与第四纪学术思想研讨会表明,实验地貌学、地貌制图学等发展迅速;会上不少学者提出了发展城市地貌和地貌信息系统的设想,会议号召地貌学者要主动参与国家中大国土整治问题的研究。1991年桂林地貌过程与环境管理研讨会上,论文集中反映地貌过程与人类活动的关系,集中反映了应用地貌学、环境地貌学、城市地貌、灾害地貌、旅游地貌在大江大河治理、国土开发及区域经济方面发挥了巨大作用,同时,也反映了实验手段的变化。引人注意的是有2篇文章分别探讨了环境地貌学及实验地貌学的发展。1995年广西大化的地貌、环境与发展研讨会,从5个方面反映了地貌学的新进展:地貌和第四纪与全球变化、地貌过程与环境、灾害地貌环境及其防治、旅游地貌资源的开发与保护、地貌第四纪与可持续发展。论文集中探讨了地貌学在环境决策中的作用与任务,以及中国城市地貌研究的现状与展望。1999年9月在河北石家庄嶂石岩召开的地貌与第四纪会议再次以地貌、环境与发展为会议主题,充分说明地貌与环境演变和工程应用的结合,依然是现阶段地貌研究的热点和焦点问题。这次地貌研讨会议题包括地貌过程、地貌第四纪与环境演化、灾害地貌及其防治、旅游地貌资源与开发保护、嶂石岩地貌特征、成因与利用保护和地貌发展与展望等。本次会议上,关于夷平面的研究再度受到了关注。2004年2月"全国地貌与第四纪地质学术会议暨丹霞地貌研讨会"在广东仁化丹霞山风景名胜区召开,会议仍以地貌、环境与发展为主题,展示了中国地貌工作者近年在地貌及其演化、气候与环境变化及人类活动、地貌过程与观测技术、地貌灾害及其治理、丹霞地貌等地貌旅游资源及其开发保护等方面取得的新进展,对中国地貌学的发展展开了讨论。2007年11月全国地貌与第四纪学术研讨会在福建师范大学召开,以地貌、环境、发展为主题,议题围绕当前地貌与第四纪研究的重要领域展开,包括地貌与地球系统、全球变化、地貌与演变过程、地貌过程观测模拟、第四纪环境演变、人类活动与地貌过程,以及海岸地貌、地貌资源与灾害等,充分展示了中国地貌与第四纪研究工作者在近年基于新技术、新方法、新思路所取得的许多创新性成果。2009年11月全国地貌与第四纪学术研讨会在上海华东师范大学召开,对地貌学与区域地貌、风沙地貌与灾害、地貌过程与地貌演变、第四纪气候与环境、河湖地貌与环境等5个议题展开讨论,报告了利用黄土、沙漠、冰川、河流、湖泊沉积物的理化性质、磁性、同位素测年等分析结果所揭示的中国不同地区第四纪不同时期气候环境演变过程,以及中国西北典型地区沙漠化过程及其危害分析、广东省泥石流灾害易发区识别和分级、气候变化的空间天气机制的研究进展,利用高分辨率全球定位系统进行切沟侵蚀、利用光释光测年技术判断历史上高含沙水流堆积等基于新技术新方法所取得的成果。针对近年有人提出浙江东部四明山、天台山、大盘山等地存在古冰川遗迹,根据多位专家的实地野外考察和分析结果阐述了这些所谓古冰川遗迹应是流水地貌。2011年8月全国地貌与第四纪学术研讨会在河南内乡召开,新设了"中国地貌重大科学问题"专题研讨,其主题是"黄河形成与演化",对黄河发育研究现状与存在的问题进行了分析,对黄河中游阶地发育模式、特征、年代以及黄河中游河道形成过程进行了讨论,揭示了在黄河形成历史研究中所取得的最新认识和未来努力的方向。

作为中国地貌科学研究的中坚,中国科学院地理科学与资源研究所在地貌学基础理论研究与应用研究上都取得了丰硕成果,为中国大江大河治理、水土流失防治、农业发展、交通建设以及自然资源综合开发利用和环境综合整治等诸多方面提供了重要科学依据。20世纪50年代,中国科学院地理研究所除了初期就将地貌研究室设置为全所6个研究室之一,研究力量不断发展,并形成研究所最大的研究室,为方便开展不同地貌学科和不同地区地貌研究,并随着学科发展和国家经济建设需要不断进行调整,曾先后设立了河流地貌、风沙与黄土地貌、构造地貌、平原地貌、坡地地貌、喀斯特地貌、区域地貌等研究组,这种分科分区开展地貌研究的组织形式持续到1985年前后被课题组所取代。地理研究所拥有全国最大的一支地貌研究团队,地貌研究领域也涵盖了地貌学的主要方面,涉及河流地貌、河口海岸地貌、风沙地貌、黄土地貌、构造地貌、喀斯特地貌、冰川地貌、地貌区划与制图、应用地貌以及包括黄土高原、华北平原、青藏高原、西南岩溶区、南极等区域地貌等领域的理论、方法与实践问题。早期的地貌研究主要结合在地理考察和为国家建设服务的专项考察中,如中华人民共和国成立前的嘉陵江流域地理考察、西北史地考察、青甘考察、大巴山东段地理考察、长江三峡水库淹没损失考察;中华人民共和国成立后的成渝、成昆等铁路选线、汉水流域考察、黄泛区调查、黄土高原水土流失调查、长江上游河谷地貌和南水北调考察等,并组织和领导全国地貌工作者完成了中国地貌区划工作。地貌研究室成立后,承担和开展了长江上游河谷地貌与中下游河床演变、渭河下游与黄河下游河流地貌、喀斯特水库渗漏与喀斯特地貌旅游、黄淮海农业地貌条件评价和地貌区划、西藏、南极与黄土高原地区综合科学考察、地貌制图、国家重大自然科学基金"黄河流域环境演变与水沙运行规律"、国家攀登计划项目和中国科学院重大基础项目"青藏高原形成演化、环境变迁与生态系统研究"的课题、国家"八五"科技攻关项目课题"黄河流域灾害环境演变趋势及治理对策"、国家自然科学基金与水利部联合资助重大基金项目课题"流域系统中泥沙产生于致灾机理研究"、国家自然科学基金重点项目"东北黑土区土壤侵蚀机理与土壤退化预警""基于气候—地貌—土壤—植被耦合关系的黄河中游侵蚀过程",以及国家下达、部门委托、国际合作、自然科学基金等约200个科考、科研、规划、制图项目与生产任务,研究成果有《黄淮海平原地貌图(1∶50万)》《西藏地貌》《长江中下游河床演变》《南极维斯特福尔德丘陵区晚第四纪地质与地貌研究》《河流地貌概论》《应用地貌学实验与模拟研究》《黄河下游河流地貌》《青海省地貌图(1∶100万)》《青藏高原第四纪冰川遗迹分布图(1∶300万)》等,获得国家及省部级科技大奖几十项。随着科学技术的不断进步和科学研究的逐步深入,相继建立了流水地貌实验室、坡地实验室、孢粉实验室、沉积物实验室、$^{14}$C实验室,为研究第四纪环境变迁、地貌过程变化提供了重要手段,成为地貌创新研究的重要保障。同时,在中国不同自然带如华南热带、华中亚热带、黄土高原干旱半干旱带、华北半干旱带、东北黑土地区曾建立了可以展开野外流水地貌实验的基地,如长江三峡库区紫色土地区、花岗岩地区、张家口地区以及东北黑土地区的野外试验观测站。研究中充分利用现代技术如"3S"技术、$^{137}$Cs技术、GIS及其他分析计算手段。2009年初恢复组建了地貌与流域过程研究室,集中了河流过程、坡地过程与喀斯特过程等方面的研究力量,成为促进中国地貌学发展的一支重要研究团队。

近年来,中国地貌学者在对滑坡、泥石流、沙漠化与风沙灾害、土壤侵蚀与盐渍化以及洪水等自然灾害开展的大规模灾害防治和环境保护工程,港口维护、河口整治、航道开发、水利工程、交通道路(特别是沙漠和山区)和抗震工程等各种工程建设和城镇建设,自然旅游资源开发和地质公园建设等方面都作出了重要贡献,显示了在地貌学理论创新以及解决国家重大需求所做出的不懈努力。承担或参与了大批国家重大科研项目,包括多项国家973项目,如"中国典型河口—近海陆海相互作用及其环境效应""纵向岭谷区生态系统变化及西南跨境生态安全""长江流域水沙产输及其环境变化耦合机理""青藏高原环境变化及其对全球变化的响应与适应对策""中国主要水蚀区土壤侵蚀过程与调控研究""西南喀斯特山地石漠化与适应性生态系统调控"等,取得了重要进展,获得了一批国家级科学技术奖励。

中国地貌研究的发展趋势与主要特点:以系统论为基础的地貌理论体系日臻完善;与相邻学科交叉、渗透、融合,在微观和宏观方面不断开拓;新技术的广泛应用使地貌学定量研究跨上新的台阶;现代测年及示踪技术的广泛应用,使中国地貌学家在定量确定历史过程的速率方面取得了新进展;以GIS为平台的地貌学定量研究日趋成熟;"3S"技术在地貌学研究中日益普及,有力地推动了中国地貌学的定量化进程;实验地貌学与地貌过程研究不断深入;十分重视应用研究。中国地貌学进一步走向世界,已成功地举办了多次侵蚀地貌、河流泥沙、季风地貌、冰川冻土地貌、喀斯特地貌、青藏高原地貌与环境的国际学术讨会。20世纪90年代,中国地貌学者在世界上三大地貌学权威杂志上发表论文近30篇,开始在国际舞台的竞争中崭露头角,2000年8月在南京召开的IAG区域大会(议题为季风、地貌过程和人类活动),也说明了中国地貌学对国际地貌学研究所作的贡献已经得到了承认。

综上所述,国内外现代地貌学的发展趋向主要表现在4个方面:应用或工程地貌学,尤其是环境地貌学的飞速发展;注意与相邻学科包括方法论科学的交叉与结合,更深入地反映地貌学的边缘学科的特性;理论上的整合与动力过程研究的加强;现代地貌学的发展将深入研究地貌演变与全球气候环境变化、区域经济可持续发展以及地球陆地系统的关系。

## 第二节　中国地貌学及其发展

地貌学又称地形学,是研究地球表面的地貌结构、形态原因、发展历史、动态过程及其演变规律的科学。1858年由诺曼(K. F. Nauman)提出。研究对象是地球表面形态(也有称地形圈)。研究内容为地表形态、结构、空间变化、形成动力、发育过程和组成物质特性限定的形态特征。国际地貌学家协会(IAG)对地貌学给出的定义是"地貌学是对地形、景观及对塑造和改变地形、景观的地表过程开展多学科、系统研究的科学"。其研究目的是认识地貌形态的发展规律及其演变趋势,应用于人类的社会实践活动,对工程建设、农业生产、矿产勘查、自然灾害防治和环境保护等均有重要意义。

### 一、地貌学发展简史

人类一开始由于生存上的需要,即频繁地接触地形,识别地形,利用地形,改造地形,不断积累地貌知识。地貌学孕育的时间,国外可追溯到11世纪阿拉伯人阿费森纳(Avicenna)的流水刻蚀成山。作为一门系统的独立的学科,于19世纪中叶才从地文学中脱胎。从此,地貌学发展大体以19世纪末和20世纪中为界,经历了3个阶段。

1. 古代地貌学知识的积累和萌芽

就中国地貌学而言,通常人们认为公元前5世纪~公元前3世纪的《禹贡》用文字最早记载了中国的地表形态。《禹贡》以自然实体(如山脉、河流)为标志,把全国分为9个区("州"),并对每个区的河流、山脉、植被、土壤、物产、人口等给予了简要的描述。这应该也是全球范围内最早有关地貌的记载。此后,司马迁的《史记》、班固的《汉书》、5世纪郦道元的《水经注》、11世纪沈括的《梦溪笔谈》、17世纪徐霞客的《徐霞客游记》及历代的地方志书等都有地貌描述和有关地貌知识的记载。

在西方,古希腊哲学对地球的探讨,古罗马时期由于引水灌溉的需要,对河流地貌和地震引起的地貌变化进行了分析。中世纪对地貌学的描述则是完全按照上帝的意愿来解说。

地貌学萌芽阶段的特征:早期均为简单的描述现象和简单归纳总结,后期伴随着西方物理学、数学的发展及地质学的出现,地貌学萌芽也出现端倪。本时期地貌学的知识与人类生活、战争、旅行等生产实践活动的积累密切相关,而且依存于地质学及一些综合性专著中。

2. 近代地貌学的出现和发展

地貌学(geomorphology)一词的首次出现距今已有140多年了。近代地貌学的出现和发展与地质学和地理学的发展密切相关。17世纪开始,西方伴随着工业革命和地理大发现的进行,地理学和地质学进入了大发展时期。文艺复兴后,西方学者通过野外旅行观察和化石研究了剥蚀问题。地理学家对地貌形态及其分布的描述和地质学家对造貌地质作用的认识,为现代地貌学的萌发提供了壮实的种子和肥沃的土壤。应特别指出的是,罗蒙诺索夫在《论地层》(1763)中提出,地球表面的形态是由于内力与外力的斗争和冲突而形成,必须从发育过程来认识地表形态。赫顿(J. Hutton)于1788年发表巨著《地球的学说》,认定地形演变是地质发展的组成部分,明确指出"今天是过去的钥匙"这个地学研究的经典概念。依据这个概念,莱伊尔(C. Lyell)发展出地质学研究的一个根本原理——"均变论",又称为"现实主义原理",首见于《地质学原理》(1830)。在这本地质学的经典巨著中,莱伊尔引用了许多地貌作用与地貌变化的事实,尖锐地批判了灾变论。科学地质学的创始人Charles Lyell在自己的地质学原理中提出了现实论,即地表缓慢而不断变化的理论。

19世纪后半叶,James Hall的灾变论、James Geikie的大冰期理论为地貌学的出现提供了丰富的土壤。美国地质调查局(USGS)的成立(1879)及美国对西部开发的活动,为地貌学的发育成长奠定了基础。G. K. Gilbert(1842~1912)发表的亨利山地质报告提出均衡发展的思想,对地貌学影响深远,标志着近代地貌学理论的开始。19世纪末,李希霍芬、A. 彭克、A. 巴浦洛夫等所著综合性巨著纷纷问世,他们把地表结构和地貌成因的认识系统化,并进行了地貌分类的尝试。

地貌学的出现,适值西欧和北美资本主义经济上升发展时期。正是这种经济发展对矿产、土地、水力和水等资源进行调查与开发的迫切需要,促使了这门界于地质学与地理学之间的新学科产生和发展。例如,阿尔卑斯山区的水利开发,要求对流水和冰川地貌发育进行深入、具体地研究。美国在南北战争结束后,致力于西部自然资源的调查、开发与交通建设,地形测量与分析成为探路先锋。美国西部的地质构造在地貌上有明显反映,这个天生的条件使美国在地质调查中尤其注重地貌的地质内涵的分析,因此,使地貌学脱颖而出。独立学科的奠基性理论——吉尔伯特(G. K. Gilbert)的地貌律、鲍维尔(J. W. Powell)的侵蚀基准面概念、戴维斯(W. M. Davis)在《河流发育循环》(1889)和《地貌循环》(1899)提出了地貌成因三要素(构造、营力、时间)原理和地貌循环(旋回)学说,首先系统地来自美国,这决非偶然。这些理论依据的主要实例都是来自美国进行的开发调查,特别是这些学者的野外考察,显示了地貌的野外调查和实例研究是地貌学的生命线。类似的情况也见诸于西欧,德国学者A.彭克(A. Penok,老彭克)的《地表形态学》(1895)是最早的地貌学教科书之一,以个人的大量野外成果为依据,其冰川研究尤为突出。W.彭克在《地形分析》(1924)一书中,试图用数学方法分析坡面演化,进而解释地壳运动。英、法的殖民地遍布世界各处,其掠夺性的开发涉及不同自然区的地貌。与美国相比,英、法的地貌研究显得多样,特别注意气候地貌问题。地貌学分化为独立的学科是与W. M.戴维斯和W.彭克密切相关的,他们的观点曾长期作为地貌学的理论基础。

创建时期的地貌学有较浓厚的美国色彩,作为这门新学科奠基者的戴维斯终生执教,在课堂上善于用简图讲解,又精于逻辑演绎、推理、归纳,为地貌学发展培养了众多英才,影响深远,在地貌学界有戴式学派之专称。这个奠基学派使地貌研究从纯形态描述转为"解释性描述"即成因探索,并开创了地貌学的历史研究方向。

体现赫顿均变论与达尔文进化论基本观点的戴氏学派仍占统治地位,地貌随时间呈有顺序的循环演变的观点仍被人们普遍接受,这种情况在较迟才发展地貌学的国家中尤其如此。戴氏传人洛贝克(A. Lobeck)的《地貌学——地形研究导论》(1936)和桑伯瑞(W. D. Thornbury)的《地貌学原理》(1954)被长期地和普遍地用作教科书就是一个明证。在此数十年间,戴氏的地貌循环虽受到不少批评,其中以W.彭克(W. Penck,小彭克,1924)和金氏(L. C. King,1953)较为强烈,但作为戴氏学说核心的地貌随时间而有固定顺序演变的观点,并未被触及。2次世界大战及之间的经济大萧条,无疑也严重影响了地貌学的发展。其中,有一大例外,是前苏联的地貌研究。在1924年~1941年经济建设大发展期间,地貌学在这个新生的大国度里有很大的发展,如舒金的《陆地形态学》综合了前苏联当时大量实地资料,并对地貌分类提出了新见解。

近代地貌学的产生和发展与野外观测调查密不可分。在大量调查资料分析基础上进行理论总结,是这一时期地貌学发展的显著特点之一。同时,借鉴相邻学科的先进思想和技术手段,也是现代地貌学发展的特征,如戴维斯的地貌循环理论明显受到达尔文的生物进化论的影响。

3. 现代地貌学的新进展

第二次世界大战结束后,全球进入经济恢复与发展的时期,大量的多种多样的工程建设对地貌研究提出了定量评价和短期准确预测的高要求。地貌作用和地貌变化的野外实际测定开始得到重视,逐渐成为地貌日常工作的一个重要组成部分。著名美国水文和地貌学家霍顿(R. E. Horton,1932,1945)则从地形形态和水文过程出发,将坡面发育和地貌研究推入了崭新阶段;K. K.马尔科夫(1948)提出了地貌水准面的概念;斯特拉勒(A. Strahler,1950)应用系统方法对斜面从两维空间和三维空间(流域)进行分析;L. C. King 1953年发表了《地形景观演化的基本原则》,提出地貌的夷平大多数情况下是按斜坡后退的方式进行,结果形成了倾斜的夷平面——山足剥蚀面和山足剥蚀平原。

20世纪50年代末~60年代中,地貌学的"定量革命"使地貌学的一个新学派——动力学派初露头角。人们通过实地观测和模型实验,掌握了大量的数据和统计分析资料,从而对地形发育提出了许多新设想。1952年,斯特拉勒(A. Strahler)发表了《地貌学的动力基础》,提出以力学和流体力学为基础的地貌系统。中华人民共和国成立后,大规模开展建设的迫切需要,使地貌学研究在中国得到前所未有的大力发展。在研究上注重于实用和在理论与方法上学习前苏联,可以说是20世纪50年代中国地貌学研究的2个主要倾向。在法国,气候地貌学有了显著的进展,如布德尔的研究。这一时期,地貌学的发展出现3个特征:大量引进相邻动力学的先进理论和技术;采用新的研究方法和手段,如物理探测、遥感、年代测定、微体古生物及孢子花粉等;定位实验站及室内外模拟实验发展迅速。地貌学在这个时期里出现了分支学科,主要是按地貌营力的不同做分门别类的集中研究,从而形成河流地貌学、冰川地貌学、海岸地貌学和构造地貌学。对岩石地貌、风成地貌、岩溶地貌、冻土地貌、黄土地貌和洋底地貌的专门研究亦有明显进展,开始形成了多学派、多部门和多方向的研究层面。

世界经济的持续发展和环境问题的日益突出,促使地貌学界要加速应用和动力因果2大方面的研究。遥测、遥感、微测、地理信息系统和测年等新技术的迅猛发展,有效地提高了地貌学各个方面特别是应用、动力因果和区域对比方面的研究能力。

1961年英国地貌研究组的成立,标志着现代地貌学的发展进入了一个新时期。W. Q. 肯尼迪(1962)根据构造上升、河流下切和普遍侵蚀三方面的作用速率对比,提出了9种地形发育模型;舒姆(A. Schumm)和李奇特(R. W. Lichty)1965年提出地貌学发育的3种时间尺度,舒姆还提出地貌阈值和复杂响应理论。这期间,最引人注目的发展理论是哈克(J. T. Hack)、斯特拉勒(A. Strahler)把系统论和热学原理引入地貌研究中,并指出大多数地形属于开放系统,其演化并不是顺着固定方向和朝着最终地形而进行的,经过自我调节达到均衡是处于开放系统中的地形发展总趋势。自此,动力系统、能量流、物质流、反馈效应、自我调节和动力平衡等热力学概念被用于地貌发育原理的探索,并逐渐发展为地貌学中的一个新学派——动力派。地貌随时间无固定顺序发育和存在稳态地貌的新认识,使戴维斯的地貌随时间的推移、分阶段有顺序地演化的学说受到了冲击。1976年,《地球表面过程》杂志出版,标志着过程—反映学派的成熟。1981年,该杂志又改名为《地球表面过程与形态》,说明过程—反映学派重新从仅重视过程转变到同时兼顾过程的最终结果——地形的变化。乔利(R. J. Chorley)、舒姆(S. A. Schumm)和赛顿(D. E. Sugden)1984年合著的地貌学,标志着动力地貌学派的确立。

地学体系各学科的新发现、新进展和新理论的涌现,特别是海底地形测绘成果、板块学说和外星探测成果给地貌学带来了新思维和新领域。经典性的均变论受到了深刻批判,只保留了方法上的均变假定,代之而行的是新灾变论。大地构造地貌学、洋底地貌学、冰缘地貌学、热带地貌学、干旱区地貌学、喀斯特地貌学、应用地貌学、灾害地貌学、工程地貌学、人类地貌学、环境地貌学、理论地貌学、古地貌学、历史地貌学和外星地貌学等一大批新分支学科先后建立。新技术、新方法、新学派和新分科的纷纷出现,标志着地貌学的壮大与成熟。诚然,在知识爆炸、新问题不断涌现和学科复杂交叉的今天,地貌学的发展面临着严峻的挑战。自20世纪80年代以来,各国地貌学界已意识到这个挑战,并积极应战。从1985年起,每4年召开1次国际地貌学会议,中间插入1次地区性会议。在第2届会议上(1989年9月,德国)宣布了国际地貌学家协会(IAG)的成立,并决定建立促进地貌学持续发展的特派组。1993年,该组的专题报告列述了地貌学的主要贡献,并提出了促使地貌学持续发展的建议。其中,最值得指出的是要强调地貌学与地质学和地理学的区别。地貌学要集中研究岩石圈与人类社会圈的接触界面,要积极参与人类作用导致环境变化的研究,要加强应用方面的研究,要加强对地貌学的宣传、普及、教育与交流。对地貌学的今后发展,其他探讨还认为,要发展与其他学科的交叉,要更多使用新技术。在重视定量研究的同时,还要注意对已有的各种地貌发育基本理论的研究与吸取,对定量问题不要绝对化。

20世纪60年代中掀起地貌学革命以来,重大进展有:以均衡概念研究地貌演化模式、地形与时间关系、地貌过程频率和机制与模型、地貌突变与地貌临界、气候成因地貌、板块构造地貌过程、地貌的数学形态与小尺度形态、地貌(剥蚀)年代、应用地貌及环境地貌等。

中国地貌学在中华人民共和国成立后得到迅速发展。中华人民共和国成立初,受前苏联影响将地形学改为地貌学,自此沿用至今。地貌学与之前相比,最大的不同是地貌学已不是附属于其他学科和由其他学科人员兼职研究,已形成一门独立学科,设有专门培养地貌学人才的地貌专业,有了一支专门从事地貌学研究的专业队伍。20世纪五六十年代,随着大规模的野外考察和经济建设的客观需要,借鉴学习苏联地貌学理论,成为地貌学发展的第一个黄金时代,各分支地貌学科迅速发展,培养了一大批地貌专业人才。1979年以后,中国地貌学又借鉴欧美地貌学发展的长处,朝着纵深方向发展,相继出现了河流地貌学、构造地貌学、气候地貌学、环境地貌学、旅游地貌学、动力地貌学等分支。系统研究了长江、黄河的河流地貌和青藏高原地貌,为水利和道路建设提供了科学资料,还对中国独具特色的西北和西南进行了深入研究,提出了有关的成果理论。中国地貌学的发展也引起了热力学、分析分维等新的理论,但这些基本还处于初始阶段,尚需进一步探讨。

20世纪90年代因普通高校地貌专业的取消、人才流失以及经费缺乏等原因,地貌学研究发展低迷,但是,近年来随着社会经济的发展,国家对水土资源的可持续开发利用以及灾害防治和环境保护的需求持续增长,在资源开发利用、土地退化整治、生态环境建设、江河洪水泥沙灾害防治等领域可以发挥巨大作用的地貌过程研究重新得到重视,地貌学研究正在走出低谷,不断发展。近年,中国地貌学发展的主要特点[1]:第一,在宏观和微观、分析和综合2个方面得到深入发展,产生了一大批高水平的成果,学科总体水平有所提高;第二,学者们瞄准国家重大需求展开研究,若干重要成果为国家建设的决策提供了科学依据;第三,中国地貌学科在国际上的地位不断提高,更多的地貌学家在国际学术组织中担任重要职务;第四,学科理论建设和综合研究取得进展,出版了一批普通地貌学、部门地貌学专著,以及围绕地貌学某一前沿领域的专著;第五,在新的野外实验观测技术支持下,突破了观测"禁区",取得了新的、高精度的资料,并应用日益完善的数学物理方法建立模型,使得现代地貌过程的研究不断深入,一些部门地貌学的过程研究如风沙过程、多泥沙河流地貌过程、河口海岸过程的某些领域已跻身国际先进行列。在研究的技术支撑体系方面也取得重要进展,目前已拥有一批国家重点实验室和省部级重点实验室,如黄土与第四纪地质国家重点实验室、黄土高原土壤侵蚀与旱地农业国家重点实验室、河口海岸国家重点实验室、冻土工程国家重点实验室、地表过程与资源生态国家重点实验室等等,完善和建立了一批野外观测站和实验基地;第六,人才培养取得很大进展,一大批中青年脱颖而出,成为学术带头人和领军人物。

对地貌学未来的预测,在知识和技术的发展如此迅速和层出不穷的今天,自然是很不容易。但从地貌学的漫长历史与活跃的现状来看,它与人类社会的发展息息相关,它与其他的地球科学关系十分密切,因此,它将来的发展必定广阔和久远。地貌学与其他学科的交叉会更深入,分支会更多。地貌学采用的现场、定量、连续观测的新技术会更多,应用会更富有成效,理论会更有依据、更加系统和更为合理。

**二、地貌学的研究内容**

地貌学是介于自然地理学科与地质学之间的一门边缘科学。由于地貌学的这一特性,世界上

---

[1] 许炯心,李炳元,杨小平,等.中国地貌与第四纪研究的近今进展与未来展望[J].地理学报,2009,64(11):1375-1393.

各个国家的地貌学分属于不同的学科。如美国的地貌学是被归入地质学的范畴;而在西欧,地貌学则被视为自然地理学的一个分支。实际上,地质学视地貌为地质作用的历史产物,通过地貌去认识地质,故较突出地貌成因的分析与发育历史的重建;而自然地理学视地貌为一项自然环境要素,注重人类活动受地貌的影响以及对它的利用与改造,故侧重人地关系的研究。在中国,地貌学在地理学界和地质学界都受到一定的重视,也可以说,中国的地貌学是随着地理学科和地质科学的发展成长起来的。

地貌学的研究内容主要包括地球表面的形态特征及其形成的动力、地球表面形态发展的规律和分布,以及组成堆积地貌的沉积物研究等。地貌学的研究内容可概括如下:①地貌形态特征和形态分类,包括海、路、山、平原、盆地等的组合形态特征,以及更微细的地形起伏特征和形态类型等;②地貌成因和成因分类。岩石和构造是造成各种地貌的物质基础,而千姿百态的地表形态是内营力和外营力相互作用下的产物,可划分为众多的地貌成因类型;③地貌年代。地貌年代的确定是阐明地形发展的基础,根据各种地貌形态之间的高差、交切、掩埋或重叠等关系,可确定地貌形成的相对顺序,根据古生物地层法、年间法和同位素年代法,可以确定地貌的地质年代;④地貌分带。受气候和纬度、高度的控制,地貌的分布有地带性。这种地带性对人类的生活和生产有重要的影响;⑤地貌发展。地貌形态随时间而不断发展。在地貌发展的不同阶段,地貌特征及其组合具有差异。但在地貌发展的条件基本不变的情况下,在不同年代,同一类型的地貌重叠发育,构成地貌发展的继承性。例如,在亚热带和温带的大陆中心地区,干旱气候长期存在,则发育了地球上的巨大沙漠。地貌发展的研究对于整治环境和国土规划等有实际意义。

### 三、地貌学分支学科结构与发展

1. 地貌学分支学科结构

(1) 地貌发生系统

包括构造地貌学、气候地貌学、动力地貌学、人为地貌等。

构造地貌学是研究构造运动、地质构造与地貌形态之间关系的学科。狭义构造地貌是指已经形成的地质构造(如背斜、向斜、单斜),在外力侵蚀作用下形成的各种地貌,又称地质构造地貌;广义构造地貌还包括新构造运动所直接造成的、未受外力侵蚀作用显著改造的地貌,如新近隆升的山地和高原、新近沉降的平原和盆地、新拱曲的背斜和拗陷的向斜等,又称活动构造地貌。对地质构造地貌,主要研究在外力作用下各种地质构造总体地貌的具体表现,以及不同岩石组成的各种地层在地貌上的具体表现。对活动构造地貌主要研究地球内力引起的地貌变形,并借助大地构造学和地球动力学的知识去分析变形的力源。

气候地貌学主要研究受气候控制的地表形态特征及其发生、发育的规律。不同气候带有不同的主导外动力,以及外动力强度和组合的差异,会形成不同的气候地貌类型。如冰川地貌和冰缘地貌的分布界限是受气候条件控制的,然而同在冰川或冰、融交替作用区还会因降水、气温条件的差异塑造出各不相同的冰川地貌和冰缘地貌;风和流水的地貌作用在陆地上是普遍存在的,但在不同气候区所塑造的地貌有很大差异;同为石灰岩受水溶蚀形成的喀斯特地貌,在各气候区不同的水、热条件下就会有不同表现。气候地貌学不只注重研究侵蚀地貌形态,同时注意研究与侵蚀相关的沉积,在相关沉积中保留了许多气候条件的信息。

动力地貌学是研究各种外动力在地貌形成中的作用及其形成的地貌形态特征。外动力包括流水、冰川、波浪、风、溶解、热力冻融等作用。它运用物理学(主要是力学)和化学的方法研究地貌过程,以揭示地貌发生发展过程中的内在机制,并进而建立它的物理或数学模型。动力地貌学已成为现代地貌学的重要发展方向。动力地貌学的一个重要理论基础是动力作用均衡的思想。各种外营力与地表之间,在经过长期相互作用之后,可以调整到一种相对均衡的状态,这时能量消耗、物质分配处于最合理的状态,即达到最大的"熵"值,地貌形态就相对稳定。山地斜坡均衡剖面、河流均衡剖面、海岸均衡剖面和冰雪积累与消融平衡等都是这一思想的体现。自然界存在趋于均衡的倾向,也可以达到短暂的均衡状态。然而,早期的地貌学过于强调了均衡的作用,把地貌发生发展过程看作是一个封闭系统。现代动力地貌学改变了这一观点,认为地貌过程是开放系统,能量和物质皆可自由出入于系统,均衡状态可以在某一时段或某一空间先行达到,并非一定要全系统的均衡。按照这种思想来研究地貌的发生和发展,使地貌学研究更加接近于自然界的实际情况。

人为地貌是人的作用在地球表面塑造的地貌体的总称,又称为人工地貌。人类对地球表面地貌的作用是全面的,既有建设性也有破坏性;既有直接改变地貌过程和地貌类型,也有通过人类各种社会的、生产的、科学的实践活动间接对地貌的改变。随着人类社会经济的发展,对地貌的作用也日益增强,由此引起的对人类生存环境的反馈和影响也更频繁,这已引起世界各国的关注。例如,由于工业革命,城市人口的高度密集等增强了温室效应,全球气候的变暖和海面上升,危及到人类的生产和生活。人为地貌可以分为4个方面:①人类活动直接对地表的改造所形成的地貌,它可以有建设性的,如挖渠引水、平坡修田;也可以有破坏性的,如边坡堆放矿渣引起人为崩塌与滑坡;②人类通过农业生产利用与改造土地,促进农业区域各种(优劣)地貌系统的形成,如乱开垦土地引起严重的水土流失,而园林田网化则可减轻沙漠化;③人类通过发展城市,建立新的城市地貌系统;④人类通过大量的工程、技术活动改变了地貌的过程和类型,如大坝的建设改变了河流的侵蚀、搬运、堆积过程,过度的地下水开采则引起地面下沉等。

(2)地貌营力(过程)系统

包括河流地貌学、冰川与冰缘地貌学、河口与海岸地貌学、海底地貌学、湖泊地貌学、泥石流与重力地貌学、风沙地貌学、岩石地貌学、喀斯特地貌学、黄土地貌学、历史地貌学等。

河流地貌学是研究河流地貌发生和发展过程,解释流域泥沙运动规律和地质、自然地理条件(如气候变化、地壳运动、地质构造、人类活动)对地貌发育影响的科学,是地貌学的分支。既研究流域的侵蚀,又分析河流的沉积;既分析地貌发育的现代动力过程,也追溯其历史的演变。是介于20世纪60年代发展起来的陆地水文学和地貌学之间的边缘科学。对河流地貌的研究,主要应用于河道的治理、地下水的开发利用、沉积学与地层学的研究、河流沉积矿的勘探以及水土保持的研究等。

冰川地貌学研究由冰川的侵蚀搬运和堆积作用所形成的各种形态的科学。其研究内容也包括冰水堆积地貌。由冰川堆积作用所形成的地貌有侧积堤、中积堤、终积堤、冰碛丘陵等,冰水堆积地貌有冰砾埠、冰水阶地、冰扇等,由冰川侵蚀所形成的地貌有角峰、刃脊、冰斗、槽谷、羊背石、冰坎等。冰缘地貌学是研究冰缘地区以及强烈冰融作用为主所形成的各种地貌和沉积物的科学,又称冻土地貌学,是地貌学的分支,是与冻土学、地质学、气候学、土壤学、植物学、第四纪年代学、工程地质学等密切相关的边缘学科。大多数学者认为,冰缘的涵义既包括冰川的边缘地区,也包括气候寒冷但在地域上与冰川没有直接接触的地区。冰缘地貌学的主要研究内容包括冻土地带测量、冻土地质研究、冰缘地区形成机制、冰缘冻土地带对现代地貌过程的影响与防治措施等。

海岸地貌学研究不同类型海岸形成、发生和发展以及演变规律。20世纪50年代前着重于海岸发育历史和海岸形态研究。20世纪50年代后,因引进动力学内容而加深了海岸过程的研究,应用波浪理论阐明海岸泥沙纵向和横向的变化规律,揭示海岸各类堆积地貌形成的动力机理,使海岸研究进入动态描述阶段,对海岸均衡剖面、海岸分类、潮汐通道演变及海岸生态环境系统演变等方面的研究,都得到加强和发展。如测年技术的出现,为海平面变化、海岸线变迁和海岸构造变形等的研究提供了可靠依据;定位站的建立及其观测结果,为理论和应用研究提供了系统资料;数学模型和物理模型的应用,为走向动量化和动态预测开拓了新的途径。20世纪70年代以来,广泛应用地球资源卫星所取得的信息,扩大了海岸变化、海岸环流、海岸水下地形和岸滩等宏观研究领域。随着海岸带资源开发、海岸工程建设和环境变化所带来的灾害影响,涉及许多生产、国防建设和环境保护、生态环境系统管理等实际问题。特别是引起人们关注的海面变化及其所造成的环境影响,是海岸科学研究的中心课题。预测海面上升与海岸环境变化趋向及其环境保护和管理,是世界海岸科学研究的共同目标。

湖水作用形成的地貌。湖水在风的作用下形成波浪;注入湖泊的河流将泥沙不断输入湖盆;风、温度、盐分的变化和差别在湖泊内也形成多种形式的次生流和密度流。这些因素与湖盆及其周围地区相互作用,造成各种湖泊地貌形态,可概括为2大类:①湖泊侵蚀地貌,如湖蚀崖、湖蚀平台、湖蚀穴、湖蚀岬角等,主要因波浪在近岸地带形成的波浪及其挟带的碎屑对湖岸不断冲击、磨削而形成;②湖泊堆积地貌,如河流入湖处堆积的三角洲、各三角洲连成的湖滨平原、侵蚀下来的物质被沿岸流或波浪带到岸边堆积形成的湖滩,以及各种湖岸沙堤、沙坝、沙嘴和湖滨沙丘等。研究湖泊地貌的形成、发展规律及整个湖盆、湖区发生、演化历史的科学成为湖泊地貌学。近年来,在研究内容和方法上发展都很快,已成为部门地貌学中的一个重要分支。研究湖泊地貌对于湖泊资源的开发与保护,如湖泊滩地的利用与合理围垦,提高湖泊水资源的利用率及维护生态平衡、保护生物资源等都有重要意义。

岩石地貌学是研究同类岩石在不同自然地理条件下,或各类岩石在相同的自然地理条件下的地貌形态特征及其演化的学科。中国常见的岩石地貌有:石灰岩地貌、红色砂砾岩地貌(丹霞地形)、石英岩地貌、页岩地貌、花岗岩地貌、玄武岩地貌、黄土地貌以及红土地貌等等。同类岩石的地貌形态特征及其演化在不同的自然地理条件下是极不同的。如花岗岩在华南多呈高耸的山形,在华北、东北等则多呈低矮的丘陵,这是因为岩相不同岩性各异的花岗岩在不同自然条件中因风化类型特性(例如,有的以物理风化为主,有的以化学风化为主)的不同造成的。岩石地貌是区域地质调查和航空照片判读的良好标志,与工程建设也有密切关系。

历史地貌学是研究地貌形成发育历史过程的学科,是地貌学的新兴分支。研究内容包括地貌发育时间和各阶段内外营力作用方式、强度及其塑造的形态特征。广义的历史地貌学研究现代地表形态形成的整个历史过程。狭义历史地貌学仅研究人类有史以来,即大体限于第四纪全新世以来的地貌发育。后者近来受到重视,因为:①能使地貌与人的关系更密切;②1万年内地貌发育的古地理环境和以前不同;③对一部分短周期地貌过程如三角洲发育、河道与湖泊变迁、风成地貌变化、泥石流与地面塌陷等灾害地貌的研究,既可满足时间尺度,又因测试的可行性、观测数据延长的可靠性和史料记载的可利用性均较大,使研究更易深化,从而在一定程度上有利于验证地貌学基础理论,并更好地满足经济建设的需要。

(3) 地貌应用（综合）系统

包括区域地貌学、应用地貌学、环境地貌学、城市地貌学等。

应用地貌学是研究如何应用地貌学原理和方法解决生产实践的学科。如研究地貌形态与沉积物的分布规律，进行地貌区划、农业区划；应用沉积相的理论和方法，了解石油、地下水和一些砂矿的富集和储存规律；根据地貌的变形揭示新构造运动，找出地震危险区，进行地震长期预报，衡量大型建筑的地基稳定性；研究某些灾变性地貌过程，如山崩、滑坡、泥石流等，进行预测，提出防护措施；研究河流和波浪的侵蚀、搬运、堆积作用，对水土保持、航道整治、海港选址、护岸护坡等工程建设提出依据；研究风沙运动规律，采取防风固沙措施，保护农田、草场和道路；许多以自然风光为特色的旅游点、区的选择和建设，也需要地貌知识。

环境地貌学是研究地貌形态及其过程与环境其他要素（土壤、水体、植被等，甚至包括以耕作为营力的人类）之间各种相互关系的科学，其内容十分广泛，特别是要研究人类与地貌环境之间的各种关系，还要研究地貌与环境系统之间的关系、地貌利用和改造、地貌灾害的预测和防治等问题。

城市地貌学既研究城市地貌环境的基本属性，为城市利用提供依据，同时，它更侧重于研究人为地貌作用对地貌环境、地貌过程和反馈机制的各种改变和调节，人工地貌的形成、分异和演变，进而提出保护地貌环境、整治地貌问题和防灾减灾的对策和措施。

(4) 地貌技术系统

包括数量地貌学、实验地貌学、地貌年代学、地貌制图学等。

数量地貌学是运用数理方法，通过对量的处理分析研究地表形态及其形成、发展的科学。包括定量的获取、非定量资料的数量化、数据的处理与分析、模型的建立、地貌过程的模拟等。常用的获取定量数据的方法有野外测量、定位观测、物理模型测试、数学模拟以及利用遥感技术对资料进行分析、处理。依靠简单分等评级、评定隶属度、可靠度等方法使非定量资料数量化。利用分析数学、概率统计、模糊统计、集值统计、模糊数学、系统分析、聚类分析，以及耗散结构理论等方法分析和处理数据。已建立的模型大多是多因素的推理性模型，部分是半定量性模型。地貌过程模拟既有物理模拟，又有数学模拟，内容涉及部门地貌的各个领域。

实验地貌学是在野外或室内用模拟或定位观测等方法研究地貌的形成过程、影响因素和演变规律的科学。它可以使地貌学的研究从定性达到定量，进而对地貌的演变进行预测。相似理论和异构同功原理是实验地貌学的理论基础。按实验途径则可分为物理模型和数字模型两大类。地貌学实验始于19世纪末，随着系统论和计算机技术的引入发展很快，目前，实验地貌学多用于风沙地貌、河床演变、港口回淤、泥石流的形成等方面的研究。中国的地貌实验开始于20世纪60年代，已有各类地貌实验室20多个。

2. 地貌学分支科学和结构与发展[1]：

现代地貌学已经发展为科学系统（见图2-1-1）。从目前地理学和地质学的发展趋势看，地球系统学、人类活动及全球环境变化、区域可持续发展都与地貌学系统的各个层次密切相关；从内外营力看，地貌学分为构造地貌学和气候地貌学，它们分别从内营力或外营力来研究地貌的形成过程，以及内外营力之间的相互关系。就科学本身的分化而言，地貌学可分为区域地貌学和部门地

---

[1] 胡世雄,王珂. 现代地貌学的发展与思考[J]. 地学前沿,2000,7(Z):67-78.

貌学。还有属于方法论和全局性的分支以及新方法和新技术的应用。

整个学科系统可分为4个层次(见图2-1-1,陈志明,1985)。

(1)周围地学最新发展内容与其他学科的新技术方法。这是目前地学界最为关注的研究内容,它们与地貌学各个分支交叉渗透,形成许多地貌研究的最新热点,如全球环境变化与地貌学的交叉可形成极地高山环境变迁研究,东亚季风,多种区域气候变化模型耦合研究,海平面变化研究,黄土环境研究,水土流失与环境变化研究等;再如,区域可持续发展与地貌学的交叉可以促进行星地貌学、构造地貌学的发展。新技术、新方法(如"3S"技术、测年及示踪新技术)的应用极大地促进了现代地貌学的发展。

(2)外层的边缘性学科。即气候地貌学与构造地貌学及其有关作用过程。整个外层体现了地貌系统的开放性,这些边缘学科在现代地貌学占有重要地位。把地貌演化与岩石圈运动和大气环流变化相联系,是构造地貌学研究的重要发展。中国学者对青藏高原隆起及其环境影响贡献很多。

(3)中层的传统部门学科。包括传统的地貌学,如冰川、冰缘、黄土等,以及区域地貌,如湖沼、河口、海岸、河流等。这些学科自20世纪五六十年代以来发展迅速,大大丰富了地貌学的研究内容。

河流地貌学。沿着地理学方法和水力学、泥沙运动力学相结合的方向深入发展,在黄河水沙变化及其地貌响应、三峡大坝泥沙问题、高含沙水流、河床演变、古河道研究等方面取得了突破;河道运动力学的提出是宏观河床演变学与微观泥沙运动力学结合的新进展。

冰川与冰缘地貌学。20世纪80年代是中国第四纪冰川与冰川地貌研究取得重大进展的时代,长期困惑中国地质学界的中国东部庐山等中低山地有无第四纪古冰川问题得到了前所未有的讨论,累计发表争论文章不下百余篇。争论双方都使用了新的实验分析手段深入分析环境问题,这是不同于过去的显著特点。关于青藏高原第四纪大冰盖假说的激烈争论,促进了中国与世界冰川界的交流;台湾雪山主峰区3套不同冰川遗迹的发现,为台湾高山存在第四纪冰川提供了确证。

风沙地貌。20世纪80年代以来,中国先后在鄂尔多斯、科尔沁、青海共和盆地、浑善达克、松嫩平原、巴丹吉林和塔克拉玛干等地系统开展了沙漠形成演变的研究,充分论证了沙漠化过程,初步建立了可以与黄土、海洋沉积和冰期气候波动对比的沙区第四纪地层序列;同时,在沙漠的成因分类和区域分布方面都有了新的发展,使沙漠学获得新的理论支撑;1992年世界环发大会以后,沙漠化和荒漠化概念从内涵基本上达成共识,荒漠化成为风沙地貌研究的主要内容,研究的区域由干旱地区扩大到半湿润、湿润地区以及海岸风沙地貌,认为中国荒漠化的发展取决于自然和人为2类因素的叠加效果,自然因素仍是基础,人为加速值可达到80%左右。对华南沿海"老红砂"的成因与形成环境进行了研究,认为是在晚更新世末次冰期低海面时形成的海岸风沙堆积。土壤风蚀模拟实验,深化了对风蚀物理过程的认识,建立了风沙运动的数学模型;对各种风沙工程和防沙作用原理有了较深刻的认识,并在防沙实践中如沙漠公路沙害防治、铁路沙害防治中得到较好的应用。

黄土与侵蚀地貌。黄土地貌成因形态分类、黄河中下游地区和重点产沙区侵蚀产沙量、风蚀水蚀交互带作用机制、黄土梁峁坡上坡来水、来沙对下坡侵蚀产沙的影响等继续得到广泛关注,动力水蚀、土壤结皮和犁底层对黄土坡面侵蚀产沙的影响,坡度和坡长对土壤结皮、下渗率、溅蚀、细沟侵蚀和坡面侵蚀的影响极其临界值的研究,以及细沟发育过程中水流阻力和侵蚀产沙的变化规

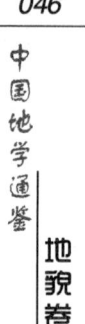

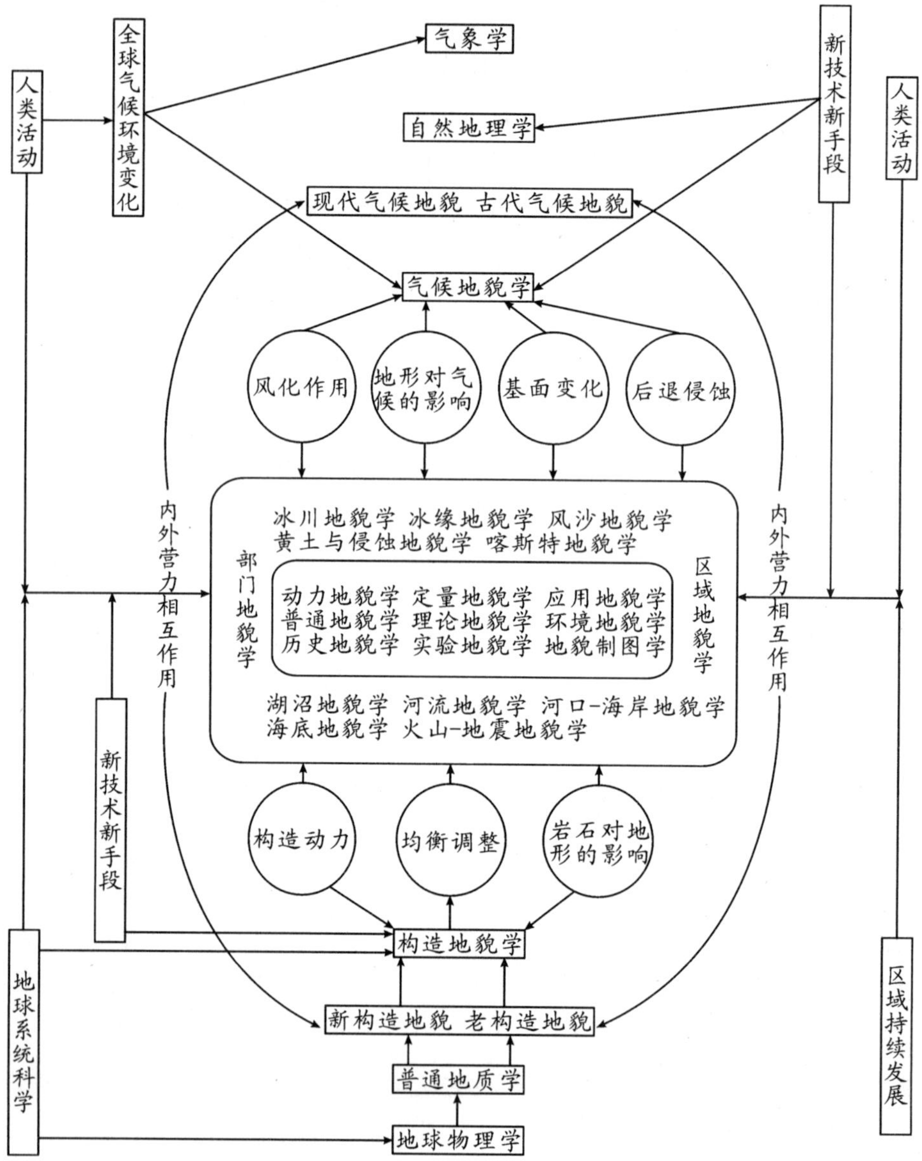

图 2-1-1　现代地貌学系统层次结构（据陈志明，1985）

律及细沟侵蚀发生的临界水流条件的研究都取得了较大进展。

喀斯特地貌。喀斯特演化的过程与序列、喀斯特发育过程中物质（包括碳和钙）的迁移是目前研究的热点问题；洞穴石笋微层及所含完整的各种信息，为全球变化研究提供重要依据；应用碱性钙溶液通过吸收空气中二氧化碳进行碳酸钙风化景观的复生实验为解决旅游活动对洞穴的破坏带来了曙光。

海岸与河口地貌。近10多年来，海岸地貌得到了蓬勃发展。对近几十年区域相对海平面变化过程进行了分析，考虑区域构造运动及地面沉降作用叠加IPCC的预测对未来变化趋势做出了预测，并对其影响海岸地貌发育和经济建设做出了估计。在海岸侵蚀研究和治理方面，得到的共识是沿岸泥沙的亏损，特别是入海泥沙减少及采砂和海洋动力强化是造成侵蚀的主要原因。黄河三角洲的演变、长江口泥沙输移规律及珠江、滦河三角洲等得到了进一步研究。在港口选址及淤积治理、航道演变与整治、海岸旅游资源开发与保护等方面取得不少经验和研究成果。水动力学、数学方法和GIS技术运用于海岸地貌发育研究使海岸研究定量化得到发展。河口海岸研究更倾向于生物、地球化学、物理过程的统一考虑,全面研究河口淤积萎缩、防洪及污染问题取得不少进展;河口数学和物理模型实验研究得到进一步加强。

应该看到,有部分地貌学分支与其他学科的关系愈来愈紧密,已经被融入其他学科领域,如冰川、海洋学等。这进一步说明地貌学加强理论整合的必要性与紧迫性。

(4)内层的方法论与全局性学科。它们居于地貌系统结构的最中部,是现代地貌学的核心,其中,动力地貌学、定量地貌学、环境地貌学及应用(工程)地貌学(Hart,1986)是20世纪六七十年代以来逐步发展起来的,具有较强的生命力。例如,结合地区经济发展的应用地貌学分支——喀斯特地旅游地貌、丹霞旅游地貌、障石岩地貌等研究取得了较大的进展。其他一些较老学科由于引进了新的研究方法和技术,赋予了新的研究内容,也焕发了勃勃生机。如实验地貌学方面,地貌实验与模拟已经成为地貌学基础研究与解决实际问题的强有力的手段。目前,中国地貌实验室(站)已有30多个,1993年成立了全国地貌实验与模拟组织。地貌实验由常态过程向非常态过程,特别是泥石流、风沙、冰缘块体运动及喀斯特作用过程发展;在深度上,由平衡态向非平衡态,由线性向非线性、由均变向突变过程的发展;在宏观与微观、定性与定量、理论与实践相结合等方面均取得了大的进展。流水地貌实验、风沙地貌的观测与实验、泥石流的实验观测、侵蚀地貌实验均取得了较大的进展,河口潮滩过程、喀斯特作用过程、冰川冰缘地貌及湖泊动力地貌过程方面,也开始了观测研究。再如,历史地貌学进行了珠江三角洲、黄河三角洲等地区历史地貌学的研究,其成果直接应用于区域经济的建设和发展。

### 四、地貌圈及其与其他地圈层的关系[1]

随着近代地学向巨大时空综合研究的发展,地表圈层及其相互作用问题已日益引起学术界的关注。如1989年在中国第2届天地生相互关系学术研讨会上,著名科学家钱学森向科技界呼吁加强"地球表层学"的综合研究,黄汲清也为大会论文集题词"天地结合探讨真理,上知天文下知地理",程裕淇以《深入开展天地生综合研究》为题发表了开幕词。值得注意的是,中国2006年~2020年国家中长期科技发展纲要的5大科学前沿问题之一,就是地球系统过程与资源环境和灾害效应,其中,主要研究方向首先就是地球系统各圈层相互作用的研究。然而,时至今日在国内外地学界,对地球浅部一些次级圈层的认识并不一致。例如,在许多文献(包括某些涉及地表圈层的地学文件)有水圈、冰冻圈、土壤圈和生物圈,而没有地貌圈。在地学界中,一些学者甚至把地貌学定义为"研究地表形态"的科学,或者不自觉地使地貌学极限于地貌形态的研究上。显然,这种片面观点将大大削弱地貌学的科学性与实用性。实际上,地貌圈作为地球诸多圈层中的一个与人类生存、发展直接发生关系的圈层,它是一个既有形态又有物质结构,并有一定深度层次和在全球充分连续的基本圈层。

地貌圈现代概念及其4大属性是中国与邻海(1∶400万)地貌图及其全亚洲与邻区(1∶800万)陆海地貌图研制的指导思想。

---

[1]陈志明,D. A. 季莫莫耶夫,V. V. 勃朗古里耶夫,等.试论地貌圈概念、属性及其与其他地表圈层关系[J].地球科学进展,2007,22(1):17-25.

1. 地貌圈成因的现代概念

地貌圈一词的广泛使用,始于1968年的地貌学大百科全书,其次,J. Budel(1977,1982)在《气候地貌学》一书中做了具体说明。但是至今,对地貌圈层成因概念及其所涉及的深度层次仍然存在一些分歧。如20世纪中叶,以德国学者J. Budel为代表的一些欧洲学者把地貌圈的形成主要归因于外营力。他认为,地壳的内部结构主要由内力过程决定,但外部的地表形态(地貌圈)是外力过程塑造成最细致形态的。虽然最细致的形态以外力成因为主,但他回避了一个基本问题,即大—中级别的地貌成因何在。对此,Budel自己也承认,占地球表面71%的海底地貌主要是内力过程的产物。但是,他用图解绘出褶皱山地的原始形态及其后被大量剥蚀而蚀余的当今微起伏地面,用以说明前者为内因,后者属外因的两种不同地形面。实际上,山地形成具多代性,即在一次造山后,还有二次造山和后造山的多次作用;或前碰撞之后,还有同碰撞与后碰撞变形;原始隆起后就完全不动而消极被剥蚀的山地,在现实世界中是找不到的。如山地蚀低之后,至少要顺从地壳均衡原理而缓慢回升。另一种较科学的观点是,地貌的内—外力成因是随着等级规模,或地貌制图比例尺的变化而不同的,即高级大地貌(或小比尺制图)其内力(构造)成因是主要的;反之,最低级别(或大比尺制图)其外力(气候)成因最为重要。其中,前苏联著名地学家认为,高级大地貌结构或造貌构造和中级的地貌结构都是内动力地貌。他们认为,前者为海陆岩石圈及其不同发展历史形成的,后者在地壳属性、地质建造与一定地球物理特性支配下,主要由内力过程形成的。而最低级别的刻蚀地貌则主要是外力因素形成的。显然,不论从亚洲或从全球地貌看,后一观点符合实际。其中,刻蚀地貌即接近Budel最细致的地貌形态类型。据上述地貌圈成因的现代概念,我们认为其英文表达用Morphosphere or Geomorphic sphere 比20世纪中叶使用的 Relief sphere 更好,因后者主要指地表起伏形态或地形。

2. 地貌圈的形态属性和物质属性

从静态的观点看,地貌圈层首先包括形态和物质两个互相联系的基本属性。这相当于Verstap-pe所指的静态地貌学,即把现存地貌形态与物质设定为静止状态来进行研究。它被认为是现代地貌学的4个基本任务之一,对农业地貌与环境地貌等实际应用具有重要意义。

(1)形态属性。如果不包括埋藏于地下的古地貌面,现存景观中的地表形态是一种具有多级结构的三维空间。其最高级从星体巨形态(如世界主要洋盆和中国4大地形阶梯等),到大—中级别的海拔和高差之综合形态(如最高山、高山、中山、低山、丘陵与平原等基本形态类型),以及坡形和坡度等小形态,最小形态即各种地貌面的微形态(如冰川、沙地表面形态等)。地表形态构成自然景观的基础,是地貌圈层最直观的特性。但是,它不是地貌学研究的核心内容。在多数情况下,它仅是成因研究的出发点,为成因与过程的认识提供形态学依据。如亚洲几乎拥有全球地表形态的所有基本类型,它不仅占世界全部(14座)8000米以上的最高山峰,同时包揽了全球所有高于7000米的山地。世界最高大的青藏高原与最大起伏地形(雅鲁藏布大峡谷的最大起伏度达5300米左右)都在亚洲。此外,最深的海渊(马里亚纳海沟的查林杰海渊,-11 034米)、最深的边缘海(韦泊深渊,-7256米),以及陆内最深的裂谷海槽(死海,-392米)也都在亚洲。显然,它们可为大地貌研究提供很好的形态学依据,但他们没有直接显示地貌成因的功能。黄土地貌的塬、梁、峁也不能直示或风或河或湖的具体成因;地貌形态不是"真空"或"透明薄膜式"的形态,而是由内在物质构成的三维地形实体。

(2)物质属性。地貌学不论从科学或应用角度,地貌物质的研究都极为重要。它不仅是地貌过程和地质事件的最好记录,同时也是各种应用的物质基础,如许多矿产资源、土地与地下水资源都蕴育在地貌圈层之中,或依托在地貌圈之上;地貌物质与地貌形态是一个统一的整体,它使处于不同高程的地貌实体存在重力位能,即 Aseev 所指的"等位能重力场"。据我们理解,它指随地形海拔和(或)相对高差的不断增大,在不同高度级别中存在越高越大的重力位能场。这是一切重力作用的静力学基础。所谓地貌物质即组成地貌实体的有关岩石、风化壳和堆积物。虽然从某种角度看,这些物质是地球固态圈层所共有的,但是,地质学、地貌学和土壤学所研究的目的不同和深度层次不同。对于地貌学而言,在剥蚀区,地貌物质首先指数米至数十米(少数百余米)不等的风化壳,它是岩石圈疏松的外壳、母岩风化的产物和土壤发育的成土母质,因而有别于有机物参与作用的土壤物质。其次,地貌圈物质还涉及地貌实体内部的岩石结构和地质构造。如剥蚀山地与丘陵至少包括地形相对高差之间的岩石构成,因为在此范围内的地层结构(如近水平、单斜和各种褶皱与断块及其岩体类型)将直接控制着山地丘陵的"骨架"。于是,它们所涉及的深度通常从数百米至千余米不等,在大起伏地形区可达数千米,从而有别于地质学所研究的数千米至数十千米厚的地壳,以及地球物理学所研究 100 千米～200 千米厚的岩石圈;在堆积区,地貌物质至少包括平原浅部数百米至数千米(即工农业电力提水可及深度)的沉积物,其物质涉及沉积相的水平分异及其层间的垂向结构(它们涉及水土资源条件与沉积矿产开发利用)。此外,为长期地貌演化和山地夷平面及其相关沉积研究,还经常要了解数百米至数千米厚的整套中—新生代地层结构。如台块的隆起、沉降或掀升,可通过其剥蚀与堆积的时空转换来进行研究。关于地理表层学所涉及的下界,有学者认为在大陆之下 5 千米～6 千米,在海洋之下一般 4 千米左右;从地震蕴育的角度划定,深度在海陆约在 10 千米～25 千米之间。由于地貌是自然地理环境的基础,其圈层厚度是各地理圈层中最厚的,从此意义上看,地理表层学的下限可代表地貌圈研究所涉及的厚度。据地貌圈运动在大陆涉及地壳的盖层(厚 0 千米～10 千米)或上地壳(厚 3 千米～7 千米),或少数中地壳(厚 3 千米～7 千米),以及海洋岩石圈的沉积盖层厚 0.7 千米～3 千米,平均地壳 2 千米等数据依据,其全球活动深度大致定在 3 千米～24 千米之间。其中,盖层(3 千米～5 千米)深度主要出现在大洋盆和稳定地台区,而 6 千米～24 千米厚度主要形成于年青或回春造山带和活化地台区。不过,需要特别指出的是,所有的地球圈层和地表圈层的厚度划分都不是绝对的,因此,无需追求"确切"厚度划分。实际上,各圈层之间都有互相渗透的过渡带,各地学之间也都有交叉研究的结合带。

3. 地貌圈层的运动与演化属性

大量近代研究表明,地貌圈与其他地球圈层同样都不是静止的。如一般认为,地貌圈层和地壳包括均变式与灾变式的两种运动;另一重要观点即现代海陆分布、大地貌格局和绝大多数中级别地貌,并非是第四纪内—外动力过程的产物,它们多数是经历中—新生代长期演化的结果。因此,地貌圈必然有自己的运动特性与演化过程。

(1)运动属性。地貌物质的运动首先是在地表径流的带动下,剥蚀与风化物质从高处搬运到低处堆积的地貌过程。这在大—中切割的地形区相当明显,如喜马拉雅山 15 万年以来的隆起速率 30 毫米/年,与整个高原较快隆升带来的巨大剥蚀速率,导致高原外缘(特别是南缘)的印度前陆盆地产生数千米厚的河流沉积和在印度半岛两侧形成全球最大(平均 4 千米厚,顶部厚达 10 千米左右)的孟加拉与印度河海底扇,并促使东南亚与南亚大陆边缘的陆源碎屑沉积总量占全球陆缘的70%。Verstappen认为,地貌物质的搬运过程即传统动力地貌学研究的主要内容之一。J. 特里卜特认为,现代地貌学的方法论是以过程分析与相关沉积(动力地貌学)研究及其日益精确的断代技术为基础的。此外,地貌圈最深层的物质运动还包括地壳表层常见的重力滑动,即高大地形的位能,在重力作用下沿其底板的滑动面向低处滑移(包括山崩地滑与泥石流等)。虽然地壳下参与地幔对流的重力作用与地貌圈无关,但是,地形高差引发的重力滑动必然与地貌圈的物质运动有关,其作用厚度大陆一般从数百米至数千米,最厚可达数十千米,海洋约达3千米~5千米。造貌构造分析发现,亚洲各大地形阶梯边缘的重力滑动较为常见,如青藏高原的周边,最明显的有喜马拉雅与苏莱曼山弧和东南缘大切割地形区,特别是川滇菱形地块等滑覆构造区。它还涉及沿中上地壳或盖层滑动面(低速层)上运动的各种薄皮构造;许多活动带的"立交传输"构造运动如"三明治"构造、多层(圈)构造和岩石圈的层块构造等,其最表层的运动也都与地貌圈有关。实际上,它们都是切断地貌实体的根部,导致地貌层圈与主岩石圈脱离的一种运动。大陆边缘(从陆架到边缘海盆的最深部)和大洋盆(从洋中脊到深海沟)两者都有数千米的地形高差。因此,在巨厚水体静压力和水的渗透作用下,很容易沿构造面或低速层发生重力滑动。包括西太平洋从老洋盆的深而冷(高比重)的洋壳,向中太平洋新洋脊的浅而热(低比重)的洋壳,普遍存在明显的拉力作用,导致下地壳沿其间的低速层或莫霍面从洋脊中向海沟发生重力滑动。对此,有学者计算,只要地形坡度达到1/3000就能产生40毫米/年的滑动速度。任纪舜指出"不论大陆还是大洋的壳—幔结构都是分层的,岩石圈垂向上是多层次的,地壳是多层的……";海洋分层构造在总体上较大陆普遍些。总之,岩石圈不论在大陆或海洋,在许多情况下并非是岩石圈上下等速地整体运动,至少在活动地区是沿壳幔内部构造面和(或)低速层而滑移的分层差异缓慢运动。这意味着涉及地貌圈的中上地壳运动,可沿其底板的滑动面与其下部岩石圈地幔产生拆离性的水平差异运动。值得注意的是,现代GPS测试成果充分证明,岩石圈或其表层的地壳几乎无处不在运动,大陆稳定地台也不例外。如果承认岩石圈在许多情况下存在分层构造运动,这就可解析GPS所记录的运动,在许多地区不代表岩石圈的整体运动,甚至也不一定代表地壳的整体运动。例如,在现代东亚大陆边缘的海陆会聚带;GPS所测示的岛屿运动速度普遍慢于用热点作参考架而确定的板块运动速度,如关岛向北西运动的GPS速度(29.1毫米/年)明显慢于地学研究的西太平洋板块的同向运动速率(78毫米/年~91毫米/年),显然,太平洋的岛屿、海底高原与海山并不是海洋岩石圈的典型地壳,而是陆壳或过渡壳,它们的运动可能是局部海山或包括海底中上层地壳的运动。因此,当洋壳向陆缘俯冲时它们必然受阻而延缓运动速度;太平洋各种海底地貌图与构造图都显示,现代西太平洋众多海山都滞留在海沟的东侧。此外,印度板块北移的GPS速率(30毫米/年~35毫米/年)也明显慢于地学研究的速率(43毫米/年~50毫米/年),这主要是上部涉及地貌圈的刚性地壳,在北移时受到向南推覆—滑动的喜马拉雅刚性弧体的强烈阻挡,而其下岩石圈上地幔则因具弹粘性或延展性,故在北移与高原的上地幔碰撞时,则发生蠕动变形而阻力相对较少所致。即2个刚性亚板块碰撞时其运动速度的下降,要比2个岩石圈上地幔碰撞后的速度下降更为明显。显然,这也是海底中上地壳(海洋地貌圈)运动明显慢于岩石圈运动的原因。从上可见,地貌圈运动形式除地表径流、风力与重力等搬运的风化壳及其地貌实体的运动外,还与地表推覆、滑脱的"薄皮构造"和板内中上地壳亚板块被其下主岩石圈拖曳,因底板的摩擦而滞后的运动有关。

(2)演化属性。大量事实还表明,地球表面现存的地貌形态与物质构成大多数都不是冰后期以来现代过程的产物,许多构造地貌都是在新构造阶段以前就开始形成的。如 Btidel 认为,全球地貌95%不是全新世形成的,特别是中—低纬地区的全新世地貌不超过总地貌的5%;它们是在漫长地质过程中近代地貌过程继承与改造了较古老地貌的结果。另据 King 对非洲、澳大利亚、南美巴西高原等南半球主要地貌历史的多年研究,那里现存景观中最古老的残体产生于侏罗纪,即所谓泛大陆"冈瓦纳"的第1夷平期;第2夷平期的残体形成于早—中白垩纪的"后冈瓦纳期";第三期为最广泛的地形夷平期,形成于晚白垩纪早中新世的"非洲期或莫尔蓝期"。而北半球,在前苏联广大领土的最古老地貌为晚侏罗纪—早白垩纪,少数有三叠纪残体(主要分布于远东与东北亚)。有学者认为,从晚白垩纪至全新世是形成现存地表景观的"地貌纪元";更多的学者则主张,中—新生代是地球表面现存地貌的形成阶段。亚洲大地貌研究表明,北亚、中亚和华北与华南等地台区的大地貌格局与晚古生代造貌构造过程的关系密切,它们最晚定型于晚古生代末—中生代初。因此,在处理地质构造演化和近代地貌形成的关系时,把古生代末到中生代初作为它们的时间界限是适当的;有些学者明确指出,长期地貌演化是地貌学最能发挥学科优势的研究内容;地貌世代演替是地貌研究的核心论题。国际地貌大师 I. P. 格拉西莫夫晚年最后一篇重要论文中指出,全球地貌学对于活动论的现代理论发展具有巨大潜力,特别在解释中—新生代山系和陆海岩石圈板块制约下形成的大地貌成因尤为重要。此外,他还指出,在前中生代古老造山作用及其造貌构造演化的研究仍然存在许多空白,或者只有我们的学科能够用现实主义方法对有关研究提出必要的修正。

上述"形态、物质运动与演化"的4大属性,构成地貌层圈的完整概念。从物质构成而言,虽然地貌圈可隶属于固体岩石圈表层的一个亚层圈,但是,它有自己的空间形态、物质结构和发展过程,并在海陆都有相当厚度和在全球充分连续的基本圈层之一。因此,我们更主张地貌圈是岩石圈与大气圈等地理内外环境圈长期互相作用而形成的一个过渡性独立层圈。如果把地貌圈层与土壤圈、生物圈乃至水圈和(或)所谓的冰冻圈作比较,那么,它在圈层厚度和全球连续性方面则有过之而无不及。显然,这些圈层都是我们所不可忽视的,地球各圈层都是互相作用与彼此依存的。

4. 地貌圈与其他地表圈层的相互作用

地貌圈层位于岩石圈和大气圈之间,是它们的接触界圈及其物质与能量交换的主要场所。地貌圈的起伏形态、物质结构及其运动与演化,一方面受内层空间(地壳属性、地质建造与构造运动)和外层大气圈(日照、降水、风与潮汐等外动力)的共同作用;另一方面,它又对其内外层圈产生反馈(如高大地形引发重力滑动、地貌物质的剥蚀与搬运影响地壳均衡,以及它可形成海陆风与湖陆风与地形雨等等)。其作用与反作用都包含着复杂的物质和能量交换(图2-1-2)。从各地理圈层来看,水圈在全球海洋与江湖约75%地域都位于地貌圈之上,而其他多数含蓄在地貌圈层之中。有些地理圈层主要存在于大陆地表,如土壤圈、冰冻圈与人文圈。其中,所谓冰冻圈在更新世占大陆地面的8.8%,而现代仅占大陆的3%。实际上,"冰冻圈"是水圈的一部分,它远非是连续的独立层圈;而生物圈与人文圈在某种意义上都是生命圈,但后者强调人类的智能特征,因此,有些学者称"智能圈"。从上述圈层的空间结构看,除人文圈外,其他圈层都有特定的立体叠置关系,如生物圈主要位于土壤圈之上,而土壤圈置于地貌圈之上,包括地貌圈又置于岩石圈之上。其中,土壤圈与地貌圈的关系,如同后者与岩石圈的关系一样(前者仅是后者浅层的很少部分)。诚然,在地理圈层及其内外环境圈之间,都是长期互相作用并有物质与能量交换的依存关系。但是,从固体

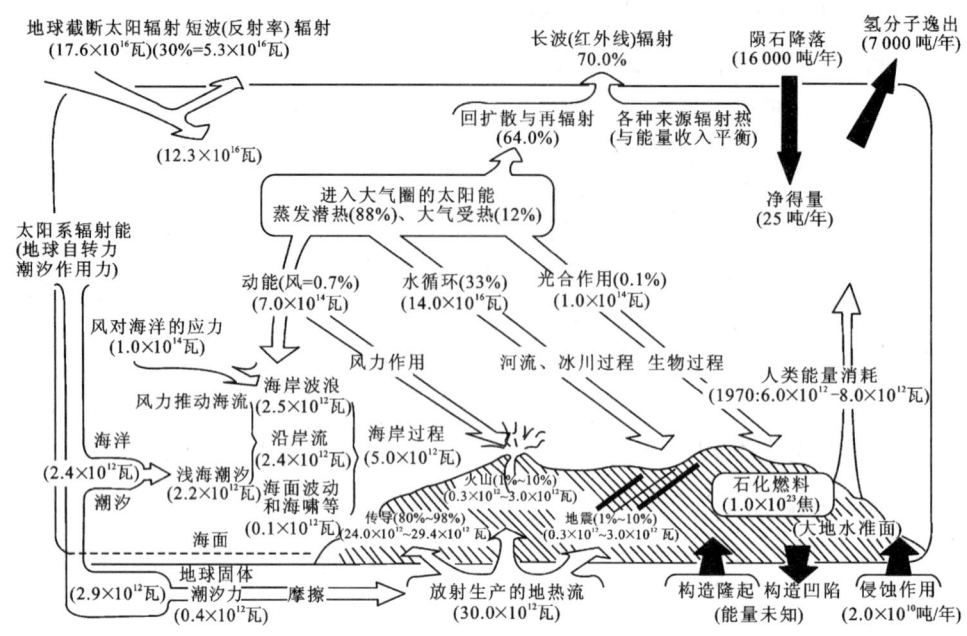

图 2-1-2　地貌系统能量流与物质流（据陈志明等，2007）

与液态圈层而言，从岩石圈→地貌圈→水圈（局部冰冻层）→土壤圈→生物圈，从下而上基本上都有逐一提供依托与生存的物质空间，因而，自下而上存在逐层控制的内在关系；反之，从最上层的大气圈向下至岩石圈，一般都存在逐一叠置的重力负荷关系。仅从固体圈层来看，有学者认为，从土壤圈→局部冰冻层→地貌圈→岩石圈，上层基本上都是下层的附着圈。因此，在上下层互相作用的总背景下，其下层对上层的控制是矛盾的主要方面；而上层对下层虽然存在制约关系，但这一般都属矛盾的次要方面。如大气变动、水、土、植被的变化可以驱使外力地貌的形成与衰变，但它们不能使盆地褶皱成山，或使山地沉降为海。显然，大地貌结构主要受下层地壳与岩石圈（矛盾主要方面）的变动所控制，包括岩石圈的上、中、下地壳及其上地幔的上下层关系也不例外。

地貌圈与其他地表层圈的互相作用（表 2-1-1）。地貌圈作为地理内外环境圈之间的一个过渡性独立圈层，它是地球各圈层中一个与人类活动和生存发展关系最密切的圈层，它为各种生物、水土乃至人类提供生存与发展的空间及其物质基础（如成土母质、土地与有关矿产等不可再生资源）；多数岩石圈深层的构造作用与某些矿产资源都通过其最表层的地貌圈与人类生存发展直接发生关系；地球内部能量也通过地貌圈（特别脆性中上地壳）的破裂（即地震与火山）与地貌形变来释放，从而给人类造成灾难。可见，以地貌圈为研究对象的地貌学是一门内涵精深而外延广阔的学科，其精深内涵包括地貌圈与内外环境圈互相关系及其演化过程的研究，而外延即涉及气象气候学、生物地理学、土壤地理学、水文地理学、环境生态学、构造地质学乃至地球物理学和星际地学等，即地貌学与这些学科都有交叉研究的广泛领域；地貌学不仅对揭示景观演进历史具有重要意义，而对于许多矿床（特别是油气与砂矿等）的普查与勘探，以及减灾防灾、改善生态环境等实际应用也有重要价值。总之，地貌学不仅是一门认识自然、有益于地学各支学科发展的基础学科，同时它还是一门国家经济建设和改善国民生活不可缺少的学科。地貌圈作为地球表层主要能量转化的地貌场所，它对全部生物以及人类本身的生存环境具有巨大意义；地貌圈及其伴生的水圈（局部冷冻层）、土壤圈与生物圈都是我们生存的唯一基础。为了改善我们的生存环境，了解它可能承受开发的潜力,深刻地钻研为我们造福的地理环境是非常有用的,它将教会我们怎样合理利用自然,为实现国家持续发展作出贡献。

表 2-1-1 地貌圈与其他地表层圈的相互作用

| 地表圈层 | 对地貌圈的主要作用 | 来自地貌圈的主要作用 | 主要尺度 |
| --- | --- | --- | --- |
| 大气圈 | 日照、降水与风能对地表输入能量,并使地貌呈现水平地带性 | 对地表的光、热、风进行再分配,使山地气候呈现垂直地带性,并产生地形雨与海陆(湖陆)风等 | 中—小尺度 |
| 人文圈(智能圈) | 用积极或消极方式改造或破坏地貌景观 | 为人类提供生存与发展空间和某些物质基础(如土地等不可更新资源) | 中小尺度至微域 |
| 生物圈 | 输入生物过程产生的热量;植被覆盖度和类型组合对侵蚀速度的影响 | 地貌(形态和物质)类型与地形部位对植物生长和植物活动产生制约作用 | 小尺度或微域 |
| 土壤圈 | 输入成土过程产生的热量;土壤类型制约坡地的稳定性 | 为土壤形成提供生存空间和成土母质,并通过地貌类型对地形部位控制土壤的形成与发育 | 微域与小尺度 |
| 水圈—冰冻圈 | 对地表进行侵蚀、溶蚀、冲刷与刻蚀;泛滥使低地河川泥沙在海盆和湖泊中沉积 | 承载地表水,含蓄地下水,并控制地表径流的活动方式、途径与速度 | 中—小尺度 |
| 岩石圈 | 输入来自地下深处的地热能,并通过造山运动与造陆作用形成各种构造地貌,使地貌发生非地带性 | 传递来自外层空间的能量,大地形阶梯引发重力滑动构造,并通过剥蚀和堆积使地壳产生均衡运动 | 星际级至大中尺度 |

据 M. A. Summerfield 1991 年 &A. L. B loom 1987 年等资料综合修编。

# 第二章　中国地貌学方法论研究

现代地貌学研究方法可归纳为3大类,即静态研究方法、动态研究方法、相关学科引进的研究方法。静态研究方法包括沉积物分析、成因分析、历史分析、年代测定技术、比较描述、数量统计、分形分维、系统综合分析、区域综合分析;动态研究方法有:野外观测试验、室内模型实验、动力过程分析、过程反映模型的建立、地貌演变与灾害预测评估等;从相关学科引进的技术方法有:力学与动力学方法——流体力学、岩土力学、工程力学及地球动力学、大气动力学、河流动力学、泥沙动力学、海洋动力学、冰川动力学、风沙动力学等;"3S"技术——地理信息系统、遥感技术和全球定位系统;地球科学方法——地球物理方法、地球化学分析方法、地球生物学方法;方法论科学——控制论、信息论、系统论、均变性、新灾变论、协同论、耗散结构理论等。

综合分析以上地貌学的3类研究方法,结合目前国内研究进展,可以认为地貌学的研究方法中沉积学方法及动力过程方法的矛盾和冲突日益明显。传统地貌学的研究多偏重于沉积学的方法。过去是认识现在的一把钥匙,沉积学方法是研究地貌发展历史与过程的有力工具,但要深入认识地貌演变的过去与现在动力过程与机制,进而预测地貌过程的演变趋势,必须采用动力过程分析的方法。动力地貌研究发展应该汲取其过程——反映学派及数学地貌学派的经验教训,避免过于重视工具,本末倒置,甚至演变为数学游戏或模型游戏。动力地貌学的研究将彻底改变过去人们眼中对传统地貌学的印象——仅仅是现象描述和宏观分析。动力地貌学通过引进动力学模型、数学模型及地理信息系统等研究方法和技术,采用宏观与微观相结合,全面深入探讨各种地貌产生、发展的机制和规律。它具有动态性和较强的预测功能,从而可以更好地为经济建设和社会实践服务。中国未来地貌学的发展需要继续掌握好现有的沉积学方法,更加积极地采用动力过程方法,使静态与动态相结合、宏观和微观相结合才是地貌研究的最有效途径。

科学的发展一再表明,新技术方法的引进对学科发展具有关键作用,如20世纪60年代系统方法被引进地貌研究中,它明确要求把地貌研究对象作为整体来研究,并力求用定量方法分析系统各因素的相互关系,从而极大地促进了动力地貌学的发展。因此,引进和掌握新方法、新技术是未来地貌学发展的关键因素之一。

## 第一节　传统的地貌研究方法

自20世纪50年代以来,地貌学的研究方法和手段有了较大进展。地貌学研究和应用只凭定性描述方法是不够的,必须用定量方法研究地貌过程,说明地貌与其形成因素之间的关系。17世纪~18世纪河流地貌研究中曾应用定量方法,但较广泛的运用是在1945年R.E.霍顿提出了河流长度、数目与级别之间的定量关系之后。较多的是用于地貌形态要素的量计,如河流长度、流域面积、地形高度与坡度等,利用这些参数,以数理统计方法开展河流地貌特征、坡地特征的研究等。目前,由于许多地貌过程非常缓慢,一些突发的因素又难以监测,加上影响的因素过于复杂,难以定量地表达,因此计量方法在地貌学研究中的运用还很不够。

中国地貌学家在其科学实践中深刻体会到,地貌学和其他自然学科一样,其研究方法最基本的应是唯物辩证法。1965年李四光在《答＜新建设＞编辑部问》时指出:"在科研工作中,要学会运用唯物辩证法,以打破唯心论和形而上学的各种各样的束缚。"1963年李四光在《信心百倍,勇往直前》一文中还指出:"我们要懂点哲学,但作为一个科学技术工作者,不必要以哲学家的身份来专讲大道理,而忽视实际的具体问题。"1961年高等教育出版社出版的南京大学地理系地貌教研室编著的《地貌学》一书中提出了4种现代地貌研究的方法:

(1)形态分析法  从地貌外部特征的描述、研究,进而到地貌发生与发展规律的研究。它要求对大地貌和小地貌做出客观的分析,判别各个形态间的相互联系和相互依赖性。其方法是先通过对各种地貌形态的描述,然后对其各形态要素(如长度、高度、坡度及各种断面)直接测量,进而绘制成图,最后结合地貌学各方面的知识,对这些形态做比较研究,从而揭露出地貌发展的顺序及原因。

(2)沉积物相分析法  侵蚀和沉积是一个统一作用过程的2个方面。在侵蚀地貌形成的同时,侵蚀下来的物质形成"相关沉积物",根据沉积物的颗粒形态、矿物成分、物质结构等来确定沉积物形成时的古地理环境,再根据其中的化石确定与之相关的侵蚀地貌形成的年代。

(3)外动力分析法  外动力作用过程决定于地理环境与地壳运动的特征,它们造成的地貌在不同地区不同时期内是极不相同的。例如,一条河流平水期和洪水期的地面塑造作用就不相同,河流作用造成的地貌形态也随之改变,在阐明河流冲积物的形态组成时就必须研究该区正在进行和已经进行的外力过程。在野外通过分析外力过程和它们所造成的地貌形态,就可以判断相应的地貌类型的发生和发展,如雪崩、崩塌、海岸的堆积物等。

(4)内动力分析法  由于地球的内力作用使岩层发生各种构造,影响到地表各种地貌形态的产生。因此,在研究地貌时必须深入分析各种内动力对地貌的影响,诸如地壳大构造、各种地质构造以及新地质构造等与地貌的关系。分析哪些地貌形态是内力作用的结果,以及今后它们发展的趋势。同时也应研究各种岩石性质在地球的内外动力作用下的地貌表现。

此外,由于地貌学研究方法是否得体直接决定着地貌研究成果的质量高低,所以,早在1938年,叶良辅便在《地质评论》第3卷第6期上引进了美国哥伦比亚大学教授蒋森(D. W. Johnson)所著的《科学方法之研讨》,该文认为:"任何适当的科学方法之研讨,比论及两种科学行为:其最要者曰调查研究之法,亦即发现事实真相之途径;次曰陈述之法,即以调查研究之结果,用语言或文字,使群众认识之谓。因文字能达于多数群众,故著述之方,较诸口授,更有实际的重要性。任何卓越之研究与假设之铺陈,正如有才艺之发明与制造,非将其有效的贡诸大众,不得显著之果。故有调查研究未经发表,不算完成之说。"哈佛大学教授步林曾谓:"不得其法之论著,使人厌读,以致求不到群众。作者脑海里的东西能大众化者,正为大众能读能解之故。"因此,有效的陈述固不能以能干的研究而代之,但为保证任何研究圆满成功而不可缺之媒介。当年哈佛大学教授戴维斯(W. M. Davis,1850~1934)也认为,每逢以独立工作之结果,用语言或著述而求人了解之时机,夫自以为有己无人之学者,必不能再与世隔绝,且必认识世间尚充满着其他问题与工作者。在寻求彼辈应得之地位时,该学者及其兴趣必横遭冲突。且必特别考虑何种陈述方法,可将其结果最有效而最有利的陈述于群众之前。因此,该文在"陈述法之选择"一节中,提出了3种常用的陈述方法:

(1)游记法(The Itinerary Method)  过去旧式的报告中,尤其是记述新地域之探勘工作,著者往往照发见次序而记者,夹与地方与人群之通俗的素描,作者探险之记录,及其他非科学之材料。当其科学观念成熟、结论得到之时,文内或不时夹有专题之短论,虽然此种短论与其余本文无法分述者。其实游记法亦即所谓叙事法之一种。

(2)编史法(The Chronicle Method)　可谓第2种叙事法。并非如游记法之按照著者行程而领导读者,而是编者所论专题各分枝之理智的考察而领导读者。故此法基本为编者之所为。

(3)演剧法(The Dramatic Method)　近代科学论文中,不时利用一种纯有系统之陈法。其法对于某项问题之一切事证陈于读者之前,不加解释与讨论,然后演剧似的宣露其说明。此法或为归纳法之一种,其差别即在惊奇成分之轻重耳,两者均以陈述事实在前,由此再获结论。

另外,戴维斯还创造了一种块状图法。促使戴维斯在地貌学中成绩卓越,还有他的写作与演讲天才。他还会描绘清晰的地貌图表,他的著作中全部的插图,都是他亲自绘成的,文图并茂。讲课时,他把这些插图画在黑板上,并创造了一种清晰的描绘地貌的方法——块状图法。把地貌与地质构造综合为一体,因而使人对于地貌的成因有一个明晰的概念。同时,在地貌研究中他还使用演进法,也称动态法,在发展的过程中,认识地球表面的地貌形态,也即对地表地貌作解释描述。他的讲授天才表现在深入浅出,容易了解和不厌其烦,一而再、再而三地加以阐述,直至获得成功。

对某些外力地貌过程,如河床演变、风沙运动、河口变迁开始用水槽、风洞等作模拟实验,运用应用函数、概率论、数理统计、数理逻辑、控制论、流体力学等数学、物理学方法进行分析研究。

## 第二节　现(当)代最新地貌研究方法

过去传统的地貌研究方法,多注意宏观地貌的研究,一般分为3个步骤:第一步,搜集、整理、分析和学习研究地区的已有研究成果,发现问题,制订野外踏勘和野外考察计划;第二步,赴研究地区进行野外现场地貌考察,发掘第一手新的资料;第三步,回室内做野外考察总结报告,把所有搜集到的新旧资料做一番去粗取精、去伪存真、由此及彼、由表及里的改造制作工作,使所有资料条理化、科学化、抽象化,把感性材料上升为理性,就算完成一个地区的地貌研究成果。这种研究方法虽然也是很有价值,但是不够精细,也难以扩大眼界和掌握研究地区与相邻地区的相互关系,因此,这种方法需要更新换代。

现(当)代最新地貌研究方法在于向微观世界和更大的宏观世界延伸扩展,和传统的地貌研究方法相比,其优点是既省时又精确。

(1)航片、卫片、电脑绘制地貌图方法　在地平线上,人的视野是不够大的,"欲穷千里目,更上一层楼"。航片尤其是卫片,是在更高的空中摄影,可以覆盖很大的面积,对他们进行判读,应用电脑进行自动化制图,既节省时间,又提高精度。如在中国地貌研究史中所说的由黄签任总体设计和影像数据处理的《中国卫星影像地图》与由陈述彭院士任科技顾问的《中国卫星影像图》等,既节时省费,其精度又高。对某些地貌过程采用遥测遥感技术,包括地面定位遥测,运用航空、卫星遥感影像等对地貌过程的动态监测。

(2)微观世界测量地貌年代方法　传统的地貌研究方法只能推断地貌形成的相对年龄,如对河流阶地年代的推断,传统的研究方法是通过对阶地剖面的整理,推断出最低的第一级阶地($T_1$)年龄最新,向上类推第二级阶地($T_2$)、第三级阶地($T_3$)……年龄逐级变老,但不知其绝对年龄;而现代则是先在野外采集样品,然后拿回实验室内通过电子自旋共振、$^{14}C$ 分析、热释光分析、古地磁测定、钾—氩法、铀系法等,就可以测定出它们的绝对年龄,使地貌研究的精确度进一步提高。例如,孙建中、赵景波、孙秀英等发表在《海洋地质与第四纪地质》第7卷第1期(1987)上的学术论文《黄土,还要更老些》,经过古地磁的测定,认为中国黄土比过去人们所认为的240万年还要更老些,可达266万年。

(3)微观世界测定堆积地貌成因方法——电镜扫描法　关于堆积地貌组成物质的形成原因问题,尤其是所谓"混杂堆积"问题,过去常常争论不休,因为从有些堆积物孤立来看,似乎有"多解性",各执一词,难于定论。1965年冬天,地质部西南第四纪冰川专业考察队向李四光汇报考察成果时,李四光提出,对有争论的冰川堆积物,可以对其中的石英砂做电镜扫描研究,因为冰川堆积物中的石英砂表面多有条痕与贝状断口,肉眼看不出来,但在高倍电子显微镜下放大后就可以看出。据此,1986年《华中师范大学学报》(自然科学版)发表《神农架大九湖地区更新世冰川遗迹的初步研究》一文,作者景才瑞、傅爱民即对冰川堆积物中的石英砂进行了电镜扫描,并在镜下拍摄了照片,其表面显示出条痕与贝状断口,得以确定。

(4)微观世界测定堆积地貌形成的环境方法——孢粉分析法　由于各种堆积物在长期现代冰后期的温暖潮湿的环境中经过风吹、日晒和雨淋,多数已经风化,有的甚至已经形成了厚薄不等的风化壳,表面看起来好像它们堆积时的地理环境是温暖潮湿的,但是若对其堆积物中所含的植物孢子花粉采样进行实验室分析,并通过对其中的喜冷与喜暖植物的孢子花粉对比研究——看其哪些层位中喜冷与喜暖的孢子花粉多少,即可结合其他条件,决定其堆积时的原始地理环境。1995年发表在《第四纪冰川与第四纪地质论文集》第8集上的《天目山地区第四纪孢粉分析及其在气候地层学及古环境上的意义》一文,作者徐馨即对天目山冰坑晚更新世的堆积物进行孢粉分析,发现云杉、冷杉暗针叶林孢粉,从而确定其为寒冷环境。

现(当)代最新地貌研究方法是对传统的地貌研究方法的发展与补充,如对航片、卫片的判读,也需要对研究地区地貌状况的了解,有时在判读时发现疑难问题,还需要到野外现场进行观察取证。所以说,有了现(当)代最新地貌研究方法,并不能完全废弃传统的地貌研究方法,使二者有机地结合起来,才能获得最佳的地貌研究成果。

# 第三章　中国地貌类型划分研究

地表形态各种各样,有低洼地、平坦地、起伏不平地、高隆平坦地、高耸不平地等等,开始人们并不完全认识它们的成因,不知道它们是如何形成的,但认识其外表形态,如宋代的朱熹便提出过这样的疑问:"今登高山而望群山皆为波浪之状,便是水泛如此,只不知因什么事凝了。"所以,人们对于地貌类型的划分研究,首先是从地貌形态类型的划分开始的,然后才进一步对地貌成因类型的划分研究。

地貌分类体系是建立在地貌形态成因相关分析的基础上,对众多地貌形态和成因按其客观内在逻辑关系进行的系统分类。地貌分类是以地貌各基本要素包括地貌形态(起伏度、坡度、海拔高度及其组合——正负地形 …… 陡崖、陡坎)、成因、组成物质(基岩、松散沉积物)、地貌形成环境、空间特征(规模)、时间因素(演化过程)等方面及其成因内在关系研究为基础的分类。

## 一、中国基本地貌类型研究的发展

### 1. 20世纪50年代以前

人们很早已形成地貌类型的概念,并运用诸如山、丘陵、平原等词汇,这些都是单纯按形态特征划分的。由于农业生产需要,很早就对地貌类型进行划分。《诗经·大雅·笃公刘》中已有冈、原、隰等地貌分类名称。《管子·地员》中更将丘陵分为15种农业地貌类型:坟延(衍)(平缓低丘);陕之芳(旁)(谷地);祁陕(较高谷地);杜陵(较大土阜);延陵(延展大土阜);环陵(高大块状土阜);蔓(峦)山(长形的低山);付山(多土的小山);付山白徙(土)(有白土的小山);中陵(中等土阜);青山(青色的土山);袄礠山赤壤(有小石和红土的小山);山白壤(多磊石和白土的山);徙(土)山(不高的土山);高陵土山(高丘陵土山)。将山地分为5种农业地貌类型:县泉(有泉水流下的山);复吕(重山的顶部);泉英(有泉水的两重山);山之材(山的半腹);山之侧(山体的四旁)。

由于作战需要,《孙子兵法》中即有专门的《地形篇》,提出6类兵要地貌类型:通形(行军方便的地形);挂形(易去难回的地形);支形(对峙的地形,各有险可守);隘形(山间主要通路);险形(难攻易守的地形);远形(营地相隔很远的地形)。原书作者认为:"支形者,兵之助也""通形者,先居高阳,利粮道以战则利""隘形者,我先居之,必盈以待敌"。

春秋战国以后,由于地形知识积累渐多,注释也就十分必要,如《尔雅》中即有《释地》《释丘》《释山》《释水》等篇,对地貌进行了详细地描述,并加以分类,中国现今使用的平原、丘陵等名称均源于此。如《释地》篇中即有"下湿曰隰,大野曰平,广平曰原,高平曰陆,大陆曰阜,大阜曰陵,大陵曰阿。""可食者曰原,陂者曰阪,下者曰湿"的描述。《释山》篇中记有"山大而高,嵩""山小而高,岑""大山恒""独山蜀"(在山东南四湖区)。

刘熙的《释名》中也有《释地》和《释山》2篇,专谈地形类型。如"冈,亢也,在上而言也""山旁曰陂""山多小石曰礐""山足曰麓"等。

北宋时代成书的《太平御览》中地貌类型划分已反映出专门化的趋向。在其地部中有关山地、丘陵、平原的地貌类型就有27类。海岸地貌也有岛、屿、湾、浦之别。

《徐霞客游记》中更将喀斯特地貌划分出14个类型:石山、峰、岩、洞、穴、入水洞、眢井、环洼、坠穴、槽、坞、天生桥、峡、井等。

近代地貌学诞生以后，按形态特征进行分类仍是划分地貌类型的一种方法，如德国A.彭克1894年的分类划分出平原、山崖、河谷、山地、凹地、洞穴等类型。但更多的学者采用形态成因原则分类，如美国W.M.戴维斯1884和1899年提出按构造、营力和时间形成地貌的三要素进行分类；前苏联K.K.马尔科夫1929年提出按地形发育的3个基本要素（形态、成因和年龄），划分出侵蚀—大地构造地形、构造地形、刻蚀或侵蚀地形和堆积地形等类型。按形态成因原则划分地貌类型的情况也很复杂，根据不同的性质、特征就有许多不同的分类。而且，影响地貌发育的因素除了内外营力外，还有它们所作用的实体——地表的组成物质，不同的组成物质往往形成不同的地表形态。因此，有人提出根据形态标志、成因标志、物质组成标志和发展阶段、年龄标志等进行综合分类。随着经济建设的需要，近些年还出现了应用地貌类型。

中国的基本地貌分类在20世纪50年代以前基本上没有专门研究，仅在一些地理、地质文献中提及有关名称，如在沈玉昌主编的《中国地貌区划（初稿）》一书中叙述了翁文灏和李四光将中国地貌分为高山（山地）、高原、丘陵、盆地和平原5大类，但未阐明具体划分指标和其成因意义。中国基本地貌（形态）类型划分研究开始于20世纪50年代，随着区域地貌调查和研究的深入，开始形成了自己的基本地貌（形态）类型分类方案。

2. 20世纪50年代～60年代

20世纪50年代初，为开展自然区划工作的需要，中国的地貌分类研究受到重视。在吸收前苏联地貌分类研究成果的基础上，提出了自己的地貌分类方案，主要有以下中国地貌分类方案。

（1）周廷儒、施雅风和陈述彭的方案（表2-3-1）。1956年，周廷儒、施雅风、陈述彭在《中国地貌区划草案》中，基本采用形态指标，在翁文灏等方案基础上，增加了高山、中山类型，并阐明了具体的分类指标，他们根据海拔高度、相对高度、构造特征以及蚀积特征和地貌特征将中国地貌类型划分为平原（海拔多数<200米，相对高度50米）、盆地（盆心与盆周高差>500米）、高原（海拔>1000米，与附近低地高差>500米）、丘陵（海拔多数<500米，相对高度50米～500米）、中山（海拔500米～3000米，相对高度500米以上）和高山（海拔>3000米）等6大类型。这个方案可以称为中国最早的现代地貌分类系统。但在该分类系统中的"盆地"和"高原"都是有山地、丘陵、台地和平原组合成的一种地貌类型，它们与山地、平原等基本地貌类型是包含关系，而不是并列关系，将其归在同一等级，从分类原则讲尚不够严密。此外，海拔高度、相对高度分级及其具体高度指标能否反映中国地貌，特别是西部高山和高原地区特点尚需商榷。

表2-3-1 中国地貌分类

| 类别 | 海拔 | 相对高度 | 构造特征 | 蚀积特征 | 地面特征 |
| --- | --- | --- | --- | --- | --- |
| 平原 | <200米 | 50米 | 沉降为主 | 沉积为主 | 平坦，有残丘孤山 |
| 盆地 | | 内外相差500米 | 四周隆起，中部沉降或上升量小于四周 | 内陆盆地以沉积为主，海拔较高的以侵蚀为主 | 内陆盆地地势平坦，外流盆地分割为丘陵 |
| 高原 | >1000米 | 与附近低地高差>500米 | 上升，古侵蚀面或沉积面 | 剥蚀为主 | 古侵蚀面或沉降面保留部分平坦，其余崎岖 |
| 丘陵 | <500米 | 50米～500米 | | 侵蚀为主 | 宽谷低岭 |
| 中山 | 500米～3000米 | >500米 | 成山较早 | 流水侵蚀，化学风化为主 | 山脉形态分割较碎 |
| 高山 | >3000米 | | 成山较新，上升量最大 | 冻裂强盛，最高山有冰川分布 | 尖峰峭壁，山形高峻 |

资料来源：周廷儒，施雅风，陈述彭，等. 中国自然区划草案草案[M]. 北京：科学出版社，1956.

(2)沈玉昌分类方案。1958年,沈玉昌提出了以"成因"为地貌分类标准的划分系统,该分类方案是为了配合中国地貌区划工作,对中国陆地地貌类型在周廷儒等分类方案基础上进行了更详细的划分,针对中国陆地地貌类型,首先划分出5大类,即构造地貌、侵蚀剥蚀构造地貌、侵蚀剥蚀地貌、堆积地貌和火山地貌。大类之下分为类型,类型进一步划分为亚类。

(3)1959年《中国地貌区划(初稿)》采用形态成因原则将中国地貌分为8大类,即堆积平原、剥蚀平原、高平原和高原、黄土塬与黄土丘陵、剥蚀作用的山地(高山、中山、低山)、喀斯特化的山地(中山和低山)、冰川霜冻泥石流作用的高山和山原、干燥剥蚀的山地(中山和低山)和火山地貌。该方案除划分出山地、平原、台地外,对山地类型依据海拔高度500米、1000米、3000米和5000米为指标划分了丘陵、低山、中山、高山和极高山,对指标确定的依据还做了较详细的说明。并进一步按切割深度100米~500米和1000米划分了丘陵、浅切割山地、中等切割山地和深切割山地等4类。该方案公布后的相当一段时间内,被广泛引用,也为今天山地基本地貌类型的划分奠定了基础。但由于当时对全国地貌研究还不够深入,许多地区的地貌考察与研究尚是空白,致使该地貌分类系统没有对平原和台地进行进一步划分,山地高度分级及其划分指标仍难以全面反映中国地貌的特征。

(4)1959年黄秉维在《中国综合自然区划(草稿)》中进行了"地形的生物气候分类",依据地貌对气候、土壤和植被地域差异影响的大小,分为7个基本地貌类型:平原与丘陵性平原;丘陵(相对高度<200米);低山(相对高度在200米~500米);具有显著山间平原和谷地(占面积不小于20%)的山地;具有明显垂直分带但只有一个地带或亚地带占绝对优势的山地(相对高度在500米以下);具有明显垂直地带但有2个或2个以上地带或亚地带均占有相当比重的山地(相对高度在500米以上);顶部接近或超出雪线以上的高山与高原山地(相对高度在500米)以上。

(5)《地貌学》(南京大学地理系地貌教研室,1961)根据平原的绝对高度,将平原分为:高平原(绝对高度在200米以上的、一般由坡地所限的平缓的高地)、低平原(绝对高度在0米~200米之间的平原地带)、洼地(位于海平面以下的平展的内陆低地)。又根据平原表面的形态,将平原分为:倾斜平原(地表倾斜度1/100以下的平原)、凹状平原(地表自四周向中部倾斜的平原)、波状平原(地表没有一定的倾斜方向,呈波浪状起伏)。并将山地的形态类型分为:

| 山地形态类型 | 绝对高度/米 | 相对高度/米 |
| --- | --- | --- |
| 最高山 | >5000 | |
| 高山 | | >1000 |
| 中高山 | 3500~5000 | 500~1000 |
| 低高山 | | 200~500 |
| 高中山 | | >1000 |
| 中山 | 1000~3500 | 500~1000 |
| 低中山 | | 200~500 |
| 低中山 | 500~1000 | 500~1000 |
| 低山 | | 200~500 |
| 丘陵 | <500 | |

(6) 1963年潘德扬提出了地貌分类要依据形态成因和分级的原则,并提出形态标志、成因标志、物质组成标志和发展阶段、年龄标志等,共划分为9个等级。

(7) 1965年出版的《中华人民共和国自然地图集》的"中国地貌图"按照内、外营力将中国地貌划分为堆积平原、剥蚀平原和高原、剥蚀台原和山地3大类型,形态类型也包含在内外营力中。再按照外营力划分出二级类型共45类。

3. 20世纪70年代末以来

20世纪70年代末~80年代中,中国开展了大规模1:100万地貌图的编制,大大推动了地貌分类研究。在制定《中国1:100万地貌图制图规范》时,国内地貌工作者参阅了国内外大量资料对中国地貌分类进行广泛的讨论,在此基础上对地貌分类原则形成了基本一致的认识,即采用形态和成因相结合原则。首先按照海拔高度划分出7个陆地基本形态类型(纵向),即平原、台地、丘陵、低山、中山、高山、极高山;小起伏山地、中起伏山地、大起伏山地和极大起伏山地,山地按照海拔和起伏度组合成14种亚类,加上平原、台地、丘陵共17个形态类型。横向上以内外营力为主依次分为流水地貌、湖成地貌、干燥地貌、风成地貌、黄土地貌、喀斯特地貌、冰川地貌、冰缘地貌、海岸地貌、火山熔岩地貌等10大类。但对于如何运用这个原则进行地貌分类、制定图例系统、所要突出的主导营力成因类型等存在较大分歧。有的提出按相对高度将地貌基本形态划分为平原、丘陵、低山、中山、高山;也有认为按相对高度将山地划分丘陵、低山、中山、高山和极高山5类。在研究方法上,有学者用模糊数学的方法给出了低山、中山、高山和极高山的分类指标曲线图,对山地地貌的分类进行了新的探索。中国科学院地理研究所(现地理科学与资源研究所)主持编定的《中国1:100万地貌制图规范(试行)》(1987)的基本地貌形态分类方案,基本沿用沈玉昌1959年方案,其中,山地的海拔高度分类及其指标为1959年分类方案,对原方案中的切割深度改为起伏高度,起伏高度分级中增加了>2500米一级,将中国的地貌划分为18个地貌基本形态类型(表2-3-2)。

表2-3-2 中国地貌基本形态

| | 起伏高度 | <20米~30米 | <100米 | 100米~200米 | 200米~500米 | 500米~1000米 | 1000米~2500米 | >2500米 |
|---|---|---|---|---|---|---|---|---|
| 海拔高度 | <1000米 | 平原、台地 | 低丘陵 | 高丘陵 | 小起伏低山 | 中起伏低山 | | |
| | 1000米~3500米 | | | | 小起伏中山 | 中起伏中山 | 大起伏中山 | 极大起伏中山 |
| | 3500米~5000米 | | | | 小起伏高山 | 中起伏高山 | 大起伏高山 | 极大起伏高山 |
| | >5000米 | | | | 小起伏极高山 | 中起伏极高山 | 大起伏极高山 | 极大起伏极高山 |

1989年赵松乔在《中国1:100万土地类型图制图规范》中有12个水热类型(土地纲)和38个以地貌命名的"土地类",后者考虑了地貌对生物气候的影响,图例系统中38个类型可归纳为平原、台地、丘陵、低山、中山、高山、高寒山原、极高山8个基本类型,山地划分的具体指标主要以相对高度和海拔高度为依据(表2-3-3)。但3个类型的划分原则、指标和分类系统并没有说明。

表 2-3-3  中国 1:100 万土地类型图中地貌分类

| 地貌类型 | 相对高度/米 | 海拔高度/米 |
|---|---|---|
| 平原 | | |
| 台地 | <80 | |
| 丘陵 | <200 | |
| 低山 | <200(F:200~500) | <1000(F:400~800~1000) |
| 中山 | (F:>500) | 1000~25000[D:(900~1000)~(2500~3000)] |
| 高山 | | >(2500~3000) |
| 高寒山原 | | >(3000~3500),地面平缓的土地 |
| 极高山 | | >5000 |

F:湿润半湿润暖温带　D:湿润中亚热带

1993年陈志明在《中国及其毗邻地区地貌图(1:400万)》中,以大地构造单元及其构造运动为内营力地貌划分的主要依据,按照板块学说将中国地貌分为板缘造山地带地貌系统、板内古陆块地貌系统等,采用多层表达方式、按照构造地貌来分类,将陆地和海洋地貌分为5级:A级为大陆地形形态分类、B级为大陆构造地貌分类、C级为大陆堆积物和堆积地貌、D级为地貌形态符号、E级为海底地貌分类。陈志明(《中国地貌纲要(1:400万中国及其毗邻地区地貌图说明书)》,中国地图出版社,1993)对中国地貌形态按地形起伏度分为微缓起伏(0米~20米)、小起伏(20米~75米)、中起伏(75米~200米)、山地起伏(200米~600米)和高山起伏(>600米)等5级,这一划分指标与欧洲地貌图(1:2 500 000)基本相似。基本形态类型包括平原(起伏度0米~20米)、丘陵(海拔<500米;海拔>500米,起伏度为20米~150米)、低山(海拔500米~800米和起伏度>150米)、低中山(海拔800米~2000米)、高中山(海拔2000米~3000米)、高山(海拔3000米~5000米)和极高山(海拔>5500米)等7个类型。

1994年李炳元等的《中国地貌图(1:400万)》在1:100万地貌图分类系统的基础上,划分出7个基本形态,按照中国地势特征,划分出5个海拔等级,组合出28种基本地貌类型。在《青海地貌图(1:100万)》制图研究中,基本地貌类型采用了海拔高度与起伏高度组合的方案,对沈玉昌方案的地貌基本类型进行了局部的调整:考虑到山地起伏的相对高度并非都为"切割"的结果,主要与差异性构造运动有关,建议将沈玉昌方案中的"切割深度"指标改为"起伏高度";根据青藏高原特点及其周边山地起伏高度往往超过2500米,建议起伏高度分级在大起伏山地(>1000米)以上增加极大起伏山地(>2500米)一级;山地的海拔高度从中国的三级地貌阶梯及其分布的地貌类型的高度变化情况分为极高海拔(>5800米)、高海拔(5800米~4000米)、中海拔(4000米~1000米)和低海拔(<1000米)4级;地貌形态及其起伏高度划分级以传统的平原、台地、丘陵、山地为基础。以上两者组合该方案包括极大起伏极高山至低海拔平原在内共划分22个基本地貌类型。

李炳元、潘保田、韩嘉福(《中国陆地基本地貌类型及其划分指标探讨》,《第四纪研究》2008年第4期)通过对已有基本地貌分类及其划分指标进行系统分析和评估,认为中国陆地基本地貌类型按照起伏高度和海拔高度2个分级指标组合来划分的原则符合起伏复杂、多台阶中国地貌的基本特点,在1:100万地貌分类系统的基础上,划分出7个基本形态类,按照中国地势特征划分出5个海拔高度等级,将全国分为28个基本地貌形态类型(表2-3-4)。

表 2-3-4　中国基本地貌类型

| 形态类型 | | 海拔 | | | | |
|---|---|---|---|---|---|---|
| | | 低海拔 <1000米 | 中海拔 1000米~2000米 | 高中海拔 2000米~4000米 | 高海拔 4000米~6000米 | 极高海拔 >6000米 |
| 平原 | 平原 | 低海拔平原 | 中海拔平原 | 高中海拔平原 | 高海拔平原 | — |
| | 台地 | 低海拔台地 | 中海拔台地 | 高中海拔台地 | 高海拔台地 | — |
| 山地 | 丘陵（<200米） | 低海拔丘陵 | 中海拔丘陵 | 高中海拔丘陵 | 高海拔丘陵 | — |
| | 小起伏山地（200米~500米） | 小起伏山 | 小起伏中山 | 小起伏高中山 | 小起伏高山 | — |
| | 中起伏山地（500米~1000米） | 中起伏低山 | 中起伏中山 | 中起伏高中山 | 中起伏高山 | 中起伏极高山 |
| | 大起伏山地（1000米~2500米） | — | 大起伏中山 | 大起伏高中山 | 大起伏高山 | 大起伏极高山 |
| | 极大起伏山地（>2500米） | — | — | 极大起伏高中山 | 极大起伏高山 | 极大起伏极高山 |

周成虎等发表在地球信息科学学报，2009(6)《中国陆地1:100万数字地貌分类体系研究》，地球信息科学，2009(6)采用分层分级的分类体系，提出了数字地貌3等6级7层数值分类体系（表2-3-5），其中，由地势起伏和海拔高度共同组成基本地貌形态类型，即为地貌纲和亚纲，分别对应第1级和第2级，在数据组织中为第1层；由成因类型和次级成因类型组成了地貌的成因分类，分别对应地貌的类和亚类、第3级和第4级，数据组织中为第2层和第3层；由地貌形态、次级形态（也称微地貌形态）、地面坡度坡向等共同组成了地貌的形态型，为第5级，数据组织中分别为第4、第5、第6层；物质组成为地貌的亚型，为第6级，数据组织中为第7层。按照形态结构类型的成因将所有地貌类型分为面状、现状和点状3种类型。基本地貌形态类型主要是由地表坡度、起伏高度和地貌面的海拔高度3个指标逐级划分，根据地表坡度组合划分为平原和山地2种，按切割程度和起伏高度将平原和山地分别划分7种基本地貌类型形态，中国陆地基本地貌类型即根据这7个基本地貌形态及其4个地貌面海拔高度等级组合成25个基本地貌形态类型（表2-3-6）。按照该方案，中国陆地地貌的形态成因类型共计2400多种，而形态结构类型达300多种。

表 2-3-5　中国陆地1:100万数字地貌分类方案（形态成因类型）

| 地貌纲 | 地貌亚纲 | 地貌类 | 地貌亚类 | 地貌型 | | | 地貌亚型 |
|---|---|---|---|---|---|---|---|
| 第1级 | 第2级 | 第3级 | 第4级 | 第5级 | | | 第6级 |
| 基本地貌类型 | | 成因类型 | | 形态类型 | | | 物质类型 |
| 第1层 | | 第2层 | 第3层 | 第4层 | 第5层 | 第6层 | 第7层 |
| 起伏度 | 海拔高度 | 成因 | 次级成因 | 形态 | 次级形态 | 坡度坡向及组合 | 物质组成或岩性 |
| 平地、台地、丘陵、小起伏山地、中起伏山地、大起伏山地、极大起伏山地 | 低海拔、中海拔、高海拔、极高海拔 | 海成、湖成、流水、风成、冰川、冰缘、干燥、黄土、喀斯特、火山熔岩、重力等 | 随成因类型变化而变化，基本分为抬升、侵蚀、下降/堆积 | 按照刺激进一步细分的形态类型 | 随形态而改变，需进一步细分的形态类型 | 平原和台地：平坦的、倾斜的、起伏的丘陵和山地：平缓的、缓的、陡的、极陡的 | 按照成因类型、地表物质组成、岩性来区分 |
| 固定项 | | | | 参考项（可修正或调整） | | | |

表 2-3-6　中国陆地基本地貌形态类型

| 起伏度/海拔 | 低海拔（<1000 米） | 中海拔（1000 米~3500 米） | 高海拔（3000 米~5000 米） | 极高海拔（>5000 米） |
|---|---|---|---|---|
| 平原（<30 米） | 低海拔平原 | 中海拔平原 | 高海拔平原 | 极高海拔平原 |
| 台地（>30 米） | 低海拔台地 | 中海拔台地 | 高海拔台地 | 极高海拔台地 |
| 丘陵（<200 米） | 低海拔丘陵 | 中海拔丘陵 | 高海拔丘陵 | 极高海拔丘陵 |
| 小起伏山地（200 米~500 米） | 小起伏低山 | 小起伏中山 | 小起伏高山 | 小起伏极高山 |
| 中起伏山地（500 米~1000 米） | 中起伏低山 | 中起伏中山 | 中起伏高山 | 中起伏极高山 |
| 大起伏山地（1000 米~2500 米） |  | 大起伏中山 | 大起伏高山 | 大起伏极高山 |
| 极大起伏山地（>2500 米） |  |  | 极大起伏高山 | 极大起伏极高山 |

对比上述地貌形态换分的研究成果，可知对地貌形态的研究在逐渐深化，趋势是将地貌的形态类型愈划分愈细。分析表明，地貌形态类型之间具有等级概念，包括宏观形态即平原和山地大地貌单元、基本地貌类型（由地势起伏和海拔 2 组指标构成）、形态类型（可以反映出成因，如冲积扇、河漫滩、阶地等，或冰水阶地、冰水漫滩等）、微地貌形态（如微高地、洼地、潟湖洼地、滨海低地、湖滩、滨湖低地、入湖三角洲、古河床洼地、古河漫滩、低平地等）、坡度和坡向及组合即地表面的坡面特征。

有关地貌成因类型的划分研究，美国地貌学家占有突出的地位。戴维斯在总结野外调查材料以及在继承前人研究成果及学术观点的基础上提出了侵蚀循环理论，描述了河流地貌的发育过程，并将地貌划分为幼年期、壮年期和老年期。

继之，中国《地貌学》按内营力对地壳作用之强度和性质，以及外营力的相应作用的效果及持久的时间，将平原的成因类型划分为：构造平原（地表与组成平原的岩层层面一致）、剥蚀平原或上升平原（地壳缓慢上升，侵蚀能将其夷平）、剥蚀—堆积平原（剥蚀平原与堆积平原间过渡类型）、堆积平原（地表由堆积物组成）。又按外营力的分类将平原的成因类型划分为：冰川及冰水作用形成的平原，包括冰川侵蚀平原、冰川堆积平原、冰水堆积平原；冲积平原（河流沉积物形成的）、湖成平原（湖积物淤积成的）、海成平原（海水的侵蚀与堆积形成的）。同时也将山地的成因类型划分为构造变动形成的山地、火山作用形成的山地、侵蚀切割的山地 3 大类。构造变动形成的山地包括岩盘山、盐丘、褶皱山（单背斜形成的褶皱山、多褶皱组成的山）、褶皱堆复体山、断块山、褶皱断块山。火山作用形成的山地包括锥状火山、穹状或面包状火山、盾状火山、层状火山。侵蚀切割的山地是在地壳基本稳定，由外力长期侵蚀切割形成的，如泰山、淮阳丘陵等。

目前，利用数字高程模型进行地貌形态类型的自动提取是数字地貌研究的热点，国内诸多学者在此方面开展了卓有成效的研究。

### 二、中国地貌类型划分的原则和指标研究[1]

1. 地貌类型划分应遵循的原则

（1）形态和成因相结合的原则。地表形态是地貌最直观的表现，并呈现多样形式，且可采用多

---

[1] 周成虎，程维明，钱金凯，等.中国陆地 1∶100 万数字地貌分类体系研究[J].地球信息科学学报，2009，11(6)：707-724.

种指标给予描述,如地形起伏、坡面坡度、微观地貌组合等。地貌成因是指塑造地貌的各种内外营力特征、物质分异等。现代地貌实体的成因常是多元的、叠加的,从而使地貌成因表现出多样性和变异性。对于地貌系统中的任何地貌实体,不仅具有一定的形态特征,而且还有相应的动力成因。例如,中国传统的平原和山地两大地貌类型,不仅描述了地貌实体的显著形态差异,而且也深刻地刻画了塑造地貌的内外营力差异。对于山地地貌,其内动力表现为抬升作用,而外力地貌过程多呈侵蚀剥蚀;平原所体现的内动力为沉降作用,外力地貌过程为堆积。即使在微观层次上,较小地貌形态的变化则是次级内外营力对宏观地貌进一步修饰和改造的结果。因此,可知地貌实体的地貌形态是成因的表现形式,也是研究成因的主要依据。所以,形态和成因原则是开展地貌分类的基本原则之一,被大多数地貌学者所接受。

(2)主导因素原则。地貌形成过程中各种地貌营力在时间和空间上交错作用,同一区域或地貌实体通常是内营力和外营力相互交叉,同一类营力中有多种次级营力相互交叉,不同时期地貌营力的地貌形态又相互交叉,出现同一空间不同规模地貌类型叠加交叉。考虑到这种地貌类型时空演化的复杂性和交叉叠加性等,在地貌分类时应从众多的因素中确定形成该地貌类型的主导因素,并作为地貌分类的关键指标。例如,对于火山地貌的分类,尽管火山形成后又受到诸如流水、冰川等其他外营力的再塑造,但在地貌分类时仍然以火山形成的动力特征进行次级分类,如火山锥、火山口等。

(3)分类指标定量化原则。现代遥感和地理信息系统技术的发展提供了大量的定量化地形地貌等数据,因此,地貌分类所依据的指标应尽量定量化,包括狭义的数值定量化和广义的定性定量化。地表形态大多数指标均采用数值指标定量化,并可以利用数值高程模型进行自动化计算,如起伏高度、海拔高度、坡度、坡向、沟谷切割深度和密度、形状等形态类指标均可数量化,这些在国内众多的地貌研究中都得到实践和应用。但对于一些结构性的形态特征只能采用定性定量方法,如归类分级,并采用序列标号定量化。

(4)分类体系的完备性原则。地貌是地球内外营力长期相互作用与彼此消长的结果,是现时三维空间的基本实体。在空间上表现为有序规律,在时间上呈现演进或因果序列,从而构成时空的几何学和动力学系统。地貌分类就是将这个连续体按照一定原则、选取一定指标分为若干段,每一段的形态、性质或属性相对一致。因此,地貌分类应是一个完整的系统,应尽可能涵盖所有的地貌类型,分类方应具有一定的完备性,以便能描述地貌类型的空间分布差异性,体现不同区域地貌的各自特色。但客观上,地貌类型极其复杂,任何分类系统制定中地貌类型的遗漏是难免的,因而在要求完备性的同时,要求分类系统具备一定的可扩充性或开放性。

(5)分类体系的逻辑性原则。从逻辑学的角度看,分类是将一个整体分解为若干个子集。在具体分类时应遵循同一级别的类型应是并列关系,同一级类型划分的标准应是一致的和相同的;主要类型和次级类型之间应是等级包含关系;在分析地貌成因类型和形态类型的规模大小和从属关系时,应采用先群体后个体、先综合后单一、先大后小、先主后次等逻辑次序。

2. 地貌类型划分的指标

(1)形态指标。地貌形态是地貌分类的主要指标之一。描述地貌形态的指标多种多样,其中,地面高度及其起伏度是最基本的形态指标,包括海拔高度、坡度和坡向、地形起伏度、形态密度等,而海拔高度和地表起伏高度是较高级层次上最基本的形态地表。海拔高度、坡度和坡向都可以直接根据数值高程模型计算得到。利用基本形态指标分类得到一些基本形态地貌,将其组合则得到高一级的地貌形态。周成虎等将形态指标分为宏观形态、基本地貌形态类型、形态类型、微地貌形态、坡度和坡向及其组合等。

（2）营力指标。包括内营力成因指标和外营力成因指标。内营力是地球能量等引起的作用力。内力作用造成地壳的水平运动和垂直运动，并引起岩层的断裂、褶皱、岩浆活动和地震等。地球上巨型、大型地貌主要是内力作用造成的。内营力可分为新构造运动、岩浆活动和热液活动等，相应形成的地貌类型分布成为构造地貌、火山熔岩地貌和温泉地貌。外力作用是地球表面在太阳能和重力驱动下，通过空气、流水和生物等所引起的作用，包括岩石的风化作用、块体运动、流水、冰川、风力、海洋的波浪、潮汐等的侵蚀、搬运和堆积作用，以及生物甚至人类活动的作用等。外力作用非常活跃，而且易被人们直接观察到。在中国，外营力主要包括流水、湖成、海成、冰川、冰缘、风成和干燥等类型，其中，流水和风成作用是普遍存在的，而冰川、冰缘、干燥、海成等作用具有区域性。在地貌的发育过程中，除了内外营力两种主要动力外，人类活动在现代技术社会里已成为一种重要的地貌营力，能产生许多新的人工地貌，如堤坝、道路、人工湖、护岸工程、城市建筑群等，也能夷平破坏一些地貌。

（3）物质组成分异指标。从某种意义上讲，地貌是由天然岩石或"松散的岩石"土组成的地表形状。在其他条件相同的情况下，组成地貌的岩石或土在成分、结构、构造等特性上的差异必然表现为地貌形态上的不同。岩性是指岩土对来自外界的物理作用和化学作用的反应，但对地貌形态的影响程度取决于一系列因素，是一个十分复杂的问题。岩石坚硬和软弱、抗侵蚀能力的大小等都只是一个相对概念，与岩石所处自然环境有很大关系。例如，对于花岗岩地貌，在长期侵蚀过程中，在中国北方地区的花岗岩常呈高大险峻的山地（如华山、泰山等），而在华南地区则呈馒头状丘陵；前者地形起伏明显，后者地势变化和缓。在中国，黄土地貌和喀斯特地貌是两种独特的地貌景观，一般将其与高级别的内外应力等同处理。对于花岗岩、红土等分布范围也较广，但相对分散，一般放在次一级的地貌成因中处理。对于更次一级层次上的物质分异引起的地貌类型差异，如海滩地分为淤泥质、沙砾质、岩滩等，一般在较低级别地貌类型中给予表现。

（4）地貌形成年代指标。内外营力作用时间长短也是引起地貌差异的重要原因之一。同一种地貌类型在不同的演化和发育阶段所表现出的地貌特征的差异尤为显著，从而也反映了地貌发育的阶段性。例如，急剧上升运动减弱初期出现的高原外营力作用虽然强烈，但保存了大片高原地面。随着时间的推移，高原在外力侵蚀下破坏殆尽，成为崎岖的山区，再进一步发展则可转化为起伏和缓的丘陵。

# 第四章 中国地貌区划研究

地貌区划是根据各地区地貌的类似性（包括它们的发生与发展过程的类似性）对不同区域进行划分的研究工作。其目的是为了使人们更深刻地认识地貌形态的区划变化及其不同的发展趋势，以便因地制宜地合理利用和改造它。这对国民经济发展和国民教育都有重大意义。

中华人民共和国成立以前，中国的地理区划大多以地形为主要依据。李四光在其所著《中国地质学》一书中将中国划分为19个自然区，他认为，某一区域里的地形可以代表该区域在以往地质时代中所受的各种建造、变换和侵蚀作用的综合结果。他所划分的自然区实际上是从地质观点考虑的中国地貌区划。其后，任美锷曾将全国划分为21个地形区，徐逸超则划分为19个地形区。

表2-4-1 中华人民共和国成立前几种地貌区划方案对比

| 大地区 | 李四光 | 任美锷 | 许逸超 | 亚光地图社 | 陈尔寿等 |
|---|---|---|---|---|---|
| 青藏区 | 1. 西藏高原<br>2. 西康群山 | 1. 西藏高原<br>2. 柴达木盆地<br>3. 康滇峡谷 | 1. 西藏高原<br>2. 青海高原盆地<br>3. 康滇纵谷山地 | 1. 西藏高原<br>2. 康滇峡谷 | 1. 青藏高原<br>2. 康滇横断山地 |
| 蒙新区 | 3. 准噶尔与塔里木盆地<br>4. 甘肃走廊<br>5. 蒙古草原 | 4. 塔里木盆地<br>5. 准噶尔盆地<br>6. 蒙古西北部断层区<br>7. 蒙古高原<br>8. 蒙古高原东缘 | 4. 东疆南疆高燥盆地<br>5. 北疆西蒙高原盆地 | 3. 塔里木盆地<br>4. 准噶尔盆地<br>5. 河西走廊<br>6. 蒙古高原 | 3. 塔里木盆地<br>4. 天山山脉<br>5. 准噶尔盆地<br>6. 甘肃走廊<br>7. 蒙古高原<br>8. 蒙古西北断层区 |
| 东北区 | 6. 辽吉松黑平原<br>7. 辽吉山地 | 9. 东北平原<br>10. 辽吉东部丘陵 | 6. 松辽平原与周围丘陵地 | 7. 松辽平原<br>8. 辽东山地 | 9. 松辽平原<br>10. 辽吉东部山地 |
| 华北区 | 8. 山东半岛<br>9. 华北平原<br>10. 山西高原<br>11. 陕西盆地 | 11. 山东半岛地垒<br>12. 华北平原<br>13. 山西高原<br>14. 陕甘黄土高原 | 7. 齐鲁丘陵<br>8. 宣化黄土盆地<br>9. 华北平原与山麓丘陵<br>10. 山西黄土高原<br>11. 陇西黄土高原 | 9. 山东半岛地垒<br>10. 华北平原<br>11. 山西高原<br>12. 陕甘黄土高原 | 11. 山东半岛地垒<br>12. 华北平原<br>13. 山西高原<br>14. 陕甘黄土高原 |
| 华中区 | 12. 四川红色盆地<br>13. 长江中游盆地<br>14. 长江下游泽地 | 15. 秦岭山地<br>16. 四川盆地<br>17. 华中盆地<br>18. 扬子江三角洲 | 12. 中央山地丘陵<br>13. 四川温润盆地<br>14. 江南丘陵<br>15. 扬子江泛滥平原<br>16. 扬子江三角洲 | 13. 秦岭山地<br>14. 四川盆地<br>15. 华中盆地<br>16. 长江三角洲 | 15. 中部山地<br>16. 四川盆地<br>17. 长江中游盆地<br>18. 长江下游低地 |
| 华南区 | 15. 东南滨海与丘陵地<br>16. 南部滨海区<br>17. 广西台地<br>18. 贵州高原<br>19. 西南山地 | 19. 东南沿海丘陵<br>20. 广西石林<br>21. 云贵高原 | 17. 东南沿海山地<br>18. 西南分割高原<br>19. 两广丘陵 | 17. 东南沿海丘陵<br>18. 广西台地<br>19. 云贵高原 | 19. 浙闽丘陵<br>20. 粤南滨海区<br>21. 广西石林<br>22. 云贵高原 |

资料来源：中华地理志编辑部.中国自然区划草案[M].北京：科学出版社，1956.

中国地貌区划的研究在1949年以前只是地貌学家个人的尝试,没有坚实的基础。因为要进行中国地貌区划,必须有2个基础:一为纵的研究,亦即地貌类型的研究,包括地貌的形态类型与成因类型;二为横的研究,亦即区域地貌研究,也叫空间地貌研究。

对于中国地貌区划及其基础的研究,是中国地貌学的最主要研究项目之一,历史悠久,人员众多,成果丰富。有的类型与区域研究的深度也比较高,各研究单位大多都有各自侧重的类型和地区,地貌学家也大多有自己的侧重点。1949年以后,中国地貌区划的主要研究方案有:

(1)1956年,周廷儒将全国划分为3个地形综合体,即东部在季风雨影响下以水蚀为主的地形综合体、内陆干燥气候影响下以风蚀风积为主的地形综合体、西部强度构造隆起影响下以水蚀冰积冻裂风化为主的地形综合体。在综合体以下划分为8个副区、30个中区、77个小区。其分区原则是以中国现时地表形态和其他景观要素以及和整个地理环境的相互作用、相互联系上来考虑,即从外营力作用的性质来考虑。

(2)20世纪50年代中华地理志编辑部周廷儒、施雅风、陈述彭的《中国地形区划草案》,与1949年前的区划相比,该区划方案的质量已有很大的提高,它按照等级划分,具有明显的系统性;提出了区划的原则,避免了区划的盲目性和任意性等缺点,因此具有明显的进步。这个区划提出了主要根据地面形态的地形分区原则。此《草案》根据地表形态将全国地貌划分为3个一级区、9个二级区(组)、29个三级区(表2-4-2)。

表2-4-2 周廷儒、施雅风、陈述彭地貌区划方案

| 一级区 | 区际组合 | 二级区(基本区) | 一级区 | 区际组合 | 二级区(基本区) |
| --- | --- | --- | --- | --- | --- |
| 东部区 | 东北组 | 1. 兴安岭中等山地<br>2. 东满东部山地<br>3. 东北平原 | 蒙新区 | 内蒙组 | 17. 内蒙高原<br>18. 鄂尔多斯高原 |
| | 华北组 | 4. 山陕甘黄土高原<br>5. 冀热中等山地<br>6. 山东丘陵<br>7. 华北平原 | | 新疆组 | 19. 准噶尔盆地<br>20. 天山高山地<br>21. 塔里木盆地<br>22. 河西走廊 |
| | 华中组 | 8. 秦淮阳中等山地<br>9. 四川盆地<br>10. 长江中游平原<br>11. 长江下游平原<br>12. 江南丘陵 | 青藏区 | 青海组 | 23. 西昆仑高山地<br>24. 祁连高山地<br>25. 柴达木盆地<br>26. 青南高原 |
| | 华南组 | 13. 南岭中等山地<br>14. 东南沿海丘陵<br>15. 云贵高原<br>16. 台湾岛 | | 西藏组 | 27. 藏北高原<br>28. 藏南高山地<br>29. 康滇横断高山地<br>(藏北组、藏南康滇组) |

资料来源:中华地理志编辑部.中国自然区划草案[M].北京:科学出版社,1956.

(3)1956年,周廷儒、施雅风、陈述彭等明确地提出了地形区划的原则和指标,分区原则是:形态成因原则;区域性原则,即高级区划单元根据非地带性标志,而较低级的分区则以外营力所形成的地貌形态作为主要标志;综合原则,即综合考虑各种标志。这一地貌区划比以往有很大的进展,它提出了划区的原则和标志,对各区的叙述也比较详细,但它在划分全国为29个区以后,又把各区组合为东北、华北、华中、华南、新疆和内蒙古等6大区,似缺乏地貌上的依据,而又易与过去行政区的概念相混淆。

(4)葛以德的《中国地形分区》(《石家庄师范学院院刊》1957年第2期)。该方案也是一份很有见地的个人成果。

(5)1956年成立的中国科学院自然区划委员会于1959完成了《中国地貌区划(初稿)》。该方案则是汇集了中国当代著名的地貌学家沈玉昌、施雅风、严钦尚、陈吉余、杨怀仁、任美锷、王乃樑、周廷儒等的集体之作,还得到了前苏联地貌学专家列别杰夫的帮助,提出了区划的总原则是,第一级区以内营力作用为主,从高级到低级逐渐从内营力为主转变为外营力为主,外营力的性质和强度作为划分第三级区的主要依据。在具体划分过程中仍然参照前人提出的4条基本原则,即形态成因原则、区域性原则、大地构造原则以及综合标志原则。这4条原则符合地貌发展的基本规律,因为地貌的形成是内力与外力交互作用的结果,就必须在突出非地带性标志的同时,将非地带性标志与地带性标志结合起来,充分注意事物的内在联系和外部关联,如区域性原则就是着重地貌类型与地域之间的关联;综合标志原则是着重各种过程、作用和形态之间的相互关系。该区划方案将中国地貌划分为18个一级区、44个二级区、114个三级区:地貌区(一级区)是地貌大区内具有不同地貌特征的各部分,在地貌形态上各区有其本身的独特性,地质构造和地质发展历史也各不相同,但各区本身在地貌形态和地质构造方面有其自己的一致性;地貌地区(二级区)是地貌区内具有不同地貌特征的各部分,它们之间的差别小于地貌区,是较低一级的地貌形态单位和地质构造单位;地貌省(三级区)是地貌地区内具有不同地貌特征的各部分,它们是更低一级的地貌单位,地貌形态和地质构造更加单纯,差别小于地貌地区(表2-4-3)。该方案基本上整理、综合了当时所有的中国地貌材料,编制了各种地貌分析图和辅助图。虽然没有明确提出应用性原则,但在地貌区的注释中结合生产建设,提出了利用和改造的方向,因此,该区划方案达到了有史以来中国地貌区划的最高水平,所附的《1:4 000 000的地貌类型图、区划图》,将中国地貌区划更加具体化。

表2-4-3 《中国地貌区划》等级系统与名称

| 等级与名称 | | | | 等级与名称 | | |
|---|---|---|---|---|---|---|
| I | I 1 | | 东部低地 | II | II 1 | 东北东部山地与山东低山丘陵 |
| | I 2 | I 2A | 三江湖冲积平原 | | II 1A | 东北东部山地 |
| | | | 东北洪积冲积平原 | | II 1B | 吉东低山丘陵 |
| | | I 2B | 兴安岭及东北东部山地山麓冲积洪积平原 | | II 1C | 长白山熔岩高原与中山 |
| | | I 2C | 松嫩冲积平原 | | | 辽东丘陵 |
| | | | 内蒙东南沙丘覆盖冲积平原 | | II 2 | 山东低山丘陵 |
| | | | | | II 2A | 胶东低山丘陵 |
| | I 3 | I 3A | 华北冲积平原 | | II 2B | 胶莱冲击剥蚀平原 |
| | | | 黄淮海冲积平原与三角洲 | | II 2C | 鲁中南低山丘陵 |
| | | I 3B | 太行山秦岭东麓洪冲积扇三角洲 | III | III 1 | 兴安岭山地与台原 |
| | | | | | III 1A | 大兴安岭中低山与台原 |
| | | I 3C | 大别山北麓洪冲积剥蚀平原 | | III 1B | 大兴安岭中山与低山 |
| | | | | | | 大兴安岭北部台原 |
| | I 4 | I 4A | 江浙冲积平原 | | III 2 | 小兴安岭低山与丘陵 |
| | | I 4B | 苏北黄淮冲积平原 | | III 2A | 小兴安岭北部低山丘陵 |
| | | | 长江三角洲 | | III 2B | 小兴安岭南部低山丘陵 |
| | | | | 以下略 | | |

与地貌类型的划分研究一样,中国地貌区划研究也愈划分愈详细,在构造条件分析中,引入了新构造运动因素,在结合大地构造单元,将大区域地貌复杂的构造条件分为20类。在外营力分析中,着重于气候和水文条件以及古气候变化遗留的地貌痕迹,全面综合了中国地貌研究的材料,在当时来说,是十分难得的。其地貌等级单位系统命名,由地域、成因、形态、等级单位名称4个部分组成。如鄂南江汉湖积冲积平原地貌中区、荆北江汉水网湖泊平原地貌小区等。既说明了这个地貌区的所在地,又说明了地貌形态与成因,还说明了它在地貌区划等级单位系统中的地位,使人顾名思义,一目了然。

(6) 1991年,由陈志明主编、全国农业区划委员会编写的《中国农业自然资源与农业区划》一书中,编制了1:1800万中国地貌区划图,将中国地貌划分为4个一级地貌区、8个二级地貌区和36个三级地貌区,但对区划方案未作详细说明,不是以地貌类型图为基础进行的地貌区划。

(7) 李炳元、潘保田等在2013年《地理学报》第3期发表《中国地貌区划新论》一文,以中国1:400万地貌图等新资料为基础,应用GIS方法,结合中国3大地貌阶梯及其内部地貌格局的特点,通过分析中国各地基本地貌类型组合的差异及其形成原因,将中国地貌区划分为东部低山平原大区、东南低中山地大区、中北中山高原大区、西北高中山盆地大区、西南亚高山地大区和青藏高原大区6个地貌大区,并分别简要论述了各大区的地貌特征。各大区内部又据次级基本地貌类型和地貌成因类型及其组合差异进一步分区,全国共划分了38个地貌区(表2-4-4、图2-4-1)。

表2-4-4 中国地貌分区表

| 地貌大区 | 地貌区 | 代码 | 地貌大区 | 地貌区 | 代码 |
|---|---|---|---|---|---|
| Ⅰ 东部低山平原 | A 完达山三江平原 | ⅠA | Ⅳ 西北高中山盆地 | A 新甘蒙丘陵平原 | ⅣA |
| | B 长白山中低山地 | ⅠB | | B 阿尔泰亚高山 | ⅣB |
| | C 鲁东低山丘陵 | ⅠC | | C 准噶尔盆地 | ⅣC |
| | D 小兴安岭中低山 | ⅠD | | D 天山高山盆地 | ⅣD |
| | E 松辽平原 | ⅠE | | E 松辽平原 | ⅠE |
| | F 燕山—辽西中低山地 | ⅠF | Ⅴ 西南亚高山中山 | A 秦岭大巴亚高山 | ⅤA |
| | G 华北华东平原 | ⅠG | | B 鄂黔滇中山 | ⅤB |
| | H 宁镇平原丘陵 | ⅠH | | C 四川盆地 | ⅤC |
| Ⅱ 东南低中山 | A 浙闽低中山 | ⅡA | | D 川西南、滇中亚高山盆地 | ⅤD |
| | B 淮阳低山 | ⅡB | | E 滇西南亚高山 | ⅤE |
| | C 长江中游低山平原 | ⅡC | Ⅵ 青藏高原 | A 阿尔金山祁连山高山 | ⅥA |
| | D 华南低山平原 | ⅡD | | B 柴达木—黄湟亚高山盆地 | ⅥB |
| | E 台湾平原山地 | ⅡE | | C 昆仑山极高山高山 | ⅥC |
| Ⅲ 中北中山高原 | A 大兴安岭低山中山 | ⅢA | | D 横断山高山峡谷 | ⅥD |
| | B 山西中山盆地 | ⅢB | | E 江河上游高山谷地 | ⅥE |
| | C 内蒙古高平原 | ⅢC | | F 江河源丘状山原 | ⅥF |
| | D 鄂尔多斯高原与河套平原 | ⅢD | | G 羌塘高原湖盆 | ⅥG |
| | E 黄土高原 | ⅢE | | I 喀喇昆仑山极高山 | ⅥI |
| | | | | H 喜马拉雅山高山极高山 | ⅥH |

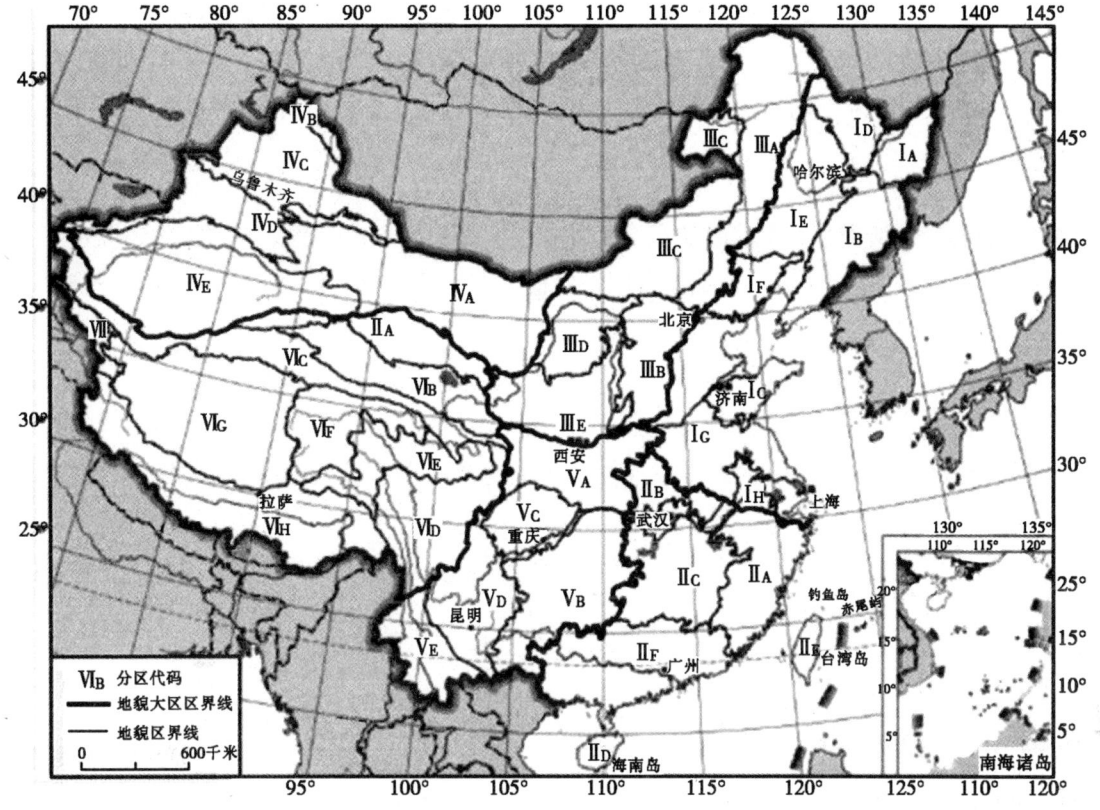

图 2-4-1　中国地貌区划图

中国的地貌区划除了全国的以外,还有省(区)和地区的地貌区划,有的还不止一种地貌区划。但是,无论是全国的还是省区的地貌区划都存在着分区原则的问题:①主要是根据形态还是成因,抑或二者结合;②每级区应是根据单一标志还是若干标志的综合,综合原则又如何具体掌握;③各级分区的标准是否必须统一。以上所述都属于普通地貌区划的范畴。此外,还有以某一生产部门为对象的专门地貌区划,例如,各省(区)所作的农业地貌区划。这类专门地貌区划所依据的原则主要有 2 条,即农业地貌类型组合的地区差异性和农业地貌条件利用和改造的地区差异性。但也有些根据发生学原则和形态成因原则,也有采用综合性原则和区域性原则。近些年来,中国部门地貌区划也有相当发展,例如,黄土地貌区划、冰缘地貌区划、海底地貌区划等。

# 第五章 中国地貌学科研究

中国地域辽阔,又处在北半球欧亚大陆的东岸,跨热带、亚热带、暖温带、温带、寒温带等几个不同的气候带,气候条件复杂多样,地面组成物质也各有不同,既有岩浆岩类的花岗岩、流纹岩、玄武岩……也有沉积岩类的石灰岩、页岩、砂岩、砾岩……还有变质岩的片岩、片麻岩、板岩……更有大面积的黄土、沙漠、砾漠、第四纪河流冲积平原、湖泊淤积平原……山地、高原、丘陵、盆地、平原各种地貌类型齐备,在不同的地球内力作用和外力作用的相互影响下,形成了各种不同的地貌形态。地貌学的分支学科现已比较发达,从事中国地貌分支学科研究的学者也很多,其研究成果更是丰硕,现分科加以论述。

## 第一节 中国构造地貌学研究[1]

构造地貌是地貌学的主要分支之一,是研究地球内力作用形成的或直接受地球内力作用控制的外力作用所形成的地表形态特征及其发生、发展、结构和分布规律的科学。构造地貌学最初是为了总结构造与地貌的对应关系,即研究地质构造受外力剥蚀后形成的地貌,称为静态构造地貌或次生构造地貌,如背斜山、向斜谷、向斜山、背斜谷、单面山等。后来随着新构造运动的研究,构造地貌学加强了对构造运动形成的地貌研究。它们形成和分布与地壳构造运动的方向、受力方式有关,比如,构造运动隆起形成的山地、台地和构造运动凹陷形成的平原、盆地等,或者构造运动把已经形成的各种地貌加以改造,或者断层两侧块体在受断层运动影响而派生的各种地貌等,称为动态构造地貌或活动构造地貌。

构造地貌学的主要研究内容有:①分析由内力作用造成的地貌形态和各种地貌面变形及其反映的构造活动状况;②研究各种地貌体在构造运动的作用下,在三维空间上有规律的排列组合,这种组合可以反映地壳运动和构造应力场特征;③研究在多期构造运动的作用下同一地貌体内新老地层之间,或者新老地貌体之间的层次组合,这种组合的空间差异再配合年代测定可以提示构造运动和应力场的变化和迁移情况。

1949年以前,已经有中外学者对中国的构造地貌进行了一些零星的研究和观察。中华人民共和国成立以后,中国的构造地貌的研究主要分为5个阶段:

1949年~1957年,着重研究中国地貌的表现、差异、形成、发展以及和新构造运动的关系。对新构造类型、新构造和地震的关系等进行了初步研究,研究成果主要反映在中国科学院第1次新构造运动座谈会发言记录和中国第四纪委员会第1届学术会议有关的新构造运动的论文中。

1958年~1966年,结合生产和科研任务进行了综合考察和区域研究,对地貌发育和新构造运动的关系和不同大地构造单元上的新构造运动特点进行了分析和讨论,进行了中国地貌区划工

---

[1] 史兴民,杜忠潮.中国构造地貌学的回顾与展望[J].西北地震学报,2006,28(3):280-284.

作。例如,新疆综合考察和青藏高原考察、西部地区南水北调综合考察、云南热带资源综合考察等。这一时期还编制了1:1000万中国新构造图。

1966年~1980年,期间发生了许多地震。为了配合地震预报工作,在新构造运动的定量研究、应力场研究、新构造和深部构造关系等方面以及全新世活动构造等方面进行了研究。20世纪80年代以前的中国构造地貌学的发展有王乃樑等做的系统阐述,通过在对以前构造地貌研究状况全面总结的基础上,初步将构造地貌学确立为地貌在内动力作用下形成机制的规律性概括,把构造地貌学确立为研究构造与地貌关系的一门地貌学重要分支学科。许多成果在第1次构造地貌学术讨论会上得到反映。

第4个阶段是20世纪80年代~90年代中期,构造地貌学进展集中体现在依据构造尺度和板块构造所做的构造地貌划分和构造地貌应用方面的研究,构造地貌学获得了快速发展。这一时期,国家地震局和新疆维吾尔自治区地震局还进行了综合专题研究和大比例尺活断层填图。此外,在活动断层的活动性方面有了新的认识,发现断层活动有逐渐传递的现象。对构造地貌的发育和构造应力场的关系进行了研究,发现地貌对构造应力场有很好的反映。活断层与地貌发育、活动构造地貌模型研究等方面也取得了重要成果。组织开展了主要活断层习性对比研究(国际地质对比第206项目),出版了中国活断层图集,总结了中国多条活断层的活动习性特征。开展了有关古地震与地震复发和危险性的评估。进入20世纪90年代,韩慕康认为,构造地貌学是介于地貌学、地球动力学和构造地质学之间的边缘学科,构造地貌研究对象是由新构造地貌运动直接形成的动态的、积极活跃的地貌。构造地貌学真正成为了地学领域中一门独立的学科。这一时期,在引用板块构造理论阐述中国构造地貌的轮廓、形成机理和区域分异等方面进行了尝试。同时,新构造与构造地貌应用于地震预测、工程建设等方面的研究取得了新进展。

第5个阶段是1994年以来,在新技术的应用、挤压构造地貌、构造与气候关系等方面有许多新的成果。主要有以下几个方面:

(1)新技术的应用。主要表现在以下几个方面:高精度仪器(GPS、VLBI、SLR)在研究领域中得以应用;空间测量精度的提高为测量断层的位移提供了高精度的测量数据;利用现代雷达干涉技术获得区域性的运动位移场数据;利用数字化的地震记录来得到几秒至几分钟内的包括断层位移在内地面位移数据;利用电阻率扫描技术研究活动断层;使用仪器对活动断层进行三维观测。另外,可视化技术、地理信息系统、网络技术的应用促进了构造地貌学的应用、传播和成果共享。

(2)河流地貌和构造运动关系的研究。这一研究具有持久的生命力,其中河流阶地与构造的关系研究得非常多,主要表现在研究阶地变形与构造活动的关系和恢复河流发育历史等方面。如对黄河、长江及其他干旱区流域河流阶地的研究为这些区域的构造活动提供了重要的证据。此外,河流纵剖面、沉积物和洪积扇也是重要的研究内容。对贺兰山冲积扇的研究表明,冲积扇的形态、规模、地貌、结构等不仅受流域特征、山地起伏、气候的影响,而且受新构造的影响,同时确定了被构造和侵蚀基准面下降控制的洪积扇在长宽比、展开的角度等方面的不同特点。断层活动引起的河流累计偏移也被用来恢复活动构造区的构造发育历史。另外,水系密度分析法被用于研究渭河盆地隐伏基底构造的最新活动特征。

(3)构造地貌发育的模式和模型研究。对挤压构造地貌形成机制和演化模式方面有了很多研究,例如,建立了挤压隆起山地边缘不对称地堑发育模式等。另外,在四维地貌模型方面也进行了研究,即对地貌的三维空间形态随时间四维演化的模拟。

(4)年代学方面。出现了根据砾石风化圈厚度估算地貌年龄,以及宇宙核素测年等新的方法。在黄土高原区可以利用覆盖在地貌体或沉积物至上的黄土古土壤序列,间接地确定某些地貌沉积体的形成年代。另外,出现了构造气候旋回年代学拟合方法,即在假定河流阶地所在地区最高一级阶地形成以来以稳定速率抬升的基本前提下确定河流阶地形成时间的上限,然后再反映气候变化的深海钻孔氧同位素变化曲线选取对应的时段,并按照阶地级序和拔河高度与 $\delta^{18}O$ 反映气候变暖的峰值年代进行线性拟合,选取相关系数最高的年代为阶地下切的年代,获得不同阶地的形成时代与阶地拔河高度的统计关系。

(5)海岸区的构造地貌。综合考虑新构造运动和全球海面变化与海岸带地区地貌发育的关系,然后根据现代地貌面、海岸线和相关沉积等所反映的海面变化和全球海面变化的对比,可以推算出沿海地区的新构造抬升速率。

(6)活动断层和活动褶皱方面。利用土壤气体组成成分作为研究工具,结合野外调查对比利牛斯山脉一处的活动断层进行了研究,开辟了新的研究方法。中国主要是对西北地区的一些活动断层进行了研究,查明了它们的活动规律。活动褶皱方面对北天山的活动褶皱和地震进行了大量的研究,获得了这些褶皱的变形特点与活动规律。

(7)构造分期和构造与气候关系方面。对亚洲形变与全球变冷关系的探索研究认为,新生代晚期亚洲形变强烈与全球气候变冷可能有关。3000万年新构造运动被分为3个主幕、7个亚幕和4个旋回、8个亚旋回,将气候变化共分为8个旋回组,并将气候—构造旋回也分为8个旋回组。同时,发现火山活动与构造活动相关,多数发生在间冰期。

(8)应用方面的研究。除了传统的找矿、工程建设、地震预测等方面的应用,近几年逐渐扩展到了新构造对土壤的形成、分布及特征、水土流失的影响和新构造运动对水资源环境的运移、分布、水文地球化学性质等的影响方面。

(9)青藏高原研究。夷平的特征、形成方式和形成所需的时间等基本问题被系统总结,认为夷平面是确定高原隆升的时间和幅度的相对可靠的根据。青藏高原的隆起对大气环流产生巨大影响,认为在第三纪末期青藏高原以高原面计算海拔不过1000米左右,认识在第三纪末和第四纪初高原强烈上升,高原上升到2000米以上,是东亚季风稳定形成的时期,强大的西伯利亚—蒙古高气压在冬春季节驱动强劲的西北风,以黄土高原南的边沿山脉为屏障接纳了来自戈壁荒漠的黄土粉尘的堆积。最能说明高原隆起的是兰州附近的黄河阶地。近年的研究表明,黄河是1600万年才首次于兰州盆地出现的,在1100万年前上游切穿积石峡,下游切穿三门峡,终于完成了黄河的上下贯通,这次地壳运动被称为黄河运动。这是青藏高原在早更新世的又一次强烈隆升,黄土高原则开始了离石黄土堆积,表明环境又一次巨变。这一类研究把地貌演化与岩石圈运动和大气环流变化联系起来,是构造地貌研究的重要发展。中国科学院地理科学与资源研究所一直重视青藏高原的地貌与第四纪研究,先后参与了国家和地方科研及生产部门组织的一系列科学考察和调查,承担了"青藏高原形成演化、环境变迁与生态系统研究""青藏高原隆起与环境变化重大事件研究"等国家重大项目课题,在青藏高原地貌特征分异、第四纪高原隆升与环境变化等研究领域取得了许多重要进展,出版了《西藏地貌》《西藏第四纪地质》《喀喇昆仑山—昆仑山地区晚新生代环境变化》《青海可可西里地区自然环境》《南迦巴瓦峰地区自然地理与自然资源》《青藏高原晚新生代隆升与环境演化》等专著和大量论文,主编了青藏高原地貌图、西藏第四纪地质图、青海省地貌图和青藏高原第四纪冰川遗迹分布图等大量图件。系统论述了青藏高原地貌特征、分异、形成与演化以及环境变迁等问题,探讨了青藏高原隆起时代、幅度和形式。利用精密水准测量证实高原现代抬升速率平均为5.8毫米/年,并且从北向南增加(张青松等,1991),这使构造地貌研究在理论上和方法上前进了一步;编制的《青藏高原第四纪冰川遗迹分布图》从整体上展示了青藏高原第四纪时期冰川分布范围、冰川的类型、规模、性质、演化历史和高原隆起的关系;发现"亚洲旱核心"形成于15万年前,并距今5万~2.5万年该区特别暖湿(李炳元等,1991);揭示了高原湖泊与河流沉积及地貌演变,指出中新世晚期至早更新世为高原现代水系格局基本形成时期,之后随着高原隆起,边缘河流溯源侵蚀先后切割和疏干了一些湖泊,晚更新世以来高原内部干旱化导致湖泊萎缩,进入成盐期,促进外流水系向内流水系转化(李炳元等,1995);在世界海拔最高(4840米)、距海遥远的青藏高原西北部甜水海东南面钻孔和地表湖相沉积中首次发现晚第四纪有孔虫化石(李元芳等,1997)等。

(10)理论研究。新构造应力场的作用方面,不同性质的应力作用可以形成相应的构造地貌格局,在多期应力场的作用下,可见不同力学性质的构造地貌形成或叠加在同一地区;深部构造包括基底构造的差异活动、地壳厚度的显著变化和上地幔隆起等的作用,它们控制着大型或巨型地貌的形成;地壳介质物理力学性质的差异作用方面,同样的压应力作用下,塑性介质地区将形成长轴与主压应力方向直交的隆起高地与断、凹陷盆地构成的各种弧线型地貌格局,而刚性介质区形成升降断块相间的棋盘格形或菱形格局,在刚塑性介质混合地区则形成复杂地貌。

近年,中国构造地貌在青藏高原及其周边地区的第四纪构造活动与地貌演化、主要地震地区的构造活动与地貌现象和地貌基本理论方面取得了显著进展[1]。通过对东昆仑山昆仑河纵剖面坡度变化进行分析以及对河流阶地进行空间对比,证实了昆仑河—野牛沟断裂和东昆仑中断裂第四纪以来存在构造活动性,并确认了第四纪以来强烈的构造差异隆升对东昆仑地区的地貌水系格局形成所起的控制作用(曹凯、王国灿,2007)。数字高程模型和遥感资料分析手段在构造地貌研究中得到更广泛的应用,同时与实际地质调查的结合更紧密,极大提高了认识不同尺度地貌现行的能力,例如,喜马拉雅大断裂带的分布特征(王猛等,2008)、拉萨地区晚第四纪地壳的抬升与拉萨河拉萨段和堆龙曲河口冲积扇的向南迁移(陈正位等,2007)、阿尔泰山脉的现代地貌特征与强烈的北西向为主的断裂构造活动的关系(洪顺英等,2007)、古玛纳斯湖盆形成—退缩—解体—衰竭的演化过程(史兴民等,2008)、青藏高原腹地阿里地区雅鲁藏布江断裂带班公湖怒江断裂带南缘分支断裂及南北向展布的多桑地堑和亚热带地堑为界所围的昂拉仁错环形构造(崔志强等,2007);三维卫星遥感图像生成技术已在晚第四纪活动构造和第四纪火山地貌研究中得到应用(付碧宏等,2008)。关于青藏高原结构的形成与隆起的动力,李东(2007)应用大陆边缘反S状造山带三维模式提出了青藏高原内部的结构原型为旋扭沟—弧—盆系统,属帕米尔—喀喇昆仑—喜马拉雅反S状造山带尾弧的组成部分,其隆升是印度洋板块俯冲、青藏—三江—印度尼西亚反S状山带头部弧右旋隆升两组动力系统叠加的结果。在高分辨率遥感图像和数字高程模型分析的基础上,结合野外构造地貌调查与测量、沉积物分析,以及年代测定,估算出富蕴断裂带晚第四纪以来的平均右旋走滑速率为1.46毫米/年~4.99毫米/年(张之武等,2008),而西秦岭北缘断裂带黄香沟段晚第四纪的水平滑动速率和垂直滑动速率分别为2.3±0.2毫米/年和0.28±0.08毫米/年(李传友等,2007)。大批地貌学者参加了汶川地震后的地质地震野外科学考察,刘进峰等(2008)报道了此次强震及其伴生的滑坡、崩塌、泥石流和地裂缝、砂土液化等次生灾害塑造的多种构造地

---

[1]许炯心,李炳元,杨小平,等.中国地貌与第四纪研究的近今进展与未来展望[J].地理学报,2009,64(11):1375-1393.

貌现象；贾秋鹏等(2007)利用近20年来的地震资料和地震反射剖面，结合数字高程模型，通过三维可视化分析软件探讨了四川盆地及龙门山的地貌特征和现代构造活动表现，在汶川地震发生前提出龙门山南段的现代地震活动已深入四川盆地内部以及龙门山及四川盆地存在晚新生代构造缩短的可能性等观点；通过对邢台、唐山等发生过强震的中国东部地区城市附近地区地质、地球物理、地震活动、地形变等资料的综合分析，发现在较厚第四系覆盖的地区，隐伏断裂的最新活动时代的确定应当充分考虑其与大型活动断裂的关系，并根据构造背景、断裂对新地层的控制作用、断裂最新地层、新地层沉积厚度、构造地貌、地震活动、地形变、现今构造应力场等来综合判定。与构造地貌相关的地貌学基础理论研究主要对中国陆地地貌基本类型及其划分指标的探讨(李传友等，2007)和以华北地貌为例进行的地貌面、地文期与地貌演化的研究(吴忱，2007)，李炳文等(2008)认为中国陆地基本地貌类型按照起伏高度和海拔高度2个分级指标组合来划分的原则符合起伏复杂、多台阶中国地貌的基本特点，并提出了不同地貌海拔高度分级指标的标准，以及根据7个地貌起伏高度形态和5个海拔高度等级组合成的28个基本地貌类型。

综上可以看出，构造地貌学研究已经取得了很大的发展，正在从经验科学发展为高技术武装的现代科学。今后应当从以下几个方面加强研究。①地表与地下深处研究相结合，与石油勘探和地震研究等部门联合，将地表构造地貌与地下深部构造以及地球物理反映相联系，讨论它们之间的关系；②由定性到定量，应用数学方法(概率统计、分形等)、测年方法和野外调查方法获取定量数据，提高构造运动的幅度、速率、周期等精度。另外，应用GPS等技术可以获得精度较高的地壳形变的速率、幅度等资料；③由静态向动态发展，由三维到四维研究构造地貌的演化和发展，特别是地貌突变部位与在活动断裂和构造升降应力集中点的表现，以及对构造地貌的动态模拟等；④野外观察测绘与实验模拟都应进一步加强；⑤加强构造分期的研究。与气候序列的相比建立构造分期序列的研究显得薄弱，特别是无法进行大范围对比；⑥活动断层与构造地貌的关系研究比较多，而与活动褶皱有关的构造地貌有待深入研究；⑦与气候变化、环境变化、全球变化相结合的研究，以及自然灾害、资源等方面应用研究是今后一个重要的研究趋势；⑧重视新技术、新方法的应用。加强"3S"技术在构造地貌研究中的应用，同时，应该大力学习考古、测量、地球物理和地质等学科的工作方法。

# 第二节　中国流水地貌学研究

### 一、中国流水地貌研究概况

流水地貌学是研究由流水塑造所成地貌形态的形成、发展和演化规律的科学。陆地表面几乎到处都有流水作用，但其性质、强度及造成的地貌形态各地却有很大差异。地表水流主要来源于大气降水，此外也接受地下水和冰雪融水的补给。降水量大于入渗量，斜坡表面就出现原始地表径流，即坡流或面流。坡流沿坡面运动，逐渐汇聚成较大的流束，形成分割斜坡的侵蚀切沟和沟道径流(也称暂时性水流)。随着沟道水流的汇集，水流的侵蚀力明显增大，沟底切入含水层中，获得常年不断的径流，称为永久性水流，它所占领的通道即为河。河流不断发育、壮大，产生新支流，形成复杂的水系网络，将地表划分成不等的流域体系。

图 2-5-1　流水地貌

按照上述流水作用性质的差异,流水地貌分为:①斜坡面过程,主要研究在雨滴和坡流作用下,斜坡的形成和发育过程;②沟谷地貌,研究各类沟谷(细沟、切沟、冲沟、坳沟等)的发生演化;③河流地貌,研究河谷地貌形态及其形成和发育过程、河床演变等;④流域地貌,研究各类水系的结构特征、发育机理和过程。

流水地貌一直是地貌学主要研究对象之一。近代流水地貌学形成于19世纪末,主要成就是戴维斯提出的侵蚀轮回说。20世纪中叶以来,逐步与水文学、水力学和河流动力学相结合,强调形成地貌现象的物理机制和进行定量分析。20世纪40年代～50年代,霍顿(R. E. Horton)斯特雷勒(A. N. Strahler)等人提出了关于水系形成、发育过程和数量定律。70年代以来,各种新概念和新理论进一步发展,其中,最重要的是流域系统和河流的水文地貌过程理论。前者把流域视作一个开放系统,包括产沙区、搬运区和堆积区3个子系统。物质和能量可自由出入于系统,又可在系统内运动和转化,进行复杂的响应过程。过程进行中存在若干个临界值,达到或超过上值就发生地貌类型、过程的质变。后者把地貌形态和水文、泥沙及水力因素结合起来进行分析,从而确定地貌形成、发育的物理过程和数量关系。

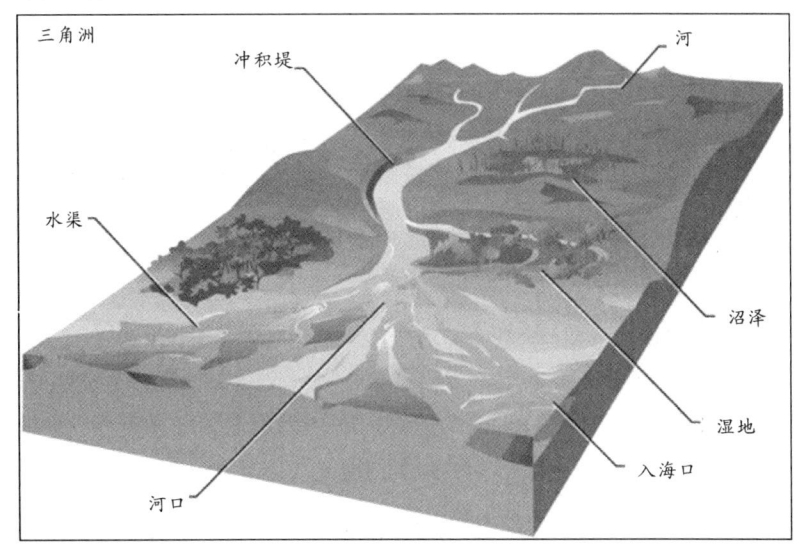

图 2-5-2　三角洲

在研究方法上,充分吸取了相邻科学和相关技术科学的理论和方法,如系统论和控制论、遥感、同位素测年、物理模型试验及利用计算机进行数学模拟等。许多实际问题如国土整治、流域规划、土壤侵蚀防治、河流资源开发、水利枢纽建设、河道和沟谷治理、航道和港口选择等都与流水地貌的调查研究有密切关系。近年来,中国流水地貌学在研究领域、研究内容、研究方法及与生产实践结合等方面都有了很大发展,目前,正向现代化、定量化、实验化方向发展。

在中国地貌学研究中占主要地位的是流水地貌学研究。中国地表河流众多,大小河流千余条以上,所以,中国流水地貌学的研究也是多以河谷地貌与水系发育为主要研究对象。河谷地貌与水系发育都与生产建设有直接关系,与人们的生活环境也密切相关,自古以来一直受到主管单位与人们的关注,研究成果非常丰富。江淮河济古之"四渎",其中尤其是长江与黄河,这是中国最大的2条河流,因而研究成果也比较集中。对长江河谷地貌研究的重点依次为三峡河段、云南石鼓大转弯的河段与湖北荆江"九曲回肠"的河曲地段。长江三峡如何形成的研究起源很早,远在20世纪20年代初,赵亚曾、谢家荣即于1925年在《中国地质学会志》上发表《湖北宜昌、兴山、秭归、巴东等县地质矿产》一文,文中提出了长江三峡是江流侵蚀坚硬石灰岩而成的看法;吴尚时1939年在《地质论评》上发表的《巫峡》一文,又认为三峡为叠置河谷;李承三等1944年发表在《地理》杂志上的《扬子江水系发育史》一文,则提出三峡是在黄陵背斜构成的四川盆地东缘高地的两坡河流,发生东流河袭夺西流河而成。1949年以后,李承三1956年发表在《人民长江》上的《长江发育史》与1958年发表在《中国第四纪研究》上的《长江水系发育史中几个问题的讨论》2文中,再次认为三峡是河流溯源侵蚀与重复袭夺而成,它既不是先成河,也不是叠置河;任美锷于1957年发表在《地理知识》上的《长江三峡概况》一文,也认为三峡为河流袭夺的结果。1958年在中国科学院地理研究所与北京大学联合组成的长江三峡地貌考察队,发现宜昌东湖系砾岩堆积时期黄陵背斜已经被切穿,因此认为三峡是从隆起的高原夷平面上向下切割而成。他们在考察中还发现,宜昌在南沱间的峡谷两岸有9级阶地,改正了以前研究中认为三峡无河流阶地的错误,这说明三峡从第四纪以来即一直处在间歇性的上升之中。沈玉昌等的《长江上游河谷地貌》,指出长江三峡远在第三纪初已经形成,是长江从隆起的夷平面上下切而形成的。

图2-5-3　河漫滩

关于石鼓长江大转弯的研究,学界对其起源的研究也比较早。在1933年,首先由林文英发表在《方志月刊》中的《江流索隐》一文中提出"系由于河道中间,发生东北—西南向之断层所致"的观点；任美锷在《江流索隐质疑》一文中，对此观点则提出反对。1943 年苏良赫在《地理季刊》上发表《云南之夺河现象》，1945 年李式金在《地理季刊》上发表《云南石鼓附近金沙江争夺问题》，都主张是河流袭夺而成。1949 年后，李承三提出是使冰川作用所致。1957 年袁复礼在《人民长江》上发表《长江河流发育史的补充研究》一文，认为是嵌切河流现象。1959 年任美锷等在《地理学报》上发表《云南西北部金沙江河谷地貌与河流袭夺问题》一文，对金沙江红石岩至虎跳涧峡谷间的地貌差异和古代沉积物的分布作了比较系统的研究，认为金沙江在石鼓附近袭夺论据不足；他认为在早第三纪时金沙江在石鼓以下三股水地方可能循白汉场古谷地南流，他将新构造运动与河流溯源侵蚀结合起来分析，认为金沙江袭夺大致是发生在早第四纪或中第四纪。1963 年沈玉昌、杨逸畴在《地理学报》发表《滇西金沙江袭夺问题的新探讨》，认为长江上游金沙江在石鼓附近的大拐弯系受两组共轭地质构造所控制，而非河流袭夺的结果。

关于荆江河曲研究，成果亦很多。如 1957 年姚琢之发表在《武汉水利学院学报》上的《下荆江河道过度弯曲原因的初步探讨》，就着重探讨了河曲过度发展的原因，以及河道总的发展趋势；林承坤、陈钦銮 1959 年在《地理学报》上发表《下荆江自由河曲形成与演变探讨》一文，还着重探讨了荆江河曲的演变过程是由半椭圆形变成倒向下游的半椭圆形，最后成为反"S"形；杨怀仁等的《长江中下游地貌与第四纪地质》（1960）、林承坤的《荆江河曲的成因与演变》（1965）、景才瑞等的《论荆江河曲地貌特征》（1982）等，都是这一河曲地貌研究的专论。

黄河、淮河、珠江、汉水、海河、黑龙江等及其支流地貌的研究，成果也较多，如冯景兰的《黄河流域的地貌、现代动力地质作用及其对坝库址选择的影响》（1955）、《黑龙江水系地质及工程地质的初步观察》（1958）、张伯声的《陕北盆地的黄土及山陕间黄河河道发育的商榷》（1958）、张保升的《黄河河道地形的发育》（1957）、钱宁等的《黄河下游河床演变》（1965）、叶汇的《北江下游河道的变迁》（1957）、沈玉昌的《汉水河谷的地貌及其发育史》（1956）、周廷儒和赵济的《南疆塔里木河中游的变迁问题》（1959）、丁锡祉的《第二松花江的河谷阶地》（1958）等，都是河谷地貌研究的重要成果。

总结概括流水地貌研究的还有沈玉昌、龚国元 1986 年在科学出版社出版的《河流地貌学概论》，承继成、江美球 1986 年在科学出版社出版的《流域地貌数学模型》，钱宁等 1987 年在科学出版社出版的《河床演变学》等。

## 二、中国流水地貌过程研究[1]

流水地貌过程涉及从坡面、沟谷和河床到整个流域水系的形态结构在流水作用下的形成发育过程，大体可分为流域坡地过程和河床过程。在社会对于环境保护，特别是全球变化下如何进行流域管理的需求下，随着系统理论与非线性理论分析方法和遥感、同位素测年、原型与模型实验以及计算机模拟等探测分析手段的广泛使用，与地貌学的其他分支一样，中国流水地貌研究从早期的定性描述不断向定量化、向微观和宏观方向深入，许多方面都取得了不断发展。流域坡地过程主要涉及坡地泥沙的侵蚀搬运过程，包括雨滴溅蚀、径流侵蚀、雨滴和径流搬运等水蚀过程，沟谷发育和泥沙侵蚀过程，以及或多或少有水参与下的重力侵蚀过程。中国水土流失十分严重，坡地土壤侵蚀研究一直受到重视。近年来，中国学者深入研究了不同时空尺度上影响土壤侵蚀各种要

---

[1] 杨小平，师长兴，李炳元，等. 从地球系统科学角度浅析中国地貌若干问题研究的新进展[J]. 第四纪研究，2008，28(4)：521-533.

素在泥沙侵蚀搬运的作用、土壤侵蚀过程中的复杂响应和临界现象,以及控制土壤侵蚀措施的减沙作用及生态与经济效益评价和措施的优化配置等。其中,侵蚀产沙的尺度效应问题引起了广泛讨论,例如,研究发现主要由于黄土厚度的沿程变化造成黄河流域产沙从小增大,然后减小;在黄土高原丘陵沟壑区,随着流域面积的增加,对应于坡面坡度突然增加以及沟谷密度峰值点输沙模数发生2个峰值;应用GIS技术和遥感数据结合水沙观测资料,分析发现了长江上游侵蚀产沙独特的尺度效应及其主要影响因素;核素示踪技术被大量应用于土壤侵蚀研究,使土壤侵蚀定量化研究得到发展。针对中国黄土高原独具的地貌环境特点,对高含沙水流产流、汇流特性及其与侵蚀产沙的关系以及多营力作用下的侵蚀搬运沉积复杂行为等问题做了创新性研究。流域过程研究进一步将各种泥沙侵蚀输移过程进行有机组合,由此,提出了大量经验性的、概念的或具有不同程度物理机制的坡地和流域侵蚀产沙模型。将高含沙水流运动的力学理论应用于多沙河流地貌的研究,在国际上开辟了以高含沙水流原理研究多泥沙河流地貌过程的新领域,提出了高含沙水流侵蚀的概念(许炯心,1999),研究了高含沙水流的时间变化(闫云霞等,2007),发现了宽幅水沙两相流冲淤过程中的2个冲淤临界值(许炯心,2004);揭示了天然河道挟沙水流的复杂的力学行为,发现了冲积河流河床形态和河型随含沙量变化的复杂图形,对河型随含沙量变化的传统理论进行了修正,使之更加完善(许炯心,1997)。在国际上首次提出了多营力地貌过程新概念,系统地展开了风沙—黄土转换带多营力侵蚀过程的研究,包括风沙—黄土转换带中的多营力作用、多营力侵蚀—输沙体系、沙尘暴对流水侵蚀—输移过程的影响,开辟了多营力地貌过程研究的新领域。提出了风力—水力两相作用下的侵蚀产沙过程模式,为多粗沙区的高强度产沙机理提出了新的解释(许炯心,2000)。研究了风水两相作用对高含沙水流的影响,提出一个简单的"运载工具"模式来描述高含沙水流的形成特性,为黄河多粗沙区高含沙水流的成因提出了新的解释(许炯心,2005)。

　　河床过程主要包括河道泥沙输移和河床演变。沈玉昌、龚国元在《河流地貌学概论》(1986)中将现代河床过程的基本规律概括为水流与河床相互制约、河床变形的滞后现象、泥沙运动是水流相互作用的纽带、河床自动调节作用、平衡条件下河床几何形态与水流泥沙及边界条件之间具有函数关系等。沈玉昌等(1986)在比较前人分类方案的基础上提出了新的河型分类方案,即将单汊和多汊作为第一级分类,单汊之下再分为顺直微弯和弯曲2种河型,多汊之下则分为两汊和复汊2种河型,并讨论了它们的形成条件。阐述了河岸与河床的相对可动性对河型发育的影响,认为这种作用实际上是基于一种河流选择性调整的机理,它决定了河床究竟采取何种方式来减少自己的能量消耗,因而有不同的河型出现(尤联元等,1983)。在渭河下游,研究了控制河型空间变化的临界条件,提出了河型转化时床沙中粉砂、粘土含量及河宽的临界值。在黄土高原,发现了年均含沙量在100千克/立方米以上的冲积性曲流河床,用高含沙水流的特殊能耗性质对其形成机理进行了解释,并将其命名为高含沙曲流(许炯心,1989)。对以长江为代表的江心洲河型的形成机理进行了系统深入研究,指出了分汊河型形成的基本条件,一是在江心出现泥沙堆积,二是堆积下来的泥沙要取得相对稳定,这又依赖于合适的地质地貌条件、河床边界条件和水文泥沙条件的相互配合(尤联元,1984)。近年来,中国河流地貌研究结合社会需求,在河流历史演化过程和河床现代过程等方面取得了新进展。在建立砂质河流和砾石河流河型的统一判别模式方面进行了尝试,利用包括国内外河流的大样本,基于能耗率、水流剪切力等水力学变量和河床约束性指标,首次建立了砂质河流和砾石河流河型的统一判别模式(许炯心,2008)。通过河流阶地研究,揭示了黄河上中游河谷各段的发育历史(刘志杰等,2007)。邱维理等(2008)借助新的光时光测年数据,界定了黄河山西河曲段的4级河流阶地的形成时间,并分析认为只有最老一级是由于构造运动所造成的,其余3级均因气候变化而形成。王萍等(2008)对黄河在兰州的Ⅰ和Ⅱ级阶地的发育时间提出了新的看法,认为这些阶地的形成时间比较晚。系统研究了金沙江河谷贯通的时间并给出了近百万年来河谷下切的速率变化过程(杨达源等,2008)。河床现代过程研究阐明了黄河、长江等河流河道泥沙输移规律、河型转化、河床纵横剖面调整机理及临界、长江的河湖关系、宽含沙变幅挟沙水流及河床过程复杂行为、水库下游与上游河床调整过程中的复杂响应现象、网状河流的发育特征及指标体系、人为活动和环境变化下河床调整等一系列问题,并对泥沙运动和河床变形物理和数学模拟进一步完善。利用遥感手段和多学科交叉方法,在河口河道河床演变、河口三角洲地貌和海岸发育过程定量化和驱动力等方面取得了一些新认识。河床过程研究在防灾减灾中也发挥着重要作用,如李长安等(2008)调查研究了长江安徽段沿岸的崩塌,并对崩塌的原因给予了详细分析,提出了治理建议。在流水地貌与生态学交叉方面,研究揭示了水库上游河漫滩地生态系统影响下的河型转化问题(许炯心,2007),调查分析了河流阶梯—深潭系统在保持河道稳定和维持生物多样性上的作用,在规划和实施治河工程中注意了以维持生物多样性为目的的保持和恢复河流地貌多样性的必要性(王兆印等,2006)。

流域产沙、输沙和堆积是流域内物质运动的一个主要形式。对于黄河流域系统中的侵蚀、泥沙输移和沉积过程进行了系统而深入研究,提出了黄河中游多粗沙区极端侵蚀模数新概念,并拟合出侵蚀模数与林草以及与林木覆盖度之间的定量函数关系,计算出极端侵蚀模数的临界值被覆盖度(王随继,2004)。研究发现无定河流域风沙区和黄土丘陵沟壑区河流的产流模数基本相近,但产沙模数却非常悬殊,前者的产沙模数很小,而后者很大(王随继,2007)。对于黄河流域不同水沙来源区对下游河道淤积的影响进行了定量估算,表明来自多沙粗沙区的每吨泥沙淤积在黄河下游河道的为0.455吨,而来自多沙细沙区的每吨泥沙淤积在黄河下游河道的仅为0.154吨(许炯心,1997)。对于黄河流域侵蚀产沙的尺度效应进行了研究,发现了产沙模数与流域面积之间的非线性关系(许炯心,2005);根据产沙模数随流域面积变化的区域差异,对黄土高原地区产沙模数的尺度效应进行了分区,针对不同类型建立了相应的校正方程,编制了黄土高原地区消除尺度效应影响的产沙模数图(闫云霞等,2006)。建立模型,定量估算了黄河下游沿程淤积与溯源淤积对比关系随时间的变化,弄清了黄河下游长期淤积的原因(师长兴,2005)。分析计算了黄河下游河槽平衡输沙横剖面,得出以显著减少黄河下游河槽淤积为目的的多级河槽形态;分析了黄河三角洲沉积物压实沉降可能产生的地面沉降量和过程(师长兴等,2007)。研究了黄河河口河道形态调整机理,揭示了影响河槽横断面形态自动调整的主要矛盾,提出河口河道的治理方法。阐明了黄河三角洲造陆过程对于夏季风强度变化的响应;建立了13000年以来黄河下游沉积速率随时间变化的曲线,发现了黄河下游沉积速率发生的4次突变(许炯心,2003)。流域泥沙通量变化定量反映了流域演化的过程和强度,近年来,大量研究基于实际观测资料,从流域系统的不同层次,通过坡面和小流域土壤侵蚀试验观测、沟谷等侵蚀地貌发育过程的监测、河流水文泥沙观测资料的分析、利用塘库河流域中其他堆积区泥沙堆积过程反演流域泥沙侵蚀堆积历史等,结合泥沙概算方法,揭示出不同时空尺度下的流域侵蚀产沙历史变化过程及其与自然环境变化和人类活动的复杂关系。基于大量沉积剖面与沉积物定年数据以及其他资料分析,定量重建了全新世以来多时间尺度下的黄河流域的泥沙通量,确定了人类活动对黄河流域产沙的贡献率。研究揭示了长江上游侵蚀产沙的独特尺度效应和阶段性变化及其主要控制因素;计算了长江上中游全新世的自然侵蚀量;

对长江上游近40年来河道泥沙存储量的计算定量揭示了主要自然和人为因素在河道泥沙存储、释放中作用(许炯心,2008)。随着不同自然背景下及不同尺度下坡面与流域产沙和泥沙输移比样本的不断扩大,以及侵蚀产沙影响要素及其过程研究的逐渐深入,人们对流域产沙和泥沙输移比的尺度效应的认识更趋全面。

同时,配合流域规划、大型水利枢纽工程建设、航道整治等做了大量研究,如对三峡水库坝址的稳定性、长江上游河谷地貌考察、荆江自由河曲的形成以及中下游河型研究、下游河口三角洲发育演变研究都为三峡工程的论证和建设起到重要作用。

## 第三节 中国喀斯特地貌学研究

### 一、中国喀斯特地貌研究概况

中国分布着面积广大的可溶性石灰岩区,碳酸盐岩出露面积达125万平方千米,是世界喀斯特比例较高的国家。尤其是在中国南方,由于气候温暖多雨,地表又经地壳构造运动抬升到一定的高度(如广西、云贵高原、鄂西川东湘西地区),为喀斯特地貌的发育奠定了物质基础,又提供了发育条件,所以,中国西南地区喀斯特地貌极为发育。因此,很早就有学者对中国的喀斯特地貌进行研究,成果累累。

在明代的《徐霞客游记》中便有对广西、贵州、云南的喀斯特地貌的探索和记述,具有很高的科学参考价值,也是中华民族对世界科学文化宝库的一份宝贵贡献。国际上通称的喀斯特地貌得名于南斯拉夫的喀斯特高原,中国曾把它叫做岩溶地貌。1949年以来,中国关于岩溶(喀斯特)的出版物很多。如1957年曾昭璇在新知识出版社出版的《论石灰岩地形》、1973年王锐在人民出版社出版的《岩溶(喀斯特)》、1983年任美锷和刘振中在商务印书馆出版的《岩溶学概论》、1985年张英俊等在贵州人民出版社出版的《应用岩溶学及洞穴学》以及同年贵州师范大学学报出版的《贵州岩溶洞穴回忆论文集》(自然科学版丛书)第2辑和中国地理学会地貌专业委员会在科学出版社出版的《喀斯特地貌及洞穴学》等。此外,1962年和1982年中国科学院地学部还分别主编并在科学出版社出版了《全国喀斯特研究会议论文集》《中国地质学会第2届岩溶学术会议论文选集》,1979年科学出版社还出版了由中国科学院地质研究所岩溶研究组著的《中国岩溶研究》,1982年地质出版社出版了《中国北方岩溶和岩溶水》等,1988年重庆出版社出版了袁道光、蔡桂鸿著的《岩溶环境学》。以上这些有关中国喀斯特地貌学的研究成果,都是在不同阶段有关单位对此研究的贡献。

与此同时,陈述彭还先后发表了《西南地区的喀斯特地貌》(1954)与《桂林七星岩喀斯特洞穴地貌图》(1958)等成果。前者对中国喀斯特地貌主要分布地区(广西与云贵高原)进行了地貌分区,后者在对比分析各种地貌图后,论证了地下水水平循环对喀斯特地貌发展所起的作用。陈吉余也先后发表了《地形发育在工程应用中的几个问题》(1955)与《贵州龙里麻若平台的地形发育》(1954)2文,前者论述了喀斯特地貌发育与地下水面的关系,后者说明了喀斯特地区平台的形成过程。景才瑞等也先后在《华中师范大学学报》上发表了《论长江以南地区岩溶地貌特征》(1978)、《论湖北岩溶地貌》(1981)、《论长江三峡岩溶(喀斯特)地貌特征》(1985)、《论鄂西南岩溶洞穴发育与第四纪冰期和间冰期的关系》(1988)等文,集中调查、研究了中国中部喀斯特地貌的发育过程。1996年沈继方、李焰云、徐瑞春、万军伟等在地质出版社出版了《清江流域岩溶研究》一书,总结了他们对湖北清江流域岩溶发育及其资源环境效应研究的核心内容。该成果获得湖北省科技进步一等奖,是一份优秀的研究成果。

## 二、中国喀斯特地貌研究成果

中国喀斯特地貌研究在20世纪后半叶取得了巨大进展,特别自80年代以来,喀斯特与物理、化学、生物学、数学等学科相结合,借助于计算机和先进的测试技术,开辟了许多研究领域,加速了喀斯特地貌理论与应用的发展。在中国喀斯特地貌学研究中,早期多侧重于理论方面的研究,阐明其产生与发展过程的规律,后来逐步在阐明其产生与发展过程规律的同时,结合生产建设的需要进行研究。其中,地质学界从事中国喀斯特地貌研究的学者,尤其是结合水文地质与工程地质的研究学者,对中国喀斯特地貌学研究更结合实际,面向生产,解决生产建设中的问题,其人数与成果比地理地貌学者及其成果更多,其特点是:第一,有明确的应用目的;第二,对地下溶蚀的深层溶洞与浅层溶洞研究更为侧重;第三,研究成果质量较高,其成果是中国喀斯特地貌学研究的重要方面。

中国学者提出了一套喀斯特发育理论。1981年出版的《中国自然地理·地貌》中指出,喀斯特发育受溶蚀—侵蚀和溶蚀2个基准面的控制,喀斯特地貌的发育有一定的演变顺序,即从一个原始的规则的构造面或一个上升的微起伏剥蚀面开始发育,到青年期的漏斗、落水洞、洼地发育,地表水几乎全部转化为地下水;中年期,由于地下河顶板的塌落,地下河向地表河转化,大量溶蚀洼地和谷地发育。由于不透水层广泛出露,或地面高度接近侵蚀基准面,喀斯特地貌发育到了老年期,地表演化成泛滥平原,平原上分布了孤峰、残丘,喀斯特现象逐渐消失。广西桂林、阳朔一带为中年期喀斯特地貌,而贵港、黎塘一带则为老年期喀斯特地貌。受地质构造运动的影响,喀斯特演化是多旋回的,不同旋回阶段的喀斯特地貌可以迭加在一起。提出了喀斯特发育有7种成因:①地壳上升或侵蚀基准面下降;②硫化矿床的影响;③承压作用;④埋藏的古喀斯特;⑤深部冷热水循环;⑥深部热液活动;⑦海平面变化引起的深部洞。

图2-5-4 喀斯特地貌

1972年，中国科学院地理研究所地貌室设置喀斯特地貌研究组，主动借鉴国外先进技术，并自主完善和创新改进，紧密结合国家和地方水利水电工程、厂矿道路建设、区域旅游开发等生产实践，不断深入研究喀斯特地貌地球物理化学过程，探索喀斯特地貌发育演化规律，先后承担并完成了国家和地方重大科研项目20多项，出版著作10多部，发表相关论文100多篇。在中国喀斯特洞穴发育的区域分异、地带性因素、洞穴成因与溶蚀作用、洞穴发育双酸模式、碳酸盐岩表层硬度、喀斯特溶蚀强度分析与估算、表层喀斯特发育与生态系统关系、喀斯特地貌系统对气候响应过程等方面展开了广泛深入研究。发现了碱性钙溶液吸收二氧化碳化学动力学机理，建立了碳酸水与硫酸水双成因洞穴发育的双酸模式，弄清了生物对土壤二氧化碳贡献及土壤二氧化碳对地下水表层喀斯特过程的驱动作用，揭示了岩石表面生态及其对岩石表面色彩与石林溶蚀形态形成的作用，构建了溶蚀对降水、气温等的复杂响应过程模型等，丰富了喀斯特地貌基础理论。针对喀斯特地区的水库渗漏、电站安全以及地下水的开发利用等，做了卓有成效的研究工作。如成功解决了红水河第一级水电枢纽大化水库以及岩滩水电枢纽库区的喀斯特渗漏问题（朱景郊等，1982）、完成了北京牛口峪水库北方喀斯特悬托谷的防渗工程（宋林华等，1989），分析了贵州独山南部、德江、普定以及大连金州、河北曲阳等喀斯特地下水开发利用（张耀光等，1985）。针对红水河流域环境地质综合评价国家任务，先后完成了"红水河流域环境喀斯特研究"报告及其专题地貌图（房金福等，1993）。进行了中国喀斯特地貌连片综合研究（林钧枢等，1986）。在喀斯特地貌的基础和应用研究过程中，中国很早就引进并改进国外先进技术，在具体研究中发明创造了各种新技术和手段，如应用染色石松孢子和荧光素示踪法进行了不同季节喀斯特地下水通道的示踪试验，成功地断定了不会跨越地下分水岭向邻谷渗漏，完成了水库建设可行性论证方案（朱景郊等，1981）。首创并应用"洼地分析法"，利用地下水联系密切的地面洼地走势，在室内绘出了喀斯特地下通道大体平面分布，指导实地调查和洞穴探测（陈志平，1978；宋林华等，1995）。使用环境同位素示踪分析查清了渗漏因素与途径，制定了多层次水库防渗方案（宋林华等，1987）。此外，还首先将航空红外遥感技术应用到探测岩溶的试验中，取得了良好的示范效果。从20世纪80年代开始了旅游洞穴的应用研究，在洞穴稳定性以及喀斯特景观旅游资源评价等方面做了很多首创性工作，先后完成了浙江瑶琳洞、河北临城白云洞、云南弥勒白龙洞、福建龙岩硿洞、路南石林景观等典型喀斯特景观的形成、发育、演化及其景观评价的调查论证可研报告。这些成果很大程度上指导了岩溶洞穴、喀斯特地貌景观的旅游开发和保护。1997年～2004年组织的云南石林与国外剑状喀斯特对比、云南石林和贵州荔波峰林及重庆武隆芙蓉洞—天坑喀斯特捆绑式"中国南方喀斯特"申请世界遗产名录论证报告，为成功申遗奠定了坚实基础（宋林华等，2001）。20世纪90年代以来，参与国家旅游标准化研究和国家标准起草，完成了多项与旅游地貌紧密相关的国家标准，如，《中国旅游资源普查规范》（1993）、《旅游区（点）质量等级划分与评定》（GB/T17775-1999）、《旅游资源分类、调查与评价》（GB/T18972-2003）等。

近年来，中国在喀斯特地貌发育、利用喀斯特洞穴沉积反演古气候和古环境、喀斯特地区土地利用与石漠化治理以及喀斯特地貌旅游保护和利用等方面取得了显著进展。喀斯特地貌发育与水进入地表、穿越并流出等一系列水循环密切联系，最终的地貌形态可以看做是溶蚀与堆积共同作用的产物。彭建等（2005）分析了路南石林发育和巴江流域演变之间的内在关系，认为石林的出现和大范围分布并非偶然，是巴江流域演变到一定阶段的产物。黄成毅等（2006）通过塔里木盆地北缘奥陶系碳酸盐古风化壳喀斯特发育特征的调查与分析，发现与周边有成因联系的影响带一起共同组成一个有机的缝洞系统,构成良好的缝洞型储集层。熊康宁等(2008)通过对贵州荔波樟江西岸地貌回春区黄后地下暗河流域内60个洼地和348个锥峰的形态计量分析,提出锥状喀斯特地貌演化模式。贺中华等(2008)认为,流域水系特征及高程、流域坡度和流域切割程度及流域地表形态特征等也是影响喀斯特地貌发育的重要因素。他们根据贵州ASTER影像分析影响地貌类型发育的5大因素,提出不同喀斯特流域地貌类型识别的数学模型。

近年来,随着质谱仪的发展和取样,小样品量的精确定年和稳定同位素测量使得洞穴石笋研究突飞猛进。洞穴石笋记录现在已经成为高分辨率古气候研究的最佳地质载体之一。一些学者利用石笋中$\delta^{18}O$记录反演了季风强弱的变化、降雨和温度变化。谭明等(2003,2004)率先对北方石笋的纹层和光学特征进行了研究,发现石笋微层理的厚度和光学特征可作为降雨和温度的代用指标。李红春等(2005)首次从机理和模式上对陕西佛爷洞石笋$\delta^{87}Sr$记录进行了详细和系统研究,发现$\delta^{87}Sr$偏高是指示土壤风化强烈、植被好、黄土沉积少,反映了湿热条件;反之亦然。这一研究成果弥补了单纯用氧碳稳定同位素记录解释古气候和古环境变化的不足。尽管洞穴石笋记录现在已经成为高分辨率古气候研究的最佳地质载体,但仍需要进行机理性、多指标、多手段的研究,也需要代用指标与实测和历史记录的对比、验证。

对喀斯特地貌发育地区石漠化问题进行了深入研究。在喀斯特山区土地利用方式、利用结构对生态环境的影响方面,彭建等((2007)通过GIS技术提出了基于景观生态学的喀斯特生态脆弱区的土地利用变化评价。罗俊(2007)提出喀斯特山区对面积广大的未利用地的生态改造和石漠化地区的生态恢复将会带来更大的生态效益。马士彬(2008)提出喀斯特地区由于其独特的地貌特征呈现出高坡度等级与高土地利用程度共存的现象。郑华(2008)通过密集采样研究了土地对喀斯特峰林谷地土壤养分的影响,结果表明土地利用方式通过植被、人为管理等途径影响土壤养分,为该类型土壤养分的人为调控提供了基础。就喀斯特山区水土保持问题,杨广斌(2006)论证了脆弱的喀斯特生态环境是产生严重水土流失和导致石漠化的地质基础,而强烈的人类活动是加速这一过程的主要驱动力。宁茂岐等(2007)从生态、经济和社会效益入手对毕节市石桥小流域设计了生态修复监测系统,实现了动态监测和信息定期更新。针对喀斯特山区植被研究以及脆弱生态环境修复,官东杰(2006)选取13项生态环境脆弱度影响因子作为评价指标,对喀斯特地区生态环境脆弱度进行评价研究,并利用GIS技术对其进行等级划分。刘唐松(2007)把可持续发展理论引入生态系统健康评价体系,对喀斯特生态环境脆弱地区生态系统健康状况进行评价。覃勇荣等(2008)提出了提高土壤水分涵养能力的优化植被恢复模式。

## 二、喀斯特地貌的研究趋势[1]

1. 喀斯特地区的生态系统研究

21世纪,中国西部地区将成为国民经济建设和经济发展的重要地区。然而,由于20世纪喀斯特地区的人口快速膨胀,乱垦滥伐,森林覆盖率急剧下降,许多地区的森林覆盖率由解放初30%~50%已降到目前的10%~20%,甚至有地区不到5%。森林覆盖率的下降导致严重的水土流失和土地质量严重退化,岩漠化面积迅速扩大,如贵州省石漠化面积从1975年的8806.6平方千米发展到1985年的13 888平方千米,平均每年以508.2平方千米的速度扩大,目前仍在迅速发展。同

---

[1]宋林华.喀斯特地貌研究进展与趋势[J].地理科学进展,2000,19(3):193-202.

时,本来可采水资源就不足,现在更是泉干水断。一旦连日暴雨,又大面积受涝。喀斯特地区山高坡陡,土地瘠薄,生物生产量极低,人民生活贫困。

西部大开发给西部喀斯特地区的经济发展和生态环境改善提供了新的机遇。喀斯特地区的环境极其脆弱,一旦破坏就难以恢复。在西部大开发的同时,必须把生态环境的保护和恢复、发展生态型产业放在首位。在缺水少土、岩石裸露、山高坡陡的喀斯特地区生态恢复较慢。因此,在采取传统技术恢复生态的同时,要大力开展生物基因研究,培植出一批能抗旱、耐碱喜钙的高价值的生态经济作物,使已恶化了的生态环境在短期内得到有效的改善,农村经济高效发展。

充分开发雨水和表层喀斯特含水层资源,利用喀斯特发育规律和演化特征,建设一批地表和地下小型水利工程,以解决当地居民生活和农业用水。要采用高新技术处理由有机与无机肥料造成污染的喀斯特水源,保证农村卫生供水,保障农民健康。

目前,喀斯特地区小城镇发展速度快,环境问题严重。城镇位于盆地或洼地、谷地中,大量的工业废气聚集,污染严重,酸雨不断。生活与工业垃圾不科学堆放和埋放,污水到处排放,造成地下水的严重污染。超量抽取地下水,引发地面严重塌陷。对于新兴的农村城镇,应根据地貌规律和喀斯特含水层特征,对城镇结构、布局和"三废"处理进行科学规划和实施。要采用新理论和新技术有效防范地下水的污染和迅速净化污染了的喀斯特含水层。

2. 喀斯特古环境与全球变化研究

洞穴石笋作为全球变化研究的重要途径,已经得到了各方面的认可。研究证明石笋微层的灰度与温度、厚度与降水量之间存在着正相关。然而形成石笋微层特性的洞穴滴水除与地表降水强度有关外,还与表层喀斯特的包气带的性质有关。形成石笋的滴水能否正确代表表层喀斯特和包气带裂隙流的特征,还有待于深入研究。如何利用"不标准"的连续沉积的石笋微层中所含的各种信息建立热带和亚热带季风气候区的洞穴石笋古气候标尺,有待探究。

关于发光层与有机质的关系,微层发光一般由胡敏酸和富里酸产生,但自然界中还有没有其他发光物质存在于石笋微层之中。石笋中的有机质极其少,用什么技术和仪器来测量这些极其微量的有机质,有待深入发展。

对于石笋中无机质和环境示踪物质的研究,已知从下层到上层 Ga/Mg、Ga/Ba、Ga/Sr 作有规律的变化,但是,它们与古环境和古气候的变化关系尚不清楚。

目前,石笋研究得出的古环境和古气候认识的正确性和应用的广泛性如何?石笋生长过程中滴水的速度和方位往往具有多变的不确定性,如水中悬浮质、微生物和藻菌类、碳酸钙的沉积状况和表面特征都会影响到滴水的位置和各滴水间水量的分配,甚至出现滴水位置的转移,原处出现滴量的减少和间断。因此,有可能把丰水期误译成干旱期。为此,研究工作必须寻找强有力的多元环境痕量示踪物质,以保证判读环境的正确性。

3. 风景旅游洞穴环境的改善与景观老化的防治

中国开放了 254 个左右的风景旅游洞穴,其中 95% 分布在喀斯特地区。洞穴的神秘性和碳酸钙景观极高的象形性和艺术性,每年吸引了大量的游客,如 1998 年桂林芦笛岩的旅客达到 96 万人,浙江瑶琳洞一天最高游客量多达 13 370 人。像瑶琳洞这样的旅游洞穴中安装了 1659 盏总容量 119 170 瓦的灯具,给洞穴输入了惊人的热能,使洞穴温度大幅度提高。目前,瑶琳洞内的温度已比开放初期升高了 1.5℃。贵州织金洞内开放区比不开放区气温高出 0.5℃~2.0℃。北京石花洞开放 15 年,洞穴空气温度比开放初期高出 1℃~2℃,白天比晚上高 1℃~2℃。游客大量涌入洞穴,使洞穴空气中的二氧化碳急剧增加。如瑶琳洞中空气二氧化碳浓度在无游客时的早晨比开放初高出200ppm~300ppm。在旅游高峰时可达5000ppm。白天和晚上的温差引起的凝结水在吸收洞穴空气二氧化碳后变得具有强烈的侵蚀性,破坏了洞穴景观的原生结构。如广西伊岭岩的凝结水溶蚀作用的深度可达洞口内300米处。白天由于高能灯的烘烤,使碳酸钙景观的水分蒸发,景观产生不均匀的失水和干裂,为景观石的强烈风化产生了条件。如贵州织金洞和北京石花洞内许多如卷曲石、石针等均受到严重破坏。洞穴内外物质和能量的交换,促进了洞穴内生态系统的改变——会生长许多藻类、菌类、苔藓类、蕨类等灯光植物的生长。它们破坏景石的结构,腐蚀景石,使景石变色,观赏价值大幅度下降。因此,风景旅游洞穴的环境、景石的保护和改善、灯光植物的防治等是旅游洞穴研究的重要课题。

4. 实验和量化喀斯特地貌的研究

袁道先和潘根兴等在实验室做了土壤生物产生的二氧化碳对石灰岩的溶蚀实验,结果表明,覆盖在石灰岩上的土壤溶蚀潜能为22.88毫克/100天,它高于土壤层中任何深度上的土壤的溶蚀潜能。对于不同土壤、不同植被、不同湿热条件下土壤的溶蚀潜能和动力学过程,需做更多的实验室和现场模拟试验。

利用碱性钙溶液吸收二氧化碳恢复洞穴风化碳酸钙景观和降低旅游洞穴二氧化碳浓度的试验已取得了很好的成果。对于在洞穴中进行大面积的试验工作以及如何在常温常压下促进$CaCO_3$的沉底结晶,仍有许多理论和技术方法的试验研究工作。利用当地喀斯特水改善表层喀斯特含水层的性能和防治洞穴景观的风化,利用改善洞顶石灰岩地标的生态环境,达到保护和改善洞穴石笋生态系统等将是未来重要的试验课题,在旅游洞穴如何采用新技术、新方法保护和维持洞积石的自然美学性、神秘性和科学性。

在高温高压和存在油气的条件下,模拟深部喀斯特发育的动力学过程,探索喀斯特发育和油气在深部喀斯特中的运移及储存的规律,为油气资源的科学和持续开发提供充分依据。

喀斯特地貌是一种自然几何形态,它具有数学表达其形成过程和空间特征的特性。虽然目前已初步能用分形分维理论来描述喀斯特正地貌和负地貌的结构与发育过程,并能用计算机来建立喀斯特地貌的空间分布模式。应用分形研究了洞穴的弯曲度和形态,得出湖南洛塔喀斯特洞穴的分形维为1.038~1.332,绝大部分洞穴的分形弯曲度为1.06~1.69,个别只有0.27和2.15。喀斯特地貌的形成过程的数量化描述正处于起步阶段。肖鸿林等分析了以猫跳河和六冲河为代表的喀斯特峡谷的形态,并初步建立了峡谷形成的数学模型。但喀斯特和洞穴景观的数字化和可视性模型亟待解决,否则,景观的展示难以实现三维的存真性。喀斯特地区的规划、建设和生态环境整治都需有一个优质的管理模型。

## 第四节　中国黄土地貌学研究

中国北方很有代表性的特殊地貌学研究则是黄土地貌学研究,因为黄土高原在北方占有很大的面积与很重要的地位。黄土地貌也是一种特殊的地貌类型,组成其地貌形态的基础物质是黄土,其地貌形态在微观上表现为地面破碎、沟谷纵横,但在宏观上仍基本保持着平面形态,所以称为黄土高原。因为其组成物质黄土性质疏松,在水力、风力、重力等外力的作用下,极易遭受剥蚀、侵蚀、搬运、堆积,因此形成严重的水土流失现象。水土流失不仅对该地区的经济发展有严重影响,而且还使下游地区河床抬高,河道难于稳定,水灾频繁,其影响范围不仅包括黄土高原约54万平方千米的地区,而且还包括约30万平方千米的华北平原。中国黄土高原的黄土—古土壤序列被公认为是世界上最长、最连续的陆相古气候记录,也成为与冰芯、深海沉积相并列的古环境研究的3大支柱之一,并在第四纪气候变化的多旋回理论建立方面起到关键作用。故研究中国地貌的中外学者多将其注意力集中于中国黄土地貌学的研究上,其研究成果极为丰富。

### 一、中国黄土地貌研究进展

早在咸丰十年(1860),李希霍芬便来到中国,开始了中国黄土地貌学的研究。他认为,中国的黄土是风成的。接着,俄国的奥勃鲁契夫也于光绪十八年至二十年(1892~1894)来中国进行黄土地貌的调查研究,发表了《华北黄土》的报告,并陆续写成了《黄土的成因问题》《准噶尔盆地西北部的黄土》《黄土问题》《黄土——一种特殊的土壤,它的成因及研究任务》等。1958年,地质出版社把这些研究结果结集为奥勃鲁契夫《论黄土》的专著出版。之后,前苏联学者L.S.贝尔格、日本人柴田秀贤也进行了黄土地貌学的研究,并分别发表了《黄土的起源》和《华北蒙古黄土之岩石学和矿物学的研究》等论著。这些研究,只能算作是对中国黄土地貌学的早期初步研究。

中国学者研究中国黄土地貌始于20世纪20年代,从李学清1928年发表《黄土的化学与矿物成分》起,迄今已80多个春秋。1936年任美锷在《方志月刊》(第1期)上发表《中国北部黄土与人生》的论文,是比较有水平的研究成果。1949年后,由于生产建设的需要,生产带动科学研究,科学研究面向生产、促进生产,使中国黄土地貌学的研究方兴未艾,重要成果层出不穷。20世纪50年代,地貌学者和其他学科的工作者一起,对黄土高原进行了大范围的实地野外考察,摸清了黄土高原黄土地貌类型基本格架、发育规律和黄土地貌的空间分布规律,探讨了黄土地貌的成因、发育过程,尤其对黄土侵蚀地貌做了开拓性工作,对黄土地区的各种侵蚀、剥蚀过程尤其是流水侵蚀过程进行了深入研究,并作出了侵蚀量的估算,开创了黄土高原典型小流域水土流失治理规划研究。黄秉维编制的黄河中游流域土壤侵蚀分区图至今还是黄土高原地区进行土壤侵蚀研究和水土保持治理的重要依据。罗来兴在黄土高原通过实地考察总结出的"羊道侵蚀""道路侵蚀"以及"细沟侵蚀"规律、土壤侵蚀沿坡长的变化规律等,至今为这些方面研究的经典,仍然是当前有待深入研究的热点领域。黄秉维领导的中国科学院黄河中游水土保持综合考察队在考察过程中及其以后陆续发表了《陕甘黄土区域土壤侵蚀的因素和方式》(《地理学报》1953年第2期)、《编制黄河中游流域土壤侵蚀分区图的经验教训》(《科学通报》1955年12月号)、《谈黄河中游土壤保持问题》(《中国水土保持》1983年第1期)。20世纪60年代开始了坡面侵蚀定位观测和侵蚀机理的试验研究,为土壤侵蚀规律定量研究奠定了基础。在黄秉维和沈玉昌支持下创建了室内人工降雨坡面过程实验室,80年代完成了室内人工降雨坡面实验室建设,并开展了坡面侵蚀机理和坡面养分流失规律的试验研究,完成了国际合作研究项目、国家基金委重大研究项目和重点研究项目、面上基金项目、中国科学院方向性研究项目以及大量的横向合作研究项目的试验研究。南京大学地理系地貌专业的师生为黄河下游泥沙的来源,中国科学院地理研究所、西北大学、陕西师范大学等单位的地貌研究者无论在理论上,还是在应用上都做了大量有益的工作,尤其是在理论上解决了黄土高原土壤侵蚀的由来、水土流失强度时空分异和分异的原因,界定了黄河中游多沙粗沙区的范围,为黄土高原综合治理作出了贡献。这些研究的贡献在于,对影响地面侵蚀的因素和方式进行了综合性的论述,并开始注意使黄土地貌的研究与生产实践相结合。这与早期的黄土地貌学研究已不完全相同。20世纪80年代,在探讨黄河中游黄土丘陵地区坡地侵蚀发育规律基础上,依据黄土高原的实际观测数据,全面地总结了黄土高原的土壤侵蚀和治理的研究成果,阐述了侵蚀强度及其时空变化,分析了影响侵蚀因素在发育过程中的作用,探讨了沟间地和沟谷地的侵蚀过程。这些成果目前已成为黄土高原侵蚀过程研究和水土保持治理的经典依据。

1949年以后的60余年间,对黄土地貌学研究可分为2个阶段,即1966年之前与之后。前一个阶段大致围绕着探讨黄土地面的侵蚀状况及所应采取的防治措施,以实用为目的的黄土地貌分类与分区、黄土地貌的发育历史和黄土形成原因等方面。后一个阶段则是前一个阶段的深化研究,主要课题是黄土高原地面侵蚀规律及其改造和开发利用的研究。罗来兴、朱震达、祁延年、陈永宗等当时都是中国科学院地理研究所的地貌研究人员,也是参加中国科学院黄河中游水土保持综合考察队的成员,他们先后发表了大量有价值的研究成果,如罗来兴个人或与祁延年、朱震达合作撰写完成的论文有:《陕北无定河清涧黄土区域的侵蚀地形与侵蚀量》(《地理学报》1955年第1期)、《黄土丘陵区的沟壑发育与侵蚀量计算的实例——陕北绥德韭园沟流域》(《地理学报》1953年第2期)等。1958年在科学出版社出版的《黄河中游黄土区沟道流域侵蚀地貌及其对水土保持关系论丛》一书中,有罗来兴的《陇东西峰镇南小河流域的地貌》《晋西离石县王家沟流域的地貌》2文,《1938年~1947年间的黄河南泛》(《地理学报》1953年第2期)、《划分晋西陕北陇东黄土区域沟间地和沟谷地的地貌类型》(《地理学报》1956年第3期)、《编制黄土高原水土流失与水土保持图的说明与体会》(《中国地理学会1965年地貌学术讨论会文集》,科学出版社,1965)、《黄土地貌》(刊中国自然地理编辑委员会编《中国自然地理·地貌》中,科学出版社,1982)等,对黄土地貌的形态特征、类型、分区及对黄土地貌形成的主要过程——侵蚀进行了数量估算,开创了黄土地貌研究的定性与定量相结合的综合分析手段,是中国黄土地貌学研究的具有代表性的成果。

图 2-5-5　黄土地貌

黄土高原地貌侵蚀(水土流失)规律的实验研究,可以追溯到1942年在甘肃省天水市和陕西省西安市建立的水土保持试验站,从那时起即开始了这一研究。1949年后,水利部黄河水利委员会又先后在陇东西峰(1951)、陕北绥德(1953)、山西离石(1955)建立水土保持试验站;1952年扩建了天水站;1958年以后中国科学院的一些有关单位,如西北水土保持研究所、地理研究所、地质研究所、贵阳地球化学研究所、西安黄土研究室、地质部水文地质工程研究所、西北大学地质系、陕西师范大学地理系、西安地质学院、山西黄土高原地理研究所等,都开展了系统的专题研究课题,多学科联合攻关研究特点突出。如刘东生、张宗祜、王永焱、孙建中、赵景波等主要研究黄土的物质组成、结构、地质地貌特征、侵蚀作用、地貌年代等,其中,刘东生等著有《黄河中的黄土》(1964)、《中国的黄土堆积》(1965)、《黄土的物质成分和结构》(1966),皆由科学出版社出版。孙建中、赵景波等的《黄土高原第四纪》(1991)、张维邦主编的《黄土高原整治研究——黄土高原环境问题与定位实验研究》(1992)也先后由科学出版社出版。王永焱等编著《中国黄土研究的新进展》(1985)、《黄土与第四纪地质》(1982)均由陕西人民出版社出版。赵景波著的《西北黄土区第四纪地质与环境》(1994)由陕西科学技术出版社出版。以上这些都是有关中国黄土地貌学研究的重大成果。

关于中国黄土的成因及形成时代问题,过去多认为是第四纪间冰期中与现代形成的,1980年景才瑞在《地理学报》(第1期)上发表《中国黄土形成的气候条件、时代与成因》认为,中国黄土是在第四纪各个冰期中风积的,各个间冰期中是黄土受到流水侵蚀的水土流失时期,在厚层黄土中形成剥蚀面与砂砾石夹层,中国没有"熟黄土"。目前,该结论已经基本上得到了学术界的公认。

席承藩、朱显谟等以土壤学家的观点着重研究黄土侵蚀类型,如1953年席承藩等发表在《土壤学报》上的《陕西绥德韭园沟土壤侵蚀情况及水土保持办法》,1956年朱显谟发表在《土壤学报》上的《黄土区土壤侵蚀的分类》。水文水利学者着重研究黄土区河流产沙、输沙问题,如1981年《北京河流泥沙国际学术讨论会文集》中,钱宁等的《黄河中游粗泥沙来源区来水来沙对黄河下游冲淤的影响》,龚时旸、熊贵枢的《黄河泥沙来源与输移》等。

1991年由齐矗华、甘枝茂、惠振德主编的《黄土高原侵蚀地貌与水土流失关系研究》(陕西人民教育出版社),全面分析了黄土高原环境的基本特征,对黄土高原范围、古地貌格局、黄土分布以及气候、水系诸方面做了扼要阐述,对黄土高原的地貌类型、类型组合和区域发展及其发育过程进行了探讨,并着重研究了黄土侵蚀地貌与水土流失的辩证关系,阐明了防治水土流失的基本途径。

陈永宗从20世纪60年代开始,对黄土地貌即进行了综合的系统研究,发表了系列性学术论文,如《黄河中游黄土丘陵区坡地的侵蚀发育》(1976)、《黄河中游黄土丘陵区的沟谷类型》(1984)、《黄土高原黄土地貌发育历史及其现代侵蚀关系》(1989)等,着重探讨了黄土高原地貌的现代侵蚀与治理,具有代表性。

中国一些历史地理学者如侯仁之、谭其骧、史念海、景可、伍光和、朱士光等,也从自然地理环境演变与人类活动的影响方面研究,发表不少研究成果。如谭其骧的《何以黄河在东汉以后会出现一个长期安流的局面》(1962)、史念海的《历史时期黄河中游的森林》(1983)与《黄土高原的森林与草原变迁》(1985)、景可的《黄土高原新构造运动对侵蚀的影响研究》(1982)与《黄河泥沙输移比的研究》(1989)、朱士光等的《黄土高原水土流失地区建设水土保持体系是治黄之本》等,研究了黄土高原水土流失的过程及治理的根本措施。

## 二、黄土地貌侵蚀演化研究[1]

黄土丘陵沟壑区的每个小流域都是一个完整、独立的自然侵蚀—输移—产沙系统,沟道小流域是黄土地区侵蚀地貌的基本单位。以小流域为单元并对小流域进行综合治理与开发,是中国流域治理的成功模式,也是当前黄土高原地貌演化研究的切入点和突破口。在国内外地貌演化理论

---

[1] 梁广林,陈浩,蔡强国,等. 黄土高原现代地貌侵蚀演化研究进展[J]. 水土保持研究,2004(4):131-137.

的基础上,中国学者以小流域为基本单元,进行了大量有针对性的研究工作。

黄土坡地侵蚀方式(面蚀、细沟、浅沟、切沟)和类型(水力侵蚀、重力侵蚀)是黄土高原现代地貌侵蚀演化研究的重要内容。在黄土高原的任何一条沟道小流域或小流域内的任一从分水岭至沟谷底部的纵向斜坡剖面上,各种有序的垂向排列侵蚀带所发生的土壤侵蚀现象都有相似的规律可循(雷阿林等,1997)。罗来兴和承继成(1986)、陈永宗(1988)、蔡国强(1998)等研究了黄土坡地的发育模式及径流作用、侵蚀形态与方式的垂直分带性,以及径流对坡地的改造和发生细沟、浅沟、切沟的临界距离,分析了均匀坡面由于径流衰减发生侵蚀率变化的临界坡长和降雨、坡度、坡长在侵蚀过程中的作用。江忠善(1996)、张信宝(1992)分别利用野外观测和$^{137}$Cs方法研究了坡度增加时侵蚀速率与坡长的关系。所有这些研究成果,大大深化人们对于黄土高原现代地貌演化特征的认识,揭示了土壤侵蚀方式和侵蚀形态空间垂直分异的基本格局,为从土壤侵蚀动力学角度研究黄土坡地侵蚀地貌现代演化规律奠定了重要基础。中国科学院地理科学与资源研究所与加拿大多伦多大学、萨斯卡川大学长期合作进行了坡面侵蚀规律研究,在降雨击溅侵蚀、坡耕地土壤表土结皮以及细沟侵蚀方面的研究在国内处于领先地位,很好地揭示了坡面侵蚀规律,为构建坡面侵蚀模型和水土保持治理提供了重要依据。

朱显谟、罗来兴、陈永宗、甘枝茂等人根据沟谷不同发育阶段与形态对沟谷类型进行了划分。朱显谟(1981)认为,细沟、浅沟及切沟多发育在梁峁坡或者沟坡上,它们是现代地貌演化的产物;在斜坡下从冲沟开始,就进入了地表径流的自然沟道系统,一般包括支、毛、干沟甚至江、河、大川的水路网络系统,它们都是古代地貌演化的产物,但是,现代地貌演化对它们尤其对冲沟也具有明显而强烈的影响,主要表现为沟尾的溯源侵蚀、沟壁的扩大和沟床底部掏蚀冲刷等。罗来兴(1982)把侵蚀沟谷粗略地划分为现代侵蚀沟和古代侵蚀沟,他所谓的现代和古代的时间尺度是模糊的,只具有相对的时间意义。陈永宗(1988)根据地质剖面将黄土的堆积与各级沟谷的发育年代联系在一起,按照沟谷发育过程以及各级沟谷在这个过程中所处的阶段,充分考虑沟谷形态的相似性和差异性,把侵蚀沟谷划分为浅沟、切沟(或者悬沟)、冲沟(包括新老冲沟)、坳沟和河沟5类,认为其中前两者为现代侵蚀沟,后二者为古代侵蚀沟,他认为切沟和浅沟形成时间是人类历史期,进一步明确指出了古代与现代沟谷发育的界线。这些研究不仅揭示了黄土高原沟道形成的年代,也为后人利用他的地貌分析方法定量研究地质时期以来沟谷侵蚀发育阶段及自然侵蚀速率和人类活动加速侵蚀,提供了研究基础。

20世纪90年代以来,随着非线性科学在地学中的应用,孔凡臣等(1991)通过山西及邻区水系与黄土冲沟的分形特征研究,认为水系的分维值反映了该区构造活动性的强弱;李后强、艾南山(1991)研究了Horton比率与流域地貌发育阶段的关系,并导出了划分流域发育阶段的新参数,认为分枝比越大,流域越趋于侵蚀晚期。何隆华(1995)提出运用多维分形理论研究黄土地貌演化对于流域的侵蚀发育阶段具有更强的代表性;雷会珠(2001)等根据沟网Horton定律推导出沟网的分维计算式,据此可进行纸坊沟流域沟网的分维计算,判断流域沟网的发育程度,认为黄土高原沟网具有分形性。并且通过统计分析发现流域边界周长、长轴、短轴、长短轴比、汇合角等地貌指标随流域面积的变化,从而认为黄土高原流域的自相似性。中国科学院地理科学与资源研究所与加拿大多伦多大学合作,构建了黄土高原丘陵沟壑区的小流域侵蚀产沙模型,建立了坡面发生细沟侵蚀的判别计算公式,是一个很好物理意义的坡面降雨径流侵蚀模型,沟道子模型引入了泥沙输移比计算,沟坡子模型考虑了重力侵蚀和洞穴侵蚀对流域产沙的影响;开发了土壤侵蚀管理信息系统。在地理信息系统支持下,建立了由流域侵蚀产沙模型、生产潜力模型和经济效益分析模型组成的小流域土壤侵蚀管理信息系统,并在山西汾河上游得到广泛应用;利用航空摄影测量和 GIS 技术探讨了晋西王家沟典型小流域土壤侵蚀和地貌演化规律;在国内比较早地开展了流域侵蚀产沙模型的尺度转换研究,系统总结了侵蚀产沙尺度转换的类型和理论方法,构建了考虑流域尺度的岔巴沟流域次暴雨产沙的统计模型,得到了考虑流域尺度影响的岔巴沟流域次暴雨泥沙输移比表达式、流域径流过程、侵蚀产沙过程、水沙关系随尺度变化的规律(刘级根等,2005)。

关于地质时期和历史时期以来地表剥蚀速率和人类活动的影响一直是人们讨论的热点之一。陆中臣、袁宝印(1988)、张勋昌(1988)等采用地质剖面法探讨了自然侵蚀速率和历史时期以来人类活动加速侵蚀问题,认为自然侵蚀速率占70%,人类加速侵蚀占30%。景可(1989)等采用相关分析法研究认为,1919年~1999年自然侵蚀占81.6%,人类侵蚀占18.4%。近30年来,黄土高原侵蚀进入了更加强烈的发展时期,人类加速侵蚀达到25%,自然侵蚀占75%。陈永宗和赵业安(1981)等认为,黄河中游的产沙量30年来增加38.5%。史培军等(1992)根据地貌演化特征推算了皇甫川流域30年来自然侵蚀速率和人类加速侵蚀的变化,认为人为加速侵蚀占45.09%,自然侵蚀占54.91%,并分析了20世纪80年代自然和人为减沙的作用,认为因治理仅占流域总面积的45.44%,因而仍然表现为"局部改善,整体恶化"的趋势,人类加速侵蚀要大于人类控制侵蚀的速率。黄河巨量泥沙开始于人类历史时期,随着人类活动的加强及森林和草原植被的破坏而引起侵蚀产沙增加(史念海,1981)。黄河巨量泥沙来源完全归咎于地质环境,与人类活动无关(洪业汤,1990)。景可等(1997)运用"侵蚀—沉积"相关原理研究了黄土高原自然侵蚀与人为加速侵蚀量。

坡、沟侵蚀演化关系的研究起源于小流域的泥沙来源与综合治理研究。小流域泥沙的来源问题直接关系到水土保持治理方针的决策及措施配置,因此备受世人所关注,主要存在两种不同的观点:蒋德麒等按地貌部位确定泥沙来源,认为泥沙主要来源于沟壑,他们未考虑坡面水下沟在沟壑中所增加泥沙的确定成分;西峰水保站和曾伯庆等认为,来自沟谷的泥沙可占80%,但坡面水下沟所增加的泥沙总量占小流域泥沙总量的76%以上,当坡面水被隔绝时,沟坡的径流和产沙能力可分别减少58.7%和77.8%,强调了坡面来水对沟壑增蚀的作用,并引发了坡、沟关系问题的讨论,目前仍是讨论的热点问题之一。焦菊英和郑粉莉等(1992)定量分析了坡面水下沟在沟坡上侵蚀产沙量,认为来自沟坡的泥沙中有近50%是坡面水下沟造成的。陈浩(1992,1999)提出坡面水下沟"净产沙增量"的概念,定量研究了坡面来水来沙在沟坡上的净产沙量和搬运量及含沙水流的侵蚀特性,认为坡面来水来沙在小流域产沙中起决定性作用,利用成因分析法确定不同地貌类型区典型小流域的泥沙来源,丘陵沟壑区羊道沟流域产量中来自坡面作用的泥沙占55.9%,王茂沟占69%;塬区南小河沟塬面的作用竟高达85.23%,沟坡坡度越大坡面水下沟的侵蚀能量越大。蔡强国等(1998)分析了暴雨特性变化对坡沟水沙关系的影响,认为如果阻止坡面水下沟,在大暴雨条件下径流和产沙量可分别减小61%和85%。雷阿林等(1997)开展了坡沟系统土壤侵蚀与水流动力学机制的试验研究。

黄土高原现代地貌演化受到许多因素影响,如内营力和外营力作用以及作为第三营力的人类活动都对黄土地貌的演化起着非常重要的作用,就黄土丘陵沟壑区而言,自沟道流域出现了沟间地和沟谷地以后,沟间地坡地的形态发育由于受到谷(沟)缘线所起的临时控制作用,在一定时期内,直接受地壳活动强弱的影响已经不大。在这一段时间内,决定坡地侵蚀演化速率的主要因素为坡地的降雨径流状况、地表的抗蚀力、原始地貌特征等因素。而对一个小流域而言(小于10平方千米),降雨的空间分布基本上也可以看作是相同的,同时下垫面的地表物质组成、植被、土地利用方式等在较小范围内也可以看作是一致的,此时决定地貌现代侵蚀演化的因子主要为地貌形态因子,即地貌特征对降雨径流侵蚀作用的反馈机制。地貌的形态特征可以视为各种形状和坡度斜面在空间的组合,也可以把它解析为各种长度、坡度、坡向几何图形的不同组合(陈永宗等,1988)。

(1)坡度。坡度是影响坡地土壤侵蚀的重要因素之一,它是决定地表物质与能量再分配的关键地形因子。关于坡度在侵蚀中的作用,早在20世纪初开始就引起有些学者的重视,并进行了一系列分析与探讨。坡度与坡面侵蚀的关系比较复杂,许多研究表明,水流剪切力与坡度呈正比,故坡度增加侵蚀量增大。但也有学者认为,坡面侵蚀量并不是一味地随坡度的增加而增大,而是存在影响侵蚀强度变化的临界坡度。其他条件相同、土质不同时,充分反映了坡度对坡面侵蚀影响的复杂性。

关于黄土高原地区坡度与坡面土壤侵蚀的关系国内已做了大量研究,如20世纪50年代刘善建指出,当坡度增加到15°以上时,侵蚀量增加更剧烈,并通过对天水水保站径流小区资料的分析得出坡度与冲刷呈指数相关,即:

$$d = 0.012s^{1.4} + 0.56$$

式中,$d$——农地上冲刷深度(毫米),$s$——坡度(%)。

黄河水利委员会西峰水保站和朱显谟等一致认为,黄土梁峁坡地上的侵蚀量与坡度的幂相关,但各自求得的数值差别极大。陈永宗、江忠善等根据各自掌握的资料,分别得到不同的经验公式。这些经验公式表明,侵蚀量有随坡度增加而增加的特点。但是,有许多的研究表明,存在影响坡面侵蚀量变化的临界坡度,即当坡度超过一定界限时,随着坡度的增大,土壤侵蚀量不继续增大反而会减少,不同的研究人员在各自的研究条件下得到的临界坡度是不同的。

不同的研究地区具有不同的临界坡度值,是由于随着降雨条件、下垫面等因素的不同而相应的发生变化。如靳长兴(1995)运用坡面流的能量理论得到临界坡度理论上应在24°～29°之间。其具体数值与坡面水深和大于等于84%的土壤颗粒粒径之比有关。陈浩等(1989)试验研究表明,在降雨特性和土质等下垫面一定条件下,存在影响坡面侵蚀量变化的临界坡角,临界坡角随着不同的坡度时侵蚀方式的变化速率的不同而存在差异。也就是说,随坡度的变化及坡面侵蚀过程的变化,存在影响坡面侵蚀变化的一系列临界阈值。江忠善等(1996)也认为,临界坡度不是一个固定值,它将随着降雨条件及下垫面条件的不同而发生变化。此外,曹文洪(1993)通过分析天水、西峰和绥德等大量径流小区的资料,并结合理论知识,指出土壤侵蚀坡度界限不是一个常数,是与坡面径流深、泥沙粒径以及植被等因素存在一定函数关系,认为坡度界限应大于40°。黎四龙、蔡强国等(1998～1999)研究了野外试验小区不同坡度条件下、次降雨情况下坡度与侵蚀量的关系,认为次降雨侵蚀与坡度和单因子回归方程结果不显著。当坡度与径流量、雨强等因素结合时,用来计算次降雨侵蚀效果就会变好。

(2)坡长。坡长是决定坡面水流能量沿程变化、影响坡面径流和水流侵蚀产沙过程的重要地貌因素之一。有关坡长对侵蚀的影响方面,目前有3种不同的观点:一种观点是认为随着坡长的增加,水体中的含沙量增加,水流能量多消耗于挟运泥沙,结果侵蚀反而减弱;另一种观点是随着从上坡到下坡水深的逐渐增加,侵蚀相应也增加;第三种观点认为侵蚀与坡长无关,其理由是由于向下坡水量增加,侵蚀减弱,二者相互消长的结果使得侵蚀量从上坡到下坡基本保持不变。

中国研究学者就黄土高原坡长与侵蚀的关系进行了大量的研究,研究结果与不同研究区的土壤特性及降雨条件等有很大的关系。原黄河工程局据径流小区资料分析,认为坡长与侵蚀有的成正比,有的成反比,其变化视降雨状况而异。罗来兴(1958)根据甘肃华亭粮食沟坡面细沟侵蚀量的野外雨后调查资料认为,沿坡长的侵蚀特点是强弱交替变化。华绍祖(1984)利用天水、绥德等地的径流小区资料求得侵蚀与坡长的 0.15~0.5 次方成正比。张信宝(1992)利用 $Cs^{137}$ 法研究认为,0 米~50 米坡长范围内侵蚀速率随坡长的增加而增加,坡长大于 50 米时,侵蚀速率随坡长的增加变化不大,65 米以后,随坡长的增加还略有减少。蔡强国等(1998)也认为,侵蚀量沿坡长先是增加,超过一定坡长后逐渐减少。黎四龙等(1999)利用张家口坡长小区 5 年的观测资料,研究了降雨强度对坡长与径流量、侵蚀量关系的影响,结果表明,小雨强降雨时,径流量与坡长不是直线关系,侵蚀量随坡长增加较慢;大雨强降雨时,径流量可用坡长与径流的乘积代替,侵蚀量方程中坡长指数比小雨强时大。孙亚平等(2003)进行了实验模拟不同降雨强度时,坡长对坡面侵蚀输沙能力影响的模拟试验研究,表明随着降雨条件的不同,坡长对侵蚀的影响也是不同的。

(3)坡向。坡向是影响水土流失和地貌发育的重要因素之一,它对于局部小气候的影响十分显著。黄土高原阴阳坡的水分、暴雨过程中风对不同坡向侵蚀强度的影响、不同坡向的地面组成物质以及黄土的分布及厚度、遭受侵蚀的程度均具明显的坡向差别。同时,还存在着人为开垦作用的影响,人类耕垦坡地首先是在阳坡,随着人口的增多,阴坡也随之被开垦,同时这也导致了阴阳坡的地面组成物质的不同。

研究也表明了同一流域不同坡向的地貌侵蚀演化存在着相当大的差异。据林超等(1985 年)在陕北绥德等地的调查,一场降雨中,阳坡的径流通常比阴坡大,而且水流中所含的泥沙也较阴坡多;阳坡不仅面蚀比阴坡严重,而且沟蚀也多,由此造成阳坡陡短、阴坡相对来说坡面较长和坡度平缓的不对称现象。李孝地(1988)根据天水水保站观测的林地、草地、农地流失量比值,得出施家沟流域阳坡流失量占流失总量的 80% 左右的结论,并经过调查进一步证明了阳坡侵蚀强度和侵蚀速度远高于阴坡。

### 三、黄土地貌坡地改良利用研究

坡地改良利用研究一直是中国科学院地理科学与资源研究所研究的重要领域,研究成果表明,在植被生长主要依赖天然降雨的黄土高原,生物措施要与自然带相适应,应根据植被恢复度和植被生态需水适应性系数来进行宏观植被的恢复与实施。它是目前在不断增长的人口压力下,进行水土保持,解决好经济发展与环境保护、造林种草与植被类型的自然适应性,以及控制泥沙作用中生物措施与工程措施合理布局等诸多矛盾的关键所在。高含沙水流的发育及其在空间尺度上的变化研究是黄土丘陵沟壑区防止土壤侵蚀产沙的重要理论举措。次洪总水总沙关系可以用最简单的比例函数来表示,而且比例系数就是流量含沙量关系中的稳定值。植被减沙机制随空间尺度而变异:在坡面植被不仅通过减水来减沙,而且也通过改变水沙关系来减沙,导致减沙率大于减水率;在流域尺度由于植被难以有效控制黄土丘陵沟壑区的重力侵蚀,也难以改变高含沙水流的输沙能力,因此,在建立研究区流域产沙模型时,如果选择径流而不是降雨特性作为模型的自变量,模型中可不必考虑植被等坡面治理措施因素造成的下垫面情况的改变。

总之,由于黄土高原在中国乃至世界占有的独一无二的重要地位,因此,中国黄土地貌学的研究成果之高、之深、之广,在中国乃至是世界上也是独一无二的,参与的学者与出版、发表的研究成果之多,同样也是独一无二的。

## 第五节 中国河口与海岸地貌学研究

中国海岸线漫长,仅大陆海岸线即达 1.8 万千米,而且曲折复杂的港湾与平坦的大河入海三角洲相互交错,这对开展河口与海岸地貌的研究具有非常重要的意义。由于中国具有低海岸变化比较显著的特点,与入海大河的来水来沙丰富有直接关系,因此,河口地貌研究尤为重要。20世纪50年代以来,中国河口地貌有了快速发展。1957年,在南京召开的"中国河口研讨会"促进了中国河口地貌研究的发展。在前苏联河口专家萨莫伊洛夫来中国讲学后,华东师范大学首先成立了河口研究所,其中以陈吉余为首的研究者开展了对中国各大河口地貌的调查研究,先后完成了一系列的研究成果。例如,《长江三角洲口段的地形发育》(1957)、《长江三角洲的地貌发育》(1959)、《南京吴淞间长江河槽的演变过程》(1959)、《钱塘江河口沙坎的形成及其历史演变》(1964)等文章,均先后发表在《地理学报》上。另外,《渤海湾淤泥质海岸(海河口——黄河口)的塑造过程》与《杭州湾动力地貌》亦于1960年发表在《上海市科技论文选》上。还有《历史时期的海岸变迁》于1982年刊入《中国自然地理·历史自然地理》一书中(科学出版社)。这些研究成果都认为,河口发育是若干因素下综合作用的结果。在长江口研究中注意到新旧水下三角洲的差异,探讨了河口发育中历史上的束狭现象,指出丁文江与海登斯坦过去在长江河口及三角洲研究中的片面性。在杭州湾钱塘江河口研究中,陈吉余不仅研究其地貌形态,还研究其他地貌形态的动力作用;既从陆上,也从水下进行研究,对河口地貌研究进行了开拓性、方向性的探索。中国科学院地理研究所还将萨莫伊洛夫《关于河口水利工程的报告》等在华讲演录编辑为《地理学和地理教育问题》一书,由商务印书馆于1959年出版。其他的如徐俊鸣于1973年在广东人民出版社出版的《珠江三角洲》、曾昭璇于1957年在《地理学报》上发表的《韩江三角洲》、钟柏松和黄广耀1958年在《地理学资料》上发表的《关于珠江三角洲的几个问题》、罗玉堂和章文溶对辽河口的研究、李世瑜和王颖等对渤海湾西海岸(海河口、黄河口)的研究等等,都有河口地貌学研究的成果,对河口地貌学的发展也作出了自己的贡献。

图 2-5-6　海岸地貌

60多年来,中国河口地貌研究取得了巨大的成就。在理论研究方面,一个显著的特征是动力、沉积和地貌相结合,取得了一系列的成果,如河口冲淡水、河口锋、最大浑浊带、泥沙运动、拦门沙的形成、河口不连续现象、河口发育等。在应用方面,如钱塘江河口和长江河口等都有成功的范例,目前,已逐步扩展到主要的河口,在水土资源开发和河口治理方面也取得了广泛的效益。如长江河口,由多学科联合经过近40年的工作、系统调查、大规模现场测验、多种科学模型、大比例尺物理模型试验、多频多波速声学系统和声学悬沙剖面测试系统,不仅探讨了各项动力因素在河口过程中的作用,而且建立了河口发育模式,掌握了河口河槽演变规律,规划了河口治理方案——特别是拦门沙航道治理的方案。这个方案的研究成果得到了国内外专家的一致赞誉。钱塘江河口"结合围垦,治理江槽"成绩是巨大的,取得了670多万平方米的土地,带动了围区经济迅速发展。其他河口的治理,也取得显著的或一定的成绩。如瓯江河口的3条江治理、闽江河口的内外沙治理、珠江河口伶仃洋水道治理、黄茅海航道治理等。中国河口研究的主要特征有:①形成了动力—沉积—地貌相结合的新的科学体系;②研究方向从时空变化机制(物理的、化学的、生物的和地质的),发展到数值模拟和预测;③河口研究拓展到化学、生物和生物地球化学等领域;④河口地貌研究密切结合工程应用实践;⑤国际交流与合作不断增强,从过去外方为主,逐步成为共同合作,甚至我方为主。迄今已出版了数十部有关河口和三角洲方面的专著,解决了一大批工程的关键科学技术,研究队伍不断扩大,甚至已超过30个研究单位,分别在教育部、中国科学院、交通和水利部门有国家级和省部级的重点实验室。

关于中国海岸地貌学的研究起源比较早些,因为海岸的升降对地貌形态的特征、形成和发育过程以及开发利用都有直接关系,海岸升降主要属于构造地质与构造地貌研究的问题,地质学家的研究成果较多,其中,陈国达于1950年发表在《中国科学》上的《中国海岸线问题》一文,在当时是这方面的权威著作,文中应用了大量的资料,论述了中国海岸发育的复杂性,在大量下降中有少量回升现象,并从大地构造理论探求海岸地貌变化的原因,纠正了对中国地学界有深刻影响的李希霍芬的一些学术观点。方宗岱根据上海炮台湾和外滩强潮记录的分析,于1952年在《自然科学》上发表了《平均海平面有上升趋势》一文;任美锷在1965年《海洋与湖沼》上发表《第四纪海面变化及其海岸地貌上的反映》;1987年景才瑞在《地质科技情报》上发表《全球性海平面上升趋势亟待调查研究》;赵希涛1984年在福建科学技术出版社出版了《中国海岸演变研究》一书等。这些论文或论著对中国海岸地貌都进行了比较全面的研究。林观得等1985年在地质出版社出版的《海平面》一书中认为,海平面近年来有上升趋势,福建海岸并有比较大幅度的上升。在局部海岸的升降上,叶汇、徐俊鸣、曾昭璇、黄玉崑对南海海岸的研究,丁锡祉对辽河东半岛海岸的研究,王宠、林观得对福建海岸的研究等都对中国海岸地貌学研究有重要意义。特别是2007年高等教育出版社出版的陈吉余院士的《中国河口海岸研究与实践》一书,系统地阐述和反映了中国河口海岸研究领域所取得的成果。

近40多年来,海岸的研究对渤海、苏北海岸、浙闽及华南海岸以及滦河三角洲、黄河三角洲、长江三角洲、韩江三角洲和珠江三角洲等都进行了比较系统的多学科调查。在这些研究中,探讨波场物质和流场物质运动特征、侵蚀海岸和堆积海岸剖面塑造,在波、流、潮对海岸作用的基础上,对典型海岸冲淤变化进行预测,在以下方面取得显著进展。①通过淤泥质海岸动力特征和泥沙场分布特征研究,有效地解决了选定泥质海岸建港的位置,开拓了"浅水深用"的途径;②系统研究了淤泥质海岸软土地层结构、构造的特性,以及软土地基处理技术问题,在天津港和连云港的建设中发挥了重要作用;③掌握了淤泥质海岸剖面塑造的规律,浮泥的形成和消衰变化的研究,及其在解决航道开挖和维护问题方面起着重要作用;④通过对潟湖通道剖面变化与进潮量等动力因素建立关系,确定潟湖沙嘴的泥沙来源,监测其移动方向、数量变化,有效地改善和维护潟湖通道的航运水深,探讨了潟湖与外海水体交换等问题;⑤人工海滩研究和开发取得重要进展,海滩是海岸带最活跃的地貌单元,近年来,由于世界性的海平面上升,侵蚀型海滩范围扩大,侵蚀加重,海滩宽度变窄、坡度变陡和滩面物质粗化等问题日益严重,引起了广泛关注,亦成为海岸工程研究的热点课题之一。中国在海滩喂养与人工海滩、人工海滩设计等方面研究取得了一定进展。如青岛、北戴河、三亚、厦门等地都曾做过一些相关研究和工程实践,海滩旅游业逐渐从"观光游览型"为主向"休闲度假型"转变。改革开放以来,中国海岸资源开发出现了新的态势:养殖业进一步发展;围海造地加大了力度,从高滩围垦发展到低滩甚至零米以下围海,进一步到人工岛的建设;旅游事业进入水下世界和人工海滩的建设;空间资源开发向深水港口(15米以上)建设发展。这标志着中国河口海岸资源环境利用已经进入深层次开发阶段,因此,加强河口海岸资源利用关键技术研究是目前的热点和关键。

近几十年来,由于流域及人类活动(如围海、筑坝等)对河口海岸的环境变化影响日趋重要,以及经济迅速发展需要与众多中央与地方大、中型工程建设,海岸环境面临着重大动荡与变化,人类活动对河口海岸的影响更加剧烈与深远。20世纪80年代以来,中国河口海岸领域已开始重视人类活动对环境变化与资源保护、开发利用的影响,如开展了三峡工程对长江口生态环境影响研究、黄河下游来水来沙变化对三角洲海岸的影响研究、珠江三角洲围海工程对海岸环境变化的影响研究等。80年代中期以来,针对全球海平面及中国沿海相对海平面的上升趋势,在国家及省(市)重大项目支持下,开展了海平面上升对海岸侵蚀等一系列重要河口海岸环境与资源问题的研究。同时,中国已经形成一支经过锻炼与实践考验的、专业结构合理的科研队伍,特别是已具有从事河口海岸研究、具有扎实理论基础的年轻博士、博士后群体,做出了许多达到国内、国际先进水平的研究成果。

在实验室建设方面,中国已在华东师范大学建成"河口海岸动力沉积、动力地貌综合国家重点实验室"与南京大学"海岸与海岛开发国家试点实验室",具有一整套达到20世纪90年代国际先进水平的海岸带海洋勘测取样、测量、室内测试分析、物理模拟设施及地理信息系统的计算、模拟、决策的技术设备。

近年来,在地球系统科学和全球变化研究思想的指导下,在国际大陆边缘计划、新的国际地圈—生物圈计划(IGBP-II)、海岸带陆海相互作用计划(LOICZ-II)等一系列国际重大研究计划推动下,世界大河河口三角洲的地质和地貌环境的演化过程越来越引起地球科学家的关注。主要涉及河流沉积物对河口三角洲和相邻陆架的贡献、全球气候变暖背景下的海陆相互作用以及人类活动作用下的入海径流泥沙及水循环变化等。近年来,中国河口与海岸地貌研究在理论与观测分析方法上都取得了进展。许炯心(2006,2008)、李鹏等(2007)、Wang Zhengbing等(2008)研究了全新世三角洲海平面变化、气候变化和人类活动对长江、黄河等河口入海水沙通量和三角洲建造的影响,Zong Y等(2007)、Chen Zhongyuan等(2008)探讨了全新世三角洲海平面变化对长江河口环境的影响、河口三角洲环境演变对新石器人类文明的影响等。胡红兵等(2007)在GIS技术支持下定量研究了长江口冲积岛浅滩泥沙淤积和形态发育过程、Yang Shilun等(2006)计算了20世纪50年代以来不同时期潮滩和水下三角洲地形的冲淤及其对流域来沙减少的响应。程和琴、李卫华等(2004,2008)经过大量水流、泥沙和地貌形态观测,确定了长江口南支—南港沙坡稳定域,估算出推移质输沙率,提出了一个新的沙纹与沙坡间的转化边界。孟翊、程江(2005)通过长江口北岸北支百年演变过程研究,认为"堵截南水道、圈围黄瓜沙、连靠崇明岛"的造陆工程将是一项治理衰退和开发相结合的有效工程。Chen Shenliang等(2006)、陈小英等(2006)深化了对黄河三角洲侵蚀型岸滩沉积物粗化动力过程以及黄河下游至滨海区沉积物的分异特征和规律研究的认识,构建出三角洲岸滩动床水动力泥沙数学模型。王颖等(2007)分析揭示了中国沿海5种具有代表性的河流河口不同的泥沙运动、沉积特性、地貌发育特征及其对相邻陆架的影响。Gao S(2007)、Dai Zhi-jun等(2007)研究提出了长江三角洲发育和中国南部沿海海滩平衡剖面模型。吴超羽等(2006)开展了长周期地貌演化模拟研究,提出了一个长周期动力形态模型,重建了6 000年以来珠江三角洲的地貌演化,模型结果与测年钻孔资料、古文化遗迹等吻合。高抒(2007)以江苏中部海岸潮滩沉积为原型,提出了获取潮滩沉积记录中沉积层保存潜力信息的正演模拟方法。近年来南京地理研究所在太湖进行了自动化监测,华东师范大学建立了芦潮港沉积动力地貌野外观测站、崇明东滩科学实验站,通过观测积累了较多的科学数据,对河口海岸地貌研究具有重要意义。

河口海岸学今后的研究内容主要涉及河口海岸带空间资源的开发利用,将直接服务于沿海国民经济建设中的重大建设项目的规划与建设,如河口深水航道的整治、侵蚀海岸防护技术、沿海大型核电与煤电站的建设以及淤泥质海岸规划、围海工程和大型深水港的开辟及浅水深用技术的应用,将直接产生巨大的经济效益和社会效益,并将为河口综合治理工程、沿海深水港建设工程、能源基地建设工程、大规模围海造地工程、沿海城镇工厂的排污工程、三角洲开发工程以及沿海环境保护工程等建设部门提供重要的科学依据。

## 第六节 中国风成地貌(沙漠地貌)学研究

### 一、中国沙漠地貌研究概况

沙漠地区的地貌形成的动力主要是风力,所以沙漠地貌也属风成地貌。中国西北部干旱与半干旱地区岩石风化作用强烈,风蚀侵蚀与堆积为主要外动力,形成了特殊的沙漠地貌。

从1912年开始,俄罗斯学者奥勃鲁契夫即对中国新疆及中亚的干旱地区做了初步调查研究,先后发表《色楞格·达乌里亚的流沙必须迅速加以研究》《中亚细亚的风化和吹飏作用》《特种类型的沙堆——群集沙》等文章。1958年,科学出版社将奥勃鲁契夫的这些成果收入《砂与黄土问题》一书。1958年,科学出版社又出版了由中国科学院地理研究所编写的《干燥区和黄土区的地理问题》一书,书中又收入了彼得罗夫所著的《研究和开发中华人民共和国干燥区流沙的任务》、库宁的《荒漠地下水的形成条件》、库兹涅佐夫等的《准噶尔盆地湖泊的观察》等文。凡此种种,只能算是对中国沙漠地貌学的早期初步研究。

中国学者对中国沙漠地貌学研究开始于20世纪30年代,陈宗器等人对中国的个别沙漠进行了初步研究。但真正对沙漠进行系统性科学研究工作,还是1949年以后的事情。中华人民共和国成立初期,沙漠研究工作根据营造防风固沙带的需要,开展了一些小规模的研究,如结合营造陕北防护林带的建设,开展了陕北榆林、靖边、定边等地区毛乌素沙漠的流动沙丘研究。1954年《科学通报》第3期与第11期分别发表了罗来兴的《陕北榆林靖边间的风沙问题》与严钦尚的《陕西榆林定边间流动沙丘及其改造》。前者主要论述了流沙的来源:一是静水沉积的老沙层;二是流水沉积的新沙层经风力吹扬作用而形成。纠正了以前认为沙是从伊克昭盟吹来的错误观念,探讨了风力和沙丘发育的关系,探索了沙丘移动的规律问题。后者对流动沙丘进行了实地调查,对沙的矿物成分和来源进行了研究,认为沙的主要来源是当地古沙的复活与新生代地层的破坏所致。1959年,中国科学院组织了学科联合的庞大的科研队伍,开展了对中国主要沙漠与戈壁的大规模综合考察,同时,在西北5省、自治区建立了多个治沙试验站,开展了防治风沙危害农田、铁路的试验研究,取得了突出成绩。

历史地理学家从历史发展观点着重研究沙漠的地域变迁,如侯仁之先后在《科学通报》上发表《走上沙漠考察的道路》(1964)、《从人类活动的遗迹探索宁夏河东沙区的变迁》(1964年),1965年在《治沙研究》上发表《乌兰布和沙漠北部的汉代垦区》,在《文物》上发表《从红柳河上的古城废墟看毛乌素沙漠的变迁》(1973)、《从考古论证陕北榆林城的起源和地区开发》(1976),在《考古》上发表《乌兰布和沙漠的考古发现和地理环境的变迁》(1973)等文,既从自然的演变过程,又从人类活动对沙漠的影响过程探讨沙漠的变迁,开拓了新的研究形式与内容。

为了加强对中国西北广大地区风沙地貌学的研究,中国科学院在兰州成立了沙漠研究所,以朱震达为首的一大批科学家投入了对中国沙漠地貌的研究,获得了大量的高水平的研究成果。他们的研究一开始便是面向具有世界意义的土地荒漠化问题,朱震达与刘恕等合作撰写的《我国北方地区沙漠化过程及其治理区划》(1981)以及一系列学术论文,充分论述了中国的荒漠化过程。过去一般认为荒漠化主要是自然的过程,但他们的研究却认为,由于干旱、风力等自然因素导致的荒漠化面积只占10%左右,而因滥垦、滥伐、过度放牧等人为因素造成的荒漠化面积却占到90%左右,所以,他们认为,合理地进行土地利用是防止荒漠化的根本途径;同时,沙漠化最危险的地区并不是那些大沙漠的边缘,而是半干旱农牧交错地区,即干草原和荒漠草原地带,因此,整治的重点应放在那些地区。他们研究的另一个方面是沙漠基础理论与应用理论的研究,如他们主编的《中国沙漠概论》(科学出版社,1974)、《沙漠地区风沙地貌调查法》(科学出版社,1961)、《中国沙漠化及其治理》(科学出版社,1989)与吴正所著的《风沙地貌学》(科学出版社,1987)等。

近年来开展的"中国沙漠的风沙地貌与环境研究"项目,针对中国沙漠的主要类型、空间分布特征与面积、中国沙漠化土地的扩展速率、中国沙漠形成演化的时间—气候序列和模式、中国沙漠区的自然环境特征、中国风沙地貌形成发育过程和风沙运动规律,进行了较全面的深入研究。建立了风沙流中沙粒相运动诸量的分布函数,阐明了风沙地貌的形成与发育过程,解决了复杂床面单颗沙粒运动具有很大随机性问题,初步实现风沙运动过程的微观与宏观结合;建立了反映110万年以来中国东部沙地,以及77万年以来中国西部沙漠的形成演化在万年尺度上的地质—气候序列,揭示了东部沙地和西部沙漠的正逆交替演变过程,揭示了西部沙漠在间沙漠期难以进行成壤过程,而东部沙区则有明显的成壤和沙丘固定过程。

最近10多年来风沙地貌研究所取得的新进展表现在6个方面:①风沙力与风沙环境研究;②沙丘过程与风沙地貌发育研究;③沙漠沉积与沙漠环境变迁研究;④沙漠生物结皮及其固沙机制研究;⑤工程风沙灾害及其防治研究;⑥风沙地貌研究的发展趋势。

**二、中国沙漠地貌理论研究**

在风沙地貌与沙漠形成演化方面,系统研究了风沙流的形成、运动及其结构的特征,分析了风成分异作用及其对沙的粒度成分和形态特征的影响。对风蚀雅丹、风蚀城堡、风蚀长丘和风蚀劣地等风蚀地貌的形成发育条件有了明确的认识;对纵向沙丘、横向沙丘和多风向沙丘形态的形成和运动过程的动力学特征进行了系统研究,初步揭示了沙丘的形成机制与沉积特征;查明了沙漠的分布和类型特征;初步建立了两代沙漠格局:第三纪副热带高压动力下形成的红色沙漠和第四纪亚洲季风作用形成的黄色沙漠,提出了中国沙漠3种演化模式(董光荣等,1986)。代表性的论著有:《中国沙漠概论》(兰州沙漠研究所沙漠研究室,1974)、《风沙地貌学》(吴正,1987)、《塔克拉玛干沙漠风沙地貌研究》(朱震达等,1981)《罗布泊科学考察与研究》(夏训诚,1987)、《中国沙漠分布图》(兰州沙漠研究所,1974)等,使风沙地貌学、第四纪沙漠研究取得了重大进展。总体上来说,中国沙漠的形成与演化不仅受全球性的轨道尺度气候变化的影响,而且也受区域性构造尺度气候变化的制约。因此,中国西北及中亚干旱气候的形成与演变历史则是青藏高原隆升历史及高原隆升的环境效应的重要佐证(郑度、李吉均等,2001)。沙漠是干燥气候的产物(朱震达等,1980)。周廷儒(1963)认为,昆仑山北坡广泛分布的黄土状亚砂土是中更新世的沉积,并与中更新世沙漠的大规模发展有关。朱震达等(1980)依据塔克拉玛干沙漠边缘地区河流阶地及冲积扇形成的时代,提出塔克拉玛干沙漠大规模发育的时代是中更新世。依据早第三纪时中国西北、华北、华中和东南沿海地区盛行行星风系控制的干旱气候,董光荣等(1991)认为,在早第三纪时期曾有一个斜贯中国中亚热带的红色沙漠带,晚第三纪时期这个红色沙漠范围缩小,位于秦岭以北、大兴安岭以西。认识中国沙漠的另一途径为黄河中游的风成黄土沉积。数十年来的研究也一再证实中国黄土高原的黄土堆积和亚洲内陆的干旱化有着密切联系,亚洲内陆是中国黄土的主要物源区。近年来,流水和湖泊在干旱地区的作用不断受到重视,因为沙源、风力以及地表植被覆盖率都会对沙漠形成、发育产生决定性影响[1]。中国北方地区沙漠的沙源多来自流水沉积(朱震达等,1980)、湖泊沉积(杨小平等,2000)和冰水沉积(杨小平等,2002),所以风沙地貌是多种地貌过程共同作用的产物。

沙漠地区地貌过程在短尺度上就沙粒起跳、风沙运移规律、风沙流的输沙率等问题的风洞实验研究取得了突出进展(董治宝,2005;吴正,2004)。沙漠、沙丘数十年的移动趋势及沙漠化、土壤退化问题是学术界和社会普遍关注的问题,学者们对此结合国家生态环境安全做了大量实地考察和定点观测研究,沙丘移动规律再度成为学术界的热点问题。物理模拟显示,单个新月形沙丘在运动过程中有可能是整体前移,沙丘移动速度与其大小成反比。但野外观测实验说明,沙丘在移动过程中形状、大小都会改变。在区域尺度上风力条件决定了沙丘的排列形式和移动规律,在沙丘尺度上风力条件决定了沙丘表面的蚀积过程和形态变化。李振山等(1999)、俎瑞平等(1999,2005)认为塔克拉玛干沙漠大部分地区以东北风系为主,西南边缘由西北风系控制,西北边缘多以北风为主,南部边缘有一定数量的偏南风出现。塔克拉玛干沙漠近地面风场特征是在高空西风带的背景下,经过青藏高原、天山山脉的动力分支和抬升等作用形成的。整个塔克拉玛干沙漠有5种风况类型:窄风况型、宽风况型、双风况型、三风况型和多风况型,分别对应复合型横向、斜向、纵向沙垄、星状沙丘和穹状沙丘,起沙风速基本以若羌为高值区向沙漠西部减小。基本沙丘的形态动力过程和发育机制是风沙地貌学的核心。董治宝等(1998,2000)通过对塔里木沙漠公路沿线沙丘移动连续监测发现,沙丘各几何形态参数间存在较好地相关性,认为沙丘高度是反映沙丘形成、规模和发育程度的较好矢量指征。韩致文等(2003)选取塔克拉玛干沙漠公路沿线复合沙垄、新月形沙丘和平沙地3种典型风沙地貌,研究了风沙流结构及其输沙强度等风沙运动特征,发现横向沙丘链、纵向沙垄及平沙地上风沙流输沙量的对数与高度之间表现为线性关系,即风沙流输沙量

---

[1]许炯心,李炳元,杨小平,等.中国地貌与第四纪研究的近今进展与未来展望[J].地理学报,2009,64(11):1375-1393.

百分数随高度增加呈指数函数递减,10厘米高度内输沙量占观测高度(40厘米)内总输沙量的80%~95%,不同地貌类型和地貌部位输沙率差异很大。张家武(1999)、李恒鹏(1999,2001)等研究了塔克拉玛干沙漠中部线性沙丘和复合沙垄的表面动力学过程发现,复合沙垄的流场可分为沙垄迎风坡气流加速区、沙垄背风坡气流转向减速区、垄间平地气流风速风向恢复区和气流风速稳定区;通过对复合沙垄垄间地新月形沙丘的形态变化、分布特征、移动特征进行测量,计算出沙丘移动过程中的输沙变化,证实该区存在新月形沙丘逆向演变,认为逆向演变的发生主要由于沙垄间地的高度不饱和风沙流和该区新月形沙丘较小的高度所致。王训明等(2002,2003)研究了塔克拉玛干沙漠简单线性沙丘和横向沙丘的形态学和动力学过程、表面结构和风沙搬运之间的关系,表明简单横向沙丘形态与沙源供应有密切的关系,沙丘的不同丰度导致简单横向沙丘的形态学参数之间有很大差异。王雪芹等(1998,2003)对古尔班通古特沙漠自然状态半固定沙垄的蚀积特征进行了研究,认为该沙漠的垄间地和沙垄中下部沙面较为稳定,仅在沙垄顶部存在10米~40米不等的流动带,风沙活动规律十分独特。

在风沙物理学方面,比较系统地进行了土壤风蚀风洞模拟实验,定量、半定量地确定自然因素和人为因素在土壤风蚀中的作用。在风沙气、固两相流体动力学、风成基面形态运动、风沙相似和风沙工程的研究方面,都取得了明显进展,特别是对单一颗粒运动图像有了较清晰的了解,建立了相关的数学模型;建立了风沙气、固两相流体运动物理模型,并提出了一套较为系统和完整的风沙实验相似理论参数;采用二次流的理论对风沙形态的发育史进行了深入研究,形成了风沙流风积风蚀瞬时行为、本构行为、风沙流湍流特征与沙波纹形成、流沙固定的动力学机制等理论,提出了"固、阻、疏、导"的治沙体系原理和治沙技术,出版了《实验风沙物理与风沙工程学》(1995)等专著。

在植物生理生态方面,有关沙漠植物的逆境生理研究,主要集中在对沙漠植物的生理特征研究,其中比较深入的方面为沙漠植物的水分生理,如植物的束缚水、自由水研究,蒸腾系数和速率及水分亏缺研究等。近10多年来,已经开始注意沙漠化过程与植物生理变化的关系及植物对沙漠化的适应机制和对策研究,内容涉及植物的形态解剖、光合速率、保护酶系统、渗透调节物质的变化、质膜透性及脂膜过氧化作用、植物的抗逆演替等。查明了中国沙漠、沙地植物种类及其分布,初步形成了沙漠植物生理生态特性、植被演替规律、固沙植物水分平衡、植物抗旱性与灌溉理论、农牧交错带脆弱生态系统特征及其恢复学理论。初步探讨了中国沙漠与沙漠化地区植物栽培技术和农作物高产技术,出版了《中国沙漠植物志》(第1卷,1985;第2卷,1992;第3卷,1992)。

在沙漠水土资源方面,对中国干旱、半干旱地区水土资源的形成、数量、开发利用现状及其引起的环境变化进行了系统的研究,提出中国西部干旱区以水定地、水土平衡和流域水土开发的途径,并在节水灌溉、沙漠土壤改良等方面做了大量的研究工作。另外,结合区域开发和生态建设,开展了西北地区水资源可利用量与林业建设、干旱区内陆河流域水资源承载力、风沙土和干旱土以及绿洲灌淤土的系统分类、气候变化对干旱农业生态系统和水资源的影响、荒漠绿洲水分平衡与可持续发展、绿洲地区经济发展与生态环境保护等研究,出版了《中国风沙土》(陈隆享等,1998)、《河西地区水土资源及其合理开发利用》(陈隆享等,1992)等专著和系列图件。近年来,古尔班通古特沙漠广泛发育的生物土壤结皮成为风沙地貌研究、干旱区环境保护和生态恢复研究中新的热点之一。张立运(2002)、张丙昌(2005)、张元明(2004,2005)、赵建成(2006)等研究了古尔班通古特沙漠生物结皮的分布特征、蓝藻和绿藻的区系组成、生态分布特点和不同发育阶段蓝绿藻种类组成的动态变化。从生物结皮的空间分布特征看,该沙漠南部是生物结皮最为丰富的区域,各种类型的生物结皮均有发育,呈连续分布,但其分布模式向北、西和东变得破碎;生物结皮的分布对地貌部位有较强的选择性,生物结皮的不同发育阶段种类组成也有较大的差异;在沙漠的不同地带,藻类物种的多样性和群落组成均有所不同,中部藻类物种最为丰富,北部和南部次之,而东部和西部则明显减少;在沙垄不同部位的分布中,少数种类对地貌部位的选择性不明显,但有些种类在不同的地貌部位分布有差异;藻类在结皮不同层次的分布不同,在结皮层中藻类的种类和数量都较为丰富,且以丝状种类较多,而在结皮下层藻类的种类和数量明显减少。陈亚宁(2005)、李卫红(2005)等研究表明,古尔班通古特沙漠广泛发育着地衣、苔藓和藻类生物结皮,其形成、类型和分布状况与所处沙丘部位的环境条件密切相关。王雪芹等(2003,2004)通过分析古尔班通古特沙漠沙丘的粒度组成、水分动态、土壤植被、生物结皮等下垫面因素的垂直变化,结合沙丘表面蚀积过程的实地观测资料,探讨了固定、半固定沙垄表面的稳定性和顶部流动带的形成。

  在沙漠化研究方面,对中国干旱、半干旱和半湿润地区土地沙漠化发生、发展及其类型特点进行了研究,特别是从人地关系的角度对脆弱生态环境下人类活动频繁的地区进行了研究,设计和形成了沙漠化的分类体系,确定了人为因素和自然因素对沙漠化的作用,提出在不具备垦殖条件又无防护措施的情况下,在干旱、半干旱和半湿润地区的农业种植活动、超过天然草地承载能力的放牧活动、农民对荒漠植被的破坏和干旱区滥用水资源等,是导致沙漠化形成的主要原因,而人口增长的迅速、生产经营方式落后,是沙漠化扩展的内在动因。初步弄清了中国沙漠化土地的分布、特征和危害,编制了土地沙漠化类型图,并对土地沙漠化发展趋势进行了监测、预测和防治。出版了《中国北方地区沙漠化过程及治理区划》(朱震达,1981)、《中国沙漠化及其治理》(朱震达等,1989)、《新疆沙漠化与风沙灾害治理》(夏训诚等,1991)、《中国土地沙质沙漠化》(朱震达等,1994)等专著。

  在沙漠与古气候研究方面中国学者做了较多的工作。在自然背景下,气候变干导致沙漠扩展,气候变湿使得沙漠缩小。因而,沙漠范围的变化指示了气候的演变历史。风沙地貌过程作用强度的变化反映了环境条件的改变,沙丘通常是气候干旱化、植被退化的标志,而沙丘上的古土壤则是环境向湿润方向转变的信号(杨小平等,2008)。例如,巴丹吉林沙漠东侧的古沙丘的热释光年龄约为5.1万年,指示当时巴丹吉林沙漠的东缘更偏东移一些,当时的气候比现今还干旱(杨小平等,2004)。在塔克拉玛干沙漠的克里雅河下游地区,沙丘在向东运动中,迫使河流向东改道(杨小平,2002)。占干旱沙漠地区地表形态和沉积所显示的气候的不稳定性在沙漠腹地及周边地区的湖相沉积中也得到证实,从而使我们对中国西北地区环境演变历史有了深入的认识。季方(2000)、王雪芹(2003,2004)等的研究表明,古尔班通古特沙漠南部处于复合型低能风环境中,冬季积雪和冻土可对地表形成有利的保护,有效的植被覆盖是沙丘整体处于稳定的重要因素,活动区域仅存在于沙垄顶部和两坡上部。方小敏(2002)、史正涛(2006)等认为,距今约65万年和50万年前北疆地区有2次显著地干旱化增强和沙漠扩大,古尔班通古特沙漠最迟在80万年前已经存在,80万年以来,沙漠发育经历了基本稳定期(80万年~40万年)、强烈波动扩展期(40万年~13万年)和收缩稳定期(13万年以来)3个阶段;天山北坡从80万年开始堆积黄土、准噶尔盆地沙漠大规模扩张主要是12万年左右青藏高原及亚洲山地强烈隆起,造成大气环流发生巨大调整的结果,现在的干旱气候格局在25万年左右形成延续至今。黄强等(2000)则通过古尔班通古特沙漠南部的一个钻孔剖面的沉积特征分析,证明该沙漠南部地区在晚更新世晚期气候相对寒冷,并有2

次气候偏湿波动;全新世时期,南部地区气候以温暖干旱为主,全新世中期有1次明显的气候变湿波动。陈惠中等(2001)认为,全新世以来,古尔班通古特沙漠气候经历了多次温湿(凉湿)和冷干变化,沙漠也相应历经多次固定、缩小的逆过程和活化、扩大的正过程。在塔克拉玛干沙漠北部,秦作栋(1997)、冯起(1998,1999)等通过对塔里木河流域1.2万年以来地层沉积特征研究和气候环境代用指标的测试研究,讨论了该流域沙漠的演化过程、发育模式与气候变迁的关系,认为从1.2万年以来随着全球气温的回升,在1.2万年~1万年期间气候温凉偏干旱、泛洪堆积明显、风沙活动弱;1万年~0.8万年期间,气候干冷、风沙活动强烈,是沙漠大规模扩展时期;0.8万年~0.3万年期间的全新世高温期,气候干燥炎热,周边山区冰雪融水增多,河流水量增加,河流泛洪沉积十分活跃,但流沙规模的缩小、沙丘固定仅限制在河湖沿岸和沙丘低洼地;从0.3万年至今,在新冰期寒冷气候影响下,加上人类活动导致流域环境恶化、风沙活动盛行、沙尘暴频繁。Ding Z L 等(2005)、董光荣(2002)科学地运用沙漠边缘地区的地层剖面可为沙漠演变研究提供了关键证据。从毛乌素沙漠南缘靖边黄土—红粘土序列的粒度变化推断在最近360万年以来毛乌素沙漠不仅随着全球冰期—间冰期气候变化而扩张或收缩,而且还可能存在4次显著地大规模南扩。沙漠扩展的时期也代表着干旱化的加强。来自沙漠本身的证据也是古气候研究领域的关键内容。在塔克拉玛干沙漠和巴丹吉林沙漠地区至今保留有钙质胶结层,这些钙质胶结层应是沙漠表面成土过程所形成的,代表了较湿热的气候时段(杨小平等,2008)。巴丹吉林沙漠钙质胶结层$^{14}C$年龄的测年结果约为3.1万年和1.9万年,说明该沙漠地区在晚更新世至少有过两次比现代湿润的时期(杨小平,2000)。在塔克拉玛干沙漠钙质胶结层的$^{14}C$年龄约为2.8万年(杨小平,2002)。在塔克拉玛干沙漠腹地广泛分布有古湖相沉积,利用光释光测年得出这些古湖相沉积的时代大约是4万年、3万年和0.2万年,说明大约在这些时期塔克拉玛干的腹地被湖泊所占据,沙丘暂时消失(杨小平等,2006)。对巴丹吉林沙漠地区丘间地湖泊古湖岸地貌与湖泊沉积的研究表明,巴丹吉林沙漠地区的湖泊在全新世发生过明显变化,在全新世早中期时,巴丹吉林沙漠湖广、水多、水分状况较好,湖盆周边的沙丘那时应是湖底。由于研究地区在总体上受东亚季风气候中的冬季风所控制,全新世早中期的湿润气候标志着来自海洋的夏季风强度的增加(杨小平,2002)。这些沙漠湖岸地貌所反映的全新世气候特征和利用高分辨率研究方法在干旱地区的湖泊中所得到的认识(Chen Fahu等,2008)总体上是一致的。在巴丹吉林沙漠东缘的树贵湖,全新世时期湖泊作用过程和风沙作用过程曾发生过快速交替(杨小平,2006)。巴丹吉林沙漠腹地的丘间洼地自晚更新世以来也经历了湖泊、风沙2种不同动力的塑造。罗布泊因其特殊的地理位置而备受关注,它可能在早更新世成湖,那时的气候还是比较湿润的(王富葆等,2008)。罗布泊北部洼地中近2万年以来的湖相沉积中的石膏矿物的质谱—铀系测年、总有机碳含量及其同位素组成和C/N比值表明,该区的气候干旱化在近2万年中也发生过多次明显的变化,寒冷时期比较湿润,温暖时期比较干旱,该区的干旱化可能是受全球二氧化碳浓度的增加所制约(罗超等,2008)。根据历史文献资料分析判断,近2000年来,位于沙漠东侧的罗布泊的水域面积在自然背景下也发生过巨大变化。夏训诚等(2003,2005)通过对米兰河右岸红柳沙包年层中风成沙的粒度特征和枯枝落叶层中红柳叶的稳定碳同位素位$\delta^{13}C$和C/N值分析,将研究区最近132年间的气候变化划分出3个不同的冷暖阶段。屈建军(2004,2005)、刘虎俊(2005,2006)等研究了库塔格沙漠中"羽毛状沙丘"的形态特征、沙漠形成演化与区域新构造运动以及罗布泊雅丹地貌发育之间的关系。新疆东部的巴里坤湖的全新世沉积的物理、化学特征也说明,新疆全新世时期的气候是多变的,冷干、暖湿、凉湿、暖干的时期都出现过(薛积彬等,2008)。由此可以看出,干旱地区的地貌过程不仅是风力作用的结果,流水、湖泊过程都在干旱区景观环境的塑造中发挥着巨大作用与影响。

在风沙灾害及其防治研究方面,王雪芹等(2000)从塔里木沙漠公路风沙危害的影响因素入手,分析了公路沙害水平分异和垂直分异的原因及其分异规律。雷加强(2003)、李生宇(2007)等研究表明,沙漠公路沿线风力强劲,沙丘形态各异,地表组成物质松散,为风沙危害提供了动力条件和奠定了物质基础;沙漠公路风沙危害主要源于沙物质侵入防沙体系和防沙体系内部因近地面气流变异而产生的风蚀与堆积;目前沙漠公路风沙危害的主体是防沙体系,危害形式包括风蚀、风沙流滞留积沙和沙丘前移压埋。韩致文等(2003)根据对风沙地貌的成因、形态类型和分布特征的分析,将塔里木石油公路沿线的复合横向沙丘链—冲积平原与高大复合纵向沙垄—垄间低地2种典型地貌组合的风沙流运动划分为若干状态特征带,认为由工程设施所处地形与地貌部位可定性判断风沙危害类型与强度,进而确定防治方案与措施。穆元伟等(2005)通过对风动力与下垫面的相互作用和影响的分析,将古尔班通古特沙漠从北到南划分为6个风沙危害形成的环境区,又将6个区划分为3个级别,对风沙危害的防治具有重要意义。陈亚宁(2001)、周长海(2005)等通过对新欧亚大陆桥新疆段不同区段风沙流实测资料的分析,探讨了砾漠区和沙漠区风沙流活动特性及其停积规律,认为由于区域风力条件的稳定性,只有在艾比湖地区生态恢复重建的基础上,进行全线的生物防治措施,改变下垫面状况,才能取得可持续的防沙效果。

### 三、沙漠化治理模式和整治技术研究

在中国不同生物气候带建立了多种类型的沙漠化治理试验研究站和示范区,开展了系统深入的研究工作,形成了沙漠化治理的系列技术,推动了区域沙漠化的治理。如高大沙堤加机械沙障阻沙技术、化学固沙技术、生物固沙技术、草方格沙障固沙技术、沙地农业高产技术、沙地果树栽培技术、沙漠化草场改良技术、沙漠和沙漠化土地遥感监测技术等。这些技术的综合运用,形成了适合当地自然和社会经济条件的沙漠化土地整治模式。

包兰铁路沙坡头段穿过腾格里沙漠东南缘高大流动沙丘区,在高大密集的格状流动沙丘群中和降雨量不足200毫米的恶劣条件下,以无灌溉技术途径,首创了"以固为主、固阻结合",以生物固沙为主、生物固沙与机械固沙相结合的稳固的铁路防沙体系的模式,在铁路两侧高大的流动沙丘上,建立235米~583米宽的保护带。在保护带外缘用高度为1米左右的高立式沙障阻沙;在沿线固沙带上设立1米×1米的草方格沙障,并选用适宜沙地生长的植物栽植,建立永久的防护带;在灌溉条件下的乔木林带(第三带);砾石平台缓冲输沙带(第四带),此带的宽度约2米左右,这种防护模式不仅有效地固定了流沙,而且在固沙带形成土壤结皮层,促进风沙土向土壤的转化。包兰铁路沙坡头段的沙害治理成为中国铁路防沙的典范,获得国家科技进步特等奖。

塔里木沙漠公路南北贯通塔克拉玛干沙漠,其中,流沙路段446千米。在号称"死亡之海"的塔克拉玛干沙漠新建公路,防沙固沙是其关键。把沙漠公路选线、沙漠公路防沙固沙、沙漠公路环境评价等技术有效组合,创造了沙漠公路防沙体系,使世界上第一条穿行于高大流动沙漠中的石油公路畅通无阻。该公路建设因其科学技术的重大突破,被中国政府评为1995年十大科技成就之一。

沙漠化整治模式和技术研究是沙漠科学研究的重要内容。中国沙漠化治理紧紧围绕经济发展和生态环境建设的需要,研究和形成了沙漠化土地不同类型区的综合治理技术和模式,在绿洲

重建和沙漠化治理方面也取得了重大进展,经济和生态效益显著。其中有:①适于半干旱农牧交错区的奈曼"生态网""多元系统""小生物圈"乡、村、户3级沙漠化土地综合治理模式。该系列模式是在乡一级有计划地大规模营造防风固沙林网,在村一级采用调整种植结构、沙地育草、固沙造林、建设基本农田,在户一级采用分散居住,在水热条件较好的丘间甸子地按农业区、林带保护区、草地缓冲区、放牧区安排农业生产和沙漠化治理。这3级结合模式形成了一套比较完整的沙漠化治理体系。②适于半湿润地区风沙区的延津、禹城沙化土地治理与农业高效开发模式,该模式主要是根据黄淮海地区水热条件好和交通便利等有利条件,对沙化土地实施改造,种植果树、花卉等高效经济作物,其生态和经济效益都很明显。③适于干旱地带绿洲周围沙漠化治理的临泽和策勒模式,具体内容为在绿洲边缘沿灌渠营造10米～50米的防沙林。营造防沙林的同时,在绿洲内部建立护田乔木林网,规格为300米×500米;在绿洲边缘灌渠外侧的丘间低地和沙丘上,营造各种固沙林;在流动沙丘上先设置机械障碍,在它的保护下,栽植耐旱的荒漠植物,这样就形成了"条条分割,块块包围"的防护体系。近10多年来,新研究开发的沙漠化治理与沙地农业开发技术主要包括:适合半干旱区的沙地衬膜水稻栽培技术、沙地小麦栽培技术、沙地甘草和麻黄栽培技术;适合高寒沙化地区的西瓜、玉米、小麦栽培技术;适合于干旱地区的绿洲节水农业技术、绿洲防护林营造技术、咸水灌溉技术等。

综上所述不难看出,中国沙漠科学研究密切结合国家经济建设的治沙任务,经过40多年的艰苦努力,使之从几乎一片空白的科学领域,发展成为能较好地解决沙漠和沙漠化治理的理论与实践技术的一门新学科,为中国的生态建设和环境保护与沙地资源开发作出了重大贡献,并应邀多次派专家援助非洲沙漠治理研究,中国沙漠科学研究开始走向世界。但是,根据中国当前沙漠化日益加剧的状况,今后沙漠化治理应主要就如下方面深入进行研究。

开展中国各种典型脆弱和退化生态系统(荒漠、农田、草场、森林、寒区等)的空间分布规律与地理特性研究,分析导致各种生态系统退化的自然和人为影响因素。建立各种类型脆弱和退化生态系统分析和评价研究的评估指标体系。对农牧交错带脆弱生态系统结构功能、平衡稳定及其调节机理进行研究,揭示农牧交错脆弱生态系统结构与功能障碍的特征,以及研究综合整治与可持续发展的途径和方法;探索和开发脆弱生态环境综合整治及农牧业可持续发展集成技术;建立脆弱生态环境整治和可持续发展的模式和示范工程;开展干旱区区域水资源形成与水文过程的生态效应的深入研究,定量化准确判定生态需水量和生态环境的价值效应,建立以经济、社会和生态环境并举的流域水土合理利用模式和可持续发展的水土资源利用制度。基于"3S"技术,构建典型流域数字模型,并使"虚拟流域"成为资源分配、生态环境建设、经济和社会发展格局决策的有效工具,逐步开展流域水资源优化配置的信息化、自动化的试验和示范研究,在水资源合理利用的管理方面提出新的模式,并对流域生态环境建设提供必要的技术和科学依据。

从解决沙漠化土地上过重的人口压力出发,从经济学、沙漠生态学和高新技术相结合的角度,把沙漠化治理与农村经济发展有机结合起来,形成沙漠化防治的生态经济模式。在这个模式中,沙漠化治理应该按照降低土地上的人口压力和形成稳定生态系统的总体目标,有层次和时序地进行。在荒漠化与人类活动相互作用定量研究技术基础上,完成不同自然地带荒漠化防治理论体系,同时,通过布局于荒漠化地区的一批野外试验站长期研究与试验、示范,形成荒漠化防治的成套技术体系,并在广大荒漠化地区推广,促进生态环境的恢复,使荒漠化得到治理。此外,探讨和制定让沙漠化地区千家万户农民参与沙漠化治理投资的制度与政策,将是中国21世纪大规模开展沙漠化治理的关键环节。

### 四、风沙地貌学研究的发展趋势[1]

根据国内外风沙地貌研究的重点领域和新技术发展趋势,今后风沙地貌研究在继续面向国际战略需求、突出区域特色的同时,应注重研究领域的拓展、研究方法的突破和实验手段的创新3个方面。具体到风沙地貌学基础理论方面须着重加强以下几个方面的研究和创新。

(1)荒漠地区的地球化学沉积研究。除了生物结皮之外,荒漠岩漆、石膏沉积、钙质和硅质胶结砾岩等荒漠地球化学沉积的物质来源、发育过程及其环境意义,也是近年来国外风沙地貌学研究的特点。很多学者基于绝对测年资料,分别研究了美国莫哈韦荒漠岩漆、南美洲阿卡塔马沙漠和非洲撒哈拉沙漠的石膏沉积,研究了非洲卡拉哈里荒漠非土壤成因的河谷钙质胶结砾岩、硅质胶结砾岩以及钙质—硅质胶结砾岩集成的铝铁硅钙壳的性质、特征和发育,讨论了它们的微观形态学、变化和环境意义。

(2)干旱区河流系统与风沙系统的相互作用研究。Muhs等通过沉积物和地貌分析证明,美国科罗拉多河阻止了西部沙丘区向东部地区的迁移,同时科罗拉多河又是河床东部沙丘区沉积物的主要供应者。Rendell等认为,尼日尔西南部爬坡沙丘的发育与湿润气候期尼日尔河提供的沙物质增加有关,而干旱期物源供给减少、爬坡沙丘的发育受到限制。相反,Ivester和Leigh认为,美国乔治亚州沙丘活跃发育期与干旱冰期相关,在干燥多风季节风力作用对大面积裸露疏松沙层进行改造发育成沙丘。在中国,勒鹤龄等学者也探讨过新疆南部河流系统与风沙系统的相互作用,但对于干旱区河流系统和风沙系统相互作用机制的了解情况还远远不够。

(3)数值模拟与遥感探测技术的运用。数值模拟研究为重视沙丘基本形态起源和演化过程提供了重要的理论研究手段,很多学者利用二维数值模型模拟沙波纹和沙丘的起源和动态,运用基于元胞自动机方法的离散模型模拟风沙床底形态的形成和演化,运用简单驱动对流—扩散方程式模拟沙丘动力学等。多波段遥感技术特别是激光探测与测距(LI-DAR)技术已经可以达到厘米级的分辨率。在宏观尺度上,遥感分析可用于探测荒漠地区埋藏古河床、古老滨岸线等地面考察难以发现的地貌特征。在微观尺度上,遥感分析可以编绘沙丘表面的沙波纹排列方向、描述沙丘的三维地形特征。探地雷达(GPR)"透视"沙丘,可在不开挖沙丘剖面的情况下,揭示沙丘内部的沉积构造,这是研究沙丘沉积序列和发育过程的有效手段。

(4)沙丘年代学与沙漠演变研究。目前释光测年技术日趋成熟,在晚第四纪以来沙丘活动研究中发挥重要作用,可以获得分辨率达千年甚至百年尺度的沙丘活动和沙漠变迁序列。例如,在非洲卡拉哈里沙漠,Stokes等运用沙丘沉积相分析结合释光测年研究,发现该沙漠显著的沙丘活动期发生在11.5万年~9.5万年,4.6万年~4.1万年,2.6万年~2万年和1.6万年~0.9万年等干旱期,认为这些干旱期与东南大西洋海洋表面的降温以及北半球米兰克维奇亚期的气候旋回同步。韩鹏、周亚利等也利用释光测年技术,对中国毛乌素沙地和浑善达克沙地7个地点的沉积剖面进行了年代测试,结合沙丘地层学特征分析,获得了最近6万年以来2个沙地沙丘固定与活化过程的分辨率达百年尺度的年代学控制。如果把这些测年技术应用于风沙地貌研究,有望获得对沙漠演变与环境变化的新认识。

---

[1]李志忠,武胜利,李万娟,等.最近10年来新疆风沙地貌研究进展[J].干旱区研究,2008,25(2):295-303.

# 第七节 中国冰川地貌学研究

中国是地球上中低纬度地区现代山岳冰川最发育的国家,以青藏高原为主体的中国西部高山区分布广泛的冰碛、冰蚀丘垄和台地、槽谷和冰斗等类型多样的不同时期冰川地貌遗迹。近100年来,国内外地理地质工作者研究中国各地第四纪以来冰期和间冰期的气候变化及其遗留下来的地貌、沉积物证据,取得了大量的第四纪冰川文献。其中不乏对一些地区或地点古冰川的遗迹可靠性及其规模的争论。

## 一、中国冰川研究的有关争论

以庐山为代表的中国东部山地是否存在第四纪冰川?学术界一直以来都分成两大截然对垒的阵营。第四纪冰川是地球史上最近的一次大冰川期。双方的争论从李四光提出华北(1922)和庐山(1937)冰川作用观点时就很激烈。李四光经过反复考察和研究,认定庐山第四纪时发生多次冰川,并命名为鄱阳冰期、鄱阳—大姑间冰期、大姑冰期、大姑—庐山间冰期、庐山冰期。在这个问题上,曾经出现过3次争论的高潮,第一次是在20世纪60年代,争论的焦点主要涉及与东部第四纪环境变化情况(其他方面所记录的如古人类、动植物遗存等)是否协调;20世纪80年代也有一次高潮,争论范围比较广泛;目前又算是一次高潮,此次争论实际上差不多10年前就开始了。

1. 中华人民共和国成立前研究中国冰川地貌中的争论

关于中国第四纪冰川的研究发展历史,就是一个百家争鸣过程的历史,曲曲折折,反反复复,由浅入深,逐步提高。

最早记述中国东部第四纪冰川遗迹的是苏格兰地质学家格克于1894年出版的《大冰期》一书,在中国流传很少,知者不少,因而他的观点没能引起学者们的广泛关注。真正发现并进行科学研究中国东部第四纪冰川的是从李四光(1889~1971)正式开始的。他于1921年首次在河北省太行山东麓沙河与山西省大同附近发现并确定第四纪冰川遗迹之后,继而又在长江流域发现一系列冰川地貌与冰川堆积物,便立即引起了地学界的强烈反响。1922年,李四光在中国地质学会第3次全体会员大会上作了题为"中国第四纪冰川作用的证据"的学术报告,展现出他在沙河与大同发现的冰川条痕砾石,但当时到会的北洋政府农商部顾问、瑞典地质学家安特生尽管对李四光所提出的那些非断层擦痕所能解释的条痕砾石提不出其他合理的解释,但他反对冰川作用之说。由于安特生长期在中国华北地区从事考古发掘方面的工作,他所能接触到的基本上都是干旱气候条件下的沉积,因而很难接受第四纪冰川作用的观点。加之,德国地学家李希霍芬曾先后来中国作过7次地质调查,足迹遍及南北,并著有《中国》3卷,书中对中国东部第四纪冰川作用的遗迹渺无所记,所以许多中外地学家大都默认中国东部无第四纪冰川作用可言。尽管李四光的《华北挽近冰川作用的遗迹》以英文发表于1922年1月英国《地质杂志》上,面向了世界,但影响不大。

从1931年开始,李四光与北京大学地质系的学生在江西省庐山进行野外实习考察,发现更多的冰川遗迹,如平底谷(U形谷)、漏斗状洼地(冰斗)、冰川泥砾堆积物,其中有些大漂砾直径达数米之巨,远离庐山基岩达数千米之远,有些漂砾上并带有擦痕。这些众多的现象出现,使李四光再度联想到这比河北沙河与山西大同的冰川遗迹更加明显,非冰川作用所不能形成。于是1933年

11月在北京召开的中国地质学会第10次学术年会上,李四光作了题为"扬子江流域之第四纪冰期"的学术报告,列举出庐山地区的冰川地貌与冰川堆积物证据,第1次将中国第四纪冰期划分为:鄱阳冰期、大姑冰期、庐山冰期3个冰期。此学术报告以英文刊登在《中国地质学会志》1933年第1期上。为了开展争鸣,李四光与美国学者巴尔博、法国的牧师德日进、瑞典的学者那林、中国学者杨钟健等于1934年在江西庐山现场考察讨论,各抒己见,气氛热烈。

1944年,孙殿卿、徐熠坚在《地质评论》第9期上发表《广西第四纪冰川之初步考察》一文,丁骕在《地质论评》1945年第10期上的《广西第四纪冰川遗迹》一文持反对意见。双方又同时在《地质论评》分别发表《答论广西第四纪冰川遗迹》与《再论广西第四纪冰川遗迹》。此后孙殿卿、徐熠坚1946年在《地质论评》第11期上再次发表《再答丁骕先生'论广西第四纪冰川遗迹'》。互相争鸣,各述其理。与此同时,李承三、郭令智、周廷儒等也报道了他们在大巴山科学考察中发现的冰川遗迹。

1937年,李四光完成了《冰期之庐山》一书的写作(但因抗日战争未能及时出版,一直到抗日战争胜利后,1947年才正式出版面世),对他调查研究以庐山为中心的第四纪冰川作了总结性的论述:"于1921年,著者于大同及太行山东麓等处发现漂砾……30年代初,复在庐山及其附近发现冰川之堆积物,远及鄱阳湖畔。反复搜寻其成因,除冰川流行而外,莫得一解。于是复以私见公诸于世,以期严正之商讨。而论者未察详情,力持异议,其中以巴博尔及德日进二氏反对最力……复于天目山之北部千亩田等处,遇见U形谷及其他曾经冰川剥削之地形,而漂砾之来自天目者,竟达孝丰城以北……迨至1936年春秋之交,著者在安徽黄山,于U谷削壁上发现冰磨条痕,并在该山后海中获得具条痕之漂砾,继又与李叔唐君于鄱阳湖畔白石嘴发掘泥砾岩与中石炭世石灰岩之接触面,历睹石灰岩面亦具极显著之条痕。尤有进者,磋磨此一部分条痕之石块,亦于其旁得之。两者相磨之面,凸凹相符,石块乃由冰川推动,毫无可疑。至是中国冰期冰川现象,始得谓之确定。"当时国际联盟派至南京国立中央大学地理系任教的维斯蔓亲自到黄山与庐山调查研究后,赞同李四光冰川的见解。

2. 中华人民共和国成立后继续研究中国冰川地貌中的争鸣

中华人民共和国成立后,中国第四纪冰川地貌学与其他所有科学一样,都得到了很大的发展。1960年成立了以李四光为组长的中国第四纪冰川遗迹研究工作中心联络组,开展调查研究工作,出版了《中国第四纪冰川遗迹研究文集》(科学出版社,1964)。当时来北京参加国际学术会议的前苏联科学院院士纳里夫金,在考察了北京西山隆恩寺山坡上的基岩冰溜面后,赞同李四光的冰川学说,并在《科学通报》上发表了《亚洲地质史的光辉一页》(1961)。

为了支援"三线"建设,地质部成立了西南第四纪冰川专业考察队前往川西攀枝花钢铁基地考察,其中"四川西昌螺髻山地区第四纪冰川地质"考察报告等被学者所公认,后结集出版在《中国第四纪冰川地质文集》之中(地质出版社,1977)。另一考察报告"弄弄坪第四纪地层调查简报"在当时是作为"绝密"科学文件,提供建设攀枝花钢铁公司参考。

李四光一再强调第四纪冰川研究必须为生产建设服务,他于1963年4月20日在《人民日报》上发表了题为《就华北平原打井谈冰期问题》一文,进一步把第四纪冰川的调查研究和生产建设紧密结合起来,为大家作出了很好的榜样。1963年,《科学通报》先后发表了黄培华的《中国第四纪时期气候演变的初步探讨》《关于长江以南地区第四纪冰川遗迹问题》、曹照垣等的《关于中国的冰期和间冰期问题》、吴锡浩与浦庆余等的《对中国第四纪时期气候演变的初步探讨一文的讨论》等,继续质疑庐山第四纪冰川。1964年曹照垣、吴锡浩、浦庆余又在《科学通报》1月号上发表《庐山及其东北麓的冰川遗迹》一文,列举客观存在的冰川遗迹事实争辩,各抒己见,百家争鸣。当时波兰地质学专家柯萨尔斯基来中国庐山实地考察后,回国著文肯定庐山存在第四纪冰川,他的译文《中国东部山地更新世冰川作用问题》刊登在《地理译丛》1964年第1期上,文中肯定地说"我们可以得出结论:在中国更新世有4个冰期,庐山北麓的新桥可以说有一个终字丘陵""G. B. 巴尔博对李四光观点的批评是很苛刻的,应该强调的是在他的批评中也有不合理的地方"。南京大学任美锷考察过庐山后在《地理学报》上发表《庐山地形的初步研究》,肯定庐山顶部的冰蚀地形,"庐山在第四纪时,曾经有过冰川,目前冰蚀地形和冰川堆积物都非常显著,这是毫无疑问的"。南京大学杨怀仁于1974年在科学出版社出版的专著《中国第四纪冰川与冰期问题》,进一步肯定了中国东部第四纪冰川的存在。

### 3. 改革开放后继续研究中国冰川地貌的争鸣

改革开放使中国第四纪冰川地貌与其他所有科学一样,重新得到恢复与新的发展。孙殿卿、周慕林、潘建英于1977年在《地质学报》第2期上发表《中国第四纪冰期》,景才瑞等于1979年在《华中师范学院学报》(自然科学版)第1期上发表《论庐山第四纪冰川遗迹》、在《地理学报》1987年第1期上发表《再论庐山第四纪冰川遗迹》,均重新开始进一步地论证肯定中国东部的第四纪冰川遗迹与冰期问题。

1980年英国学者德比希尔来兰州大学讲学结束后,施雅风、崔之久、李吉均、德比希尔、景才瑞等去庐山现场观察,德比希尔作了长篇总结性的发言,认为庐山不存在第四纪冰川,而是泥石流形成的地貌与堆积物。

从1981年~1982年,《自然辩证法通讯》先后发表了施雅风的《庐山真的有第四纪冰川吗?》(1981年第2期)、景才瑞的《庐山没有第四纪冰川吗?》(1981年第4期)及任美锷、刘泽纯、王富葆的《对庐山第四纪冰川问题的几点意见》(1982年第2期)、周慕林的《庐山有第四纪泥石流吗?》(1982年第2期)、黄培华的《"冰期之庐山"质疑》(1982年第2期)、刘昌茂的《也谈庐山第四纪冰川》(1982年第3期)6篇文章,各抒己见。

1987年~1988年又掀起一轮对庐山第四纪冰川有无之争的讨论。1989年,科学出版社出版了施雅风等的专著《中国东部第四纪冰川与环境问题》一书,认为"看来这个地学界争论了几十年的问题有平息的趋势。但要完全消除错误的观点,可能还要几十年。"

### 4. 新世纪(21世纪)进一步研究中国冰川地貌中的争鸣

2006年3月河北科学技术出版社出版了施雅风等的《中国第四纪冰川与环境变化》一书,认为"中国东部3000米~2500米以下的中低山在第四纪期间从未有过冰川活动"。2003年12月由海洋出版社出版的李乃胜、石学法、赵松龄、于洪军的《崂山地质与古冰川研究》,2008年12月出版的李培英、徐兴永、赵松龄的《海岸带黄土与古冰川遗迹》,2009年6月地质出版社出版的施满堂、俞建长的《冰期白云山》等,均根据最新的野外调查研究的第一手科学资料,证明中国东部中低山甚至丘陵,在第四纪期间确实有过冰川活动。刘东生认为:"更新世期间,山东丘陵一带普遍发育了低海拔型古冰川,留下大量古冰川遗迹。许多古冰川遗迹已进入陆架区,展示了陆架区沉积与古冰川活动之间存在密切关系。更新世多次出现的冰期时代,北方冷空气强劲,特别是频繁的寒潮活动,不断地带来大风、低温和降雪。不仅在北方加大了黄土的堆积速度,而且还使华北古湖周边的低山丘陵和中低山地出现了多期冰川活动。大量调查资料已经证实,有的古冰川遗迹已深埋于古华北湖的底部,有的则延伸到黄海陆架区;有的则构成山东半岛和辽东半岛所特有的冰碛海岸;有些巨大的古冰川漂砾还会形成冰碛小岛。冰期时期降落在冰川活动区和积雪分布区的黄土物质,在积雪消融时会将其带入古华北湖中,或者带入陆架,而成为黄渤海陆架沉积的物源之一,这就是中国东部,特别是华北古湖的周边黄土堆积剖面部分缺失的原因"。并在《海岸带黄土与古冰川遗迹》的序言中进一步明确指出:"中国第四纪(时代)的研究,过去对生物演化、气候变迁等方面的工作较多,而对区域性的、不同沉积物类型的成因和它们之间的演化和特征性的讨论则较少。东部是中国第四纪研究的发祥地,是一个研究较多的地区,对其地质历史似已有了'定论'。从科学研究上来说,这是一个发现不了问题、找不到新的解释的'窘境',值得庆贺和学习。(这)本书使人们可以重温以往的认识,也使人们在开始认识中国东部的地质中,全面系统地认识东部,认识中国的全部。"

中国第四纪冰川研究中由于对古冰川遗迹鉴别标准和代用指标推论的差异,关于青藏高原是否存在大冰盖,东部一些山地存在第四纪冰川问题仍存在分歧(如近年较热的锅穴与冰臼之争),这是正常现象,只有在认真、综合、全面地深入研究有关证据和相邻地区相关古环境信息基础上逐步统一认识。

图 2-5-7　冰川地貌——冰蘑菇

**二、中国冰川地貌研究进展**

近100年特别是近30年来,中国科学工作者结合现代冰川,专门对第四纪冰川作用进行了研究。大量的研究文献分别阐述了中国各地第四纪以来冰期和间冰期的气候变化及其遗留的地貌、沉积证据,其范围从喜马拉雅山至阿尔泰山、喀喇昆仑—昆仑山到横断山区、台湾雪山和东北长白山以及全国各高山区。根据地貌部位所确定各次冰川作用的相对时间,据此所确定的冰川序列仍然是第四纪冰川最为基础的研究。由于气候的区域差异,在不同地点同一冰期时期发育大规模冰川的时间不一致。冰川性质(海洋性、大陆性)以及后期冰进规模如果比早期大,早期冰川遗迹将被破坏等因素,冰川进退在地貌和沉积上留下的可能性是断简残章。因此,以此来恢复古冰川遗迹旋回系列是较困难的。

施雅风主编的《中国第四纪冰川与环境变化》(2006)经过大量的实地考察和室内分析工作以及近千篇文献分析研究,全面系统地总结了相关研究进展,对国内外学者关注的中国第四纪冰川遗迹、冰川划分、古雪线高度分布及其冰川环境等进行了全面而系统地研究总结。认为中国东部冰川遗迹仅分布于秦岭太白山、台湾雪山和玉山以及东北长白山等少数海拔3500米~2500米以上的亚高山。李炳元等通过对青藏高原和全国的第四纪冰川遗迹实地考察、相关文献和遥感影像的综合研究,以冰川地貌遗迹为依据,较大比例尺的典型区第四纪冰川图为先导,编制出版了《青藏高原第四纪冰川遗迹分布图(1∶300万)》(1991)和《中国第四纪冰川分布图(1∶500万)》(2006),从整体上展示了青藏高原第四纪冰川分布范围、冰川类型、规模、性质、演化历史和高原隆起的关系;显示了中国第四纪时期冰川分布的范围,重建了末次冰期雪线高度分布。古雪线分布与高原内部存在巨大差异:高原上古今雪线的分布均为同心圆式的穹窿状,即高原边缘山地因气候干燥而雪线下降值小,各地末次冰期与现代雪线高差自高原西北腹地为100米~300米,至东南部和边缘山地一般达500米~800米,最大可超过1000米以上。在末次冰期时,青藏高原还存在大量湖泊及多年冻土存在标志的"冰(砂)楔假型"。这些也从一个侧面否定了青藏高原第四纪大冰盖的假说。

第四纪冰川测年研究经历了与经典的阿尔卑斯山冰期模式对比、与深海氧同位素曲线对比后,开始进入技术测年阶段。由于$^{14}C$、热释光以及近年引进的电子自旋共振法、光释光法、宇宙射线方法等技术开始应用于冰川沉积测年,取得了一批冰碛物的年代证据。青藏高原第四纪冰川研究近年也取得了重要进展(周尚哲等,2003),初步确定高原各山脉发生最早冰川作用的时间是不同的:天山和祁连山在45万年~47万年的氧同位素12阶段,横断山的沙鲁里山和玉龙山在56万年左右的16阶段,东西昆仑山约在70万年左右,念青唐古拉山在68万年。表明在青藏高原昆—黄运动后的全球历次冰期中,高原各部相继发生冰川,古乡冰期和白玉冰期是青藏高原第四纪冰期中具有代表性的倒数第2个冰期,运用宇宙成因核素测年方法得到古乡冰期漂砾的暴露年龄为$(112.9 \pm 16.7)$千年~$(136.5 \pm 15.8)$千年,白玉冰期漂砾的暴露年龄为$(11.1 \pm 1.9)$千年~$(18.5 \pm 2.2)$千年。从而确认2个冰期可分别与深海氧同位素6阶段和2阶段对应(周尚哲等,2007)。同时,进行了中国第四纪冰期数值年表初步划分(易朝路等,2005)。Owen等(2003)通过光释光和宇宙射线测年认为,喜马拉雅山和兴都库什山的古冰川在末次冰期时冰川规模不大,倒是在间冰段(约为3万年~6万年)冰进最大,说明降水量在冰川发育中有巨大意义,可能符合亚洲季风区气候的特点。不少资料证明,一些地方仍然是在末次冰期时冰川范围最大,可见区域气候的差异影响之巨大、冰川发育之复杂。

现代冰川变化为现代冰川地貌研究中的热点问题,近几年现代冰川研究的文献近半数属于这一类。按照国际统一标准对每一条冰川建立档案,内容包括冰川的位置、类型、几何形态、面积、长度、雪线高度等共34项指标,并进行冰川编目,第一期工程(1979~2002)已全部完成,查明中国西部共有冰川46 298条,总面积59 406平方千米,冰储量5590立方千米;出版《中国冰川目录》12卷23册及其附图,不仅是冰川学研究的基础工作,也是世界上4个冰川发育大国中唯一按照国际冰川编目规范完成冰川目录编制的国家。这项成果获得了2005年度甘肃省科技进步一等奖、2006年度国家科技进步二等奖。2007年5月启动了"中国冰川资源及其变化调查",可进行第2次冰川编目,它将应用广泛的科技支撑工作,建立冰川动态信息资源,为准确认识气候变化的敏感指标,尽快获取在西部地区水资源持续利用和减灾防灾研究中迫切需求的冰川变化提供全面精确的数据。

近年来，随着全球气候变暖和冰川退缩，冰碛湖溃决灾害受到了广泛关注。喜马拉雅山北坡已鉴别出的危险冰川湖在34个以上，查明近50年来喜马拉雅山中断冰川湖至少发生过20次较大的溃决事件，其灾害不仅危及国内，而且波及尼泊尔。近年采取野外观测、遥感手段与野外观测监测相结合，由定性、半定量到定量，由经验估算到基于物理过程建模模拟的发展过程，开展了冰碛湖的溃决诱因与溃决机制、溃决风险评价指标体系、溃决洪水/泥石流的模拟以及溃决风险减缓措施等方面的研究工作。

## 第八节　中国丹霞地貌学研究[1]

中国丹霞地貌学研究虽然起步较晚，但在中山大学黄进牵头的全国丹霞地貌旅游开发研究会的积极活动下，研究工作的进展还是比较快的，尤其是他们将丹霞地貌研究与旅游事业相结合，为旅游产业服务，得到了各旅游单位的大力支持，成绩斐然。所谓丹霞地貌，就是指"有陡崖的以砂砾岩为主的红色碎屑岩地貌"，这种地貌具有顶平崖陡麓缓的形态特征，是中国地质学家冯景兰于1928年在广东丹霞山发现的，陈国达在1939年把丹霞山这种奇、险、秀、美的地貌命名为"丹霞地貌"。过去，中国学者对此已做了不少研究，取得了不少的成果。1949年以后，特别是近年来，这项研究得到了国家自然科学基金的资助并成立了"丹霞地貌旅游开发研究会"，使中国丹霞地貌得到了比较全面而系统的研究，已经召开过12届全国性的丹霞地貌旅游开发学术讨论会，第1届广东丹霞山(1992)、第2届福建武夷山(1994)、第3届湖南崀山(1996年)、第4届青海坎布拉(1998年)、第5届湖南通道(1999)、第6届贵州习水(1999)、第7届福建泰宁(2001)、第8届浙江新昌(2002)、第9届广西玉林(2004)、第10届甘肃张掖(2006)、第11届广西资源(2007)、第12届江西龙虎山(2011)。由于每次学术讨论会都与当地的丹霞地貌自然风景旅游相结合，提高了风景区的知名度，因而得到当地风景旅游区领导的大力支持与资助。到2007年出版10部会议论文集，在学术期刊发表研究论文400多篇，出版3部丹霞地貌学术著作，研究内容涉及基本理论、方法、开发利用和科普教育等多个方面。2006年丹霞地貌作为一个独立类型第1次以专章的分量写入"十五"规划教材《现代地貌学》，丹霞地貌作为地貌学的一个分支，成为当代地貌学的一个重要生长点，作为一个独立学科的基本框架已经形成。

### 一、中国丹霞地貌研究的发展

中国丹霞地貌的研究已有80多年的历史，是世界上丹霞地貌分布面积最广、数量最多、研究最早最深入的国家，丹霞地貌也成为中国开发利用与保护最重要的景观之一。2010年8月2日在巴西首都巴西利亚召开的第34届世界遗产大会上，"中国丹霞"被正式列入世界遗产名录，标志着中国丹霞地貌的研究已得到世界认可（欧阳杰等，2010）。根据研究区域的扩大、研究内容的增加、研究成果的提升、研究范式的完善和研究其结构特征等划分为3个阶段（彭华，2001）。

---

[1] 彭华. 中国丹霞地貌研究进展[J]. 地理科学，2000，20(3)：203-211.

初创阶段(20世纪20年代至中华人民共和国成立)　1928年冯景兰等将构成丹霞山的红色地层及粤北相应地层命名为"丹霞层",并对其岩性及由此形成的地形作了描述。1935年陈国达首次界定广东红层沉积年代,分析了沉积环境。1938年陈国达修正了冯景兰的层位划分,研究了丹霞山的地形发育,首次提出"丹霞山地形"的概念,1939年陈国达正式使用"丹霞地形"这一分类学名词,以后丹霞层、丹霞地形的概念便被沿用下来。此阶段,张席禔(1936)、徐瑞麟(1937)、曾昭璇(1943)、吴尚时和曾昭璇(1946,1948)等学者对中国南方红层的地层、岩性、构造、地貌发育等进行了不同程度的研究与论述,尤其是吴尚时、曾昭璇(1948)系统地研究了红层与地貌的发育关系。研究的范围主要在中国东南部,提高并确定了"丹霞地形"的地貌名词,论证并界定了华南地区的丹霞层层位,开始了作为一种特殊地貌类型的学术研究。

成型阶段(中华人民共和国成立至20世纪80年代末)　中华人民共和国成立后,中国地质、地理工作者开展了广泛的区域地质调查和综合科学考察,对中国红层分布和地层特征有了更多的了解,丹霞地貌作为一种地貌类型在各类报告中得到更广泛地使用。1951年,周仁沾、杨超群对中国东南部红层的研究支持了陈国达的地层划分方案。1960年曾昭璇《岩石地形学》专著中首次将红层地貌作为独立的岩石地貌类型总结论述。1961年黄进把丹霞地形作为广东省地貌图的一种类型并对丹霞地形作了简明阐述。1980年曾昭璇、黄少敏在《中国自然地理·地貌》中专题论述了中国红层的分布、岩石学特征、地貌发育和形态特点,对以丹霞山为代表的主要丹霞地貌发育和地貌特征作了系统总结。1981年黄进在山西大同举行的构造地貌会议上作了《丹霞地貌坡面发育的一种基本形式》的学术报告,丹霞地貌这一学术名词正式开始在全国广泛使用。在此阶段以曾昭璇等人的工作为代表,总结了丹霞地貌研究成果,使丹霞地貌的学术名词得到了更为广泛的传播与接受,作为一个独立的地貌类型的学术研究已初步形成体系。此阶段区域地质调查和综合科学考察为丹霞地貌的研究积累了大量的第一手资料,对各地红层的时代、层位界定有了更为科学的结论。曾昭璇等人的工作,总结了丹霞地貌研究的各方面成果,使丹霞地貌的学术名词得到了更为广泛的传播与接受,作为一个独立的地貌类型的学术研究已形成体系,开创了一个分支学科的新领域。

图2-5-8　丹霞地貌

发展阶段(20世纪80年代以来)　以黄进(1982)深入剖析丹霞地貌坡面发育机制开始,他在对丹霞山、金鸡岭、武夷山进行大量调查的基础上,总结了近水平红层在湿润气候条件下坡面发育的基本方式和坡面特点,将其形态特点概括为"顶平、身陡、麓缓"。在缓倾斜红层区的坡面特点则为"顶斜、身陡、麓缓"。刘振中(1984)、黄可光(1987)、周秉根(1987)、赵佩心(1988)、陈致均(1989)、黄进(1989)等分别研究了福建、安徽、甘肃、河北等地的丹霞地貌。李云通等(1984)对中国的第三系、郝治纯等(1986)对中国的白垩纪作了综述,均论述到中新生代红层。1987年~1989年,陈传康在主持粤北旅游资源开发研究过程中,将以丹霞山为代表的丹霞地貌风景资源作为研究重点。1989年、1990年黄进得到中山大学和国家自然科学基金资助,他主持的课题组对陕、甘、宁、川、黔、黑、冀、豫、鄂、湘、浙、皖、赣、粤、桂等省区的150多处丹霞地貌进行长期考察研究,完成论文10余篇,同时也带动了不少学者参与当地丹霞地貌的调查研究。1991年,在广东省丹霞山召开了第1届全国丹霞地貌旅游开发学术讨论会,并成立了"丹霞地貌旅游开发研究会",组织起一支全国各地包括地质、地貌、生物、土壤、岩石力学、风景与旅游等学科人员参与的研究队伍,成为中国近10多年地貌学研究方面一支活跃的队伍,丹霞地貌研究出现前所未有的发展局面。黄进主持的课题组先后对中国21个省区近400处丹霞地貌进行了实地考察,各地学者也把研究区域不断扩大。陈传康对丹霞地貌景观和风景地貌的研究,标志着丹霞地貌应用研究方向的形成。随着中国旅游发展对资源深层次开发的要求日益强烈,许多丹霞地貌风景区逐步开发,对丹霞地貌的基础研究和旅游开发研究产生了有力推动,出现了前所未有的发展局面。研究内容涉及基本理论、研究方法、历史文化、开发利用和科普教育等许多方面。这个阶段,在陈传康、黄进、彭华的推动与组织下,丹霞地貌旅游开发的研究已在全国各地展开,成为当代地貌学领域中一个有力的生长点。

近20多年来,中国丹霞地貌研究的主要特征(齐德利,2011):①研究领域不断扩展,由最初的华南红层盆地向西南、西北乃至区域深入,基本阐明了中国丹霞地貌空间格局,初步划分了中国丹霞地貌东南(42.8%)、西南(24.3%)、西北(27.1%)3大集中分布区;②研究方法不断改进,定性定量结合,传统方法与新技术结合开展,一些理论探索取得了定量研究支持,如丹霞地貌坡面发育模式从1981年的理论探讨发展到现在的定量细化,初步研究表明,中国东南部丹霞地貌区地壳平均抬升速度低于1米/万年(平均0.881米/万年),西南部介于1米/万年~3米/万年(平均1.34米/万年),西北区变化幅度较大,一般在3米/万年以上,并据此推算区域丹霞地貌年龄、崖壁后退速度以及侵蚀量等主要地貌参数,定量分析区域丹霞地貌结构特征、发育演化趋势等,从而定量刻画区域丹霞地貌过程;③研究视野不断扩大,既有对某一区域的深入剖析,又有大尺度上的对比分析,尤其从2009年首届丹霞国际会议以后,世界范围的对比研究得到推进,加之2010年中国南方6处丹霞地貌区(赤水、泰宁、崀山、丹霞山、龙虎山、江郎山)捆绑申报世界遗产的积极行为,更是掀起了全国关注丹霞地貌研究的新局面;④研究成果不断增加,结合区域丹霞地貌应用研究,不断推进基础研究的深化,近20年先后在中国9个省区的11处丹霞地貌区召开了12次国内国际研讨会,出版了12册论文集,集中体现了中国丹霞地貌的整体研究水平;⑤研究困境不断出现,丹霞地貌学科建设和人才队伍建设双双面临困境,一方面丹霞地貌理论问题受到各方挑战,从丹霞地貌的概念、分类、发育机制、演化过程以及不同尺度的结构特征等均需要耙梳整理;另一方面,丹霞地貌研究人才断代现象明显,有影响的研究成果并不多见,中国丹霞地貌的研究急需各方大力支持和全心投入。

### 二、中国丹霞地貌研究现状

近年来,中国丹霞地貌的研究注重宏观性、系统性以及理论与实践的结合,在研究方法上正在从传统的实地考察、定性描述向微观实验、定量解释以及国际对比等方面发展,在技术手段方面利用计算机、遥感技术等处理数据、提取信息、发掘隐藏在现象背后的本质规律。中国学者对丹霞地貌的认识首先来源于实践,研究过程中服务于社会,是目前国内理论研究与旅游开发结合得最好的地貌类型之一。目前,丹霞地貌的研究主要体现在定性的地貌类型分类方面、地貌演化的定量测算方面、区域地貌类型的空间组合方面、岩性差异的实验研究方面、国际对比方面和丹霞地貌的可视化研究方面等。

1. 关于丹霞地貌的定义

1939年,陈国达提出"丹霞地形"的地貌学名词以来的很长时期内,没有人讨论过它的定义。直到1961年,黄进在编制广东地貌图时,首次提出"丹霞地貌是由水平或变动很轻微的厚层红色砂岩、砾岩所构成,因岩层呈块状结构和富有易于透水的垂直节理,经流水向下侵蚀及重力崩塌作用形成陡峭的峰林或山地形式"。

《地理学词典》(上海辞书出版社,1983)定义为:巨厚红色砂砾岩上发育的方山、奇峰、赤壁、岩洞和巨石等特殊地貌。

《地质辞典》(地质出版社,1983)定义为:厚层、产状平缓、节理发育、铁钙质混合胶结不匀的红色砂砾岩,在差异风化、重力崩塌、侵蚀、溶蚀等综合作用下形成的城堡状、宝塔状、针状、柱状、棒状、方山状或峰林状的地貌。

黄进(1988)又将丹霞地貌定义进行了具体描述:发育于侏罗纪至第三纪的水平或缓倾斜的厚层紫红色砂砾岩层之上,沿岩层的垂直节理由水流侵蚀及风化剥落和崩塌后退,形成顶平、身陡、麓缓的方山、石墙、石峰、石柱等奇险的丹崖赤壁地貌。

曾昭璇、黄进(1990):巨厚红色砂、砾岩层中沿垂直节理发育的各种丹崖奇峰的总称。

黄进(1992)把定义简化为"由红色砂砾岩形成的丹崖赤壁及其有关地貌""红色碎屑岩陡崖及其有关地貌"。

彭华(1993)提出对红色碎屑岩应加"陆相"的限定,为"发育在红色陆相碎屑岩基础上,以赤壁丹崖为特征的一类地貌"。

周定一(1993):发育于中生代至第三纪水平或缓倾斜的厚层陆相紫红色或红色碎屑岩系之上,沿岩层断裂或节理由流水侵蚀、风化剥落和崩塌形成的丹崖赤壁地貌。

黄进(1995)将定义改为"有丹崖红色陆相碎屑岩地貌"。

黄可光(1996)定义为"由红色陆相碎屑岩组成的、具有陡峻坡面的各种地面形态"。

罗成德(1998):丹霞地貌是由红色陆相碎屑岩发育而成的赤壁丹崖(丹崖高度应大于10米,陡崖坡应在60°以上)为特征的地貌。

刘尚仁(1999):具有层面凹槽和岩石棱角次圆化的赤壁丹崖群地貌。

刘尚仁(2003):是由砂砾岩为主的沉积岩经侵蚀作用所形成的赤壁丹崖群地貌。

在早期对丹霞地貌的定义中,地貌的形态往往会被不厌其烦地描述,这样的定义充分说明,丹霞地貌是有着许多曼妙优美的形态的,这种形态并不具有普遍性,因此可以把它们归为一类地貌。然而,随着研究丹霞的人越来越多,全国各地的丹霞地貌都有人去考察,在大量调查的基础上,丹霞地貌的定义变得越来越简洁和有概括性,再也不罗列具体的地貌形态了,而是把这些形态归结为"以赤壁丹崖为特征的一类地貌"(即有陡崖的陆相红层地貌)。学者们规定"丹崖"的高度应大于10米,"丹崖"的坡度则应满足悬崖坡的条件:55°~90°之间。高度和坡度低于上述标准的丹崖不能算是丹霞地貌,应归入红层丘陵山地中,这是划分丹霞地貌与红层地貌的界限。经过多年的讨论,意见逐步趋于统一,"红色陆相碎屑岩"作为丹霞地貌的物质基础和"赤壁丹崖"或"陡峻坡面"作为形态限定为大部分学者所接受。因此,丹霞地貌的定义可以表述为:以赤壁丹崖为特征的红色陆相碎屑岩地貌。

此外,根据潘虹(2003)的建议,将广义的丹霞地貌进一步划分为狭义的丹霞地貌、丹崖地貌、丹丘地貌。

2. 丹霞地貌类型研究

学者们在研究不同地区、不同形态、不同发育阶段的丹霞地貌时,实际上包含了对类型的探讨。曾昭璇(1960,1980)曾将丹霞地貌归并为岩石地貌—红层地貌—红层丘陵中,称丹霞式丘陵,是红层地貌中由坚硬的红色砂砾岩发育而成的以丹崖峭壁、石峰林立为特征的地貌。对于丹霞地貌本身的分类,学者们在不同的研究中也有涉猎。黄克光等(1992)提出类丹霞地貌、宫殿式、窗棂式、蜂窝状丹霞地貌等,彭华提出(1992)风景地貌分类。比较全面的分类体系是黄进等(1992)提出的,他们从底层倾角大小、红层之上有无盖层、丹霞地貌所在气候区、发育阶段、形态特征和有无喀斯特化现象等6个方面分别对丹霞地貌进行不同系列的分类(表2-5-1)。之后,罗成德等(1994)根据四川西部的丹霞地貌特点提出了砾岩和砂岩等岩性地貌分类;陈致均等(1994)对甘肃干旱半干旱区特殊丹霞地貌提出了泥乳状、窗棂状、迭板状、波浪状等类型;邓美成等(1996)根据湖南崀山的特点提出了楔状、块状、墙状、线状、柱状、拱状等形态类型;黄进(1996)对丹霞天生桥进行了成因分类,又提出了赣州通天岩、福建桃源洞等地的丹霞地貌成因类型;罗成德(1996)对丹霞地貌进行了岩性、形态和地貌尺度大小分类。

表2-5-1 丹霞地貌分类初步方案

| 分类依据 | 类型 |
|---|---|
| 岩层倾角 | (<10°)近水平丹霞地貌、(10°~30°)缓倾斜丹霞地貌、(>30°)陡倾斜丹霞地貌 |
| 有无盖层 | (无盖层)典型丹霞地貌、(有盖层)类丹霞地貌 |
| 气候区 | 湿润区、半湿润区、半干旱区、干旱区丹霞地貌 |
| 发育阶段 | 幼年期、壮年期、老年期丹霞地貌 |
| 有无喀斯特化 | (有喀斯特化)丹霞喀斯特、(无喀斯特化)非丹霞喀斯特地貌 |
| 地貌形态 | 宫殿式(柱廊状、窗棂状)、方山状、峰丛状、石墙状、石堡状、孤峰状等 |

黄进把近水平构造的丹霞地貌坡面自上而下分为3种坡面类型:①受近水平岩层面控制的层面顶坡,顶坡的坡度既与岩层面的控制有关,同时也与山顶风化物的内摩擦角有关;②受垂直节理控制的陡崖坡,陡崖坡主要是因为较大面积的岩块沿垂直节理发生崩塌而形成的陡崖,是3种坡面中最重要的一种坡面;③受崩积岩块内摩擦角控制的崩积缓坡,崖麓崩积缓坡,受崩积岩块内摩擦角控制,多在30°左右。当崩积物较大时,其坡度较陡;反之,则较缓。若崩积物及风化土层被蚀去,则露出其下方的基岩缓坡面。"顶平、身陡、麓缓"3种坡面,是丹霞地貌中最基本、最简单的坡面类型,也是丹霞地貌的基本形态特征(图2-5-9)。

彭华(2002)将丹霞地貌的分类依据概括为物质基础、地质构造、主导动力、地貌形态、发育阶段5个方面(表2-5-2),在此基础上,某些因素可以再划分为次级依据,如从地貌形态的角度丹霞地貌可以分作单体和群体两大类,其中单体形态又分为正地貌和负地貌两类,这样的分类体系目前被国内多数学者采纳和使用。

图 2-5-9　近水平发育的丹霞地貌坡面形态

表 2-5-1　丹霞地貌分类系统

| 分类依据 | 类　型 |
| --- | --- |
| 碎屑岩特征 | 砾岩或砂砾岩丹霞地貌、砂岩丹霞地貌、砂页岩丹霞地貌 |
| 其他物质特征 | 喀斯特化丹霞地貌（红层中含碳酸钙<30%为弱喀斯特化，>30%为强喀斯特化）、海相红层丹霞地貌（陆源红色过渡相、海相碎屑岩为主）、土林式丹霞地貌（偏红色土状堆积物发育的地貌）、泥被式丹霞地貌（有上部泥浆在表面涂盖） |
| 岩层产状特征 | 近水平丹霞地貌（岩层倾角<10°）、缓倾斜丹霞地貌（岩层倾角在10°~30°）、陡倾斜丹霞地貌（岩层倾角>30°） |
| 气候区 | 湿润区丹霞地貌、半湿润区丹霞地貌、半干旱区丹霞地貌、干旱区丹霞地貌、高寒区丹霞地貌 |
| 成因类型 | 丹霞构造地貌、丹霞水蚀地貌、丹霞风化地貌、丹霞重力地貌、丹霞风蚀地貌、丹霞海蚀地貌、丹霞岩溶地貌、人工丹霞地貌 |
| 单体形态 | 正地貌：丹霞崖壁、丹霞方山、丹霞石墙、丹霞石柱、丹霞尖峰、丹霞低山、丹霞丘陵、丹霞石球、崩积堆和崩积巨石；负地貌：沟谷、顺层凹槽、丹霞洞穴、丹霞穿洞、整向洞穴 |
| 组合形态特征 | 高原峡谷型丹霞地貌、山岭型丹霞地貌、峰丛型丹霞地貌、峰林型丹霞地貌、孤峰型丹霞地貌、丘陵型丹霞地貌 |
| 发育阶段 | 幼年期丹霞地貌、青年期丹霞地貌、中年期丹霞地貌、老年期丹霞地貌、衰亡期丹霞地貌 |

资料来源：彭华.丹霞地貌分类系统研究［J］.经济地理，2002，22（Z）：28-35.

欧阳杰等（2009）通过实地考察发现，浙江方岩突出的丹霞地貌类型有凹槽和岩穴、新鲜崩积石、围谷和峰丛以及石鼓和石柱等，它们的空间组合沿着北西—南东方向有规律地排列。

3. 丹霞地貌分布研究

中国丹霞地貌分布广泛，在亚热带湿润区和温带湿润区、半湿润区、半干旱和干旱区及青藏高原高寒区都有分布，据黄进（2001）统计共有577处。不同的气候带产生的外力组合，以及晚近地质时期环境的变迁，都不同程度地影响丹霞地貌的发育进程和地貌特征的继承和演变。按黄进总结的丹霞地貌分布状况以省（市）区归纳如表2-5-3。

表2-5-3 中国各省市、区丹霞地貌区数量

| 序号 | 省区 | 数量 | 序号 | 省区 | 数量 | 序号 | 省区 | 数量 | 序号 | 省区 | 数量 |
|---|---|---|---|---|---|---|---|---|---|---|---|
| 1 | 四川 | 104 | 8 | 福建 | 29 | 15 | 湖北 | 7 | 22 | 黑龙江 | 1 |
| 2 | 江西 | 90 | 9 | 贵州 | 29 | 16 | 内蒙古 | 4 | 23 | 江苏 | 1 |
| 3 | 甘肃 | 67 | 10 | 重庆 | 20 | 17 | 河北 | 3 | 24 | 安徽 | 1 |
| 4 | 广东 | 55 | 11 | 广西 | 14 | 18 | 辽宁 | 2 | 25 | 山东 | 1 |
| 5 | 湖南 | 43 | 12 | 陕西 | 10 | 19 | 河南 | 2 | 26 | 海南 | 1 |
| 6 | 浙江 | 39 | 13 | 新疆 | 19 | 20 | 宁夏 | 2 | 27 | 西藏 | 1 |
| 7 | 青海 | 33 | 14 | 云南 | 9 | 21 | 山西 | 1 | 合计 | | 577 |

近年来,由于各地学者对丹霞地貌的研究逐步加强,发现的丹霞地貌在不断增加,对中国丹霞地貌的空间分布研究也不断深入。到2008年1月31日为止,中国已发现丹霞地貌790处,分布在27个省(市)区。广东省韶关市东北的丹霞山以赤色丹霞为特色,由红色沙砾陆相沉积岩构成,是世界"丹霞地貌"命名地,在地层、构造、地貌、发育和环境演化等方面的研究在世界丹霞地貌区中最为详尽和深入。在此设立的"丹霞山世界地质公园",总面积319平方千米,2004年经联合国教科文组织批准为中国首批世界地质公园之一。中国的丹霞地貌广泛分布在热带、亚热带湿润区、温带湿润—半湿润区、半干旱—干旱区和青藏高原高寒区。福建泰宁、武夷山、连城、永安、甘肃张掖(张掖市临泽县和肃南裕固族自治县),湖南怀化通道侗族自治县东北部万佛山、邵阳新宁县崀山(位于湖南省西南部,青、壮、晚年期丹霞地貌均有发育),云南丽江老君山,贵州赤水(中国面积最大最典型的丹霞地貌区,约有1300平方千米);江西龙虎山、鹰潭、弋阳、上饶、瑞金、宁都;青海坎布拉,广东仁化坪石镇金鸡岭、南雄县苍石寨、平远县南台石和五指石,浙江永康、新昌,广西桂平的白石山、容县的都峤山、四川江油的窦山、都江堰的青城山,重庆綦江的老瀛山,陕西凤县的赤龙山以及河北承德等地,是中国丹霞地貌的典型地质地貌。齐德利等(2005)通过分析中国丹霞地貌的空间分布格局,把中国丹霞地貌划分东南、西南和西北3大集中分布区:东南区(包括浙、闽、赣、粤、湘、桂等省区)多发育临溪丹霞峰林、丹霞赤壁、一线天、天生桥等景观;西南区(云贵高原与四川盆地过渡带)以赤壁与急流瀑布相伴为主要景观特色;西北区(包括陇山周围、河湟谷地)则呈现出特有的干旱区丹霞地貌景观,区内由于自然条件的复杂性,如小气候及流水作用,黄土盖层成分及其存在与否的差异性,区内景观异质性显著。

**4.丹霞地貌形成研究**

(1)丹霞地貌的形成过程

当今的丹霞地貌形成大致分为3个阶段(李向东等,2010):红层形成阶段、古老丹霞地貌形成阶段、今日丹霞地貌形成阶段。丹霞地貌区红层的形成主要是中生代白垩纪—老第三纪的陆相为主的红色岩系,分布在中、新生代断陷盆地中;古老丹霞地貌形成是在燕山运动末期和喜马拉雅运动的数千年以来,地壳构造抬升,使红层出露地表,并在侵蚀和剥蚀外营力作用下形成丘陵山地,有些形成丹霞地貌;今日丹霞地貌的形成,根据黄进热释光测年计算出的丹霞地貌区地壳上升速度进而得出的地貌年龄得知,丹霞山的年龄626.2万年、坪石金鸡岭年龄313万年、龙川霍山年龄450万年(丹霞山、金鸡岭、龙台寺地壳上升速度分别为0.87米/万年、0.66米/万年、0.88米/万年)。

对于构成丹霞地貌岩层的时代,学者们曾持有截然相反的见解。有人主张岩石地貌只有和构

成它的地层的时代联系起来,而且限制在特定的层位才有对比意义,有人主张不应受时代限制,有人甚至认为把自己原来定义中的地层时代删去,认为只要是形成赤壁丹崖的红色岩层就都可以被考虑进来。然而,在岩石地貌学中,岩石的时代是用来进行地球演化过程对比研究的必要条件之一,失去了时代限定的岩石地貌,其对地质学研究所能提供的参考阶值就大打折扣了。中国学者们在中国境内所发现的丹霞地貌几乎全发育在不早于中生代(距今2亿多年前)的地层上,而且岩石的成分以陆相沉积为主(岩石是由当时的河流或湖泊沉积物所形成的,而不是在当时的海洋环境中形成的)。然而,随着研究的范围向全世界扩展,学者们发现,其他国家的丹霞地貌也有发育在更古老的地层或者海相沉积岩层中。于是,有的学者就建议放宽对红色岩层的时间及成分限制,以利于把丹霞地貌的概念向全世界推广。

(2)物质基础:红层的形成及特征

红层。红层是一种红色陆相碎屑岩系,是丹霞地貌发育的物质基础。由于沉积环境的差异和后期地质作用的改造,红层的颜色可变化于棕黄、褐黄、紫红、褐红、灰紫等偏红色;陆相的限定主要是区别相对均质、致密的海相沉积;碎屑岩系用以区别陆相化学沉积和生物沉积。

红层的形成时代。目前,国内所发现的红层均不早于中生代,其中以白垩纪最多,约占80%;形成丹霞地貌的最老红层为三叠系。彭华(1994)认为,丹霞地貌是地壳演化到一定历史阶段的产物,即地壳刚性增强,地台扩大,有相对广大的陆地面积之后,才因地台活化而形成反差较大的内陆沉积盆地和外围山地物源区,在适当的气候与沉积环境下发育陆相红色堆积。这不排除其他古陆台上有较老的红层发育。

红层的组成与岩性。红层的碎屑组成差异很大,四川盆地在西北部古山前拗陷中的红层巨砾可达数十厘米(罗成德,1996),而盆地中部多由泥质岩构成;砾石成分一般与外围山地的物源一致;砂质主要是石英,含部分长石;胶结物以泥、砂为主,化学胶结物主要为硅质、钙质和铁质。丹霞山砂岩样中 $AL_2O_3$、$CaO$、$Fe_2O_3$、$K_2O$、$Na_2O$ 的含量均超过克拉克值,胶结物中的碳酸钙含量一般占15%左右(彭华,1992);湖南崀山的碳酸钙含量随外围地层不同差别很大,在接触碳酸岩源地的地方,可达25%以上(肖自心,1998)。红层形成于内陆湖盆,盆地边缘往往堆积巨厚的洪积相混杂泥砾,往中心渐变为洪、冲积砾岩、砂砾岩、砂岩与河、湖积细砂、粉砂岩或泥质岩。但由于沉积过程不同,各次沉积的平面形态和垂向组合表现出很大差异,许多崖壁上可看到红层剖面的韵律结构。据研究,大部分丹霞地貌发育在砾岩、砂砾岩、砂岩地层组合上,相对软弱的粉砂质和泥质岩多发育红层丘陵,只有在河流凹岸或质地稍坚硬时才形成尺度不大的红色陡崖坡。在岩性差异的实验研究方面,朱诚等对广东丹霞山、湖南崀山、福建泰宁、江西龙虎山—龟峰世界自然遗产地进行实地考察、钻孔获取岩芯标本131块,进行了丹霞地貌岩体的抗压、抗酸和抗冻融实验分析研究,结果显示,抗压强度最大(一般大于 $60 \times 10^6$ 帕)最高为 $140 \times 10^6$ 帕,湿抗压和冻融后抗压强度都在 $15 \times 10^6$ 帕 ~ $60 \times 10^6$ 帕,实验模拟环境下,温度变化和干湿变化对丹霞地貌岩体的影响应不是很大,酸侵蚀对岩体的破坏力最大,丹霞地貌岩体抗酸侵蚀的高度脆弱性非常明显。

红层形成的古地理环境。由于红层中多含有碳酸盐岩碎屑或钙质胶结物,甚至有蒸发盐夹层,目前大部分学者认为红层形成在炎热干燥的环境下。但是,红层的红色主要是高价铁($Fe^{3+}$)相对富集而成,这个富集过程必须要有足够的淋溶作用。按照"将今论古"的原则,红层形成的古气候环境应是一种类似于现代热带、亚热带半湿润、半干旱气候或干湿季气候,以保证有足够的淋溶并保护长时期的氧化环境。黄进先后对全国23个省区近800处丹霞地貌进行实地考察,各地学者也把研究领域不断扩大,研究逐步走向深入。1990年以来,他提出及逐步改进地壳上升速率、地貌年龄、崖壁后退速率及侵蚀速率等地貌发育的定量公式;根据实地采样、实验、计算得出,丹霞山180平方千米的丹霞地貌每年被蚀去的物质有9997.2立方米(2010)。朱诚等(2009)在江郎山小弄峡具有垂直贯穿永康群岩体的辉绿岩脉处采集2块岩石标本,进行了K-Ar测年研究,测得其年龄为$(77.89 \pm 2.6) \times 10^6$年,对丹霞岩体的认识更趋深入。

(3)构造基础:构造对丹霞地貌的控制

区域构造对沉积盆地的控制。中生代以来,中国许多在海西运动后稳定的陆台发生活化,东部地区受太平洋板块影响,形成一系列北东—北北东向的隆起带与拗陷带;西部地区受印度板块挤压,从北向南渐次成陆并形成若干盆地;中部则形成一个北东向的压扭性地带。因此,中国中、新生代盆地基本以此格局展布,控制了红层盆地的分布规律。

断层、节理对山块格局的控制。盆地内部的构造线格局是控制丹霞地貌山块格局乃至山块形态的基本因素。大的构造线控制了山块总体排列方向,小构造则控制山块走向、密度和平面形态。丹霞山的山块排列基本沿北北东向的大断层延伸,而山块走向、石柱排列主要沿近东西向断层和大节理延伸(黄进,1992)。

岩层产状对坡面形态的控制。岩层产状对丹霞地貌形态的影响主要对于山块顶面和构造坡面的控制,一般情况下,近水平岩层上发育的丹霞地貌具有"顶平、身陡、麓缓"的坡面特征;缓倾斜岩层上发育的丹霞地貌如果不是保留了古侵蚀面,其顶面很难形成平顶或缓斜顶,而多是尖顶。如甘肃刘家峡地区的岩层倾角达50°~60°,其构造坡面已构成陡崖坡(彭华,1999)。

地壳升降对地貌发育进程的控制。地壳升降对丹霞地貌发育的影响体现在红层盆地必须是后期上升区,以便为侵蚀提供条件。上升到一定程度而长期相对稳定,丹霞地貌按连续过程从幼年期到老年期逐步演化,间歇性抬升则可能发育多层性丹霞地貌,齐云山的这种陡缓坡组合多达5级。据黄进、刘尚仁等(1994)在丹霞山区河流阶地冲击层中进行的热释光采样分析,得知丹霞山区的地壳平均上升速度为0.97米/万年。由此可知,丹霞山现代地貌形成于距今大约600万年前,其丹崖后退速度平均约0.5米/万年~0.7米/万年。

(4)外力条件

直接影响丹霞地貌发育的外动力主要有流水、风化和重力等作用,其中流水是塑造地貌的主动力。

流水作用。流水作用在丹霞地貌发育和演化中的主导性表现为流水是下切和侧蚀的主动力;同时流水又不断地蚀去坡面上的风化物质,使风化得以继续进行;流水的侧蚀往往在坡脚掏出水平洞穴,使上覆岩块悬空,为重力崩塌提供了可能。此外,流水对红层中的可溶性成分进行溶蚀,可促进水动力侵蚀的加强和风化作用的进程。

风化作用。风化作用对暴露的红层坡面进行着经常性的破坏,尤其在陡崖坡上,流水的作用减弱,在一些直立坡或反倾坡上基本无流水作用,各种风化作用(片状、块状、粉末状等)表现得十分清楚。因为红层在垂向上的岩性差异而导致抗风化能力的不同,常使得砂砾岩等硬岩层相对凸出而成顺层岩额或岩脊,而泥质或粉砂质岩层则凹进而成顺层岩槽或岩洞,顺层岩洞的风化加深为上覆岩层的崩塌创造了条件。黄进(1996)把红层风化作用归为凸片状风化和凹片状风化两种,前者使山顶、山脊或石块圆化,后者使软岩层凹进。凹进岩槽的某一部分可继续风化发育成额状洞或扁平洞,进而发育成穿洞,部分穿洞可继续风化及崩塌,发展成为石拱或天生桥。此外,干旱区的盐风化,高寒区的冻融风化使这些地区的丹霞地貌物理风化强烈,而使其形成比较粗糙的表面,如青海坎布拉等。

重力作用。因为陡崖坡往往是崩塌面或经后期改造过的崩塌面,是丹霞地貌最具特色的形态要素,所以,重力作用在丹霞地貌发育过程中相当重要。重力作用往往发生在流水下切或侧蚀而形成的临空谷坡上,当流水侧向掏蚀而使山坡局部悬空时,悬空岩体便可能沿原生构造节理或减压(卸荷)节理发生崩塌。陡崖坡上的风化凹槽进一步加深,上覆岩层也可沿各种破裂面发生崩塌;洞穴、天生桥的顶板也常发生局部崩塌。

陡崖坡的崩塌大多是沿着某一坡裂面的块状崩塌,到坡脚发生机械破碎,因而坡脚常堆积由巨大岩石块构成的崩积物。丹霞山锦石岩大陡崖下的崩积物最大可达 30 米 × 20 米 × 5 米,丹霞山宾馆在上面建了一幢 3 层楼房。

其他外动力。干旱区由于盐风化及风沙吹磨而在丹霞崖壁上形成大量风蚀窝穴,黄可光称之为蜂窝状丹霞地貌;黄进等(1994)论述了海岸丹霞地貌发育过程中波浪的作用;人工凿石在已经夷平的红层丘陵上重新雕琢出的各种地貌景观被称之为人工丹霞地貌,以广东莲花山最具有代表性。

5. 丹霞地貌发育规律研究

丹霞地貌发育过程表明它是一种不同于其他地貌的特殊地貌发育过程。根据多年来的研究,丹霞地貌的发育规律如下(图 2-5-10)。

丹霞地貌发育开始于红层盆地的抬升。由于红层盆地发育在相对刚性的陆台上,因此,其后期构造变动往往以断裂构造为主。尤其是断层破碎带和大节理成为后期流水切割的薄弱地带。抬升高出当地侵蚀基准面的红层首先被流水沿断层和垂直节理下切侵蚀,形成深狭的切沟,进一步侵蚀使之加深、加大而成一线天式的巷谷。在此之前,崩塌一般不发育。流水下切到一定深度,遇到下伏硬岩层或是接近于局部侵蚀基准面,水流以侧向侵蚀为主对基部进行破坏,谷壁沿垂直节理逐步崩塌而使巷谷加宽形成峡谷。这时崩塌可能在沟谷的谷底堆积,发育不稳定的崩积缓坡。随着谷地的加宽,崩积缓坡也越明显。此后,陡崖坡基部因高出谷底而致流水的侵蚀减弱或很少有流水直接作用,陡崖坡的崩塌主要靠软岩层的风化凹进而缓慢进行。黄进(1982)认为,崩积物掩埋的崖麓基岩可暂时被保护,在陡崖坡崩塌后退过程中,崖麓下方造成崩积缓坡的同时,也在崩积物下面形成了一个基岩缓坡面;上述作用继续进行,陡崖坡崩塌后退,崩积坡加宽加高,下伏的基岩缓坡面也加宽加高。而山顶的原平缓坡面则被切割,并使其面积逐渐缩小,同时山麓缓坡逐渐扩大,原来的山块则逐步退缩成为"堡状残峰"或孤立的石柱。

根据黄进研究,当陡崖坡发生一次规模较大的崩塌作用之后,常间以一个稳定时期,崖麓缓坡上有相当一部分形成红色风化壳及土壤层。这个过程可能随地壳的间歇性抬升或流水的间歇性下切而在一个地区多次重复进行,所以在丹霞地貌区,常可见到数级陡缓坡阶梯式地貌(因岩层的软硬差异,也可形成多级陡缓坡面)。

朱诚等(2009)分别对福建冠豸山、安徽齐云山、浙江江郎山和方岩等地进行实地考察研究,概括了这几处丹霞地貌的发育特征。

欧阳杰等(2009)对浙江方岩丹霞地貌类型空间组合研究结果显示,随着构造隆起,在以外力作用为主的不断雕塑下,丹霞地貌的发育一般经历了差异风化、重力崩塌、流水侵蚀搬运,完成地貌循环侵蚀的过程,并孕育了绚丽多彩的丹霞地貌。

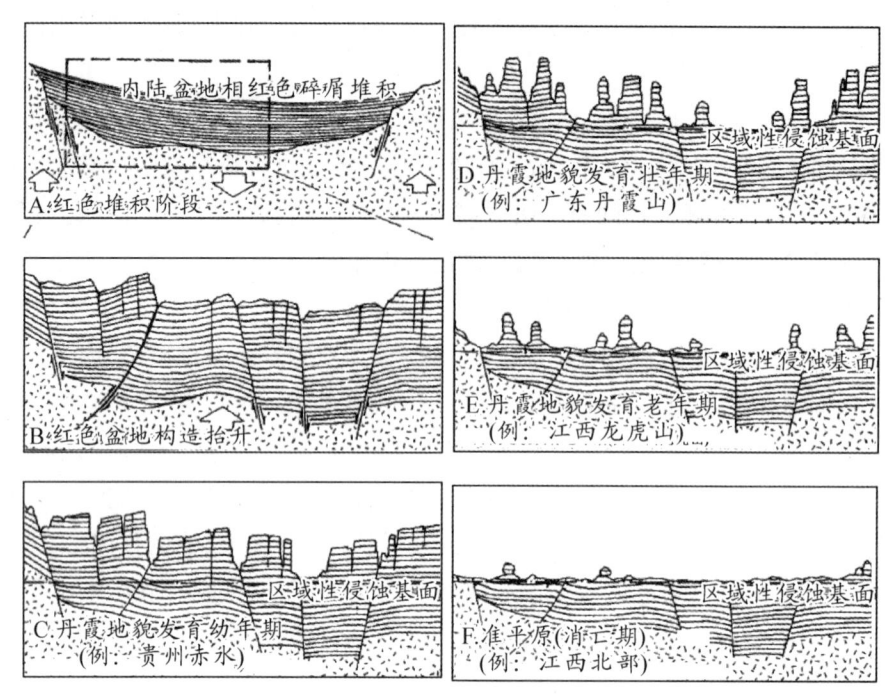

图 2-5-10 丹霞地貌侵蚀旋回示意图

A. 盆地形成,氧化环境,碎屑堆积(洪积、冲积、湖积);B. 盆地抬升。以断裂为主的块状构造发育,局部宽缓褶曲,地壳渐趋稳定;C. 流水下切为主,巷谷、峡谷发育,上部保持较大面积的沉积顶面或弱侵蚀平台;D. 主河谷接近区域侵蚀基面,近河谷地带形成红层峰林,远河谷地带发育红层峰丛,地表最崎岖;E. 主河谷与主要支谷达侵蚀基面,区内河谷平原、红层丘陵和红层孤峰相间分布,局部都可保持峰林状;F. 区域呈波状起伏的准平原化,个别地段保留孤峰或孤石,至此完成一个侵蚀旋回。

注:条件——假设 B 以后地壳相对稳定。若某阶段地壳抬升,则在此基础上流水下切,形成丹霞地貌的多层性。

### 三、丹霞地貌旅游开发研究

丹霞地貌分布区内往往沟壑纵横,起伏剧烈,风化壳较薄,土壤养分较少,生态平衡脆弱,一般不宜作为工、农、交通用地。而典型的丹霞地貌则山块离散,群峰成林;赤壁丹崖上色彩斑斓,洞穴累累;石堡、石墙、石柱、石桥造型丰富,变化万千,其雄险可比花岗岩大山,奇秀不让喀斯特峰林;红层盆地中又多有河溪流过,丹山碧水相辉映。因此,丹霞地貌是构成风景名山的重要地貌类型。在中国国家级风景名胜区中,就有丹霞山、武夷山、龙虎山等 20 多处名山由丹霞地貌构成。作为一种独特的风景地貌用于旅游开发,比较其他功能的开发更能实现资源价值,更有利于兼顾经济、社会和环境效益。随着人们的旅游需求不断增加,丹霞地貌的旅游开发价值将得到更加充分显示。

改革开放以来,中国旅游业发展迅速,众多的丹霞地貌风景区逐步开发,对丹霞地貌的基础研究和旅游开发实践研究提出了新的要求。陈传康(1977)较早开始研究承德丹霞风景地貌,论述了承德丹霞地貌的形成、演化、地貌特征、地貌奇景及景观的开发利用等。彭华(1987)曾论述了丹霞地貌的构景特点及观赏价值,1989 年~1991 年对丹霞山和齐云山丹霞风景地貌的发育规律、风景地貌的分类、风景质量的评价与分级等进行了研究。

1991 年成立丹霞地貌旅游开发研究会以来,各地学者积极参与了当地丹霞地貌旅游资源评价与开发实践研究,根据需要从相关学科引进了研究方法和思维理念,使丹霞风景地貌的研究逐步走向深入。

丹霞山水文化涉及关于丹霞地貌的地理学、地质学、地貌学、水文学、生物学、山水美学和附会文化等知识。这些科学与美学知识,只要按照旅游要求加以策划和组织,就可转化为文化旅游产品(彭华,1998)。但这方面的利用目前只限于学生的科普教育和教学实习,而面对大众的科普旅游仍然是一个弱项。因此,这是一项大有潜力可挖的文化旅游资源。

除了作为一种自然旅游资源,丹霞地貌区还孕育和沉淀了丰富的人类文化遗产。

丹霞地貌单体或群体形态常呈完整的块状或城堡状,紫红色调,给人庄重和神圣之感,同中国传统表现权威、富贵、吉祥的色调一致,与中国宗教崇尚的主体色调一致,从环境角度加强了宗教场所的威严感和神秘感。这种自然风光与神秘意境的结合,常使之成为宗教圣地。如集儒、释、道三教于一山的武夷山,道教名山龙虎山、齐云山、青城山、崆峒山等均由丹霞地貌构成;青海坎布拉则以藏传佛教复兴期发祥地而闻名国内藏区和海外。

组成赤壁丹崖的厚层红色砂岩,其岩性结构致密均一,硬度较小,易于雕刻,因而留下大量摩崖石刻、摩崖造像、崖壁画等,如四川乐山大佛;赤壁上遍布的浅平岩洞往往成为石窟艺术的载体,如甘肃麦积山石窟、炳灵寺石窟等石窟艺术成为甘肃最富有特色的旅游资源;西宁市北禅寺,在向外凸起的坚硬红层上建楼阁佛堂或通道,而岩洞内则保留隋、唐、宋、明、清壁画,有"西宁莫高窟"之称;赣州通天岩的摩崖造像,齐云山、武夷山的摩崖石刻等都是历史和宗教文化珍品。

丹霞地貌区以地形险要而著称,古代军事要塞、古山寨常凭险而筑,如四川剑门关和广东东金鸡岭险关、丹霞山遍布山顶的古山寨等。此外,丹霞赤壁上众多洞穴为岩居、悬棺葬、文物存放提供了天然场所,特别是龙虎山、武夷山绝壁上大量春秋战国时期的崖墓群,在距地面百米的丹霞洞穴内,成为墓葬奇观。

近年来,丹霞地貌旅游开发研究会的成员均不同程度地介入了丹霞地貌的旅游开发实践研究,通过写文章、提意见、做规划等形式为地方献计献策,向有关部门和领导推荐,向社会宣传甚至参与开发实践。丹霞地貌旅游开发研究会成立以来,召开了12届丹霞地貌旅游开发学术讨论会,除了推动中国丹霞地貌的研究之外,都为会议所在地的旅游开发做出大量的研究工作,促进了丹霞地貌区的旅游经济发展。

### 四、丹霞地貌研究展望

1. 丹霞地貌研究的理论与实践意义

丹霞地貌是地壳演化到一定历史阶段而出现的特殊地貌类型,丹霞地貌及其相应的基础研究将有助于揭示中生代以来的地壳演化特征,深化和丰富地貌学理论。丹霞地貌研究是在中华人民共和国成立以后发展起来的一个地貌学分支学科,是中国地学工作者对科学的一份重要贡献。

丹霞地貌在中国有着广泛的分布,类型多样,发育典型。研究丹霞地貌区域的资源保护、环境培育和开发利用方向,对于区域社会经济发展有着巨大的实践意义。尤其是作为一种优良的风景地貌,具有很高的旅游开发价值。丹霞地貌风景资源转化为经济、社会、环境效益的工作日益受到社会各界的重视。

2. 丹霞地貌研究的近期任务

(1) 加强基本理论研究　近年来,丹霞地貌研究取得不少成果,但其理论建设仍比较薄弱,尚未形成完整的理论体系。应更好地利用相关学科的成熟理论,吸收现代研究方法,在丹霞地貌的形成条件、动力机制、演化过程、分类系统等方面深入研究,建立丹霞地貌学的完整理论体系。

(2)扩大应用研究的接触面　丹霞地貌的应用研究应有多层次的介入,尤其是对于科学的评价系统、市场分析和旅游经济发展、开展策划与规划、科普文化的提炼等是目前必须面对的主要课题。因此,应加强与应用地貌学、旅游地理学、旅游经济学等学科的结合,扩大应用研究的接触面,开创新的生长点,更直接、更深入、更有效地介入旅游开发实践,以增加学科发展机会。预计今后具有更强操作性的应用研究将占有更重要的地位。

(3)尽快与国际研究接轨　目前,国际上还没有将丹霞地貌作为一个独立的地貌类型进行研究。中国丹霞地貌研究已经取得了不少成果,与国际交流和合作研究的条件已经成熟。应通过地质、地理界已经形成的各种渠道,吸收国外学者参加研究与交流,在适当的时候组织召开国际学术讨论会,使丹霞地貌形成更广泛的国际影响,确立丹霞地貌在国际地貌学分类系统中的地位。

## 第九节　中国应用地貌学研究

应用地貌学是运用地貌学的理论和方法解决有关生产实践问题的学科。它将地貌学研究与改造自然及其决策过程紧密相连,是地貌学的一个分支,也是应用地理学的重要组成部分。

19世纪末,美国吉尔伯特研究河流泥沙后,最先提出将其研究应用到水利工程设计中去。但直到20世纪上半叶,应用地貌学的研究还是比较零星、分散,偏重于灾害性地貌的防治。20世纪50年代以后研究不断深入,国际地理联合会中也开始设有应用地貌委员会,很多国家出版了应用地貌的专著。中国应用地貌学研究也在这个阶段得到迅速发展,在农业地貌与滑坡、泥石流和沙漠治理等方面取得了一些显著成绩。

应用地貌学的研究内容十分广泛,涉及环境研究、资源调查、农业、水土保持、水利、水电、海港和交通建设,以及某些矿产的开采和利用等。这其中最主要的有农业地貌、工程地貌和矿业地貌。

农业地貌主要研究适于农垦的地貌类型并进行评价。在本土资源严重不平衡的地方,进行区域调水线路、区域地貌和水系变迁的研究,为水系改造提出经济可行的方案。在农业区的建设和改造中,还要进行微地貌研究,如中国华北平原旱、涝、碱的分布与微地貌就密切相关;在丘陵、山地农业地貌研究中,侧重坡地地貌和水土流失的研究;在以土状堆积物为主的黄土地貌区,要研究切割深度和密度、侵蚀强度分区和分带,为合理安排农业工程措施和农作物提供依据。

工程地貌是指为工矿、交通和水利等工程建设而进行的地貌研究。如从沉积物厚度的变化、剥蚀强度的差异、阶地的特征、河谷下切的程度和各种构造地貌形迹等,揭示新构造运动的特点和强度,提出铁路、工厂和水库大坝等大型建设工程最适宜的地点;研究山崩、滑坡和泥石流的分布及其发生规律,预防对交通线、厂矿村寨的严重破坏;通过室内模拟实验,研究河床边界条件和水动力过程,探究河道与岸坡的冲淤规律,为航道及其岸坡的治理提供依据和措施;研究海岸带波浪、潮流的冲淤规律,对港口与航运设施提出设计或整治方案;研究沙丘移动规律和沙丘植被的生长条件,控制流沙,保护交通、厂矿和农田、村庄,进而改善环境。

矿业地貌主要指为开采砂矿和石油、天然气等所进行的地貌研究。研究流水的运动规律、搬运物的沉积规律和砂矿的沉积条件,有益于寻找砂矿,圈定砂矿的富集地域;研究水系结构、河流纵剖面变化和沉积物的分布规律,研究构造地貌的形态和成因,可为勘探石油或天然气提供依据。地貌学中的沉积环境和沉积相研究的迅速发展,就是因为在寻找和开采石油、天然气矿藏工作中得到了应用。

应用地貌学的研究方法很多,不同的领域、不同的项目各不相同,一般都是在研究地貌类型、成因及其演变规律的基础上,按特定的生产任务要求进行地貌条件的评价、灾害性地貌过程的预测,然后拟定治理规划和措施等。

## 一、中国农业地貌研究[1]

地貌与农业生产的关系非常密切,一方面,地貌是农业生产的场所,控制着水、热的分配与地表物质的移动,从而影响着土地的利用方式和农作物的生长;另一方面,人类高强度的农业生产活动对地貌的演化也有重要的影响。农业地貌研究即探讨地貌各组成要素及其演化对农业生产的直接与间接、有利与有害的影响,为农业用地、农作物布局、农田基本建设和合理发展农、林、牧等综合经营提供科学依据。研究内容主要有地形要素、地貌类型、地表组成物质和现代地貌过程对农业生产的影响以及农业规划等几个方面。

1. 地貌要素与农业生产研究

地貌要素主要包括高度、地形起伏、坡度、坡向、坡型等。地貌要素往往会引起气候、土壤的垂直分带,进而影响土地利用方式和作物布局等。目前,该方面的研究已经比较成熟,每一种地貌要素对农业的影响都被系统总结。

(1)地貌高度对农业生产的影响。随着地貌高度升高,气温降低,降水增加,日积温减少,农作物布局和耕作制度也会受到影响,但不同的纬度区其影响不一样。据湖南平江县的实测,海拔每升高100米,水稻安全生育期缩短5天~7天;300米以下为双季稻适宜区,海拔800米以上就不再适宜水稻生长。林木的栽培明显受海拔影响,如400米~700米是最佳生长地带,500米~800米适宜板栗生长(朱国南等,1986)。

(2)地形起伏对农业生产的影响。地貌起伏及地貌的相对高度会影响作物的组合、机耕程度、排灌系统的布置以及地表元素的迁移和分配等。例如,一个地区相对高度变化大,其作物组合就复杂,反之作物组合简单。一个地区地貌起伏越大,水利化和机械化程度就越低。地表易于溶解的化学元素,多数是由侵蚀区向堆积区迁移。对于盐分来讲,如果地貌起伏小于盐分开始向地表迁移的地下水埋深时,盐分向高处迁移,反之盐分向低处迁移,即使微小的起伏也会引起水、热、盐分的变化。例如,在川西海拔3000米左右的阿坝某农场,微小起伏的垄脊与垄沟的温度在夏季有2℃~3℃的差别(陈业裕等,1994)。

(3)地面坡度对农业生产的影响。一方面,不同的作物对耕地的坡度要求不同;另一方面,农业用地方式、农业机械化和农田水利建设与坡度也有密切的关系。农田用地方式必须考虑坡度的大小,对于农耕地一般要求坡度在15°以内,15°~20°为修筑梯田的坡度范围,25°以上的坡地应作为林、牧用地。然而,很多地区实际耕作中,这一点并不为人们重视,如延河上游杏子河流域内90%的耕地为坡地,其中,50%的耕地坡度大于25°,结果其侵蚀量占到流域内输沙量的61.4%(齐矗华,1991)。地面坡度还会直接影响农业机械化。一般坡度在8°以下机引犁可以工作,坡度再增

---

[1]史兴民.关于农业地貌研究[J].安徽农业科学,2006(20):5314-4316.

大,耗油量增加,耕作质量下降,一般认为坡度15°是机耕的上限(陈业裕等,1994)。

另外,坡度还会直接影响排灌水平和工程设计。当坡度大于2°时,进行地面灌溉就比较困难,坡度在3°以下就要注意修建排水系统以防涝害。引水渠的修建也必须考虑地貌坡度的变化。例如,主干渠的延伸方向应该与大范围内坡度一致,其位置应该考虑使水流能够自动供给支渠。

坡度对水土流失和作物产量也有密切关系,坡度大,水土流失量大,土壤平均含水量低,农作物产量降低(表2-5-4)。

表2-5-4 坡度与水土流失、土壤水分和作物产量关系

| 坡度 | 水土流失 | | 土壤水分 | | 红薯产量 | |
| --- | --- | --- | --- | --- | --- | --- |
| | 立方米/公顷 | 比率/% | 平均含水量 | 比率/% | 千克/公顷 | 比率/% |
| 5° | 6315 | 100 | 18.5 | 100 | 20 145 | 100 |
| 10° | 1021.5 | 161.8 | 17.1 | 92.4 | 12675 | 62.9 |
| 15° | 1374.0 | 217.8 | 16.5 | 89.2 | 12990 | 64.5 |

资料来源:李润田,穆桂春.关于农业地貌条件评价的研究[J].地理研究,1985,4(4):22-30.

(4)坡向对农业生产的影响。坡向不同会导致地面接收的光、热、风不同,从而影响农业生态环境,这在中高纬地区表现明显。如根据对山西南小河沟的观测,发现阳坡0厘米~10厘米深土层平均温度在0℃以下只有5天,而阴坡为73天(陈永宗,1988)。另外,坡向不同土壤的蒸发量也不一样,如在山西河曲县砖窑沟流域的观测表明,在4月~11月阳坡梯田的蒸发量为331.7毫米,比阴坡的302毫米高29.7毫米;对于2米土层储水量而言,阴坡梯田平均值比阳坡高73.2毫米(周海潮等,1990;陈永宗,1988;王改兰,1989)。即使东西方向的斜坡对农业也有影响,如在冬季东坡较早接收到阳光照耀的温度升高较快,晚上受冻作物因为快速解冻体内组织受损,而西坡升温较慢,作物不易受冻害。

(5)坡形对农业生产的影响。不同的坡形对水土流失的影响不同,因此,针对不同的坡形需要采取不同的农业措施。目前还缺乏这些斜坡类型对水土流失等的影响的定量研究。

以上地貌要素在不同的地区对农业的影响也不一样,但是,目前针对某一个区域的地貌要素对农业生产影响的定量评价却不多,尤其是为了配合精准农业的推行,今后应该在这一方面加强定量研究。

2. 地貌类型与农业生产研究

(1)大尺度地貌类型。主要指平原、高原、丘陵、山地等,这些地貌类型与农业生产的关系已经有很多定性研究。平原地区的优势是易于灌溉和机耕,所以,平原一直是农业生产的重要基地,但是,平原地区易受洪涝、盐碱化灾害的影响。丘陵地区适宜农垦和经济林种植,主要问题是机耕困难,水土流失严重,引水灌溉困难。山地农垦地面积小,且零散,易于发展林业和牧业。对于高原来讲,因为地理位置和气候条件的差异,农业利用条件也相差比较大。如黄土高原地区理想的耕地是塬、梁、峁的顶部和沟谷底部,而位于斜坡上的耕地则水土流失严重;云贵高原农业基地主要位于山间盆地,盆地间的山地更有利于发展林业。

(2)小尺度地貌类型。主要指阶地、洪积扇、滑坡等。首先,不同小尺度的地貌类型上其农业用地方式不同;其次,同种地貌类型不同部位和不同时代的同一种地貌类型其农业用地方式也不同。如太行山北段文都河流域内的第四级河流阶地因形成早,阶地上的沉积物侵蚀严重,土壤薄,水肥条件差,交通不便,适宜种植干果和杂粮;而第三级阶地上土层厚度较大,肥力较好,水分条件

一般,所以适宜种植玉米、杂粮等;第一级和第二级阶地土层厚,水肥条件好,交通便利、适宜种植小麦、玉米和蔬菜等(李庆辰,1996)。

滑坡是一种地貌灾害,但滑坡地貌本身却可以提高土地的适宜性,这是因为:①滑坡发生后,由于坡度降低,地貌比较平坦宽阔,更有利于人们进行农业生产,所以,大面积成群分布的古滑坡体自然就成为农业生产的理想场所;②在黄土梁峁岭区,土体崩塌、下滑几乎都发生在梁峁地貌的中上部,并沿特定的滑坡壁下滑至沟谷底部,因受周围地形阻塞围限,下滑后的滑坡体区域呈稳定状态,很少再次复活的记录,无需担心再次滑动成灾;③下滑后的滑坡体由于地貌平坦开阔、坡根沟头易于汇水,便于修建水平梯田、带子田,或植树种草发展林牧业,为生产生活提供方便的水源、粮食、果品。由此可见,滑坡地貌适宜于农业用地(孙根年等,2000)。

### 3. 地表组成物质与农业生产研究

地表组成物质的矿物成分、粒度和胶结程度直接影响土壤的特性,从而对农业生产和布局产生影响。地表组成物质主要指风化残积物和各种成因的堆积物。

(1) 不同基岩区风化残积物形成的土壤性状各异(潘晓玲等,2001),一般有以下几种情况:①花岗岩区发育的土壤偏酸性,钾含量比较高,透水性强,一般利于喜酸性、喜沙性和耐旱的植物生长;②紫红色的粉砂岩、泥岩和页岩在四川丘陵区主要发育为紫色土,肥力高,如果土层较厚则适宜多种作物生长;③碳酸盐岩地区,仅在溶蚀洼地和溶蚀谷地等处有土壤发育,土壤多为灰褐色粘性土,适宜种油桐、板栗等;④变质岩地区发育的土壤一般养分丰富,粘性适中,土层较厚,多呈中酸性反应,透气性和"三保"性好,是发展林木基地的理想场所。

(2) 第四纪松散堆积物、洪积物是现代农田主要的成土母质,发育的土壤比较厚,有利于农业的发展。黄土母质上发育的土类主要有栗褐土、黄绵土,它们土层厚,土质均匀,通透性好,易于耕作,但水土流失严重。

### 4. 现代地貌过程与农业生产研究

地貌在自然环境中似乎是比较稳定的因素,实际上它在不断的变化中。现代地貌过程指目前仍在发展变化的地貌演化过程,主要包括流水、风力、海洋、重力等引起的侵蚀、堆积过程。因此,在农业地貌区划时,需要指出区域内地貌发育的阶段和主要营力的作用和强度。一般来讲,侵蚀作用多数对农业生产不利,而堆积作用对农业有利。如流水侧蚀引起的塌岸会毁损农田,尤其是洪水期间,河岸的侧蚀往往是突发性的,对农田的破坏也是灾害性的。海岸侵蚀也同样会毁损农田。另外,水力、风力侵蚀是水土流失的主要原因(表2-5-5)。有的地貌过程对农业既有利也有害,如火山喷发会对周围地区的农业带来大量损失,而火山灰却可以增加土壤的肥力。

表2-5-5 对农业有不利影响的地貌过程

| 主导营力 | | 对农业可能产生不利影响的地貌过程 |
| --- | --- | --- |
| 外营力 | 流水 | 沟谷的溯源侵蚀、河流侧蚀、泥石流、水土流失、洪水灾害 |
| | 风力 | 风蚀、沙丘移动 |
| | 重力 | 崩塌、滑坡 |
| | 海浪、潮汐 | 海岸侵蚀后退 |
| 内营力 | | 火山喷发、地壳缓慢升降等 |

现代地貌过程是动态变化的,对农业的影响也是动态的,是今后农业地貌研究的一个重点,也是很有潜力的研究领域。

### 5. 农业地貌研究的趋势

(1) 农业自然灾害。主要自然灾害有：寒潮、冰雹、大风、霜冻、洪灾、水土流失、旱灾、滑坡、崩塌、泥石流等，对农业生产影响十分显著。其中洪灾、水土流失、滑坡、崩塌(包括塌岸等)、泥石流等的形成与加剧都和一个地区的现代地貌过程有密切的关系。应加强对区域内现代地貌过程的研究，划出农业生态脆弱带，减少地貌灾害对农业造成的损失。

(2) 定位监测。选择比较典型的小范围区域，如在一个小的流域或集水区进行定位观测。重点研究该区域各个地貌部位和微地貌条件下的水、热分配，地表径流、土壤侵蚀量的年平均值、季平均值和极端值。在此基础上查明地貌要素变化与农业生态系统平衡的关系。

(3) 农业地貌制图。各种地貌图件资料是一个地区农业地貌区划的基础。一个地区的农业地貌图件应该包括：地貌类型图、第四纪地质图、坡度图、沟谷密度图、农业灾害与农业生态脆弱带图、水利工程图、土壤状况图等。

(4) 新技术的使用。"3S"技术将会在精准农业中发挥巨大的作用，在农业地貌研究中也可以借助这些技术在地貌形态计量方面的优势，绘制出一个区域内的坡度图、沟谷密度图等，而且可以利用"3S"技术检测区域内地表物质迁移情况、不同地貌部位和微地貌影响下农作物生长的差异。

(5) 农业活动对地貌的影响。农业活动作为外营力对地貌演化会产生一定的作用，而地貌的演化反过来又影响农业的发展。不同的土地利用方式对土壤的侵蚀量也有明显的区别，如陕北地区不同利用方式对土壤冲刷量的影响研究表明，灌木草地的冲刷量仅为谷子农地的2.1%(齐矗华，1991)。另外，黄土台塬区农业过量灌溉会引起严重的滑坡灾害，以甘肃省永靖县黑方台提灌区的滑坡灾害最为典型(王志荣等，1997)，灌区的农业可持续发展已经受到严重影响。然而这方面的研究目前还不多，人类农业活动作为一种重要的地貌营力在今后应该引起重视。

## 二、中国城市地貌研究[1]

城市的形成、发展与地貌环境密切相关，地貌环境为城市发展提供了下垫面和基础，同时，对城市的地域结构、形态、景观、功能等方面均有深刻的影响。城市在利用现有的地貌环境进行建设的同时，又改造和破坏了自然地貌环境，干扰了自然地貌环境中的物质流和能量流，使城市的自然地貌过程成为独特的城市地貌过程，形成了丰富多样的城市地貌景观；同时，受到破坏和改造的地貌环境又不断地产生洪水、滑坡、崩塌、泥石流、地陷、蠕动、水土流失和建筑物加速风化等一系列地貌灾害，严重威胁着城市的建设和人民的安危。随着城市化进程的推进，工业进程的加快，城市用地迅速扩展，城市建设规模不断扩大，城市地貌结构也不断得到改造，人类活动已成为现代城市地貌最主要的塑造者。人类造貌活动与城市自然地貌过程共同作用于城市地貌环境，打破了城市地貌环境的原有平衡，使城市地貌环境所受影响和压力日渐明显，城市地貌环境恶化和城市地貌灾害等问题愈加突出，已严重地制约了城市的发展和改造。深入研究城市地貌环境并以此指导城市规划和建设，对促进城市可持续发展具有重大实践意义。

中国城市地貌研究起步较晚。城市地貌学作为一个独立的学科来研究是在20世纪80年代中期才正式提出这一课题。1987年12月，中国地理学会地貌与第四纪专业委员会在广州召开的"地貌与第四纪"学术会议上，丁锡祉交流了《简论城市地貌学》论文，西南师范大学穆桂春等人介绍了

---

[1] 王鹏. 城市地貌研究综述[J]. 衡阳师范学院学报(自然科学版), 2004, 25(3): 80-84.

开展中国城市地貌研究的设想和国外城市地貌学者进行学术交流的情况,大会组织者举行了城市地貌学专题讨论会,城市地貌学成为这次会议讨论的热点之一。1987年底,国家自然科学基金委员会批准了丁锡祉和穆桂春的城市地貌研究课题,要求用3年的时间集中对成都和重庆进行城市地貌试点研究,为建立中国的城市地貌学摸索经验和奠定基础。这也标志着中国开始了城市地貌学的系统研究。1988年9月,由西南师范大学地理系主持在重庆举办了"城市地貌研讨班";1990年5月,由中国科学院成都山地灾害与环境研究所主持在成都召开了"全国城市地貌研究学术座谈会";1992年10月,《中国城市地貌研究》出版。随着中国经济建设的快速发展和城市化的加速,近10余年来,国内许多地貌学者从城市的地貌环境和人类活动这2个系统的矛盾运动出发,对城市地貌学进行了多视角的研究。

1. 城市地貌学科与概念理论体系研究

对于城市地貌学概念的研究,丁锡祉(1988)认为,城市地貌学是环境地貌学的一个分支,以城市为研究对象,探讨城市建设与地貌的关系;穆桂春(1990)也认为,它是环境地貌学的一个分支,它是研究城市人类活动与城市环境地貌相互作用的一门学科。对城市地貌的定义,丁锡祉(1992)认为,城市地貌是一个复杂的人地系统,是人类在城市建设中,经由利用自然地貌到改造自然地貌和塑造人工地貌的全过程所形成的自然地貌与人工地貌的协调发展的产物。另外,徐刚等(1989)对城市地貌学的学科性质、研究对象和内容进行了系统研究。李立华等(1990)从地貌系统的结构与功能方面对城市地貌做了研究,认为人类活动扰乱甚至破坏了地貌形体与地貌过程之间的平衡,使地貌环境中物质能量转换变得脆弱而敏感,使地貌环境发生逆向恶化演替。

2. 城市地貌对城市规划与建设的影响研究

丁锡祉等(1990)通过对中国城市分布于地貌大格局的关系和中国城市分布的地貌部位等方面分析了中国城市建设的地貌因素。刁承泰(1990)以重庆市为研究对象探讨了城市地貌环境与城市扩展的关系。吕韬、刁承泰等(2003)以重庆市涪陵城区为例,从地面坡度、地面破碎程度和组成物质等方面分析了涪陵城市地貌特点,并从人类造貌营力影响角度分类论述了低山河谷城市地貌对城市交通的影响。高红艳、刁承泰(2010)以DEM数据资料为基础,采用GIS手段对贵阳市地面坡度、破碎程度等地貌要素进行定量分析,指出贵阳城市形态、用地供给条件、道路系统和绿地系统等布局和建设都受到喀斯特地貌的影响。

3. 城市地貌对城市发展影响研究

明庆忠(1994)对昆明市地貌条件对城市发展的影响进行了研究,分析了自然地貌类型对城市发展的影响。米文宝(1999)对银川市城市地貌对城市居住区及城市发展的影响做了研究,认为城市地貌是一个重要影响因素,影响城市的发展方向、城市规划、城市建设、城市居住区的安全、公共卫生、生态环境和城市风貌等。黄金龙等(1998)以广东云浮市为例,认为云浮市区存在矿产、建材、旅游等丰富的地貌资源,并指出其城市建设和土地利用应向西南方向发展。黄晓平等(2010)分析了地质地貌条件对哈尔滨市城市交通的影响。张咏梅(2008)对小清河水系济南段山区流域地貌特征及与城市发展的关系进行了探讨。

4. 城市地貌的环境问题研究

20世纪70年代以前,中国灾害研究主要局限于对灾害分布规律、形成机理、趋势预测等方面的分析;70年代以后,开始突破传统的研究模式;80年代以来,在国家的支持下,有关部门先后进行了100多项崩塌(危岩)、滑坡、泥石流等重大地质灾害的专门勘测评价工作。1990年编绘了

1∶1000万中国未来50年地震灾害损失预测图。随着区域性经济建设特别是城市化发展的需要,相继开展了一系列区域性地质灾害研究工作,编绘出版了《1∶500万中国地质灾害类型图》《1∶600万中国泥石流分布及其灾害危险性区划图》《1∶600万中国滑坡灾害分布图》等图件。20世纪90年代以来,中国相继开展了区域性地质灾害危险性评价工作,并建立了各类地质灾害危险性评价模型。随着经济发展和地貌灾害损失的急剧增加,人们也开始重视减灾与灾害经济研究。1998年国家颁布了《中国减灾规则》,高度重视重大减灾工程的充分论证和GIS、GPS等高新技术在减灾中的应用,强化中国科技减灾能力,开始建设中国科学技术和工程技术科学。刁承泰(1992,1998)认为,城市地貌环境具有潜在的致灾性,并把它称为环境脆弱带,认为环境脆弱带的重要特征是环境的变异敏感度高、持续利用性降低和对灾害的承受弹性减少,在城市边缘表现得最明显。环境脆弱带的面积为1000平方千米/年。刘淑珍(1990)从城市选址、发展规模、人类活动引起的地貌灾害3方面探讨了山区城镇建设中的地貌环境问题。

穆桂春(1990)在对山地城市地貌研究中探索了城市地貌环境质量的综合评价和分区评价。黄建军等(1999)通过层次分析和专家评判相结合的方法确定出各评价指标的权重,按公里网将宝鸡市区划分为180个单元,计算了各区域的综合地质环境治理。谷天峰(2004)利用GIS技术建立了咸阳市地质环境信息库,对咸阳市的地质环境进行了综合评价和经济评价,根据评价结果对咸阳市的城市土地利用和土地开发序列的确定提出了建议,开发了咸阳城市地质环境信息系统。李立华等(1990)以重庆为例对城市地貌的环境研究表明,城市地貌中人为剥蚀的速度比长江上游剥蚀率(0.0002米/年)快100多倍,人为抬升速度比喜马拉雅山抬升速度(大于0.01米/年)快10倍。徐刚(1997)以重庆为例,研究了山地城市地貌的环境问题,结果表明,重庆城市地貌的环境问题严重,城市地貌的环境致灾性强,大气污染的地貌作用显著和城市地貌的环境质量的人为退化,如自然斜坡的失稳、由于防空洞的原因有潜在的地面塌陷、高危边坡陡隐含、人工堆积的不稳定等。从大气污染而言,由于城市地貌的原因,城区二氧化硫的平均浓度(0.040毫克/立方米)超过国家三级标准3倍,且空间分布特殊,二氧化硫的浓度高值中心在以商务活动为主的市中区一带,而工业区二氧化硫的浓度反而较低。李坡等(1999)对岩溶地区的城市地貌演变与生态持续能力进行了研究,认为人类活动已成为城市地貌及生态环境演变的重要因素,分析了岩溶地区城市地貌对生态环境,特别是气候系统、水文系统及地质灾害的影响,如在气候方面"城市沙化、城市热岛效应"等;在水文方面像地表径流量变幅加大、地下水位下降,如贵阳市1986年较1985年枯季水位下降2米~5米,遵义市为0.031米~1.15米,安顺市为0.102米~0.64米,地下径流也改变。张文开(1998)对福州市城市地貌与城市气候关系也做了研究,认为福州盆地的自然地貌明显控制盆地中的风向,但人工地貌的发展导致了气温逐年上升和风速逐年降低,近30年来,福州市区气温每年以0.01℃的速率上升,全区的平均风速每10年下降0.59米/秒,7月~9月间平均热岛强度以每10年近0.1℃的速率增加。陆佳荣、周春东等(2001)对嘉兴市秀洲新区的水环境整治进行了研究,提出了"清淤清污、水质处理、控制水位、人工瀑布设置、亲水性护岸建设、滨河绿化"等综合治理措施,对水下、水面、水上及两岸体现水环境特征的几个方位进行统一规划、全面治理,从而达到丰富城市地貌、改善水环境、提高舒适性的目标。

5. 城市地貌分类与制图研究

对于城市地貌的分类研究,刁承泰(1997)认为应根据城市地貌研究的内容、性质、目的和任务以及城市地貌的特殊性,对城市地貌进行分类。张友刚等(2000)以重庆北碚区为例,对城市自然地貌采用相同地貌成因之下的形态分类原则,从坡度和起伏两方面划分城市自然地貌类型,对城市人工地貌采用"生态—形态"分类原则,从地面透水性和稳定性等生态角度以及单个建筑形态差异和其空间平面组合形态差异角度来划分。另外,研究一个城市地貌系统的组成与结构,分析其发生演变规律,对城市地貌系统的自然地貌系统和人工地貌系统进行分类,并把这些成果反映在城市地貌图上,有许多学者做了大量的工作。而张友刚等(2000)在地貌制图方面则采用了计算机辅助制图的方法。钟高飞等(2008)介绍了城市1:500数学地形图的生产方法、常用数据采集软件、生产流程及误差来源等,详细分析了数字地形图的检查规定、方法等。王锦萍(2008)介绍了城市1:500数字地图测图作业时要素采集的方法、注意事项、部件处理及编辑成图的原则,探讨了提高成图精度的要点。张立军(2012)简述了北京规划市区1:500数字化地形图的作业流程、地形要素取舍等。

综上所述,城市地貌学研究内容主要可以概括以下几个方面:①城市化对地貌环境的影响;②地貌环境的城市化过程的影响和质量评价,对某一具体城市来说,可分为城市地貌环境对城市发展和分布现状的影响,根据城市特点分析地貌环境和对城市地貌环境做出质量评价;③城市地貌灾害的研究;④城市地貌分类与城市地貌制图;⑤落实地貌环境的最佳利用结构和最佳利用方式。

综观城市地貌30多年的发展历程可以看出,在以城市规划和土地利用为中心的城市地貌环境研究已取得了许多重要成果,地貌学在城市研究领域中的应用有非常大的现实意义。但在城市化进程不断加快,城市环境问题日益增多的形势下,城市环境面临新的挑战和机遇:①城市环境地质调查是城市规划和建设的重要前提,但目前城市地质环境调查研究与城市规划、建设和管理还存在一定程度的脱节,严重阻碍着城市化进程和城市的可持续发展。在山地城市地貌环境对城市发展限制更大,如三峡库区移民新城建设、其他城市扩建以及新开发区的建设等。②人类造貌活动对城市地貌的影响逐渐深入,人类对城市地貌的改造能力越来越大,不合理的人类造貌活动的危害也越来越大,如何规范人类的造貌活动以减少地貌灾害的发生和评价人类造貌活动的影响还有待深入研究。③城市地貌灾害繁多,每年因灾害造成的损失巨大,但城市地貌灾害对城市经济的影响、风险评价和有效防治措施研究有待进一步深入。④随着城市化进程推进和城市现代化建设的加快发展,城市地貌环境质量不断恶化,对城市地貌环境质量研究开始受到重视,但对城市低买环境质量综合评价研究不多,未能充分与城市规划有机结合,不能对城市规划、城市用地和城市布局等形成系统指导。为系统研究城市地貌环境,以整体观点研究城市地貌的工作将不断深化。

城市地貌学的研究对象是城市赖以形成和发展的自然基础,也是人类生存与发展的重要物质基础,与人类活动关系甚为密切,在可持续发展的研究中拥有自己特殊的优势,特别是在城市生态可持续发展方面,如城市地貌灾害防治、城市区域的水陆生态系统的保护以及关于城市生态环境的公益事业等方面优势更为明显。随着中国城市化过程的加速,将会有越来越多的人口居住在城市区域,越来越多的土地被用于城市的扩展,在城市区域内,原来的地貌系统经人工改造逐步演变为独特的城市地貌系统。中国城市地貌问题的研究前景因此将更为广阔。

### 三、中国旅游地貌研究[1]

旅游地貌学是一门新兴的边缘学科,它是由旅游地理学和地貌学相互交叉形成的,主要研究

---

[1] 杨小兰,吴必虎,刘耕年,等.中国旅游地貌学研究进展与学科体系形成[J].地理与地理信息科学,2004,20(2):100-104.

地形地貌在旅游开发、旅游风景区规划中的作用和影响。陈传康指出,旅游地貌开端于喀斯特、红层、花岗岩、喷出岩、页岩、黄土等岩石地貌学研究,而火山地貌、海蚀、河蚀、风蚀等地貌研究也都包含着旅游地貌学的某些开端。早在360多年前,中国明代著名的旅行家、地理学家徐霞客便对丹霞地貌和喀斯特地貌进行了多方面的观察和描述,并留下宝贵的文字资料,对这些风景地貌为现代旅游开发奠定了基础。

地貌学作为地质学和地理学的边缘科学,长期以来注重地质基础与地球表面发育演化研究,过于注重理论探讨。20世纪五六十年代,随着大规模野外考察和经济建设的客观需要,地貌学开始走向应用,先后出现了工程地貌学、环境地貌学、灾害地貌学、城市地貌学等应用性的分支学科,而地貌学研究应用于旅游资源开发与管理,则始于人们对风景地貌的观察和欣赏以及对于求解其成因机制的渴望。改革开放后,中国旅游业迅猛发展,引起地貌学界学者研究旅游业涉及地貌学问题的兴趣。曾昭璇在《岩石地形学》一书中既注重造型的描述,也注意成因的解释,为地貌学与旅游资源开发与管理的结合奠定了科学基础。陈传康(1985)提出了"风景地貌"的要领并在其后发表的《风景地貌与地貌构景——地貌的旅游评价》一文,提出了"风景地貌""地貌构景"等概念。1991年在广东仁化丹霞山召开了第1届丹霞地貌旅游开发学术讨论会,并成立丹霞地貌旅游开发研究会,标志着中国旅游地貌学的正式建立。当时,陈传康向黄进建议,向中国地理学会地貌专业委员会倡议成立专门的旅游地貌研究组织,因而成立了相应的旅游地貌组。1993年11月,由中国地理学会地貌专业委员会旅游地貌组、中国地理学会区域旅游委员会以及丹霞山风景名胜委员会共同组织,在丹霞山召开了第1届旅游地貌学术讨论会,标志着地貌学的另一应用学科分支——旅游地貌学的发展已经成熟。

旅游地貌学在20世纪80年代只有一些零星的关于旅游区的研究,到90年代初期旅游地貌学建立后,虽然在很多的旅游规划中涉及旅游地貌学方面的内容,但系统的研究很少。直到90年代后期,才有一批学者开始系统研究旅游地貌,其理论研究包括地貌形成条件与风景特征、地貌动态过程、地貌发育方向、地貌发育历史、地貌要素与其他构景要素的组合以及旅游地貌资源和风景地貌的地域分异等。

1. 旅游地貌资源研究

旅游地貌资源的研究主要包括旅游地貌资源的定义、调查、分类、评价、开发规划与管理以及环境保护等,张林源、黄羊山(1993)指出,地貌只有具有旅游观赏价值时才能称之为资源。罗成德(1994)认为,广义旅游地貌资源是指能为旅游业提供物质、能量、信息和空间的所有地貌条件,除了风景的地貌资源外,还包括作为旅游设施、旅游交通等必要的地貌资源。刘冰、蒋道德等(1996)认为,旅游地貌资源是指能对旅游者产生吸引力从而形成对旅游经济价值的地表形态。

为了弄清旅游地貌资源的本底及其科学观赏价值,需要对旅游地貌资源的分布、特色、数量、质量、成因、开发利用条件等进行普查和评价。许多地学工作者写出旅游资源调查报告,编制了旅游资源系列图件。旅游地貌资源分类与评价是对旅游地貌资源进行规划的基础,属于旅游地貌研究的重要环节。1990年,中国科学院地理研究所根据资源特性分类提出的"中国旅游资源普查分类表",将旅游地貌资源分为自然灾变遗迹、观赏岩洞、名山风光、峡谷风光、峰林景观、石林景观、土林风景、丹霞风景、火山风光、黄土景观、沙漠景观、戈壁景观、风蚀风光、海蚀风光、沙滩、岛屿风光等16种类型。陈安泽等(1991)提出的旅游地学资源分类体系,将自然景观分为4大类、19类、52亚类,包括地质构造现象大类、古生物大类、环境地质现象大类、风景地貌大类。其中,风景地貌大类又可划分为山石景观类、洞穴类、峡谷类和水景类,并继续分为19个亚类。张林源、黄羊山按旅游地貌资源的成因将其分为构造地貌、外力作用地貌和陨石作用地貌3大类,并进一步细分为各种亚类。郭来喜、吴必虎等(2000)在《中国旅游资源普查规范》(试行稿)基础上,将旅游资源分类系统完善为分类分级分态系统,并增加到3个景系、10个景类、98个景型。这种分类体系可以说是在旅游资源分类体系上的创新,也是迄今为止对旅游资源分类最为完善的一个体系。

2003年2月24日由国家旅游局提出,中国科学院地理科学与资源研究所、国家旅游局规划发展与财务司合作研究制定的中华人民共和国国家标准——旅游资源分类、调查与评价(1972~2003)正式实施。该标准旨在通过建立明确、简捷、便于操作的旅游资源分类系统,形成科学、准确的旅游资源评价体系。本标准包括3个核心内容:旅游资源分类、旅游资源调查、旅游资源评价。新标准将各类旅游资源划分为地文景观、水域风光、生物景观、气象气候与自然景象、遗址、建筑与设施、旅游商品和人文活动等8个主类及37个亚类,共198个类型。在对旅游资源的评价方面,新标准设置了资源的要素价值、影响力和附加值等3个大项,包括其观赏使用价值、历史文化科学艺术价值、珍惜奇特程度、规模大小、完整性、知名度、使用范围及环境安全等8个评价因子。按得分高低可将旅游资源分为5个等级。对旅游资源进行科学评价,是合理、有序开发的前提。在确定了一项旅游资源的基本类型后,还必须进行实地调查、资料整理,才能对其具体资源状况做出科学评价。新标准的实施将逐步改善中国目前旅游资源分类混乱、数量不清、定位不准和开发随意的状况。

对旅游地貌资源的评价,主要表现在评价内容、方法等方面。评价内容包括单项评价和综合评价两大类。前者如气候条件评价、资源开发条件评价、旅游容量条件评价、景观美学评价等;后者针对一个地区,从旅游区位、资源质量、社会经济、开发条件等方面进行综合评价。评价的方法主要有定性和定量评价两大类。很多学者采用定性和定量相结合的评价方法,分别提出层次分析法、模糊数学法、综合评价法、双向指数评价法等。如罗成德(1994)采用模糊数学法对旅游地貌资源进行综合等级评价;刘冰、蒋道德等(1996)将影响旅游地貌资源的因子按其作用大小进行加积,采用系统聚类和模糊聚类的方法进行评价;郭来喜、吴必虎等(2000)在新的旅游资源分类体系基础上,提出了资源评价的方法。

旅游地貌学的研究目的,主要是研究地貌在旅游资源开发和规划中的作用与影响,旅游地貌资源的开发与规划也是地学研究比较多的课题。不少学者通过旅游规划实践活动,总结出许多经验和方法。这些研究不仅理论性强,且具有实用性、可操作性。如吴必虎(2001)在总结了区域旅游发展规划研究和编制经验的基础上,吸纳国际著名旅游规划专家的理论,提出了"1231工程模式",即"确定1个发展目标、进行2个基本分析、做好3个发展板块设计、构建1个支持系统"。该模式对旅游开发规划有很好的借鉴作用。

旅游地貌资源对环境变化具有很大的弹性。近年来盛行风景资源开发,一些风景名胜区的生态环境遭到严重破坏。如何使旅游地貌资源和环境得到保护、健康发展,成为目前学者们研究的重要课题。中国学者在旅游环境方面的研究,包括旅游环境的概念与旅游环境质量评价标准、旅游对环境的影响、旅游环境容量、旅游环境保护对策等。

2. 旅游地貌类型研究

旅游地貌类型研究包括2个部分。一是岩类风景地貌研究。由于地层与岩石的化学成分、物理性质、成岩特征以及结构、构造、矿物及其组合等的差异,使不同地层与岩石形成不同的旅游地貌资源。岩类风景地貌就是特定的地层与岩石分布区在特定的条件下出现的旅游地貌类型。二是营力风景地貌研究。有相当多的自然旅游景观是在冰成、风化、重力崩塌、剥蚀、搬运与堆积等外营力作用下形成的,如冰川地貌、风沙地貌、海岸地貌、山崩地貌等;也有一部分自然旅游景观是在火山活动、构造运动等内营力作用下形成的,如火山地貌、山岳地貌等。这两类由内外营力作用形成的自然旅游景观可称之为营力风景地貌。

(1)岩类风景地貌研究

丹霞地貌研究。丹霞地貌的研究不仅在旅游地貌学创立过程中起了重要的作用,也推动了旅游地貌学的发展。20世纪50年代初到70年代末,丹霞地貌仅仅是作为一种地貌类型出现在各类报告中,主要进行其地貌景观和风景地貌的研究,推动了丹霞地貌的应用研究。随着中国旅游发展,许多丹霞地貌风景逐步开发。1991年成立了"丹霞地貌旅游开发研究会",组织起一支包括地质、地貌、生物、土壤、岩土力学、风景与旅游等学科人员参与的研究队伍。召开了数届学术研讨会,出版了多本论文集。其研究内容涉及基本理论、研究方法、历史文化、旅游开发和科普教育等方面。丹霞地貌开发方向的研究,包括丹霞地貌的开发利用价值、丹霞风景地貌研究、丹霞旅游文化以及旅游开发。典型的丹霞地貌是构成名山风景的地貌类型,而且是作为一种独特的风景地貌作用于旅游开发,更有利于兼顾经济、社会和环境效益。陈传康较早研究承德丹霞风景地貌,论述了承德丹霞地貌的形成、演化、地貌特征、地貌奇景及景观的开发利用等。彭华(2000)曾论述了丹霞地貌的构景特点和观赏价值,1989年~1991年,他对丹霞山和齐云山丹霞风景地貌的发育规律、风景地貌的分类、风景质量的评价与分级等进行了研究。1991年以来,各地学者积极参加了当地丹霞地貌旅游资源评价与开发实践研究,使丹霞风景地貌的研究逐步深入。丹霞旅游文化的研究包括丹霞自然山水文化的和丹霞地貌与人文景观的研究。在1998年召开的第5届丹霞地貌旅游开发学术讨论会上,彭华指出"将关于丹霞地貌的地理学、地质学、水文学、生物学、山水美学按照旅游需求加以策划和组织,就可以转化为文化旅游产品"。

喀斯特地貌与洞穴研究。喀斯特地貌与溶洞具有奇特的自然景观和旅游观赏价值,是一种价值较高的旅游地貌资源,自1982年第1届和1985年第2届全国喀斯特地貌与洞穴学术会议以来,中国学者对喀斯特地貌、水文、洞穴和旅游资源的调查、研究取得了较大的进展,为喀斯特旅游地貌资源的研究奠定了理论基础。张耀光(1990)指出,研究喀斯特地貌的旅游价值或开发条件时,不仅要考虑构景条件,还应考虑景源开发的经济社会效益。1992年中国地理学会第3届全国喀斯特地貌和洞穴学术讨论会,风景旅游部门的代表倡议召开一次学术会议,进一步探讨如下内容:喀斯特地貌与洞穴的形成机理及演化过程、旅游活动与环境变异、旅游及旅游洞穴游览效应结构体系、景观的保护与开发、风景旅游资源管理、资源类型与景区开发及景区介绍等。这表明中国学者对喀斯特旅游地貌资源的研究已向纵深方向发展。近年来,开始研究喀斯特地貌景观的形象。李兴中(2002)指出,高原、峡谷、峰林、峰丛、瀑布、溶洞是最具代表性的喀斯特旅游地貌景观,它们在空间结构上是层次丰富的组合,构成绚丽多姿的喀斯特旅游形象。

嶂石岩地貌研究。"嶂石岩地貌"作为一种地貌类型,是由郭康1992年将其作为一种以旅游开发利用为目的的造景地貌首先发现并给予命名的,此后有3篇论文相继发表。1993年嶂石岩地貌考察研讨会上,专家们认为嶂石岩地貌可与丹霞地貌、张家界地貌并列为二三级地貌类型。1998年,陈安泽在研究风景地貌大类中,将嶂石岩地貌纳入层状硅铝质岩石景观类型,确立了"嶂石岩地貌"的地貌位置。1999年"全国地貌与第四纪学术会议暨嶂石山地貌研讨会"召开,与会专家学者对嶂石岩地貌的特征、成因与分布进行了实地考察,认为它是与丹霞地貌、张家界地貌并列的一种地貌岩石类型。部分代表建议,将嶂石岩申报世界自然遗产。吴忱等(2002)研究了嶂石岩风景区的造景地貌以及嶂石岩地貌的演化机制,对嶂石岩地貌的演化趋势做了预测。目前,对嶂石岩地貌的研究还处于初期阶段,以后更重要的问题是对它进行深入研究,结合地质历史、岩石性质、地貌形态、分布规律、开发利用及环境保护问题,展开多学科参与的考察研究活动。

张家界地貌研究。张家界已被联合国定为"人类自然景观遗产",从其地貌景观特征、发育机理以及演化规律进行探讨,属于一个新的地貌类型。对于该地貌类型的命名,莫衷一是,如"张家界地貌""素溪地貌""索林地貌"等。陈长明(1991)将其命名为"张家界柱峰砂岩地貌",并与谢丙康(1994)发文论述了建立这个新地貌类型的依据。最早将张家界地貌作为一个风景地貌类型研究的是翟辅东、熊绍华(1998),随后一系列研究张家界地貌景观旅游的文章相继发表。其中有吴忱、张聪(2002)的《张家界风景区地貌的形成与演化》、石强等(2002)的《旅游开发利用对张家界国家森林公园大气质量影响的综合评价》等。

(2)营力风景地貌研究

营力风景地貌包括海岸地貌、风沙地貌、山崩地貌、冰川地貌、火山地貌、山岳地貌等。这些风景地貌已成为热门的旅游资源,对它们的研究除了最基本的成因探讨以及演化趋势外,还包括对资源的评价、旅游开发条件以及旅游可持续发展研究等。

海岸风景地貌研究主要是对沙滩质海岸的研究和开发利用,例如,关于昌黎黄金海岸的开发利用研究。对基岩海岸的研究和开发利用也逐渐开展起来。对于淤泥质海岸、红树林海岸的生态开发利用将成为中国旅游开发的新热点。范业正、郭来喜(1998)对海滨城市与近岸岛屿的气候进行了系统分析。

风沙地貌旅游资源研究集中表现为西北地区沙漠和戈壁的旅游开发。1997年联合国沙漠化会议后,中国风沙旅游地貌研究由西部荒漠地区扩展到北方半干旱农牧交错区和东部半湿润沙漠化地区,研究的焦点集中在旅游与生态环境的矛盾上。胡镜荣(1999)以昌黎黄金海岸国家级自然保护区的旅游沙丘为例,阐述了影响旅游沙丘动态变化的因素和旅游地貌临界容量。

对山崩地貌、冰川地貌、火山地貌的旅游研究是对其形成过程的讨论以及旅游开发。吴成基、彭永祥(2001)从构造、岩性和地貌条件探讨了西安翠华山山崩地质遗迹形成的过程、评价其资源特点,以及它在科学研究、科学教育和旅游方面的重要价值。刘丹萍、阎顺(2002)分析了天山1号冰川旅游资源特色和旅游环境影响评价,提出了1号冰川旅游资源可持续利用策略。刘若新、李霓(2000)评述了火山资源和火山旅游景观利用。赵凡、程岩(1999)分析了黄椅山国家火山森林公园的资源特征,提出了体现该森林公园火山地貌以及山、水、林景观的规划和建设方案。另外,中国山岳风景地貌研究最为成熟,主要是山岳地貌形态研究,近年来山岳旅游的可持续发展成为热点问题。

3. 区域旅游地貌研究

不同地域的景观在美学特征上存在很大的差异,各种对象在分布、组合、线条、色彩等方面表现为明显的不同,因此,表现出旅游地貌的区域性特征。陈友飞、吴忱、惠振德等对区域旅游地貌研究较多。1987年陈传康在《粤北风景资源与旅游开发研究》中认为,粤北自然风光在广东首屈一指,他以丹霞山为龙头,为粤北旅游开发提供了一个有重点的流动开发战略,促进了粤北的旅游开发。喀斯特洞穴在中国分布广泛,数量多,也是一种区域性旅游资源,保继刚(1995)根据喀斯特洞穴资源和旅游生命周期特点,划分出4种类型(孤立的、组合的、镶嵌的、介入机会的),并讨论了喀斯特洞穴的旅游开发问题。应该说,目前旅游地貌资源研究和旅游地貌类型研究都是建立在区域旅游地貌研究的基础上,可以认为,区域旅游地貌研究是旅游地貌学理论的研究基础。

近年来,区域旅游地貌研究多集中在各地旅游地貌资源的开发和建设。例如,于泉洲等(2009)分析了济南市南部山区的旅游地貌资源;董瑞杰等(2003)对罗布泊雅丹地貌旅游资源的评价及开发进行了研究;吴晋峰等(2012)分析了库姆塔格沙漠风沙地貌的美学价值,建设性地提出其旅游开发的途径、方式和方法。

#### 4. 旅游地貌学跨学科研究

由于旅游地貌学还处于起步阶段,目前对其跨学科研究还很少。马文奇(1997)将旅游地貌学与美学结合,根据地学与生物学等多种学科考察资源,运用传统审美文化及绘画艺术的思维及观察分析方法,对茂兰森林喀斯特的美学内涵进行剖析,对人们鉴赏自然景观的审美意识及情趣进行了探讨。段德寅、徐志刚(1994)从旅游资源评价的角度,将旅游地貌学与气候学结合,对湖南喀斯特和洞穴旅游气候特征进行了描述。王湘(2001)的《旅游环境学》将旅游地貌学与地质学、气候学、生态学、生物学、土壤学等多种学科结合,详细论述了旅游开发对地质地貌、气候、生物、土壤等自然环境因子的影响,采用模糊数学、综合评分以及双项指数评价等数学方法对旅游地貌资源进行定量评价,充分体现了旅游地貌学与数学学科的结合,随着研究领域的拓展,旅游地貌学必然会向其他学科渗透,而跨学科研究也将日益受到关注。

## 第十节 中国其他地貌研究

### 一、中国雅丹地貌研究[1]

雅丹地貌是干燥地区一种典型的风蚀性地貌。"雅丹"在维吾尔语中的意思是"具有陡壁的小山包"。河湖相土状沉积物所形成的地面,经风化作用、间歇性流水冲刷和风蚀作用,形成与盛行风向平行、相间排列的风蚀土墩和风蚀凹地(沟槽)地貌组合。有些地貌外观如同古城堡,俗称魔鬼城。这种地质现象在新疆罗布泊东北发育很典型。世界各地的不同荒漠,包括突厥斯坦荒漠和莫哈韦沙漠在内,都有雅丹地形。

雅丹地貌是风蚀地貌研究的重要对象,目前研究较为薄弱。"雅丹"这一专业名词是瑞典探险家斯文赫定于20世纪初正式提出并逐渐为地学工作者所接受,至今已有100多年的历史。在此期间,国内外地质地貌学者对雅丹地貌的定义、形成年代、发育过程的方面进行了大量研究。在国外,科学技术特别是遥感技术的进步不断推动雅丹地貌的研究,20世纪60年代末~90年代初,随着航空航天影像的广泛应用,在地球和其他类地行星上不断发现更多类似地貌形态,国际地貌学界纷纷开展雅丹地貌研究。20世纪90年代至今,随着高分辨率成像技术的发展和人类对外太空的探索,激发了人类对外行星雅丹地貌研究的更大兴趣,也带动了地球上雅丹地貌的研究。

中国雅丹地貌研究经历了3个阶段:20世纪30年代初,中国西北科学考察团对罗布泊等地进

---

[1]牛清河,屈建军,李孝泽,等.雅丹地貌研究评述与展望[J].地球科学进展,2011,26(5):100-104.

图 2-5-11 雅丹地貌

行考察时,对雅丹地貌的形态特征进行描述和分类,并对古人将雅丹命名为龙城、白龙堆作了科学形象地解释;20 世纪 80 年代,中国科学院新疆分院罗布泊综合考察队对罗布泊雅丹地貌的分布状况、形成机理与过程等进行了研究;21 世纪以来,随着国内干旱区旅游资源的开发及库木塔格沙漠考察研究的深入,促发中国学者对雅丹地貌分布、形成发育过程及其旅游资源开发研究热潮。

1. 雅丹定义的发展

在"雅丹"一词未被地学界广泛使用前,有诸多称谓。在东汉班固所著《汉书·地理志》卷 28 下中被称为龙城、白龙堆和龙堆,Stapff 称其为"空气动力学地形",此外国内外还有"狮身人面像""剥蚀丘""沙漠城""泥狮""土阜"等不同命名。1899 年~1903 年,瑞典探险家斯文赫定在新疆罗布泊考察时将其称为"Yardang"(原意为"陡壁的小丘")。之后,随着他的著作《中亚和西藏》在国内外广泛传播,在中国被音译为"雅丹",从此被正式采用。根据斯文赫定的描述和研究,"雅丹"概念具有以下限定:①形成于极端干旱区;②物质组成以第四纪河湖相沉积物为主,岩性松软—中等固结;③外营力以水蚀和风蚀为主;④分布范围较大,相对集中,且排列整齐;⑤高度和长度达到一定规模;⑥形态千姿百态。

随着研究范围的扩大,许多学者所定义的雅丹内涵与原创者并不完全一致。在国内也存在 3 种观点:夏训诚(1987)在研究罗布泊地区雅丹时,认为其发育在河湖相泥岩、粉砂岩和砂岩互层上,在有风力作用参与的同时,特别强调了流水在雅丹形成发育过程中的作用。吴正(2003)则强调雅丹发育在包括河湖相沉积物等未固结的土状堆积物上,除主要分布于极端干旱区外,在湿润的近海岸地区也有分布。杨更(2009)则认为,雅丹经长期风力侵蚀,由一系列平行的垄脊和沟槽构成的景观,地层产状近水平,多为湖积相,但对地层软硬程度和年代未作限制。雅丹定义的不统一,主要是对雅丹定义域过大造成的。一方面说明雅丹研究在扩展和深入,另一方面也说明对雅丹的定义出现了分歧,使各个学者所指的雅丹地貌存在很大的不同。而这对雅丹地貌研究的传播、交流及其成果推广应用造成严重影响。

2. 雅丹空间分布

随着技术手段的不断更新和研究的深入,雅丹地貌在各地陆续得到发现,分布地点也在不断增多。目前,除大洋洲和南极洲外,其他各大洲均有发现。主要分布于降雨稀少、植被稀疏、风蚀作用强烈的干旱区和极端干旱区的沙漠边缘,如西亚(特别是阿拉伯半岛)和中亚,非洲撒哈拉沙漠和纳米布沙漠,北美西部荒漠地区、南美洲西部海岸荒漠区,欧洲西班牙的埃布罗低地。中国主要分布在新疆罗布泊、哈密、疏勒河中下游地区、柴达木盆地和内蒙古乌蒙等地。雅丹地貌发育的物质基础广泛,有河湖相沉积物,也有火成岩、变质岩等;组成物质地质年代跨度大,从全新世到元古代均有报道。据一些研究报道,在地外行星上也分布有类雅丹地貌,如在火星赤道附近 Amazonis Planitia 地区的梅杜莎槽沟层上也有大面积的分布。

随着科学技术的进步和人类活动范围的扩大,在地球和其他星球上还会有更多的雅丹地貌被发现。但由于定义不统一,各学者所说的雅丹地貌在形态、规模、形成条件、动力、年代和环境等方面存在明显的差异,使进一步全面对比研究面临很大困难。

3. 雅丹形态特征研究

雅丹地貌形态特征主要采用定性和定量描述 2 种方法研究。在雅丹研究史上,定性描述始终占有重要地位。斯文赫定在描述罗布泊地区雅丹时,曾形象地描述为桌状、飞檐、雕塑、塔形、城墙状、古屋、壁垒、卧狮、伏龙、狮身人面像和睡犬等。此后在其他各地的研究中,有学者也描述了长垄状、覆舟状和流线型等。在敦煌雅丹国家地质公园内,还有舰队出海、孔雀台、天生桥、凯旋门、比萨斜塔、蒙古包等各种形象,可谓"千姿百态"。此类定性描述既是雅丹地貌引人入胜之处,也是容易造成对雅丹形态认识挂一漏万的原因。

为了克服定性描述的缺点,陆续有一些学者进行了定量描述研究。这里首先遇到的问题是如何从无数雅丹地貌形态中挑选出能反映雅丹地貌本质属性的基本形态。在这方面存在 2 种意见:有学者认为是垄状,如 McCauley 等(1977)认为是发育在粘结物质上的风蚀垄状地貌;也有学者认为是流线型,如 Brookes(2003)认为雅丹仅包括线性风蚀地貌中的流线型地貌。定量描述主要表现在对雅丹地貌的平均坡度及形态特征参数(如长、宽、高和体积等)比率的研究。McCauley 等(1977)和 Gutiérrez-Elorza 等(2002)通过实地测量和地形图测算得出,秘鲁中部海岸荒漠区和西班牙埃布罗低地雅丹的迎风端平均坡度为 30°,背风端平均坡度为 6°。Cooke 等(1993)和 Mainguet(1968,1972)对乍得博尔库、伊朗卢特沙漠和非洲撒哈拉地区雅丹的观测得出长宽比为 10∶1;Halimov 等(1989)发现长宽高的比率为 10∶2∶1;Goudie 等(1999)在埃及的研究得出的体积、长、宽和高的比率为 18.7∶9.9∶2.7∶1;而 Ward 等(1984)通过风洞实验模拟研究得出理想的雅丹地貌长宽比为 4∶1。从这些数值来看,各人都不相同。如果长宽比 1∶1 和 4∶1,认为是方形和流线型,那么 10∶1、10∶2 和 10∶3 可能更接近垄状。

为了对雅丹的理想长宽比率给出合理解释,Fox 等(1973)和 Hagedorn(1971)利用流体力学和空气动力学的方法和理论做了计算,发现较长的雅丹体为强烈的表面摩擦力所为,而宽大雅丹体则为强烈的挤压阻力所为,当这一形态的比率为 0.27(接近于 4∶1)时十分适应风力,气流流动阻力很小,无法分离出背风坡的尾流。这时的雅丹形态表现为典型的流线型。看来流线型雅丹应是风力作用对长垄状雅丹进一步加工而形成的。

雅丹形态研究中的主要问题是对雅丹地貌的基本形态究竟是长垄状还是流线型认识不一。实际上这 2 种形态同一地点也同时存在,由于雅丹发育时间和组成物质等不同,还有更多形态如方形、柱状的存在,不能只强调 2 种基本形态。应该指出,定量研究雅丹形态特征是非常必要的,但由于雅丹形态变化多端,只有定量研究是无法全面表达雅丹的具体形态的,因此在雅丹研究中定性和定量研究,两者不可偏废其一。

**4. 雅丹形成发育条件研究**

**岩性条件** 岩性条件是雅丹形成发育的基础。因对雅丹的定义不一致,雅丹形成发育可以在不同硬度和不同时代的岩石上。也有学者认为除硬度外,岩性中还应考虑其结构,并做了研究。夏训诚(1987)认为具有泥岩和砂岩互层的河湖相沉积物,泥岩层内发育有便于侵蚀的水平与垂直节理。杨更(2009)研究认为,构成雅丹地貌的主要岩石为陆相中新生界砂岩、砾岩和泥岩,以及第四纪砂岩、泥岩。前者多形成城堡状地貌,以泥岩为主则易形成丘陵状地貌;后者则形成典型的垄岗状地貌。

**环境条件** 目前发现的绝大多数雅丹分布在极端干旱区,年降水量小于50毫米,植被稀少的平原地区,风蚀作用强烈;或较为湿润的洼地,盐类风化作用、地下水作用强烈的地区。很多学者根据地质历史时期气候变化研究,推断高大的雅丹是在更新世冰期干冷多风的气候环境下形成的,或更早的干旱气候环境下形成的。杨更(2009)研究发现,新疆雅丹地貌的分布总体上受大地构造控制,有规律地分布于塔里木盆地、哈密盆地、准噶尔盆地边缘。地处盆地边缘的不同位置,其雅丹地貌的分布密度和形态均有所不同。乌尔禾魔鬼城位于准噶尔盆地西侧的乌尔禾盆地内,在盆地边缘和山脊分水岭两侧由高向低能较完整地看到雅丹地貌发育的不同阶段,即雅丹地貌发育早期、中期和晚期地貌景观。哈密盆地边缘的雅丹地貌沿不同海拔的构造阶梯成层状排列,北部十三间房雅丹地貌分布于海拔1 200米~800米的干燥剥蚀台地上;海拔700米左右为二堡、三堡风蚀洼地区;海拔500米~600米为南湖风蚀戈壁区;海拔400米左右为五堡以南的风蚀蘑菇区;而中部的艾斯克夏尔—沙尔湖风蚀城堡地貌区海拔仅100米~200米。这表明区域构造控制着风蚀地貌在平面上的分布,五级构造地形面与发育的层状雅丹地貌区一致。同时,岩石中节理发育也为外营力作用提供了有利条件,如乌尔禾雅丹地貌沿北西向呈定向排列的趋势与其北西向构造密切相关;罗布泊地区沿北东向定向排列的垄岗则与北东向的构造有关。

**动力条件** 动力条件是雅丹地貌形成的关键因素,现在主要集中于外营力条件的研究,包括风力和水力等方面。雅丹分布于极端干旱区,风力作用是其主要外动力。大多数学者认为单一风向的强风是雅丹形成的主要外营力,也有学者研究认为部分雅丹的形成是由2组风向相反的风况所致。对风蚀的2种作用方式——吹蚀和磨蚀的作用机理,不同的学者也有不同的认识。El-Baz等(1979)认为吹蚀作用在不同岩性的雅丹上作用大不相同,在坚硬的岩石雅丹上,吹蚀作用不明显;McCauley等(1977)认为松软岩体上平滑且具有流线型外形的雅丹是吹蚀作用的结果。Hobbs(1971)、Hagedorn(1971)和Grolier等(1980)认为磨蚀作用主要表现在雅丹整体形态与坡脚岩体颜色变化上,迎风端及两侧下部的抛光面和风蚀槽是由磨蚀作用形成的,并导致迎风端和两侧槽地的下切;但Whitney(1985)认为风力磨蚀太强则会导致风蚀槽的破坏,二次流形成的漩涡和携带的粉细沙等悬浮物质作用于岩体而形成风蚀槽,并将这种二次流命名为界面流,认为是它携带微小颗粒磨蚀整个雅丹体。对风的吹蚀和磨蚀这2种作用方式的相对重要性,亦有不同观点。对于美国加州的罗格湖区雅丹,McCauley等(1977)认为是吹蚀作用形成了平滑的流线型垄岗,而磨蚀作用则导致迎风端及两侧的下切,使雅丹间槽地变低;Ward等(1984)则认为磨蚀在槽地和垄岗的初期形成阶段起到了很重要的作用,此后吹蚀作用不断加强,并与磨蚀作用一起形成"风动力形态"(即流线型);而Blackwelder(1934)认为罗格湖区低矮的圆形雅丹是其两侧与顶部随气流跃移的沙粒磨蚀而形成的。

洪水作用也是重要的外营力。但对于洪水对雅丹的作用机理,也存在不同的看法:大部分学者认为,在雅丹形成初期,风沿着洪水形成的冲沟吹蚀,使冲沟不断加宽加深。也有学者认为,在雅丹形成之后,洪水还会再次侵蚀雅丹间槽地,并在雅丹坡面上发育密集的切沟。同时,也有学者提出洪水在雅丹形成过程中存在正反两种作用,认为强烈的洪水作用会起到破坏雅丹的作用。

除上述定向动力条件外,部分雅丹形成过程中,还存在其他非定向营力,如风化作用、重力坍塌、盐类风化和龟裂等。

刘东生指出,过去许多人认为罗布泊雅丹地貌的成因主要是风的吹蚀作用,但是根据实地考察和对航空照片等资料的分析,罗布泊地区的雅丹地貌的成因不只这一种,可以归纳为3种类型。一是由风的吹蚀作用形成的平原地区的雅丹地貌,沟谷长轴走向与当地主风向一致;二是洪水作用形成的邻近山区或湖滨的雅丹地貌,沟谷长轴走向与附近山地洪水的走向一致,并在雅丹的土丘上留有洪水的痕迹;三是在阵发性暴雨和洪水作用的基础上,再经过风的修蚀作用而成的雅丹地貌,沟谷长轴走向既与洪水走向一致,也和当地主风向一致,是二者合一的第三种成因。

各营力在雅丹形成发育过程中各阶段的相对作用亦不同。Goudie(2007)认为磨蚀作用在雅丹地貌形成初期及对相对高度较低的雅丹作用强烈;吹蚀对岩性较软的沉积地层作用明显;流水侵蚀切割作用,特别是山区暴雨洪水作用在雅丹形成初期起到很重要的作用,为风的作用提供通道;而盐类风化和干湿变化为风力搬运提供了大量的碎屑物质。在雅丹形成后,重力坍塌也逐渐成为重要的外营力因素。

在雅丹地貌形成发育条件研究中,首先,定量研究十分薄弱。目前仅有Ward等对吹蚀作用进行了风洞模拟实验,而定量研究各条件,尤其是动力条件对雅丹形成发育过程的影响对理解雅丹发育模式至关重要。其次是缺乏长期监测。目前还没有报道在雅丹分布区建立长期的观测场,对雅丹形成发育过程及其环境要素进行观测。再次,对雅丹形成发育的内营力作用重视不够。雅丹发育的内营力主要有构造抬升、沉降、褶皱、断层和节理等,这些内营力因素对雅丹形成发育的地质基础和对雅丹形成发育过程起到控制作用。如构造下沉,则导致地下水位升高,进而使雅丹底部遭受地下水浸泡,降低粘结系数,最终导致重力坍塌,快速走向衰亡;若构造抬升过高,则使雅丹发育的地层离地下水位太深,风化作用和风蚀作用则会更强,也会导致雅丹地貌衰亡。

5. 雅丹形成发育过程研究

雅丹的形成发育过程研究,主要采用以下2种方法,一种是野外考察基础上的理论推断分析,一种是实验模拟。

许多学者利用第一种方法对雅丹地貌的发育过程做出了推断,所得出的结论都是大同小异。夏训诚(1987)通过对中国罗布泊地区雅丹地貌野外考察和理论推断,认为其发育过程分为4个阶段:第一阶段为表面风化破坏阶段,主要作用是风化作用,产生许多水平和垂直节理,使下伏的疏松沙层逐渐暴露地表,为外营力侵蚀创造有利条件;第二阶段为雏形雅丹地貌形成阶段,经风化作用形成的碎屑物质在风力或流水作用下被搬运,使地表起伏不平,但相对高差不到1米;第三阶段是雅丹形成阶段,因地表起伏和节理扩大,更有利于风化剥蚀作用,使表层泥岩逐渐消失,沙层直接暴露在地表,侵蚀速度加快,低洼处不断加深和扩大,而凸起的部分因受泥岩保护而侵蚀相对微弱,形成相对高差数米到数十米的土丘与沟谷相间的地貌组合;第四阶段是雅丹地貌消失阶段,不断的外力作用使凸起部分的面积不断缩小,低洼面积不断扩大,形成孤立的小丘,其下部的沙层因风蚀等被掏空,进而发生块体运动,面积逐渐减小,高度也不断下降,最后消失。杨更(2009)认为雅丹地貌的形成演化在各阶段的相对作用亦不同：早期雅丹地貌雏形阶段，物理风化作用强烈，劲风频繁，季温差和日温差变化极大，岩石频繁热胀冷缩，使泥岩表层逐渐松散，层层剥离或脱落，形成松散的碎屑物就地堆积，由于风蚀和流水冲刷将这些疏松的堆积物带到远处，使原来平坦的地表起伏不平，呈现出不连续的、深浅不一的沟壑地貌，成为雅丹地貌的雏形，垄岗和槽谷不明显；中期雅丹地貌的形成阶段，由于地表起伏不平和裂隙的扩大，更利于风化剥蚀作用，在风蚀和流水作用下低洼部分不断加深扩大，由于风的"狭管效应"凸起的部分则相对侵蚀较弱而形成巨大的垄岗、连绵的山脉为主的地貌组合，在局部由于凸起的垄岗面积不断缩小，从而使槽谷之间相互连通，形成少量的孤峰、丘峰，地貌冲沟发育，风蚀槽明显系流水作用和风力作用共同作用的结果，在局部崩塌作用明显；晚期雅丹地貌消失阶段，雅丹地貌形成发育后，外营力的剥蚀作用使凸起部分的面积不断缩小，低洼的面积不断扩大，形成孤立的残丘，在风力的进一步侵蚀作用和重力崩塌作用下残丘面积逐渐缩小，高差也不断降低，最后在地面消失。风蚀槽谷则逐步扩大并进一步形成风湿洼地。

实验模拟的发育模式主要是通过风洞实验得出的。Ward 等(1984)将中细粒石英砂、玉米粉以及咖啡渣按 1:1:1 的比例混合并制作成雅丹模型，进行风洞模拟实验。通过对不同形状模型的风洞模拟实验，得出了风蚀部位的先后次序依次是迎风侧棱角部位、迎风坡面、背风侧棱角及模型两侧、背风坡面。各种形状的模型，最后稳定形态的长宽比为 4:1，风蚀的速率也逐渐降低。同时认为迎风端主要发生磨蚀作用，而中部和背风端主要发生吹蚀及回流和涡旋作用。

虽然诸多学者对雅丹形成发育模式进行了研究，但大多数只是在野外调查基础上的理论推断，对磨蚀、洪水和坍塌等在模式中的作用缺乏定量研究，对这些营力条件相互叠加后在形成发育过程中的作用研究少之又少。在模式中对内营力作用考虑也较少。

6. 雅丹形成年代研究

对雅丹形成年代研究的方法主要有 4 种：

（1）实地调查和观测现代风蚀速率来间接推算其形成年代。如夏训诚(1987)根据罗布泊楼兰古城的建筑物遗址风蚀调查结果，认为该区的风蚀速率为 0.24 厘米/年～0.47 厘米/年，那里的雅丹是近千年的风蚀产物；西班牙埃布罗低地雅丹区域倾倒的石膏废弃物上形成的雅丹，Gutiérrez-Elorza 等(2002)认为其形成不到 100 年。

（2）获取雅丹地貌顶部的地层年代推算雅丹地貌的形成年代。如 Clarke 等(1996)用红外释光法对美国莫哈维荒漠 1 米高的小型雅丹进行测年，得出其形成时间不到 250 年。

（3）对雅丹地区内存在的文物测年来推断雅丹形成年代。Bohlin(1940)和 Hoerner(1980)分别对罗布泊和敦煌附近细沙中的陶器进行定年，认为那里的中型雅丹在 1500 年～2000 千年开始形成。

（4）通过分析雅丹周边沙漠的形成年代，洞穴堆积物等记录的区域地质历史时期气候变化和前人的气候变化研究成果，间接推断雅丹形成年代，这也是学者们应用比较多的方法之一。如 El-Baz 等(1979)根据区域地质历史时期的气候变化，认为埃及西部荒漠大型雅丹的风蚀历史可上溯到中新世晚期或上新世早期；Beadnell(1909)、Peel(1968)和 Hagedorn(1971)认为非洲撒哈拉中型雅丹是在新石器洪积期之后形成的；Haynes(2001)认为撒哈拉东部的雅丹地貌是在 4500 千年开始的极端干旱期形成的；Washington 等(2006)认为乍得 Bodele 低地 4 米高的雅丹可能形成 1200 年～2400 年；Goudie(2002)通过对非洲纳米布沙漠形成年代来推测纳米比亚海岸的大型雅丹可能形成于数百万年前；Inbar 等（2001）认为阿根廷 Payun Matru 火山区玄武岩上的雅丹形成于干旱而多风的更新世晚期—全新世初期；Vincent 等（2006）根据洞穴堆积物记录的气候变化情况，推断沙特阿拉伯西北部寒武纪—奥陶纪砂岩的雅丹地貌在 40 万年开始形成；郑本兴等通过分析周边区域地质历史演化与前人研究结果，认为敦煌雅丹地质公园的雅丹地貌是晚更新世中晚期开始切割的。

除上述方法的单独应用外，还有学者组合应用这些方法来推断雅丹的形成年代。如 Al-Dousari 等（2009）通过综合前人区域气候研究，结合实地观测风蚀速率，推算出科威特 Um Al-Rimam 低地雅丹的形成年代为 44 年～1500 年。

雅丹地貌是侵蚀地貌，不同于堆积地貌，其形成年代不同于雅丹地层的年代，地层开始被切割的年代才是雅丹开始形成的年代。因此，雅丹形成年代的断定存在很大的难度，还没有直接的方法来测定其形成年代，这也是雅丹地貌研究的难点。目前只有通过一系列的间接方法来推测其形成的大致年代，但准确性欠佳。由于不同或同一区域的岩性、动力、气候和规模存在差异性，雅丹地貌的形成年代也是千差万别的。

### 7. 雅丹与环境关系研究

雅丹与环境的关系研究主要包括雅丹地层的形成环境和雅丹地貌的形成发育环境。在前一方面，目前研究甚少；后一方面，已有一些研究成果积累，但仍停留于推测阶段。多数学者认为大型雅丹形成的主要时期为更新世干冷多风的冰期，也有学者认为部分区域的雅丹形成于中新世和上新世干旱期，但还没有直接的证据。Brookes（1994，2003）利用雅丹地貌的走向来反推埃及西部沙漠地区全新世的风况，并根据大小雅丹地貌之间的叠置关系等确定埃及利比亚沙漠地区自 240 万年以来的大陆尺度的干旱期中至少经历了 2 次风蚀循环过程，认为大雅丹之上的小雅丹是上一期侵蚀循环的遗迹。通过对雅丹风蚀速率的观测研究来反映沉积岩风蚀状况，前人已做了一些工作。如 Ward 等（1984）利用摄影测量的方法估算出美国莫哈维荒漠罗格湖滨雅丹迎风端的风蚀速率为 2 厘米/年，而侧部为 0.5 厘米/年；Goudie 等（1999）对埃及西南部雅丹地区的风蚀速率进行推算，得出其风蚀速率为 1.5 米/千年；Al-Dousari 等（2009）观测得出科威特 Um Al-Rimam 低地泥质雅丹迎风端最大风蚀速率为 1 厘米/年，而侧部为 0.5 厘米/年，平均风蚀速率为 0.4 厘米/年；董治宝等（1997）通过调查内蒙古乌蒙后山地区雅丹地貌的形成年代和高度，计算了该区域的年风蚀厚度、风蚀量和风蚀模数。对雅丹与环境关系的研究，不仅可以揭示雅丹形成过程中相关地区的气候环境及其与雅丹和沙漠的关系，了解雅丹区土地风蚀现状，对防治土地沙漠化有重要意义，而且对第四纪以来连续堆积的河湖相的雅丹本体地层的环境研究，还有助于理解雅丹发育以前该区域地质历史时期的环境演化及其与雅丹和沙漠的生消联系，探寻雅丹和沙漠的生消变化规律。可惜这两方面的研究几乎还是个空白。

### 8. 雅丹分类研究

雅丹分类的目的是将众多形态、规模、年代及发育阶段和成因不同的雅丹地貌分别归类并确定它们在雅丹地貌分类系统中的位置和联系。由于采用的分类原则不同，各种分类系统也有差异。陈宗器（1936）按大小与形成年代将雅丹按形态分为迈赛（mesas，平顶山）和雅丹（yardang）；夏训诚（1987）按成因把雅丹分为风蚀为主的雅丹、水蚀为主的雅丹和先水蚀后风蚀的雅丹 3 类；郑本兴（2006）按雅丹地层地球化学组成不同形成的颜色差异分为黄色雅丹、白色雅丹和红色雅丹。杨更（2009）按照宏观形态特征将雅丹地貌分为城堡状雅丹地貌、丘陵状雅丹地貌、垄岗状雅丹地貌。

#### 9. 雅丹地貌研究展望

尽管雅丹地貌研究在取得了重要进展的同时仍存在许多问题,但其发展势头和前景良好,尤其在国内更是如此。首先,有重要需求。从国家层面上看:一是防治沙漠化,保护和改善生态环境。土地沙漠化是中国生态环境的主要问题之一,它是由土地风蚀、风沙流、风沙沉积、沙丘移动和沙尘暴等活动造成的,其中风蚀是贯穿始终的主要环节,其他是派生的。过去防治沙漠化研究对派生现象研究较多,但对主要环节研究偏少。要较好地解决沙漠化问题,必然要选择风蚀地貌的代表——雅丹进行深入研究。二是发展旅游业。旅游业已经成为国民经济的重要产业。雅丹作为干旱区最具魅力的地质地貌类型之一,是一种不可多得的旅游资源。目前对其开发利用尚处于不能满足人们需要的初级阶段。要增加新的旅游点和提高其旅游级别和品位,必然要求对中国雅丹加强调查研究。从学科发展看:风积地貌研究进展较快,而风蚀地貌研究相对落后。其次,中国是雅丹地貌的命名地,雅丹地貌分布广泛,规模宏大,不同发育阶段和不同类型的雅丹地貌齐全,拥有雅丹地貌研究得天独厚的资源和天然试验场。中国21世纪初以来的雅丹研究热潮仍将持续。为了抓住这个良机,使雅丹地貌研究取得更大进展,应突出以下4方面研究内容。

(1)明确科学定义 科学的定义是区分雅丹与其他相似地貌的关键所在,也是雅丹研究的基础。综合前人对雅丹的各种定义,为了避免争议和使用交流方便,对雅丹地貌的定义可分为狭义和广义2种。狭义雅丹地貌是指分布于极端干旱区和部分干旱区,在第三纪,特别是晚第三纪以来形成的未完全固结成岩的沉积物上(如河湖相土状沉积物),因风力和洪水等作用而形成的,具有相当分布范围和发育规模的,以流线型和长垄状为主的风蚀地貌,如罗布泊周边、疏勒河下游和柴达木盆地的雅丹地貌等。广义雅丹地貌是指发育在时代不同的各种岩性上,由风力作用为主形成的垄岗状风蚀地貌。这个定义就像岩溶地貌又称喀斯特地貌一样,实际上使雅丹地貌等同于风蚀地貌,成为风蚀地貌的别称或代名词。真正的雅丹地貌的内涵应限于狭义雅丹,这样可避免和极大地减少雅丹与一般风蚀地貌(如与风蚀残丘、风蚀劣地、岩石雅丹)和丹霞、彩丘甚至黄土区的水蚀地貌、石灰岩区的喀斯特地貌、花岗岩区的剥蚀地貌和海岸区的海蚀地貌等的交叉重叠,能更加清晰地区分这些地貌类型。

(2)加强野外监测和室内定量研究 野外观测场应选择具有不同发育条件和阶段的雅丹分布区,对其外营力和内营力进行长期观测。目前,建立雅丹观测场可以首选敦煌雅丹国家地质公园区。这里不仅雅丹规模大,组成物质均为河湖相,而且处于极端干旱区和不同发育阶段。同时该区已辟为旅游景点,交通相对方便,适宜长期居住生活。为了研究内力作用对雅丹形成发育的影响,将来在柴达木盆地也可以选择适当地点建立一个野外观测场。室内研究应充分利用3S技术、计算机模拟和现代先进的野外和室内风洞实验技术手段,进行雅丹分布、分类研究,并模拟它的形成条件,内外动力的作用,发生、发展和消亡的全过程,使雅丹研究尽快由形态定性描述研究进入过程和机制定量研究的新阶段。

(3)突破雅丹形成年代研究瓶颈,深化雅丹与环境关系研究 雅丹地貌形成年代研究,是计算雅丹地区的风蚀速率、风蚀量和沙漠沙源的重要依据,也是研究雅丹形成发育过程与环境关系研究的前提。利用光释光和$^{14}C$等现代先进测年技术手段对雅丹地貌形成年代的绝对年龄测定,将是今后雅丹研究的一个重要突破口。与此同时,采用相关沉积、树轮、文物和历史文献等资料分析其形成发育环境,进而研究地表雅丹形成前的环境变化,深化雅丹与环境关系的认识,使雅丹研水平得到更大提升。

（4）加大雅丹地貌研究资助力度　鉴于雅丹地貌研究具有重要的现实意义和理论意义,同时也是风沙地貌学中的研究难点之一。再者,雅丹地貌大多分布在人迹罕至的大漠深处,环境恶劣、交通不便,后勤保障困难。因此所需的仪器装备要求较高,所需研究经费较多,仅凭国家自然科学面上基金等小额资助难以应对,希望国家科技部、国家自然科学基金委员会、中国科学院、国土资源部和国家旅游局等设立专项,甚至联合设置类似"973"的项目予以重点扶持。

## 二、中国嶂石岩地貌研究[1]

嶂石岩地貌为中国3大砂岩地貌(丹霞地貌、张家界地貌)之一,为地貌学按岩性分类确立的一种新型地貌类型,主要由易于风化的薄层砂岩和页岩形成,多形成绵延数千米的岩墙峭壁,三叠崖壁,除顶层为石灰岩外,多由红色石英岩构成。远远望去,赤壁丹崖,如屏如画,甚为壮美。被地质、地理学家命名为嶂石岩地貌。

1972年,河北省科学院地理研究所的郭康在太行山考察中发现了一种气势壮阔的红崖长墙砂岩地貌,后经多年考察研究,正式将该地貌命名为嶂石岩地貌。"嶂石岩地貌"有5大特点:丹崖长墙连续不断、阶梯状陡崖贯穿全境、"Ω"形嶂谷相连成套、棱角鲜明的块状结构、沟谷垂直自始至终,并蕴藏着大量奇特的地质、地貌景观和与之相关的"天人合一"的历史与地方文化景观。它与丹霞地貌、张家界地貌有本质上的区别。"嶂石岩地貌"建立了一套独特的形成与演化模式,丰富了地貌学的内容,开拓了应用地貌学研究领域。

嶂石岩地貌主要分布在河北省中南部赞皇县太行山深山区的嶂石岩景区。此外,嶂石岩地貌在太行山其他许多地方都有分布,人造天河"红旗渠"就是建在嶂石岩地貌之上。除了太行山脉,山西的中条山也有分布,但基本上都在河北、山西、河南这一带。

图2-5-12　嶂石岩地貌

---

[1]郭康,邸明慧.嶂石岩地貌的理论研究与开发利用[J].地理与地理信息科学,2008,24(3):79-82.

### 1. 嶂石岩地貌基本形态特征研究

(1) 丹崖长墙延续不断。"嶂石岩之壮阔"正是嶂石岩地貌整体气势所在。高数百米的丹崖长墙横向展开,并远远延伸,在太行山中南段延伸达300千米。

(2) 阶梯状陡崖贯穿全境。嶂石岩地貌在垂直横剖面上往往呈阶梯状的大陡崖,如嶂石岩国家地质公园即有三级大断崖,每层均在百米以上。各层之间的平台时宽时窄,宽者称"台",窄者称"栈",其上或为小型造型地貌,或为密林、灌草,或为裸露的沙波花纹,更增加了丹崖长墙的层次感与浑厚感。

(3) "Ω"形嶂谷相连成套。Ω"形嶂谷是典型的标识性嶂石岩地貌,其主要特征是半圆形的垂直沟坡。嶂石岩最典型的"Ω"形嶂谷直径90米、弧度250°,从航片判读,呈规正的圆弧,因回声清晰而被称为"天下第一回音壁"。"Ω"形嶂谷在嶂石岩成群出现,相连成套,以"三栈牵九套"之势构成嶂石岩地区的景观大框架。其他嶂石岩地貌分布区也多有"Ω"形嶂谷。

(4) 棱角鲜明的块状结构。无论是嶂石岩地貌的整体结构,还是不同大小的造型地貌,都呈棱角鲜明的块状特征,这也是构成嶂石岩地貌最基本的形态元特征。

(5) 沟谷垂直自始至终。嶂石岩地貌中的沟缝或沟谷,无论长短、规模大小,其沟头都呈垂直状,不像其他常见的沟谷地貌沟头多呈坡状,即嶂石岩地貌的坡面发育是从垂直的沟缝开始到垂直的沟谷终止。

### 2. 嶂石岩地貌的形成发育研究

(1) 地质背景与古地理环境

地质背景。目前,嶂石岩地貌在太行山中南段、中条山及燕山等地区均有发育。但研究区主要在太行山中南段,位于中朝准地台中部——山西台隆的东缘,东与华北断坳相接,为一燕山期造山运动中先折后断的抬升区,由北部的赞皇穹折束、中部的武安凹断束和南部的任村—上八里复背斜组成。以嶂石岩国家地质公园为例,出露的地层主要有:新太古界五台群、古元古界甘陶河群、中元古界长城系与下古生界寒武系。组成(狭义)嶂石岩地貌的地层主要为中元古界长城系赵家庄组、常州沟组和串岭沟组。岩性总体以灰白色—肉红色石英砂岩、石英岩状砂岩为主,下部为紫红色页岩和泥岩。喜马拉雅运动第Ⅱ幕以来,太行山地沿东麓山前大断裂强烈抬升,使其与东部平原的相对高差增大,为地貌营力对嶂石岩地貌的塑造提供了前提(王清廉等,1999)。

古地理环境。嶂石岩地貌主要形成于新生代,冷暖变化、干湿交替、暴雨山洪等气候条件是塑造嶂石岩地貌的重要外动力。太行山中段山地地处中温带地区,气候的剧烈波动和显著的干湿交替使山地物理风化强烈,岩石崩塌加剧,频繁的洪水也使物质运移迅速,地表成为嶂石岩地貌的主要动力(王清廉等,1999)。华北山地经过早第三纪的抬升—夷平、晚第三纪的抬升—剥蚀和第四纪的抬升—切割,形成现在的地貌状况。在陡峻的山体中还保留着古老的夷平面、盘状宽谷面等地形面,如北台期夷平面、甸子梁夷平面与唐县期夷平面等。上部的夷平面与盘状宽谷、中部的"U"形宽谷和下部的"V"形峡谷组成的复式河谷,是嶂石岩地貌发育的主要部位,其陡直的谷坡就是丹崖长墙或演化为方山、塔柱的母体;而盘状谷的谷坡又是嶂石岩地貌坡面发育的切入点或基准面,在上面形成了平台和栈道。

(2) 2种坡面发育模式

楔状侧切坡面发育模式。楔状侧切坡面发育不同于丹霞地貌、张家界地貌,将山体从上向下直接切割成块状;也不像花岗岩地貌、黄土地貌,从水平山崖棱上斜切,形成斜坡;而是以竖直的沟缝发育形式从山体一侧向陡壁楔状切入,而且从沟口到沟头自始至终保持着垂直的沟谷。在发育过程中,受构造线或岩层的影响,有可能改变方向或分叉、分层而形成多等级、多层叠的树枝状沟谷系统,从而为塑造多种形式的次级地貌类型奠定了基本格局。陈利江等(2011)认为,由于长城系红色砂岩年代古老,岩性坚硬,在历次构造运动中受到侧向挤压,在岩层承受的挤压应力聚集和应力释放过程中产生的波动效应使岩层中的节理在一定间隔内相对密集成带,形成节理密集带,岩石更加破碎,成为抗蚀能力较差的软弱带,故流水(包括水流和冻融)、重力、风等外营力便沿此软弱带向陡壁横向切入,形成垂直的沟缝;在沟缝切入陡壁后,如遇其他方向的软弱带交会或抵达与之共轭节理密集带的交叉处,则沟缝便出现分叉现象而形成次级沟缝。如此发展,逐级分叉,形成多等级的树杈状沟谷系统。该发育机理是嶂石岩地貌发育的框架,也是形成方山、排峰、塔柱的主要机制。

水平掏蚀坡面发育模式。水平掏蚀是水平岩层中常见的坡面发育模式。嶂石岩地区有明显的阶梯状陡壁,每层壁高均在百米以上。风化侵蚀等掏蚀作用首先从阶面上或夹层中的松软岩层开始,形成洞穴、岩廊,其下坚硬岩层即为暂时性侵蚀基准面,而上覆坚硬岩层则因承受不住自重与上覆山体的巨大压力而发生卸荷崩塌,乃至大面积岩体崩落,造成崖壁的后退。陈利江等(2011)认为,在非节理密集带,嶂石岩地貌的发育更多地表现为外营力对软弱岩层的水平掏蚀作用,以及由此引起的上覆岩层的崩塌。一次大的陡壁崩塌后退可使下伏软弱岩层的掏蚀深度大为减小,升值为零,整个山体处于稳定状态。但下伏软弱岩层水平掏蚀作用仍在进行,随着软弱岩层掏蚀深度的积累,达到阀值时上覆坚硬岩层再次卸荷崩塌,造成陡崖再一次后退。

2种坡面发育过程的合成。楔状侧切过程的贡献主要是对总体格局系统的分割作用,而水平掏蚀过程的贡献则主要是使崖壁不断卸荷崩落,正地形总体积越来越小,负地形总体积越来越大,两种坡面发育过程共同塑造了典型的嶂石岩地貌。总之,嶂石岩地貌的发育就是以负地貌发育为动力带动正地貌发育的过程。

(3)发育阶段

岩岭后退—沟缝发育阶段(胚胎—幼年期)。当石英砂岩沟谷发展成丹崖长墙,而且长墙又被竖直沟缝侧向切入时,嶂石岩地貌即开始了漫长的发育过程。陈利江等(2011)将此阶段又称为长墙、岩缝、垂沟、巷谷形成阶段。在甸子梁期夷平面形成以后,随着喜马拉雅运动第Ⅱ幕的开始,太行山中段的地壳快速上升,造成山体构造隆起,坚硬的石英砂岩岩层出露,并在其前缘形成陡崖。由于崖面上垂直节理尤其是垂直节理密集带的存在,外营力便沿此侵蚀发育成楔型岩缝并向演替内侧向切入,岩缝进一步发展为巷谷。

沟缝发育—套谷形成阶段(青年期)。楔状沟缝伸长、展宽,并形成沟谷、隘谷,扩大为嶂谷。在此过程中,到处出现了岩洞、崖廊,它们的坍塌使嶂谷横向展宽,形成弧形套谷,甚至成为典型的"Ω"形嶂谷。如果两谷相隔的崖墙厚度不大,而且两边相同位置上同时出现岩洞的掏蚀,就可能相互打通而扩张成天生桥;纵向发育则使沟谷伸长,并出现次级沟谷。陈利江等(2011)将此阶段又称为方山、断墙、"Ω"形套谷形成阶段,认为巷谷进一步发育成障谷;障谷两壁又生成岩缝并发育成次一级巷谷,如果相邻巷谷间距在10米~30米则数个巷谷可组成一个套谷即"Ω"形套谷;此阶段由于次级巷谷的延长,山体被分割成方山,方山进一步发育为断墙。

套谷发育—方山、塔柱形成阶段(壮年期)。岩壁切割后退,往往留下方山、塔柱,如嶂石岩的仙人台、九女峰等。上层岩壁后退又往往在下伏岩面上出现长短不等、宽窄不一的台、栈。陈利江等(2011)将此阶段又称为石柱、排峰形成阶段,认为一方面障谷向下层侵蚀发育成叠套谷,另一方面更次一级沟缝或巷谷将方山进一步切割成排峰、石柱。

方山、塔柱发育—岩柱、残丘形成阶段(老年期)。方山、塔柱发育,进一步被侵蚀,体积缩小,最后倒塌形成岩柱、残丘。舜王坪即有大量数米高的桌状平台及块石堆积。至此,嶂石岩地貌的一次旋回演化结束。陈利江等(2011)将此阶段又称为块状残丘、孤石形成阶段,认为排峰进一步侵蚀发育成塔柱(石柱),塔柱进一步风化倒塌形成块状残丘、孤石或块石堆,标志着嶂石岩地貌一个发育过程或演化旋回的结束。嶂石岩地貌的完整演化旋回或生命周期为294.7万年,其中幼年期为8.3万年,青年期为83.2万年,壮年期为115.2万年,老年期为88.0万年。

### 3. 嶂石岩地貌开发利用研究

(1) 开发利用历史

**古代原始利用阶段** 嶂石岩地貌中的岩洞历来就是人们寄宿之地。3300多年前,商朝武丁王时期宰相傅说在林虑山一带当奴隶时,就住在红色石英砂岩洞穴里;其栈道、窄缝、豁口又是晋冀豫山区的交通要道,如明代吏部尚书乔宇多次从山西昔阳翻越太行山到北京,途经嶂石岩而留下了不朽文赋。很多小山村建在宽阔的台栈上,其住房、院墙、台阶、影壁、小桥、小路,甚至桌、凳、花墙等均用红色石英砂岩垒砌,形成太行深山独有的"嶂石岩式民居"。

**近现代开发利用阶段** 抗日战争期间,一些口小肚大的谷地曾作为八路军的军工厂,山洞成为粮库;20世纪中后期又体现在农田改造、交通、水利建设上。著名的红旗渠就建在嶂石岩地貌的红崖绝壁之上,一些较大的峡谷成为沟通晋冀、晋豫的交通要道。

**现代深度开发与保护利用阶段** 旅游业的发展使嶂石岩地貌得到了空前开发。嶂石岩、历山、云台山、林虑山、金娘湖等已成为国家与省级风景名胜区、自然保护区或为国家与世界地质公园等著名旅游区。地质公园、露天地质地貌博物馆、地质旅游营地的建设已突破一般开发方式而进入后现代式的开发利用阶段。

(2) 开发利用

**嶂石岩地貌与"天人合一"理论的统一** 无论从人的生存角度还是现代旅游角度研究,嶂石岩地貌都与人类有着密切的"天人合一"关系。嶂石岩地貌中有许多弧形嶂谷(如嶂石岩回音壁、林虑山王相岩等),都是中国古代典型的、藏风聚气的风水宝地。构成嶂石岩地貌几厘米至几十厘米厚的石英砂岩石板是当地特有的建材,用其建造的房舍、院落、山村随山就势、错落有致,与嶂石岩地貌和谐统一,形成特有的"嶂石岩式民居"。

**嶂石岩地貌与旅游** ①以地貌形态为骨架建立旅游区与地质公园。早在明清时代嶂石岩就受到文人墨客的青睐,留下不少赞美华章。如明代吏部尚书乔宇盛赞:"丹峰翠壁相辉映,纵有王维画不如";明进士刘应宾称赞嶂石岩为"一方绝胜"。经过深入考察,发现了嶂石岩大量景点,并根据其壮丽、粗犷、含蓄、浑厚等特点建立了"三栈牵九套,四屏藏八锦"的景观结构骨架,发掘出众多地貌景观与地质地理现象。②视觉多变的景观信息之路和奇石景观。嶂石岩地貌为游客提供了多层次立体型的景观序列引导信息,各栈台上的平缓小路引导游客走南串北,而瀑布水帘、通天石缝、层层石阶则是引导游人向高处探索的信息之"路"。嶂石岩地貌中的造型景观十分丰富,在石英砂岩岩层中还夹杂着大量有趣的波痕石、龟裂石及链状、网状、蚂蟥状等奇形石纹,具有极高的科学研究和艺术观赏价值。③嶂石岩地貌与避暑休闲。华北平原夏季气候十分炎热,而地势高亢的嶂石岩地貌分布区恰好成为气候"凉岛",是极好的避暑消夏之地;山势变化造成林木成层、季相多变,云雾、云海、冰柱、瀑布,乃至佛光等自然现象以及偶尔出没的野生动物更为其增添了休闲旅游价值。④嶂石岩地貌是重要的地质、地理科学考察与科普园地。嶂石岩地貌既是一种旅游资源,更是一部厚重的太行山地质地貌史志。以嶂石岩国家地质公园为例,已提出嶂石岩地貌发育机理、中元古代滨海相沉积环境、红色石英砂岩波痕、泥裂及疑似化石、长城系地层、华北地台双层结构、华北夷平面、新构造运动、太行山的降水中心、暖温带北界、嶂石岩式民居及太行山民俗文化和地质灾害等研究课题。

4. 嶂石岩地貌与丹霞地貌、张家界地貌的比较研究

(1)岩性不同。嶂石岩地貌与张家界地貌、丹霞地貌虽然都属于碎屑岩岩石地貌,但其存在实质性差异。构成嶂石岩地貌与张家界地貌的主要岩层是浅海相厚层石英砂岩,而且其抗拉、抗压、抗剪切强度都较大;而构成丹霞地貌的主要岩层是陆相沉积的沙砾岩、泥质砂岩或泥岩,且常含有可溶性盐类。因此质地较松软,抗拉、抗压、抗剪切强度都很小,且易被溶蚀,甚至发生层状剥蚀。

(2)坡面发育起始位置不同,动力不同,过程不同。由于岩性与营力的不同,造成3种地貌坡面发育的起始位置不同:张家界地貌与丹霞地貌由上而下切割,嶂石岩地貌由侧面向里切割,进而影响整个地貌进程;加之其动力不同:嶂石岩地貌与张家界地貌以重力崩塌为主,丹霞地貌则有化学作用参与,造成最后的地貌骨架和造型景观都有极大差异。

(3)基本骨架不同。3种地貌的基本形态都有"身陡"之共同特征,但只有丹霞地貌松软结构的碎屑岩容易堆积成缓坡山麓;而典型的嶂石岩地貌与张家界地貌一般都没有缓坡山麓,只有满山谷的巨块岩石。

(4)景观造型各异。3种地貌景观造型各有其绝。嶂石岩地貌以壮阔的长墙、幽深的嶂谷见长,细微景观蕴藏其中;张家界地貌以众多的塔柱独领风骚,给人以林立之感;丹霞地貌则为圆润的造型,景物栩栩如生。如表2-5-6所示。

表2-5-6  3种地貌类型特性比较

|  |  | 嶂石岩地貌 | 丹霞地貌 | 张家界地貌 |
|---|---|---|---|---|
| 地层年代 | | 中元古代长城系,距今1.8×10$^9$年 | 中生代到第三纪,距今6.5×10$^5$年 | 古生代泥盆纪,距今10×10$^6$年 |
| 构造运动 | | 强烈抬升 | 上升幅度一般 | 上升幅度小 |
| 作用力 | | 重力崩塌作用明显 | 流水作用、化学作用 | 流水、重力崩塌作用 |
| 岩石性质 | | 石英砂岩夹厚层粘土岩,坚硬 | 砂砾岩,较软 | 石英砂岩夹薄层粘土岩,坚硬 |
| 形象特征 | 色泽 | 红 | 红 | 红 |
| | 山顶 | 平 | 平 | 尖 |
| | 谷坡 | 陡 | 陡 | 陡 |
| | 山麓 | 陡 | 缓 | 陡 |
| | 代表性地貌 | 长墙、Ω形谷 | 方山、一线天沟谷 | 方山 |
| | 整体特征 | 壮阔、雄伟 | 平滑、圆润 | 挺拔、奇秀 |

### 三、中国张家界地貌研究

张家界地貌即张家界石英砂岩峰林峡谷地貌,是砂岩地貌的一种独特类型。2000年以来,"张家界地貌"一说已在国际地质界风起云涌,得到众多权威地质专家的认同。不少国内外地质学家

经过多年研究普遍认为,张家界境内的这种独特地貌,是在某些特定条件的共同作用下,经过几亿年的地质演化形成的,代表的是世界"独一无二"的张家界地质遗迹资源,这一独特地貌可以统称为"张家界地貌"。2010年5月,赵逊撰写的《中国的地质遗产》一文中将"张家界地貌"作为一种单独的地貌类型正式提出,首次得到国际地质同行的认可。

2010年11月9日~11日张家界砂岩地貌国际学术研讨会暨中国地质学会旅游地学与地质公园研究分会第25届年会在张家界举行,与会专家在进行了实地考察,并听取研究课题组关于张家界地貌特征与演化过程的主题报告后,将张家界特征鲜明、规模巨大的独特砂岩地貌类型,确定为"张家界地貌",凡在世界任何国家和地区发现类似张家界石英砂岩峰林的地貌,都可统称"张家界地貌"。自此,"张家界地貌"获得国际学术界认定。会议达成以下共识:①张家界地貌的定义。张家界地貌是砂岩地貌的一种独特类型,它是"在中国华南板块大地构造背景和亚热带湿润区内,由产状近水平的中、上泥盆统石英砂岩为成景母岩,以流水侵蚀、重力崩塌、风化等营力形成的,以棱角平直的高大石柱林为主,以及深切嶂谷、石墙、天生桥、方山、平台等造型地貌为代表的地貌景观"。②张家界地貌的科学研究价值。张家界地貌发育过程完整,从台地→方山→石墙→石柱→峡谷演化过程清晰,发育时间因素可测性强,在砂岩地貌景观中具有系统性、完整性、自然性、稀有性和典型性等自然属性,于1992年被联合国教科文组织列入"世界自然遗产名录",2004年被列为首批世界地质公园。张家界可作为研究砂岩地貌的典型地点。③张家界地貌美学观赏价值。在张家界世界地质公园区中心部位86平方千米范围内,集中分布了3100多座大小不一、形态各异的峰柱,峰柱高几十米至400米,其柱体的密集度、造型之奇异度、各种砂岩地貌景观的组合有序度、岩石植被、气象因素的色彩鲜明对比度、峡谷与溪流组合的和谐度、地形高低错落相配及各种象形山石景观引人入胜的联想度,都达到了令人赏心、悦目、畅神的最高审美境界。张家界地貌的奇俊秀美在世界山岳景观中所罕见,被评为中国最美的山岳景观之一。④张家界地貌的旅游应用价值。由于其科学内涵丰富,自然生态和美学观赏价值高,张家界成为重要的地质、地理科普教育基地和绝佳的自然游览休闲胜地,每年吸引国内外游客300多万人次前来考察游览,旅游收入促进了地方就业和经济社会的可持续发展,旅游业已成为张家界地区的支柱产业。张家界旅游依托良好的资源和环境,有广阔的发展前景。

赵逊等完成的"张家界地貌造就地质背景和演化进程研究"(2008)在分析大量资料基础上,经旷野观察、分析测试、综合研究得出如下理解:①以国际地层分别方案,厘定张家界地质公园范畴内志留系、泥盆系、石炭系、二叠系的年代地层体系归属,为本区地貌成因分析提供了年代地层学和岩石地层学依据。②最重要的成景地层中、上泥盆统的云台观组和黄家磴组的砂岩中,石英含量达90%以上,多为硅质、铁质胶结,沉积岩相和厚度受北东向同沉积断层控制,名胜区属高能滨海沉积,并有多样物源,造就了巨厚的成景岩层。③认定侏罗纪燕山运动主幕奠定了张家界世界地质公园地区布局格架,三官寺次级向斜近转动端核部同期造就3组节理,是张家界石灰岩峰丛像树林一样的山峰地貌的特定布局条件。④经实测和统计分析,本区发育倾角近垂直的3组节理,走向分别是(或近于)北东—南西、北西—南东和近南北,在差异部位分别控制着峰柱的棱面和峰丛的展布。⑤夷平面和张家界地貌的造就进程。湖南大湘西面(峰岭面)造就于2300万年前的古近纪末;索溪浴深入谷地新近纪迟钝上升造就宽谷,称索溪浴期切割;大量像树林一样的山峰、峰丛、峰墙散布于宽谷中;其底部为张家界宽谷面或沟壑,在索溪浴深入谷地之中发育;澧水期切割产生于250万年以来,正是因为地球层壳抬升,溪泉下切,在张家界宽谷之内再次下切造就沟壑地貌并改革前期索溪峪切割造就的谷地(宽谷、沟壑)和谷中像树林一样的山峰、峰丛,在谷地中,沿河造就5级~8级阶地。

吴中海、赵希涛(2010)通过对该区的岩石地层、地质构造和地貌特征的系统调查分析,发现武陵源石英砂岩峰林地貌的发育演化可大致归纳为以下6个阶段:①距今约4.4亿年~2.5亿年间的准地台区滨海沉积过程——沉积盖层发育阶段。在此期间,该区处于相对稳定的地台型滨海地区,沉积了厚层的滨海相砂泥岩、砂岩和灰岩等沉积地层(志留系、泥盆系和二叠系)。其中,在距今约3.6亿年~3.0亿年期间,该区可能曾经历过地壳抬升而出露地表,使得泥盆系砂岩遭受长期风化,在顶部形成厚度不等的红色铁质风化壳——俗称"铁帽"。随后的地壳沉降又形成了平行不整合地覆盖在砂岩之上的二叠系中厚层灰岩。②距今约1.5亿年~1.0亿年间的燕山运动所导致的逆冲褶皱过程——造山隆起阶段。在晚侏罗世—早白垩纪世的燕山运动期间,在北西—南东向的强烈挤压作用下,武陵山地区的沉积地层普遍发生逆冲褶皱变形,尤以褶皱作用最为显著,形成了背斜与向斜相间分布的构造格局。圆穹状的武陵源向斜即形成于此期间。在地层褶皱变形的同时,整个武陵山地区开始抬升,逐渐脱离了之前的滨海环境而隆起成山。③距今约0.6亿年~0.3亿年间(古新世—渐新世)的剥蚀夷平过程——湘西期准平原状高原面形成阶段。在燕山运动逐渐减弱之后,武陵山地区隆升成为高原山地,地势起伏远大于现今。在之后的地壳相对稳定过程中,地表经历了长期的剥蚀夷平作用,形成了整体海拔可能在2000米以上的低缓起伏的准平原状高原地貌。这时的高原面就是所谓的湘西期夷平面。④晚渐新世—中新世期间的夷平面切割解体过程——武陵源期切割阶段。伴随喜马拉雅运动的逐渐兴起,中国东部地区又进入新一轮的地壳变动中。在晚渐新世—中新世期间,中国东部发生了强烈的地壳差异升降运动,特别是第二大地貌阶梯相对于第三地貌阶梯的抬升过程,最终导致了湘西期夷平面的解体和随后的山地强烈切割过程,这是中国东部山岳地区普遍存在的、最重要的一个河流切割阶段,其中河流的切割幅度多在600米~800米或以上。受到下伏地层的影响,这一切割过程在武陵源地区可被划分为两个阶段:第一个阶段,河流下切至二叠纪灰岩底部后由于受到下伏的厚层石英砂岩顶部坚硬的"铁帽"层的阻挡,使得下切过程暂时停顿,转而变为以侧蚀拓宽作用为主。但由于当时地势差较大,在长时间的较量中,河流最终切穿"铁帽"层进入了下伏的厚层石英砂岩中,从而进入第二个下切阶段。由于石英砂岩地层在燕山运动期间受构造应力作用而形成了众多不同方向的节理和裂隙,因而在该阶段,伴随河流的下切和溯源侵蚀,地表水流顺先期形成的节理和裂隙对岩层进行切割和分离,也造成了相应的崩塌,砂岩峰林地貌的雏形开始出现,只不过由于在切割的初期,峰林地貌可能不完全是当时的主要地貌形态,最高峰林也不会超过300米,而隘谷、障谷、峰墙、陡壁长崖和高大的河流裂点可能会占据相当重要的地位。⑤上新世期间的侵蚀夷平过程——澧水期宽谷形成阶段。在此阶段,由于地壳相对稳定,气候进一步变冷,以及下伏的志留纪砂泥岩地层相对易侵蚀等特点,都有利于河流侧蚀拓宽作用的进行。地貌演化进入了新的阶段——澧水期的侵蚀夷平过程。在此阶段,澧水、溇水和索溪峪等河谷的大部分地段都形成了宽阔的河谷地貌——即现今可观察到的高出河床150米~200米左右的澧水期宽谷面。在索溪峪河上游的武陵源地区,侧蚀拓宽过程必然造成云台观组砂岩地层的崩塌、崖坡后退,从而使得早期的峰墙、长崖、障谷、隘谷和河流裂点等被进一步分割、解体,砂岩石峰、石柱逐渐增多,武陵源砂岩峰林地貌逐渐成形。⑥第四纪时期的河流切割和溯源侵蚀过程——索溪峪期切割阶段。进入第四纪期间,随着地壳再次抬升,河流回春,下切作用复盛,河流在切割了澧水期宽谷面之后,这一阶段的下切幅度在150米~

200米左右,由于下切是阶段性的,在澧水、溇水和索溪峪等流域的河谷中形成普遍可见的6级~7级河流阶地。在索溪峪河上游的武陵源地区,由于河流主要发育在厚层石英砂岩中,河谷较窄,河流阶地不甚发育,河流主要表现为强烈的溯源侵蚀作用。通过强烈的溯源侵蚀作用,河谷及支谷进一步向山脉腹地延伸,厚层的石英砂岩地层被进一步切割、分解,石英砂岩峰林发育的面积不断扩展,现今的砂岩峰林地貌最终形成。

平亚敏等(2011)根据阶地、溶洞等不同层状地貌的对比,张家界砂岩峰林的"雕刻"始于中更新世(距今50万年~70万年),即在这一时间,索溪峪河开始下切砂岩的顶面,此后越切越深,形成了今日之峰林地貌。研究认为,张家界地貌可以分为剥蚀地貌(如张家界峰林、云南石林、克什克腾青山山顶的壶穴等)和堆积地貌(如溶洞中的钟乳石等)。前者开始形成的年代,由于缺少测年对象,很难确定。剥蚀地貌的年代可以通过寻求其与堆积地貌之间的相关性来确定。虽然张家界砂岩峰林地貌形成年代很难确定,但河流阶地、岩溶洞穴、砂岩峰林这些不同类型层状地貌是在统一的造貌作用下形成的,它们之间存在着必然的联系,因此可以通过这些不同层状地貌上沉积物的直接测年并进行区域综合对比,进而获得砂岩峰林地貌的形成时代。还进行了详细的野外地貌综合考察和地层剖面实测,并在室内利用热释光法、电子自旋共振法等现代测年技术,测得了张家界地区河流阶地和溶洞的年代。该研究首次确定了张家界砂岩地貌形成的精确时代,弥补了张家界地貌研究上的空白,其成果对于提升张家界砂岩峰林地貌的科学价值具有十分重要的意义,也为其他剥蚀地貌的年代学研究提供了新的思路和研究方式。

为了更加深入发掘张家界地貌的科学内涵,提高国内和国际知名度,武陵源区人民政府与中国科学院地理科学与资源研究所于2011年4月成立了张家界地貌联合研究中心,共同研究"张家界地貌地质特征及其地质景观成因研究"项目,旨在更好地保护张家界这一具有重大价值的地质遗迹富集区,使之成为全人类共享的珍贵地学遗产地。该项目重要研究内容:①河流水文泥沙特性与产流产沙过程研究,研究产流、汇流机理,流域侵蚀机理,河流悬移质输沙特征及其与流域自然地理因子(降水、岩性、地形、植被等)与人类活动的关系;②河流水沙变化对于气候变化与人类活动的响应;研究水沙变化与气候变化之间的内在联系,预测未来气候变化背景下河流水沙特性的响应;研究人类活动对于水沙变化的影响,预测未来的变化趋势;③河流产水产沙的模拟,建立数学模型模拟产水、产沙过程,进行情景分析,预测未来水沙变化;④历史洪水研究,分析确定洪水频率曲线,查明决定不同粒径巨砾运动的特大洪水的量级和频率;⑤水系河网与河谷特征及影响因素,分析景区河网形态特征、河网的分形特征、河网密度空间变化特征,研究影响景区河网发育的影响因素。分析风景区主要河谷形态及沿程变化特征,研究河谷形态特征与流域汇流面积、岩石组成、地质构造等因素的关系;⑥河流河床地貌特征及其调整过程,观测和分析景区满足要求河流河床纵横断面形态、河床床面组成和床面形态特征及其空间变化,研究不同粒度砾石磨损搬运过程。研究河床组成,床面形态及河床纵横断面形态与河床形态及水流条件的关系;⑦地表侵蚀过程及地貌发育阶段,分析景区现代侵蚀速率和历史侵蚀强度,研究风景区历史和现代侵蚀发育过程以及风景区河流地貌和砂岩景观发育历史。

**四、中国岱崮地貌研究**

岱崮地貌是沂蒙山区特有的一种地貌景观,过去在地貌学上称之为"方山",人们通常叫做"崮"。"崮"的顶部平展开阔,峰巅周围峭壁如削,峭壁下面坡度由陡到缓,远处观望,像是戴着平顶帽子的山头。"崮"的成因主要是古生代寒武纪灰岩经受了强烈的地壳切割和抬升运动,地壳切割和抬升运动区经过侵蚀、溶蚀、重力崩塌和风化等多重地质作用,形成了现在外表呈圆形、山顶平展、周围峭壁如削、峭壁以下陡坡逐渐由陡到缓的崮,多呈驼、帽、桌和鸡冠等形态。主要分布在蒙阴、沂水、沂源等鲁中南山区,较为知名的有上百座,有"沂蒙72崮"之说,形成了美丽的沂蒙"崮"群。在临沂市蒙阴县岱崮镇就分布了30余个"崮",数量多,造型美,分布密集,在中国造型地貌中首屈一指,在世界造型地貌上也十分罕见。抱犊崮、吴王崮、孟良崮、纪王崮、岱崮、板崮、卧龙崮和唐王崮等是典型崮群。

中国科学院地理科学与资源研究所研究员、首都山区新农村发展研究中心主任张义丰带领课题组,在进行北京山区与鲁中南山区生态与新农村发展对比研究中,发现了"崮"这一独特的造型地貌。随后,中国科学院地理科学与资源研究所组成课题组,对全国崮型地貌进行了系统研究,并且深入岱崮山区进行了实地考察,并与中国几种主要造型地貌中的"丹霞地貌""张家界地貌""嶂石岩地貌""喀斯特地貌"进行对比研究。一致认为,"崮"在中国北方个别地方虽有分布,但比较分散,地貌特征不明显,而岱崮镇在方圆10千米内就聚集了30余个崮,具有分布集中、类型齐全、造型秀美的突出特点,是中国崮型地貌最典型的区域,在中国造型地貌中比较稀缺,在世界造型地貌上也属罕见。2007年8月20日,"中国岱崮地貌"论证会在蒙阴县召开。会上,由北京大学崔之久、中国科学院地理科学与资源研究所杨逸畴、青岛大学孙文昌等地质地貌专家组成的评审委员会一致同意命名为"岱崮地貌",并列为继"张家界地貌""喀斯特地貌""嶂石岩地貌""丹霞地貌"之后的中国第5大造型地貌。

"崮"的成因主要是古生代寒武纪灰岩经受了强烈的地壳切割和抬升运动,地壳切割和抬升运动区经过侵蚀、溶蚀、重力崩塌和风化等多重动力作用,形成了现在外表呈圆形、山顶平展、周围峭壁如削、峭壁以下陡坡逐渐由陡到缓的崮,多呈驼、帽、桌和鸡冠等形态。这种在世界上极为罕见的地貌类型,在世界地质学上,并不为绝大多数地理专家和学者认知。岱崮的地质构造是在燕山运动和新构造运动的作用下形成的单斜断凹构造,属中山丘陵地带。岱崮地貌的发育,首先是岩层的平缓和岩性的软硬相间,质地坚硬的古生代寒武纪灰岩为主要成景地层,经受了强烈的地壳切割和抬升运动,特别是断裂构造和节理裂隙的控制。落实到岱崮地区,主要是手马子石沟断层和尹家洼断层等南北向的断层,及其相配套的东西向和北西、北东向断层的控制,决定了岱崮地貌的分布格局与基本形态。岱崮地貌经过长期的侵蚀、溶蚀、重力崩塌和不断的风化等多种动力作用,遂形成了现在屹立于齐鲁平原上,外表呈圆形、山顶平展的崮。由于岱崮地貌的发育阶段的差异,因此崮的形态会有不同和高矮不一,而以南岱崮和北岱崮最为典型。岱崮高低不同,主要集中在海拔400米~600米之间,分布的聚集度不同,坚硬层的厚度也不同。

岱崮地貌集风景旅游、生态旅游、农业旅游、乡村旅游和文化旅游于一体,具有观光、休闲、度假和科学研究等多种功能的旅游开发价值,是宝贵的旅游资源。应加强"岱崮地貌"调查评价,编制总体规划,建立景观保护区,加快景区景点开发建设,将它建成集地质旅游、地质院校实习、地学科普于一体的"岱崮地貌"公园,努力打造"中国岱崮地貌风景区"。

# 第十一节　中国地貌实验模拟与制图研究

## 一、中国地貌实验模拟研究

实验地貌学是地貌学中的一个新兴分支。是在野外或室内用模拟或定位观测等方法研究地貌的形成过程、影响因素和演变规律的科学。它可以使地貌学的研究从定性达到定量，进而对地貌的演变进行预测。相似理论和异构同功原理是实验地貌学的理论基础。按实验途径则可分为物理模型和数学模型2大类。地貌学实验始于19世纪末，随系统论和计算机技术的引入，发展很快，目前实验地貌学多用于风沙地貌、河床演变、港口回淤、泥石流的形成等方面的研究。中国的地貌实验开始于20世纪60年代，随着科学技术的不断进步和科学研究的逐步深入，相继建立了流水地貌实验室、坡地实验室、孢粉实验室、沉积物实验室、$^{14}$C实验室，为研究第四纪环境变迁、地貌过程变化提供了重要手段，目前已拥有一批国家重点实验室和省部级重点实验室，如黄土与第四纪地质国家重点实验室、黄土高原土壤侵蚀与旱地农业国家重点实验室、河口海岸国家重点实验室、冻土工程国家重点实验室、地表过程与资源生态国家重点实验室等等，完善和建立了一批野外观测站和实验基地，成为地貌创新研究的重要保障。

中国科学院地理科学与资源研究所地貌实验室创建于20世纪60年代，拥有能够模拟地壳构造运动的抬升装置，居于全国领先地位。1970年～1990年，在河流地貌实验方面，进行了一系列有价值的水槽实验工作，包括弯曲河流、分汊河流、游荡型河流的形成演化过程及其控制因素的探讨。通过构造运动对河型影响研究，揭示了由于地壳构造运动以及由此导致输沙特性变化所引起的不同河型转化和发育规律(洪笑天等，1985；蔡强国，1982)。结合长江中下游分汊河道研究，对于江心洲河型进行实验模拟，表明节点(即束窄段)长度和间距(即宽河段长度)对形成江心洲有明显的影响。当展宽段与束窄段河宽比大于2、长度比大于6时有利于江心洲的发育，与野外观察的情形一致。研究了河漫滩物质结构对曲流发育的影响，以高岭土与细砂混合后作为二元结构上层物质，以砂为下层物质，塑造了弯曲系数达2.35的真正曲流(金德生，1986，1987)。在水库修建后河流再造床过程模拟实验方面，首次将系统复杂响应原理用于水库下游河床演变，建立了水库下游河床演变的复杂响应模式(许炯心，1989)，对沿用30余年的S. A. Schumm提出的河床变形预报模式进行了修正，提出了改进模式(许炯心，2001)。运用过程响应模型实验方法分析了游荡河型发育过程中的时空演变过程，实验验证了其时空演替过程可以相互替代，为空代时假说提供了新的证据(张欧阳等，2000)。这些水槽实验模型包括自然模型和比尺模型两大类，其初始模型河道都设计为顺直河道。关于网状河流的实验研究有别于上述各实验(王随继，2004)，通过对洪水决口后水在洪泛区的漫流、逐渐归并为几条相互连通的河道的过程模拟，再现了网状河道和河间地的形成过程，水槽实验模拟的网状河流与自然界的网状河流具有诸多共同性，从而揭示了天然网状河流的形成原因之一，即通过决口形成的过程和机理。河流地貌实验室关于弯曲河流的水槽模拟实验在国际上具有较大影响，关于分汊河流以及网状河流形成演化的水槽模拟实验具有开创性。20世纪70年代末建成坡地地貌实验室，展开了与坡地水蚀过程及机理方面的室内模拟实验研究，探讨了坡度对坡流、产沙过程的影响(陈浩等，1989)、植被对降雨溅蚀以及降雨特性对溅蚀的影响(蔡强国等,1986,1989),通过模拟实验研究探讨了表土结皮在溅蚀及坡面侵蚀过程中的作用(蔡强国等,1989)。这些模拟实验对坡面侵蚀的相关影响因素进行了多样化的细致分析,产生了一系列研究成果,对于土壤侵蚀规律的探寻及防治具有重要的指导作用。利用相似性原理,在均质人工集水流域中给定雨强的条件下开展了流域地貌发育演变的实验研究(金德生,1995),表明随着时间推移,沟道数目及其长度由少到多而后又逐渐减少,流域地面高程不断侵蚀降低,并且在时空分布上是不均匀的。纵向上,流域中下游侵蚀速率较上游大,呈现溯源发展趋势;横向上,中线侵蚀速率最大并向两侧递减;纵横比降随时间而降低。进一步研究发现(金德生等,2000),产沙过程的震荡性、衰减率随物质变粗而加强,水系河道数目随物质变细而增多,河道随物质变细拉长,分数维值与产沙间是不对称双曲线的非线性关系。曲线的递变率绝对值随时间推移和物质变细而变小,体系体现状况代替时间特征。

北京师范大学地表过程与资源生态国家重点实验室建有土壤侵蚀过程、风沙过程、环境演变过程、景观生态过程、生态系统结构与功能、资源利用与生态—生产范式6个实验平台,并且分别在北京房山、黑龙江鹤山、河北黄骅、河北怀来、内蒙太仆寺旗、陕西靖边建有6个野外实验基地。现有仪器设备736台件,总价值4393万元,其中30万元以上的大型设备32台(件)。实验室以北方半干旱草地与农牧交错带为重点,将生态系统可持续性管理与退化生态系统的恢复重建作为国家目标,将发展资源生态学和多尺度生态系统动力学模型作为科学目标,在地理过程与可更新自然资源合理利用领域,开展多学科综合集成实验研究,形成地表过程、资源生态、地表系统模型与模拟、区域可持续发展模式四大研究方向,为生态脆弱地区土地退化防治和退化生态系统恢复提供系统的技术支持。自2007年建成以来,实验室共承担各类重大重点科研项目31项,发表论文670篇,其中SCI(E)论文169篇,论著25部。另外,实验室还积极承担汶川地震及2008年中国南方冰雪灾害的咨询工作,共完成调研和咨询报告24份。

华东师范大学河口海岸学国家重点实验室拥有宽敞的实验办公大楼和现代化的仪器设备,包括测量流、浪、潮的ADP声学流速剖面仪、恩特柯174SSM自计式海流计、SBE26浪潮仪、测量温度盐度深度的SBE25CDT、测量水深及悬浮沉积物等的449DF热敏式双频测深仪、测量泥沙浓度的OBS-3浊度计和声学悬沙仪、测量水下地形的3050-II旁侧声纳、探测浅海海底结构的GEOChirp浅地层剖面系统、用以精确定位的1008/586全球定位系统(GPS)、GBX-PRO差分定位仪、YSI16920多参数水质检测仪、浅水海流计(2D-ACM)、LISST-25激光测沙仪、ADV三维流速仪、光学后向散射OBS-5浊度计等野外勘测仪器;以及气相色谱/质谱联用仪(GC/MS)、流式细胞仪(FCM)、光子检测系统、等离子发射光谱仪(ICP)、Varian气象色谱仪、LS100Q激光粒度分析仪、交变退磁仪、营养盐自动分析仪、原子吸收光谱仪、碳氢氮硫氧元素分析仪、高效液相色谱仪、TOC分析仪等室内测试分析仪器;还有波—流—变坡泥沙水槽、工作站网络系统和集地理信息系统、遥感图像处理系统与地图出版系统于一体的地理信息和图像处理系统。自1995年运行以来,分别在河口、海岸、沿海灾害、海岸带资源开发与生态环境保护4个方面进行了较高水平的基础性研究。

近年来,实验室围绕研究方向共承担各类课题210项,其中国家级课题57项,包括与中国海洋大学联合主持"中国典型河口—近海陆海相互作用及其环境效应"973项目;省部委课题55项,包括省部委重大(点)项目8项;横向协作课题85项,包括参加如长江口深水航道整治等国家和地方重大(点)工程建设项目有关的课题48项;国际合作课题13项。在国内外发表学术论文530多篇,其中国外刊物71篇,国外文集与丛书26篇,国内重要刊物338篇;SCI检索论文115篇,包括在国际著名刊物(SCI 的 I 区与 II 区)上发表论文 15 篇,出版著作 18 册,获省部级奖 10 项,其中一等奖 3 项,二等奖 4 项,三等奖 3 项,鉴定成果 10 项。在流域入海物质通量变异及其对河口环境的影响、河口盐水入侵规律与淡水资源利用、河口动力沉积过程及其在深水航道工程中的应用、三角洲海岸冲淤演变及其工程应用、河口海岸生物地球化学过程、滨海湿地生态系统结构和功能等领域取得一批有重要影响和创新意义的研究成果,这些成果丰富和发展了具有中国特色的河口海岸学科理论体系,而且有效地解决了长江口深水航道整治工程、长江口淡水资源开发利用、杭州湾北岸冲刷防护等重大(点)工程中的关键科学技术问题,为长江三角洲地区社会经济的可持续发展作出了应有的贡献。此外,实验室充分发挥该学科的特色,积极为国家一些重大建设项目献计献策,在高层次上为国民经济建设发挥了巨大的作用,例如陈吉余院士提出的将浦东国际机场向滩地东移的咨询建议,为国家节省 3.6 亿元的投资。

中国科学院地球环境研究所黄土与第四纪地质国家重点实验室拥有 $^{14}C$ 测年、释光测年、环境磁学、树轮学、稳定同位素、粉尘地球化学、沉积学和孢粉分析等实验室,拥有一批先进的分析测试仪器和样品采集与观测系统。成为中国第四纪全球变化研究的实验基地之一。如 3MV 加速器质谱计(AMS)、放射性碳 AMS 制靶系统、10Be-AMS 制靶系统、超导磁力仪、TL/OSL 释光测量系统、稳定同位素质谱仪(MAT-252、MAT-251、δPlus)、元素分析仪、ICP-MS、X 荧光光谱仪、X 射线衍射仪、激光粒度仪、碳气溶胶分析仪、气溶胶野外采集系统、离子色谱、树轮测量系统、计算机工作站等。形成了比较齐全的地质年代学测试序列和古环境代用指标测试系统。有环境演变、气溶胶与环境、近代环境过程、生物地球化学和地球环境模拟等 5 个研究方向和研究室,涵盖了第四纪研究中不同时间尺度环境演变、年代学与气候代用指标测试分析、计算机模拟研究以及体现过去与现代环境过程相联系的粉尘气溶胶研究等方面,形成了比较齐全的学科布局。实验室瞄准国际前沿,组织国内外科学家共同开展了"季风气候的不稳定性与突变事件""晚新生代风尘沉积与青藏高原阶段性隆升""粉尘与环境""最近 2000 年气候环境序列与预测""黄土高原和中国北方环境敏感区生态环境综合治理及可持续发展"等研究,取得了一批重要基础理论成果。近年承担的研究课题主要有中国科学院重大方向性项目"东亚大陆环境钻探项目"、科技部大型科学试验"我国大陆干旱区和季风区环境科学钻探试验"、与中国科学院大气所共同主持"973"项目"我国生存环境演变与北方干旱化趋势预测研究";主持国家攀登预选项目"东亚古环境变迁",中国科学院"九五"重大项目"亚洲季风气候变迁与全球变化",中国科学院"九五"重点项目 2 项,中国科学院"百人计划"项目 4 项,中国科学院创新工程重大项目 3 项,负责自然科学基金重大项目中二级课题 1 项,优秀国家重点实验室专项 2 项,还主持联合国开发计划署资助项目"西安大气颗粒物的污染控制",获国家自然科学二等、三等奖各 1 次,中国科学院自然科学一等奖 2 次,陕西省科技进步一等奖 1 次。2000 年~2008 年,在国内外刊物发表论文 968 篇,其中 SCI 论文 506 篇(第一作者 162 篇)。

中国科学院、水利部水土保持研究所黄土高原土壤侵蚀与旱地农业国家重点实验室以黄土高原侵蚀环境调控和提高旱地农业生产力为研究方向,以解决黄土高原水土流失和干旱为目标,主要研究土壤侵蚀过程及其调控、土壤侵蚀定量评价新方法、新技术与土壤侵蚀预测预报,侵蚀与干旱逆境下植物生理生态,土壤水分、养分循环机制及其调控,农林草生态系统中水分、养分迁移机制与动力学模式,黄土高原土壤侵蚀环境演变及调控与旱地农业生产力的相互关系。拥有 4 个野外生态网络试验站作为研究与观测基地,同时拥有开展土壤侵蚀与旱地农业研究所需的室内模拟设备及 20 多台套大、中型先进分析仪器,如人工模拟降雨大厅,人工干旱气候模拟厅、遥感和 GIS

系统;拥有双频 RTKGPS 全站仪、等离子光谱仪、原子吸收光谱仪、γ能谱仪、偏光显微镜、激光粒度分析仪、元素分析仪、土壤水分测定系统、数值化网络气象站、植物生长箱、光合与呼吸作用仪、细胞压力探针、数字化网络生态监测系统、根系生长动态监测分析系统等。先后主持承担国家攀登计划、973 计划、863 计划、国家重点科技攻关、国家自然科学基金（重大,重点,杰出青年,面上等项目）等国家级科研项目,中国科学院重大科研项目、中国科学院"百人计划"项目、中国科学院国外杰出人才引进项目等省（部）重大和重点科研项目,以及国际合作项目（主要有中美、中澳、中欧、中英、中以、中日、中韩、中德）等。实验室先后有 24 项成果获国家、省部级奖励,其中国家科技进步一等奖 1 项,国家科技进步二等奖 3 项,省（部）级一等奖 12 项;出版学术专著 35 部,发表学术论文 430 多篇,其中被 SCI 收录 60 多篇。这些科研成果的取得,保证了实验室研究方向的实施,也极大地促进了实验室学科建设和发展。

中国科学院寒区旱区环境与工程研究所冻土工程国家重点实验室研究土、岩等介质冻融过程及相关的力学、物理、化学和生物作用特性、机理和模式,及其在解决工程、环境与资源问题上的应用。拥有 30 万元以上主要仪器设备 18 台(套),分布在 7 个检测室。室内占地面积 3864 平方米,其中恒温面积 1000 平方米。在积极开展冻土基础理论研究方面,承担了国家 973 项目等研究课题,紧密围绕能源、交通、水利等有关的寒区重大工程建设问题进行研究,先后开展了两淮人工冻结凿井冻土壁工程性质研究、安徽淮北等矿井冻融土工程地质性质与评价、南水北调西线方案冻土工程问题研究、青藏公路、青康公路和宁张公路冻土区工程地质勘测及冻土路基工程问题研究、227 国道大坂山隧道修筑技术研究、青藏公路沿线通信光缆定线及埋设工艺研究等,结合青藏铁路建设开展"青藏铁路工程与多年冻土相互作用及其环境效应"重大项目研究,并在高原建立了观测研究站。实验室是长期从事青藏高原冻土与环境研究的主力军,通过多年的冻土研究和资料积累,为青藏铁路的建设作出了重要贡献。上述研究不仅为国家重大工程解决了一批复杂的工程技术问题,取得了明显的社会和经济效益,节省工程投资约 9 亿多元,而且实现了以任务带学科,促进了工程冻土学的发展。实验室承担国家、省部委各种项目 90 多项,取得了一批在国际冻土学前沿领域具有开拓性、突破性或是有明显应用前景的研究成果,发表论文 900 多篇,专著 20 余部,其中 SCI 收录 86 篇,EI 收录 75 篇,1 部专著在国外出版,参编规范 3 部。这些成果的取得,使中国冻土学研究在地下冰成因、深土冻土力学、冻土动力学及未冻水动力学等许多方面已处于国际领先地位,有些成果已被加拿大魁北克交通部收入《北方道路建设指南》,有的已被美国陆军寒区研究和工程实验室学者应用于工程实践。同样许多成果也被中国许多教科书和有关规范收录,广泛应用于工程实践当中。先后获得国家与省部级奖 14 项,其中国家科技进步一等奖 1 项,中国科学院重大科技成果一等奖 1 项,中国科学院科技进步一等奖 1 项,交通部科技进步一等奖 1 项,建设部科技进步一等奖 1 项,中国科学院科技进步二等奖 3 项、三等奖 1 项,中国科学院自然科学二等奖 3 项、三等奖 2 项,获新型专利 8 项。

## 二、中国地貌制图研究

地貌图是反映自然资源,自然条件以及生态和地理环境的重要基础图件之一,是研究气候变化、环境保护、灾害监测等必不可少的基础资料,也是农业、林业、水资源等区划或规划、地域性工程建设,以及军事和科研部门与公众教育等必备的参考资料。地貌图既是地貌学研究的重要内容,也是地貌学研究成果综合体现,可以较为全面地反映中国地貌学研究的进展和水平。由于地貌图具有各类地貌的空间分布、组合结构、发育阶段等规律性的表现,所以,它往往比文字说明更富有表达力,便于量算,因而在生产建设和科研等方面有广泛应用。

中国各种地貌类型多样而典型,既有常见的构造地貌、河流地貌、海岸地貌,又有现代冰川和古代冰川作用遗迹、冻土和冰缘地貌、沙漠与戈壁等特定气候条件下的地貌类型,还有反映特殊岩性的喀斯特地貌、黄土地貌和红层、花岗岩地貌等。中华人民共和国成立以来,地貌工作者在野外实地调查,室内实验分析,基础理论研究,应用生产实践等方面开展了大量工作,积累了多方面,丰富的地貌科学资料,不仅极大地促进了我国地貌学的发展,而且在国家经济建设,社会发展等方面均已发挥重要作用。在中国5000年文明历史的长河中,地图学源远流长。古代数以千卷的地方志所附的山川地理图,可视为现代地貌图的雏形。马王堆所出土的地形图,则是一幅最早的原始地貌图。1950年以前,中国地貌制图研究较为零散,1947年陈述彭利用1∶5万地形图作出遵义附近相对地势图,并根据相对地势的分级进行地貌分区和土地利用关系的分析,这是中国较早的地貌量计图。

系统化的地貌制图工作始于20世纪50年代。大规模的社会主义建设事业对地貌图提出了一系列新的要求,使中国地貌制图研究得以蓬勃发展,相继编辑和出版了大量、多种比例尺的地貌图。如在水土保持、砂矿勘探、水文地质和工程地质等方面以及在制图生产上,都根据各自的特点编制了大量不同比例尺的地貌图、探讨黄土地貌侵蚀发育规律。中国科学院黄河中游水土保持综合考察队曾编制了一系列的黄土地貌图,在水土流失规划中起到重要作用。在编制重点地区大比例尺地貌图的基础上,还编制了专门为水土保持规划使用的中小比例尺的区域性地貌图,如《1∶100万黄土高原水土流失与水土保持图》(罗来兴等,1965)。又如在水文地质勘测方面,按作业规范要求编制了大量1∶20万地貌图,这些地貌图在配合寻找水资源方面起到很大作用。一些单位为满足教学需要,还编制了小流域综合性地貌图集。1956年在中国科学院自然区划工作委员会支持下,编辑了《中国地貌形成构造条件图》《中国地表切割程度图》等系列地貌分析图,并在中国地貌分类体系、制图理论和方法等方面积累了丰富的经验。在大量科考任务中,地貌制图一直是其中的重要内容。例如,以1956年~1959年期间的新疆科考工作为基础,编制出版了《新疆地貌》。1958年编制的《中国陆地地貌成因类型图》从地貌成因类型和分类等级观点划分中国陆地地貌为五大类、34个亚类,这是中国第一个全国地貌类型图。20世纪50年代末~60年代,以地貌区划为中心的地貌制图研究是中国地貌制图史上重要的发展时期,曾编制了一系列地貌分析图,如《中国地貌形成构造条件图》《中国地表切割程度图》《中国岩性分布图》《中国喀斯特地貌类型区划预测图》等,同时,云南、安徽、山东、东北、华北等省、区相继编制了地区性地貌区划或类型图。在此基础上编制了《1∶400万中国地貌类型图》和《中国地貌区划图》。该类型图的图例分为3级:第一级是堆积平原、剥蚀平原、高原、台原、山地;第二级是具体成因;第三级为基本的制图单元,包括45个具体的形态成因类型。它把制图分类和分级结合起来,概括了全国的地貌类型,图例系统比较简明。这一时期在分类系统的建立、制图理论和方法的探索上都积累了一些经验。1964年,中国科学院地理研究所结合黄淮海平原旱、涝、碱和洪、淤、沙的综合治理工作,以华北平原微地貌为重点,经过野外考察,开展了平原地貌图的编制工作。采用1∶5万地形图,共编绘了1300余张,最后缩编成《黄淮海平原地貌图(1∶50万)》。应用数量分析方法研究黄土区的侵蚀地貌,结合野外考察,应用大比例尺地形地貌制图方法进行详细的地貌量测等(刘东生,1965)。1957年,陈述彭打破传统地图的观念,设计编制《中国地形鸟瞰图集》,从不同视角和高度俯瞰地球,以三维立体彩色晕渲展示中国自然区域的地理景观,出版后在国内引起强烈轰动。该图把透视点放在外层空间的高度上。这种从空间的高度来研究国土的构思,反映了陈述彭当时从宇宙观测地球表层的憧憬。1998年,美国地理学会为此授予陈述彭金质奖章,称其为"在发射人造卫星以前东半球第一位创作这种意境地图的科学家"。国家地图集是一个国家文化水平和地图科学水平的标志之一。

20世纪70年代,地貌制图开始向部门地貌和专题性地貌制图方向发展。沙漠和冰川制图得到迅速发展,继《塔克拉玛干沙漠地貌图》之后,中国科学院沙漠研究所除采用野外实地考察外,还采用定位或半定位方法研究风蚀与风积地貌(朱震达,1993;吴正,2004),在1974年和1979年相继编制了《中国沙漠分布图(1:200万)》《中华人民共和国沙漠图(1:400万)》,其形态特征的真实性和分布的规律性都较强;1980年出版的《托木尔峰地区冰川地貌图》,主要以外力过程划分类型,并详细表示了冰川地貌结构,这一分类思想和表示方法区域地貌图的编制有较大的参考价值。中国科学院地理科学与资源研究所采用自然资源开发和环境综合治理相结合,研究编制了大量部门地貌图和专题应用地貌图,如《北京农业地貌图(1:10万)》《封丘农业地貌类型图(1:5万)》《新乡地区农业地貌类型图(1:20万)》《酒泉专区地貌类型图(1:50万)》《红水河流域喀斯特与地貌图(1:50万)》《黄土高原地区侵蚀强度和侵蚀类型图(1:50万)》《青藏高原第四纪冰川遗迹分布图(1:30万)》《中国第四纪冰川图(1:50万)》等,还有区域图和地貌专著中所附的普通地貌图,如《青海地貌图(1:100万)》《新疆地貌》中1:250万新疆地貌图、《西藏地貌》中1:250万西藏地貌图、《青海可可西里地区自然环境》中1:100万青海可可西里地区地貌图以及国家自然地图集中的地貌图、典型地区地貌图等。以国家六五、七五全国海岸带和海涂资源调查工作为基础,完成了《全国海岸带1:20万地貌图》的编制和出版。

20世纪70年代末80年代初,为了摸清中国自然条件和自然资源的家底,国家部署了符合中国空间尺度及环境特点的1:100万专题地图的编制工作。其中1:100万地貌图的研究列为1978年~1985年科学技术规划重点项目108项的第1项(农业自然条件,自然资源和农业区划的研究)和全国自然科学规划中地学规划的第五项(水土资源和土地合理利用的基础研究)的研究课题。为了贯彻落实1978年~1985年全国科学技术规划,受国家科委,中国科学院和农林部的委托,国家科委、中国科学院和农林部于1978年正式提出编制包括1:100万中国地貌图在内的全国一套自然条件与自然资源图的任务,并将编制地貌图的任务委托中国科学院地理研究所组织全国有关单位共同完成。中国科学院地理研究所积极响应,马上组成了以沈玉昌先生为首的工作组,并于同年11月在重庆召开了全国地貌制图会议的预备会。1979年3月,又组织编写了《1:100万中国地貌图制图规范》和《1:100万中国地貌图分类系统与图例系统说明》(讨论稿),并部署了全国范围内的样图试验。至1989年,共有15幅地貌图和总图例由科学出版社出版。此项工作,前后历时10年,全国60多个单位的300多位专业人员参加了工作。1:100万地貌图图例系统以地貌形态成因为基本原则,注重外营力地貌表示,客观地反映了中国地貌规律,便于生产上应用,在国际地貌制图中也很有特色。《中国1:100万地貌图规范(试行)》对中国1:100万地貌图的性质、内容、图例系统、成图精度要求和编织工艺方法等方面内容作了统一规定,对地貌类型的划分进行了详细论述,在中国地理与环境制图中尚属首次,在国际上也很少见,可以说是中国地貌制图研究中科学化规范化的里程碑。但由于种种原因,百万系列地貌图的编制工作没有得到进一步发展,地貌图编制工作也一度中断,全国1:100万地貌图仅完成了15幅试验样图的编制和出版。为了推动地学信息图谱的研究工作,使其不仅具有概念和理论的探讨,而且具有明确的应用研究目标,以"中国地貌空间格局及其演化机理"作为研究对象,试图由此而建立起地学信息图谱理论与方法体系。

近20多年来,地貌制图发展很快,国际地理学会(IGU)曾建立地貌调查与制图委员会,主要致力于大、中比例尺地貌制图手册和指南的编著及1:50万国际地貌图欧洲部分的编制工作。1980年以来,中国也建立了1:100万地貌图编辑委员会,在这一组织推动下,已出版地貌制图规范及其相应比例尺的典型区地貌图。全国性和区域性地貌制图工作都得到了很大发展。特别是进入21世纪以来,地貌制图以卫星遥感影像的使用和计算机技术支持下的数字制图为特征。

近10多年来是中国地貌制图学在过去多年工作基础上取得重要发展的时期。编制了1:400万中国地图及其毗邻地区地貌图,建立了庞大的全国资源环境图形与统计数据库。专题性和部门地貌制图方面,《青藏高原第四纪冰川遗址分布图(1:300万)》《黄土高原地区侵蚀强度和侵蚀类型图(1:50万)》《中国滑坡灾害分布图(1:600万)》《中国泥石流及其灾害危险区划图(1:600万)》,基本体现了中国在这些方面研究的最新成果,地貌制图对地貌制图理论的研究和实际应用具有重要意义。

作为专题地图,地貌图着重反映地貌的形态、成因、发展变化及其空间分布规律,是表达地貌研究成果的一种重要形式,也是区域地貌研究的重要手段和方法。自2001年起,中国科学院地理科学与资源研究所启动了"中国数字地貌研究",全国1:100万地貌图的编制是其中的一项重要任务。在李吉均和周成虎的主持下,邀请国内外地貌学、地图学等学科的老一辈科学家为指导,地理科学与资源研究所协同中国科学院相关研究所以及兰州大学、南京大学等高等院校的100多位中青年学者联合攻关,经过8年,完成了《中华人民共和国地貌图集(1:100万)》的编制和出版。为了推动地学信息图谱的研究工作,使其不仅具有概念和理论的探讨,而且具有明确的应用研究目标,中国科学院地理科学与资源研究所资源与环境信息系统国家重点实验室以"中国地貌空间格局及其演化机理"作为研究主题,试图由此而建立起地学信息图谱理论与方法体系。自2000年起,在中国科学院知识创新工程、国家自然科学基金委员会国家杰出青年基金等项目的支持下,在陈述彭的亲自带领下,中国科学院资源与环境信息系统国家重点实验室启动了《中华人民共和国大地图集》的编制规划,"中国数字地貌图"和《中华人民共和国地貌图集(1:100万)》作为其中任务先行践行。之后,该项工作得到了国家科技基础条件平台建设计划"地球系统科学数据共享网"(2005)、中国科学院知识创新工程三期项目(2006)、国家自然科学青年基金(2005)和中国西部环境与生态科学数据平台(2006)、资源与环境信息系统国家重点实验室基金(2008)等项目的进一步支持,使这项工作得以持续发展。经过3代人、2个时期、持续近30年的努力,《中华人民共和国地貌图集(1:100万)》全面编辑完成,并于2009年出版发行。该图由中国1:100万地貌专题类型图、地貌晕染图(1:200万)、LandsetTM/ETM卫星遥感影像图(1:200万)及地貌特征说明4部分组成,形成74幅地貌图,实现了制图内容和表现形式的创新,获2009年国家科技进步二等奖。全国百万地貌图研究面向国家自然环境与生态调查、区域发展规划等重大需求,在继承前人工作的基础上,经过8年的联合研究与攻关,完成全国1:100万地貌图编制出版和地貌数据共享系统建设,包括3个方面:

数值地貌分类与编码系统和地貌综合定量解析技术体系 在系统研究中国地貌成因与演化机理的基础上,确立了中国地貌条件定量化表达指标体系,提出和构建了中国6级共2 000多种类型的地貌数值分类系统,采用矩阵法,构建了全国统一的地貌类型编码系统;提出了基于地貌单元的多源空间信息融合方法,构建了全国主要地貌类型遥感解析样本特征库,研究和建立了"定位、定量和定性"相统一的地貌遥感解析方法;制定了基于地理信息系统/运用多源遥感信息的数字地貌遥感解析技术规程,形成了"统一科学名词、统一基础数据、统一系统分类、统一解析方法"的数字地貌陆域遥感综合解译的技术体系;在总结前人成果的基础上编制了中国1∶100万海底地貌制图规范。

地图代数的地貌符号系统和自适应地貌可视化系统  以地图代数理论为基础,首次构建了以图斑反映地貌形态成因和以点、线、面符号反映形态结构的地貌符号系统;在地貌制图方法上,采用形态成因逐级细分,构建了形态成因类型的图斑与形态结构类型的点、线、面分层细划再叠置组合的新方法,可供有关图件的编制利用;针对无缝、多尺度地貌信息显示和查询,研发了全自主地貌图自适应可视化系统,率先在国际上开展地图自适应可视化的工作,实现了中国1∶100万74幅图的分幅地貌数据之间及海洋与陆地地貌数据之间的无缝拼接。

中华人民共和国1∶100万地貌图集与共享系统  设计和制造了弹性强、压模不破损、久用不变形、适合巨型图集装订的封面内装结构版,大型地图集蝴蝶装背脊压弧器,实现了大型图集蝴蝶装订方式的复兴和专题内容的现代化结合;在国际大国范围内,率先编制完成了国家级1∶100万地貌图,填补了该领域国内外空白;地貌内容包含74幅,首次实现了百万级专题图的海陆一体化;图集突破已出版百万级专题图的版面设置模式,由地貌专题图、基于SRTM制作的地貌晕眩图、遥感影像图及地貌特征说明4部分内容构成一幅图,实现了制图内容和表现形式的创新;以现代网络地理信息系统为支撑,首次建成了全国地貌数据共享系统。

全国百万地貌图研究成果已在全国土壤环境质量调查、主体功能区划、林业区划、海岸带地貌调查、西部困难地区测图等国家重大工程,新疆、江西、福建等省的主体功能规划,汶川地震遥感应急响应评估等方面得到应用;为"遥感定量协同反演""新疆生态保育与重建区划"等诸多国家项目提供了第一手基础资料,并纳入全国地球系统科学数据共享网,成果的社会效益显著。全国百万地貌图研究成果已得到国内外同行的认可,部分成果获得重要科技奖励,如2007年获得新疆维吾尔自治区科技进步一等奖、2008年度获得福建省科学科技进步一等奖。

# 第六章 中国地貌学展望

## 一、现代中国地貌学研究存在的主要问题

虽然中国地貌学研究取得了较大的进展,但也暴露出很多问题,严重地影响着地貌学的发展,同时也使得地貌学未能在国家重大建设需求方面发挥更大的作用。

中国地貌学的研究面临着较多深层次的危机和挑战:①作为一个学科,地貌学缺乏直接依托的国家部门或产业部门,虽然许多重大项目离不开地貌学的工作,但难以独立争取到国家重大项目,从而制约了学科发展;②中国地貌学的研究宏观与微观、静态与动态、地貌理论与工程实践的结合明显不足,许多方面与国外差距明显,研究成果缺少原创性的科学发现,由中国地貌学家首次发现的自然规律、首次提出的概念、方法、理论与技术还不多,中国对国际地貌学的理论贡献还较小;③地貌学各分支学科逐渐独立和分离,分支繁多,主干衰弱,体现地貌整体性的构造地貌学、气候地貌学、区域地貌学、理论地貌学、动力地貌学的研究者较少,这不利于地貌学整体的发展,继而也会反过来影响部门地貌学的发展。如何很好地处理和协调分支与主干的关系、保持作为整体的地貌学的繁荣是一个需要解决的问题;④地貌学研究面临经费不足、实验设备老化、人才流失的问题,综合性大学地貌专业不再开设,科研单位专设地貌研究部门取消,造成人才培养机制人为削弱,研究队伍严重萎缩。同时,基本水文、气象和其他数据的行业垄断封锁现象十分严重,使地貌学研究面临很大困难,在不少领域与国际先进水平已经缩小的差距又重新加大了。

## 二、中国地貌学发展展望

近年来,随着国民经济的快速发展,国家建设中重大问题的解决迫切需要地貌科技工作者提供更加有力的科学技术支撑。伴随人类社会经济的进一步发展,应用(工程)地貌学、动力过程地貌学、灾害地貌学、城市地貌学、旅游地貌学等新兴学科进一步蓬勃发展;海陆交互作用及陆地地球系统的研究需要河口海岸动力学有一个较大的发展;地貌学与其他相邻边缘学科交叉与融合的趋势越来越强,并会产生一些新的增长点;航天事业的发展使研究构造地貌学、星体地貌学更加容易,网络技术和数字地球的发展将是全球的地貌成果交流愈来愈便捷。

中国地貌学 21 世纪的发展目标应包括:①建立有中国特色的地貌学基本理论;②由地貌大国变为地貌学大国,成为国际地貌学舞台的主角之一;③以高水平的基础性、前沿性、前瞻性、战略性成果,使地貌学为 21 世纪国家资源环境战略决策发挥不可替代的作用。

(1)加强地貌学基本理论研究。进入 21 世纪以来,国际地貌学的发展明显加快,在新的技术进步推动下,现代过程和历史过程两个方面都不断走向深入。观测技术不断精细化,对自然过程的定量化程度不断提高,基于物理学与数学新方法的模拟技术不断完善,基于 GIS 技术平台将过程与格局研究融为一体的方法体系不断改进。在冰芯、黄土、实施、湖芯等样品高分辨率分析技术的支撑下,地貌历史过程和环境演化研究取得新进展,地貌学家在全球变化研究领域中更加受到重视。在地貌学发展史上出现过以 M. Davis 的侵蚀循环为代表的基本理论,这是最早的研究范式。

从20世纪50年代以来,先后经历了计量革命、过程研究、地貌系统、有物理基础的数学模拟等研究范式,到今天研究的深度与广度空前提高,是地貌学历史上任何一个时期无法比拟的。在国际上地貌学各分支学科都取得了突飞猛进的发展,相形之下,原有的地貌学基本理论已十分落后。我们正处在突破旧的基本理论、建立新的基本理论的前夜,应该在建立新的地貌学基本理论方面取得突破。目前,应关注下列重要生长点:①陆海交互作用;②山地灾害性地貌与区域可持续发展;③地貌系统中物质通量变化与人类活动及气候变化的关系;④地貌系统中生物与非生物过程的相互作用;⑤地貌过程中的频率—量级关系、尺度效应、临界现象与复杂响应过程;⑥地貌系统中的多相流研究(如河流系统中的固液两相流、风沙系统中的风沙两相流、泥石流系统中的水土气三相流、喀斯特系统中的固液气溶解质多相流)。应该从世界上独一无二的优势地貌条件(如青藏高原、黄土高原、黄河等多泥沙河流、西南喀斯特等)出发,开展基础性研究,使中国在国际前沿占据重要地位。

(2)加强应用地貌学研究,更好地为国家建设的重大需求服务。虽然地貌学是一门与国家资源、环境和发展有密切关系的学科,但地貌学家在这一领域的国家决策中尚未占据应有的地位。应该以高水平的基础性、前沿性、前瞻性、战略性成果使地貌学在21世纪国家资源环境战略决策中发挥不可替代的作用,应该凝聚研究力量,将学科发展与解决建设的重大问题紧密结合起来,争取承担为国家建设服务的重大项目,以这些项目的完成带动学科的发展,这既是地貌学所肩负的责任,也是地貌学自身生存与发展的必由之路。

(3)加强动力地貌过程研究和实验研究,应该从静态研究转向动态研究;从格局的研究转向过程的研究,从而阐明机理,预测未来。应加强观测数据的统筹设计,实现数据共享,并加强实验室建设,使野外实验、室内实验和数学模拟成为地貌学发展的主要支撑条件。应周密规划、统一布局,建立全国性野外观测网络,实现观测技术与操作程序的标准化。加强实验室建设,引进先进的实验技术,如高分辨率测年技术、模拟实验的过程控制与数据自动采集技术等。

(4)发展数字地貌学,结合"3S"技术与野外工作,建立全国地貌数据库,实现GIS、数学模型、可视化技术与虚拟现实技术的一体化,进而建立有中国特色的的数字地貌学。

(5)加强人才队伍建设,通过与国外合作推动国内地貌学的发展。

当代地貌学正进入一个发现与深入的新时代,表现在时空上都不断扩大其尺度,向宏观与微观两端伸展,向定量化与实验化推进。现今世界面临人口、资源与环境问题的挑战,故近年用于环境地貌已成为最热门的课题。其内容涉及环境地貌变化过程预测与管理、灾害地貌、国土规划与整治、资源调查与评价等。预计今后将在以下领域有较大发展:①大区域综合研究、建立全球地貌体系;②环境地貌,建立地貌与人的关系;③新灾变论;④地貌过程的动力机制;⑤地表形态数量分析;⑥地表组成物质迁移与成分分析。

# 第三篇

## 中国的地貌类型

- 中国的常态地貌
- 中国的特殊地貌
- 中国的海底、海岸和岛屿地貌

# 第一章　中国的常态地貌

## 第一节　中国的山地

中国山地的总面积为 320 万平方千米,占全国陆地总面积的 33.33%。山地的形成以地球的内力作用为主,也即以地质构造为基础,但同时也经过了外力作用的破坏,其中,褶皱与断裂就是山地在地貌上的主要反映。李四光在 1945 年 1 月 11 日蔡元培诞辰纪念会上,作了《从地质力学观点上看中国山脉之形成》的学术报告,科学地分析了中国的山地系统。

中国是一个多山的国家,高山深谷,纵横交错,不仅构成了中国地貌格局的骨架,决定了中国地貌的主要特征,而且形成地理上的重要分界线。从大陆整体来看,地貌既复杂多样,又错落有序。主要山脉有喜马拉雅山脉、阿尔泰山脉、天山山脉、昆仑山脉、喀喇昆仑山脉、祁连山脉、冈底斯山脉、横断山脉、阴山山脉、太行山脉、秦岭山脉、南岭山脉、大兴安岭山脉、长白山脉、台湾山脉等。中国的山脉,大小相连,各成体系,呈网格状,分布于整个大陆。

表 3-1-1　中国主要山脉

| 山脉名称 | 成因类型 | 跨度/千米 | 平均海拔/米 | 最高山峰 | 最高峰海拔/米 | 备注 |
|---|---|---|---|---|---|---|
| 喜马拉雅山脉 | 年轻褶皱山 | 2450 | 6000 | 珠穆朗玛峰 | 8844.43 | 世界最高峰 |
| 阿尔泰山脉 | 褶皱断块山 | 2000 | 3000 | 友谊峰 | 4374 | |
| 天山山脉 | 褶皱断块山 | 2500 | 5000 | 托木尔峰 | 7435 | |
| 阿尔金山脉 | 褶皱断块山 | 750 | 4000 | 苏拉木塔格 | 6295 | |
| 祁连山脉 | 褶皱断块山 | 1000 | 4000 | 团结峰 | 5808 | 甘肃最高峰 |
| 昆仑山脉 | 褶皱山 | 2500 | 5000 | 公格尔山 | 7649 | |
| 冈底斯山脉 | 褶皱山 | 1100 | 6000 | 罗波峰 | 7095 | |
| 喀喇昆仑山脉 | 年轻褶皱山 | 550 | 6000 | 乔戈里峰 | 8611 | 新疆最高峰 |
| 巴颜喀拉山脉 | 褶皱山 | 780 | 5000 | 果洛山 | 5369 | |
| 可可西里山脉 | 褶皱山 | 500 | 6000 | 岗扎日 | 6305 | |
| 唐古拉山脉 | 褶皱断块山 | 700 | 6000 | 各拉丹冬 | 6621 | 长江发源地 |
| 念青唐古拉山脉 | 断块山 | 700 | 6000 | 念青唐古拉峰 | 7162 | |
| 横断山脉 | 断块山 | 900 | 4000 | 贡嘎山 | 7556 | 四川最高峰 |
| 乌蒙山脉 | 褶皱山 | 250 | 2000 | 韭菜坪 | 2900 | 贵州最高峰 |

续表

| 山脉名称 | 成因类型 | 跨度/千米 | 平均海拔/米 | 最高山峰 | 最高峰海拔/米 | 备注 |
|---|---|---|---|---|---|---|
| 武陵山脉 | 褶皱山 | 420 | 1000 | 凤凰山 | 2570 | |
| 六盘山脉 | 褶皱山 | 240 | 2000 | 米缸山 | 2942 | |
| 贺兰山脉 | 褶皱断块山 | 150 | 2000 | 贺兰山 | 3556 | 宁夏、内蒙古最高峰 |
| 大巴山脉 | 褶皱山 | 1000 | 2000 | 摩天岭 | 4072 | |
| 秦岭山脉 | 褶皱断块山 | 1100 | 2000 | 太白山 | 3767 | 陕西最高峰 |
| 阴山山脉 | 断块山 | 1000 | 1500 | 呼和巴什格 | 2364 | |
| 燕山山脉 | 褶皱断块山 | 300 | 1000 | 雾灵山 | 2116 | |
| 大兴安岭 | 褶皱断块山 | 1200 | 1100 | 黄岗梁 | 2036 | 黑龙江最高峰 |
| 小兴安岭 | 褶皱断块山 | 400 | 500 | 平顶山 | 1429 | |
| 长白山脉 | 褶皱山 | 700 | 1000 | 白云峰 | 2691 | 吉林最高峰 |
| 太行山脉 | 褶皱断块山 | 700 | 1000 | 小五台山 | 2882 | 河北最高峰 |
| 吕梁山脉 | 褶皱断块山 | 500 | 1500 | 南阳山 | 2830 | |
| 大别山脉 | 褶皱断块山 | 270 | 1000 | 霍山 | 1774 | |
| 罗霄山脉 | 褶皱山 | 400 | 1000 | 南风面 | 2120 | 湖南最高峰 |
| 雪峰山脉 | 褶皱山 | 350 | 1000 | 苏宝顶 | 1934 | |
| 南岭山脉 | 断块山 | 550 | 1000 | 苗儿山 | 2141 | 广西最高峰 |
| 武夷山脉 | 褶皱山 | 500 | 1000 | 黄岗山 | 2157 | 福建、江西最高峰 |
| 五指山脉 | 断块山 | 130 | 1000 | 五指山 | 1867 | 海南最高峰 |
| 台湾山脉 | 断块山 | 320 | 1000 | 玉山 | 3997 | 台湾最高峰 |

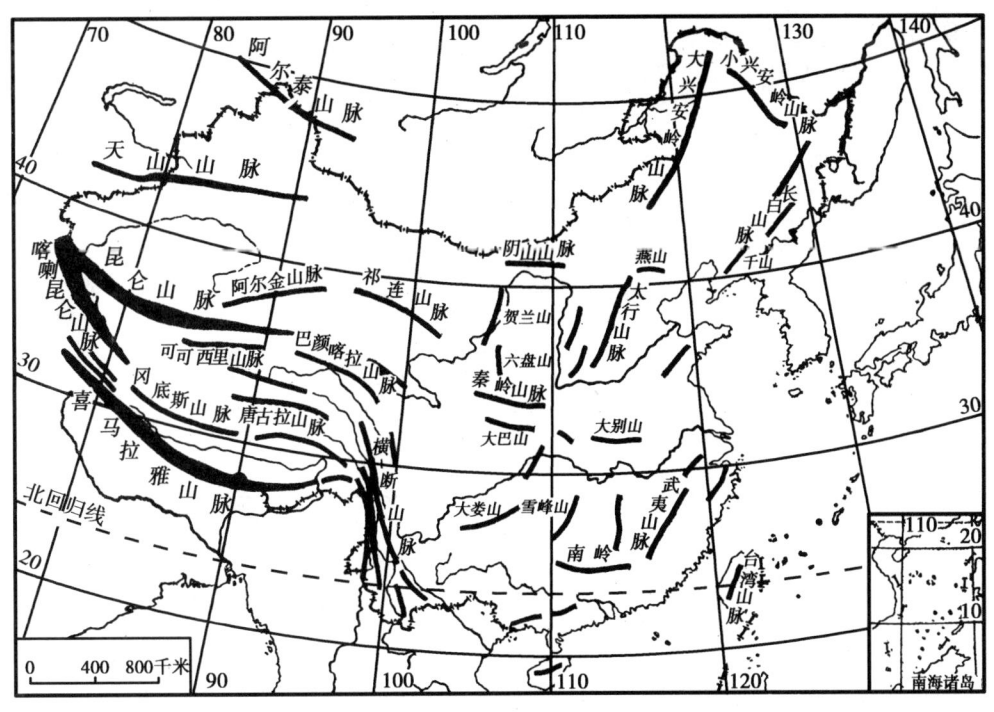

图 3-1-1　中国主要山脉分布图（据席承藩等，1984）

中国山脉的分布具有一定的规律性。从山脉的排列和走向可归纳为东西走向、南北走向、北西走向和北东走向3个大的体系。中国山地系统无论山脉走向如何,均受巨型纬向构造体系、经向构造体系、新华夏构造体系、华夏构造体系以及与之相对应的河西系和西域系等构造体系的控制和决定(表3-1-2)。遍及中国境内纵横交错的山地系统以及镶嵌在其间的平原、盆地(包括海盆),都依附这些构造体系有规律排列着。东部地区山脉以北北东—南南西走向为主,并与东西走向山脉相互交织,把中国大地分隔成许多网格,构成全国山地系统。镶嵌于这些网格中的分别是高原、盆地、平原和海盆,从而构成了中国地貌网格状分布格局(图3-1-2)。

表 3-1-2  中国大地主要构造类型及特征

| 构造类型 | 构造特征 |
| --- | --- |
| 纬向构造体系 | 包括若干巨型复杂的东西构造,每个复杂构造带自成一个体系;主体是由走向东西的褶皱带和挤压性断裂带构成,有扭断裂与之相交,张断裂与之垂直;走向基本与纬线平行,向东西方向延展 |
| 经向构造体系 | 构造体系的主体是由走向南北的挤压带即单式和复式的剧烈褶皱带构成;走向大致与经线平行,向着南北方向延伸 |
| 扭动构造体系 | 由于地壳组成的不均一性,导致局部地区发生扭动而形成;把直线扭动形成的构造称为扭动构造体系,如多字型、山字型、棋盘式、入字型等构造;把曲线扭动形成的构造称为旋扭构造体系,如歹(之)字型、带状、莲花状等构造 |

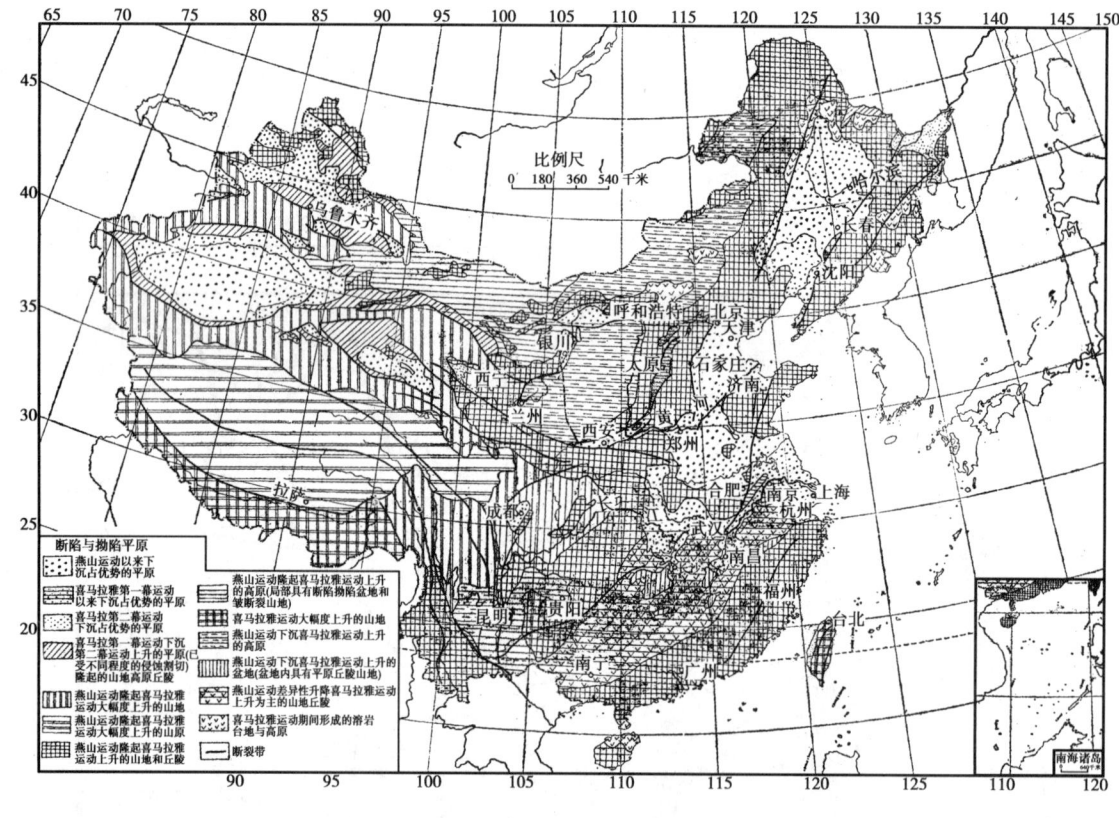

图 3-1-2  中国构造地貌略图

## 一、东西走向的山脉

这是在巨型纬向构造体系上形成山脉,是地球自转速度由慢变快的变化,两极物质向赤道挤压而形成的山脉。在中国表现出来的有3列,从北到南为阴山—天山山系、秦岭—昆仑山系与南岭山系。

这3列东西走向的山脉，距离大致相等，相距各约8个纬度，具有明显的等距性。西部的昆仑山、天山海拔高度多在4000米~5000米以上，成为青藏高原、塔里木盆地、准噶尔盆地之间的天然分界。东部的阴山、秦岭海拔1000米~2000米左右，南岭仅1000米上下，也反映了西高东低的总趋势。由于中国东部总的地势较低，这些山脉仍显得高峻挺拔，都是中国地理上的重要界线。如阴山构成了内蒙古高原的边缘，秦岭是黄河与长江、淮河之间的分水岭，更是区分中国南方与北方的重要自然地理界线。南岭虽然山体比较破碎零乱，海拔高度也不大，但它不仅是长江与珠江的分水岭，而且也是华中区与华南区的分界，同样具有自然地理上的重要意义。

1. 阴山—天山山系

大致位于北纬40°30′~42°30′之间，但在局部地区较宽或较窄，走向略有转变。往西，略微偏向西北伸展的趋势，往东，微微有向东北伸展的趋势。山体主要由古老变质岩系、震旦系、一部分古生代与中生代岩层的紧密褶皱和片段的逆掩断裂构成，有些花岗岩体和超基性岩带参杂其中，有压性的劈理，扭压性、张裂性和扭性断裂伴随。这个山系，至少从古生代以来，肯定反复经过多次强烈的构造运动，其中最晚的一次大约在侏罗纪的末期或者侏罗纪以后。这一山系的南部边缘的某些段落，曾经发现过比较强烈的横移断裂的痕迹。这一山系东西横亘长达4000多千米，存在着不少受其他构造体系干扰的现象，如在东北辽河流域，被新华夏沉降带（又称为新华夏系内向斜）压在底下，但在某些地方仍有露头冒出，如辽宁省的铁岭。这条山系原为农业与牧业的分界线。

天山山脉是亚洲内陆中部的著名山系，世界干旱区域的多雨山地之一。东西横亘2500余千米，南北宽度250千米~350千米，西起中哈边境，东至星星峡，在中国境内绵延1700千米，面积57万多平方千米，占新疆全区面积约1/3。山地耸立于准噶尔与塔里木盆地之间，海拔多在4000米以上，位于西段的托木尔峰是天山山脉的最高峰，海拔7435.3米；东段的高峰是博格达峰，海拔5445米，峰上的积雪终年不化，人们称它"雪海"。位于博格达峰山腰的天池，清澈透明，是新疆著名的旅游胜地。山脉由一系列大致平行的北天山、中天山和南天山所组成，山体之间夹有许多宽谷与盆地，如东部有哈密盆地、吐鲁番盆地，西部有伊犁谷地。天山属于比较年轻的山系，形成距今约二三百万年前。距今约1200万年~200万年前，天山在其演化中发生较为突出的变化，东西向分布，条状隆起，形成今天的规模。同时吐鲁番盆地也在此次演化中形成，并由于断裂后的长期沉降，成为中国海拔最低的低地，与博格达峰相映成趣。现代地貌过程从山顶到山麓，依次为：①常年积雪和现代冰川作用带，位于海拔3800米~4200米以上的冰雪覆盖的极高山带。据统计，天山拥有现代冰川近7000条，面积达1万平方千米；②霜冻作用带，位于海拔2600米~2700米以上的山区，堆积了大量古代冰川沉积物，并保留了多种冰川侵蚀地形——古冰斗、冰槽谷、冰坎等，负温期长达半年，仅于盛夏解冻；③流水侵蚀、堆积带，位于海拔1500米~2700米（或2800米），河网密布，河谷阶地发育；④干旱剥蚀低山带。天山山地为新疆不少大河的源头，如伊犁河与塔里木河等。在不到20万平方千米的山地径流形成区内有大小河川200多条，年总径流量为436亿立方米，占新疆河川径流总量的52%。天山山地气候湿润，水源充足。山地中森林面积约占全疆的50%，草场面积约占全疆的47%。此外，天山矿产种类繁多，新疆的工矿区亦多分布于天山南北。天山山地已建成独（山子）—库（车）公路、伊（宁）—若（羌）公路、乌鲁木齐—巴仑台—库尔勒公路。

阴山山脉横亘在内蒙古自治区中部及河北省最北部，西端以低山没入阿拉善高原；东端止于多伦以西的滦河上游谷地，长约1000千米；南界在河套平原北侧的大断层崖和大同、阳高、张家口一带盆地,谷地北侧的坝缘山地;北界大致在北纬42°,与内蒙古高原相连,南北宽50千米~100千米,属古老断块山。西段地势高峻,脉络分明,主峰呼和巴什格海拔2364米。山脉从西向东分为狼山、色尔腾山、乌拉山、大青山等。山与山之间的横断层经流水侵蚀形成宽谷,为南北交通要道。山脉主体由太古代变质岩系和时代不一的花岗岩构成,在两侧及山间盆地内有新生代地层。南坡与河套平原之间相对高度约千米,经长期流水侵蚀,现代山脉边缘已较地质构造上的断层边缘向北后退10千米~30千米。山前和山谷两侧普遍发育有多级阶地。山脉北坡起伏平缓,丘陵与盆地交错分布,相对高度50米~350米,丘间盆地沿构造线呈东西向分布,盆内沉积有白垩系、第三系地层,上覆第四系厚层砂质粘土。源于阴山的河流横切丘陵,支流极少,河床宽坦,现代水流极不相称。东段海拔一般在1500米左右,地形紊乱,主要有大马群山、苏木山、马头山、桦山等。在集宁、张北一带被玄武岩覆盖,部分地区的熔岩台地已被侵蚀切割成平顶低山和丘陵。低山和丘陵间盆地内有白垩纪、第三系和现代沉积。盆地间的岭脊低而宽,相对高度300米~500米,有些盆地中心集水成湖,较大者如乌梁素海、岱海、黄旗海、安固里淖等。山地南北两坡不对称,北坡和缓倾向内蒙古高原,属内陆水系;南坡以1000多米的落差直降到黄河河套平原,是断层陷落形成的。阴山山南为外流区,属黄河、海河水系,以流水侵蚀为主,河流溯源侵蚀与分割作用较强烈,沟谷深切,地面破碎;山北为内流区,河流稀少,水量小,侵蚀基准面高,因而侵蚀作用不显著,沟谷浅缓,地貌外营力以风蚀为主,地面平坦,风沙散布。煤藏丰富,石拐沟煤矿已开采,北坡的白云鄂博蕴藏丰富的多金属矿和稀土金属。包头与白云鄂博间建有铁路,包兰、京包铁路也经过其脚下,交通方便。

2. 秦岭—昆仑山系

大致位于北纬32°30′~34°30′之间,但在局部地区范围有时较宽或较窄,走向略微转变。往西,略有偏向西北伸展的趋势。秦岭部分可分为南、北2个亚带:北亚带由古老变质岩组成,挤压现象极为强烈;南亚带主要由古生代海相岩层组成,撞压现象也相当强烈。有些花岗岩体和超基性岩带参杂其中,也存在不少受其他构造体系干扰的现象,使山系断续起伏,宽窄变化更加复杂。这一山系是中国南北的天然分界线,也即亚热带与暖温带的分界线。北麦南稻,向东沿为大别山,山南山北大有区别。秦岭—昆仑山系在中国东西走向3个系中最为显著且轮廓最为清晰。

秦岭是横贯中国中部的一座褶皱山脉,西起甘肃临洮,东到河南省的崤山、熊耳山—嵩山和伏牛山地区,主体位于陕西省中南部,呈东西走向,长1600千米。宽200千米~300千米,海拔2000米~3000米。秦岭—淮河线是中国地理上的南北分界线,同时也是长江流域与黄河域的一个分水岭。狭义的秦岭是秦岭山脉的陕西段。秦岭山脉所邻的关中平原为春秋战国时秦国的领地,在汉代即有"秦岭"之名;又因位于关中以南,故名"南山"。秦岭是昆仑山脉的延伸,位于亚欧板块内,属南亚陆间区与中轴大陆区交界的北缘,于海西运动时期形成。秦岭呈现明显的南北不对称:南坡既长又和缓,沟长水远;而北坡陡且峻,断层深谷密布,古有"九州之险"之称。秦岭构造带是处于中朝古陆、扬子古陆之间的宏大纬向褶皱带。西联昆仑褶皱系,东接淮阳隆起。北带约隆起于吕梁运动时期中,中、南带先后经加里东、华力西、印支运动,受到多次南北方向挤压,发生褶皱隆起,并伴有大规模的花岗岩侵入和断裂,形成一系列山岭、山间盆地。秦岭的最高峰是太白山的拔仙台,高3767.2米,是中国大陆东半壁的第一高峰(号称群峰之冠)。陕西境内的秦岭呈蜂腰状分布,东、西两翼各分出数支山脉。西翼的3支为大散岭(海拔2819米)、凤岭(海拔2000米)和紫柏山(海拔2538米)。东翼分支自北向南依次为华山(海拔2154.9米)、蟒岭山、流岭和新开岭。山岭与盆地相间排列,有许多深切山岭的河流发育。秦岭中段主体为太白山(海拔3676.2米)、鳌山

(海拔3476米)、首阳山(海拔2720米)、冰晶顶(又名静峪脑,海拔3015米)、终南山(海拔2640米)、草链岭(海拔2646米)。

昆仑山脉是亚洲中部大山系,中国西部山系的主干。西起帕米尔高原东部,东到柴达木河上游谷地,于东经97°~99°处与巴颜喀拉山脉和阿尼玛卿山(积石山)相接,全长2500余千米;南北最宽处在东经90°,达350千米,最窄处在东经81°附近,为150千米。山势宏伟峻拔,峰顶终年积雪,屹立在塔里木盆地与柴达木盆地之南。山脉北部与盆地的高差3500米~4500米,南部与高原的高差500米~1500米。昆仑山地区以前震旦系为基底;古生代时为强烈下沉的海域并伴有火山活动,古生代末期经华力西运动褶皱上升,构成昆仑中轴和山脉的中脊;中生代产生拗陷,经燕山运动构成主脊两侧4000米以上的山体。昆仑山脉构成分隔中国南部与北部的纬向山脉。昆仑山脉与塔里木盆地和柴达木盆地间均以深大断裂相隔。昆仑山脉的新构造运动极其强烈,晚第三纪以来上升大约4000米~5000米,为古老的褶皱山脉。西段沿塔里木盆地南缘作西北—东南走向,东北坡陡峭,西南与喀喇昆仑山脉相接,山体高大,有公格尔山(7649米)、公格尔九别峰(7595米)、慕士塔格山(7546米)、慕士山(7282米)等高峰,冰川分布面积较广,雪线海拔5600米~5900米,冰川面积在3000平方千米以上,是中国现代大冰川区之一。从东经81°附近起为东段,转为东西方向,共分3支:北支为祁曼塔格山,构成柴达木盆地的西南边缘;中支为阿尔格山,东延为布尔汗布达山、阿尼玛卿山(积石山);南支为可可西里山,东延为巴颜喀拉山。巴颜喀拉山为黄河和长江的分水岭。其北的黄河迂回在宽谷中,谷底有大片的湖沼,以扎陵湖、鄂陵湖为最大。其南的长江河源段干支流局部地段已割出峡谷。东昆仑山山势降低到5000米~6000米,仅少数高峰如木孜塔格峰(7723米)超过7000米,昆仑山北坡濒临最干旱的亚洲大陆中心,属暖温带塔里木荒漠和柴达木荒漠,山前年降水量小于100毫米,西部60毫米,东部20毫米,若羌仅为15毫米~20毫米。年降水量随山地海拔增高而略增,暖温带荒漠被高山荒漠所取代,由特有的垫状驼绒藜与西藏亚菊组成。源于昆仑山脉北坡诸河流,源远流长,汇流于塔里木盆地与柴达木盆地内流水系。

3. 南岭山系

南岭山系大致位于北纬24°~25°30′之间,在个别地段可以散布到北纬26°左右,是中国南部湖南、江西、广东3省及广西壮族自治区边境山系的总称。狭义的南岭指越城、都庞、萌渚、骑田、大庾5个山岭,故又称五岭。广义的南岭还包括五岭邻近的苗儿山、海洋山、九嶷山、香花岭、瑶山、九连山等。西起广西壮族自治区西北部,经湖南省南部、江西省南部至广东省北部,东西绵延1400千米。分隔长江流域和珠江流域。高度一般在1000米左右。山岭间夹有低谷盆地。其东段和中段主要是由古生代和中生代岩层的褶皱和大批花岗岩以及分布面积不太广泛的变质岩系组成,盆地多由红色砂砾岩组成,经风化侵蚀形成丹霞地貌,"丹霞"即由大庾岭西南侧的丹霞山得名;西段即桂北、滇北地带主要是由古生代岩层局部褶皱或通过走向东西的隆起带反映出来,多由石灰岩组成,形成喀斯特地貌。南岭经过多次的造山运动,本来东西走向的构造线受到华夏式北东向构造线的干扰,因而显得支离破碎,形成了许多南北走向、东北—西南走向的山谷,河流浸入其中,山口低谷就成了南北交通的孔道,主要有桂岭路、折岭路、梅花路。多次的造山运动,还使南岭地区岩浆活动频繁,所以南岭的山多是花岗岩体构成,故而南岭山地多矿藏,尤以钨、锡、铝、锌等有色金属著称。南岭的谷地也很有特色,它是由红色矿岩或青色的灰岩等软弱性基岩构成,加上南岭地处中国南方亚热带地区,高温而多雨,雨水的淋蚀作用明显。谷地的红色矿岩在雨水的侵蚀下,出现了许多挺拔俊秀的赤壁红岩,在周围的亚热带常绿树木的衬托下,形成了十分美丽的风景，如粤北的丹霞山、锦岩、金鸡岭，湘南的飞天山、便江，因为这种景色以丹霞山最典型，所以又被地质学家称为"丹霞地貌"。谷地若是石灰岩，在雨水的侵蚀下，发育的是另一种地貌——喀斯特地貌，群峰林立洞穴天成是其特征，桂林山水甲天下甲就是它们。除桂林外，粤北的钟鼓岩，湘南的九嶷山等也是远近闻名的风景名胜。南岭山系在中国东西走向的3列山系中规模最小，大致为热带与亚热带分界线。

## 二、南北走向的山脉

集中出现在四川省的西部，其中以横断山脉为主体。川西、滇北的横断山脉由一系列平行的岭谷相间的高山和深谷所组成，主要有邛崃山、大雪山、沙鲁里山、宁静山、怒山、高黎贡山等，海拔大多在4000米以上。山脉之间夹峙着大渡河、雅砻江、金沙江、澜沧江、怒江等大河，河谷深切，形成高差显著的平行岭谷地貌。这一南北纵列的山脉，把全国分成东、西2大部分。西部多为海拔超过3500米的高山和高逾5000米的极高山，如喜马拉雅山、冈底斯山、昆仑山、祁连山、天山等，山脉主要为北西、北西西走向；东部多为海拔低于3500米以下的中山和低山，以北北东走向为主，如大兴安岭、太行山、雪峰山、长白山、武夷山等，仅台湾玉山主峰和秦岭太白山海拔超过3500米。这群强烈的褶皱山脉，向西北逐渐弯曲插入西藏高原及青海地区，与其他构造体系复合而形成强大的弧形褶皱带山系，向南延伸到云南省的北部和西部，成为最有名气的横断山脉。这群强烈褶皱山脉的东南部分，除个别走向南北的褶皱山岭如大凉山以外，大部是沿着红河流域向东南弯转，构成哀牢山和无量山2条巨大逆掩断裂带山脉。这群强大的南北走向山带，北段显然是受了中国西部高原和其中走向近东西的巨大山脉的影响，南段又受到了印度洋海底岩层的抵制，形成了一个"之"字形（或反"S"形）的强大褶皱山带，但其中主要部分的山脉走向仍是南北方向的。在中国北方，从四川省的龙门山向北断续出现的六盘山、贺兰山，也基本上都是南北走向的。另外还需值得注意的是，形成中国西南部强大反复褶皱带的岩层，如果把他们摊平起来，那么它们现在所处的地域面积不够容纳它们。这样，显然是那些形成强大褶皱山的地层，只限于地壳表层，或者地壳表层的上部，原来铺平在更东的地区，经过了水平的向西滑动，就形成了现在的褶皱山带。

横断山脉是世界年轻山系之一，也是中国最长、最宽和最典型的南北向山系，唯一兼有太平洋和印度洋水系的地区。位于青藏高原东南部，通常为川、滇2省西部和西藏自治区东部南北向山脉的总称。因"横断"东西间交通，故名。其范围界限有"广义"和"狭义"之说，按"广义"说，介于北纬22°~32°05′，东经97°~103°，即东起邛崃山，西抵伯舒拉岭，北界位于昌都、甘孜至马尔康一线，南界抵达中缅边境的山区，面积60余万平方千米。境内山川南北纵贯，东西骈列，自东而西有邛崃山—大相岭—小相岭—大凉山、大渡河谷地、大雪山—折多山—锦屏山、雅砻江谷地、雀儿山—沙鲁里山、金沙江谷地、芒康山（宁静山）—云岭—点苍山、澜沧江谷地、他念他翁山—碧罗雪山—怒山、怒江谷地、伯舒拉岭—高黎贡山等。横断山脉位于中国西部地槽区与介于上述地槽区和中国东部地台区之间的康滇地轴。印支运动使区内褶皱隆起成陆，并形成一系列断陷盆地。盆地中堆积有侏罗系、白垩系地层。燕山运动又发生褶皱和断裂。直到第三纪中期，地壳缓慢上升，经受了长期剥蚀夷平，形成广阔夷平面。第三纪末期至第四纪初期，构造运动异常活跃，统一的夷平面变形、解体，岭谷高差趋于明显。第四纪又经历多次冰川作用。区内丘状高原面和山顶面可连接为一个统一的"基面"，"基面"上有山岭，下为河谷和盆地；横断山脉岭谷高差悬殊。邛崃山岭脊海拔3000米以上，主峰四姑娘山海拔6250米，其东南坡相对高差达5000余米。大雪山主峰贡嘎山海拔7556米,为横断山脉最高峰。其东坡从大渡河谷底到山顶水平距离仅29千米,而相对高差竟达6400米之巨。沙鲁里山海拔一般在5500米以上,北部的高峰雀儿山海拔6168米。其西的金沙江、澜沧江和怒江(即所谓三江),相距最近处在北纬27°30′附近,直线距离仅76千米。三江江面狭窄,两岸陡峻,属典型的"V"字型深切峡谷,金沙江石鼓附近的虎跳峡为世界著名峡谷之一。横断山脉山间盆地、湖泊众多,古冰川侵蚀与堆积地貌广布,现代冰川作用发育,重力地貌作用,如山崩、滑坡和泥石流屡见。同时,地震频繁,是中国主要地震带之一,著名的鲜水河、安宁河和小江等地震带都分布于本区。横断山脉是中国重要的有色金属矿产地。其中金沙江、澜沧江和怒江成矿带以有色金属为主的各种矿藏多达百种以上;在雅砻江和金沙江交汇处一带的成矿带富含钒钛磁铁矿,如攀枝花是中国铁矿储量较大的地区之一,同时又是中国生产钒钛金属和其他有色金属及稀有金属的重要基地。横断山脉是中国主要水能资源分布区。如金沙江以枯水位计算,干流落差达3000余米,包括支流在内,水能蕴藏量近1亿千瓦。

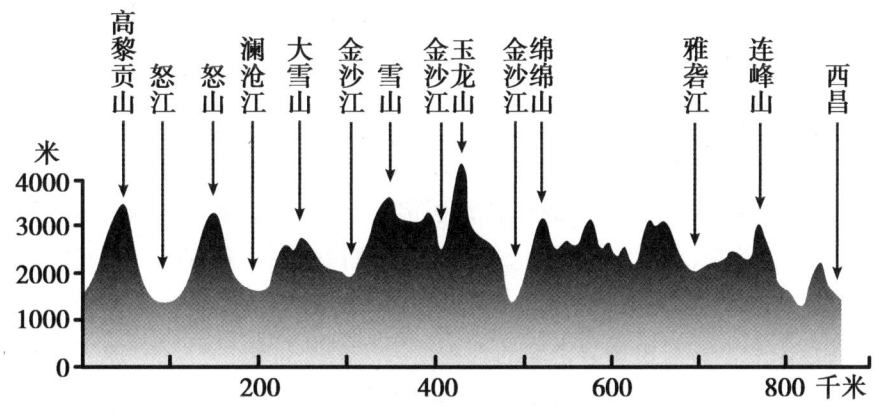

图3-1-3 横断山区山河相间剖面示意图

六盘山脉是中国南北走向的主要山脉之一,纵贯宁夏南部和甘肃东部。南段称陇山,南延至陕西省西端宝鸡以北,是近南北走向的狭长山地。逶迤200余千米,一般在2500米以上,最高峰米缸山达2942米。山地东坡陡峭,西坡和缓,为强烈地震带,1920年海原曾发生8.5级地震。降水量较周围高原稍多,高山上有小片松林,其余部分为草地。发源于山地北侧的清水河向北流注黄河,东侧为泾河上游,西南侧诸水汇入葫芦河,再入渭河。南段陇山古称陇坂,南北长约100千米,海拔200米左右。山势陡峭,为渭河平原与陇中高原的分界,黄河水系的泾河、清水河、葫芦河均发源于此。六盘山在长期内外营力作用下,形成了强烈切割的中山地貌,海拔高,相对高度达400米以上。其中,凉殿峡相对高度达500余米,峡谷处悬崖峭壁极为险峻。同时,这些地势特征造成峡谷中溪流交错,水流每到陡落处便会飞泻成瀑或落地成潭,形成潭、瀑、泉、涧、溪等多种水体景观。宁夏在六盘山相继建立了自然保护区和风景名胜区。

贺兰山脉地处阿拉善高原之东,银川平原以西,为内蒙古和宁夏界山。长约270千米,宽约20千米~40千米。主峰在巴彦浩特镇东南达呼洛老山(贺兰山),海拔3556米,也是内蒙古自治区最高点、中国西北地区的重要地理界线。山体东侧巍峨壮观,峰峦重叠,崖谷险峻。向东俯瞰黄河河套和鄂尔多斯高原。西坡较缓,逐渐过渡到内蒙古高原;东坡陡峭,山势雄伟,高差较大,构成一道天然屏障,从而削弱了西伯利亚高压冷气流,阻截了腾格里沙漠的东侵,也阻止了潮湿的东南季风西进,使得贺兰山东西两侧气候、水源、植被有着显著的差别,成为中国外流区和内流区的分水岭,是温带荒漠草原与荒漠、季风气候和非季风气候的分界线,也是半农半牧区和牧区的分界线。山势略呈新月型,北高南低,北部和中部山高谷深,陡峭险要,有头关、大武口、三关口等多处交通口道;南部山势较低,最后没于宁卫平原。山的东侧以断层临银川平原,西侧和缓;西侧自然景观差异明显,东坡属草原和外流区,西坡为荒漠和内流区。山地中森林资源较为丰富,煤炭蕴藏量大,内蒙古和宁夏均建有许多大中型煤矿。

### 三、东北—西南走向与西北—东南走向的山脉

就中国宏观山系形成作用来说,在各种扭动性构造体系中,以多字形构造体系的影响最为深刻。它主要包括河西系(北西西走向)和西域系(北西走向)以及新华夏系(北北东走向)和华夏系(北东走向)几种构造体系所形成的山脉。

#### 1. 基本走向北东的山脉

主要分布在东部,自西向东分为西列、东列与外列。西列包括大兴安岭、太行山、巫山、武陵山、雪峰山等。东列北起长白山,经千山、鲁中低山丘陵到武夷山,外列分布在大陆外侧的台湾岛上,山地占全岛面积的2/3,3000米以上的山峰有62座,主峰玉山海拔3997米,不仅是台湾第1高峰,而且也是中国东部最高的山峰。

在贺兰山—六盘山以东的山脉,主要受新华夏构造体系(表3-1-3)、华夏构造体系和华夏式构造体系控制,它的3条褶皱山带及其间的拗陷低地带在地貌上对应着3列隆起和3列沉降带。自西向东分别是:第1拗陷带,包括呼伦贝尔盆地、鄂尔多斯盆地和四川盆地,其间被阴山和秦岭所阻断,分割成不同的地貌单元。第1隆起带包括大兴安岭、太行山、山西高原以及湘西、黔东山地,它们同样有沿着燕山和秦岭互相平移错动的现象。第2拗陷带包括松辽平原、渤海及华北平原,江汉平原和北部湾,其间被燕山、大别山和南岭3列构造山带所分隔;第2隆起带,包括东北长白等山地、山东泰山及丘陵、武夷山脉等,其中在苏北平原和黄海有局部拗陷;第3拗陷带,包括鄂霍次克海、日本海,以及东海、南海几个盆地;第3隆起带大部分超出中国范围,如日本列岛、菲律宾群岛等,但也包括中国的台湾省的中央山脉、玉山山脉等在内,它们构成太平洋西岸的边缘弧。这一系列拗陷带与隆起带有如大海的波涛,自西向东推向太平洋。愈向东地质构造历史愈新,地壳活动性愈强烈,形成的山脉也愈新愈高大,如玉山山脉,主峰达3997米。

表3-1-3 新华夏构造体系分布及特征

| 构造带(或列) | 分 布 | 构造特征 |
| --- | --- | --- |
| 盆地沉降带(第1沉降带) | 呼伦贝尔盆地—陕甘宁盆地—四川盆地—滇中盆地 | 属沉降构造盆地,长轴为北北东;沉降带受东西构造带干扰,分隔成几个单独的构造盆地 |
| 西列隆起带(第1隆起带) | 大兴安岭—太行山—巫山—雪峰山等 | 隆起带东陡西缓,东侧有深断裂存在;隆起带由由北向南依次相对向西错动形势 |
| 平原沉降带(第2沉降带) | 松辽平原—华北平原—长江中下游平原—珠江三角洲平原 | 中、新生代沉降带,以陆相沉积为主,沉降分成几个不连续单元;沉降幅度西侧大于东侧、北部大于南部 |
| 海岸隆起带(第2隆起带) | 锡霍特山—长白山—武夷山等 | 隆起带断断续续,断裂发育;陆相火山岩和侵入岩广泛分布 |
| 海盆沉降带(第3沉降带) | 鄂霍次克海—日本海—黄海—东海—南海 | 是一条巨大的沉降褶皱带,发育以大陆型地壳为基底的浅海盆地;轮廓多呈菱形,地势向东南缓倾 |
| 岛弧隆起带(第3隆起带) | 千岛群岛—日本群岛—台湾岛—菲律宾群岛等东亚岛弧带 | 是东亚大陆边缘濒临太平洋的强烈隆起带;隆起带是由一串岛弧构造组成;隆起带东侧有一条深海沟 |

大兴安岭位于黑龙江省、内蒙古自治区北部,是内蒙古高原与松辽平原的分水岭,是其东侧的辽河水系、松花江和嫩江水系与其西北侧的黑龙江源头诸水及支流的分水岭,南段西坡的水注入蒙古高原。北起黑龙江畔,南至西拉木伦河上游谷地,东北—西南走向,全长1200多千米,宽200千米～300千米,海拔1100米～1400米,主峰黄岗梁海拔2036米。形成于侏罗纪造山运动时期,沿东侧的走向断层掀升翘起,成为掀斜断块,造成东西两坡的斜度不对称。山岭东部被嫩江及松花江的许多支流深深地切割,陡峻险要,阶梯地形显著,西部向蒙古高原和缓倾斜,海拔790米～1000米。地势呈西高东低,属浅山丘陵地带,北部、西部和中部高。位第二阶梯与第三阶梯及其结合部,以东为第三阶梯地,以西为第二阶梯地。地质组成以海西期花岗岩和中生代火山岩为主,山体比较浑圆,山脊不够明显,山顶缓平。山地中有面积较大的低山丘陵和山间盆地、山间冲积—洪积平原、河谷平原等。大兴安岭以兴安盟境内洮儿河为界,分为南北2段,北段长约770千米,地势由北向南逐渐升高,是以兴安落叶松占优势的针叶林地区,山地东西2侧是嫩江右岸支流和额尔古纳河水系的发源地;南段又称苏克斜鲁山,长约600千米,是一个中等山地,由森林草原植被占据,西南部山体高而窄,在大板—林东—鲁北—乌兰哈达一线以东的低山带,坡缓谷宽,宽阔的山间盆地与河谷平原交错,水草丰美,是优良草牧场。大兴安岭原始森林茂密,是中国重要的林业基地之一,主要树木有兴安落叶松、樟子松、红皮云杉、白桦、蒙古栎、山杨等。

长白山脉位于东北地区东部,吉林省、辽宁省、黑龙江省东部。广义长白山指整个长白山地,为中国东北地区东部山地的总称。北起完达山脉北麓,南延千山山脉老铁山,长约1300余千米,东西宽约400千米,略呈纺锤形。由多列东北—西南向平行褶皱断层山脉和盆、谷地组成。最西列为吉林省境内的大黑山和向北延至黑龙江省境内的大青山;中列北起张广才岭,至吉林省境内分为2支:西支老爷岭、吉林哈达岭,东支威虎岭、龙岗山脉,向南伸延至千山山脉;东列完达山、老爷岭和长白山主脉。面积约28万平方千米。狭义长白山指张广才岭、威虎岭、龙岗山脉以东的长白山脉,包括白头山火山锥体和它周围的熔岩高原及东北西南向山地,海拔一般在800米以上。白头山为著名巨型复式火山,外围熔岩高原略呈不规则椭圆形,长轴约140千米,呈北东向延伸,短轴约120千米,经白垩纪末、中新世、上新世末到更新世初3次大的玄武岩喷溢堆叠形成高原、山地,火山锥体位于熔岩高原中央,山顶火口积水为湖,即天池。中国侧最高峰白云峰海拔2691米,为东北地区第1高峰,由粗面岩组成,夏季白岩裸露,冬季白雪皑皑,终年常白,系多次火山喷发而成。长白山地南部属于中朝准地台,北部属吉黑华力西褶皱带。中生代燕山运动使南北构造方向统一,形成华夏向山地基础。第三纪喜马拉雅运动又大规模挠折断块上升,同时伴有大量玄武岩喷出。山地主要由花岗岩、玄武岩、片麻岩和片岩组成,而以花岗岩分布面积最广。玄武岩主要分布在牡丹江流域和白头山周围。长白山地以平等山脉与宽广山间盆、谷地相间分布为特征:北部完达山、老爷岭和张广才岭间有牡丹江平原;吉林哈达岭和龙岗山脉间有辉发河宽谷;吉林哈达岭和大黑山间有饮马河和伊通河河谷平原;龙岗山脉和老岭间有浑江谷地等等。其中著名盆地有吉林、敦化、延吉、和龙、蛟河、珲春、桦甸等。同时熔岩高原广阔,分布在抚松到密山一线东南,熔岩台地受切割形成方山与孤丘等熔岩地貌,在熔岩高原上分布有火山锥体及火口湖、堰塞湖等。长白山为松花江、图们江、鸭绿江的发源地。森林茂密、垂直分布明显,是中国重要的林区,也是东北三宝人参、貂皮、鹿茸的主要产地,山上还有许多稀有的生物资源,如美人松、山葡萄、野蘑菇、金达莱、不老草和东北虎、丹顶鹤等。

太行山脉又名五行山、王母山、女娲山,或太形山。北起北京西山,南达豫北黄河北崖,西接山西高原,东临华北平原,绵延700余千米,为山西东部、东南部与河北、河南2省的天然界山,是中国陆地地形第二阶梯的东部边缘。吕梁运动期始成太行山雏形,海水在奥陶中期退出。晚古生代时,山体发生凹陷,海水侵入。中生代,南部上升,北部局部拗陷。燕山运动时,形成新华夏式褶皱带。喜马拉雅运动时,表现为强烈断裂,并伴随大幅度拗曲,形成复式单斜褶皱。大致邢台以北,广泛出露太古代和震旦纪地层,并有中生代侵入的酸性岩体;以南,寒武、奥陶纪地层出露广泛,岩层走向与山脉走向基本吻合。太行山北高南低,大部分海拔在1200米以上,2000米以上的高峰有河北的小五台山、灵山、东灵山,山西的太白山、南索山、阳曲山、白石山等。北端最高峰为小五台山,高2882米,是河北最高峰;南端高峰为陵川的佛子山、板山,海拔分别为1745米、1791米。山势东陡西缓,西翼连接山西高原,东翼由中山、低山、丘陵过渡到平原。山体中间由于被许多条河流切割作用,形成很多陡峭山谷,是穿越太行山的天然通道,也是重要关口,著名的有位于河北的紫荆关,山西的娘子关、虹梯关、壶关、天井关等。山西高原的河流经太行山流入华北平原,流曲深澈,峡谷毗连,多瀑布湍流。河谷及山前地带多泉水,以娘子关泉为最大。河谷两崖有多层溶洞,著名的有陵川的黄围洞、晋城的黄龙油、黎城的黄崖洞和北京房山的云水洞等。太行山多横谷(陉),是东西的通道。军都陉、蒲阳陉、飞狐陉、井陉、滏口陉、白陉、太行陉、帜关陉为著名的太行八陉,是商旅通衢,兵要之地。在太行山深山区河北赞皇县,有世界最大的天然回音壁。著名的河北易县狼牙山亦是中国北方地区典型的喀斯特山地。

巫山山脉位于渝鄂交界区,自巫山县城东大宁河起,至巴东县官渡口止,绵延40余千米,北与大巴山相连,主峰乌云顶海拔2400米。巫山山脉是中国地势二三级阶梯的界线,西为四川盆地,东为长江中下游平原。长江横穿其间,形成著名的"长江三峡"即瞿塘峡、巫峡、西陵峡。自奉节白帝城到黛溪,长江横穿石灰岩山地,形成8千米长的瞿塘峡,两岸岩壁直立,江面狭窄,最窄处不过100多米。自巫山到官渡口长约45千米,长江流向与岩层走向斜交,形成巫峡。北段河道曲折,两岸峭壁高出江面100多米,山峰高出江面一般为500米~600米,最高的达1300米,在长期风雨侵蚀和河川深切之下,形成了气势峥嵘、姿态万千的座座奇峰秀峦,著名的有"巫山十二峰",其中以神女峰最为奇秀。长江切穿黄陵背斜形成西陵峡,以滩多水急著称。三峡两岸的低山河谷是甜橙和红橘产地,也是桐油、乌桕和生漆的产区。

武陵山脉盘踞湖南的西北角,属云贵高原云雾山的东延部分,为中国地势第二阶梯与第三阶梯过渡带,乌江和沅江、澧水分水岭,主峰为梵净山,最高峰为凤凰山主峰,海拔2570米,面积约10万平方千米,山系呈北东向延伸,弧顶突向北西,新华夏构造带之隆起,海拔在1000米左右,峰顶保持着一定平坦面,山体形态呈现出顶平,坡陡,谷深的特点。武陵山脉山原土地地貌发育自北向南分为3支。北支:分布于湘、川、鄂边境的八面山、八大公山、青龙山、东山峰、壶瓶山;中支:沿澧水干流北侧,有天星山、红星山、朝天山、张家界、白云山等;南支,从贵州省境延伸过来,进入湖南省有腊尔山、羊峰山、天门山、大龙山、六台山等,为武陵山脉的主脉,是澧水与沅江的分水岭。上述3支山脉均消失于洞庭湖平原。武陵山脉纵贯湖南省西部,成为东西交通的屏障,但局部地段有较低的山隘,如洞口等地,构成东西交通的通道。近年新开发的武陵源风景名胜区,在湖南省张家界市境内,面积约130平方千米。这里在构造上属扬子准地台武陵山褶皱带北部,古生代末期沉积了厚达500多米的滨海相碎屑物,其中主要是泥盆纪石英砂岩。这种岩石质地坚硬,胶结致密,产状平缓,垂直节理发育,后经地表流水切割及物理、生物风化,形成了奇妙的峡谷、方山、石峰、石墙、石柱等多种地形。大小石峰约有3000多个,著名的如金鞭岩、罗汉岩、三姊妹峰、仙人桥等,它们像玉笋、笔架、石林、利剑、天门、拱桥、玉屏、城堡、灯塔,更多的像人物、鸟兽。金鞭溪从中流过,形成了"水绕四门""十里画廊"等胜境,被人们称为具有"奇、野、险、幽、秀"特点的"世上绝景""天下奇观"。现已建立了张家界、索溪峪、天子山等游览区。武陵山地不仅峰奇、石怪、谷幽、水碧,而且还有翠染碧空的林莽,虬龙蟠曲的苍松,遨游绿宫的珍禽异兽。

雪峰山脉主体位于湖南中部和西部,是湖南境内重要的山脉,为资水与沅江的分水岭。南起湖南省与广西壮族自治区边境,与八十里大南山相接,北止洞庭湖滨,西侧是湘西丘陵,东侧为湘中丘陵。长350千米,东北—西南走向,褶皱断块山。雪峰山属"原始江南古陆"的西南段,呈向北西突出的弧形构造。广泛分布前震旦系冷家溪群、板溪群一套由浅变深的板岩、变质砂岩及千枚岩组成的地层,震旦系变质碎屑岩亦发育良好,早古生代寒武—志留系的板岩、灰岩、细砂岩等组成的地层间有出露。因受加里东运动的抬升,形成一系列北北东至北东向的隆起与拗陷;又经燕山运动的强烈影响,产生一系列北北东向的断裂和褶皱,从而进一步奠定了雪峰山构造地貌的格局。为正向构造的古老隆起山地,绵亘300余千米,横跨80千米~120千米,具有千米以上的峰峦岭脊,中段山脊高1200米~1700米,主峰罗翁八面山苏宝顶海拔1934米。山体受继承间歇式抬升活动和外力作用的影响,呈现900米~1100米、650米~800米、450米~550米、240米~350米等多级剥夷面,沟谷切割深度自150米~750米不等,加之断层发育,岭壑交替起伏。整个山体两侧大致呈现出东坡陡峻、西坡缓倾的地势。沅江支流巫水、溆水、夷望溪,资水西源及其支流平溪、辰溪等均出自山地两侧。2条干流切过雪峰山体中北段,河道呈"S"状转折,形成峡谷。南段山势陡峻,北段被资水穿切后,渐降为丘陵。中段资水下游在此成直角转折切过雪峰山,形成新化至烟溪间的峡谷,湘黔铁路由此通过。在柘溪建有大型水力发电工程。雪峰山杉木资源丰富,会同县为重要杉木林区,以速生、优质、高产著名。毛竹、马尾松也有大量分布。山地南部接近南岭,有华南栲、紫楠、银木荷等热带性植物生长。有锡等矿产资源。水资源丰富,山区筑有柘溪、黄材、水府庙等水库。崀山风景区为最新开发的旅游景区。

武夷山脉位于江西省、福建省2省边境。北接仙霞岭,南接九连山,呈东北—西南走向。长约550千米,海拔1000米左右。是赣江、抚河、信江与闽江的分水岭。主峰黄岗山,海拔2157米,位于江西省铅山县与福建省武夷山市交界处,为中国大陆东南部最高峰。东西两坡呈明显的不对称。东坡舒缓,有层级地形发育;西坡陡峻,断崖显著。在武夷山脉中有许多与山脉走向相直交或斜交的垭口,古称"关""隘""口",是重要的交通通道和军事要冲,如浦城与江山之间的枫岭关、武夷山市与铅山之间的分水关、光泽与资溪之间的铁牛关、建宁与广昌之间的甘家隘、长汀与瑞金之间的古城口和武平与寻乌之间的树岩隘等。上述关隘或由断裂作用形成,或为古河谷,并经以后地壳运动所抬升。武夷山脉位于东南沿海丘陵与江南丘陵之间,东南沿海丘陵区低山占有较大比重,江南丘陵区则有较多的河谷平原。两者虽都有丘陵分布,但组成丘陵的岩石迥异,形态也不同。前者岩性复杂,形态多样;后者多为红岩丘陵,形态单一。武夷山脉在一定程度上能阻挡北方冷空气的东侵,也在一定程度上削弱了东南季风的西侵。使山脉东西两侧的气候有较大的不同,从而导致自然景观的差异。武夷山脉东西山麓红层分布地区有丹霞地貌发育,碧水丹山,奇峰异洞,成为秀丽的风景区,其中以武夷山市南郊的武夷山风景区最负盛名,有"秀甲东南"之誉。武夷山西部是全球生物多样性保护的关键地区,分布着世界同纬度带现存最完整、最典型、面积最大的中亚热带原生性森林生态系统;东部山与水完美结合,人文与自然有机相融,以秀水、奇峰、幽谷、险壑等诸多美景、悠久的历史文化和众多的文物古迹而享有盛誉;中部是联系东西部并涵养九曲溪水源,保持良好生态环境的重要区域。1979年建立武夷山国家自然保护区,1999年12月被联合国教科文组织列入《世界遗产名录》。

台湾山脉位于中国台湾省本岛,是中央山脉、玉山、阿里山及台东山的总称。北起三貂角附近,南到鹅銮鼻,长360千米。为年轻褶皱山。高峰连绵,海拔3000米~3500米,最高峰玉山(3997米),次高峰雪山(3884米),依次还有秀姑峦山(3833米)、南湖大山(3740米)、关山(3666米)、卑南主山(3293米)和北大武山(3090米)等,有"台湾屋脊"之称。为全岛河流的分水岭,水系呈放射状分布。3500米以上高峰,冬季积雪不化,并有古冰川地貌。山区风景优美,森林茂密,环境优雅。多地震。东侧以断崖悬壁临太平洋。中央山脉北起宜兰县苏澳附近的东澳岭,南抵台湾本岛最南端的鹅銮鼻,位于台湾岛中央偏东,全长约340千米,东西宽约80千米,呈北北东至南南西走向纵贯全岛,为全岛最长的山脉,有台湾屋脊之称,所以又称为脊梁山脉。雪山山脉位于中央山脉的西北方,东以兰阳溪断层谷与大甲溪上游纵谷与中央山脉分界。雪山山脉为台湾最北方的山脉,北起三貂岭(或鼻头角),南迄南投县名间乡浊水溪北岸的浊水山,长约260千米,宽约28千米。玉山山脉位于南台湾,北起玉山山块,南抵高雄县的六龟乡十八罗汉山附近,长约180千米,是台湾5大山脉中最短者。玉山山脉在中央山脉南端西侧,两者隔着老浓溪为界。玉山山脉的走向先是东西向,再转为北北东—南南西方向,拥有全台第一高峰玉山。阿里山山脉位于玉山山脉西方,2座山脉隔着楠梓仙溪遥相呼应。阿里山山脉北起南投县集集镇的浊水溪南岸,南抵高雄县燕巢乡的鸡冠山。山脉大致呈现北北东—南南西的走向,长约250千米,平均高度2500米。海岸山脉为台湾5大山脉之一,位于台湾本岛之东缘,北起花莲,南迄台东,其纵长150千米,东西平均宽度为10千米,一般以秀姑峦溪切穿而分成南北两段。

2. 基本走向北西的山脉

北西走向的山脉多分布在中国的西半壁,主要有阿尔泰山、祁连山、喀喇昆仑山、可可西里山、唐古拉山、冈底斯山、念青唐古拉山等。青藏高原南侧的喜马拉雅山,在西段也为北西走向,向东逐渐转为东西向,变成向南突出的弧形山脉。这些山脉大都山势高峻,气候严寒,普遍有现代冰川发育。在贺兰山—六盘山一线以西的山脉,大型褶皱山带主要受河西系和西域系控制,前者走向线顺直,且与多组北东东向褶皱和断裂相交切,构成塔里木、柴达木和准噶尔等盆地的菱形轮廓。后者表现为一系列走向北西并逐渐转为近东西的连续弧形山系,如唐古拉山脉、喀喇昆仑山脉、冈底斯山脉等。

阿尔泰山脉是亚洲宏伟山系之一,北西—南东走向,斜跨中国、哈萨克斯坦、俄罗斯、蒙古国境,绵延2000余千米;中国境内的阿尔泰山属中段南坡,山体长达500余千米,南邻准噶尔盆地。主要山脊高度在3000米以上,北部的最高峰为友谊峰,海拔4374米;西部的山体最宽,愈向东南愈狭窄,高度亦渐低下;从东北部国境线,向南西逐渐下降到额尔齐斯河谷地,呈4级阶梯,山地轮廓呈块状和层状;只在高山地区有冰蚀地形并有现代冰川;除沿北西向断裂作串珠状分布有断陷盆地外,无大型纵向谷地;阿尔泰山堪称典型的断块山。阿尔泰山山体浑圆,山坡广布冰碛石、U形谷套,古冰斗成层排列,羊背石、侧碛、中碛、终碛等清晰可见。阿尔泰山有多级夷平面,一般公认有5级,海拔分别为2900米、3000米、2600米~2700米、1800米~2000米及1400米~1600米。阿尔泰山形成于2亿年前的古苏格兰—海西时期(这一时期该处地壳处在剧烈的变动之中,极不稳定),地质构造上属阿尔泰地槽褶皱带。山体最早出现于加里东运动,华力西末期形成基本轮廓,此后山体被基本夷为准平原;喜马拉雅运动使山体沿袭北西向断裂发生断块位移上升,才形成了现今阿尔泰山面貌。地貌垂直分带明显,由高而低有:现代冰雪作用带,海拔 3200 米以上,以友谊峰和奎屯峰为中心,发育了山谷冰川、冰斗冰川、悬冰川,阿克库里湖周围、阿克土尔滚与阿库里滚河上源也有现代冰川;霜冻作用带 2400 米~3200 米,古冰蚀地形清晰,积雪长达 8 个月,以寒冻风化为主;侵蚀作用带 1500 米~2400 米,以流水切割为主;干燥剥蚀作用带 1500 米以下,喀纳斯综合自然景观保护区位于本带边缘。阿尔泰山耸立于亚洲腹部的干旱荒漠和干旱半荒漠地带,西风环流带来大西洋水汽,顺额尔齐斯河谷地和哈萨克斯坦斋桑谷地长驱直入,向北遇阿尔泰山,受逼抬升降水。降水随高度递增和由西而东递减,冬夏多,春秋少,低山年降水量 200 毫米~300 毫米,高山可达 600 毫米以上;降雪多于降雨,且积雪时间随高度增加而延长,中高山积雪长达 6 个~8 个月,低山仅 5 个~6 个月;气温变化随高度增加而递减。阿尔泰山区气候垂直梯度变化明显,具有冬长夏短而春秋不显的特征。径流较丰富,发育了额尔齐斯河与乌伦古河。2 河皆构成典型不对称的梳状水系。参差的山岭将诸如鄂毕河(向北注入北冰洋)及其主要支流额尔齐斯河这样的大河的水与流入浩瀚的中亚盆地的河流的水分离开来。发源于山地的河流出山后受断裂控制,汇入额尔齐斯河流向西北,成为鄂毕河上游,是中国唯一流入北冰洋的河流,国境内流域面积 5 万平方千米,全长 546 千米;河水补给来源主要为降水、积雪融水和冰川等,多年平均径流量 100 多亿立方米,占阿尔泰地区总径流量 89%,注入斋桑泊,最后流入北冰洋。乌伦古河支流在山区,山前为散失区,全长 573 千米,最后归宿于乌伦古湖(布伦托海、福海),在二台站以上,流域面积为 2.2 万平方千米,补给来源亦以冬季积雪为主,多年平均径流量 11 亿立方米。2 河上游多峡谷和断陷盆地,落差大,水流清澈,含泥沙少,水能蕴藏量约 50 万千瓦,目前开发利用较低。

祁连山脉位于青海省东北部与甘肃省西部边境,由多条西北—东南走向的平行山脉和宽谷组成。因位于河西走廊南侧,又名南山。西端在当金山口与阿尔金山脉相接,东端至黄河谷地与秦岭、六盘山相连,长近 1000 千米。属褶皱断块山。山地宽达 400 千米,是由 7 条以上的山脉组成的山系,自北而南包括大雪山、托来山、托来南山、野马南山、疏勒南山、党河南山、土尔根达坂山、柴达木山和宗务隆山,其间也夹杂有河流、湖盆、谷地,如疏勒河、党河、黑河、大通河和哈拉湖及青海湖等。祁连山原为古生代的大地槽,后经加里东运动和华力西运动,形成褶皱带。白垩纪以来祁连山主要处于断块升降运动中,最后形成一系列平行地垒(或山岭)和地堑(谷地、盆地),自北而南包括 8 个岭谷带:①走廊南山—冷龙岭与黑河上游谷地—大通河谷地;②托来山与托来河上游谷地;③野马山—托来南山与野马河谷地—疏勒河上游谷地;④野马南山—疏勒南山(疏勒山)—大通山—达坂山与党河上游谷地—哈拉湖—青海湖—湟水谷地;⑤党河南山(乌兰达坂)—哈尔科山与大哈尔腾河谷地—阿让郭勒河谷地;⑥察汗鄂博图岭(黑特尔山)与小哈尔腾河谷地;⑦土尔根达坂山—喀克吐蒙克山与鱼卡河上游谷地;⑧柴达木山—宗务隆山—青海南山(库库诺尔岭)—拉脊山与茶卡、共和盆地—黄河谷地。山峰多海拔 4000 米~5000 米,最高峰疏勒南山的团结峰海拔 5808 米。山系低山区干燥剥蚀作用盛行,中山区以流水侵蚀为主,高山为寒冻风化作用所控制。祁连山区存在三级夷平面:第一级东段海拔 4400 米~4600 米,西段 4800 米~5000 米;第二级东段 4000 米~4200 米,西段 4500 米~4700 米;第三级东段 3600 米~3800 米,西段 4000 米~4200 米。河谷中发育多级阶地。祁连山东段山势由西向东降低,包括走廊南山—冷龙岭—乌鞘岭、大通山—达坂山、青海南山—拉脊山 3 列平行山系。祁连山有 1619 条冰川,面积约 1316 平方千米,多属大陆型冰川,冰面表碛小,移动慢。冰雪融水是当地发展农业的重要水源。受西北—东南走向的构造控制,河谷长大宽展,横向切穿山脉的河谷成为峡谷。由于北部、东部山地高大,雨雪较多,东部的大通河、湟水等水量丰富,得以汇入黄河而为外流区。北部的石羊河、黑河、疏勒河、党河水量也较多,在山前形成大绿洲,绿洲面积由东向西逐渐减小。祁连山南部比较干燥,以柴达木盆地为基准,高差较小,河流短促。东部海拔2500米~3300米分布有寒温带针叶林。森林资源破坏严重,野生动物减少。1987年建有祁连山国家自然保护区。矿藏丰富。

唐古拉山脉又称当拉山。发端于东经90°附近,与喀喇昆仑山脉东尾相接,向东横贯于西藏自治区北部约北纬32°~33°,一部分成为西藏自治区与青海省的界山,东段渐向东南延伸接入横断山脉。唐古拉山西段为藏北内陆水系与外流水系的分水岭,东段则是印度洋水系与太平洋水系的分水岭,怒江、澜沧江及长江都发源于唐古拉山南北两麓。唐古拉山体宽可达150千米,山峰一般海拔5500米~6000米,相对高差500米~1000米。主峰各拉丹东雪山海拔仅6621米;青藏公路要隘——唐古拉山口的海拔虽高达5220米,却因坡缓、高差小而并不显得险要和难以逾越,故唐古拉在藏语中意为"平坦的山口"。唐古拉山脉在中生代时,因为羌塘地块向北与欧亚板块碰撞,而褶皱隆起并逐渐露出海面。以后,这一地域受新生代几次造山作用的影响,继续上升,而形成如今的山体。在地质学上,唐古拉山是青藏高原薄皮构造的一部分,是由其南边的班公错—怒江断层带和北边的澜沧江断层带夹峙的一个推覆体。山顶是约5000米的准平原,面上的山脊已在雪线以上。唐古拉山目前雪线高度为海拔5400米,现代冰川不甚发育,仅少数高峰如各拉丹东、阿木冈(海拔6114米)、普若冈日(6482米)等有小规模的山谷冰川。现在还有小规模更新世冰川残留,刃脊、角峰、冰川地形普遍,中更世形成的冰川比今天的大约28倍,准平原面上可成小片冰盖,它的两坡冰川堆积物厚达800米以上。冰川消融后,山地急速上升。两侧则承受更多的泥沙石砾,发生地层下陷,形成近东西走向的湖区和喷出温泉。山坡上形成喀斯特地形。南坡比北坡的冰川少,但冰川地形以南坡发育。冰缘作用强盛,多年冻土发育,冻土厚度70米~88米,除常见的冻融滑塌、泥流等外,流石滩与石海分布较广,尚可看到巨型分选石环等特殊冰缘现象。植被以高寒草原为主,混生有垫状植物。青藏铁路、青藏公路经此。

冈底斯山脉是青藏高原南北重要地理界线,西藏印度洋外流水系与藏北内流水系的主要分水岭。藏语冈底斯山脉意为"众山之主"。位于西藏自治区西南部、喜马拉雅山脉之北,并与后者大致平行。其走向受噶尔藏布—雅鲁藏布江断裂的控制。冈底斯山脉西起喀喇昆仑山脉东南部的萨色尔山脊,东延伸至纳木错西南,与念青唐古拉山脉衔接。海拔一般5500米~6000米。西段呈东南走向,主要支脉阿隆干累山以同一走向并列于主脉北侧,长1100千米,山体宽约60千米~70千米。位于该段的主峰——冈仁波齐峰(梵文又称开拉斯峰),乃佛教著名圣山,在佛经中称为"底息",为信徒朝拜巡礼之地。峰体呈锥状,属褶皱山。该峰底部为燕山期花岗岩,其上为厚达2000米的始新世砾岩和砂岩层,峰体呈锥状。在东经84°左右,山脉转为东西走向,山体渐宽,至东段宽达100千米。山脉中段因北西、北东两组构造断裂活动形成许多纵向块断山地和陷落湖盆或谷地,山形零乱、脉络不清。东段海拔7095米的罗波峰为冈底斯山脉最高峰。冈底斯山脉开始隆起约当白垩纪中期,至早始新世后又经强烈上升。有人认为冈底斯山脉是印度地块与亚洲地块中晚始新世相撞、挤压、断裂与褶皱上升的结果,两地块的缝合线在冈底斯山脉南麓、印度河—雅鲁藏布江谷地一带。火山岩广泛分布。时间上从前震旦纪到第四纪都有不同的发育;分布地区上看,前二叠纪火山岩主要分布在西藏的东北部地区;华力西期—印支期火山岩主要分布于中东部地区;燕山期是西藏火山岩发育的鼎盛时期,主要分布于西藏的中南部地区;喜马拉雅期火山岩主要分布于冈底斯地区和其北部的可可西里地区。山顶有28条冰川,面积只有88.8平方千米,以冰斗冰川和悬冰川为主。南坡冰川多于北坡。冈底斯山地势高耸,为雅鲁藏布江与印度河的分水岭,印度河上源狮泉河发源于冈底斯山北侧,朗钦藏布(象泉河)发源于南侧,进入印度境内称萨特莱杰河。冈底斯山南北侧均为地震活动带,近40年间多次发生6级以上地震。

喀喇昆仑山脉是世界山岳冰川最发达的高大山脉,中亚著名山脉之一。突厥语为"黑色岩山"之意。位于中国、塔吉克斯坦、阿富汗、巴基斯坦和印度等国的边境上。海拔5570米的喀喇昆仑山口为印度与中国新疆之间的传统商道;位于中国与巴基斯坦实际控制之间的边界线上的明铁盖山口也是著名岭道之一,为古丝绸之路所经。包括它的东延部分(西藏高原的羌臣摩山和潘顿山)在内的喀喇昆仑山,宽度约为240千米,长度为800千米。平均海拔超过5500米。拥有8000米以上高峰4座,如世界第2高峰乔戈里峰(8611米)、加舒尔布鲁木第1峰(8068米)、布洛阿特峰(8047米)和加舒尔布鲁木第2峰(8034米);7500米以上高峰15座。主山脊称"大喀喇昆仑山",各段分别以大冰川命名,分为7个"慕士塔格山"(冰山之意),自西向东分别为:巴托拉慕士塔格山、喜斯帕尔慕士塔格山、帕马赫慕士塔格山、巴尔托洛慕士塔格山、厦呈慕士塔格山、吕莫慕士塔格山和萨色慕士塔格山。主山脊两侧的山地称"小喀喇昆仑山"。北侧为卢普卡尔山和盖杰拉甫山;南侧为拉卡波希山、哈拉莫什山、马雪布鲁姆山和萨尔托罗山。山峰崎岖、山坡陡峻,悬崖和岩屑锥广泛发育。山岳冰川发达,世界中、低纬度山地冰川长度超过50千米的共有8条,其中喀喇昆仑山占6条。它们是:厦呈冰川、巴尔托洛冰川、彼亚福冰川、巴托拉冰川、喜士帕尔冰川和却哥隆玛冰川。山脉的冰川总面积达1.86万平方千米,长度超过10千米的冰川约为102条。中国境内的音苏盖提冰川位于喀喇昆仑山主山脊北侧,长41.5千米,面积330平方千米,为中国已知最长的冰川。雪线分布西低东高,南低北高。最高雪线位于山脉东北部(5600米~5700米),最低雪线出现于西南部(4600米~4700米)。东、西段间主山脊两侧的雪线高度自西向东有逐渐增大趋势。冰舌末端高度亦呈自西向东增大的特点:北坡自海拔2500米上升到4800米;南坡则从2400米升高到4400米。喀喇昆仑山冰川的大部分融水流入印度河的支流,自东至西为:努布拉河、协约克河、希加尔河、洪扎河和吉尔吉特河;东北部冰雪融水则补给叶尔羌河,向北流入中国,消失在新疆境内的塔克拉玛干沙漠中。喀喇昆仑山主山脊的东、西段已为后期冰雪融水道所切穿,主分水岭北移:东段已移至主山脊以北40多千米处;西段移至主山脊以北100多千米处。

念青唐古拉山脉是青藏高原主要山脉之一,雅鲁藏布江与怒江分水岭。横贯西藏中东部,为冈底斯山向东的延续。属断块山,近东西走向,中部略为向北凸出。西自东经90°左右处的冈底斯山脉尾闾起,向东北延伸,至那曲附近又随北西向的断裂带而呈弧形拐弯折向东南,接入横断山脉。全长1400千米,平均宽80千米。海拔5000米~6000米,主峰念青唐古拉峰海拔7162米。山脉形成于燕山运动晚期,在第三纪末和第四纪,念青唐古拉山地区受东西向的怒江断裂带和雅鲁藏布江断裂带的控制挤压断裂褶皱,断续而强烈地上升,形成了海拔平均6000米以上的高大山系。西段为断块山,南侧当雄盆地为一断裂凹陷,故南侧地势陡峭,相对高差达2000米左右,地势雄伟;北侧山势较和缓,相对高差1000米左右。念青唐古拉山有3条主要山脊:西山脊、东山脊和南山脊。受地形影响该地区冰川发育受到很大的限制。北坡附近,主要以横向的山谷冰川和悬冰川为主,悬冰川冰舌末端往往高达5700米。南北两侧的峡谷中横卧着两条冰川,直泻而下,多冰陡墙和明暗裂缝,险恶万分而又奇特壮观。这地区的雪线也比其他地区为高,达5800米以上。主峰西北山麓是中国第2大咸水湖纳木错,意为"天湖",面积1920多平方千米海拔4716米,为世界上最高的大湖。伸入湖心的扎西半岛上有扎西寺,虔诚的喇嘛教徒们不辞辛劳来这里进香,向念青唐古拉神山和纳木错圣湖顶礼膜拜。湖区还有游艇和小憩的藏式住所供游客使用。主峰南麓是景色秀丽的羊八井谷地,这条谷地处在念青唐古拉山与冈底斯山中间的一条巨大地质断裂带上。地热资源十分丰富,这里除分布有常见的温泉、喷泉外,还有喷气孔、热水河、热水湖、热水沼泽等,是世界上少见的地热"博物馆"。这里现建有中国最大的地热电站。以山谷冰川为主的现代冰川发育,冰川面积7536平方千米,为青藏高原东南部最大的冰川区。山脉东段受印度洋西南季风影响,降水多,雪线海拔低,约4500米,因而冰川分布集中,占整条山脉冰川总面积的5/6,且有90%分布于南侧迎风坡上,为中国海洋性冰川集中地区之一。其中有27条冰川长度超过10千米,许多冰川末端已伸入到森林地带。如易贡八玉沟的卡钦冰川长达33千米,冰川末端海拔仅2530米,为西藏最大冰川,也是中国最大的海洋性冰川。古冰斗、"U"形槽谷、终碛垅堤、羊背石、冰碛丘阜及冰蚀湖、堰塞湖(如然乌错、易贡错)等古冰川遗迹分布较多。山崩、滑坡及泥石流活动频繁,是西藏主要泥石流暴发区。如波密附近著名的古乡泥石流,即是川藏公路线上一大障碍。山脉西段位于半干旱气候地区,发育有大陆性冰川,面积小、规模有限,雪线高度升高到5700米。然而,西段山脉却是青藏高原上一条重要的地理界线,与冈底斯山脉同样,不仅是内外流水系分水岭,也是高原上寒冷气候带与温暖(凉)气候带的界线。界线以北的羌塘高原以高寒草原景观占优势,土地利用以牧业为主;界线以南即通常所称的"藏南地区",为亚高山草原与山地(河谷)中旱生灌丛草原景观,种植业集中,为著名的"西藏粮仓"。波密一带为西藏主要林产区之一。在海拔较低的易贡、通麦等暖热地区尚有以高山栎、青冈为代表的常绿阔叶林及铁杉林分布。青藏、川藏2条重要公路干线穿越念青唐古拉山脉。桑雄拉与安久拉分别为山脉西段与东段的主要山口。

　　喜马拉雅山脉是世界最雄伟高大的山脉,由数条大致平行的支脉组成。向南凸出呈弧形。分布于青藏高原南缘,西起克什米尔的南迦帕尔巴特峰,东至雅鲁藏布江大拐弯处的南迦巴瓦峰,全长约2500千米。由北而南依次为大喜马拉雅山、小喜马拉雅山及西瓦利克山等,南北宽度约200米~300千米。大喜马拉雅山大部分在中国境内,其西端和南侧支脉大多在巴基斯坦、印度、尼泊尔和不丹等邻国境内。主峰珠穆朗玛峰海拔8844.43米,为世界第1高峰。主脉大喜马拉雅山平均海拔6000米以上,7000米以上的山峰50余座,全球14座海拔8000米以上的高峰群中即有10座分布于此(表3-1-4)。主脉上的一些山口要隘也多分布于海拔4000米~5000米。其中较著名的如东段的唐拉山口(海拔4633米)、中段的聂聂雄拉山口(海拔5000米)及西段的索吉山口(海拔3529米)等。高山顶部终年积雪,现代冰川作用强盛,冰川规模较大,著名的有珠穆朗玛峰中国境内的绒布冰川、加布拉冰川及印度境内的热木冰川等。冰川总面积3.3万平方千米,中国境内约占1/3。雪线高度5800米~6200米,南坡雪线低于北坡。喜马拉雅山脉是青藏高原上隆起最晚的年轻山脉。于始新世古地中海撤退时开始升起,后经数次断块上升而形成。据希夏邦马峰北坡海拔5700米处发现高山栎古植物化石推断,上新世以来喜马拉雅山脉约升高了2000米。同时,南北向水平挤压,喜马拉雅山脉强烈褶皱,并具掀升性质,形成向北倾斜的叠瓦状构造,山脉南陡北缓两坡不对称。喜马拉雅山地壳极不稳定,新构造运动十分活跃,地震活动频繁而强烈,是世界上主要大地震带之一。此外,南北走向的断裂构造发育,经河流切割形成纵向深险峡谷,成为西南季风气流北进的通道。喜马拉雅山脉最典型的特征是扶摇直上的高度,一侧陡峭参差不齐的山峰,令人惊叹不止的山谷和高山冰川,被侵蚀作用深深切割的地形,深不可测的河流峡谷,复杂的地质构造,表现出动植物和气候不同生态联系的系列海拔带(或区)。从南面看,喜马拉雅山脉就像是一弯硕大的新月,主光轴超出雪线之上,雪原、高山冰川和雪崩全都向低谷冰川供水,后者从而成为大多数喜马拉雅山脉河流的源头。不过,喜马拉雅山脉的大部却在雪线之下。创造了这一山脉的造山作用至今依然活跃,并有水流侵蚀和大规模的山崩。

表 3-1-4　喜马拉雅山脉的高峰(群)

| 峰 名 | 海拔/米 | 高度名次 | 峰 名 | 海拔/米 | 高度名次 |
|---|---|---|---|---|---|
| 珠穆朗玛峰(群) | 8844.43 | 世界第 1 高峰 | 道拉吉里峰 | 8172 | 世界第 7 高峰 |
| 干城章嘉峰 | 8585 | 世界第 3 高峰 | 马纳斯鲁峰 | 8163 | 世界第 8 高峰 |
| 洛子峰(群) | 8516 | 世界第 4 高峰 | 南迦帕尔巴特峰(群) | 8125 | 世界第 9 高峰 |
| 马卡鲁峰 | 8463 | 世界第 5 高峰 | 安那普鲁峰(群) | 8078 | 世界第 10 高峰 |
| 卓奥友峰 | 8201 | 世界第 6 高峰 | 希夏邦马峰 | 8012 | 世界第 14 高峰 |

图 3-1-4　喜马拉雅山脉

## 第二节　中国的丘陵

中国丘陵的总面积为 95 万平方千米,占全国陆地总面积的 9.9%。中国的丘陵主要集中分布在长江以南、云贵高原以东的广大地区。其中以江南丘陵与东南沿海丘陵(亦可将其分为浙闽丘陵与两广丘陵)面积最大,其他还有山东丘陵、辽东丘陵等。

### 一、江南丘陵

长江以南、南岭以北、武夷山和天目山以西、雪峰山以东,包括中国湘、赣 2 省中南部和浙西皖南地区的大片低山和丘陵,总称江南丘陵。介于北纬 25°～31°,东经 110°～120°,面积大约 37 万平方千米。

燕山运动决定了本地貌的基本格局。三叠纪初期普遍海侵,末期形成褶皱构造。白垩纪时岩浆活动强烈,南部地区有花岗岩侵入,东部浙闽一带有流纹岩喷出,白垩纪晚期发生大规模断裂活动,形成许多山地和山间断陷盆地。第三纪末和第四纪初期,低山丘陵和盆地地区仍保持温暖湿润环境。更新世时气温下降,中低山顶积雪不化,发生小范围的山岳冰川作用,北部有下蜀黄土堆积。中生代以来南部抬升,北部断裂沉陷,形成向北倾斜的地势。主要部分可视为湖南、江西 2 省相连的大洼地,东、南、西三面均有山地环绕,地表径流分别通过湘江、资水、沅江、澧水,以及赣江、信江、抚河、赣江、修水等河流,向北分别注入洞庭湖和鄱阳湖,然后均再向北注入长江。东北部浙皖边区的山地丘陵与浙江、江西交界的山地丘陵相连,成为长江和浙、闽独流入海水系的分水岭。区内许多中山和低山均为北东—南西走向排列,属新华夏构造体系。山岭海拔多在1000米左右,局部可达1500米~2000米。主要山脉有湘赣鄂交界的幕阜山脉、九岭山、武功山、万洋山、诸广山,浙西的天目山、仙霞岭、闽赣界上的武夷山脉和皖南的黄山等。其中,庐山、黄山、齐云山、衡山、九华山、天目山、井冈山等均为著名的旅游胜地。

图 3-1-5　江南丘陵

江南丘陵区红色盆地众多。盆地多分布在山岭之间,一般呈长条形,长轴方向亦以北东—南西向居多。规模大小不等,一般宽约20千米~50千米,长可达数百千米。两侧多为断层界限,底部为红色碎屑岩层。盆地内一般有辐合水系,稍大河流往往穿过一个或几个盆地。著名的盆地有江西省的吉(安)泰(和)、赣州、于都、信丰、宁都、广昌、瑞金和兴国盆地。湖南省的衡阳、攸(县)醴(陵)、长(沙)浏(阳)、株(洲)渌(口)和邵阳盆地及安徽省的南陵盆地等。以上盆地均为江南丘陵区内农业发达地区。

红层丘陵为红色盆地主要地貌类型。岩性以软弱的砂页岩为主,丘陵坡度平缓,形状浑圆,相对高度一般在100米~200米之间。在厚层砾岩和砂岩分布的盆地内,垂直节理发育,经流水和重力作用,形成"丹霞"地貌。如赣南宁都盆地和兴国盆地。在水平层理、岩性软硬相间的红层分布地区,如赣州盆地,则表现为方山地貌。此外,区内还发育有花岗岩地貌。岩性坚硬的岩体,构造抬升后形成陡峻雄伟的山地,如黄山、衡山等。赣南岩性较软,节理丰富,沟谷密集发育,节理交错处或沿断裂构造形成小型盆地,如兴国的杨村盆地、信丰的安息盆地、赣县的田村盆地、宁都的会同盆地、黄坡盆地和琳池盆地等。

矿产资源种类甚多,其中钨、铜、锑、铅、锌等储量均闻名中外。林业、水能等资源也较丰富。天然植被为典型的亚热带常绿阔叶林,地带性土壤是红壤和黄壤。这里是重要的农业生产基地,除水稻外,棉花、苎麻、甘薯,经济林木的油茶、油桐、乌桕、茶以及柑橘等,都占有重要地位。

**二、东南沿海丘陵**

中国东南部是具有亚热带山地丘陵景观和滨海景观特色的自然地理单元,其范围北起浙江的仙霞岭、会稽山,向西南经武夷山、九连山到广西东南的十万大山和大容山,包括浙、闽、桂、粤的绝大部分。区内峰峦逶迤,河流纵横,海岸曲折,岛屿棋布,四季常青。在大地构造上属东南沿海褶皱系华力西褶皱带,以上升剥蚀为主,燕山运动奠定了本区地貌基本格局。有大规模断裂活动,形成了一系列北东向或北北向山脉;白垩纪晚期断裂活动形成许多山间断裂盆地,喜马拉雅运动和第四纪新构造运动在本区表现为大面积隆起的同时,伴有强烈的差异性断裂活动,从而形成各级夷平面和阶地不均匀分布。雷州半岛、北部湾一带在中新世喜马拉雅运动中发生了东西断层,形成了"雷琼拗陷",堆积了很厚的沉积地层。到早中更新世雷琼地区火山活动强烈而频繁,一直延续到全新世。目前,雷州半岛和海南岛北部的玄武岩台地上还有许多火山锥,最著名的是湛江市的湖光岩,山顶有大火山口湖。在浙闽境内火山岩以流纹岩为主。

地势西北高东南低,丘陵山地面积广大。较大平原有珠江三角洲平原、潮汕平原、漳州平原、泉州平原等。东南沿海一带山脉走向为北东向,断裂系统中北东向的一组也是主要的。如会稽山、仙霞岭、武夷山与天台山、括苍山、洞宫山、鹫峰山、莲花山、云雾山、云开大山、六万大山、十万大山等都是北东—西南向平行排列。山岭海拔多在1000米~1500米,少数山峰可达2000米,武夷山市西北黄岗山为最高(2158米)。本区北东向、北西向两组断裂构造交切成X型,控制了山岭走向、河流流向及盆地和港湾的形成。河流多依地势倾斜方向,由西北流向东南,数度横切北东走向山脉形成峡谷,但某些河段主要支流仍受北东向构造控制,因而构成格状水系,如瓯江、闽江和九龙江等。分布在山地中的小型山间盆地为河流所串联,峡谷与盆地相间排列,盆谷地段的沿河两岸发育有冲积平原和数级阶地。每一山间盆地基本上为一独立自然单元,较大盆地有金衢盆地、新嵊盆地、永安盆地、梅县—五华盆地等。盆地中农业发达,人口密集,城镇集中。

寒潮和台风暴雨为本区主要灾害性天气。河流源短流急,多独流入海,构成多元水系。水网密度大,平均每平方千米可达0.1千米;径流丰富,年径流总量达623.66亿立方米,远大于黄河。

丘陵区海岸线漫长曲折,岬湾相间,且多岛屿,多天然良港,如象山港、三门湾、乐清湾、沙堤湾、三都澳港、罗源湾、福州湾、温州湾、厦门港、大亚湾等。沿海岛屿原均与大陆相连,经断裂下降或冰后期海面上升而与大陆分离,故岛屿岩性与附近大陆上一致。较大者有定海岛、海坛岛、东山岛和东海岛、南澳岛等。本区地壳至今仍在活动,历史上曾发生多次地震,1999年9月台湾省台中、南投县又发生新的大地震,是中国强震区之一。沿海滩涂广阔,部分已经开发利用。

东南沿海丘陵因北部有山地阻挡,冬季温和,湿度较大,有利于发展多种经营。经济开发虽较晚,但发展较快。物产主要为热带和亚热带属种。平地(河谷、盆地)盛产水稻、甘蔗、蚕桑、苎麻和小麦、棉花;山地主产茶叶、油茶、咖啡、可可、乌桕、生漆、毛竹、杉木、马尾松、橡胶和油桐。热带和亚热带水果,以柑橘、香蕉、杨梅、枇杷、木瓜、桂圆、荔枝为主。进一步开发的优势在大农业。区内水能资源丰富,全区水能可达2000多万千瓦,目前利用仅为5%左右,潜力较大。海岸曲折,多岛屿、港湾。沿海渔业发达。

东南沿海丘陵由浙闽丘陵和两广丘陵组成。

浙闽丘陵包括武夷山、天目山以东的低山丘陵。大部分由火山岩组成,经过风化、侵蚀形成雁荡山、括苍山、天台山、会稽山等名山。地形上山岭连绵,丘陵广布,海岸曲折,岛屿众多,平原和山间盆地狭小而分散。有2列与海岸平行的山岭组成地形的骨架。最西一列是以武夷山为主干,向东北与仙霞岭、会稽山相连。其中武夷山、仙霞岭平均海拔1000米以上,主要由古老变质岩和古生界地层组成。第二列由西南向东北有博平岭、戴云山、洞宫山、括苍山和天台山等,平均海拔800米左右,高峰超过1500米,主要由流纹岩和花岗岩组成。这列山岭以东则过渡到沿海丘陵和台地,其中夹有一些河谷盆地和海积平原。依山濒海,气候受海洋影响很深,年降水量1400毫米~1900毫米,≥10℃积温5000℃~6500℃,作物一年二熟至三熟。植被属亚热带常绿阔叶林,是中国南方主要林区之一。保存有大面积的原始林和不少珍稀野生动物。已建有武夷山自然保护区。盛产柑橘、茶、油茶、油桐等亚热带经济林木。

两广丘陵指南岭以南的低山、丘陵,是广西、广东2省区大部分低山、丘陵的总称。广东境内多为花岗岩丘陵,外形浑圆、沟谷纵横,地表切割得十分破碎。广西境内主要是石灰岩丘陵,峰林广布,地形崎岖,风景优美。主要山脉有十万大山、云开大山、莲花山等。地势较低,多在200米~400米,以丘陵、宽谷为主,丘陵海拔多在200米~400米,少数山峰超过1000米。两广丘陵属南亚热带大陆性季风气候,1月平均气温10℃~15℃,日均温>10℃的天数在300天以上,台风和暴雨频繁。植被为季风常绿阔叶林,土壤为赤红壤,盛产荔枝、龙眼、橄榄、香蕉、柑橘等水果。但植被遭到破坏,水土流失严重。

### 三、山东丘陵

位于黄河以南,大运河以东的山东半岛上,面积约占半岛面积的70%。山东丘陵地质基础是以古老的结晶地块为基础组成的断块低山丘陵,地貌轮廓系由第三纪断裂运动所成。地垒与地堑的形式在地貌上表现明显,东北向和西北向的2组断裂奠定了长方形山岭和格状水系的基础。突兀在丘陵之上的少数山峰,虽海拔高度不大,但气势雄伟,如泰山海拔1524米,巍峨挺拔,自古就有"登泰山而小天下"之喻。中国3大丘陵之一。包括胶东丘陵、胶莱平原和鲁中南低山丘陵3部分。

东部胶东丘陵是前震旦纪结晶片岩的长期侵蚀区,青岛以北莱阳等地有几处侏罗白垩纪盆地沉积,夹杂着不少火山岩。胶东丘陵面积很大,除个别山峰外,大部分海拔在500米以下。一些较高的山岭,如崂山、伟德山、昆仑山、艾山等,它们大都是白垩纪的花岗岩所构成,山势浑圆而雄伟。丘陵海拔一般都在200米左右,但在莱阳一带仅约100米,前寒武纪的片麻岩和白垩纪的莱阳层均被削平至同一高度,这个均夷面通称为胶东准平原面,准平原面上局部覆盖着第三纪玄武岩,可见这个均夷面形成的时代应在白垩纪末第三纪玄武岩喷发之前。沿海有宽窄不一的平原,平原上农业发达,有渔盐之利。丘陵低山粮食作物以小麦为主,经济作物以花生为主,为山东省最大的花生产区,苹果、葡萄等水果亦很有名。山东半岛三面环海,港湾曲折,海产很丰富,为中国主要渔场之一。

胶莱平原是在胶东与鲁中南之间的第三纪时发生断裂陷落构造盆地的基础上,由潍河、北胶莱河、南胶莱河与大沽河携带泥沙冲积而成的剥蚀堆积平原。全区海拔在50米以下,地貌比较单调,胶莱河、潍河流贯其间。河流两侧一片平野,由两级阶地组成。在平原边缘有低山,比高5米~20米。平原表面亦有残丘,犹如海中孤岛。

鲁中南低山丘陵为古老的结晶地块,现代地貌的形成系继承海西期和燕山期的拗折和断裂,鲁中南盾形断块是由北东向和北西向2组构造断裂形成许多断块带,北东向断裂在北部特别显著,形成泰山、鲁山、沂山3条东北—西南向平行排列的断块山地;北西向断裂在南部明显,形成3条西北—东南向平行排列的断块山,即徂徕—沂蒙断块山、蒙山断块山和尼山断块山。在断块山之间有地堑式的断陷凹地。鲁中南的高峰均在1000米以上,主要是由片麻岩为主的泰山杂岩所组成,泰山海拔最高达1524米。南北两侧有古生代石灰岩和煤系以及侏罗纪砂、页岩和煤系。在这些煤系分布的地方,因原来地势较低和岩性松软,往往造成丘陵。鲁南一带,丘陵比高达300米左右,岩层为太古代片麻岩和寒武纪石灰岩、砂岩、页岩等,山顶常为厚层石灰岩所覆盖,倾角很小,形成方山景观。当地人多以"崮"称呼,如著名的孟良崮、抱犊崮等。地面堆积物以第四纪周口店期的红色黄土、马兰期的原生黄土和次生黄土为最普遍,总厚度约60米~70米,夹有石灰质结核。在泰山、鲁山、沂山山麓,形成一个向北微倾的宽广山麓倾斜平原。鲁中南低山丘陵系由鲁中低山、尼山丘陵、沂沭河冲积平原、汶泗剥蚀冲积平原、胶西丘陵等5部分组成,其中鲁中低山约占全面积的一半。

### 四、辽东丘陵

位于辽东半岛,南、西、东三面环海,北界营口、鞍山、抚顺、宽甸至鸭绿江边一线。

辽东丘陵是长白山地的延续部分,呈华夏向,构造上属华北地台辽东隆起带。古老的基底变质岩系在铁岭、营口、丹东等地广泛出露,含有丰富的铁矿和菱镁矿。中生代以来发生强烈构造运动,以北东向的褶皱和断裂为主,并有花岗岩侵入。第三纪初侵蚀夷平,喜马拉雅运动有广泛的拗曲、断层和岩浆喷发。第四纪以来多次世界性的海面波动以及冰后期海浸高海面以后的间歇隆起和多种营力的剥蚀夷平,使沿海发育了层状地貌和复杂的海岸类型。

千山纵贯南北,长约340千米,构成半岛的主干,海拔平均在500米左右。地势北高南低,北部黑山主峰海拔1181米,中部步云山主峰海拔1131米,耸立在沿海平原之上,显得挺拔高峻,气势雄伟。山地两侧坡度不对称,因郯—庐—辽河深大断裂使千山山脉主脊偏西并向东俯倾,西陡东缓。在东南斜面上发育的河流比较长大,西北斜面上的河流一般短小。千山山脉山峰重峦叠翠,犹如千朵莲花浮在绿色海洋之中,故名千朵莲花山,简称千山。山地两侧丘陵面积广大,滨海一带有多级滨海平原,其中以高出海面10米~15米的一级阶地面积最大。在大连老虎滩及黑石滩尚可看到40米~50米的海蚀阶地。金州湾以西和大连湾以东为2个沉溺的构造盆地,形成里亚斯式海岸。海岬之间的海湾内沉积不厚,海水较深,形成大连、旅顺等著名港口。附近岛屿众多,位于渤海的有长兴岛、西中岛、蛇岛、猪岛、蚂蚁岛等;处于黄海的有长山群岛。在辽东半岛东北海岸,海滨平原比较宽广。

辽东丘陵因受海洋季风影响,年降水量可达650毫米~1000毫米,偶有台风过境,形成局部洪涝灾害。地带性植被为赤松和栎林为主的暖温带落叶阔叶林,随着地势增高,分布有针阔叶混交林、针叶林和岳桦矮林,是中国苹果、梨、葡萄和柞蚕的主要生产基地。

### 五、其他丘陵

#### 1. 川中丘陵

川中丘陵是中国最典型的方山丘陵区,又称盆中丘陵。西迄四川盆地内的龙泉山,东止华蓥山,北起大巴山麓,南抵长江以南,面积约8.4万平方千米。以丘陵广布、溪沟纵横为其显著的地貌特征。是四川东部地台最稳定部分,大部地区岩层平整或倾角甚微,经嘉陵江、涪江、沱江及其支流切割后,地表丘陵起伏,沟谷迂回,海拔一般在250米~600米,丘谷高差50米~100米,南部多浅丘,北部多深丘,为四川省丘陵集中分布区。同时,软硬相间的红色砂岩和泥岩经剥蚀和侵蚀后,常形成坡陡顶平的方山丘陵或桌状低山。丘坡多呈阶梯状,多达3级~4级。仅剑阁和苍溪一带属于白垩纪的砾岩组成的地区,地表经褶皱后成为单面低山。威远和荣县一带也分布有石灰岩低山。川中丘陵西缘龙泉山为北东向狭长低山,是岷江和沱江的天然分水岭,亦是川中丘陵和川西平原的自然界线,长约210千米,宽约10千米~18千米,海拔700米~1000米,最高处1059米。川中丘陵水土流失严重。构成丘陵的中生代紫色红色砂岩和泥岩,质地松脆,极易遭受风化和侵蚀,故土壤中多砂和碎石。全区植被稀疏,森林覆盖率不到7%,有的县份仅1%,为四川省森林覆盖率最低地区。如嘉陵江、涪江和沱江流域,每年冲走的泥沙多达2.5亿吨,成为长江上游泥沙的重要来源。热量有余而降水不足为川中丘陵又一特点,故干旱为丘陵区农业生产上的主要矛盾。丘陵地区是四川最大的产盐区和天然气产地,亦是四川棉花、甘蔗、黄麻、花生和蚕桑等经济作物的主产区,棉花和甘蔗产量各占四川90%与65%。粮食产量占四川粮食总产的40%,南部长江河谷还生长有龙眼、荔枝等南亚热带水果。

2. 皖中丘陵

又称江淮丘陵,是秦岭、大巴山向东的延伸部分,长江流域与黄河流域的分水岭。位于淮河以南、江淮分水岭——滁河一线以北,面积约2万平方千米。东部、南部较高,海拔多在100米~300米之间。东部张八岭和凤阳山地区,海拔一般在100米~200米之间。长期处于侵蚀剥蚀环境,地面基本上已被夷平,表现为波状起伏的丘陵和河谷平原。江淮丘陵位于北亚热带向暖温带的过渡带上,气候、植被、土壤等都有明显的过渡性特征。是个水旱作物过渡区。以水稻、小麦为主的水旱兼作、一年两熟区。淠史杭水利灌溉工程和驷马山引江工程的兴建,为农业生产提供了有利条件,部分地区已成商品粮基地。

3. 辽西丘陵

是彰武—北镇—小凌河口一线以西的辽宁省西部低山丘陵的总称,主要由努鲁儿虎山、松岭、医巫闾山等几条东北—西南走向的山脉组成。构造上属华北地台燕山沉降带。侏罗系白垩系深厚的页岩、砂岩、砾岩和火山岩分布广泛,并有煤矿生成。燕山运动后期有大量花岗岩侵入,形成钼、铅、锌等多种金属矿。第三纪初剥蚀夷平与蒙古高原连成一片。后来,辽西掀斜成梯级坡面,奠定了现代地形基础。上新世以来断层活动加强,坡面的斜度增大,发育了适应构造的大凌河、小凌河等顺向河。地势自西北向东南倾斜,海拔自1100米下降到300米~500米,山地走向多与华夏向断层线一致,为东北—西南向。努鲁儿虎山北高南低,构成蒙古高原边缘,为西辽河上游老哈河与大凌河的分水岭。南部松岭山脉海拔500米~700米,西南部较险峻,黑山海拔1140米;东侧和辽河平原相接;向东北延伸接医巫闾山,海拔400米左右,主峰望海山海拔870米。松岭南部为小凌河、女儿河、六股河等切割,地形破碎;朝阳、北票等断陷盆地内砂页岩有丹霞地貌发育,松岭山脉以南到渤海为辽西走廊。辽西丘陵地区矿产资源较为丰富,锰、钼是这里著名的金属矿藏。这里年降水量不足600毫米,分布有油松、栎林为主的落叶阔叶林,间有侧柏。由于植被破坏,降水集中、多暴雨,地面组成物质松散,因而水土流失严重。

4. 黄土丘陵

黄土丘陵是黄土高原上的主要黄土地貌形态。它是由于黄土质地疏松,地表植被和生态系统遭到严重破坏,加之黄土高原地区雨季集中于七八月份、降水强度较大,被地表流水冲刷形成的。黄土丘陵按其形态可以分为2种,即长条形称为"梁"和椭圆形或圆形的称为"峁"。梁和峁的顶部面积都不大,但斜坡所占的面积却很大,坡度一般为10°~35°。黄土梁、峁地区地面非常破碎,沟谷密度很大。山西省的漳河、沁河上、中游流域和陕北、陇东黄土高原的北部,黄土丘陵分布广泛。如延安所在地就是黄土梁、峁的分布区,那里的梁、峁海拔一般在1000米~1300米,相对高度为60

米~150米。黄土丘陵沟壑区分布广,涉及7省(区),面积21.18万平方千米,主要特点是地形破碎,千沟万壑,15°以上的坡面面积占50%~70%。依据地形地貌差异分为5个副区。1~2副区主要分布于陕西、山西、内蒙古3省(区),面积为9.16万平方千米,该区以梁峁状丘陵为主,沟壑密度2千米/平方千米~7千米/平方千米,沟道深度100米~300米,多呈"U"型或"V"字型,沟壑面积大,沟间地与沟谷地的面积比为4∶6。3~5副区主要分布于青海、宁夏、甘肃、河南4省区,面积12.02万平方千米,该区以梁状丘陵为主,沟壑密度2千米/平方千米~4千米/平方千米。小流域上游一般为"涧地"和"掌地",地形较为平坦,沟道较少;中下游有冲沟。黄土丘陵沟壑区是中国乃至全球水土流失最严重的地区。水土流失不仅成为困扰该区农业可持续发展和人民脱贫致富的主要问题,而且也为黄河下游地区带来一系列的生态环境问题,因而植树、种草、修筑梯田,进行水土保持的任务十分艰巨。

## 第三节 中国的平原

中国平原总面积为115万平方千米,占全国陆地总面积11.98%。中国的平原区多集中在中国的东部,最大而且最重要的3大平原为东北平原、华北平原(黄淮海平原)、长江中下游平原。它们之中又各包括一些次一级的平原。另外还有河套平原、关中平原、成都平原、潮汕平原、珠江三角洲等等。

表3-1-5 中国主要平原概况

| 名称 | 范围 | 面积/平方千米 | 海拔/米 | 形成与特征 |
| --- | --- | --- | --- | --- |
| 东北平原 | 北起嫩江中游,南至辽东湾,西到大兴安岭,东至长白山 | 约35万 | 50~200 | 由松花江、嫩江、辽河冲积而成。地势坦荡,松辽分水岭贯穿中部,多沼泽湿地,黑土深厚。中国商品粮基地 |
| 华北平原 | 北依燕山,南至淮阳山地,西起太行山、伏牛山,东至黄渤海 | 约31万 | 20~50 | 中国最完整的平原,由黄淮海等冲积而成。地势低平。旱涝、盐碱、风沙等自然灾害频发,中国重要粮棉基地 |
| 长江中下游平原 | 西起宜昌,东临东海,北至淮阳山地,南界江南丘陵 | 约20万 | 10~50 | 长江及其支流冲积而成。地势低平,湖泊众多,水网密布,盛产水稻、小麦、棉花、蚕丝等 |
| 珠江三角洲平原 | 西起三水,东至石龙,南抵崖门 | 1.1万 | 50 | 由珠江冲积而成。河道纵横,水网密布,灌溉便利,农业发达,水果、水产丰富 |
| 河套平原 | 西起贺兰山,北至阴山,东南邻鄂尔多斯高原 | 约2.5万 | 1000~1100 | 由黄河中游冲积而成。地势自西南向东北微倾,河渠纵横交错,灌溉便利,号称"塞上江南" |
| 成都平原 | 北起都江堰,南至大邑,西到邛崃山,东至龙泉山 | 0.6万 | 600 | 由岷江冲积而成。地势西北高东南低,河渠密布,农产富饶 |
| 汾渭平原 | 西起宝鸡,南至秦岭及中条山,北到陕北高原,东到阳曲 | 3.4万 | 500 | 断层陷落,后由渭河、汾河冲积而成。渭河平原号称"八百里秦川",农业发达 |

## 一、东北平原(松辽平原)

位于中国东北,故称东北平原。是中国最大平原。介于大小兴安岭、燕山和东北东部山地之间,主要是由松花江、辽河、黑龙江和乌苏里江冲积而成。南北长1000千米,东西宽400千米,总面积约35万平方千米。平原东西两侧为长白山地和大兴安岭山地,北部为小兴安岭山地,南端濒临辽东湾。

地质上以开原—辉南线(相当于北纬43°)为界,北部属吉黑褶皱系松辽坳陷,南部属中朝准地台下辽河断陷。中生代燕山运动伴随两侧华夏向山地隆起,形成了华夏向沉降带,奠定了现今天地貌的基本轮廓。第三纪后的新构造运动主要表现为具有明显的继承性和间歇性的地壳升降运动,将南北的构造体系连接起来,成为同一演化体系,平原继续下沉,沉积了深厚的白垩系、第三系和第四系地层。平原四周为山麓洪积冲积平原和台地,海拔200米左右,目前,北部台地形状保存较明显,南部强烈侵蚀呈浅丘外貌。平原西南部风沙地貌发育,形成大面积砂丘覆盖的冲积平原。辽河与松花江水系流经平原南北,两大水系之间为松辽分水岭。在地貌上东北平原分为松嫩平原、三江平原、辽河平原3部分,其中松嫩平原由松花江、嫩江冲积形成,它与辽河平原由位于长春市附近的侵蚀低丘——松花江、辽河的分水岭隔开,又合称为松辽平原,是东北平原的主体。

东北平原虽然冬季较冷,但夏季却很热,沼泽地虽然多,但土壤中水分充足。当地人民充分利用不利条件中的有利因素,最大限度地利用土层深厚,耕地辽阔,有大面积肥沃的黑土,耕地广阔,宜林则林,宜牧则牧,采取农、林、牧、副、渔综合发展的原则,在人迹罕至的茫茫荒原上,排干沼泽,开垦荒地,建商品粮基地,设现代化工厂和新农村,使千古荒原变成万顷良田,使"北大荒"变成了"北大仓",成为中国主要的粮食产区。

### 1. 松嫩平原

由松花江和嫩江冲积而成。位于东北地区中心,它的东南西北四周分别与长白山、松辽分水岭、辽西山地和大兴安岭、小兴安岭为界。总面积约为17万平方千米。平均海拔140米~180米。它的特征是四周被山地包围,四面高中间低,是个典型的盆地平原,大体呈菱形。

松嫩平原在地质构造上是一个凹陷地区,属于松辽断陷带的一部分。凹陷区的西南部现在还在继续下沉,东北部则有上升现象。第三纪和第四纪的沉积物已上升为台地,当地称之为岗。松嫩平原的表面具有波状起伏,因而也被称为波状平原。松嫩平原地势低平,海拔一般在120米~250米。黄土状物质构成的台地,受到不同程度的切割,地表略有起伏。哈尔滨、齐齐哈尔和白城间的三角形以内地区,现在仍在沉降中,构成了向心水系。由于排水不畅,地面有不同程度的沼泽化。平原边缘由于近期隆起,形成一系列台地。东部山前台地,地表微波状起伏,海拔240米~300米。台地表面上部为黄土状亚粘土物质,下部为沙砾层。松嫩冲积湖积平原经风力侵蚀与堆积作用,形成了浅岗地与封闭的浅碟形凹平地交错的地表形态。虽有松嫩水系流过,但支流甚少,地表水多汇集于众多的凹平地内,形成碱水泡沼。实际上,它具有内陆型平原性质。湿地、沼泽、湖泡众多,河曲发达是地貌上的重要特征。

松嫩平原主要河流有嫩江和松花江及其支流。嫩江支流有甘河、科洛河、讷漠尔河、阿伦河、乌裕尔河、雅鲁河、绰尔河、洮儿河、归流河等;松花江支流有第二松花江、拉林河、呼兰河、牡丹江、倭肯河、汤旺河等。以嫩江和第二松花江汇合处附近,即齐齐哈尔—白城—哈尔滨三角地带为最低,排水不畅。在嫩江下游、乌裕尔河、讷漠尔河、雅鲁河下游形成大面积的沼泽湿地,湿地上河曲发达,河漫滩宽广,泡沼成群。还有沼泽湿地型的无尾河,如乌裕尔河和霍林河,为一特殊的闭流区。

松嫩平原中心为冲积亚粘土、亚砂土;边缘为洪积、冲积黄土状亚粘土;嫩江上游还有局部冰水亚粘土、砂砾等。年降水量500毫米~700毫米,地带性植被是森林草原,是著名的黑土带,开发历史较久,是重要的商品粮、经济作物产区,具有农业综合发展的条件。但水土流失比较严重,部分地区涝害严重。哈尔滨、长春等大城市水与大气污染,以及松花江污染是国土整治的重点。应大力植树造林,防止水土流失,对松花江及其支流进行综合治理,加强水利建设,抗洪排涝。

松嫩平原是中国重要商品粮生产地区之一。粮食作物以春小麦、玉米、高粱、谷子为主,局部地区栽种早熟的粳稻。经济作物以大豆、甜菜、亚麻为主。

2. 辽河平原

由辽河冲积而成。位于辽东丘陵与辽西丘陵之间,铁岭—彰武以南,直至辽东湾,为一长期沉降区。地势低平,海拔一般在50米以下,沈阳以北较高,辽河三角洲海拔仅2米~10米。有辽河、太子河、浑河、大小凌河、沙河等,各河中、下游比降小,水流缓慢,多河曲和沙洲,港汊纵横,堆积旺盛,河床不断抬高,汛期常导致排水不畅或河堤溃决,酿成洪涝灾害。辽河携带丰富的沉积物,使平原不断向辽东湾延伸。近海部分和古河道内涝渍水多成沼泽,繁育大片天然和人工芦苇。

辽河平原可分为西辽河沙丘平原和辽河中下游平原2部分。西辽河平原是指大兴安岭以东、辽河平原以西、松辽分水岭以南、辽西低山以北被沙丘覆盖的冲积平原。东西宽约270千米,南北长约180千米,面积约6.5万平方千米。以固定和半固定沙丘为主。沙丘之间往往有很浅的锅底状洼地,有的潴积成湖,雨季湖面扩大,旱季湖面缩小或干涸。沙丘排列多成垄岗带状,自北西西—南东东平行排列。主要是就地起沙,这里沉积了第四纪松散沉积物100米~200米,形成沙丘平原。辽河中下游平原,北以松辽分水岭为界,南到渤海,西接辽西低山,东接千山。南北长230千米,东西宽110千米,面积约4.7万平方千米。这是一个长期沉降地带。辽河下游河漫滩宽阔,流水不畅,河流输沙量很大,堆积了沙质粘土和黄土状沉积物200多米厚。因而河口逐渐向外伸展,形成冲积海积平原。地势低洼,盐沼发育。

3. 三江平原

又称三江低地,即东北平原东北部,中国最大的沼泽分布区。西部以鹤岗—佳木斯—密山一线为界,东至乌苏里江,北达黑龙江,南抵兴凯湖。南北长约520千米,东西宽430多千米,面积6.8万平方千米。包括黑龙江、松花江和乌苏里江的冲积平原,以及完达山以南由乌苏里江和兴凯湖冲积而成的低地平原。

三江平原是新华夏构造体系第二隆起带北端的一个拗陷带,在大地构造上属同江内陆断陷。它是在前古生代变质岩、古生代和中生代沉积岩组成的基底上,经第三纪拗陷(断陷)而形成的盆地。三江平原地势低平,在平原上零星分布残山和残丘,如卧虎力山、别拉音山、街津山、大顶子山等,它们的高度多在500米以下,主要由古生代、中生代页岩,中酸性火山岩和花岗岩所构成。

完达山脉将三江平原分为2部分,山北是松花江、黑龙江、乌苏里江汇流冲积而成的沼泽化低平原,亦即狭义的三江平原;山南是乌苏里江及其支流与兴凯湖共同形成的冲积—湖积沼泽化低平原,亦称穆棱—兴凯平原。狭义的三江平原是黑龙江中游山间盆地的一部分,中、新生代发生内陆断陷,上覆极厚的沉积盖层,海拔45米~60米,抚远三角洲最低仅34米,自西南向东北缓慢倾斜,总坡度比降在0.10‰左右,河流蜿蜒于宽广的河漫滩上,主要地貌类型为阶地和河漫滩,沿西部和南部边缘为裙状冲积洪积倾斜平面,平原上广布碟型和线型浅洼地,切割微弱,偶见少数孤立残丘。

图 3-1-6　三江平原湿地

常见 3 米~17 米深的粘土、亚粘土,渗透性差。无尾河、牛轭湖、各种形态的洼池、沼泽广泛发育,是典型的低地平原,故又称三江低地。在历史上是有名的"北大荒",现在成了闻名的"北大仓"。生物资源、煤炭资源丰富,是农林牧副渔业综合发展的理想基地。过去这里是一个山间盆地,每到雨季,3 条大江的洪水滚滚而来,一齐涌向这个排水不畅的低洼原野,造成江水泛滥。再加上这一地区纬度较高,冬季漫长,气温较低,蒸发微弱,存于地面的积水蒸发不掉,渗不下去,更排不出去,长年累月的积水就演变成中国有名的大沼泽地。在被开垦之后成为粮食产区,但是原有湿地面积大量减少。

## 二、华北平原(黄淮海平原)

中国东部大平原的重要组成部分,中国第 2 大平原。由于位于华北,故称华北平原,又由于它是黄河、海河、淮河联合冲积而成,也称黄淮海平原。位于北纬 32°~40°,东经 114°~121°。北抵燕山南麓,南达大别山北侧,西倚太行山、伏牛山,东临渤海和黄海,地跨京、津、冀、鲁、豫、皖、苏 7 省市,面积 30 万平方千米。地势平坦,河流众多,交通方便,生产发达,自古即为中国政治、经济、文化中心,目前人口和耕地面积均约占全国 1/5。中国首都北京即位于平原北部。

从地质基础上看,华北平原是华北陆台上的新生代断陷区。平原的基底古老,形成于太古代和元古代,盖层构造主要受燕山运动影响。中生代时期华北平原为隆起区,局部发育了断陷盆地。新生代以来,断块作用活跃,早第三纪时期形成一系列次级断陷盆地。晚第三纪和第四纪时期,堆积范围逐步扩大,形成连片的大平原;与此同时,平原边缘断块山地相对隆起,大平原轮廓日趋鲜明。新生代相对下沉,接受了较厚的沉积,局部沉积竟厚达千米。大部分海拔 50 米以下,东部沿海海拔 10 米以下,地势平缓且微向东倾斜。由山麓向滨海依次出现洪积倾斜平原、洪积—冲积扇形平原、冲积平原、冲积—湖积平原、海积—冲积平原、海积平原等地貌类型。黄河、淮河、海河、滦河等河流所塑造的地貌构成了华北平原的主体,即黄河冲积平原、淮河中下游平原、海河中下游平原、滦河下游冲积平原连城一片。

黄河在孟津以下形成了巨大的冲积扇,扇缘向东直趋鲁西南山地丘陵的西侧。黄河冲积扇的中轴部位淤积较高,成为华北平原上的"分水岭",并将淮河与海河2大水系分隔南北。历史时期黄河频繁迁徙,北至天津,南至苏北的广大平原遍受黄河影响。黄河冲积扇上至今尚保留有黄河决口改道所遗留的大量沙岗、洼地、故道等地貌。在黄河冲积扇前缘与鲁西南山地之间,分布有东平湖、蜀山湖、南阳湖、昭阳湖、微山湖等南北连串湖泊,古代著名的巨野泽、菏泽、孟诸泽亦均处于扇缘地带,但因黄河泥沙淤积,古湖沼多已消失。黄河冲积扇以南,大别山以北,地势相对低洼,淮河自西向东流经其间。淮河平原之上河湖较密,公元12世纪~19世纪黄河夺淮期间,曾为黄河泛道;南岸支流史灌河、浉河、池河等大多平行流向东北。大别山北麓岗谷湖洼交错分布,发育了城东湖、城西湖、瓦埠湖等纵长形湖泊。由于淮河河床抬高,北部支流排水不畅,下游壅水,形成"肥河"。同时,在淮河下游还分布有洪泽湖、射阳湖、高宝湖等,也多因排水不畅而成湖。黄河冲积扇以北的海河平原,地貌分异较明显,近西部太行山、燕山山前为海河各支流及滦河堆积的冲积扇平原,除近山麓地带的面积受到一定程度的侵蚀切割外,扇面上堆叠有不同时期的河流沉积物;冲积扇平原的下方则为由海河流域南北两系河流所堆积的广阔冲积平原,北系河流多由西北流向东南,南系河流多由西南向东北,两组水系在白洋淀—文安洼相汇,最后通过海河流入渤海。海河南系的冲积平原亦为黄河夺淮前北流时期的主要泛流区。渤海湾沿岸低平的海积—冲积平原,海拔多在5米以下,平原上的洼地、湖泊众多。黄河三角洲和滦河三角洲是华北平原上最大的2个三角洲。以贝壳堤及其他海相沉积物为标志的古海岸线遗迹表明,这一低平原数千年前曾为海水所浸。

根据华北平原不同的区域特征,可分为4个亚区平原:①辽河下游平原,以山海关为界,山海关以外的平原,是由辽河冲积形成的,沼泽地较多,局部有盐渍化,平均气温低,但夏季仍然可以种植水稻,主要农作物以高粱、水稻、玉米为主;②海河平原,燕山以南,黄河以北,太行山以东地区。是由海河和黄河冲积形成的,所以也被称为黄海平原,是中国粮、棉的重要产区,南北距离达500多千米,所谓"千里平原",主要作物为小麦、玉米和棉花。可以达到一年小麦、玉米两熟;③黄泛平原,位于海河平原和淮北平原之间,是黄河冲积形成的,包括泛滥沉积,盐碱、沙化土地较多,但平均气温高,适合喜温抗沙作物生长,主要作物有棉花、花生、水稻、枣等;④淮北平原,淮河以北,黄泛区以南,是黄河泛滥和淮河冲积形成的,气温高,水源充沛,由于以前黄河泛滥,淤积淮河干道,造成这一带经常性灾荒,淮河经过疏通治理后,淮北平原成为中国水稻的主产区之一。

旱、涝、碱是华北平原的主要治理问题。黄河南、北的旱、涝、碱危害出现频率不同,一般洪涝南大于北,旱害、碱害北重于南。1949年以来,黄河下游1800千米长的大堤每年都维护培修,保证了黄河60多年的安全行洪。还在黄河两岸放淤造田,治碱改土,引水灌溉。淮河、海河也得到大规模的治理。现华北平原已是中国小麦、棉花、花生、芝麻、烤烟等作物种植面积最大的农业区,也是温带果品苹果、梨、柿和核桃、板栗、红枣等的主要产区。沿海平原又是重要海盐产地。已在兴建"南水北调"水利工程,引长江水到华北平原,根本解决华北平原干旱问题。华北平原周边富产煤炭,又在平原发现丰富的石油资源,已建成大港、胜利、华北、中原等油田。重要的工业城市有北京、天津、郑州、石家庄、邯郸、济南、徐州等。华北平原是中国的重要粮棉油生产基地。

### 三、长江中下游平原

中国3大平原之一的长江中下游平原位于湖北省宜昌市以东的长江中下游沿岸,为带状平原,由两湖平原(湖北江汉平原与湖南洞庭平原总称)、鄱阳湖平原、苏皖沿江平原、里下河平原和长江三角洲平原组成。北接淮阳山地,南接东南丘陵,介于北纬27°50′~34°,东经111°05′~123°,东西长而南北短,面积约20多万平方千米。

其地质基础系位于扬子准地台褶皱断拗带内燕山运动产生的一系列断陷盆地,后经长江切通、贯穿和冲积后,形成今日长江中下游平原的整体。平原底部一般为白垩系—第三系红色碎屑岩沉积;上部为松散的第四系沉积物,沉积范围和厚度,后者远小于前者。两湖平原白垩系—第三系厚达8000米,其中第三系即达到了3000米~4000米。第四纪沉积层由湖盆北部边缘武汉地区至沉降中心的洞庭湖区,厚度由30米~60米增至200米以上;长江三角洲第四纪海陆交互松散沉积层,自西向东由几十米增至300米~400米,有的达480米。受新构造运动影响,平原边缘白垩系—第三系红层和第四系红土层微微掀升,经流水冲刷切割,成为相对高度20米~30米的红土岗丘,中部和沿江沿海地区则继续下沉,形成泛滥平原和滨海平原。

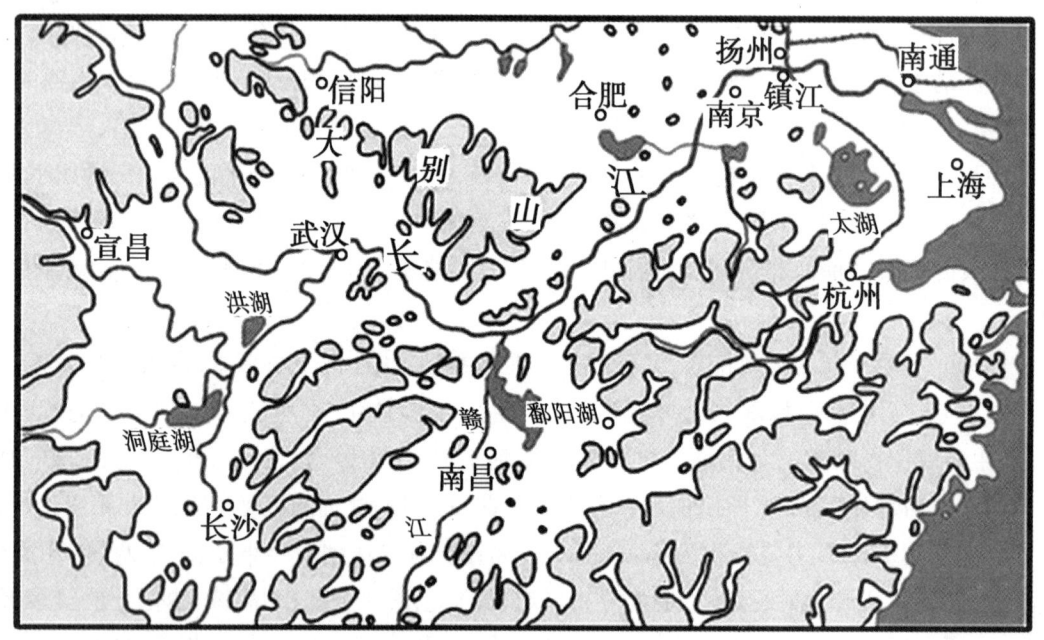

图3-1-7 长江中下游平原示意图

长江中下游平原主要由长江及其支流所夹带的泥沙冲积而成,地势低平,绝大部分的高度都在海拔50米以下,中游平原地区比较宽广;下游地区的平原多沿江伸展,形状狭长。平原上境内港汊纵横,湖泊密布,向有"水乡泽国"之称。著名的洞庭湖、鄱阳湖、太湖、高邮湖、巢湖、洪泽湖等大淡水湖都分布在这一狭长地带。

两湖平原包括湖南的北部和湖北的南部。远古时代这里曾是个烟波浩渺的云梦泽,后来被长江及其支流冲刷下来的泥沙所填埋。它的面积有5万平方千米。以荆江为界,其北称江汉平原,其南叫洞庭湖平原。江汉平原主要由长江和汉江冲积而成,自1300年前后荆江北堤分流入江汉平原的穴口完全堵塞后,汉江所带泥沙对江汉平原的发育起主要作用,其三角洲即成为江汉平原的重要组成部分。汉江三角洲地势亦由西北向东南微倾,湖泊成群,挤集于东南前缘。洞庭湖平原主要则由通过荆江南岸的太平、藕池、松滋、调弦(1958年堵塞)4口分流南下的长江泥沙淤积而成。湘、资、沅、澧4水的泥沙也起淤积作用。面积约1万平方千米。大部海拔在50米以下,地势北高南低,水网密布,土壤肥沃,但易遭洪涝灾害。

鄱阳湖平原位于江西北部至安徽西南边缘,除边缘红土岗丘外,中部的泛滥平原主要由赣、抚、信、鄱、修等河流冲积而成，其中又以赣江为主。面积约2万平方千米。地势低平，大部海拔在50米以下，水网密布，地表覆盖为红土及河流冲积物，也常遭洪涝灾害。

苏皖沿江平原主要包括自湖口以下到镇江之间沿长江两岸分布的狭长的冲积平原，其中芜湖平原与巢湖平原较宽阔。所以，平原宽窄相间，江流时束时放，流速平缓；自大通以下，每受江湖顶托，流速更缓，泥沙沉积加强，尤其是当河流越过岩丘逼岸的矶头以后，江流分汊，汊河间出现沙洲。沿江两岸湖泊众多，按其成因有构造湖（如巢湖），也有河迹湖（如洪泽湖）。

自镇江以下的河口段发育了长江三角洲，面积达5万平方千米，由长江和钱塘江冲积而成，这里的海拔只有10米左右。三角洲上，河网纵横交错，湖泊星罗棋布，素称"水乡泽国"。这里盛产稻米、鱼虾，粮食产量在全国占有重要的地位，历史上曾有"苏湖熟，天下足"的说法。长江自镇江以下的河口像一个喇叭形的三角港湾，水面辽阔，潮汐很强。在潮水的顶托下，长江带来的泥沙大部分被沉积下来，首先在南北两岸各堆积成一条庞大的沙堤。北岸的一条大致从扬州附近向东延伸直达南通附近。这条沙堤以北主要是古代淮河和黄河所输出的泥沙冲积而成的里下河平原。长江南岸的一条沙堤大致从江阴附近向东南延伸，直到金山的漕泾附近，并同杭州湾北岸的一道沙堤相连接，构成一个包围圈，把三角形港湾围成一个基本上与外海隔开、但还有一些缺口与海洋相通的潟湖，这就是古太湖。后来由于顺着沙堤缺口倒灌的潮水和古太湖上游河流带来的泥沙不断淤积，陆地不断扩大，古太湖日益缩小，分化成目前的淀山湖、阳澄湖等许多小湖。与此同时，长江的泥沙又在沿海一带继续堆积形成新三角洲。如今在上海市区西部，北起嘉定的外冈，经马桥至金山的漕泾一带，还可以见到一条断续的古贝壳沙带，这就是五六千年以前的古海岸线。这条线以东的土地就是由泥沙淤积而成的新三角洲的一部分。东部的南汇嘴以及崇明岛的东端土地还在不断增长之中。

三角洲以北即为里下河平原，它是一个周高中低的碟形洼地。洼地北缘为黄河故道，南缘为长江三角洲北岸部分天然堤，西缘是洪泽湖与大运河东岸大堤，东缘则是苏北滨海平原上的范公堤等，里下河洼地形同锅底，易闹水患。长江以南则为太湖水网平原，鱼米桑蚕产地。

长江中下游平原气候温和，无霜期240天~280天，江南可种植双季稻，粮、棉、水产在全国占重要地位，素称"鱼米之乡"。平原居中国南北和东西交通网的枢纽地带，水陆交通都很发达。长江贯穿中部，成为一条东西向的水运大动脉，加上其无数支流，构成一庞大水道网。经济发达，有上海、南京、南昌、合肥、武汉、长沙等大城市和苏州、无锡、上饶、常州、盐城、镇江、扬州、泰州、南通、芜湖、岳阳、宜昌、九江等中等城市。

### 四、河套平原

黄河在甘、宁、内蒙古、陕、晋5省区境内形成马蹄形大弯曲，这一大弯曲的北部，亦即白于山（陕北）以北，贺兰山以东，阴山以南，芦芽山（晋西北）以西的地区称为河套。这一地区黄河两岸的平原称为河套平原，西南起自宁夏回族自治区中卫县的沙坡头，东北到内蒙古自治区清水河县的喇嘛湾，可分为青铜峡至宁夏石嘴山之间的银川（宁夏）平原（又称"西套"）、巴彦高勒与西山咀之间的巴彦淖尔平原（又称后套平原）和包头、呼和浩特与喇嘛湾之间的土默特平原（又称前套平原）3部分，后2部分统称为"东套"。一般称河套平原仅包括前套平原（即银川平原）和后套平原（即巴彦淖尔平原）。

河套（后套）平原是阴山山脉与鄂尔多斯高原间的断陷冲积湖积平原。位于内蒙古自治区西南部,北至阴山南麓,断层崖矗立于平原之北,界线明显;南到鄂尔多斯高原北缘的陡坎,由于库布齐沙漠散布,界线较模糊;西与乌兰布和沙漠相连;东及东南与蛮汗山山前丘陵相接。介于北纬40°10′~41°20′,东经106°25′~112°。东西长约500千米,南北宽20千米~90千米,面积约2.6万平方千米。行政区划包括呼和浩特和包头2市的大部、巴彦淖尔市的南部、鄂尔多斯市的北部和乌兰察布盟的小部分地区。河套平原海拔900米~1200米,地势由西向东微倾,西北部第四纪沉积层厚达千米以上。山前为洪积平原,面积占平原总面积的1/4,余为黄河冲积平原。

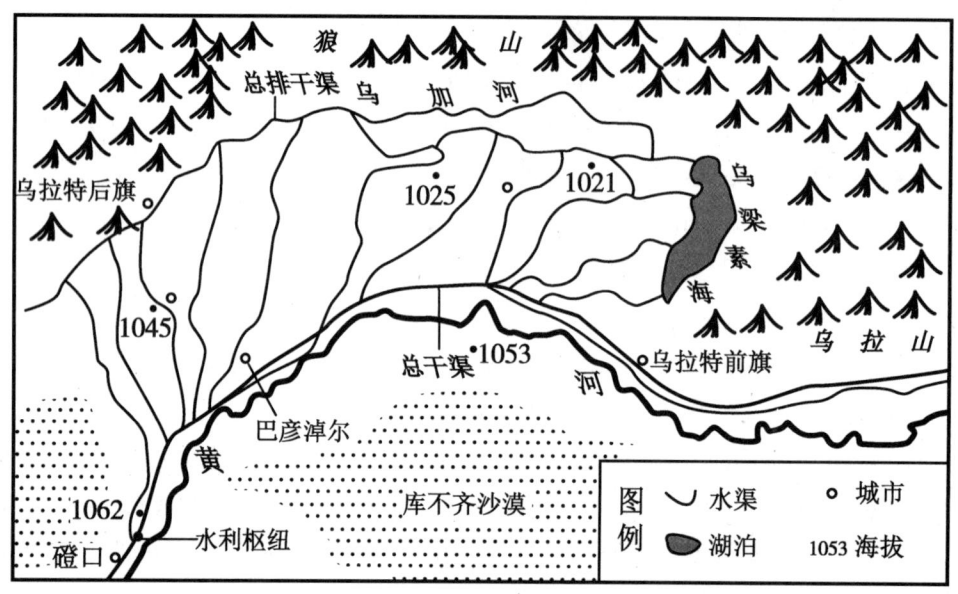

图3-1-8 河套平原示意图

黄河从磴口县的巴彦高勒进入平原,至清水河县的喇嘛湾出境,长550千米,河道逶迤宛转,河曲发达,河床坡度小,水流平稳,年径流量250~300亿立方米。河套一带地势平坦,土壤肥沃,但降水量稀少,因此远自秦汉时代起,居民已在这里开凿沟渠,引黄河河水灌溉,先后建成永济渠、长济渠、黄济渠、杨家渠、塔布渠等,至清末黄河两岸已有8大干渠,灌溉面积达20万公顷。20世纪50年代以来,河套平原灌溉事业发展迅速,在黄河干流上建成三盛公水利枢纽工程,南北两岸修建总干渠500多千米。农业十分发达,素有"塞外江南""塞上粮仓"之称。后套平原由耕地、草原和荒滩相间组成,渠道和林带纵横交织,形成黄河沿岸一个较为完备的排灌区。河套平原是亚洲最大的一个自流灌区,灌溉条件优越,灌、排工程体系完善。全年日照时数长达3100小时~3300小时,光热资源丰富,是中国日照时数最多的地区之一。地下水甚丰,黄河北岸山前埋藏较深,平原较浅,由10米~30米减至2米~3米;含水层由厚变薄,涌水量由100吨/小时递减为60吨/小时;矿化度渐增,一般由0.5克/升增至3克/升。黄河南岸地下水埋深约1米~3米,涌水量10吨/小时~40吨/小时,矿化度1克/升~3克/升。河套平原农田设施完善,土地肥沃,种植业发达,经营水平高。物产丰富,主产小麦、玉米、水稻、葵花、河套蜜瓜等。

宁夏平原又称银川平原,位于宁夏回族自治区中部黄河两岸。西南起自中卫市沙坡头,北止于石嘴山,东界鄂尔多斯高原,西接贺兰山,斜贯宁夏北部。平原西侧是雄峻秀丽的贺兰山,古人称之为"朔方之保障,沙漠之咽喉",它阻挡了腾格里沙漠东移,削弱了西北寒流的侵袭,是宁夏平原的天然屏障。宁夏平原是河套平原的西南部,由于黄河从这里穿过,2000多年前即引黄河水自流灌溉,这里湖泊众多,是西部重要的鱼米之乡,也被称为"塞上江南"。

宁夏平原分南北2部,以青铜峡为界,以北为银吴平原,以南为卫宁平原。平原东西宽10千米~50千米,南北长280千米,面积7800平方千米。海拔1100米~1200米。地质构造上属于断层陷落后经黄河冲积,及平原湖沼长期淤积而成。地貌上属第四纪黄河冲积平原,构造上处于银川地堑,新构造运动发育,地震活动频繁,地震基本烈度8度。按照成因,可分为黄河冲积湖积平原和贺兰山山前洪积倾斜平原2部分,后者约占总面积的2/7。冲积湖积平原顺黄河流向,自西南而东北微有倾斜,平均坡降约1/4000。平原区地下水位高,埋深一般小于5米,组成物质以第四系全新世松散冲积物为主,浅部发育粉土、粉细砂,天然地基承载力低,在地震作用下稳定性差,易产生液化现象。

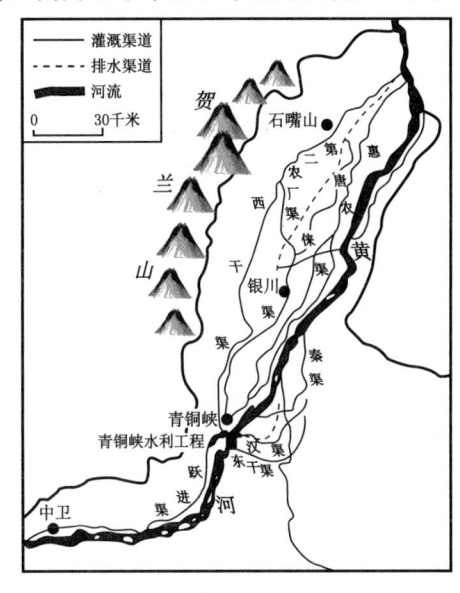

图3-1-9 宁夏平原示意图

沿黄两岸地势平坦,地势平坦,土层深厚,引水方便,早在2000多年以前先民们就凿渠引水,灌溉农田,秦渠、汉渠、唐渠延名至今,流淌至今,形成了大面积的自流灌溉区。中华人民共和国成立之后,建成青铜峡水利枢纽工程,并整理排灌渠道,改良盐碱土,扩大灌溉面积,使"塞上江南"更加富饶。宁夏平原光、热、水、土等农业自然资源配合良好,为发展农林牧渔业提供了极其有利的条件。小麦、水稻高产稳产,枸杞、瓜果品质优良。银川附近遍布的湖沼是宁夏的水产基地,而贺兰山前广袤的草场,则是宁夏滩羊的重要产区。

### 五、珠江三角洲平原

由东江、北江、西江及潭江、绥江、增江、流溪河等在珠江口湾内堆积而成的复合三角洲,是中国华南最大的平原,居中国三角洲的第2位,亚洲三角洲的第6位,世界三角洲的第15位。它居于中国南海北岸,广东省中部珠江口,介于北纬22°~23.5°之间。北回归线恰经其北部。狭义的珠江三角洲北起西、北二江汇合点的旧三水(现称河口),东到东江下游的石龙镇,南达崖门口外。广义的范围西起高要市羚羊峡东口及潭江司前;北起北江黄塘、宝月,流溪河广州段、石碣,绥江黄冈;东迄东江园洲、增江沙塘。包括高要以东、石角以南的三水盆地,园洲以下的东江下游平原,兼有西、北江下游平原及潭江下游平原。面积1.1万平方千米,平均海拔50米左右。

珠江三角洲是在海侵、海退多次旋回中发育起来的。据科学资料表明,①在距今4万年~3.25万年,珠江三角洲全境为陆地,西江、北江、东江、潭江等河流下切,形成平行岭谷地貌;②在距今3.25万年~2.2万年,珠江三角洲约有1/5面积为海侵,海水沿谷地入侵,形成3条溺谷;③在距今2.2万年~7500年,南海海面大幅度下降,珠江三角洲全境又为陆地;④在距今7500年~5000年,发生第2次海侵,整个珠江三角洲被海淹没,当时古海岸线至少伸到广州及佛山一带,溺谷湾深入到羚羊峡东口的广利。同时河口发生淤积,河水及海水带来的泥沙填充溺谷,形成近代三角洲平原;⑤在距今5000年~2500年,局部海退,西、北江三角洲中南部海域大大缩小,东江三角洲由海湾变为陆地,三角洲约1/2海侵区沉积了厚3米~5米的砂质淤泥,三角洲向海推进;⑥在距今2500年以来,珠江三角洲遭受第三次海侵,但海面上升速度缓慢。由于河流搬运、堆积作用强烈,溺谷及海湾面积不断缩小,海岸不断向外推移。秦汉之际,西、北江三角洲滨州线位于安教—逢简—富裕—紫坭—石湾—石楼—菱塘附近。顺德市(现珠海市顺德区)逢简、勒流、石涌一带已是河口沼泽地或大片平原。唐代，市桥台地以南以东尚为宽阔海域，东江三角洲的滨线大致在东莞城以西、中堂以东。宋代，外海—古镇—小榄一线以南仍为较宽阔的外海。明代，西、北江三角洲的滨线大致在上横、西安、石岐、港口、横栏、南顺沙一线。东江三角洲的滨线可能在麻涌以西，厚街以南。清初，西江下游的滨线大致在沙堆、六乡、坦洲。蕉门至横门间大致在张家边、民众、万顷沙北。万顷沙、灯笼沙的出现均仅有近百年历史。

珠江三角洲是在燕山期花岗岩侵入体和中生界、新生界的盖层沉积的残余基础上，受不同时期断裂的影响，形成的断陷盆地。三角洲东有大岭山、羊台山、北有白云山、摩星岭、西有皂幕山、古兜山。山丘走向多与北东向构造线一致，又被北西向构造线所交切。三角洲平原上有100多座突起的丘陵、台地、残丘，面积约占三角洲总面积的1/5。其中，丘陵主要分布在南部，海拔200米~400米，少数高出500米，如黄杨山591米，五桂山505米。台地集中在北部番禺至广州之间，可分为40米和20米两级。残丘分布较广泛，岩性多样。

珠江三角洲河网发育。西、北江三角洲主要水道近百条，总长1600千米。东江三角洲主要水道5条，总长138千米。越往下游，河网越密。珠江三角洲的主要出口有8处，"三江汇合，八口分流"成为三角洲水系的重要特色。其中东部的虎门、蕉门、洪奇门、横门构成伶仃洋河口；南部的磨刀门、鸡啼门构成磨刀门河口，虎跳门、崖门构成崖门河口。三角洲接纳珠江水系的来水中，西江占珠江总径流量的79.2%，北江、东江各占13.5%、7.3%。来沙亦以西江最多，次为东江，北江较少。上游来沙在口门外形成大片浅滩。在人工围垦的影响下，浅滩最大伸展速度可达70米/年~100米/年。珠江口外水深小于5米的浅滩面积约1265平方千米，相当于平原面积的18.2%。水深零米左右的可垦滩地约8.17万公顷。

珠江三角洲平原多冲积土和海积淤泥，沿海草滩及红树林海岸发育了盐渍沼泽土。掩埋红树林的地区产生了咸碱田。低丘、台地上到处可见荔枝、龙眼、杨桃、柑橘、香蕉、橄榄、木瓜等果树及马尾松、竹、榕、木棉、葵、樟等树木。近百年来又引种了桉树、木麻黄、台湾相思、银合欢等树种。山地红壤上广布马尾松林、桃金娘灌丛及岗松、鹧鸪草等耐酸性耐旱植物。沿海及海岛一带热带性植被茂盛，除代表性的热带植物如猪笼草、蛇王藤外，还有菠萝蜜、芒果、椰子等果树。三角洲边缘山地有华南虎，外伶仃岛上有猕猴，眼镜蛇则到处可见。

早在新石器时代三角洲上已有居民，先秦时期为百粤族所居。北宋已开始修筑堤围，遏制水患。至今堤围修筑已有900多年历史。根据围垦年代和地面高程，三角洲土地可分为围田、高沙田、中沙田、低沙田等类型。在围田和高沙田区，低地挖作鱼塘，淤泥培高塘基，基上栽桑、种蔗或植果树，桑叶养蚕、蚕蛹、蚕沙及塘边野草养鱼，塘泥培基，循环不已，称为"桑基鱼塘""蔗基鱼塘"或"果基鱼塘"，为世界各地所所见。基水地的面积约占平原总面积的18%，集中分布在顺德、中山和南海等市（区）。珠江三角洲是中国重要的粮、糖、塘鱼、蚕丝及亚热带水果产地。食品、纺织等轻纺工业发达。三角洲人口稠密，主要城市有广州、佛山、江门、中山等。深圳市、珠海市设置了经济特区。广州为华南最大的经济中心和交通运输枢纽。

### 六、关中平原

因位于函谷关即潼关（东）、大散关（西）、武关（南）、萧关（北）等4关之中，故名关中平原，又因其为渭河冲积而成，所以也叫渭河平原或渭河盆地。底部系地堑式构造平原。位于陕西省中部，介于秦岭与渭北北山（陇山、五峰山、嵯峨山、将军山、尧山等）之间。西起宝鸡，东至潼关，长约300千米，南北宽窄不一，东部最宽达100千米，西安附近约75千米，眉县一带仅20千米，西至宝鸡逐渐闭合成峡谷——宝鸡峡。形似"新月",面积约3.4万平方千米,西高东低,海拔325米～800米。

关中平原夹持于秦岭和陕北高原之间,为喜马拉雅运动时期形成的巨型断陷带。盆地南北两侧均为高角度正断层,断层线上有连串泉水和温泉出露。南北两侧山脉沿断层线不断上升,平原徐徐下降,形成地堑式构造平原。关中平原形成后,不仅有黄土堆积其间,更重要的是渭河及其两侧支流携带大量泥沙填充淤积其中,第四系松散沉积,最大厚度达700余米。因新构造运动具有间歇性变动和河流下切,形成高度不等的阶地。是一个主要由河流阶地、冲积洪积平原、山前洪积扇组成的地貌综合体。基本地貌类型是河流阶地和黄土台塬。渭河横贯盆地入黄河,河槽地势低平,从渭河河槽向南、北南侧,地势呈不对称性阶梯状增高。由一二级河流冲积阶地过渡到高出渭河200米～500米的一级或二级黄土台塬。阶地在北岸呈连续状分布,南岸则残缺不全。渭河各主要支流,也有相应的多级阶地。宽广的阶地平原是关中最肥沃的地带。渭河北岸二级阶地与陕北高原之间,分布着东西延伸的渭北黄土台塬,从西向东有西平原、和尚原、周原、积石原、始平原、毕原、美原、许原等,塬面广阔,一般海拔460米～800米,是关中主要的产粮区。渭河南侧的黄土台塬断续分布,高出渭河约250米～400米,呈阶梯状或倾斜的盾状,由秦岭北麓向渭河平原缓倾,如岐山的五丈原,西安以南的神禾原、少陵原、白鹿原,渭南的阳郭原,华县的高塬原,华阴的孟原等,目前已发展成林、园为主的综合农业地带。

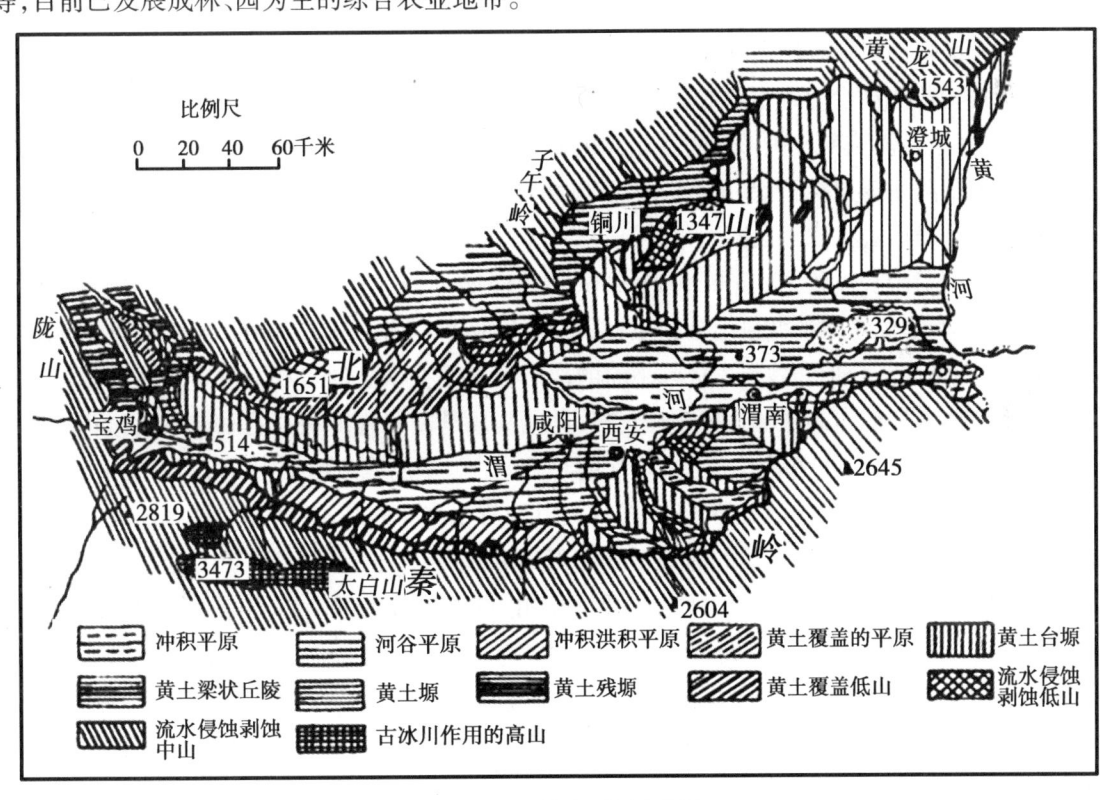

图 3-1-10 关中平原地貌图

关中平原是经渭河、泾河、洛河冲积成平原。地势平坦,土壤肥沃,气候温暖,灌溉农业自古著名。河从西向东横贯关中平原,干流及其支流泾河、北洛河等均有灌溉之利,中国古代著名的水利工程如郑国渠、白渠、漕渠、成国渠、龙首渠都引自这些河流。秦岭北坡发育着洪积扇地形,有许多河流出山的峪口,号称秦岭72峪。

关中平原自然、经济条件优越,是中国历史上农业最富庶地区之一,盛产小麦、棉花,称"八百里秦川"。目前,关中平原为中国工、农业和文化发达地区之一,全国重要麦、棉产区。小麦占耕地面积50%左右,棉花主要分布于泾惠渠、洛惠渠、渭惠渠三大灌区,近年植棉区由西向东转移,是陕西省重点产棉区。又因交通便利,四周又有山河之险,易守难攻,从西周开始,先后有秦、西汉、隋、唐等13代王朝建都于关中平原中心,历时达千余年之久。有西安、咸阳、宝鸡等大中城市。

### 七、成都平原

中国西南地区最大平原和河网稠密地区之一的成都平原,又称盆西平原或川西平原。位于四川盆地西部。广义的成都平原介于龙泉山与龙门山、邛崃山之间,北起江油,南到乐山五通桥。包括北部的绵阳、江油、安县间的涪江冲积平原,中部的岷江、沱江冲积平原,南部的青衣江、大渡河冲积平原等。3个平原之间有丘陵台地分布,总面积2.3万平方千米。狭义的成都平原,仅指灌县(今改都江堰市)、绵竹、罗江、金堂、新津、邛崃6地为边界的岷江、沱江冲积平原,面积8000平方千米,是构成川西平原的主体部分。因成都市适位于平原中心,故也称成都平原。

以北川—汶川—康定—小金河为界,该界以东为扬子地台,以西是松潘—甘孜地槽区。成都平原虽然邻近龙门山断裂带,但却属于地质上十分稳定的扬子地台(即华南地块)。四川盆地从侏罗纪—白垩纪喜马拉雅期(约1亿年前)构造活动结束海侵、成为陆地后,就进入稳定的地台发展期,期间,龙门山在中生代和早新生代(约6500万年)形成。距今200万年左右的新生代第三纪发生新的强烈地壳运动形成青城山脉,这是距离成都平原最近的最后的造山运动,但成都平原本身没有重大地质构造活动发生。在西部山区相继隆起后,成都平原由龙门山前出口的岷江、湔江、西河、南河等8条主要河流所堆积形成的洪积冲积扇联合而成。四川盆地作为龙门山的前陆凹陷充填了一套中生代陆相碎屑沉积,其中成都平原最高沉积厚达8000米~10500米,从一个侧面证明其悠久稳定的地质历史。除西面断裂带外,成都平原南面和东面地质相对稳定。成都平原西南面的浦江至新津断层带长度约80千米,规模较小,在该断层带曾经发生过两次5级左右地震,构造活动不明显;成都平原东面的龙泉山褶断束,断裂规模约90千米,过去200万年未有显著地质活动,已被风雨侵蚀成为台地和浅丘。成都平原的地质构造是在很硬的岩石上覆盖了一层厚厚以泥土为主的沉积物。据四川的深部地球物理资料,盆地基地是硬化程度很高的早前寒武纪花岗石结晶基底,成都平原岩层十分坚硬。之上平均深度约5米~7米的有杂填土,和平均深度约7米~10米的沙卵石。由于杂填土、沙卵石都比较"松软",其间有很多小的缝隙,因此对地震波具有较强的消耗能力,可以很好地保护其承载的建筑。尽管西边断层很多,但是地壳运动的能量往往在断层上释放,而坚硬的岩石的抗震作用和泥土的缓冲作用,可以显著的减小地震的破坏。所以成都虽然紧邻地震多发带,但历史上没有地震破坏的记录。

成都平原由发源川西北高原的岷江、沱江(绵远河、石亭江、湔江)及其支流等8个冲积扇重叠连缀而成复合的冲积扇平原。整个平原地表松散,沉积物巨厚,第四纪沉积物之上覆有粉沙和粘土,结构良好,宜于耕作,为四川省内最肥沃土壤,海拔450米~750米,地势平坦,由西北向东南微倾,平均坡度仅为3‰~10‰,地面相对高差都在20米以下,有利于发展自流灌溉。

远在公元前250年秦代就修建了举世闻名的都江堰水利工程,引岷江水灌溉平原上广大农田,成为四川种植业发展最早的地区之一。经过不断的治理改造和扩建,现在都江堰灌溉面积比20世纪50年代初期增加了3倍,属典型的水田农业区,土地利用率高达60%以上,号称沃野千里的"天府之国"。农田水利十分发达,耕地集中连片,属典型的水田农业区,土地利用率高达60%以上,农作物主要有水稻、小麦和油菜,产量高而稳定,常年提供的商品粮、油分别约占四川全省的1/5和2/5,是四川和全国著名的商品粮、油生产基地。养猪水平居全省前列,是四川生猪基地。但因平原邻近川西高原山地,深受山地下沉的冷空气的影响,加之平原河水大多来自西部高原山地的冰雪融水;同时,平原上地势低洼的古河道地区,地下水位高,土壤冷湿。故成都平原无论气温、水温和土温均较低,热量条件较之四川盆地其他地区稍为逊色。

## 第四节　中国的高原

中国高原(包括高原上山地)总面积为440万平方千米,占全国陆地总面积45.83%。主要有4大高原。

表3-1-6　中国4大高原的特征

| 名称 | 范围 | 面积/平方千米 | 海拔/米 | 特征 |
| --- | --- | --- | --- | --- |
| 青藏高原 | 西藏和青海全部、四川西部和云南西北部、甘肃本南部、新疆南部 | 约240万 | 4500 | 世界海拔最高的高原。地势高耸,高峰林立,地高天寒,冰川发育,湖泊稠密 |
| 云贵高原 | 贵州全部、云南东部、广西西北部 | 约30万 | 1000～2000 | 石灰岩广布,峡谷幽深,地面崎岖,喀斯特地貌发育 |
| 内蒙古高原 | 大兴安岭以西,马鬃山以东,长城以北 | 约130万 | 1000 | 地面宽广,地形平坦,风蚀强烈,洼地宽浅,戈壁沙漠广布 |
| 黄土高原 | 长城以南,秦岭以北,太行山以西,乌鞘岭以东 | 约40万 | 1000～2000 | 世界最大黄土分布区。黄土层厚,沟谷纵横、地形破碎,多塬梁峁等特殊地貌 |

### 一、青藏高原

中国高原之首,也是世界高原之最,有"世界屋脊"称谓。西起帕米尔高原,东及横断山,北界昆仑山、阿尔金山和祁连山,南抵喜马拉雅山,除西南边缘部分分属印度、巴基斯坦、尼泊尔、不丹及缅甸等国外,绝大部分位于中国境内西南部,包括西藏自治区、青海省及新疆维吾尔自治区、甘肃省、四川省与云南省等部分地区,地跨北纬25°～30°,东经74°～104°。总面积250万平方千米,中国境内面积240万平方千米,面积约占中国陆地总面积的1/4。

1. 青藏高原形成

青藏高原是地球上最年轻的地质构造单元。在奥陶纪前后,青藏地区曾数度抬升和沉降,并为横贯亚欧大陆南部的古地中海(特提斯海)所占据。早二叠世晚期,华力西运动使昆仑山隆起,揭开了青藏高原形成的序幕。其后,经印支运动、燕山运动、新构造运动,隆起范围不断扩大,古地中海则随之由北向南撤退,直至始新世晚期,青藏高原最终全部脱离海侵成陆。据古生物化石和孢粉、古土壤及上新世地层中三趾马动物群化石等推断,上新世末,原始高原面的海拔仅约千米,更新世后的新构造运动使高原地区整体大幅度急剧隆起,遂成地球之巅。这一期上升幅度累计达3000米～4000米。若以晚更新世10年计算,年均上升量达10毫米以上。至今,高原仍以年均5毫米～6毫米的速度继续上升。根据板块运动的理论,认为青藏高原的隆起是印度板块向北漂移,同亚欧板块碰撞并俯冲于后者之下的结果。同时,可能还受北方刚性的塔里木地块向南楔入青藏地块的动力作用的影响。青藏高原的抬升过程不是匀速的运动,不是一次性地猛升,而是经历了几个不同的上升阶段,每次抬升都使高原地貌得以演进。今天的青藏高原中部以风化为主,而边缘仍在不断上升。

## 2. 青藏高原地质构造

青藏高原是由几个较小的陆块拼合而成的断块高原。震旦纪时,高原的主体(藏北)及江河源一带曾处于隆起状态,其周围则为凹陷区。加里东运动期间,除藏北仍保持隆起趋势外,北部的昆仑山地发生褶皱,南部边缘也大块断裂隆起。上古生代是青藏高原地质发展史上的一个重要转折时期,除西端班公湖、印度河源区及东北部的昆仑—松潘隆起区外,广大地区开始大面积和大幅度下陷。例如,拉萨河上游的晚古生代地层即厚达6000米以上。自早二叠世晚期以来,由于在中国相继发生海西、印支和燕山运动,亚欧大陆南缘的几个小陆块和南大陆(冈瓦纳)北缘的若干陆块不断向北漂移,并与亚欧大陆碰撞,位于亚欧大陆南面的古地中海(特提斯)逐步南撤和封闭,亚欧大陆遂得以向南增生。许多学者注意到青藏高原的最高海相层位及时代,在昆仑山为早二叠世晚期复理石,可可西里—巴颜喀拉山地为晚三叠世类复理石,唐古拉—横断山地(或羌塘—青南地区)为中上侏罗统,冈底斯—念青唐古拉山地(或藏北地区)为中白垩统,雅鲁藏布江西段及喜马拉雅山地为始新统。这些事实清楚地揭示了青藏高原的成陆历史,即特提斯海在不断发生的地壳运动中逐渐南撤,每次运动留下一条山脉。山脉较为稳定的地壳段落以地台型沉积为标志,地貌景观则是山间盆地和广阔的高原面。喜马拉雅运动使亚欧大陆和本属南大陆的南亚次大陆连成一体,古地中海完全退出青藏地区。中始新世的喜马拉雅运动第1幕,冈底斯山开始隆升。但此时青藏高原海拔并不高。狮泉河—改则—班戈—丁青一线以南气候湿热,此线以北虽然干燥,而炎热依旧,这就表明当时尚未发育季风环流。这种气候背景下的外动力作用导致了第三纪夷平面的形成,而目前这一级夷平面已抬升到海拔6000米上下,仅分布于各高大山脉顶部,唐古拉山以南分布尤广。中新世的喜马拉雅运动使喜马拉雅山开始隆起,同时在高原内部则形成一些新的断陷和山岭。但经过1000余万年剥蚀夷平之后,到上新世晚期再次趋近夷平状态,海拔仅1000米左右,古岩溶地貌、三趾马化石群的存在,以及孢粉组合特征都表明,当时的高原处于热带、亚热带环境。

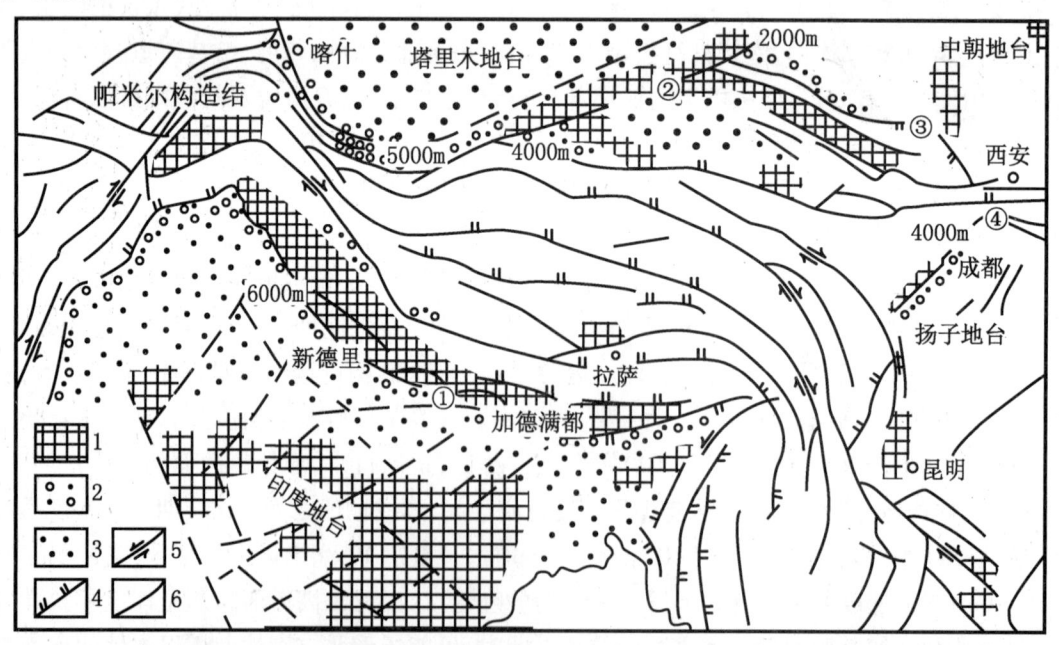

1 前寒武纪基底 2 上新世—早更新世磨拉石 3 第四纪 4 逆断层 5 走滑断层 6 性质不同的断裂 ①喜马拉雅边界断裂 ②阿尔金走滑断裂 ③北祁连主断裂 ④龙门山断裂

图 3-1-11 青藏高原构造略图

### 3. 青藏高原地貌特征

青藏高原向来有世界屋脊之称,高原海拔大多在3500米以上,其地势西北高,东南低,总体上自西北向东南倾斜。高原周边被巨大的山系环绕,内部耸立着数十列北西向和东西向的山脉(图3-1-12)。主要大山有东西向或近东西走向、由北而南依次排列的阿尔金山脉、祁连山脉、昆仑山脉、喀喇昆仑山脉、唐古拉山脉、冈底斯山脉、念青唐古拉山脉、喜马拉雅山脉及北西—南东或南北纵列走向的横断山脉。这些高大山脉构成了青藏高原地貌的骨架。所以,"高"是青藏高原地貌的一个最主要的特征。地球上所有超过8000米的山峰无例外地分布于高原南部和西部边缘,因此,在高原与其南邻的恒河、印度河平原之间,就成了全球陆地上相对高差最大的地区。世代生活在青藏高原上的藏族人民早已注意到高原地貌类型的多样性,他们称终年积雪的山峰为"贡",称宽谷和平地为"塘",称起伏不大的山原为"柯",海拔较低,温暖可事农耕的谷地则被称为"绒",就是一例。

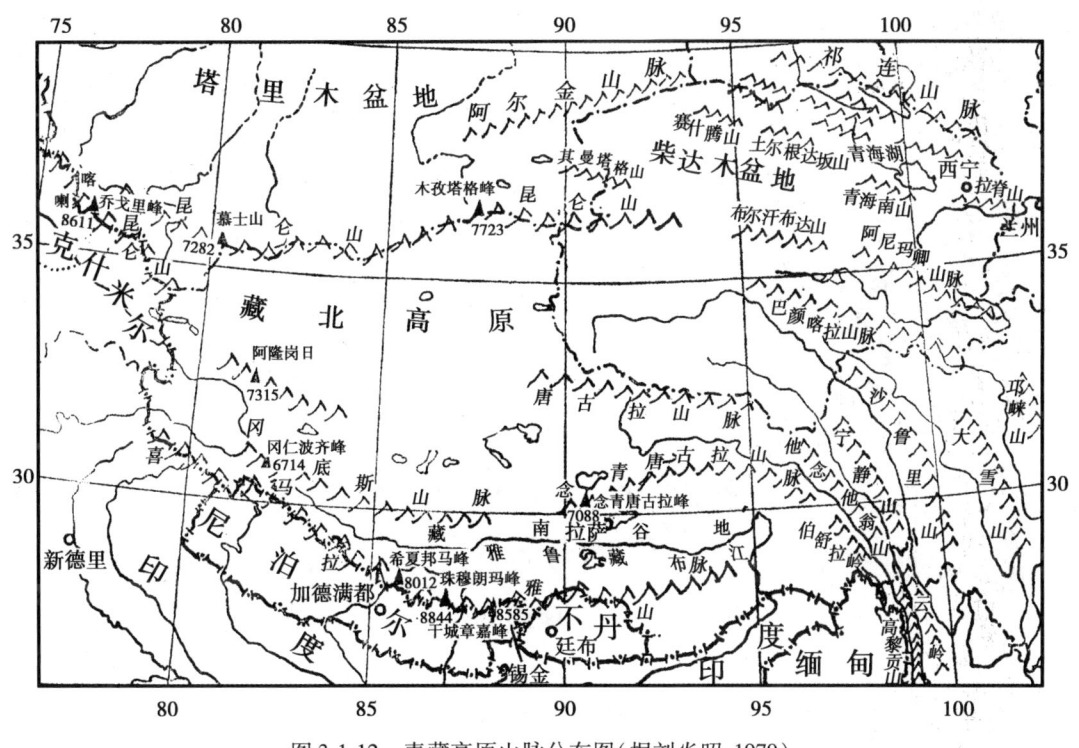

图3-1-12 青藏高原山脉分布图(据刘炎昭,1979)

高原最西端是切割最强烈的地区,以高山深谷相间为特点,岭谷高差最多可达5000米,山坡陡而不稳定,多山崩、滑坡和泥石流。中部保存有宽广、完整、切割轻微的夷平面,封闭的内陆湖盆众多,地表起伏和缓。东南部为近南北向的平行岭谷,地表侵蚀回春现象明显,由蚀余山、夷平面、宽谷面、多级谷肩和阶地构成的成层地貌随处可见。因此,高原另一个重要特色就是湖泊众多。高原上有2组不同走向的山岭相互交错,把高原分割成许多盆地、宽谷和湖泊。在湖泊周围、山间盆地和向阳缓坡地带分布着大片翠绿的草地,所以,这里是仅次于内蒙古、新疆的重要牧区。

冰川地貌主要分布于发育现代冰川和第四纪冰川的高山带,如祁连山、东昆仑山、阿尼玛卿山西段、唐古拉山、念青唐古拉山、冈底斯山和喜马拉雅山等。海拔愈高、即使因地处高原内部而致年降水量偏少,冰川规模仍可能比较大。因此,最大的冰川作用中心总是与最高的山脉和山峰相联系的。即使按行政区划不包括喀喇昆仑山和昆仑山西段,青藏区仍然是中国最大的冰川分布区,冰川总面积在3.5万平方千米以上。青藏区不仅有大陆性冰川,还拥有海洋性冰川。丁青—嘉黎—工布江达—措美一线是2类冰川分布区的分界线。海洋性冰川是以藏东南大量固体降水为基础发育的,具有补给量大、运动速度快,冰温相对较高,地质地貌作用力强,粒雪线和冰舌末端位置偏低等特征。西北区的大陆性冰川常常高居于高山草甸带,甚至高山亚冰雪植物带之上。藏东南的海洋性冰川却能伸入山地森林带。当冰川推进时,将河谷植被扫荡殆尽,形成醒目的冰川修剪线。第四纪冰川规模远比现代冰川大(图3-1-13)。典型例子是波堆藏布冰川曾长达130千米,一直下伸到帕隆藏布谷地的古乡附近。希夏邦马峰北坡那克多拉河流域冰川面积最大时,相当于现代冰川的15倍。从青藏区最北部的祁连山冷龙岭经疏勒南山、达坂山、青海南山、拉脊山、鄂拉山,直到最南部的喜马拉雅山,古冰川遗迹都屡见不鲜。甚至青藏区的许多夏季牧场,也是古U形谷、古冰蚀洼地或古冰碛丘陵。现代冰川主要集中念青唐古拉山、喜马拉雅山中段、西昆仑山、喀喇昆仑山、祁连山、横断山、唐古拉山、冈底斯山、羌塘高原等地。雪线高度位于海拔4500米~6200米,大致东部低、西部高,南部低、北部高。高原上冰斗、槽谷、冰碛垄堤及冰水洪积扇等古代的与现代的冰川地貌普遍发育。

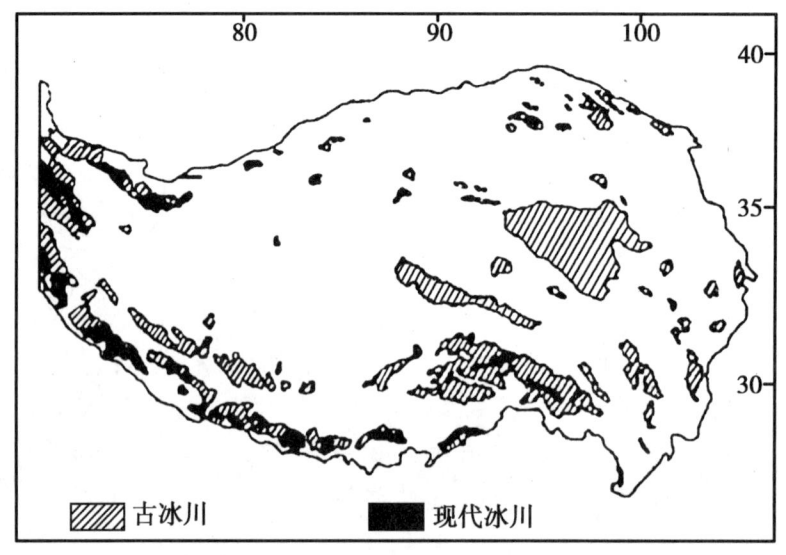

图3-1-13 青藏高原第四纪冰川遗迹与现代冰川分布(据李吉均等,1995)

高原上多年冻土呈岛状或连续分布,面积150万平方千米,为北半球中低纬地区冻土分布最广、厚度最大、海拔最高的地区。冻土形成于距今1万年~2万年前的晚更新世,一直延续至全新世。大致冈底斯山脉—念青唐古拉山脉以北为多年冻土区,其他为岛状冻土或季节性冻土区。典型冻土地貌如冻融夷平面、雪蚀洼地、斑土、冻胀丘泥流阶地、融冻滑塌、鱼鳞状山坡、热融湖塘、石环等几乎随处可见。剧烈寒冻风化作用形成许多岩屑坡、石海及石柱等。还有融冻泥流及融冻分选作用所形成的石堤、石环及多边形土等等。冰缘夷平加积过程弱化了地面起伏,发育多年冻土的河谷有效地减轻了河流下切并促进侧蚀,使河谷趋向宽浅。

流水作用在青藏区的不同地域塑造了不同的地貌。强大的侵蚀作用使边缘山脉形成具有多级谷肩,俗称谷中谷的深切峡谷,包括世界之最的雅鲁藏布大峡谷。侵蚀裂点以上的高原内部则以堆积作用为主,形成各种堆积地貌,例如,多年冻土区由于冻土妨碍下蚀而形成宽谷,各沟谷山口形成洪积锥、洪积扇、洪积平原,大河沿岸形成带状冲积平原等。在高原上部分干燥的宽谷及湖盆内常见风蚀作用形成的流动沙丘与戈壁滩；许多石灰岩山地有古代的或近代的喀斯特地貌，如溶洞、石芽、峰林、孤峰、石墙等；藏北昆仑山一带有4处火山群，有火山锥及熔岩台地等火山地貌。青藏高原是中国主要地震区之一。进入20世纪以来已发生过8次8级以上的大地震。这里还是中国强烈的地热区，特别是在高原南部喜马拉雅山一带水热爆炸、间歇喷泉、沸泉及温泉广泛分布，蕴藏有丰富的地热能资源。

4. 青藏高原自然特征

高原南部与东部的边缘山区河网密集，较大的外流河有属于印度洋水系的雅鲁藏布江（大支流有拉萨河、年楚河、尼洋河与帕隆藏布等）、怒江、朋曲及属于太平洋水系的长江、黄河与澜沧江等大河的上游段。水力资源丰富，河流侵蚀切割强烈，大河谷地深邃险峻；高原内部河网稀疏，季流河居多。高原上湖泊总面积约3.2万平方千米，尤以藏北内流区的湖泊面积大，数量多。因气候趋干，许多湖泊退缩，形成宽坦的湖滨平原，各湖盆之间多为低缓山丘相隔，地形开阔。除少数淡水湖及纳木错、色林错等较大的咸水湖外，多数湖泊因长期缺乏充足水源补给和湖水蒸发浓缩，已演化为高矿化盐湖，甚至成干涸盐沼，蕴藏有丰富多样的矿盐。随高原继续隆起及其气候进一步变冷趋干，湖泊退缩的趋势有增无减。

青藏高原占据了大气圈中对流层厚度的一半左右。冬季受西风急流控制，风大而干燥；夏季受西南季风影响较深，温度升高、降水增多。气候总特点是气温低，年较差大，太阳辐射与日照充足，并为世界年雹日数最多（那曲、理塘一带年雹日数20天或30天以上）、多雹区范围最大的地区。高原下垫面相对于高原四周的自由大气来说是个热源，这一因素使青藏高原的农业种植上限及森林植被分布的高度均较同纬度的其他山地高出约千米，使它成为世界上最高的农业活动地域和森林分布区。在纬度和地势双重影响下，高原各地年均温由东南部的20℃以上递降至西北部的-6℃以下。受多重高山阻留，年降水量也相应地由2 000多毫米渐减至50毫米以下；喜马拉雅山脉中西段北侧为雨影地区，年降水量不足600毫米。

与上述水热条件相联系，高原东南部天然森林茂密，有储量丰富的各类森林资源，野生动植物种类也极繁多，发育着类型众多的酸性森林土壤，土壤表层腐殖质积累过程、原生矿物风化作用及淋溶作用等均较强烈；其余大部分地区主要为多年生中生或旱生的灌丛与草本，拥有广袤的天然牧场，但动植物种类较简单贫乏。发育着碱性的草原土壤和漠境土壤，生物、化学作用相对减弱，土壤有机质含量较少、砂砾含量较多、淋溶作用弱。上述这些生态环境的特点决定了青藏高原上宜林地域偏于喜马拉雅山南侧和横断山脉一带，适宜种植业活动的地域局限于东部和南部海拔较低、气候较温暖的湖盆宽谷地段、而大部分高寒地区则除部分可供放牧利用外，大多为荒野之域。

在地势高度、地理纬度和距海远近等诸因素共同作用的制约下，随着高原由东南暖湿向西北干冷递变的水平带状分异，出现森林、草原、荒漠等不同自然景观地带的依次更迭。山地自然景观垂直带谱性质也由东南部的海洋性湿润型递变为高原腹地的大陆性干旱型，其优势垂直带相应由森林成分转变为草原及荒漠成分，带谱结构由繁而简，景色渐趋单调。喜马拉雅山南侧，从山麓海拔数百米的热带雨林或常绿阔叶林开始，往上相继为针阔叶混交林、暗针叶林、灌丛、草甸直至雪线以上的高山永久冰雪带等不同类型的垂直自然带，几乎重现了从低纬度的热带至高纬度的寒带或极地带之间所有主要的水平自然地带，成为中国山地自然景观垂直带谱最完整之典型。自然地域的水平分异和垂直分异紧密结合是青藏高原地表自然界区域分异的显著特点。根据地势结构、生物气候环境与垂直自然带谱及土地开发利用等方面的区域差异，青藏高原可划分为10个自然地理区,分别是:喜马拉雅山南翼亚热带及热带北缘山地森林区、藏东川西山地针叶林区、藏南山地灌丛草原区、青东祁连山地草原和针叶林区、那曲玉树高寒灌丛草甸区、青南高寒草原区、羌塘高寒草原区、阿里山地半荒漠与荒漠区、昆仑高寒半荒漠和荒漠区、柴达木山地荒漠区。

## 二、云贵高原

云贵高原位于中国西南部,在雪峰山以西,大娄山以南,哀牢山以东,包括云南省东部、贵州省全部、广西西北部、重庆西部和四川、湖南、湖北的边境地区,是中国南北走向两组山脉的交会处,地势西北高、东南低,海拔1000米~2000米,是中国第4大高原。由于受河流切割,加之石灰岩溶蚀地貌广布,高原地貌比较破碎。

云贵高原最大的特色之一就是喀斯特地形显著。云贵高原上石灰岩厚度大,分布广,经地表和地下水溶蚀作用,形成落水洞、漏斗、圆洼地、伏流、岩洞、峡谷、天生桥、盆地等地貌,是世界上喀斯特地貌最发育的典型地区之一。云贵高原面上有一层固结的红色土层(又叫风化壳),表示地面是个久经风化的地面。当它被剥蚀去后,就出露石灰岩,形成大片石芽地。路南石林就是石芽地中发育得最好的一片。这里奇峰兀立,如柱如塔,如笋如菌,高的10米以上,矮的5米~10米。在连绵起伏的山岭之间,分布着许多小盆地。盆地内土层深厚而肥沃,是农业比较发达的地方,高原上的村镇也都集中在这里。这种盆地在当地称作"坝子"。坝子内部地面比较平坦,土层深厚,一般都是农业比较发达、人口比较集中的地方,较大的城镇也多分布在这里。高原上还有很多因地层断裂陷落而形成的"断层湖",著名的如云南东部的滇池和中部的洱海,其面积分别为340平方千米和250平方千米,著名的城市昆明和大理就分别坐落在这2个湖泊的旁边。

高原大致以乌蒙山为界分为云南高原和贵州高原2部分。

### 1. 云南高原

云贵高原的西部为云南高原,因其在云岭以南,故称云南高原,是长江和珠江水系的分水高地。东缘止于云南省境,南缘抵达广南、通海、峨山一线,西缘到大理、丽江附近,北缘则以北纬28°为界。

云南高原属扬子准地台的最西组成部分,古生界至中三叠统沉积盖层发育良好。燕山运动褶皱成陆,地壳长期处于相对稳定阶段,经漫长的剥蚀、侵蚀和削平过程形成准平原。喜马拉雅运动时大面积抬升,形成今日之高原。云南省东部和中部及四川省的西南部为高原的主体。其地势西北高而东南低,大部分地区海拔1500米~2000米,一些山地可高于3000米,如东缘乌蒙山,西缘哀牢山等。新构造运动中部上升幅度略大于南、北2部分,故高原内部的河流多数均从中部向南北分流,分别注入珠江和长江水系,前者如南盘江及其支流甸河、曲江、泸江等,后者有龙川江、普渡河、小江和牛栏江等。河流切入高原内部,形成一些深切峡谷,落差大,富水能资源。由于岩性和构造的不同,表现出不同特征。①滇中由紫色砂页岩组成,又称红色高原,属康滇地轴的一部分,基本为一长期大型隆起地带,地层发育不全,缺失古生代海相地层。中生代时本区为大型拗陷区,地表以紫色砂岩、页岩为主的侏罗、白垩系地层,厚达5000米~10 000米。燕山运动时,除局部地区外,广大地区褶皱微弱,并以穹窿、碗状向斜、短轴褶皱为特色。②滇东由碳酸盐岩类组成,喀斯特地貌发育,又称为滇东喀斯特高原,地表多峰林、峰丛、石林、漏斗、溶洞、溶蚀洼地和地下暗河等较典型的喀斯特地貌景观,其中路南石林是著名的游览胜地。高原面保存良好,山地顶部多呈宽广平坦地面,或呈和缓起伏地面,有"高山顶上路宽大"之说。连绵起伏的山岭间有许多湖盆和坝子。云南有1200多个坝子,占全省耕地的1/3,低陷的成为盆地,有的积水成湖。高原面上分布有大小湖泊近40个,湖水面积约10.66万公顷,集水面积约9000多平方千米,总蓄水量约为291.75亿立方米。湖泊多由构造断裂形成,按其长轴走向可分为3类:南北走向断裂湖群、北西—南东走向断裂湖群、东西走向湖群。湖盆四周由于湖水外泄和四周山地沙泥淤积,大多数已发育有湖岸平原。

云南高原气温的垂直变化明显,故又有"一天有四季""一山有四季"之称。降水量南和东南较多,自此向东北递减。5月~10月为湿季,降水量占全年的80%~90%。云南高原地带性植被以壳斗科的常绿阔叶林和云南松林为主。主要成分有滇青冈、黄毛青冈、高山栲和元江栲等,并伴生有少量的落叶和其他栎类或冬青属等成分。因长期人类活动的影响,多被云南松、华山松和滇油杉所取代。在石灰岩风化较厚地区,常由冲天柏、刺柏组成疏林;在石灰岩风化土层较薄的干旱地区,由铁仔、金花檗组成多刺小灌丛。植被垂直分布是:海拔1200米~1900米由扭黄茅、香茅为主的旱、中生禾草群落,其中散生有木棉、山黄麻、虾子花等,共同组成稀树灌木草丛。1900米~2500米以壳斗科的栲属和青冈属为主组成常绿阔叶林,现状植被以云南松林为主。2500米~2900米为湿性常绿阔叶林,森林上层乔木以壳斗科的石栎属树种占优势,林下则以箭竹占优势,树干附生苔藓、地衣,生境潮湿。2900米~3200米为云南铁杉林及常绿针阔叶混交林带。从海拔2300米~2400米开始,云南铁杉出现于湿性常绿阔叶林群落中,随着海拔的升高,云南铁杉与常绿阔叶树混交,至海拔2800米~2900米才见云南铁杉纯林。海拔3100米~4100米分布有云杉林和冷杉林组成的寒温性针叶林。高山灌丛和高山草甸分布在4000米~4700米,前者以杜鹃属的植物占优势,后者则以狐茅草甸和嵩草草甸为主。

云南高原是由90%中山、低山、丘陵和10%的盆地(包括水域在内)组成,故有"九分山,一分坝"之说。云南全省1400多个坝子,高原占70%以上,集中了全省大部的水田及粮食、油菜籽、烟叶等。又为云南磷、煤、岩、盐、石膏等非金属及铜、锡等有色金属的主要分布区,故亦为云南最大的有色金属冶炼基地。省境最大的几座城市,如昆明、东川、个旧均坐落于高原上。云南高原也是云南境内彝、壮、瑶、苗等民族的主要分布区。

图3-1-14 云贵高原上阡陌纵横的梯田

2. 贵州高原

地处云贵高原东半部,南、北分别起于广西丘陵和四川盆地间的亚热带喀斯特高原,介于北纬

24°35′~29°15′,东经103°35′~109°35′,处于长江水系与珠江水系的分水岭地带,面积12.636万平方千米。平均海拔约1000米(1000米以上占56.1%)。分布于北部的大娄山、东北的武陵山、西部的乌蒙山和南部的苗岭都高达1500米~2600米,呈由东向西逐级升高(500米~800米、1200米~1400米、1800米~2400米)的梯级状大斜坡。

贵州高原起伏较大,山脉较多,高原面保留不多。其地貌大致可分为3级地形面,即山原、盆地和峡谷。高原面上最高的一级是山原,以贵州西部最明显,高原面因长期受河流切割而呈山原形态。在这个高原面下,分布着一些盆地(坝子),最大的是贵阳盆地,是高原上的主要农耕地带。峡谷是河流长期下切形成的,如乌江河谷深达300米~500米。河流亦由西、中部向北、东、南三面呈帚状散流,河流溯源下切侵蚀强烈,地表起伏较大,有"地无三里平"之说,高原面貌已具山原特征。其地质基础除了黔东南的江南古陆为元古代轻变性岩,基底构造层大片出露,形成了剥蚀侵蚀山地丘陵地貌外,高原其余地区沉积了自古生代至中生代以浅海碳酸盐岩为主的沉积盖层,出露面积达贵州省的73%,最大厚度达8500多米,占盖层岩层厚度的80%(图3-1-15)。喀斯特广泛发育、喀斯特地貌多样,且表现出水平分布的条带性和垂直分布上的多层性。高原受青藏高原隆起的影响,自第三纪末大面积上升,第四纪表现出大面积、大幅度、间歇性地自西向东掀斜上升并伴以局部较强的断裂隆起和盆地的相对下降,造成高原内断块山地和断陷盆地,并使高原面发生

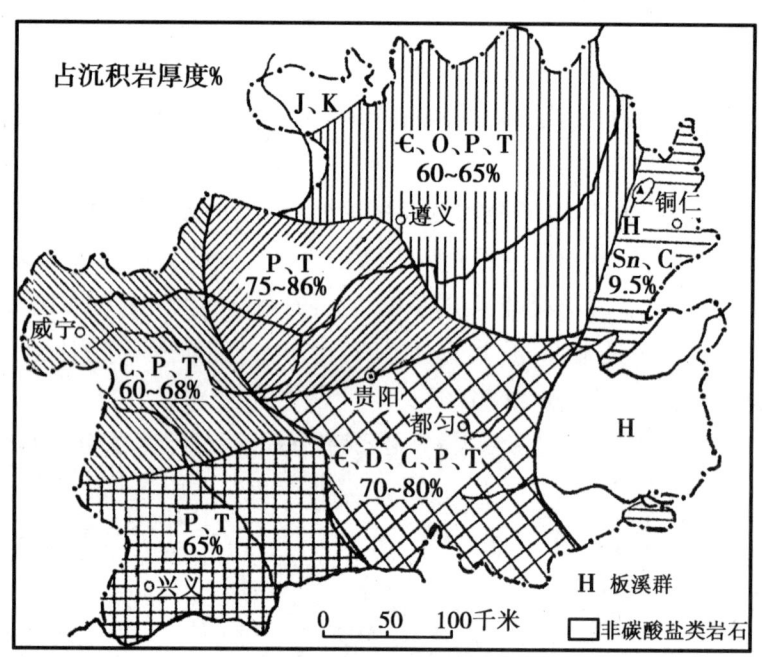

图3-1-15 贵州高原碳酸岩类岩石分布(据韩渊丰等,1984)

显著变形,上升幅度可达500米~1000米或更大。在大的分水岭和河流上游,河流溯源侵蚀尚未到达,高原面保存完好,谷宽水缓,地面平坦。裂点以下,山岭纵横,地面崎岖不平,石灰岩山地普遍发育喀斯特地貌。由主要分水岭到深切峡谷,表现出由峰林(残丘)—溶盆(平原)—峰丛谷地—峰丛洼地有规律的更替变化。在地貌类型变化的交界处,地表河和地下河往往都发生波折,同时出现裂点,闻名中外的黄果树瀑布即为最显著的例证。

贵州高原水系顺地势由西部、中部向北、东、南三面分流。苗岭是长江和珠江两流域的分水岭,以北属长江流域,主要河流有乌江、赤水河、清水江、洪州河、舞阳河、锦江、松桃河、松坎河、牛栏江、横江等。苗岭以南属珠江流域,主要河流有南盘江、北盘江、红水河、都柳江、打狗河等。为高

原型亚热带气候,冬无严寒,夏无酷暑,多阴雨,日照不足。降水量由西北往东南递增,因多阴雨,故有"天无三日晴"之说,为中国日照较少地区之一。植被属中亚热带常绿阔叶林,发育红壤、黄壤。植物区系成分复杂,植被类型多样,具东西和南北过渡特征。东部湿性常绿阔叶林,树种多华中区系成分,常见有大叶锥栗、甜槠、香樟、木荷及针叶树马尾松等。西部干性常绿阔叶林多云南区系成分,常见有滇青冈、滇锥栗、元江栲、滇黄栎、云南樟、西南木荷及针叶的云南松、滇油杉、滇柏与威宁短柱油茶、矮杨梅等。

### 三、黄土高原

中国4大高原之一的黄土高原,也是世界著名的大面积黄土覆盖的高原,为中华民族古代文明发祥地之一。黄土高原包括太行山以西、秦岭以北、乌鞘岭以东、长城以南的广大地区,横跨青、甘、宁、内蒙古、陕、晋、豫7省区大部或一部分。位于北纬34°~40°,东经102°~114°,面积约40万平方千米。原面由西北向东南倾斜,海拔多在1000米~2000米。除许多石质山地外,大部分为厚层黄土覆盖,黄土厚50米~180米。经流水长期强烈侵蚀,逐步形成千沟万壑、地表支离破碎的特殊自然景观。

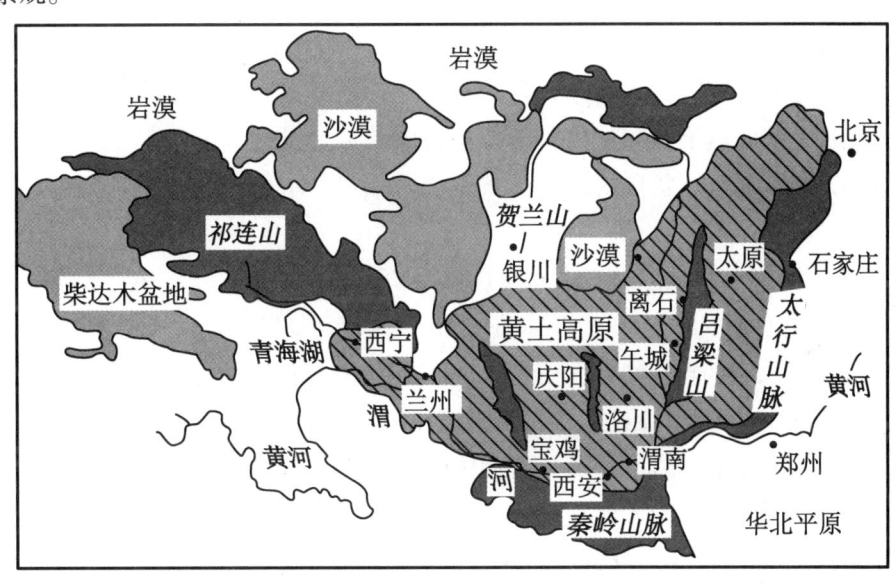

图3-1-16　黄土高原分布图(据刘东生等,1985)

黄土高原地质基础为中国地台的西部和祁连山地槽的东部,古地貌的基本轮廓是在白垩纪燕山运动以后形成的,四周由几条大断裂带包围。新生代以来,以断块运动为主,鄂尔多斯高原东南发育了典型的黄土地层和黄土地貌。高原主要山脉太行山、吕梁山和六盘山把高原分隔成了3部分:山西高原、陕甘黄土高原、陇西高原。山西高原自吕梁山以东至太行山西麓,有许多褶皱断块山岭和断陷盆地,山岭多呈北北东走向,主峰海拔超过2000米,石质山地构成高原主体,有吕梁山、恒山、五台山、中条山和太行山等,黄土堆积仅限于盆地及山间谷地,分布范围约占全区面积的40%。主要的河谷盆地有太原盆地、临汾盆地、忻州盆地、运城盆地、榆社盆地、寿阳盆地等。陕甘黄土高原处于吕梁山和六盘山(陇山)之间,黄土连续分布,厚度很大,其堆积顶面海拔一般在1000米~1300米。地层出露完整,地貌形态多样,经强烈侵蚀,除少数残留的黄土塬(董志塬、洛川塬)外,大部地区已成为破碎的梁峁丘陵。其间只有少数基岩低山突出在高原之上,状似孤岛,是中国黄土地貌最典型地区。陇西高原处于六盘山以西,高原海拔约2000米,黄土厚度逐渐增大,成为波状起伏的岭谷。高原沟间地和沟谷地貌迥然有别。沟间地地貌主要类型是塬、梁、峁、沟谷。除河流的干支流河谷外,还有为数众多的大小干沟谷(冲沟)。

黄土高原沟壑纵横,形态复杂,发展速度快,是河流泥沙的供给地和初期搬运通道。黄土物质疏松,具垂直节理,易遭受侵蚀。黄土塬、梁、峁地表是今天黄土高原基本的地貌类型。塬是沟间地地貌的最主要类型,为流水侵蚀残留的高原面,地表平坦,坡度1°~3°。塬面被沟谷强烈侵蚀后称为破碎塬。在大的地堑断陷谷地里,断裂往往呈复式阶梯状,覆盖其上的黄土塬称为黄土台塬。黄土台塬通常保存较完整,如汾渭地堑(断陷谷)里的黄土塬。梁在平面上呈长条形,顶部宽度不大,多数仅几十米到数百米至数千米,面积约2平方千米。梁的横剖面呈穹形,坡度多在1°~5°,梁顶以下有明显的坡折。峁是孤立的黄土丘,平面上呈椭圆形或圆形,峁坡多成凸形坡,坡度可达20°左右,面积约0.25平方千米。黄土梁峁区亦称黄土丘陵沟壑区。塬、梁、峁的形成常受黄土堆积前基岩古地貌控制。塬的基底多在开阔盆地中,地势较平坦,各时代的黄土呈连续堆积,黄土厚度较大,古土壤层较平坦,因而塬面甚为平缓,梁峁地貌多分布于古盆地的边缘或隆起的高地,受流水切割,地表起伏较大,后期覆盖黄土遭侵蚀成为丘陵地貌。梁峁在同一地区内往往交替出现,或以梁为主,或以峁为主。2峁之间地势显著凹下的分水鞍称为墕。若2沟头相向溯源侵蚀成长脊状,称为崾崄。"崾崄"也常出现在塬和梁之间。此外,尚有黄土墹,主要分布在陕北白于山和甘肃省东部的河源地区。马兰黄土充填了古河沟长条凹地,尚未被现代河沟切开,成树枝状格局组合。黄土墹受现代流水侵蚀沟的破坏,谷坡两侧仍保存着局部平坦地貌,则称黄土坪。

黄土高原沟谷发育的沟谷地貌,沟道密集达2.35千米/平方千米~10.9千米/平方千米,一般塬面及四周切割密度小于3千米/平方千米,广大丘陵沟壑区切割密度达4千米/平方千米~8千米/平方千米,切割最严重的黄土峡谷的黄道沟一带达10.9千米/平方千米。黄土高原主干沟谷切割深度一般在200米~300米。黄土覆盖的流域面积和沟谷面积之比均已超过25%,最严重者达56.7%,即被沟谷蚕蚀的面积已达黄土覆盖面积的1/2。沟谷地貌按其大小、形态的特征和发育过程,可分为细沟、浅沟、切沟、冲沟和河沟等。细沟是坡面水流在片状侵蚀的基础上最先出现的一种沟形,横断面宽10厘米~15厘米,深仅几厘米,沟形能被普通耕犁所消除。浅沟多出现在坡长较大的坡地上,随径流汇集成较大的股流,因冲刷能力增大而产生,横断面似宽三角形,深约0.5米~1米。坡面水流进一步汇集,流水侵蚀增大,当沟身切入黄土达1米~2米以上并开始形成明显的沟头时,称为切沟。它具有明显的沟缘线,沟深可达10米以上,长达几十米。故细沟、浅沟和切沟均是发育在坡面上的侵蚀沟。冲沟多由坡面侵蚀沟发展而成。河沟是大型侵蚀沟,河床大都切穿黄土层发育在基岩上,横断面呈梯形,底部宽10米以上。河床平缓曲折,有常流水,并发育曲流阶地。沟谷发育是流水下切、溯源侵蚀和谷沟块体运动共同作用的结果。下切加深沟谷,溯源侵蚀延伸沟长,块体运动展宽沟谷。每遇暴雨,溯源侵蚀速度加快,沟坡块体运动活跃(其主要方式有泻溜、崩塌和滑坡等)。

关于黄土的来源,长期以来中外学者有过不同的争论,其中以"风成说"比较令人信服。认为黄土来自北部和西北部的甘肃、宁夏和蒙古高原以至中亚等广大干旱沙漠区。这些地区的岩石,白天受热膨胀,夜晚冷却收缩,逐渐被风化成大小不等的石块、沙子和粘土。同时这些地区,每逢西北风盛行的冬春季节,狂风骤起、飞沙走石,尘土蔽日。粗大的石块残留在原地成为"戈壁",较细的沙粒落在附近地区,聚成片片沙漠,细小的粉沙和粘土,纷纷向东南飞扬,当风力减弱或遇秦岭山地的阻拦便停积下来,经过几十万年的堆积就形成了浩瀚的黄土高原。黄土高原的形成和青藏高原的隆升,加快了侵蚀和风化的速度,在高原周围的低洼地区堆积了大量卵石、沙子和更细的颗粒。每当大风骤起,在西部地区便形成飞沙走石、尘土弥漫的景象。

黄土高原的水系是以黄河为骨干,发源于黄土高原的河流约有200条(参看小流域),较大的河流有渭河、汾河、洮河、祖厉河、清水河、北洛河、皇甫川、窟野河、无定河等,那里的河流水量不丰,年径流量只有185亿立方米(黄河干流除外),河流受汛期影响较严重,洪峰急涨急落,汛期水量占全年水量的7%以上,高原浅层地下水贫乏,大部分地区地下水的埋藏很深,多在60米~70米以下。气候较干旱,降水集中,植被稀疏,黄土颗粒细,土质松软,含有丰富的矿物质养分,利于耕作,盆地和河谷农垦历史悠久,是中国古代文明的摇篮。黄土高原平坦耕地一般不到1/10,绝大部分耕地分布在10°~35°的斜坡上。地块狭小分散,不利于水利化和机械化。黄土高原水土流失严重,水土流失严重的面积约27万平方千米,特严重面积有11万平方千米。大部分地区的侵蚀模数在4000吨/平方千米,最严重的地区达3.57万吨/平方千米。黄河每年经陕县下洩的泥沙约16亿吨,其中90%来自黄土高原,随泥沙流失的氮磷钾养分约3000余万吨。水土流失使黄土高原丧失熟化土层,当地土层的蓄水保墒能力降低,丧失耕种能力,并导致河道淤塞、水库淤积、渠道不畅等后果,治理困难。黄土高原地区蕴藏着丰富的煤炭、石油、铝土矿等资源,是中国重要的能源、化工基地。

中华人民共和国成立以来,国家不断加大对黄土高原水土流失治理力度。特别是改革开放和西部大开发战略实施以来,综合治理黄土高原是中国改造自然工程中的重点项目,治理方针是以水土保持为中心,改土与治水相结合,治坡与治沟相结合,工程措施与生物措施相结合,实行农林牧综合发展,这种治理措施已取得重大成绩,黄土高原治理实现了历史性跨越,让沟壑纵横的黄土高原生态发生了很大变化,把发展生产、改善生态环境、配置资源有机结合起来,把生态建设、自然资源的合理开发利用与经济社会的发展融为一体,实现了经济、社会和环境协调、可持续发展。散落在黄土高原沟沟岔岔中的无数村庄告别荒凉、摆脱贫困,迎来绿色、走向富裕。

**四、内蒙古高原**

蒙古高原的一部分,是中国第2大高原。包括内蒙古自治区全部、甘肃省及宁夏回族自治区北部的广大地区,东起大兴安岭和苏克斜鲁山,西至马鬃山,南界祁连山麓和长城,北部与蒙古人民共和国和俄罗斯接壤。东西长约2000多千米,面积约130万平方千米。

内蒙古高原是一个向北渐降的碟形高原,边缘地带最高,一般海拔在1000米~1200米,南高北低,起伏微缓,切割轻微,是一个可千里驰骋的高平原,阴山横贯中部。南部为狭长的河套平原及鄂尔多斯高原;北部和东部为呼伦贝尔、乌珠穆沁、锡林郭勒、乌兰察布等高原;西部为阿拉善高原。山南有河套平原、呼和浩特盆地等断陷平原和盆地。在阴山以北,地表坦荡开阔,低缓山岭之间分布有浅宽的洼地或盆地,当地称为"塔拉",呈东西向分布,最低海拔降至500米左右。在中蒙边境一带是断续相连的干燥剥蚀残丘,相对高度约百米。高原地面坦荡完整,起伏和缓,古剥蚀夷平面显著,风沙广布,故有"瀚海"之称。黄河流经内蒙古高原中部的这一段,有的地方河谷紧缩,成为峡谷;有的地方河谷宽展,泥沙堆积成肥沃的冲积平原,这就是著名的河套平原。这样的地貌,为内蒙古辽阔草原的形成和畜牧业的发展,提供了有利的条件。

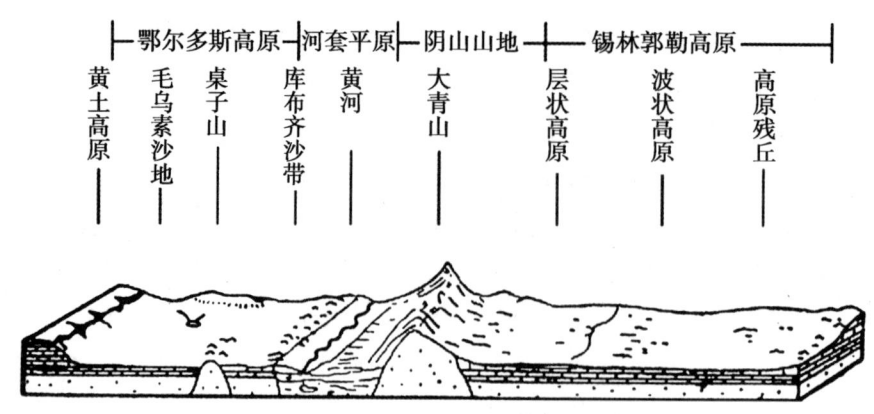

图 3-1-17　内蒙古高原地形剖面示意图

地质上古生代末期华力西运动使蒙古地槽褶皱隆起,燕山运动只发生广泛而和缓的挠曲和断裂。喜马拉雅运动和新构造运动使高原普遍抬升,并有大规模的玄武岩喷溢,充填在低洼处而形成熔岩台地,并广布于高原东部。台地呈阶梯状,台面略有起伏。高原上普遍存在5级夷平面,形成层状高原。燕山运动挠曲下陷地区,第三系湖相堆积层甚厚,扩大了平地面范围。新生代以来,气候虽有冷暖干湿的交替,但均属于干旱和半干旱气候,高原面分割轻微,过去形成的剥蚀夷平面大部得以形成平坦而较完整的高原。内蒙古高原是近代地质历史时期里,地壳不断地抬升形成的。在上升的过程中,一方面整个地块发生和缓的拗曲,形成平缓的丘陵和宽浅的盆地;另一方面东部和南部微微翘起,翘得最高的地方便形成为山地。嵌镶在高原东部边缘的大兴安岭和中部的阴山山脉就是这样形成的。高原面上有宽浅的大盆地,如呼伦贝尔盆地、二连盆地和居延盆地等,从盆地边缘到中心几百千米的路程,高差仅二三百米,在地形类型上属堆积—剥蚀高平原。

冬天高原寒冷,形成蒙古高压,自然无雨;夏季高原转热,成为低压区,吸引南风吹上,阻于边缘山地,截留大部分水汽,使高原成为雨影区。除边缘山地有冰川融水形成夏洪冬干的河川(如弱水、伊敏河等)外,就是边境的黄河。河川对高原的切割不显著,给风力吹飏提供了条件,这里一般风速每秒可达9米,飞沙走石不仅在岩石地面挖出沟槽和谷地,也可在特定地域堆成沙丘及沙山。内蒙古高原气候十分干燥,沙漠分布面积要占全国沙漠总面积的37.8%(表3-1-7)。高原戈壁、沙漠、沙地依次从西北向东南略呈弧形分布:高原西北部边缘为砾质戈壁,往东南为砂质戈壁,高原中部和东南部为伏沙和明沙。伏沙带分布于阴山北麓和大兴安岭西麓,呈弧形断续相连;明沙主要有巴音戈壁沙漠、海里斯沙漠、白音察干沙漠、浑善达克沙地、乌珠穆沁沙地、呼伦贝尔沙地等。因此,戈壁和沙漠是内蒙古高原的显著地貌特色。

内蒙古高原是中国多风地区之一,年均风速4米/秒~6米/秒,从东向西增大。8级以上大风日数50天~90天,冬春两季占全年大风日数的60%左右。风速6米/秒~7米/秒即可发生明显的起沙。高原西部,年沙暴日数达10天~25天。风多而大对牧业生产不利,但却为高原上重要动力资源。高原无较大河流,无流范围广大。内陆河顺挠曲作用形成的碟形洼地发育,多为间歇河,春季成干谷,雨季有洪流。有些河流中途即消失成为无尾河,较大河流的末端往往形成尾闾湖。除尾闾湖外,有风蚀湖、河迹湖和构造湖。内蒙古高原是中国湖泊较多的地区之一,常年有水的湖泊湖水浅,面积小,或为雨季湖。面积在500平方千米以上的湖泊仅有达赉湖和贝尔湖(中蒙两国共有)。额吉诺尔是著名盐湖。

内蒙古高原是中国重要的牧场,草原面积约占高原面积的80%,属欧亚温带草原区的一部分。

高原西部气候干燥,大部分为沙漠和戈壁,植物比较稀疏,草场也较零散,有不少草滩分布在沙丘间的湖盆之中。由西向东,随着降水量的逐渐增多,牧草也长得越来越好。气候比较湿润的呼伦贝尔和锡林郭勒草原,牧草特别肥美,这里出产的三河马、三河牛和内蒙古绵羊等良种牲畜驰名国内外。

表 3-1-7　内蒙古高原沙丘分布概况

|   | 西部 | 中部 | 东部 |
| --- | --- | --- | --- |
| 位置 | 105°E 以西 | 105°E～113°E | 113°E 以东 |
| 范围 | 内蒙古西部(含阿拉善高原) | 内蒙古中部(含鄂尔多斯高原) | 内蒙古东部(含东北西部) |
| 植被类型 | 荒漠—荒漠草原 | 荒漠草原—草原 | 草原—草甸草原 |
| 植被覆盖度 | <30% | 30%～60% | 40%～70% |
| 沙丘性质 | 流动沙丘为主,约占50%～83% | 北部以流动沙丘为主,南部以固定和半固定沙丘为主 | 固定与半固定沙丘占90%以上,流动沙丘占2% |
| 沙丘形态 | 复合型沙丘链、格状沙丘链、新月形沙丘链 | 新月形沙丘链及梁窝状沙丘 | 蜂窝状沙丘及梁窝状沙丘、格状沙丘 |
| 沙丘高度/米 | 20～100 | 10～20 | 5～10 |

## 第五节　中国的盆地

中国盆地总面积为 180 万平方千米,占全国陆地总面积 18.75%。主要有 4 大盆地,特色各异。

表 3-1-8　中国 4 大盆地特征

| 名称 | 位置与范围 | 面积/平方千米 | 海拔/米 | 主要特征 |
| --- | --- | --- | --- | --- |
| 塔里木盆地 | 昆仑山与天山之间,新疆南部 | 约53万 | 800～1300 | 中国最大内陆盆地。盆地呈菱形,西高东低,地形环带状分布明显,有最大沙漠塔克拉玛干沙漠和最大内流河,封闭严密、干燥,绿洲农业,绿色通道 |
| 准噶尔盆地 | 阿尔泰山、天山和塔尔巴哈台山之间,新疆北部 | 约38万 | 500～1000 | 中国第二大盆地。呈三角形,西北高东部低,西北有缺口,相对湿润,沙漠戈壁面积较小,边缘为绿洲带,西南部草原宽阔,湖泊众多 |
| 柴达木盆地 | 昆仑山和祁连山、阿尔金山之间,青藏高原东北部,青海省西北部 | 约26万 | 2600～3000 | 中国地势最高盆地,封闭性巨大山间断陷盆地。呈梨形,地势由西北向东南倾斜,西南部为沙漠戈壁,中、东部多盐湖和沼泽地,矿藏丰富,有"聚宝盆"之称,东南部为新垦农业区 |
| 四川盆地 | 巫山、邛崃山、大凉山、大巴山、云贵高原之间,四川省东部 | 约18万 | 400～800 | 著名红色盆地,典型构造盆地,外流盆地。北高南低,周围多高大山脉,东部为平行岭谷,中部为方山丘陵,西有成都平原,农业富饶,有"天府之国"之称 |

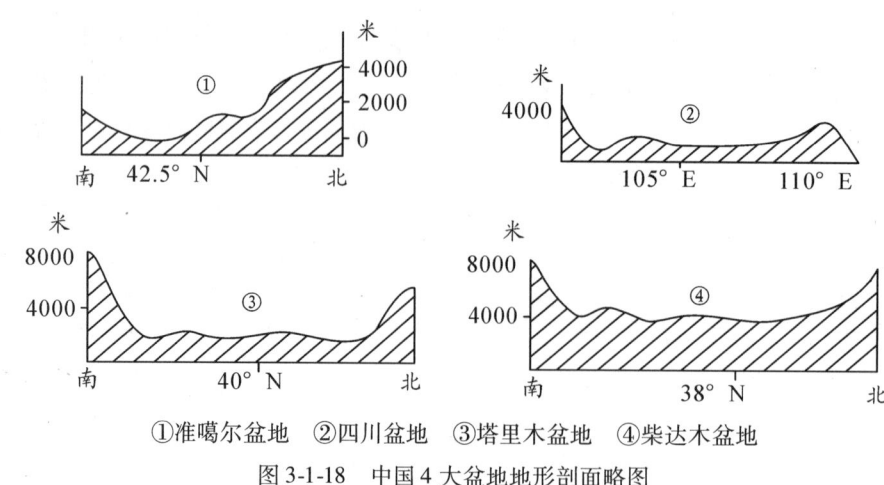

①准噶尔盆地 ②四川盆地 ③塔里木盆地 ④柴达木盆地

图 3-1-18 中国 4 大盆地地形剖面略图

## 一、塔里木盆地

塔里木盆地位于新疆南部,为中国最大的内陆盆地,亦是中国最大的盆地。处于天山山脉、昆仑山脉、阿尔金山脉和帕米尔高原之间。东西长 1500 千米,南北宽约 600 千米,面积达 53 万平方千米,海拔高度在 800 米~1300 米之间。

塔里木盆地为大型封闭性山间盆地。在地质构造上是属于周围被许多深大断裂所限制的稳定地块。其基底为古老结晶岩,基底上有厚约千米的古生代和元古代的沉积覆盖层,上有较薄的中生代和新生代沉积层,第四纪沉积物面积很大。构造上的塔里木地块和地貌上的塔里木平原(盆地),范围并不完全一致。地块包括四周的低山丘陵,如东部的库鲁克塔格和西部的柯坪山;而塔里木平原则只限于有第四纪沉积且较坦荡的部分。盆地沿山麓带,北部有库车拗陷,西南部有喀什—叶尔羌拗陷。拗陷内有巨厚的中生代和新生代陆相沉积,最大厚度达万米,是良好的含水层。

盆地边界受东西向和北西向深大断裂控制,成为呈不规则菱形。四周为高山围绕,东部有疏勒河谷(亦称阿奇克谷地)通向河西走廊,为古代丝绸之路必经之路。盆地地势西高东低,微向北倾,罗布泊湖面高程(原湖面高程)780 米,是盆地最低点。塔里木河位置偏于盆地北缘,水向东流。盆地地貌呈环状分布,边缘是与山地连接的砾石戈壁,由古代暴流洪积扇群组成,微向盆地中心倾斜,坡度一般为 6°~8°,宽度 10 千米~30 千米,厚度千米以上,表面由 2 米~3 米厚砾层组成,水均渗入地下,地面草木不生;中心是辽阔沙漠,即塔克拉玛干沙漠;边缘和沙漠间是冲积扇和冲积平原,河流出山之后,坡度突降,水流分散,沙泥沉积,形成扇状平原,现有疏勒、莎车、阿克苏、和田和库车等大小绿洲 100 多个。绿洲灌溉农业发达,盛产小麦、玉米、水稻和棉花等,河道迁移,绿洲也会迁移。盆地东部的罗布泊湖盆区大部由盐壳组成,范围曾有多次变动,多风蚀雅丹地形。塔里木河基本汇集了盆地的全部大河,全长 2000 千米,为中国最长的内陆河。河流冲积平原土地资源丰富,胡杨林和灰杨林分布面积广,对防御风沙、调节气候、供应木材有重要作用。塔里木河以南是塔克拉玛干沙漠,面积 33.7 万平方千米,占新疆总面积的 20%,占中国沙漠和戈壁总面积 26%(如单指沙漠则占 43%),是中国最大沙漠,也为位居世界第 2 位的流动沙漠。个体沙丘每年约南移 50 米~60 米,流动沙丘面积占 85%。沙丘形状复杂,有新月形、金字塔形、穹状、鱼鳞状、复合型沙丘链、复合型沙垄等多种形态。

由于深处大陆内部,周围又有高山阻碍湿润空气进入,年降水量不足 100 毫米,大多在 50 毫米以下,极为干旱。自然灾害主要是风沙和干热风:①风沙危害。8 级以上的大风(风速大于 17 米/

秒),一年超过 20 天的只有若羌、喀什、库尔勒。但盆地边缘植被覆盖度仅 10%,沙漠中心基本无植被,而风速每秒 5 米即起沙,故南部沙暴天气年达 30 天～40 天。以东北风和西北风为主,盆地边缘沙丘南移现象严重。②干热风。重害地区为盆地东部,每年 10 天～20 天;盆地其他地区出现次数较少。

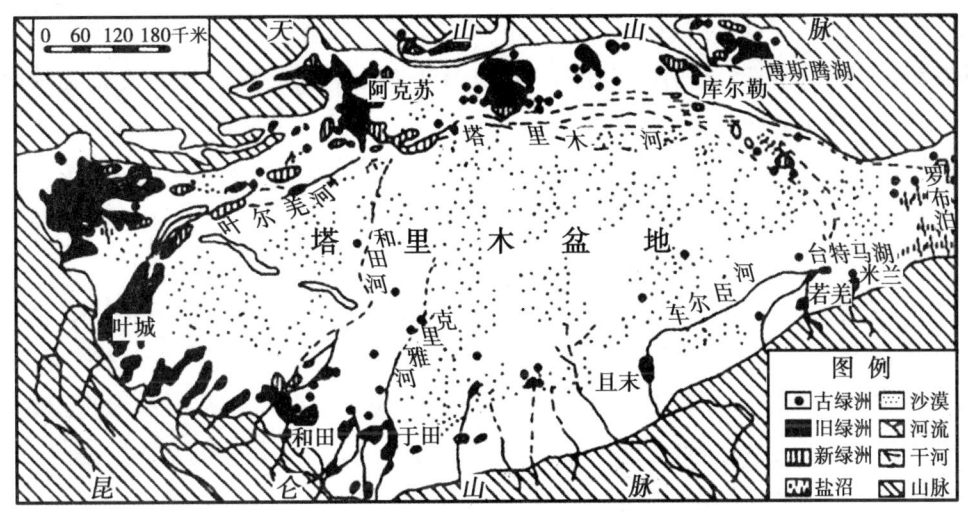

图 3-1-19　塔里木盆地示意图

盆地水分主要来自西风气流,从中亚越过天山南脉河谷(如克孜河谷)或从准噶尔盆地越过天山垭口(如哈密、乌鲁木齐)进入盆地。盆地降水稀少,盆地西缘的乌什为 85 毫米,阿克苏 57 毫米;北缘的库车 63 毫米,库尔勒 52 毫米;南缘从西向东,阿图什 78 毫米,喀什 65 毫米,和田 35 毫米,若羌 17 毫米。盆地本身无法形成径流,但周围山区年降水量达 200 毫米～400 毫米,可汇成河流到达盆地。水源充足的山麓地带已发展为灌溉绿洲,较大河流有南部的叶尔羌、克孜勒、盖孜、和田、克里雅、车尔臣(且末)等河,北部的阿克苏、台兰、渭干、库车及开都(下游称孔雀)等河。自然状态下,上述河流能汇纳到塔里木河;在大量引水灌溉情况下,现有水汇入塔里木河的只有阿克苏、和田、叶尔羌 3 条大河。盆地东部的罗布泊是塔里木河终点,过去被称为游移湖,实际上湖本身并不游移。地下水的补给主要来自河床、渠道及田间渗漏,地下水动储量为 110 亿立方米～148 亿立方米;提高灌溉管理水平后,动储量还有 70 多亿立方米。地下水的合理利用,对解决盆地春季缺水和保护生态环境都有一定意义。此外,盆地内还有相当数量的地下水静储量,尤其在新生代沉积深厚的拗陷带内,如库车拗陷、喀什—叶尔羌拗陷。弄清水资源的数量和质量,适量开采,对增加水资源也有一定意义。

塔里木盆地是中国最古老的内陆产棉区,光照条件好,热量丰富,能满足中、晚熟陆地棉和长绒棉的需要。昼夜温差大,有利于作物积累养分,又不利害虫孳生,是中国优质棉种植的高产稳产区。瓜果资源丰富,著名的有库尔勒香梨、库车白杏、阿图什无花果、叶城石榴、和田红葡萄等。木本油料的薄壳核桃种植也很普遍。和田的地毯编织和桑蚕都发达。1949 年以后沿塔里木河新建许多大型国营农场。塔里木盆地中石油、天然气资源蕴藏量十分丰富,分别约占全国油、气资源蕴藏量的 1/6 和 1/4。铁路现已通到喀什,为开发塔里木盆地提供了有利条件。

## 二、准噶尔盆地

位于阿尔泰山与天山之间,西侧为准噶尔西部山地,东至北塔山麓。平面形态南宽北窄,盆地略呈三角形,南北宽800千米,东西长1120千米,面积38万平方千米,沙漠占30%。

根据航磁等资料综合分析认为,准噶尔盆地具有双基底结构:下部为前寒武纪结晶基底,上部为晚海西期(泥盆—早中石炭世)的褶皱基底。盆地在地质构造上为古陆台。陆台核心是距今6亿年前、非常古老的前寒武纪结晶岩层。盆地长期保持沉降状态,沉积了浅海相灰岩和陆相的河湖相砂岩、泥岩、砾岩等。是晚古生代至中、新生代多旋回叠合盆地,其上沉积石炭纪、二叠纪、三叠纪、侏罗纪、白垩纪、第三纪和第四纪地层。盆地中央地层平缓,具稳定地块特征,盆地南部是天山山前坳陷(或称天山北缘前陆盆地),盆地西北部为成吉思汗逆冲断褶带,盆地东北部为克拉美丽山山前坳陷。盆地演化可划分为前陆盆地阶段、坳陷盆地阶段和再生前陆盆地阶段。准噶尔盆地地层中的煤、石油及硅化木、恐龙、鱼贝类等古生物化石,记录和保留了盆地波澜壮阔的地质发展史,堪称不可多得的"史前地质博物馆"。

地势向西倾斜,北部略高于南部,海拔在500米~1000米之间,平均海拔400米,北部的乌伦古湖(布伦托海)湖面高程479.1米,中部的玛纳斯湖湖面270米,西南部的艾比湖湖面189米,是盆地最低点。中部为草原和沙漠,边缘则是山麓和绿洲。盆地西部有高达2000米的山岭,多缺口,如额尔齐斯河谷、额敏河谷及阿拉山口。西风气流从缺口进入,为盆地及周围山地带来降水。盆地内地貌以平原为主,平原可分为2区。北起阿尔泰山南麓,南抵沙漠北缘的北部平原,风蚀作用明显,有大片风蚀洼地。南部平原南起天山北麓,北至沙漠北缘,可分2带:北带为沙漠,南带为天山北麓山前平原,是主要农业区。古尔班通古特沙漠是中国第2大沙漠,部分为灌木及草本植物覆盖,主要为南北走向的垄岗式固定、半固定沙丘,南缘为蜂窝状沙丘。沙漠区年均降水量约100毫米,冬季有稳定积雪,在固定沙丘上植被覆盖度约40%~50%,在半固定沙丘上约20%。丘间洼地生长牧草,夏季缺水,曾作冬季牧场,现已定点打井,夏季亦可放牧。盆地南缘冲积扇平原广阔,是新垦农业区。发源于山地的河流,受冰川和融雪水补给,水量变化稳定,农业用水保证率高。

图3-1-20 准噶尔盆地的风蚀地貌

由于盆地西部有缺口,利于较湿润的大西洋气流侵入,盆地年平均降水量可达150毫米左右。冬季有稳定积雪,气候没有塔里木盆地那么干燥。沙漠中梭梭、红柳等植物生长良好,这些植被中有野驴、鹅喉羚、狼、野兔、狐狸等野生动物在徜徉。这里的固定、半固定沙丘占沙漠总面积的

97%,植被覆盖率达20%～40%,沙漠下面有稳定的湿沙层。盆地主要自然灾害有冻害和大风。约4年～5年有一次较大范围的冬麦冻害,10年有一次较重的果树冻害。牲畜冻害主要发生于盆地中心的冬牧场。盆地北部每年有8级以上的大风天数33天～77天,西部70天以上,阿拉山口165天。由于盆地植被覆盖度较大,虽大风天数多,沙丘移动现象却较塔里木盆地为少。但局部地区,如艾比湖东南沙泉子至托托,有新月形沙丘27座,大风移动沙丘,阻塞交通,危害农田。额尔齐斯河谷亦有沙丘多处,冬季风大,不能形成稳定积雪,春季作物难以生存。

盆地水汽主要来自西风气流。降水西部多于东部,边缘多于中心,迎风坡多于背风坡。盆地冬季有稳定积雪,冬春降水量占年总量30%～45%。除额尔齐斯河为外流河外,盆地其他河流均为内陆河,以盆地低洼部位为归宿。河流补给主要来自山区,春季平原融雪水亦有补给。按河流出山口处流量计算,共有年径流量210亿立方米(不包括伊犁河及塔城盆地河流),其中额尔齐斯河流出国境水量100亿立方米。额尔齐斯河是新疆第2大河,支流都源于阿尔泰山南坡。其余河流如发源于阿尔泰山东部的乌伦古河,发源于天山的乌鲁木齐河、玛纳斯河、奎屯河等分别注入盆地中的布伦托海、玛纳斯湖、艾比湖。由于大量引水灌溉,玛纳斯湖已经干涸,艾比湖的面积也已缩小,潴为湖泊(如玛纳斯湖、乌伦古湖等)。盆地的内陆河有4个排水区:①乌伦古湖,为乌伦古河尾闾;②艾比湖,汇纳博尔塔拉、奎屯及精河等河;③玛纳斯湖,汇纳玛纳斯、金沟、巴音、塔西等河,源于准噶尔西部山地的10多条小河,曾以玛纳斯河为尾闾;④天山北坡独立水系,包括呼图壁至木垒的所有河流,都消失于灌区中。由于灌区引水,入湖水量均急剧减少。盆地地下水的补给来源主要来自山口以下河床、渠道及田间渗漏,从农业用水供需关系看,基本无缺水之虞。

天山北麓平原为新建的重要农业区,种植小麦、玉米、水稻、棉花、甜菜等。盆地内夏季气温高,棉花种植地区已达北纬44°,为世界上棉花种植的最北限。牧场广阔,牛羊成群。准噶尔盆地内蕴藏着丰富的石油、煤和各种金属矿藏,盆地西部的独山子和克拉玛依是中国较大的油田,北部的阿尔泰山区盛产黄金。已建成的第一套环形输气管网总长约760千米,分为彩南—石西—克拉玛依、克拉玛依—乌鲁木齐、乌鲁木齐—彩南3段,沿线分布着玛河、石西、彩南、盆五等多个天然气产区。

### 三、柴达木盆地

中国三大内陆盆地之一的柴达木盆地属封闭性的巨大高原型山间断陷盆地。地处青海省西北部,四周被昆仑山脉、祁连山脉与阿尔金山脉所怀抱,盆地略呈三角形,北西西—南东东方向延伸,东西长约800千米,南北宽约300千米,面积约26万平方千米。

盆地是中生代特别是新生代以来,中国西部特堤斯—喜马拉雅构造域强烈活动形成的一个中、新生代大型山间拗陷。基底为前寒武纪结晶变质岩系。盆地形成可上溯至华力西运动,普遍沉降发生在早侏罗纪之后。第三纪渐新世以来大面积强烈断陷,盆地内形成巨厚的山麓相与河湖相沉积,绝大部分地面为晚新生代沉积覆盖。其表层新生界路乐河组、下干柴沟组、上干柴沟组、油砂山组、狮子沟组和7个泉组等砂砾岩厚度近万米,北部边缘地带所见侏罗纪、白垩纪红色碎屑岩系厚3000余米。其深部据最新资料解释,有远古界中深变质岩和奥陶系、泥盆系、石炭系等海相及海陆交互相海湾沉积。柴达木盆地之所以蕴藏有丰富的可燃性有机能源,与它多层次的机构、巨厚的沉积物以及成熟的演化发育是分不开的。在柴达木盆地的一处戈壁滩上,有一条长约2千米的贝壳梁(图3-1-21),其表面薄薄的盐碱土盖下面竟是厚达20多米的瓣鳃类和腹足类生物贝壳堆积层。这一罕见的自然奇观,是迄今为止中国内陆盆地发现的最大规模的古生物地层。

图 3-1-21　柴达木盆地的贝壳梁

盆地西高东低，西宽东窄。四周高山环绕，南面是昆仑山脉，北面是祁连山脉，西北是阿尔金山脉，东为日月山。地貌呈同心环分布，自边缘至中心洪积砾石扇形地（戈壁）、冲积洪积粉砂质平原、湖积冲积粉砂粘土质平原、湖积淤泥盐土平原有规律地依次递变，即由周边向中心依次呈现高山、风蚀丘陵、戈壁、沙漠和湖沼 5 个环带状结构。地势低洼处盐湖和沼泽广布。盆地西北部戈壁带内缘，比高百米以下的垄岗丘陵成群成束。盆地东南沉降剧烈，冲积与湖积平原广阔，主要湖泊如南、北霍布逊湖和达布逊湖等都分布于此。柴达木河、素林郭勒河与格尔木河等下游沿岸及湖泊周围分布有大片沼泽。盆地东北部因有一系列变质岩系低山块断隆起，在盆地与祁连山脉间形成次一级小型山间盆地，自西向东有花海子、大柴旦、小柴旦、德令哈与乌兰等盆地，这些盆地中的河流分别注入其低洼中心的湖泊中。雅丹地貌世界闻名，这是由于风化引起的。盆地属于狂风盛行的沙漠地域，在春秋 2 个雨季盛行大风，受到西部昆仑山脉的阻挡，狂风在这里改变风向，同时风速也降了下来，于是在这块带状地域沉积了很多的卵石和沙粒。对于整个柴达木盆地，它是一片沙漠景象。它的腹部沉积着群山被侵蚀后落下的碎石，以及由风携带而来的碎石片和沙子。

柴达木盆地属高原大陆性气候，以干旱为主要特点。年降水量自东南部的 200 毫米递减到西北部的 15 毫米，年均相对湿度为 30%～40%，最小可低于 5%。盆地年均温均在 5℃ 以下，气温变化剧烈，绝对年温差可达 60℃ 以上，日温差也常在 30℃ 左右，夏季夜间可降至 0℃ 以下。风力强盛，年 8 级以上大风日数可达 25 天～75 天，西部甚至可出现 40 米/秒的强风，风力蚀积强烈。河流大部分为间歇性，总计 100 条河流中常流河仅 10 余条，主要分布于盆地东部，西部水网极为稀疏。盆地内湖泊水质多已咸化，共有大小盐湖 20 余个，主要有察尔汗盐湖、茶卡盐湖、柯柯盐湖、昆特依盐湖等。自然景观为干旱荒漠，主要土类为盐化荒漠土和石膏荒漠土。后者主要分布于盆地西部，草甸土、沼泽土一般均有盐渍化现象。植被稀疏，种类单纯，总共不足 200 种，以具有高度抗旱能力的灌木、半灌木和草本为主，盐生植物较多。植被结构简单，约 60% 的群丛系由一个或几个种组成。在山麓洪积扇和冲积—洪积平原上以勃氏麻黄、梭梭和红砂灌木所组成的荒漠植被群落为主；在盐性沼泽及盐湖、河流沿岸，莎草科密生形成草丘，其中占优势的有深紫针蔺、丝蘼草与黑苔草等盐生植被；盐湖与沼泽外围以芦苇与赖草为主。

柴达木盆地素有"聚宝盆"之称。已探明矿点 200 余处，计 50 余种，其中盐、石油、铅锌和硼砂储量尤丰，食盐总储量达 600 亿吨左右。芒硝、钾盐、硼酸盐具有工业开采价值，如察尔汗钾盐厂已成为中国重要化工原料基地。盆地内储油构造广布，西部有重要油气聚集带。锡铁山铅锌矿是中国目前已知最大铅锌矿之一。盆地现有耕地集中于东部和东南部绿洲地带，以产粮食、油料为主，单产较高。交通事业已初具规模，青藏铁路已通车，公路初步成网。出现了格尔木市、冷湖镇、大柴旦镇和茫崖镇等一批新兴城镇。

**四、四川盆地**

四川盆地是中国著名的红层盆地，是中国各大盆地中形态最典型、纬度最南，海拔最低的大型盆地。位于长江上游四川省与重庆市境内，面积18万平方千米，占原四川省面积的46%。西依青藏高原和横断山地，北靠秦岭山地与黄土高原相望，东接湘鄂西山地，南连云贵高原。

四川盆地的地质基础属扬子准地台四川台拗。从震旦纪以来就是地壳比较稳定的大型拗陷区。晚三叠纪的印支运动中成为一个内陆湖盆，但范围要比今日的四川盆地大得多，称为"巴蜀湖"，从此时结束了海浸的历史。在中生代漫长的1亿多年里，盆地气候温暖湿润，到处生长蕨类、苏铁和裸子植物，是又一个成煤期，永荣煤矿即在三叠纪和侏罗纪时形成。东起长寿、垫江，西到江油、邛崃，北抵大巴山麓，南到贵州赤水，还是天然气富集区。这一时期爬行动物恐龙称霸一时。同时堆积了厚达3000~4000米的紫红色的砂岩和页岩，因此人们又称它为"红色盆地"或"紫色盆地"。中生代末期的四川运动使盆地周围褶皱成山，中间相对下陷，四川盆地的轮廓基本形成，并使盆地内部地层也发生大规模的变形。东部出现一组北东向的褶皱，称盆东褶皱带；中部形成穹窿构造，称盆中穹窿带；西部表现为沉陷，成为盆地沉陷带，这为今天盆地的3个地貌区奠定了基础。盆地的格局主要受北东—南西向及北西—南东向2条构造线控制，构成了典型的菱形盆地，广元、雅安、叙永、云阳为菱形的4个顶点，东西两边较长，为380千米~430千米；南北两边略短，为310千米~330千米。以上菱形4顶点的连线与盆地内650米~750米的等高线大体相当，盆地底部与边缘山地也以此为分界。这一时期巴蜀湖缩小为仅有2万平方千米的蜀湖，封闭的盆地地形及急剧缩小的水面，使气候逐渐变得干热，沉积物由海相、海陆交替相变为陆相，大量风化、侵蚀、剥蚀的物质在盆地堆积了数千米厚，形成红色和紫红色的砂、泥、页岩。裸子植物不断衰退，恐龙灭绝了。内陆湖泊在干燥条件下，经强烈蒸发，浓度增大，盐分不断积累，形成盐湖，后来泥沙掩埋而保存于地层之中，经过漫长的地质作用形成岩层，自贡一带是著名的井盐产地。新生代的喜马拉雅运动使周围山地再次上升，盆地再次相对下陷，成都一带下陷更深。同时，长江切穿巫山，滚滚东流，完成了统一的长江水系，使内流盆地转变为外流盆地。从而，四川盆地由内流盆地变为外流陆盆，由封闭的内流区变为外流区，由以堆积为主变为侵蚀为主，经历了海盆—湖盆—陆盆的沧桑之变。第四纪是冰川广布的时代，盆地西北山地发育大量冰川。冰川消融后，大量沉积物由岷江、沱江等携带，堆积在西部的凹陷区，即以前的蜀湖之中，最终形成了成都平原。

四川盆地边缘山地区属强烈上升的褶皱带。地貌显著特征是，海拔高，过渡性明显，均为一系列中山和低山所围绕。盆地北缘米仓山、大巴山近东西走向，是著名的秦巴山地南翼部分，海拔一般在1500米~2200米之间，山势雄伟，山坡陡峭，沟谷深切，相对高差可达500米~1000米；南缘大娄山属气势磅礴的云贵高原之一部分；西缘有龙门山、邛崃山、峨眉山，山脊海拔都在1500米至~3000米以上，相对高差可达1000米，峨眉山顶峰高3099米，与附近的平原相对高差达2650米，山势巍峨秀丽，为中国4大佛教名山之一。盆地边缘山地山势陡峻，发源盆地边缘山地的河流大多为"V"形谷，岭谷高差500米~1000米，地表崎岖，故历史上就有"蜀道难，难于上青天"之说。地表广泛出露古生代及其以前的石灰岩，其次为板岩、片岩、结晶灰岩、石英岩、砂泥岩和砾岩，局部有花岗岩和玄武岩。石灰岩分布区可见石林、溶洞、溶斗、暗河、槽谷等喀斯特地貌，盆地南缘兴文县素有"石林洞乡"之称。巫山12峰和金佛山等名山主要也由石灰岩发育而成。由石灰岩、玄武岩、花岗岩等组成的峨眉山及由砂泥岩、砾岩组成的青城山，素有"峨眉天下秀""青城天下幽"之称,为中国著名游览胜地。盆地底部海拔多在250米~700米,地势向东南倾斜,盆地内各河流均由边缘山地汇聚于盆地底部的长江干流,形成向心状水系。地表为大面积的中生代紫红色砂岩和泥岩所覆盖,故称"红层盆地",是中国中生代陆相红层分布最集中地区。四川盆地为丘陵盆地,底部以丘陵为主,次为低山和平原,丘陵、平原交错。

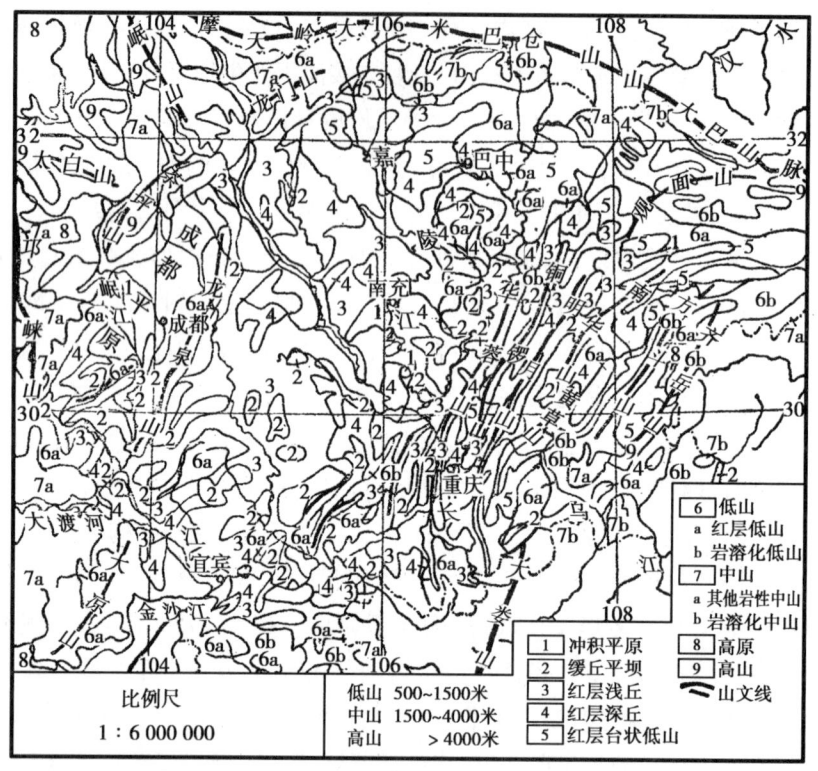

图 3-1-22　四川盆地地貌类型图(据韩渊丰等,1984)

由于地表形态不同,以华蓥山、龙泉山为界可分为3部分:①华蓥山以东为大致平行的川东岭谷,由多条东北—西南走向的条状背斜山地与向斜宽谷组成,山地陡而窄,海拔一般在700米~800米,其中,华蓥山高1704米,为盆地底部最高峰。山地顶部的石灰岩被雨水溶蚀后,常成凹槽,故山地大多具有"一山二岭一槽"或"一山三岭二槽"的特色。山岭间的谷地宽而缓,海拔300米~500米,其间丘陵、平坝交错分布,是平行岭谷区工农业生产主要地区。②华蓥山与龙泉山之间为方丘陵,由于紫红色砂页岩倾角平缓,受切割后形成方山或丘陵,地势低矮,由北向南倾斜,海拔350米~450米,相对高度几十米。南部多浅丘,北部多深丘。丘陵地表软硬相间的紫红色砂、页岩极易风化为紫色土,富含磷钾,自然肥力较高,宜种性广,是全省粮食、经济作物主产区。③龙泉山以西为平原,即川西平原或称成都平原,系断裂下陷由河流冲积而成,为中国西南最大的平原。海拔450米~750米,地势由西北向东南倾斜,地表平坦,相对高差一般不超过20米~50米,它由岷江、沱江、涪江、青衣江等8条河流冲积连缀而成,土壤肥沃,河渠稠密,有著名的都江堰自流灌溉,素有"天府"之称。

四川盆地位于亚热带,北有秦岭、大巴山阻挡寒潮侵袭,冬季温和,少见冰雪,最冷月平均温度较同纬度的长江中下游高出2℃~4℃,春季亦早来1个月,利于冬小麦、油菜、蚕豆等越冬作物和亚热带多年生植物生长。夏季长约5个月,年降水量约1000毫米,对水稻生长有利。南部长江河谷地带温度条件更好,无霜期320天~365天,有利于甜橙、甘蔗、双季稻的栽培。泸州、合江一带更产龙眼、荔枝等南亚热带水果。盆地历来以农产丰饶著称,被誉为"天府之国"。盆地内还蕴藏煤、石油、天然气以及盐、磷灰石、硫磺等矿产,已发展为中国西南部重要工业基地。旧时对外交通不便,有"蜀道难,难于上青天"之说。今已修建成渝、宝成、成昆、川黔、襄渝等铁路,整治长江航道,开辟成都、重庆飞往全国各主要城市的航空线,交通形势有了根本的改变。成都、重庆是重要经济和交通中心。

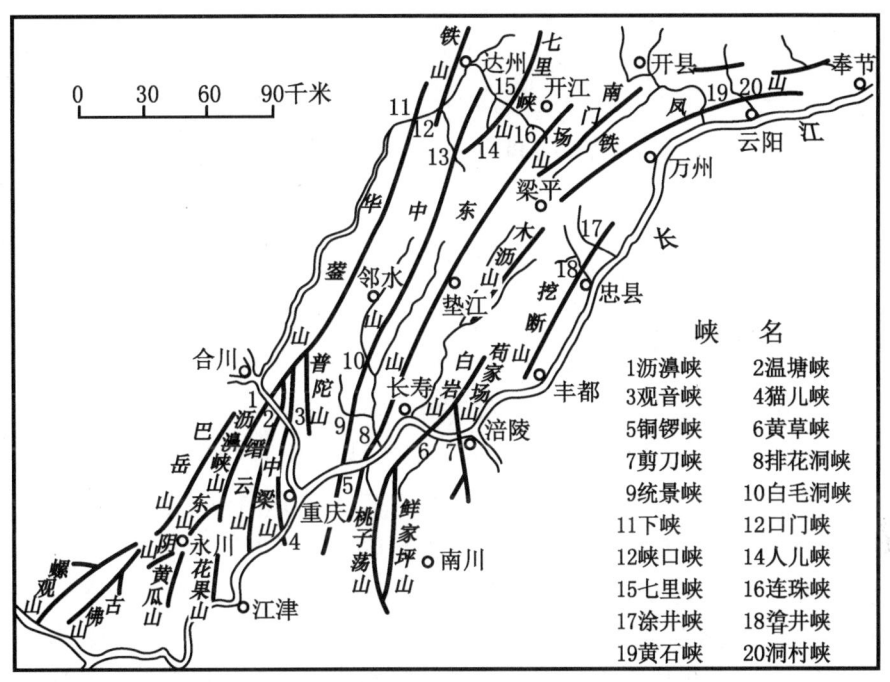

图 3-1-23　四川盆地东部平行岭谷(据韩渊丰等,1984)

其他著名的还有吐鲁番盆地,它是中国海拔最低的盆地。最低点艾丁湖底海拔-155米,已在海平面之下,为其最大特色。吐鲁番的葡萄、哈密瓜驰名遐迩。

# 第二章 中国的特殊地貌

## 第一节 中国的喀斯特地貌

中国是世界上喀斯特地貌分布最广、类型最多、发育最典型的国家。

### 一、中国喀斯特地貌发育的因素

1. 碳酸盐类岩石是喀斯特地貌发育的物质基础

中国碳酸盐类岩石分布广泛,几乎遍及全国各省区,其面积约 137 万平方千米,约占全国总面积的 14%,是世界上碳酸盐类岩石分布面积最大的国家,其中西南地区为最广,约有 43 万平方千米,约占全国碳酸盐类岩石面积的 31.3%。中国碳酸盐类岩石可分为纯地层、夹层、互层和间层 4 个层组类型,其中以纯地层为主。中国碳酸盐类岩石按化学成分可分为石灰岩、白云岩、石灰岩—白云岩过渡岩类以及泥质或硅质碳酸盐类岩石 4 个类型,其中以质纯灰岩较多。中国碳酸盐类岩石有粗、中、细、显微晶质结构类型,其地貌发育一般说来也是依次减弱,如长江三峡湖北地区震旦系灯影灰岩,虽然二氧化硅含量达 20%~30%,但由于石英晶粒大,因此,该地区喀斯特地貌最为发育。中国碳酸盐类岩石厚度巨大,如华南地台区从震旦纪至三叠纪沉积了厚达 5000 米 ~ 6000 米的石灰岩建造。但单层厚度对喀斯特地貌发育的影响更为重要,巨厚层、厚层比薄层的碳酸盐类岩石溶解度值大,如湖北的灯影统地层比上峰尖组地层喀斯特地貌发育强烈。由上可见,中国碳酸盐类岩石分布宽广而厚度巨大,层组类型多样而以纯地层为主,岩性复杂而以质纯灰岩较多。碳酸盐类岩石上述特性是中国喀斯特地貌赖以发育的基本条件,因此,中国碳酸盐类岩石分布图在一定程度上也就是喀斯特地貌发育图。

就地质构造来说,中国许多喀斯特地貌形态一般都沿构造线发育,严格受褶皱、断裂的控制。如贵州的漏斗、落水洞和溶蚀洼地多沿褶皱轴部及断层发育,黔北地区约 70% 的地下河沿构造线方向发育,而且多沿张性和张扭性断裂发育。由此可见,裂隙尤其构造裂隙是影响中国碳酸盐类岩石透水性的最主要因素,因此,碳酸盐类岩石透水性也是中国喀斯特地貌发育的基本条件。

2. 水是喀斯特地貌发育的动力

中国喀斯特地貌主要分布在热带湿润、亚热带湿润和温带半湿润地区,这些地区虽然均为森林植被,但森林凋落物数量却有很大的差别(表 3-2-1)。在微生物的分解作用下,产生不同数量的二氧化碳,因此,在土壤空气中均有一定数量的二氧化碳,如西双版纳和鄂西地区在地表以下 2 米深度范围内,空气中二氧化碳所占的体积达 2% 以上,这个数值比国外一些温带地区的相应数值大约 1 倍左右,所以,在地表水向地下渗透过程中便溶解了土壤空气中的二氧化碳,使喀斯特水中二氧化碳含量大为增加,其中侵蚀性二氧化碳与水化合成碳酸,从而加强了喀斯特水对碳酸盐类岩石的溶解作用。由此可见,中国喀斯特水中的二氧化碳也主要来自土壤层中由亿万微生物制造的二氧化碳,使喀斯特水具有溶蚀力,这又是中国喀斯特地貌发育的另一基本条件。

表 3-2-1　中国各自然带森林凋落物数量

| 自然带 | 地区 | 凋落物数量(干物质,千克/公顷·年) |
|---|---|---|
| 热带季雨林 | 云南省西双版纳 | 11550 |
| 亚热带杂木林 | 湖南省会同 | 4530 |
| 温带云杉、冷杉、红松林 | 黑龙江省小兴安岭 | 4080 |

中国平均年降水量650毫米,平均年降水总量61 889亿立方米,而全国地下水的天然资源量达8 287亿立方米。中国地质构造复杂,碳酸盐类岩层遭受破坏,构造裂隙和断裂十分发育,为地表水渗流提供了活动空间,因而有丰富的地下水。南方喀斯特地区地下水贮存条件好,在滇、黔、川、渝等省、市厚层碳酸盐类岩石分布地区,喀斯特水动力具有垂直分带,以地下河水形式为主向当地排水基准面排泄,而北方地区则多以喀斯特泉水形式排泄。由此可见,中国喀斯特地区具有良好的地表水和地下水运动条件,这也是中国喀斯特地貌发育的基本条件。

3. 自然条件是喀斯特地貌发育的控制性因素

中国地跨热带、亚热带和温带,还有青藏高原区和西北干旱区,它们的水热条件不大一样,对喀斯特地貌发育也有着明显的影响,因而,喀斯特地貌特点不一:热带以峰林为特点;亚热带以喀斯特丘陵和洼地为特点;温带以喀斯特泉为特点;青藏高寒区喀斯特是世界喀斯特的一种特殊类型,现代喀斯特地貌是河谷旁的一些小溶洞,而第三纪古热带喀斯特地貌形态已受寒冻风化作用的强烈破坏;西北干旱区没有典型的喀斯特景观,以一些小溶洞(直径一般0.1米~0.5米)为主,如柴达木盆地中的小溶洞。

中国3大自然区有不同的植物和土壤,其中东部季风区,尤其南方地区森林茂盛,使地表径流减弱,从而不但减少了地表的冲刷作用,加强了流水的下渗作用,而且还使喀斯特水中增加了碳酸和有机酸的含量,增强了喀斯特水的溶蚀作用。但不同自然带的森林凋落物数量却有很大差别,热带的西双版纳地区比亚热带的湖南会同地区高出2.5倍多,可见热带提供给土壤系统的有机物数量高于亚热带,更高于温带,从而使各自然带土壤中二氧化碳的含量有很大差异,喀斯特水从土壤层中获得二氧化碳也不一样,所以,各自然带有明显不同溶蚀率(表3-2-2),从而也形成了各自不同的喀斯特地貌,这一特点也反映出气候、植物和土壤对喀斯特地貌发育的影响是巨大而又深刻的。

表 3-2-2　中国各地的溶蚀率

| 自然带 | 地区 | 溶蚀率/毫米·年 |
|---|---|---|
| 热带 | 广西中部 | 0.12~0.3 |
| 亚热带 | 长江三峡 | 0.06 |
| 温带 | 河北 | 0.02~0.03 |

中国地貌对喀斯特地貌的发育有多方面的影响。在全国3大地貌阶梯上,青藏高原地势高亢,气候高寒,寒冻风化作用强烈,喀斯特地貌发育很微弱;第二级地貌阶梯除西北地区喀斯特地貌发育微弱外,其余地区及其阶梯斜坡地带是喀斯特地貌十分发育的地区;最低一级地貌阶梯是中国覆盖型喀斯特较多的地区,喀斯特地貌发育较前者为弱。

二、中国喀斯特地貌形态

(1)石芽和溶沟　溶沟是指地表水沿岩石表面和裂隙流动过程中不断对岩石溶蚀和侵蚀,从而形成的石质沟槽;石芽指突出于溶沟之间的石脊,其实它是溶沟形成过程中的残余物。云南地区的石林就是发育比较好的形态高大的石芽群,它的形成条件是厚层、质纯、产状平缓、垂直节理稀疏和湿热的气候环境。石芽和溶沟是共生的,其形态多种多样,主要有山脊式石芽溶沟、棋盘式石芽溶沟、车轨式石芽溶沟和石林式石芽溶沟,它们主要受两组垂直相交的节理裂隙控制。如湖北宜昌陈家湾附近的棋盘式石芽溶沟,形成高1米~1.5米、长2.6米、宽3.9米的石芽,以及其间宽0.6米~1.5米不等的溶沟,构成形似棋盘。石林式石芽溶沟是质纯厚层石灰岩的巨大裂隙被地表水溶蚀和冲蚀分割而形成的石柱组合体及其间很深的溶沟,婉如石质森林耸立,分布于云南的路南、宜良、东川、弥勒、罗平、个旧等地,其中以路南石林闻名于世。石林相对高度一般20米左右,最高达50米左右。

(2)漏斗和溶蚀洼地　溶蚀洼地是一种范围广,近似圆形的封闭性岩溶洼地,四周多低山和峰林,底部平坦,雨季易涝,旱季易干。面积一般数平方千米至十几平方千米。漏斗、溶蚀洼地分布十分普遍,在贵州高原向四川盆地和广西盆地过渡的斜坡地带最有利于它们发育,尤其在滇、黔、川、渝、湘、鄂一带喀斯特夷平面上密如蜂窝,呈"麻窝"地貌,如湖北宜昌落步垴一带每平方千米可达30个之多,重庆市奉节三角坝一带每平方千米多达40个以上。中国的漏斗形态有碟形或锥形漏斗和井形漏斗2种类型。前者为溶蚀漏斗,其深度较浅,如赣西袁水流域的碟形漏斗;后者为塌陷漏斗,其深度大,如重庆市奉节小寨天坑(溶斗),深662米。中国的溶蚀洼地形态分为碟形洼地和圆筒状洼地两种类型。它们在云贵高原、四川盆地、渝东南、长江中下游各省和广西等地都有发育,但均以前者为主,当地人称之为"坝",其特点是深度不大,但各地大小不等。而圆筒状洼地的深度较碟形洼地大,在贵州多在100米以上。溶蚀洼地发育在褶皱轴部或其他构造带上,在滇、黔、桂、湘、鄂、川一带与漏斗沿构造线呈串珠状分布,其地下一般有规模巨大的溶洞和地下河,如广西山字型西翼发育的溶蚀洼地、溶斗和暗河。

(3)溶蚀盆地和槽谷　溶蚀盆地是溶蚀洼地进一步扩大或融合而形成的,它受构造影响比较大,面积更为广,一般数十平方千米至数百平方千米,平面条状分布,长达数十千米,底部平坦,常有地表径流,例如广西都安有一溶蚀谷地宽1千米、长10千米。槽谷是地表径流消失后岩溶区遗留下来的谷地,它的形成原因是河流的某一段河道水流沿着谷底的竖井或水洞流入地下,形成地下径流。这种地表径流转为地下径流的现象叫做伏流。还有一种形成原因即人类对河道进行裁弯取直的结果。溶蚀盆地在滇东的砚山和罗平,黔中的平坝、普定、安顺、修文和贵阳,桂中的都安和马山,渝东南的酉阳、秀山、黔江、彭水、南川、奉节、巫峡、丰都,鄂西的巴东、利川、咸丰等地都有分布,底部平坦,有喀斯特泉和暗河出没,如砚山县平远街溶蚀盆地,东西长30多千米,南北宽15千米以上,底部有落水洞、出水洞共百余处。槽谷主要在黔北、重庆、鄂西等地。其中以重庆最为典型,这里为渝东南褶皱带,华蓥山、铜锣峡、明月峡等背斜为褶皱带中的主干构造,而渝东南喀斯特槽谷就是循背斜轴部的嘉陵江组和雷口坡组发育而成的,共有10多条相互平行的喀斯特槽谷,长达10千米~110千米,总长844千米,底部平缓,其间点缀有残丘、洼地等喀斯特地貌。在华北地区和东北地区槽谷多表现为干谷。

(4)落水洞　主要是由于岩溶地面不断凹陷,形成漏斗状的圆形洼地或竖井状的洞。在中国南方地区各级喀斯特夷平面都有分布,它形成于陡峭的坡地两侧和洼地、盆地底部,因为流水沿着岩石的裂隙侵蚀强烈,所以天坑或落水洞深达几十米到几百米。在湖北称它为天坑,利川黄利坡一带每平方千米达20多个。腾龙洞号称"饿龙吞江",即为一巨大的落水洞,把整个清江完全吞没,转入地下,形成地下伏流。落水洞发育受构造裂隙严格控制,大小不一,形态各异,主要有裂隙状落水洞、井状落水洞和竖井状落水洞等3种类型。裂隙状落水洞如赣西袁水流域的裂隙状落水洞。井状落水洞如鄂西宣恩罗家崖落水洞,其深度达240米。竖井状落水洞在贵州分布普遍,并常与地下河相通,几呈线状排列。竖井状落水洞在鄂西地区深度很大,如西陵峡落水洞深度350米左右,并以地下河通向南津关附近的长江岸边;而黄家塘落水洞更是深达710米,可通到长江岸边的黄山洞;五峰县东、西落水洞的深度也达到了382米。

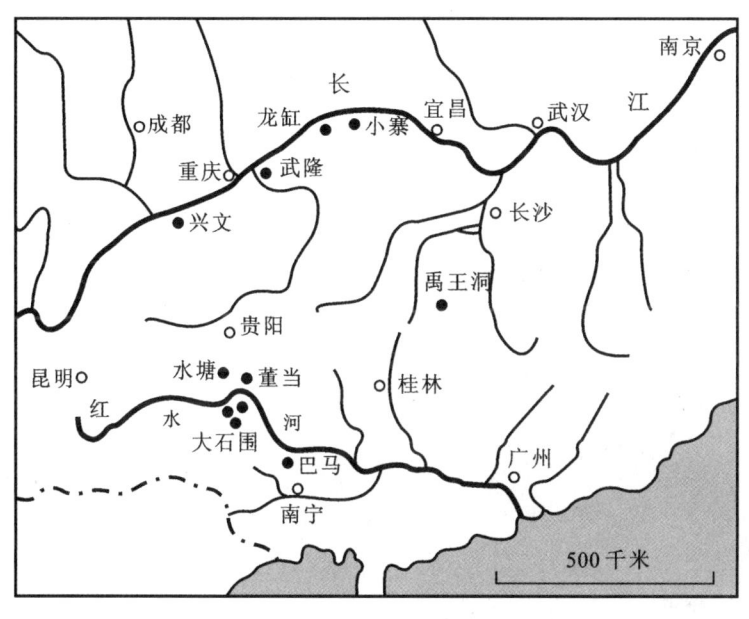

图 3-2-1　中国南方天坑位置

图 3-2-2　重庆武隆天坑群

在2001年之前,提及"天坑",通常特指重庆奉节县的小寨天坑。2005年后,"天坑"这个由中国人定义的术语在国际喀斯特学术界获得了一致的认可,并开始使用"tiankeng",通行国际。天坑就是具有巨大的容积、陡峭而圈闭的岩壁、深陷的井状或者桶状轮廓等非凡的空间与形态特征,发育在厚度特别大、地下水位特别深的可溶性岩层中,从地下通往地面,平均宽度与深度均大于100米,底部与地下河相连接(或者有证据证明地下河道已迁移)的特大型喀斯特负地貌。天坑的成因

图 3-2-3　广西乐业天坑群

大多分2种,主要是塌陷型(广西乐业天坑群等),罕见的是冲蚀型(重庆武隆后坪冲蚀天坑群等),天坑的形成至少要同时具备6个条件:石灰岩层要厚,只有足够厚的岩层才能给天坑的形成提供

足够的空间；地下河的水位要很深；包气带（含气体的岩层）的厚度要大；降雨量要大，这样地下河的流量和动力才足够大，足以将塌落下来的石头冲走；岩层要平，从填坑四周的绝壁看就会发现，岩层与地面是平行的，就像一层层的石板堆在四周一样，只有这样的岩层才能垮塌；地壳要突起，地壳的运动会给岩层的垮塌提供动力。目前，世界已经被确认的天坑达 78 个，其中 2/3 分布在中国，当然关于天坑的考察、认定和争论尚未停止。

就目前的初步研究结果，中国的喀斯特天坑显然有较广泛分布区域，但主要在南方，特别是峰丛洼地喀斯特地貌区。据朱德浩、覃厚仁编制的《中国喀斯特地貌图》资料，中国的峰丛洼地喀斯特大约有 14 万平方千米～16 万平方千米的分布面积，主要分布在广西的北部和西部、贵州的南部、长江三峡两岸和重庆的东南部、贵州的北部和四川的东南部、湖北与湖南的西部以及云南的东南部等地区。

图 3-3-4　重庆市奉节小寨天坑

表 3-2-3　已知的中国主要天坑及其规模

| 天坑 | | 坑口长/坑口宽/米 | 面积/平方米 | 深度/米 | | 容积/亿立方米 |
| --- | --- | --- | --- | --- | --- | --- |
| | | | | 最大 | 平均 | |
| 重庆奉节 | 小寨 | 625/535 | 274 000 | 662 | 511 | 119.3 |
| | 硝坑* | 330/180 | 45 000 | 286 | 137 | 12.0 |
| | 冲天岩* | 300/160 | 41 500 | 168 | 103 | 7.0 |
| | 笋筐岩* | 135/100 | 10 800 | 101 | 100 | 1.1 |
| | 伍家寨* | 200/150 | 24 000 | 103 | 47 | 2.5 |
| | 大青坑* | 200/150 | 8000 | | | |
| 重庆云阳 | 龙缸 | 350/170 | 53 000 | 350 | 250 | 9.2 |
| 重庆武隆 | 箐口 | 250/220 | 40 700 | 295 | 195 | 9.2 |
| | 牛鼻子 | 380/100 | 27 000 | 195 | 100 | 3.5 |
| | 太平庙 | 180/180 | 26 400 | 420 | 300 | 9.9 |
| | 打锣凼 | 240/220 | 32 400 | 372 | 282 | 10.4 |
| | 石王洞 | 170/150 | 25 900 | 252 | 172 | 5.1 |
| | 中石院* | 565/555 | 278 200 | 214 | 75 | 34.8 |
| | 下石院* | 990/545 | 352 100 | 373 | 50 | 31.5 |
| | 青龙 | 520/200 | 194 000 | 276 | 195 | 31.7 |
| | 神鹰 | 300/260 | 21 200 | 285 | 195 | 31.7 |
| 四川兴文 | 大岩湾* | 680/280 | 164 000 | 110 | 40 | 15.0 |
| | 小岩湾* | 625/475 | 200 000 | 248 | 178 | 36.0 |

续表

| 天坑 | | 坑口长/坑口宽/米 | 面积/平方米 | 深度/米 | | 容积/亿立方米 |
|---|---|---|---|---|---|---|
| | | | | 最大 | 平均 | |
| 广西乐业 | 白洞 | 220/160 | 22 000 | 312 | 263 | 5.8 |
| | 茶洞 | 400/350 | 80 500 | 250 | 165 | 13.3 |
| | 穿洞* | 370/270 | 73 000 | 312 | 175 | 11.7 |
| | 大曹* | 300/140 | 30 000 | 92 | 56 | 1.3 |
| | 打拢 | 240/200 | 35 000 | 125 | 96 | 3.3 |
| | 大石围 | 600/420 | 167 000 | 613 | 511 | 75.0 |
| | 大坨* | 530/380 | 149 000 | 290 | 263 | 32.7 |
| | 邓家坨* | 470/370 | 128 200 | 278 | 222 | 26.2 |
| | 吊井 | 290/280 | 86 300 | 170 | 145 | 12.6 |
| | 盖槽 | 400/95 | 24 700 | 120 | 90 | 2.2 |
| | 黄猄 | 320/170 | 51 700 | 161 | 140 | 6.3 |
| | 甲蒙 | 90/80 | 8800 | 271 | 211 | 1.7 |
| | 拉洞 | 202/125 | 21 600 | 215 | 146 | 2.8 |
| | 老屋基* | 300/275 | 75 600 | 171 | 110 | 8.3 |
| | 龙坨* | 210/175 | 14 400 | 115 | 95 | 1.4 |
| | 罗家 | 140/100 | 10 200 | 128 | 71 | 0.7 |
| | 兰家湾* | 150/115 | 10 700 | 130 | 67 | 0.6 |
| | 神木* | 370/340 | 70 900 | 234 | 186 | 13.2 |
| | 十字路* | 130/70 | 7000 | 120 | 90 | 0.6 |
| | 苏家 | 245/135 | 23 700 | 167 | 111 | 2.6 |
| | 香当* | 310/230 | 45 000 | 164 | 80 | 12.6 |
| 广西巴马 | 好龙* | 800/600 | 320 000 | 506 | 185 | 110.0 |
| | 交乐 | 750/400 | 220 000 | 325 | 283 | 67.0 |
| 贵州紫云 | 德天 | 200/130 | 20 000 | 145 | 115 | 2.5 |
| | 大场 | 550/180 | 80 000 | 320 | 160 | 10.0 |
| | 芭蕉 | 280/160 | 24 300 | 230 | 150 | 4.0 |
| | 通天 | 210/130 | 20 000 | 370 | 360 | 2.8 |
| 罗甸织金 | 响水 | 180/130 | 13 000 | 230 | 210 | 2.8 |
| | 大槽口 | 920/240 | 140 000 | 220 | 160 | 25.0 |
| | 小槽口 | 300/120 | 22 000 | 180 | 120 | 3.3 |
| | 半洞 | 190/100 | 15 000 | 240 | 225 | 2.0 |

资料来源：朱学稳,陈伟海.中国的喀斯特天坑[J].中国岩溶,2006,25(Z1):7-24. *为退化天坑

(5)喀斯特丘陵 喀斯特丘陵广泛分布于滇、黔、湘、川、渝、鄂、皖、赣、苏、浙等省市,尤以黔北、鄂西最为典型。喀斯特丘陵的起伏一般不大,相对高度多在100米~200米之间,丘坡较缓,丘顶浑圆,呈坟丘状。鄂西喀斯特丘陵主要分布于各级喀斯特夷平面上,与洼地组成喀斯特夷平面上的喀斯特地貌组合类型,它们的比高有很大差异。一般来说,喀斯特夷平面海拔愈高,喀斯特丘陵愈尖耸,与洼地比高亦愈大,地面起伏愈大。因此,喀斯特丘陵—洼地型呈成层分布:第1层海拔2000米~1700米,它们比高为400米~200米,起伏较大;第2层海拔1500米~1300米,它们比高为200米~150米,起伏中等;第3层海拔1200米~1000米,它们比高为100米~60米,起伏较小。

(6)峰丛、峰林和孤峰 峰丛是可溶性岩受到强烈溶蚀而形成的山峰集合体。峰林是由峰丛

进一步演化而形成的。当然,在新构造作用下,峰林会随着地壳的上升转化为峰丛。山峰表现为锥状、塔状、圆柱状等尖锐峰体,表面发育石芽、溶沟,山峰之间又常常有溶洞、竖井。峰丛地貌可以说是喀斯特地貌的博物馆。孤峰是岩溶区孤立的石灰岩山峰,它需要地壳长期稳定而无太大的地质运动。这3种峰林主要集中分布在滇、黔、桂、湘、粤等省、区,大体以云南东川、贵州贵阳、广西全州、湖南宁远、广东韶关一线以南的喀斯特地区(图3-2-5)为代表,其中,以桂林、阳朔、贵阳、安顺、文山等地最典型,国外学者称为"中国式喀斯特"。滇东南、黔中和黔南的峰丛和峰林,主要分布于各级喀斯特夷平面上,但由于受亚热带环境的剥蚀改造,高度和个体均较小,坡度较缓,多为锥状,平面投影形态近似圆形,分布稀散,不如广西峰林高大、陡峻、密集,故称为残留峰林。青藏高原上的峰林也称为蚀余峰林,都是古热带峰林,与此有别的真正峰林主要分布在广西。峰丛、峰林、孤峰从云贵高原边缘向广西盆地中心呈现有规律变化的特征,石峰的海拔高程依次降低,石峰的密度也依次变为稀疏。其中,峰丛主要分布在靠近云贵高原边缘的桂西和桂西北,与洼地组成峰丛—洼地组合类型,山体巨大,海拔高达1000米以上,相对高度达600米,而且分布密集,如桂西北一簇簇峰丛接连成片,纵横伸展100多千米。峰林主要分布在喀斯特高原向喀斯特平原过渡地带的桂北、桂中和桂西南,与溶蚀盆地组成峰林—溶蚀盆地组合类型,其高度和个体较大,山峰尖峭,山坡陡峻,相对高度在200米～300米之间,分布较密集,以桂林、阳朔一带为典型。孤峰主要分布在桂江上游、红水河、柳江下游的喀斯特平原上,石峰低矮,相对高度一般在50米～100米之间,可以宾阳、黎塘一带为代表。孤峰在广东肇庆也有分布。残丘主要分布在郁江和浔江的喀斯特平原上,高不过几十米,呈缓丘状。

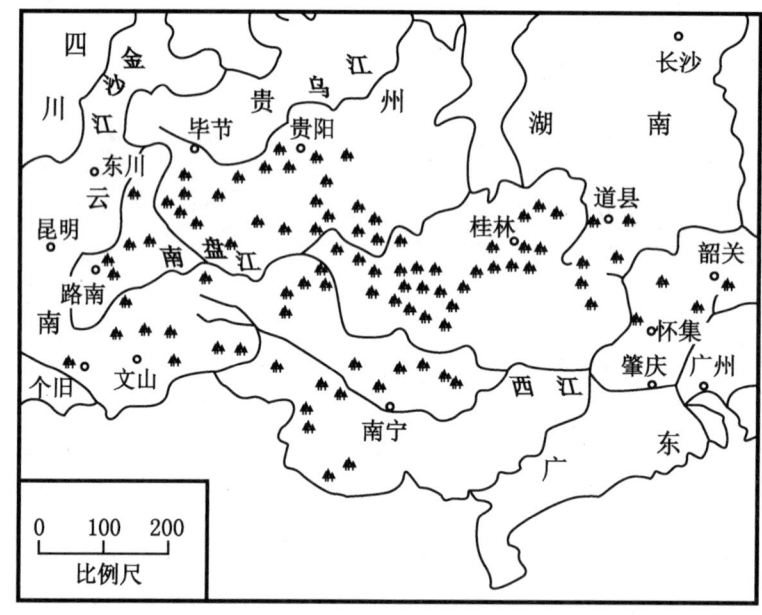

图3-2-5　中国西南地区峰林分布略图(据陈述彭,略加修改)

(7)喀斯特泉　中国喀斯特泉分布十分普遍,流量大于每秒0.5立方米的大型泉就有几百个,中小型更是以万为计,流量总量估计每年可达上千亿立方米。中国喀斯特泉有落水洞泉、周期性泉、溶洞泉和涌泉等,其中落水洞泉多见于南方的一些溶蚀盆地、溶蚀洼地之中,发育在季节变动带中;周期性泉多见于西南地区的地貌斜坡地带,发生在季节变动带与水平流动带之间,如黔中猫跳河裂点以下的谷坡带就有典型的周期性泉,其特点是流量出现周期性变化,如贵州茨冲泉于每日6时、14时、22时出现流量最大值,而每日3时、11时、19时则出现流量最低值;溶洞泉是暗河出口的大型泉,源于水平流动带的暗河是永久性,在南方喀斯特地区分布广泛,其特点是流量大,如广西地苏暗河,其出口流量最大可达每秒390立方米;涌泉是北方温带喀斯特的特色,来自深部滞留带的涌泉流量及水温恒定,动态滞后降雨2个月~6个月,或更长的时间,如山东济南地区的涌泉流量动态滞后降雨半年之久,出现雨季流量小,旱季流量大的现象。

(8) 溶洞 溶洞是地下水沿可溶性岩的裂隙溶蚀扩张而形成的地下洞穴,规模大小不一,大的可以容纳千人以上;形态千奇百怪,溶洞中有许多奇特景观,如石笋、石柱、石钟乳、石幔等。小的连一个人都难以通过。溶洞是水的溶蚀作用、流水侵蚀以及重力作用的长期结果。中国溶洞十分发育,尤其南方喀斯特地区分布极为广泛,广西就有"无山不洞,无洞不奇"之称。中国溶洞大小不等,目前已知最长的溶洞是湖北利川腾龙洞,共有150多条支洞,总长达30多千米,宽5千米左右,面积约150多平方千米,是迄今为止中国最长的洞穴系统。贵州织金洞上万平方米的厅堂就有5个之多,其中更有一个厅堂的面积达到了46 000平方米,其规模十分宏伟。广西永福县发现有6个洞口的溶洞,全长2700米,洞底面积39 185平方米,可容纳7.8万人。中国溶洞形态千姿百态,但以水动力带分类最能反映出其动因、形态特征和发展过程。垂直渗流带发育的溶洞,一般形体较小,多表现为大竖井、陡斜洞和裂隙洞,如长江三峡落马洞。季节变动带发育的溶洞,形态上为主洞和支洞岔很多的洞穴系统,中国不少旅游溶洞属此类,如江苏宜兴善卷洞、广东肇庆七星岩等。水平流动带发育的溶洞,一般呈树枝状的管道系统,贵州有许多溶洞属于此类,以地下龙宫最为典型。其特点是洞深较大,表现出明显的暗河性质,而且常分布在排水道和古河道两侧,成明显的层状。四川兴文天泉洞也属此类。深部滞流带发育的溶洞,它常发育于地下深处具有混合溶蚀处,洞穴通道许多呈袋状,如贵州晴隆矿花洞。

(9) 地下河 中国南方喀斯特地区地下河十分发育,因而地面河与地下河、盲谷与干谷经常交替出现,其中以重庆奉节大溪河的天井峡最为典型。头河水流入天井峡后,干谷长30千米,从小寨天坑破壁而出,在地下伏流4326米后,又从迷宫河"天门"石壁上飞泻直下,进入迷宫河谷。又如贵州涟水及其支流。长江的支流清江,在湖北利川卧龙洞潜入地下,伏流13.8千米,至黑洞又流出地面。中国南方地区地下河分布十分广泛,主要分布于秦岭以南、云南昆明以东、湖北宜昌至广西桂林一线以西的喀斯特地区。据不完全统计,桂、黔、滇、川、渝、湘等省、市、区的地下河约2836条,总长约13 919千米,总流量达每秒1482立方米,尤以黔、桂、滇最为发育。地下河最长者是重庆巫溪龙头山地下河,主支流总长60千米。而流量最大者是湖北恩施龙潭坝—高桥地下河,丰水期流量达每秒139立方米。地下河规模大小不一,据对其中2495条地下河的统计,主流大于40千米者仅占0.44%,而小于10千米者则占92.88%。由此可见,中国是以短而小的地下河为主。地下河的发育强度,以重庆地区为强发育区,地下河发育强度指标高达180米/平方千米;以长江和珠江分水岭的两侧为中等发育区,地下河发育强度指标为67.8米/平方千米;大江河的分水岭为不发育区,包括长江与珠江和金沙江与南盘江、红水河的分水岭地区,地下河发育强度分别仅23.19米/平方千米和25.43米/平方千米。因此,中国地下河发育强度有从北向南由发育到中等发育到不发育的区域性变化规律。

(10) 地表钙华堆积 这是一类典型的地表喀斯特地貌,主要有瀑布华,钙华堤坝和岩溶泉华。瀑布华指地表瀑布水流速度陡然增大,内力作用减小,水中的二氧化碳外逸,形成瀑布华。贵州著名的黄果树瀑布就属于这一种。钙华堤坝形成是溶解大量碳酸钙的高山冰雪溶水和含大量碳酸钙地下渗透的岩溶水在地下径流一段距离后,以泉的形式排出地表。随着水温增高和水流速度增大以及大量藻类植物的作用,形成了大量钙华沉积。钙华中含许多杂质和多种不同元素,并且有水生植物的影响,使得钙华呈现出多种色彩。这种地貌在四川黄龙寺一代分布较广,黄龙寺旅游业的发展可以说与这种独特的喀斯特地貌景观紧密相连。岩溶泉华是溶有大量碳酸钙的泉水涌出地表,由于温度升高和压力减小,使得碳酸钙在泉口形成钙华沉积,长时间的积累使泉华形成不同的形状,这也是大自然赐予人类的一幅美景。这种喀斯特地貌在云南较为常见。

### 三、中国喀斯特地貌的分布

中国喀斯特地貌分布广泛,其类型之多为世界罕见。据不完全统计,总面积达200万平方千米,其中裸露的碳酸盐类岩石面积约130万平方千米,埋藏的碳酸盐岩石面积约70万平方千米。碳酸盐岩石以桂、黔和滇东部地区分布最广,湘西、鄂西、川东、鲁、晋等地分布也较广。其中以广西、贵州和云南东部所占的面积最大,是世界上最大的喀斯特区之一;西藏和北方一些地区也有分布。广西境内主要是热带和亚热带喀斯特,贵州、云南、西藏多为高原喀斯特,高山喀斯特多分布在四川、云南和西藏等高海拔地区。

中国东部喀斯特地貌呈纬度地带性分布,自南而北为热带喀斯特、亚热带喀斯特和温带喀斯特。中国西部由于受水分的限制或地形的影响,属干旱地区喀斯特(西北地区)和寒冻高原喀斯特(青藏高原)。

(1)热带喀斯特以峰林—洼地为代表,分布于桂、粤西、滇东和黔南等地。该区地下洞穴众多,地下河支流较多,流域面积大,地表发育有众多洼地,呈现峰林—洼地地貌。峰林的坡度很陡,一般大于45度。奇峰异洞是热带喀斯特的典型特征。中国热带海洋的珊瑚礁是最年轻的碳酸盐岩,构成礁岛的珊瑚礁多溶孔景观。

(2)亚热带喀斯特地貌以缓丘—洼地(谷地)为代表,分布于秦岭淮河一线以南。地下河较热带多而短小,洼地较少,干谷的比例较大。洞穴数量较热带喀斯特大为减少,以溶蚀裂隙性洞穴居多,南部多溶蚀型拱状洞穴。在中国的华东地区,虽然出露地表的石灰岩仅占本区总面积的4.06%(2.79万平方千米),但仍然发育有形态各异的喀斯特地貌。在苏北、皖北地区发育着相对高度100米~150米左右,顶部浑圆的喀斯特丘陵;江西萍乡—宜春一带出现了具共同基座的短锥状峰丛;浙江天目山及皖南、赣北则为有少量溶洞的喀斯特化山地;喀斯特发育最为强烈的是福建西南部的龙岩、三名地区,不光有类峰林、峰丘、溶斗等,还有长达数百米的喀斯特地下河。四川省的石灰岩出露面积达128 062平方千米,远远大于其他地区。湖北宜昌以西发育的喀斯特分布广、形态齐全,且景观绚丽。在云贵高原、鄂西、湘中、湘西及桂东北以喀斯特谷(盆)地为主。高山喀斯特则主要分布在川西、藏东高原及河源地区的横断山脉,在寒冻风化和冰源冰川的影响下,石灰岩的喀斯特作用微弱,地表景观乃呈高山地貌特征,多为海拔4000米~6000米的高山地,喀斯特多分布在四川盆地的周缘,即秦岭、岷山、龙门山、大凉山、锦屏山、五莲峰一带,大多为3500米以上的常态山地地貌,喀斯特景观仅出现在岩性有利的部位,为峰丛、峡谷的组合形态;在山间洼地处有大型洞穴和地下暗河出露。山原喀斯特的平均海拔为1000米~1500米,分布在黔东北、鄂西、湘西、川东等地,长期的湿热气候和新生代以来的新构造运动使这一带的喀斯特发育范围广、形态齐全,既有峰林喀斯特景观,又有峰丛峡谷和岭脊槽谷;海拔300米~800米的峰林喀斯特广泛分布于湘南、桂东北一带,位于南岭山地西部,尤以桂林地区的峰林地貌为代表。那里的群峰挺拔,峰丛林立,丰姿多态的喀斯特星罗棋布,地下洞系密集交织,洞中琳琅满目的石钟乳、石笋、石帘、石幔、石瀑布、石葡萄、石花和流水潺潺与地表的秀丽山林交相辉映,构成了祖国大地上"奇峰、奇洞、美石"的奇葩。

（3）温带喀斯特以喀斯特化山地干谷为代表,地下洞穴一般为裂隙性洞穴,规模较小。喀斯特泉较为突出,一般有较大的汇水面积和流量,洼地极少,干谷众多。东北地区的地质和地理条件不利喀斯特地貌的发育,但那里分布面积达70 920平方千米的石灰岩是喀斯特发育的基础。在东北南部一些地区,由于气温、降雨、岩性、海平面的升降及海浪作用等条件,形成了风格独特的滨海喀斯特地貌景观。在辽东半岛南端的海滨地区,还可见到约10米高的成群丛状分布的石芽,也是喀斯特作用的产物。

（4）干旱地区喀斯特现象发育微弱,仅在少数灰岩裂隙中有轻微的溶蚀痕迹,有些裂隙被方解石充填,地下溶洞极少,已不能构成渗漏和地基不稳的因素。

（5）寒冻高原喀斯特。青藏高原喀斯特处于冰缘作用下,冻融风化强烈,喀斯特地貌颇具特色,常见的有冻融石丘、石墙等,其下部覆盖冰缘作用形成的岩屑坡。山坡上发育有很浅的岩洞,还可见到一些穿洞,偶见洼地。横亘中国西部的昆仑山东西绵延2500千米,经过科学工作者的多年考察,在东昆仑山无法形成的大面积古喀斯特地貌。据考证,这是当年随青藏高原强烈抬升而产生增热效应和印度洋季风对这一地区影响的产物。虽然后期强烈的地质构造运动和严寒冰冻气候大大地改造和破坏了这些古喀斯特地貌,但在海拔47 00米~5300米的山地上部和4300米~4800米的下部,早,晚2期的古喀斯特峰林、石芽、溶洞、溶蚀裂隙等依然清晰可见,它们与本区南部藏北唐古拉山的古喀斯特地貌遥相呼应,成为大地沧海桑田、天翻地覆巨变的历史见证

喀斯特地区地表异常缺水和多洪灾,对农业生产影响很大。但地下水蕴藏量丰富,径流系数在热带喀斯特区域为50%~80%,亚热带喀斯特区域为30%~40%,温带为10%~20%。合理开发利用喀斯特泉,对工农业的发展有重要意义。

**四、中国著名喀斯特地貌景观**

中国喀斯特发育的多轮回和地带性特点,形成了各具特色的、千姿百态的喀斯特地貌景观和巧夺天工的洞穴奇景,是中国重要的旅游资源。如桂林山水、路南石林、九寨沟自然风景区、贵州黄果树瀑布、济南趵突泉等都已成为闻名于世的游览胜地。中国著名的喀斯特景观名胜区分布:

广东:肇庆七星岩有7座石灰岩山峰形如北斗七星,山前星湖潋滟,山多洞穴,洞中多有暗河、各种奇特的溶洞堆积地貌。

广西:桂林山水和阳朔风光主要是以石芽、石林、峰林、天生桥等地表喀斯特景观著称于世,并且是山中有洞,"无洞不奇"。以岩洞地貌为主的芦迪岩洞景观,景观内有各种奇态异状的溶洞堆积地貌,形成了"碧莲玉笋"的洞天奇观;七星岩石钟乳构成的地下画廊,真是琳琅满目;武鸣伊岭岩,北流沟漏洞,柳州都乐岩,兴平莲花岩,兴安乳洞,永福百寿岩,宜山白龙洞,凌云水源洞,龙州紫霞洞等也都是著名的溶洞景观区。

云南石林风景区:地表峰林奇布,主要为高大巨型石芽群景观,大部分灰岩山峰分布在河谷两

侧,各种形态的石峰似人似物,形态逼真、栩栩如生,全国35片石林中云南有:路南大、小石林、乃古石林、和莫村石林、石板哨石林、李子箐石林、天生桥等20片石林,足见本省石林分布面积之广;溶洞景观有泸西阿庐古洞、奇风洞、玉溪溶洞、建水燕子洞、九乡溶洞;湖有大叠水、长湖、月湖、仙女湖等。

贵州:有兴义尼函石林、修文石林等石林区;中国最大瀑布黄果树瀑布岩壁为瀑布华地貌;溶洞地貌较多,主要有黄果树瀑布附近龙宫洞、贵阳地下公园、镇宁犀牛洞、镇远的青龙洞、龙山的仙人洞、贵州的织金洞、黔灵山麒麟洞等。

四川:九寨沟钙华滩流属于水下地表堆积地貌,如珍珠滩瀑布;黄龙风景区钙化池、钙化坡、钙化穴等组成世界上最大而且最美的岩溶景观;石柱县新石拱桥为喀斯特天生桥地貌。

湖南:武陵源黄龙洞、冷水江波月洞都是奇特溶洞景观,各种堆积地貌罗列其中,如神仙府洞,奥妙无穷。

江西:鄱阳湖口石钟山景区绝壁临江洞穴遍布;彭泽龙宫洞长2000米,洞内可泛舟观景,堪称"地下艺术宫殿"。

浙江:瑶琳仙境,位于桐庐县,是浙江省规模恢弘、景观壮丽的岩溶洞穴旅游胜地,也是浙江迄今发现的最大洞穴;洞长1000米,共有6个洞天,以"雄、奇、丽、深"闻名于世。

江苏:宜兴石灰岩溶洞有"洞天世界"的美称,善卷洞、张公洞、灵谷洞又称"三奇",洞壑深邃,多奇石异柱,泛舟其中如入海底龙宫。

陕西:秦巴山区分布着众多的石灰岩,各种喀斯特地貌发育,其中著名的有柞水溶洞、蓝田溶洞等。

吉林:通化鸭园溶洞,有4个大厅,洞内满布石柱、石笋、石钟乳、石瀑、石帘、石莲花、石幔等堆积景观,并且深处有溶岩潭,深不可测,无法前往。

辽宁:本溪水洞属于大型充水溶洞。水洞全长5800米,现已开发2800米,面积3.6万平方米,空间40余万立方米,最开阔处高38米,宽70米,是目前发现的世界第1长的地下充水溶洞。河道曲折蜿蜒,河水清澈见底,洞内分"三峡""七宫""九弯",故名"九曲银河"。洞内钟乳石、石笋与石柱多从裂隙攒拥而出,不假雕饰即形成各种物象。大连冰峪沟属石英岩结构,是黄河以北罕见的保存完整的喀斯特地貌。经地质专家的多次考察,这里的地质是第四纪冰川期形成的,并在这里发现了多种冰川遗迹。植被丰富,森林覆盖率达90%以上。

# 第二节　中国的红层地貌

### 一、盆地的红层堆积

中国的红层主要分布在西南、华南、华中及西北的广大地区。红层主要形成于三叠纪至早第三纪的炎热、干燥的地质历史时期。红层岩石组成多为砂岩和砾岩,并夹粉砂岩、页岩、泥岩、灰岩、石膏及岩盐等;各地区、各时代地层所夹岩层不同。红层为陆相碎屑沉积物,形成于古盆地和湖泊环境,许多盆地和湖泊受到了后期的构造运动的影响而抬升。由于各地区红层受到构造影响的强度及方式的不同,所含夹层岩性不同以及所受外力作用不同,使得在红层上发育了多种地貌,如方山、丘陵、高原、丹霞地貌等。红层是组成中国红层地貌的物质基础,它堆积在南方地区华夏、新华夏的拗陷或断陷盆地中,其中最大盆地是分布在中国第二级地貌阶梯上的四川盆地,它主要形成于三叠纪至侏罗纪,是一典型的菱形盆地。该盆地从侏罗纪初开始沉降,完成于白垩纪末,因此,接受了上侏罗纪到白垩纪的陆相红色岩系沉积,总厚达3000米～5000米,红层产状平缓,其中多数接近于水平。在其西南方向除规模较小的西昌红色盆地外,另外还有云南的楚雄—元谋地区和兰坪—思茅地区2个中生代的大型拗陷,堆积了三叠系海、陆相红层,中、下侏罗纪含煤湖相层,以及上侏罗纪到白垩纪陆相红层。在它以东又有分布在最低一级地貌阶梯上的长江中游洞庭和鄱阳断陷盆地,以及南阳断陷盆地,它们形成于中生代燕山运动,堆积了白垩—下第三系红层,之后在喜马拉雅运动中产生差异性升降运动,盆地内部沉降而堆积了深厚的第四系沉积物,而盆地边缘上升使红层出露。红层分布在中国最低一级地貌阶梯上的还有江南地区以长条形为主的中型红层盆地和东南地区以菱形、长形兼有的小型红层盆地,它们都是在燕山运动中形成的断陷盆地。前者堆积的大部分为白垩纪或上白垩纪—下第三系红层,盆地的宽度一般为20千米～50千米,延伸长度断续可达数百千米,在红层条带中较大的红层盆地有湖南衡阳和江西吉安、赣州等盆地,它们在新构造运动中都随着两侧山地的断块抬升而上升。后者堆积的部分为下白垩纪或上白垩纪红层,部分为下第三系红层。小型的红色盆地在中国东南部各省都有分布,如湖北的郧县、丹江口、竹山、竹溪、房县、恩施、建始、通山、通城,湖南的沅陵、中方、洪江、溆浦、新宁、邵阳、娄底、永川、祁阳,广西的兴安、宁渊、上思、栾城、贵港、合浦,江西的龙南、重石、瑞金、石城,广东的翁源、平远、惠东、兴宁、梅县、高要、三水、清远、仁化、高雄,福建的泰宁、崇安、上杭、新泉、连城、永安、沙县等盆地。这些小型的红色盆地在新构造运动中也都随着区域性抬升而上升。

表3-2-4 中国红层的分布特征及形成背景(据程强等,2004)

| 分 区 | 西南地区红层 | 西北地区红层 | 中南、东南地区红层 | 其他地区红层 |
|---|---|---|---|---|
| 分布范围 | 四川盆地及盆地边缘、滇中地区、滇西地区、广西、贵州的部分地区 | 西北地区的陕甘宁盆地、准噶尔盆地、柴达木盆地、塔里木盆地等各大盆地 | 中南、东南广大地区的数十个盆地中,如江汉盆地、衡阳盆地、永康盆地、金衢盆地、南雄盆地、三水盆地等 | 青藏高原、山东、河南等部分地区 |
| 主要地层时代 | 侏罗系、白垩系地层 | 早、中三叠统、上侏罗统、早白垩统、第三系 | 白垩系、早第三系 | 侏罗系、白垩系、第三系 |
| 形成背景 | 古川滇湖区的河湖相沉积 | 古陕甘宁盆地、准噶尔盆地、柴达木盆地的河湖相和山麓相沉积 | 山间盆地的河湖相和山麓相沉积 | 山间盆地的河湖相和山麓相沉积 |

综上所述,中国南方地区构造盆地虽然堆积不同时代的红层,但以陆相为主,而每套红层都是由红色砾岩、砂砾岩、砂岩、粉砂岩、沙质页岩和泥质页岩等交互组成,并夹有一些淡水灰岩和蒸发岩,其中砾岩和砂砾岩是盆地边缘的红层,为粗颗粒的山地坡麓的崩积—坡积物,具有单层厚度较大、胶结较坚固、岩性坚硬、抗蚀力强、富有垂直节理等特性;而砂岩、粉砂岩和页岩则是红层中的主要岩层,厚度可达1000米以上,为盆地中央的红层,是细颗粒的河湖沉积物,它具有单层厚度较

薄、胶结极不坚固、岩性软弱、抗蚀力弱等特性;淡水灰岩和蒸发岩都是湖泊沉积。同时,不少红层是钙质胶结,都可使红层发生喀斯特作用,产生一些类似喀斯特地貌形态。从上可见,粗颗粒红层和细颗粒红层是同期异相的沉积,它们的岩性变化是在沉积时间过程中发生的,其底部均有巨厚的砾岩沉积,自此往上,大体上物质都有从粗颗粒变为细颗粒的趋势,即由砾岩、砂砾岩到砂岩、页岩的垂向变化。这两组红层岩系形成了地貌形态截然不同的2类红层丘陵。

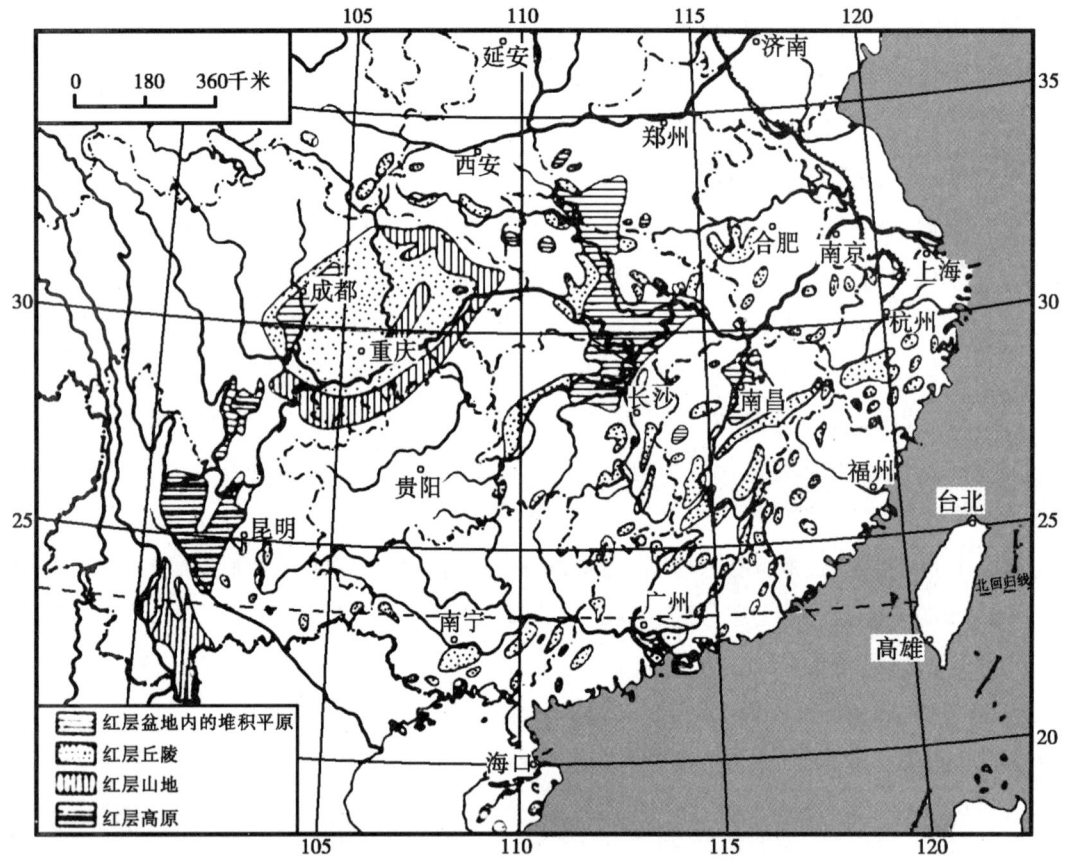

图3-2-6 中国南方主要红层盆地分布略图

## 二、红层地貌的形态

中国红层地貌主要有红层丘陵、红层山地和红层高原等3种形态类型,它们广泛分布在中国秦岭—淮河一线以南、青藏高原以东的第二级和第三级地貌阶梯上(图3-2-6)。前一种是盆地式的红层地貌,后2种都不是盆地式红层丘陵。它们虽然有不同的形态特征,但都是内、外营力相互作用的产物:首先,地面组成物质都是红层,它堆积在构造盆地中,在其后构造运动中都随着区域性抬升而上升;其次,红层在热带和亚热带高温多雨的气候条件下遭受外营力作用的是风化作用和流水侵蚀作用。由于构造运动上升幅度和外营力作用强度的差异,形成上述3类不同形态的红层地貌。

1. 红层丘陵

红层丘陵是中国红层地貌的主体部分,分布十分广泛,包括四川盆地在内的中国南方地区许多盆地式的红层丘陵。除四川盆地接受了侏罗系—白垩系红层堆积外,其他盆地接纳了上白垩统—下第三系红层堆积,在喜马拉雅运动和新构造运动中,除洞庭、鄱阳、南阳等盆地下沉外,绝大部分盆地随着区域性抬升而上升,与外围山地同处于剥蚀和夷平过程,并受到河流侵蚀割切,形成形态奇特的盆地式两级红层丘陵。其中,红层高丘陵顶面海拔为600米~700米,是最后完成于上新世早期的夷平面,多分布在盆地的边缘地带;红层低丘陵顶面海拔为400米~500米,是完成于更新世初期的剥夷面,广泛分布在盆地内部。这两级红层丘陵顶面高差一般超过100米。在红层低丘陵顶面以下,往往有曲流河谷,发育有多级河流阶地和冲积平原。因此,盆地式的红层地貌由盆地外围到盆地中央的河流两岸,地貌类型组合依次排列并分为4个地貌带:①盆地外围山地(中山或低山)地貌带,多由其他岩石构成,与红层高丘陵之间往往有断层分割,分界明显;②盆地边缘红层高丘陵带,一般多为砾岩或砂砾岩构成,岩层倾角较大,形成单斜构造的丹霞地貌;③盆地内部的红层低丘陵带,一般为砂岩和页岩构成,岩层倾角不大,形成方山式丘陵;④盆地中央河流两岸的阶地、平原带,这里正是盆地向心河流集中地带,河谷较宽,发育有冲积平原和阶地,如湘江、沅江红层盆地中,在红层低丘陵下面有明显的3级~4级河流阶地发育,若嵌入河流两侧,出露有砾岩和砂砾岩,亦可形成丹霞地貌。必须指出,在上述4个地貌带中,红层高丘陵和红层低丘陵面积的比重最大,山地和阶地、平原比重较小,而且并非所有红层盆地中都具有这4个地貌带。从上可见,影响红层丘陵的形态,一是取决于红层岩性,二是红层倾角大小。

图 3-2-7　红层地貌

(1)泥页岩系丘陵　泥页岩系丘陵在中国红层盆地中分布较广,是红层丘陵的主体,如四川盆地和湖南、广东、江西等境内的一些红层盆地中,这种丘陵就很发育。而泥页岩系包括砂质页岩、砂页岩、钙质页岩、沥青质页岩,以及砂质泥岩、粉砂质泥岩、泥灰岩、白云质泥岩、粘土岩等等。这组岩层不仅单层厚度较薄,岩层倾角不大,而且胶结极不坚固,岩性又软弱,抗蚀力差。因此,在热带和亚热带高温多雨的气候条件下易受风化和侵蚀,所形成的丘陵相对高度较小,地面起伏和缓,谷地亦较开阔。所以,泥页岩系丘陵形态是以比较低矮而起伏和缓为特征。泥页岩所受风化有缩涨作用和冻裂作用两种,均属物理风化作用。其中,缩涨作用是由于泥页岩中的粘土在热带、亚热带地区的干湿变化下,泥页岩表层产生多角形的龟裂,并崩解成碎块,可形成厚达1米~5米的碎屑层;冻裂作用是由于泥页岩中裂隙水在冬季发生冻胀而劈裂,使岩层变得疏松,这又有利于冻裂作用向岩体内部深入,导致泥页岩不断破裂成碎块,亦可形成碎屑层。由此可见,风化剥蚀能使泥页岩系丘陵蚀低,并有利于散流与暴流冲刷作用的进行。当然,泥页岩系丘陵的散流与暴流冲刷作用之所以强烈,是与泥页岩不透水特性有密切关系:一是它的孔隙率很低,二是它的粘粒细小,遇水表面即粘稠,因此,降雨到地表不容易下渗,并很快形成散流和暴流形式的地表径流,从而大大增加了对泥页岩所产生的风化碎屑层的冲刷,使泥页岩系丘陵蚀低,其侵蚀量是相当惊人的,如湖南的宁乡与平江每年地面蚀低分别为1毫米和6毫米。因此,凡泥页岩系丘陵地区,多成为水土流失严重的地区。而冲刷的物质又迅速堆积在沟谷底,使泥页岩系丘陵起伏大大趋于平缓。页岩胶结极不坚固,所以泥页岩系丘陵斜坡和缓,不易产生崖坡。

(2)砾岩、砂砾岩丘陵　砾岩、砂砾岩丘陵在中国南方地区许多红层盆地均有分布,如广东仁化盆地、福建崇安盆地、甘肃成徽盆地以及江西、浙江、广西等境内一些盆地均有这种红层丘陵发育。砾岩、砂砾岩丘陵形态是以丹崖峭壁、石峰林立为特征。它与喀斯特地貌的峰林极其相似,故又称为"假喀斯特地貌"。这种丘陵地貌以广东仁化盆地丹霞山发育最为典型,所以把砾岩、砂砾岩丘陵称为丹霞地貌或丹霞式丘陵。丹霞地貌发育完善并不限于丹霞山,福建武夷山市的武夷山和广西藤县的白石山、容县的都桥山、北流的铜石山以及广东南雄的杨沥岩和真仙岩、平远的南台石、龙川的霍山、河源的密集等,都表现得很典型。

丹霞地貌的形成是与砾岩、砂砾岩的岩性以及热带和亚热带高温多雨气候条件下的特定的风化和冲刷作用有密切关系。砾岩和砂砾岩不仅单层厚度较大,岩层倾角大,而且胶结坚固,岩性坚硬,抗蚀力强,并富有垂直节理。而地表水也就多沿节理裂隙向下渗透,加上透水性强,因此不易产生散流,垂直节理也就成为地表水集中和地下水活动的场所,在长期的流水侵蚀作用和一定程度的溶蚀作用下,垂直节理不断扩大和加深,从而形成沟谷和河谷,使山体分割成为石峰林立的丹霞地貌。而沟谷和河谷坡的岩体,在沟谷和河谷不断下切过程中常处于不稳定状态,沿着垂直节理发生块体运动,加上岩性坚硬,不易松散,致使谷坡直立陡峭,石峰崖壁峭峻。

图 3-2-8　广东仁化丹霞山

丹霞地貌有多种多样形态,主要有"岭""寨""岩""石""崖""峰""龙"和"洞"等各种形态。"岭"是孤立山丘排列成数行的石岭,如广东乐昌的坪石金鸡岭。"寨"是指顶部平坦、四壁峭峻的"方山地貌",如广东仁化红层盆地,锦江纵贯盆地,切割丹霞层,形成崖壁的岗丘,临江拔起,其中最高的"寨"是巴寨,次高的"寨"有平头寨、扁寨等。"岩"是高耸直立、体积较小的岩峰,如广东仁化红层盆地的燕岩和锦岩,以及福建崇安红层盆地的铁板岩、仙游岩、晒布岩、张仙岩、仙馆岩、大小观音岩、响声岩、北廊岩、鼓楼岩、白云岩、天心岩、鹰嘴岩等。"石"是低矮直立、体积较小的岩峰,如广东乐昌坪石的姊妹石、广东仁化红层盆地丹霞山的人面石,以及福建崇安红层盆地武夷山的孔雀开屏石、双狮戏球石、青蛙石、猫儿石等。"崖"是丹霞地貌各种形态的共同特点,如福建永安红层盆地的百丈崖。"峰"是高耸状的石山,其中有的是方山分裂而成的石峰,有的是单斜式石峰。福建崇安红层盆地九曲溪沿岸的峰最为典型,有名的"峰"也很多,如大王峰、玉女峰、大藏峰、天游峰、玉华峰、天壶峰、双乳峰、三仰峰、狮子峰、三才峰等。"龙"是长条形的单斜脊,其起伏如"龙",故名"龙"。如广东仁化红层盆地丹霞山的上天龙。"洞"是指多发育在崖壁上的岩洞,它们都分布在钙质丰富的红层中,经侵蚀、溶蚀作用而形成,有些岩洞甚至是沿着岩层的层面发育的。著名的岩洞分布如广东仁化红层盆地丹霞山的锦岩、连州子星的水帘洞,福建崇安红层盆地的白云宫、泰宁的虱王巢,浙江永康方岩的罗汉洞,湖南宜章的狮子岩。

2. 红层山地

红层山地以滇西兰坪—思茅地区的平行岭谷地貌为典型。这个地区在中生代印支、燕山运动时曾发生北北西向的线状紧密褶皱,在拗陷盆地堆积了三叠系海、陆相和侏罗系与白垩系的陆相红层,白垩纪末、第三纪初全面上升,进入剥蚀、夷平环境。但由于该地区为横断山脉的主体部分,在新构造运动时期强烈上升,加之河流急剧下切,从而使该地区呈现出一条条密集且并列的山岭与河谷,其中山岭峻峭雄伟,峰峦重叠,而山岭之间则为河流深切的峡谷,因此,山高谷深是本区的地貌特征。

3. 红层高原

红层高原以滇中高原为典型。滇中在中生代印支运动、燕山运动中形成南北向的宽展而平缓的向斜构造。滇中楚雄—元谋地区以众多的构造盆地为特征,如安宁、元谋、禄丰、楚雄、南华、云南驿等红层盆地,因此,这个地区中生代红层分布广泛。但燕山运动以后,红层堆积地面全面上升,反复处于剥蚀和夷平过程,削平了上侏罗纪—白垩纪红层,并生成了上新世砖红色热带型风化壳的夷平面,新构造运动又使滇中高原抬升到海拔2000米~2500米,红层受流水切割,比高30米~50米的红层丘陵广布,但由于高原四周河流溯源侵蚀尚未深入,因此,高原面保持相当完整,地表起伏很小,成为起伏和缓的红层高原,是云南高原保存最完整的一部分。从昆明、楚雄至大理的地貌剖面,充分表现出滇中红层高原的特征,其中南华盆地与云南驿盆地之间,有一较高的已被分割的高原,称为"天子庙坡",海拔2 400米~2 500米,东西宽约25千米,为突出于红层盆地上的红层高原。

### 三、中国丹霞地貌的分布[1]

丹霞地貌作为一种特殊的地貌类型,在中国多数地区都有分布(图3-2-9)。壮年期的丹霞地貌以其红色岩层、造型各异的地貌形态而具有较高的旅游观赏价值,成为一种重要的风景旅游资源。

1. 中国丹霞地貌的分布格局

到2004年底,全国已发现的丹霞地貌有668处,从分布来看,主要集中在四川、江西、甘肃、广东、湖南、浙江、青海、福建、贵州、重庆等省市区,其他各省区也有零星分布。主要位于燕山运动隆起、喜山拉雅运动上升的山地和丘陵区。根据中国自然地理区划方案以秦岭—淮河这一标志性地理大线为界,将中国丹霞地貌分成南方和北方2个大区,又以巫山—武陵山—雪峰山为界,将南方

---

[1] 齐德利,于蓉,张忍顺,等.中国丹霞地貌空间格局[J].地理学报,2005,60(1):41-52.

丹霞地貌划分东南和西南两区。根据地壳抬升速度、区域降水以及植被覆盖度等指标，按照分布数量与规模尺度，中国丹霞地貌进一步分成3个相对集中分布区：粤闽赣浙湘桂等省的南岭—武夷山—仙霞岭的弧形地带（东南区）；云贵高原、川西高原与四川盆地的马蹄形过渡带（西南区）；陇山周围、河湟渭谷地等T形分布区（西北区）。由于地质地理环境（如构造运动、覆盖层、气候条件及河流作用）等差异，使3区呈现各异的地貌形态和景观特色。而西北区复杂的地质、多样的气候使区内丹霞地貌分异更加明显。按地壳上升速度、降水以及黄土等因素的区内差异，西北区又可以分成陇山东南区、兰州—河西走廊区以及河湟谷地3个小区，可与3个集中分布区相比拟。

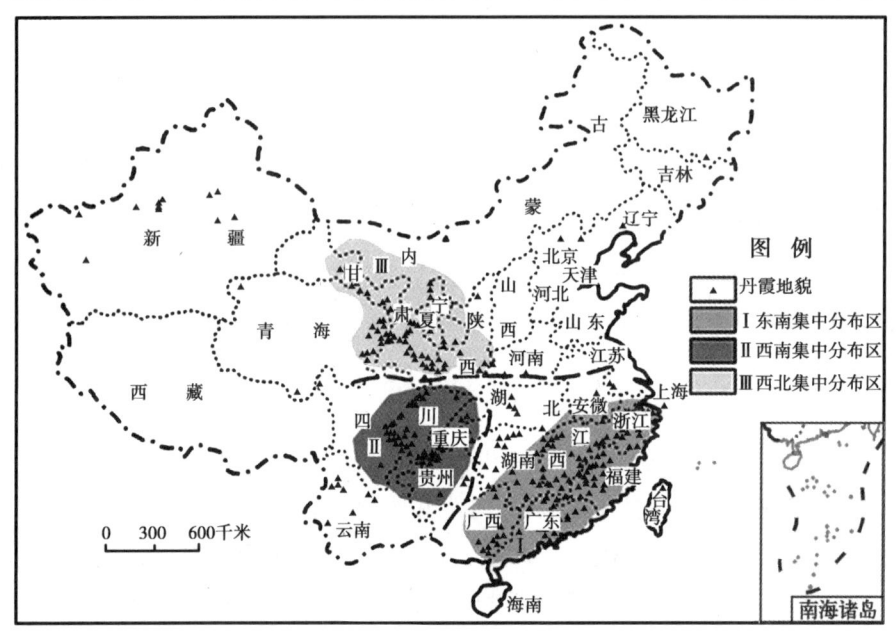

图 3-2-9　中国丹霞地貌分布

表 3-2-5　中国丹霞地貌 3 大集中分布区数量特征对比

| 丹霞地貌分区 | 数量 | 比重/% | 面积/约万平方千米 | 比重/% | 丹霞地貌特征 |
| --- | --- | --- | --- | --- | --- |
| 东南区 | 286 | 42.8 | 8.05 | 51.31 | "顶平、身陡、麓缓"的典型丹霞地貌，多发育临溪峰林、蜿蜒曲折峡谷、一线天、天生桥等景观，植被茂密，岩面多钙华和蜂窝状洞穴 |
| 西南区 | 162 | 24.3 | 4.25 | 27.09 | 发育丹崖赤壁高差较大、相伴多级急流瀑布（群）。典型丹霞地貌，丹崖赤壁上多附生苔藓、地衣、藻类等植物，颜色多呈黑色 |
| 西北区 | 181 | 27.1 | 2.91 | 18.55 | 具有黄土等盖层，呈现"顶圆、檐突、身陡、麓缓"的干旱区丹霞地貌景观，窗棂状、廊柱状、叠板状类丹霞地貌发育，植被覆盖度低 |
| 其他 | 39 | 5.8 | 0.48 | 3.05 | 兼具多种类型 |
| 合计 | 668 | 100 | 15.69 | 100 | |

2. 中国丹霞地貌3大分布区的地貌特征

（1）东南区丹霞地貌特征

东南部丹霞分布区多有河流穿行其间。由于本区地壳抬升速度较慢，因此区内多发育幽深曲折的溪流，丹霞地貌多以临溪峰林峭壁、一线天、天生桥、额状洞为主。以粤北丹霞山、武夷山的九曲溪两岸、耒江中游及资江上游等丹霞山水最为典型。

丹霞山世界地质公园。丹霞山位于广东省韶关市东北45千米,面积280平方千米。因山体"色如渥丹,灿若明霞"故谓"丹霞山",是"丹霞地貌"的学科命名地,是中国乃至世界丹霞地貌的典型分布区,2004年正式成为首批世界地质公园。丹霞山由红色砂砾岩组成,以赤壁丹崖为特色,造型逼真,是一处于中年期的典型丹霞区。丹霞地貌景观特征最有代表、类型最为集中。区内大小石峰、石墙、石柱、天生桥680多座,群峰林立,崖壁高达几百米,最高峰海拔618米。

武夷山九曲溪。九曲溪发源于武夷山脉南麓、桐木关的西北角,自西向东流,经曹墩、黄村、星村景区至武夷山宫注入崇阳溪,全长62.8千米。平稳的溪流曲折多弯,弯曲系数达1.9,河床坡降为16.2‰,贯穿于丹崖群峰之间,将36峰、99岩连为一体。作为世界自然与文化双遗产,九曲溪两岸的丹霞地貌景观是武夷山最有代表的自然特色。

耒水中游丹霞山水。耒水发源于桂东县烟竹堡的崇山峻岭中,全长453千米。从永兴县城上溯50千米,至桥口镇大面洲,这段耒水正穿过丹霞地貌的主要景区。河床最宽处400米,最窄处为120米。苏仙区桥口镇是景点集中的区域之一,尤以天生桥为多。在瓦窑坪西南500米处发育巨大的穿坦岩天生桥,长200余米,东西跨度60米,高31米,桥宽18米,上复层厚度20余米。在碧塘乡便江左岸海拔190米处,巨大的黑坦洞,洞口宽55米,进深106米,洞高12米。上覆岩层厚15米,朝向东南,乃中国丹霞洞穴进深之最。

资水上游丹霞山水。广西资源县和湖南新宁县大部分地域介于越城岭与猫儿山、金紫山之间,形成了一个南北长约64千米,东西宽4千米~8千米,呈北北东—南南西走向的断陷红层构造盆地,是中国迄今所发现的规模最大的丹霞风景地貌景区之一。资水发源于广西东北部猫儿山,在峡谷中蜿蜒,形成许多丹霞石峰及悬崖峭壁,如双狮迎宾、风帆石、将军骑马镇天门、三娘石等。"仙人桥",位于窑市乡下汤家坝附近,桥面宽达14米左右,拱桥中部岩层厚约5米,桥高20米左右,跨度达64米,全桥向南作17°倾斜,由紫红色砂砾岩构成。为中国最大的丹霞天生桥之一。拥有"天下第一巷"之誉的牛鼻寨一线天,长233米,巷高60米~100米,平均宽0.43米,最窄处0.27米,顶部又发育裂隙之天桥。

(2) 西南区丹霞地貌特征

由于本区受新构造运动影响强烈,地壳差异升降明显,在流水的侵蚀作用下多形成方山型及山原被分割的峡谷型地貌。峡谷两侧的陡坡地带,重力崩塌十分强烈,山体易出现近乎垂直的陡崖绝壁。在3区中本区地壳抬升差异最为强烈,因此由深切峡谷形成的丹崖赤壁规模宏大,为其他2区所鲜见。而气候湿润,降水充沛,地表径流丰富,加之森林覆盖率高,有利于涵养水源,常年瀑布众多,且因地势高差大及不同岩层的差异侵蚀,形成规模宏大的多级瀑布(群)。

习水、四川盆地南部诸县的玦谷及赤壁丹崖。丹崖赤壁在峡谷两岸及台地边坡分布极为普遍,如习水的"粉壁岩""赤壁神州"。长嵌沟粉壁岩,壁面因水流侵润、苔藓附壁、岩石崩落的差异性形成了变换多姿的图案。在天鹅池至童仙溪的沟段上有多处高耸的陡崖赤壁。其中一悬崖峭壁,雨痕、岩层与苔藓共同组成一幅悬挂的"中国地图",遂取名为"赤壁神州"。地面水流直接进入深切峡谷时,在岩性较软的红色砂岩悬崖上往往形成散布在整个峭壁的瀑流。溯源侵蚀形成了玦状的半环形山谷。这种地貌现象在东南区也有发育,如在《徐霞客游记》中曾描述过耒水流域的类似地貌:"其山皆不甚高,俱石崖盘亘,堆环成壑,或三面迥环如玦者……"。这种玦状谷地貌在西南区因流水作用及抬升作用更强,发育更加典型。四川盆地南部如沐川穿牛鼻、叙永青杉岩及合江车辆、古蔺黄荆等地较普遍分布着这种平面上呈玦状陡崖的地貌。因为它是一种赤色半环形陡崖,被称为"红圈子",还有的地方称其为灶圈、圆洞、碓窝岩等,均能形象体现其形态特点。垓谷直径50米~100米,高数10米~400米不等,岩石环立,后壁有瀑布悬挂,底部有倒石堆或深潭。其中最为典型的为习水大园洞。它位于习水一级支流园洞沟的上游,有6条支流在大园洞相汇,形成边沿起伏的雄伟环状岩壁。

四面山、赤水的丹霞瀑布群。重庆市与贵州接壤的四面山地区有大小溪流40余条,在丹霞地貌区形成了100多挂瀑布,望乡台瀑布高159米,宽40米,景致蔚为壮观。西侧的赤水河全长445.5千米,上游平均比降为4.91‰,落差达1 181.4米,它流经高原斜坡,河谷深狭,山势陡峻。由于比降较大,降水丰沛,赤水地区大小瀑布可达千条以上。其中,最壮观的瀑布首推枫溪河上的十丈洞瀑布,距赤水城38千米,瀑布高76.2米,宽80米,水量、瀑布宽等指标超过黄果树瀑布。

云南丽江西北部的黎明、罗古警及石宝山一带是云南丹霞地貌集中分布区,以黎明地区丹霞地貌特征发育较好,包括黎明、黎光、美乐3个行政村片区,面积240平方千米,居国内第2位。黎明丹霞风光分布广,面积大,景观在雄健中透有灵秀,局部岩层表面形成排列整齐的龟裂纹景观,区内景观主要有千龟山、佛陀峰等。与中国东南部"顶平、身陡、麓缓"典型的丹霞地貌形态特征相比较,黎明地区丹霞地貌发育不完全,但由于受特定的地质条件控制,丹霞地貌形成自身独特特征,主要特征如下:①黎明丹霞地貌赤壁、方山以下伏变质岩为基座,加之崩积物,坡麓平缓巨厚,衬托出赤壁、方山更加巍然屹立,气势不凡。峰林的形成主要受岩性控制,岩性差异导致了整个峰林丹霞中的局部性及细微的景观差异。黎明丹霞地貌景观构成的赤壁、方山,以石鼓群为基座,并与第三系始新统底部砂砾岩及砾岩地层共同形成斜坡,构成丹霞陡崖方山之下相对圆滑的缓坡斜坡,坡麓平缓巨厚,地表多覆盖物多植被。②除形成赤壁丹崖外,黎明丹霞地貌以细部特征见长,局部岩层表面形成排列整齐的龟裂纹景观,如千龟山、佛陀峰等奇特景观;千龟山形成的基本条件是水平砂岩层中形成多层次多级序多方位的垂直节理系统—多层次组合的龟纹系统。垂直节理系统受长期的流水作用,形成差异风化,最后形成罕见的景观,其形成大致可分为3个阶段:成景初期、成景中期和成景晚期。③宽大的砂岩陡壁表面,不同颜色垂直条带形成"变色瀑布",颜色丰富多变,令人叹止。其成因为:裂面与岩层面交切处时有岩层水渗出并沿壁下淌,以及渗出的含盐水在赤壁上蒸发,而使盐类沉淀物淀积附着于陡壁表面。并由于不同季节岩层水补给渗透的水量不一,随着水分干燥、盐分固结及氧化作用,陡壁上形成不同色调的"变色瀑布","瀑布"颜色不仅随着含矿溶液渗出时间而变化,它还随着年代、季节、岩层含水量的变化而变化,随向阳或背阴亦有差别。色调由新而老的趋势为:灰白色→褐色→粉红→橘黄(红)色。④黎明丹霞地貌分布区地处海拔2500米~3000米范围,其形成除受流水、风化、重力等地质作用外,还曾受冰川作用的叠加,冰蚀地貌隐约可见。⑤区域处于老君山山麓,植被生态极佳,丹霞地貌掩映如原始森林中,景色如画。

(3)西北地区丹霞地貌特征

西北区丹霞地貌发育时空跨度大(垂直高差达3000米,水平绵延达1000千米,年代从上泥盆统到上新统均有发育)、类型丰富、干旱区特征典型。由于水动力的作用,西北区丹霞地貌空间分布与河流呈强烈的空间相关,如黄河来源于雪山融水,水流大多属于客水,两岸流水作用弱且作用时间短,故多发育旱谷,受流水切割作用小,而崩塌作用备显强烈。与东南和西南区相比,大型丹霞地貌都发育在黄河及其大支流区域。

河湟谷地丹霞地貌。主要包括甘、青相连的黄河干流、青海的大通河河谷及甘肃天祝本康一带。如沿黄河干流和支流的多个红盆依次发育有坎布拉、积石峡、炳灵寺、大沙沟、老龙湾、红山峡等丹霞地貌。黄河强烈下蚀,发育曲折深切峡谷,两岸支沟多为间歇性山溪,流水作用弱,峡谷两侧多形成连绵高耸的陡崖峭壁,在强烈构造运动及垂直崩塌作用下,易在两岸发育U形旱谷,河岸成为丹霞地貌的景观廊道,树枝状分布。由于相对高差较大,加上难得的水面映衬,这些地区发育的丹霞景观组合优势明显。坎布拉、炳灵寺、老龙湾已经成为国家地质公园或风景名胜区。由于多种外动力不同尺度上相互作用,丹霞微地貌非常发育,如大通河沿岸的天祝本康丹霞地貌,风化强烈,蜂窝状丹霞洞穴密布、多种造型景观特色突出。另外,这些地区降水强度较大,蒸发量大,日照强烈,温差较大,物理化学风化明显,岩石表面铁的氧化物富积,整个山体通红。如肃南的梨园河谷、大红山、临洮红旗镇高灵寺等。在青海一带,还发现泥岩、膏岩性等化学岩形成的丹霞地貌,尽管有杂色互层、钙质结核发育,但是岩面整体颜色呈红色。本区由于构造运动强烈,很多岩层失去水平状,多发育倾斜、陡倾斜甚至垂直和扭曲型丹霞地貌。如兰州西固兰坪村的虎头崖,岩层倾角超过63°,而西柳沟宣家沟的丹霞地貌岩层呈紧密褶曲,这在东南区和西南区是很少见的。

渭河谷地丹霞地貌。沿渭河上游均有丹霞地貌发育,从渭源开始,分布有天井峡(解板沟)、首阳山、莲峰山、山丹谷、木梯寺、禅殿寺、鲁班峡—水帘洞、大象山—华盖寺、麦积山、仙人崖、蔡家坡等丹霞地貌景观。沿渭河河谷而上的相对湿热的空气受陇山阻挡,形成相对湿润的气候,与陇山西北侧的干旱区形成明显的对比。这里是西北丹霞地貌区植被覆盖率最高的地区之一,由于降水相对丰富,天水麦积山、仙人崖等地区雨量相对较多,也发育孤峰、峰丛及洞穴等典型丹霞地貌。洞穴多形成小型的水帘洞,可视为丹霞地貌由西南向西北的过渡区,很多石窟、壁画和摩崖石刻在这里刻凿,所以,本区也是丹霞地貌人类活动干预最显著的地区之一。

兰州附近的类丹霞地貌。西北区类丹霞地貌发育,集中分布于陇东和兰州黄河干流段,以兰州附近的最为典型。由于本区处于气候过渡带,降水时空变率很大,外动力以风化作用为主,黄土等第四纪松散物质覆盖,加上流水不同强度的淋溶下蚀,从形态上有"顶圆、檐突、身陡、麓缓"等各种干旱区特有的丹霞地貌类型,与典型的丹霞地貌较大的差异,被称为类丹霞地貌。有宫殿式类丹霞地貌,如安宁大沙沟的"天斧沙宫",东乡唐旺红塔山等;蜂窝式的丹霞地貌,如永靖炳灵寺、岗沟寺一带的丹霞地貌;窗棂式丹霞地貌,如肃南大红山、盐锅峡永红沟及河湟谷地各盆地边缘等地;钟乳式丹霞地貌,如肃南大红山、景泰老龙湾等地。另外柱廊状、叠板状、起伏状等类丹霞地貌相当发育。

3. 中国丹霞地貌不同分布区景观成因

(1) 东南区丹霞地貌成因

本区为3区中丹霞地貌分布最广的地区,地跨闽、浙、赣、湘、粤、桂等省区,共计约286处,占丹霞地貌总处数的42.8%。主要集中于南岭—武夷山—仙霞岭及其弧形延伸的两侧,且单体规模大、形态类型多。

红盆形成大都是经过早白垩世早、中期火山活动的鼎盛时期后,至早白垩世晚期初,受地壳运动及火山活动的影响而使地壳沿断裂带发生断陷,形成断陷盆地。如福建丹霞地貌区是在晚侏罗纪至晚白垩纪早期,受大规模的地壳运动而使地壳发生断裂,沿断裂带形成了一些小规模的红盆地,如崇安、泰宁、建宁、宁化、永安、上杭等。丹霞地貌均发育在新构造运动的上升、并且其幅度明显大于所在区域平均上升幅度的区域,在泰宁的采样分析地壳抬升速度为0.66米/万年,在新昌的采样分析为0.86米/万年。如浙江的金衢盆地、江山盆地、新昌盆地,湖南的茶永盆地,粤北坪石盆地以及广西梧州盆地等丹霞地貌区,都是经喜马拉雅造山运动和新构造运动,盆地边缘和盆地内部的丘陵山地差异抬升,伴随着流水侵蚀和重力崩塌等外力作用而形成的。

本区位于热带和亚热带地区,气候温暖湿润,雨量充沛,东南地区山地的常年溪流众多,中小江河及溪流成为本区丹霞地貌形成的主要外动力。流水下切侵蚀,两岸岩体的崩塌倾覆,地面平均坡度小,溪流比降亦小,使本区的丹霞地貌呈现出险峻的景象。但由于本区山地抬升速度较慢,故在流水的相对稳定作用下易形成溪流贯穿的巷谷、蜿蜒曲折的峡谷、天生桥、一线天丹霞地貌形态,而河流下蚀所形成的赤壁丹崖规模相对较小,缺少大瀑布与多级瀑布。

另外,东南区还发育很多海岸丹霞,在外动力作用上较其他2区具有潮汐等海蚀作用,广东珠江口虎门的大虎山、小虎山、大鹏湾的深圳秤头角、惠阳的大亚湾澳头、浙江象山红岩等都是典型的海岸丹霞地貌,为该区特有的丹霞地貌类型。

(2)西南区丹霞地貌成因

本区丹霞地貌主要位于云贵高原、川西高原与四川盆地的马蹄状过渡带上,地跨四川、贵州、重庆等省(市)。以西起马边、东抵綦江、北至荣县、南达古蔺以北、西以赤水一带为中心的地区最为密集,呈一东西向而两端略向北弯曲的区域。丹霞地貌数量占全国24.3%,约162处。其中,赤水丹霞地貌面积达1340平方千米,为县市丹霞地貌面积之最。该地区大地构造属于扬子地台的2个不同单元,即黔北台隆与四川台坳的交接处。中生代末的燕山运动使黔北台隆大幅度褶皱上升,但受到四川台坳硬性地块的影响,使北东向构造发生S形弯曲,出露中生代至震旦纪的各时代地层。四川台坳在晚三迭世至晚白垩世期间一直处于大型内陆湖盆地环境,沉积了数千米厚的红层及含煤组合,以大面积出露的白垩系嘉定群南缘为界与黔北台隆分开。这一地区出露的红层由侏罗系中上统及白垩系嘉定群岩系组成,其中,大面积分布的白垩系鲜红色厚层块状的长石石英砂岩是丹霞地貌发育的主体。云贵高原面地壳抬升的速度与四川盆地的相差大,故在云贵高原向四川盆地过渡带中,河溪比降大,裂点多,因此,丹霞河谷深切剧烈,赤壁丹崖更为高大。

本地区处于亚热带湿润气候,降水相对也是高值区,年降水量可达1000毫米~1500毫米,年均相对湿度在85%以上。曲流众多,对丹霞地貌的塑造作用强烈。良好的水热条件也为植物的生长、繁衍提供了有利的条件。本区森林覆盖率高,基岩裂隙中的水流能常年补给,使瀑布有稳定的水源,并且水量充足,易形成大型瀑布。尽管流水作用在东南区与西南区均表现强烈,丹霞地貌有着相似的特征,如峡谷、巷谷、峭壁、玦形围谷均比较发育。但西南区地壳抬升速度相对较快,因此,内动力作用较东南区强,河溪比降更大,裂点更多,流水下蚀作用更强,崩塌更剧烈,故峡谷两侧多形成高大的丹崖峭壁,且急流、大型瀑布及多级瀑布群众多。而较少巨大的天生桥、一线天和蜿蜒曲折的溪流景观。

(3)西北区丹霞地貌成因

本区丹霞地貌主要分布于甘肃东、中部,陇山周围、渭水上游和青海东部(黄)河湟(水)谷地,地跨青藏高原东北部和黄土高原西部。甘肃境内,丹霞地貌分布东起陇东高原、秦岭北支脉的小陇山,渭水上游;西北至河西走廊西段;南抵陇南山地。青海的丹霞地貌集中分布在东部的河湟谷地以及黄河、湟水支流所形成的次一级谷地两侧。该区丹霞地貌占全国27.1%,约181处。

西北丹霞地貌受青藏高原强烈抬升,加之本身基度的不均一性(中间地块和古老软弱带交替出现),地块发生差异升降,并在它们的交接处出现断裂,形成断陷和拗陷相结合的山间盆地。如黄河从共和盆地以下,依次为贵德盆地、尖扎盆地、循化盆地和官亭盆地,其间分别为龙羊峡、松巴峡、李家峡、积石峡、盐锅峡、八盘峡、刘家峡等深切峡谷。这些沉积盆地大多依西北—东南和东西向排列，峡谷与宽谷相间呈串珠式的地貌形态。区内地壳抬升速度呈明显差异，青藏高原东北部尤其是河湟谷地地区地壳抬升速度大，以及黄河及其大型支流湟水的大量径流强烈的侵蚀作用，古湖盆边缘堆积的大量较坚硬的红色砂岩出露，沿河形成连绵的高大赤壁丹崖景观。西北丹霞地貌区地壳运动幅度较大，多陡倾斜甚至垂直和扭曲型丹霞地貌，近水平层理的丹霞地貌主要分布在本区的东南降水相对丰富的地区。

西北区内气候分异明显，小气候现象突出，丹霞地貌在不同的气候区表现出较大的差异。兰州—河西走廊地区，气候干旱，降水较少，年降水量为200毫米～400毫米，不充分的淋洗过程和钙质的堆积是形成类丹霞地貌的重要原因。在湿润的西南区和东南区这种地貌很难形成。此外，由于气候干旱，植被稀疏，西北地区丹霞崖面没有像南方丹霞山体因附着很多的地衣、苔藓等植物而呈黑红相错的斑斓色彩，而是被第四纪黄土附着，多呈枯黄色。

西北地区丹霞地貌差异性还表现在上覆黄土分布的差异性。兰州—河西走廊地区黄土覆盖层较厚，因此，上覆于丹霞地貌的黄土层也相对较厚。黄土在西北区丹霞地貌形成中起着重要的作用，使本区的丹霞地貌呈现出与其他2小区不同的特色。由于砾石层上覆厚层黄土沉积，不充分的雨水下渗作用，将黄土中的钙质或硅质一起淋溶到下层砾石层，将砾石层胶结起来，形成了坚硬的盖层。由于此盖层的存在，下伏红层不易被侵蚀。雨水浸湿上覆黄土，泥浆顺陡崖滑下，形成含泥量较大的钙质柱乳。粘附于密布横向延伸的洞穴的崖面上形成西北区所特有的类丹霞地貌。

# 第三节　中国的冰川地貌

### 一、中国冰川分布与冰川类型

1. 中国冰川分布

中国不仅有现代冰川的分布，而且在第四纪还广泛发育着古冰川。现代冰川发育与现代气候条件相适应，中国西部高亢地势和严寒气候，为现代冰川发育提供了有利条件，因此，中国现代冰川全部集中分布于东经104°线以西、海拔3500米以上的高山高原地区，北起阿尔泰山的奎屯山，南达云南的玉龙山，西自帕米尔地区，东到四川的雪宝顶，在这个范围内发育着46 298条冰川，其面积为59 406平方千米（表3-2-6），占世界现代山岳冰川总面积的1/4，是世界上中低纬度山岳冰川最发达的国家，居亚洲首位。中国冰储量达5 589.756 6亿立方千米，占亚洲冰川总量的一半还多，是世界上中低纬度国家冰川资源最丰富的国家。

表3-2-6　中国各山系的冰川数量分布（据刘海潮、施雅风等，2000）

| 山系 | 山地面积/平方千米 | 最高峰海拔/米 | 冰川条数 | | 冰川面积 | | 冰储量 | | 冰川平均面积/平方千米 | 冰川覆盖度/% |
| --- | --- | --- | --- | --- | --- | --- | --- | --- | --- | --- |
| | | | 条数 | % | 平方千米 | % | 立方千米 | % | | |
| 阿尔泰山 | 28 800 | 4374 | 403 | 0.87 | 280 | 0.47 | 16 | 0.29 | 0.68 | 0.97 |
| 萨吾尔山 | 4400 | 3835 | 21 | 0.05 | 17 | 0.03 | 1 | 0.02 | 0.80 | 0.38 |
| 天　山 | 211 900 | 7435 | 9081 | 19.61 | 9236 | 15.55 | 1 012 | 18.10 | 1.02 | 4.36 |
| 帕米尔高原 | 23 800 | 7649 | 1289 | 2.78 | 2696 | 4.54 | 248 | 4.44 | 2.09 | 11.33 |

续表

| 山系 | 山地面积/平方千米 | 最高峰海拔/米 | 冰川条数 | | 冰川面积 | | 冰储量 | | 冰川平均面积/平方千米 | 冰川覆盖度/% |
|---|---|---|---|---|---|---|---|---|---|---|
| | | | 条数 | % | 平方千米 | % | 立方千米 | % | | |
| 喀喇昆仑山* | 26 600 | 8611 | 3454 | 7.46 | 6231 | 10.49 | 686 | 12.27 | 1.80 | 23.42 |
| 昆仑山 | 478 100 | 7167 | 7694 | 16.62 | 12266 | 20.65 | 1 283 | 22.95 | 1.59 | 2.57 |
| 阿尔金山 | 56 300 | 6295 | 235 | 0.51 | 275 | 0.46 | 16 | 0.29 | 1.17 | 0.49 |
| 祁连山 | 132 500 | 5827 | 2815 | 6.08 | 1931 | 3.25 | 93 | 1.66 | 0.69 | 1.46 |
| 羌塘高原 | 441 900 | 6822 | 958 | 2.07 | 1802 | 3.03 | 162 | 2.90 | 1.88 | 0.41 |
| 唐古拉山 | 141 300 | 6621 | 1530 | 3.30 | 2213 | 3.73 | 184 | 3.29 | 1.45 | 1.57 |
| 冈底斯山 | 158 300 | 7095 | 3538 | 7.64 | 1766 | 2.97 | 81 | 1.45 | 0.50 | 1.16 |
| 念青唐古拉山 | 110 600 | 7162 | 7080 | 15.29 | 10701 | 18.01 | 1002 | 17.92 | 1.51 | 9.68 |
| 横断山 | 356 300 | 7514 | 1725 | 3.73 | 1580 | 2.66 | 97 | 1.74 | 0.92 | 0.44 |
| 喜马拉雅山 | 202 500 | 8848 | 6475 | 13.99 | 8412 | 14.16 | 709 | 12.68 | 1.30 | 4.15 |
| 合计 | 2 373 300 | | 46 298 | 100.00 | 59 406 | 100.00 | 5 590 | 100.00 | 1.28 | 2.50 |

\* 未包括叶尔羌河源的克勒青河上游巴基斯坦实际控制区的142条、面积609平方千米和冰储量72立方千米的冰川。

中国最高一级地貌阶梯青藏高原是现代冰川最发达的地区，有33 676条冰川，占全国现代冰川总数量的72.7%，冰川面积达49 161.90平方千米，占全国现代冰川总面积的82.8%。其中，昆仑山脉又是中国现代冰川面积最大的山脉，冰川总面积有12 266平方千米，占全国冰川面积的20.65%。昆仑山共有冰川7 694条，占全国冰川总条数的16.62%，冰储量1283立方千米。青藏高原上的喜马拉雅山脉现代冰川面积亦较大，总冰川面积为8412平方千米（居全国第4位），冰川面积占全国冰川总面积的14.16%。其中，珠穆朗玛峰是中低纬度地区一个大的山岳冰川作用中心，在中国境内有217条冰川，其面积达772.32平方千米。冰川类型以大型山谷冰川为主，最大的是绒布冰川，而雪线最高的是东绒布冰川，雪线高达海拔6200米，是目前已知的世界上最高的雪线，它们均属于大陆性冰川，而喜马拉雅山东端的冰川则属于海洋性冰川。中国现代冰川与雪线高度分布如图3-2-10所示。

中国第四纪冰川的分布，北起大兴安岭，南到台湾玉山，东自长白山、西抵帕米尔地区，在这个范围内的高山、高原和一些中山都曾发生第四纪冰川作用。第四纪冰期古雪线较现代雪线要低数百米以至千余米，那时东部雪线的降低大于西部。所以，第四纪冰川分布范围、冰川规模超过现代冰川许多倍，西部山区晚更新世冰期冰川规模也大于现代冰川达数倍乃至几十倍。在第四纪冰川遗迹中，以晚更新世冰期冰川遗迹保存良好，而早、中更新世冰期冰川遗迹，由于年代久远，受到后期构造运动和各种外营力的破坏，保存较少，分布零星，尤其东部地区所存在的冰川作用遗迹，冰川地貌大半遭到了强烈的流水作用的破坏，残缺不全，特别是一些山麓地带所发现的冰碛物，又往往与泥石流或冻融泥流难以区别，这种古、今地貌和多种成因沉积物并存，甚至混杂，致使冰川地貌形态很不明显和冰碛物不易辨认，因而对东部一些地区第四纪冰川作用，学术界至今尚未取得一致的看法。此外，对青藏高原在第四纪期间是否存在大冰盖，也有不同的看法。

中国现代冰川分布自北向南主要有12个冰川区：阿尔泰山区、天山山区、祁连山区、昆仑山区、帕米尔山区、喀喇昆仑山区、羌塘高原区、唐古拉山区、冈底斯山区、念青唐古拉山区、横断山区、喜马拉雅山区。

(1) 阿尔泰山区 主峰友谊峰和其北侧的奎屯峰构成一个山结,成为阿尔泰山主要冰川分布中心,也是中国最北的冰川分布区。中国境内阿尔泰山有冰川420余条,面积290多平方千米。其中89%集中于额尔齐斯河水系的布尔津河源头,其余零散分布于哈巴河、克兰河、哈拉额尔齐斯河、额尔齐斯河正源等。阿尔泰山冰川中绝大多数是面积小于0.5平方千米的悬冰川和冰斗冰川,超过4平方千米的山谷冰川和冰斗—山谷冰川只有10条。发育在布尔津河上游友谊峰下的喀纳斯冰川,是中国阿尔泰山最大的冰川,长10.8千米,面积30.13平方千米,该冰川由左右两支冰川汇合而成,拥有多级粒雪盆,雪线平均高度3200米,末端降至2416米,为中国海拔位置最低的山谷冰川之一。

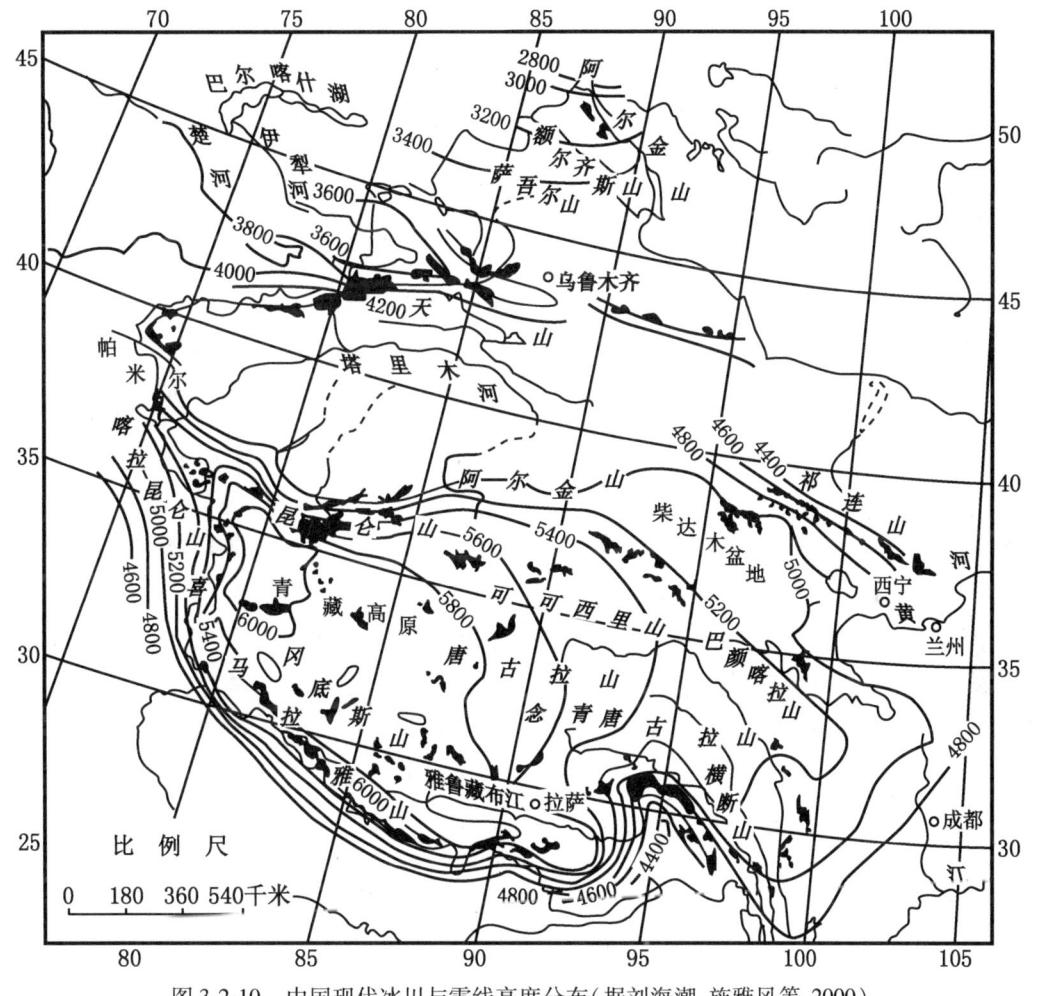

图 3-2-10 中国现代冰川与雪线高度分布(据刘海潮、施雅风等,2000)

(2) 天山山区 天山最高峰为托木尔峰,是天山最大的冰川作用中心。天山冰川区共有冰川8908条,冰川面积9000多平方千米,冰储量1000多立方千米。分别占中国冰川总面积和总储量的16.3%和20.2%。天山冰川区以山谷冰川最占优势,其次是冰斗冰川,平顶冰川最少。分布极不平衡,几乎冰川面积的一半集中在南天山西段的哈尔克他乌山河汗腾格里—托木尔峰区。乌鲁木齐河源1号冰川是天山研究最深入的冰川——山谷冰川。天山最大的冰川是托木尔峰西侧的南伊内里切克冰川。上游在中国境内,下游在哈萨克斯坦境内。完全发育在中国境内的最大冰川是托木尔峰下朝向西南的托木尔冰川。完全发育在中国境内的第2大条大山谷冰川是托木尔峰东侧的吐盖别里齐冰川,也是天山冰川区中末端下伸最低的冰川。

(3) 祁连山区　祁连山共有冰川 2859 条,冰川面积 2000 平方千米左右。占中国冰川总面积的 3.5%,冰储量 95.44 立方千米。以面积不到 1 平方千米的小冰川为主,大于 1 平方千米的冰川有 17 条。最大的山谷冰川——大雪山的老虎沟 12 号冰川,又名"透明梦柯冰川",为复式山谷冰川。最大的平顶冰川——土耳根大坂山的敦德冰川。

(4) 昆仑山区　冰川面积达 12 482 平方千米,占全国冰川面积的 21.3%,是中国冰川最多的山脉,但冰川研究的程度较差。冰川大都集中在西昆仑山,且多山谷冰川。玉龙喀什南山是大冰川最集中的地段,最长的是北坡的玉龙冰川,长达 30.5 千米,面积 131.3 平方千米,最高峰达 6778 米。最大的山谷冰川为西侧的多峰冰川,长 27.8 千米,面积 230 平方千米,最高峰 6957 米,且是西昆仑山冰川下伸最低的冰川。古里雅平顶冰川面积达 376 平方千米,是中国已知的最大的平顶冰川,最高点海拔 6667 米。中昆仑山冰川分布较分散,多平顶冰川。木孜塔格是中昆仑山冰川发育最大的中心,其中库里宁里冰川是中昆仑山最长大的山谷冰川,乌鲁克冰川是这里面积最大的山谷冰川。东昆仑山冰川规模远逊色于西、中昆仑山,最大的冰川为哈龙冰川,长 8.8 千米,面积 20 平方千米。

(5) 帕米尔山区　中国境内的帕米尔惯称东帕米尔,冰川面积达 2992 平方千米,主要分布在慕士塔格—公格尔山和阿克赛巴什山。这可能是中国最干燥低温的冰川区之一。冰川规模西坡大于东坡。慕士塔格山主峰高达 7546 米,号称"冰山之父"。西坡最发育,冰川长度超过 10 千米的就有 4 条,自南向北是喀喇昆仑冰川、西可可西里冰川、切尔干布拉克冰川、洋布拉克冰川。东坡的东可可西里冰川是山区最大的山谷冰川。公格尔山冰川区,山势宏伟,这里最大的冰川为北坡的喀拉亚依克冰川。另一条冰川为东坡的切末干冰川。西北还有一列冰川发育和分布集中的山地,叫昆盖山。

(6) 喀喇昆仑山区　中国境内的喀喇昆仑山冰川区位于主山脊大喀喇昆仑山以北,冰川规模较小,数量较少。约有冰川 1848 条,面积 4647.17 平方千米。重要的冰川有乔戈里冰川和音苏盖提冰川。音苏盖提冰川长 42.0 千米,面积 379.97 平方千米,由于有来自北、西、南 3 个方向的积累区的补给,使该冰川发育成巨大的纵谷冰川,这是中国境内目前已知最长的冰川。

(7) 羌塘高原区　该区亦称藏北高原,包括冈底斯山以北与昆仑山之间的广大地区。冰川多以山峰为中心呈斑状分布,北部数量较多。羌塘高原有冰川 3108.81 平方千米。阿里山地(阿里喀喇昆仑山)、普若冈日、土则冈日、藏色冈日、隆格尔山等。其中阿里山地就有冰川 1396.35 平方千米,普若冈日 41 号冰川长 13.3 千米,面积 53 平方千米,是羌塘高原上最大的冰川。

(8) 唐古拉山区　共有冰川 936 条,面积 2082 平方千米。最高峰各拉丹东是山脉最大的冰川分布中心,冰川面积占山脉冰川总面积的 54%。中断山岭较低,冰川数量多,但规模较小,其面积只占山脉冰川面积的 28%,且分布零散。东段冰川规模最小,其面积占山脉冰川面积的 18%,但分布集中。唐古拉山最大的冰川是位于各拉丹东雪山西侧的姜根迪如冰川,面积 61.97 平方千米。北支称北姜根迪如冰川,长 10.3 千米,面积 26.97 平方千米,是峰区第 2 条长冰川。南支称南姜根迪如冰川,长 12.8 千米,面积 35 平方千米,是唐古拉山最长的冰川。

(9) 冈底斯山区　大约有大小 20 个冰川群,多以山峰为中点呈斑点状分布,主要的冰川群在西段。典型性代表有昂龙冈日、冈仁波齐峰(著名佛教 3 大圣山之一)、空波冈日、郭堇冈日。

(10) 念青唐古拉山区　有冰川 2905 条,面积达 5898 平方千米,如果加上岗日嘎布衫的冰川面积,整个山区冰川面积则达 7536 平方千米,在中国 12 个冰川分布区中名列第 4。东段冰川无论在数量或规模上都远远超过山势高大的西段,是中国重要的海洋型冰川分布区。最大的冰川为恰青冰川,长35.0千米,面积151.5平方千米,这条山谷冰川也是西藏境内已知的最大冰川。冈日嘎布的阿扎冰川从山峰到冰舌发育了一系列的冰瀑布。拉古冰川位于阿扎冰川之北,冰舌末端下伸到主谷处,形成一阻塞湖——拉古错。

(11)横断山区 现代冰川分布在从北面的雀儿山到最南端的玉龙山之间,冰川集中分布的主要山地有西藏东部的伯舒拉岭、云南与西藏交界的梅里雪山和川西的贡嘎山。横断山及川西高原有冰川1680条,面积1617.62平方千米。南部多为海洋型冰川,北部多为大陆型冰川。主要冰川作用中心有伯舒拉岭、他念他翁山、梅里雪山、玉龙山、贡嘎山、沙鲁里山、雀儿山。

(12)喜马拉雅山区 冰川面积约达3万平方千米,占山地面积的17%,冰川面积在中、低纬度世界各大山系中是最多的,但分布较分散,主要以若干高峰为中心,呈辐射状分布。中国境内的冰川面积为11 055平方千米,约占整个山脉冰川总面积的1/3。自东而西中国境内及其邻近的几个冰川分布区为:南迦巴瓦峰、库拉冈日山、绰莫拉利峰、壑泡罕里峰、珠穆朗玛峰(最大的冰川为北坡的绒布冰川,最长的为卓奥友峰南侧的格重巴冰川,此外,加布拉冰川、孔布冰川都是重要的大冰川)、希夏邦马峰(北坡最大的冰川野博康加勒冰川)、纳木纳尼峰、卡美特山(印度境内,德里纳斯峰发育有喜马拉山最大的冰川——干戈特里冰川)。

2. 中国冰川类型

(1)冰川形态类型

中国冰川形态类型除青藏高原第四纪是否存在大冰盖的争议外,无论第四纪冰川或是现代冰川均为山岳冰川,大致有以下主要形态类型:

悬冰川 悬冰川是山岳冰川中规模最小而数量最多的一种冰川,成群出现在雪线附近,因此,在中国第四纪冰川和现代冰川发育的山地都多有悬冰川发育。喜马拉雅山、昆仑山、祁连山、天山、贡嘎山、玉龙山等都分布有现代悬冰川,其中,祁连山悬冰川就占这些山冰川数量的50.9%,喜马拉雅山珠穆朗玛峰地区悬冰川也占该地区冰川数量的46.5%,但仅占冰川面积的8.8%。中国悬冰川可分为悬坡冰川和悬谷冰川2种,前者没有明显槽谷,珠穆朗玛峰地区4号、5号冰川和横断山脉中段达姆岭冰川均为现代悬坡冰川;后者有典型的槽谷,并与主冰川之间有明显的陡崖,如玉龙山干河坝冰川谷源头上方的悬谷和庐山王家坡冰川谷源头上方的莲谷,均以陡壁与主冰川谷相接,这是冰期时发育的山谷冰川高悬在主冰川之上的遗迹。

冰斗冰川 中国发育冰川的山地,在雪线附近均有规模不等的冰斗冰川发育。古冰斗就是第四纪冰斗冰川的遗迹。现代冰斗冰川在现代冰川发育的山地有大量分布,如横断山脉木杠岭发育的38条冰川,全为冰斗冰川;而珠穆朗玛峰地区发育的55条冰斗冰川,就占该地区冰川数量的25.3%。中国冰斗冰川可分为2大类。一是谷源冰斗冰川。如贡嘎山较大的6条现代山谷冰川,以主峰为中心呈放射状分布,其谷源均有冰斗冰川。而珠穆朗玛峰地区,主要为在谷地源头处的谷源冰斗冰川,最大的冰斗冰川为卡达河源头的卡达冰川,长9.6千米,面积达19.45平方千米。二是谷坡冰斗冰川。如珠穆朗玛峰北坡中、西绒布冰川汇口处光明冰斗冰川,冰斗宽度1125千米,长度875米,面积0.75平方千米。

山谷冰川 山谷冰川拥有山岳冰川的全部特征和功能。中国的第四纪冰川和现代冰川发育的山地大多有山谷冰川的发育,古冰川谷就是第四纪山谷冰川的遗迹,而西部地区山脊高出雪线600米~700米以上的山地,都可能发育现代山谷冰川。中国山谷冰川大致分为以下5亚类:①单式山谷冰川。它只有一条长大的冰舌连着粒雪盆,是山谷冰川中为数最多的冰川。祁连山的"七一"冰川就是一典型的单式山谷冰川。②复式山谷冰川。它由2条单式山谷冰川汇合而成的冰川。祁连山脉大雪山的老虎沟12号冰川、珠穆朗玛峰北坡的格重康冰川和东绒布冰川及康雄冰川、中昆仑山的康里宁里冰川、公格尔山北坡的克拉牙依拉克冰川、阿尔泰山的喀斯纳冰川等,都是复式山谷冰川。③树枝状山谷冰川。它由3条以上单式山谷冰川汇合而成的冰川。喜马拉雅山、喀喇昆仑山、昆仑山、念青唐古拉山、天山都发育有这类冰川。天山西段腾格里山东侧的木扎尔河谷均为第四纪冰期长大的树枝状的山谷冰川系统,而珠穆朗玛峰北坡的绒布冰川、卓奥友峰北坡的加布拉冰川、昆仑山的多峰冰川和乌鲁克冰川均拥有多级支冰川,都是现代树枝状山谷冰川。④土耳其斯坦型山谷冰川。这类冰川在帕米尔、昆仑山、喜马拉雅山、喀喇昆仑山、天山等都有发育,其中,天山西段这类冰川很发育,如腾格里山冰川几乎全为土耳其斯坦型山谷冰川。长度在10千米以上的大冰川有铁未尔苏冰川、木扎尔特冰川、卡拉格玉勒冰川等。⑤溢出山谷冰川。这类冰川在祁连山、天山、昆仑山都有发育,其中,祁连山的疏勒南山团结峰南坡,就有一条8.5千米溢出山谷冰川,它有4.5千米的冰舌伸出谷口外,而昆仑山有从青峰冰川中心和慕士格山的冰帽伸出冰舌而溢出山口,前者冰舌平伏在山麓洪积扇上,后者成为峡谷式溢出山谷冰川。

平顶冰川 中国西部起伏和缓的高原或高山夷平面上发育有现代平顶冰川,其中,以西昆仑山发育的平顶冰川规模为最大,这里的里雅冰川面积达376平方千米,是中国目前所知的最大的平顶冰川,中昆仑山亦多平顶冰川。其次是唐古拉山的长江上游沱沱河地区,这里发育有8条平顶冰川,它们集中分布在各拉丹冬和尕恰迪如西比冰川群及其南侧山地,各拉丹东冰川群南部就是一条面积约160平方千米的大平顶冰川。祁连山脉土尔根达坂山的敦德冰川,面积达57.07平方千米,为祁连山最大的平顶冰川。珠穆朗玛峰地区热藏布的东侧有3条较大的平顶冰川,最大的一条冰川面积达7.96平方千米。横断山脉北端中部的沙鲁里山最大的平顶冰川面积达17.2平方千米。

山麓冰川 中国第四纪冰川发育有山麓冰川。早更新世,喜马拉雅山希夏邦马峰北坡,那克多拉河谷西侧海拔6200千米的冰碛圆丘,是希夏邦马峰冰期的山麓冰川所堆积的冰碛地貌。天山腾格里东南坡台兰河有高出谷底600米的冰碛台地,是柯克地普生冰期的山麓冰川遗迹。中更新世,希夏邦马峰北坡那克多拉河两侧比高200米~400米的冰碛台地,是聂聂雄拉冰期的山麓冰川所堆积的冰碛地貌。天山博格达山高冰碛阶地和剥蚀面上的冰碛,是天台冰期的山麓冰碛遗迹。祁连山冷龙岭北坡海拔4000米山脊上的冰碛,是斜河冰期的山麓冰川堆积。晚更新世,中国西部许多山地都形成山麓冰川,天山四工河谷口漂砾群是天山冰期的半覆盖的山麓宽尾冰川堆积,而西昆仑山慕士塔格山—公格尔山西麓海拔3500米~4000米的宽广山间平原的"楚库尔"冰碛丘陵,亦是山麓冰川堆积的冰碛地貌。李四光在《冰期之庐山》一书中所确认的庐山东北麓至鄱阳湖畔一带的终碛垄,亦仍是山麓冰川堆积的遗迹。

(2)冰川物理性质类型

中国无论第四纪冰川抑或现代冰川都有2种鲜明不同的物理性质冰川类型,即大陆性冰川和海洋性冰川。

大陆性冰川 中国现代冰川发育山地以大陆性冰川占优势,主要分布在祁连山、天山中段和东段、喜马拉雅山中段北坡以及青藏高原内部山地。在内陆干燥的大陆性气候条件下所发育的大陆性冰川,其特点是雪线高,冰川主要依靠低温提供的冷储条件,以渗浸—冻结带为其特征的成冰类型,冰层温度很低(始终低于融点),冰舌表面以下的活动层温度为-1℃~-10℃,属于"冷冰川",冰内与冰川消融较弱,运动速度慢,比较稳定,冰川地质地貌作用能量小,冰川刨蚀和搬运能力较差,冰斗和冰川谷较为宽浅,冰碛物中粘土含量较少。中国现代大陆性冰川的最大长度不超过25千米。

表 3-2-7　海洋性冰川与大陆性冰川特性

| 特征 | 海洋性冰川 | 大陆性冰川 |
|---|---|---|
| 气候 | 海洋性季风山地气候 | 大陆性高原山地气候 |
| 雪线温度 | −1℃～−6℃ | −7℃～−15℃ |
| 雪线降水 | 1000毫米～3000毫米,液态占20% | <1000毫米～200毫米,无液态降水 |
| 冰川温度 | 除活动层冬季出现负温外,均为压力融点 | 负温 |
| 消融深度 | 5000毫米～10 000毫米 | 1000毫米～3000毫米 |
| 冰川运动 | 100米/年～300米/年,冰瀑处可达1000米/年 | <30米/年～100米/年 |
| 冰川构造 | 有弧拱构造 | 无弧拱构造 |
| 冰舌末端 | 2500米,一般进入深林 | 4500米,不能进入深林 |
| 生物 | 普遍存在有冰蚯蚓、雪蚤、雪藻和苔藓 | 基本上无生物生存 |

海洋性冰川　中国的海洋性冰川主要分布在温湿季风气候区,第四纪海洋性冰川分布范围比现代海洋性冰川宽广,当时中国东部可能发育的冰川自然属于海洋性冰川,而现代海洋性冰川主要分布在青藏高原东缘的念青唐古拉山东段、喜马拉雅山东端和川滇横断山脉。海洋性冰川的特点是雪线低,较同纬度青藏高原内部大陆性冰川雪线要低1000米左右,气温高而降水丰沛,以暖渗浸带为特征的成冰类型,冰层温度高(接近融点),冰舌处的温度接近0℃,属于"温冰川",冰内和冰下消融强烈,运动速度快,冰川地质地貌作用能量大,冰川刨蚀和搬运能力强,冰川上游一般都有宽广的粒雪盆、冰斗、角峰、刃脊等冰蚀地貌,冰碛物中粘土含量较高,多呈"泥砾"状态。中国已知的最大的现代海洋性冰川是卡钦冰川,长32千米,面积达170平方千米,中国海洋性冰川冰舌大多伸入森林带内。

此外,中国还有介于大陆性冰川与海洋性冰川之间的过渡性冰川类型,主要分布在阿尔泰山、天山西部、喀喇昆仑山等地区。

### 三、中国冰川地貌形态

1. 冰蚀地貌

中国冰蚀地貌类型齐全,有冰斗、角峰、刃脊、冰川槽谷、悬谷、羊背石等,其中冰斗、冰川槽谷在冰川作用山地中分布最为广泛。

(1)冰斗

冰斗在中国山地冰川中普遍发育。它具有鉴定冰川的特殊意义。珠穆朗玛峰地区现代冰斗冰川中主要为谷源冰斗冰川,如康雄冰川冰斗、东绒布冰川冰斗、中绒布冰川冰斗、孔布冰川上源西冰斗等,还有贡嘎山比现代雪线低500米～600米的古冰斗,螺髻山沟谷源头的古冰斗亦属于谷源冰斗。其中,康雄冰川冰斗长、宽度均为5000米,斗壁高度为2400米,斗壁坡度为40°～45°,冰斗面积达24.12平方千米,是世界上罕见的谷源大冰斗。而珠穆朗玛峰地区中、西绒布冰川汇合处的光明冰斗是一典型的谷坡冰斗,它虽然面积近0.75平方千米,但斗壁坡度达到了51°,可能是中国西部山地最为典型的冰斗冰川之一。庐山大坳冰斗位于王家坡冰川槽谷东南坡的大月山脊山,为一较为典型的谷坡古冰斗,其后壁由40°和35°等2个坡度组成,有向西北约10°～15°微微倾斜的下凹的平坦斗底,斗口有由大月山粗砂岩组成的残余的冰坎,左侧长约16米,右侧长约4米,它的平坦指数 F 为 5,在一般冰斗的 F 值为 1.7~5 的范围之内,而且冰斗底部有厚大于 0.5 米的庐山冰期黄色泥砾堆积。中国的冰斗形态,由于不同的物理性质,冰川的冰蚀作用强度不等,从而有些微差异。海洋性冰川所形成的冰斗,如雀儿山晚更新世发育山谷冰川的源头冰斗,冰斗深凹,有由逆向坡的斗坎形成的冰斗湖;贡嘎山有许多冰斗积水成湖,九海子就是分布在一个长 3 千米、宽 1.5 千米的大型古冰斗的底部。大陆性冰川所形成的冰斗,底部平缓,缺乏由逆向坡的斗坎而形成的冰斗湖,但有些冰斗的斗口被终碛垄阻塞,也形成冰斗湖,如珠穆朗玛峰东北坡的穷布错湖,它是错曼曲源头的古冰川围谷,湖面面积约 1.4 平方千米。中国的冰斗的发育还受岩石性质的影响,在西部坚硬层厚或富有节理岩层组成的多数山地,冰斗比较壮观,而由较软弱岩层组成的祁连山的大雪山和川西的折多山,冰斗坡多为岩屑坡。

在中国冰川作用的山地中冰斗有多级分布的特征。东部古冰川作用的山地,一般普遍保存 2 级~3 级冰斗,如螺髻山冰斗尤以主峰及其周围为最多,并经常成群出现,其主峰以北冰斗可分为两级,高差最大可达 200 米,最小亦有 100 米;在东侧的干河沟源头,高一级冰斗海拔约3800米,低一级冰斗底部海拔约 3600 米。它们都积水成湖,在其前缘均有冰碛堤;秦岭太白山冰斗呈辐射状展布,按高度亦可分两级,海拔分别为 2170 米 ~ 2670 米和 3480 米 ~ 3650 米,新冰斗叠置在老冰斗的范围内。西部有现代发育的山地一般普遍保存 3 级 ~ 4 级冰斗,如珠穆朗玛峰地区自上而下可划分 4 级冰斗系列(表 3-2-7)。

表 3-2-8　珠穆朗玛峰地区冰斗分布海拔高度

| 冰斗 | 北坡/米 | 东坡/米 | 南坡/米 |
| --- | --- | --- | --- |
| 现代冰斗 | 5700 ~ 6500 | 5500 ~ 6500 | 4600 ~ 6000 |
| 紧邻现代冰斗 | 5700 ~ 6000 | 5600 ~ 5800 | 4600 ~ 5000 |
| 气候适宜期冰斗 | 5300 ~ 5700 | 4600 ~ 5300 | 4400 左右 |
| 最老的古冰斗 | 4600 ~ 5300 | 4400 ~ 4500 | 4000 ~ 4100 |

从表中可见,现代冰斗空间分布幅度,有从北坡 800 米—东坡 1000 米—南坡 1400 米不断增大的现象,而且自最新冰期形成古冰斗以来,各级同时期的冰斗底部高程虽然不一致,但 4 级冰斗均以北坡最高,东坡次之,南坡最低。贡嘎山冰斗之多并且完好,是冰蚀地貌的一大特点。贡嘎山除现代冰斗外,还保存有由 3 次冰期冰川形成的 4 级古冰斗(表 3-2-9),其中第二三级冰斗为海螺沟冰期 2 个阶段的产物;就冰斗保存程度来看,第一级古冰斗保存完好,是贡嘎冰期的产物,而第三级古冰斗分布广,规模大,一般长 2 千米 ~ 3 千米,宽 1 千米 ~ 2 千米,为长条形谷源冰斗。

表 3-2-9　贡嘎山古冰斗分布海拔高度

| 古冰斗 | 东坡/米 | 西坡/米 | 南坡/米 | 北坡/米 |
| --- | --- | --- | --- | --- |
| 第一级冰斗 | 4750 ~ 4850 | 4900 ~ 5000 | — | — |
| 第二级冰斗 | 4610 | 4700 | 4640 | 4680 |
| 第三级冰斗 | 4410 | 4610 | 4470 | 4450 |
| 第四级冰斗 | 4150 | — | — | 4200 |

中国末次冰期冰川作用有明显的地区差异性,冰斗高度有自西向东逐渐降低的趋势(表 3-2-10),特别是经过青藏高原东缘山地以后,冰斗降低趋势更为急剧,最高一级是珠穆朗玛峰地区的海拔 5000 米以上的冰斗,珠穆朗玛峰北坡绒布河流域海拔 5500 米 ~ 5800 米冰斗可以代表这一地

区的冰斗分布高度,最低一级是四川盆地西缘川西南山地和秦岭海拔2500米~3900米的冰斗,其中,秦岭太白山末次冰期冰川具有大陆性冰川与海洋性冰川的过渡性质。因此,冰斗海拔高度较大。冰斗海拔高度的变化,反映了当时雪线高度的变化,其根本原因是东亚季风气候的影响,因此,东西部末次冰期冰斗的高差最大可达3000米~3300米,最小亦有1600米~1900米,所以,东部海拔低于3000米山地在末次冰期时无冰川活动。

表3-2-10　中国末次冰期冰斗高度

| 山地 | 珠峰地区 | 沙鲁里山 | | | | | 大雪山 | |
|---|---|---|---|---|---|---|---|---|
| | 绒布河流域(南京大学地理系地貌学教研室) | 雀儿山(罗来兴等) | 海子山(罗来兴等) | 波斯大卡山(罗来兴等) | 立者纳山(罗来兴等) | 玉龙山(任美锷等) | 折多山(罗来兴等) | 贡嘎山(刘淑珍等) |
| 冰斗高度/米 | 5500~5800 | 4600~4700 | 4700上下 | 4700~4800 | 4600~4700 | 4000 | 4300上下 | 4410~4700 |
| 山地 | 岷山 | 川西南山地 | 秦岭 | | | | | |
| | 雪宝顶(李承三) | 小相岭(郝嘉明) | 螺髻山(第四纪冰川队) | 大凉山(第四纪冰川队) | 太白山(田泽生等) | | | |
| 冰斗高度/米 | 3800 | 2500~3000 | 3200~3900 | 3100 | 3480~3650 | | | |

(2)刃脊

中国的冰斗、围谷和冰川槽谷之间岭脊,尖薄如刃。这种刃脊地貌在珠穆朗玛峰、念青唐古拉山、天山、祁连山、贡嘎山、玉龙山、横断山、秦岭、庐山、黄山等均有发育。珠穆朗玛峰与其附近卫峰之间均以锯齿状的刃脊相连。贡嘎山各冰川围谷在彼此交接处形成了放射状的刃脊,这些刃脊有的亦呈锯齿状。庐山的女儿城和黄山的眉毛峰、紫云峰均是2个冰川槽谷之间的刃脊。

(3)角峰

中国冰川作用的山峰,由于地质、自然地理条件以及冰川作用的不同,其形态有巨大的差异,大体有以下几种类型:

宝剑状角峰　喜马拉雅山群峰起伏,雪峰连绵,珠穆朗玛峰地区的普莫里峰、立新峰、卡尔达峰和卡尔达章格里峰,以及天山西段的汗腾格里山等均属此类型。它们的海拔均在6000米以上,整个峰顶自上而下均为冰雪覆盖,冰雪从四面向山坡不断侵蚀,因此,山峰不同方向上形态比较一致,坡形平直而陡峻,峰顶尖如剑,直插云霄,为最典型的角峰。汗腾格里山的群峰高达6000米~7000米,经第四纪多次冰川作用,山顶成群的角峰,多呈宝剑状。

金字塔形角峰　珠穆朗玛峰地区的珠穆朗玛峰(8844.43米)、洛子峰(8501米)、马卡鲁峰(8470米)、章子峰(7580米)和穆隆索峰(7816米),以及在喀喇昆仑山的世界上第2高峰乔戈里峰(8611米)和横断山脉的贡嘎山(7590米)、玉龙山(6000米)等均属此类型。其中,珠穆朗玛峰是世界上最高峰,其巍峨挺拔的山势,犹如一座高出冰斗底部3000米的巨型的金字塔,巍然屹立在中国的西北部。但这一庞然大物却不过是在倾斜平缓的岩层条件下,由北、东和西南三面的大型的谷源冰斗(即围谷)不断发展而形成的大角峰而已。贡嘎山以主峰为中心的6条山谷冰川,它们的源头均有面积不等的围谷,冰蚀作用使主峰周围呈60°~70°的悬崖,成为典型的金字塔大角峰。上述这些山峰由于坡度极陡,上部冰雪难以停积,以寒冻风化、雪崩、冰崩作用为主,而中下部则以冰蚀作用为主,因而使坡形在冰蚀作用上限处呈明显的转折。这样,上部坡形陡而直,下部则内凹,峰顶明显突出而不尖锐,基部宽大,所以,整个山峰外貌呈金字塔形,它与宝剑状角峰均代表典型的"壮年期"阶段冰蚀地貌之一。

笔架状角峰　天山东段的博格拉山和四川龙门山南段的笔架山等均属此类型。从外貌看,它们都是有3个角峰并列,并呈现出笔架状形式。其中,博格拉山笔架状角峰是在倾角很大的岩层条件下,由冰川刨蚀作用而形成的。

浑圆状角峰　昆仑山西段的慕士塔格峰,海拔达7546米,呈穹窿构造,峰顶浑圆,发育帽状冰川,使山峰不挺拔而呈浑圆的角峰。珠穆朗玛峰地区的卓奥友峰亦属此类型,但不太典型。浑圆状角峰则代表"幼年期"阶段冰蚀地貌之一。

(4) 冰川槽谷

在中国山岳冰川中一般都发育有山谷冰川,它所塑造的冰川槽谷在冰川作用的中高山均有分布,大多典型或比较典型,如天山的木扎特谷地、祁连山的白水河谷地、唐古拉山的温泉河谷地、珠穆朗玛峰地区的卡达尔谷地、贡嘎山的玉农溪谷地、玉龙山的干河坝谷地、螺髻山的日得林谷地、秦岭的大爷海谷地和二爷海谷地等、庐山的王家坡谷地和大校场谷地等等,都具有谷地开阔、谷形圆滑、谷地平坦、谷壁整齐、谷身笔直的特点,其横剖面多呈"U"字型,槽谷宽在100米~2000米之间,有宽浅型和深窄型之分,它们在一定程度上反映了不同的物理性质冰川类型所塑造的冰川槽谷横剖面特征。

中国第四纪冰期与间冰期的交替,在天山、祁连山、唐古拉山、珠穆朗玛峰地区、螺髻山、岷江上游杂谷脑、神农架、鄂西建始、大别山等地冰川槽谷两侧留下明显的谷肩遗迹,发育二级或三级冰川槽谷套冰川槽谷的结构。天山的木扎特谷地是2层冰川槽谷,其两侧的谷肩高出谷底200米~300米,并有冰碛物,为中更新世冰期形成的上层冰川槽谷,谷肩以下的下层冰川槽谷,为晚更新世冰期形成的冰川床,谷底堆积有冰碛物和冰水堆积物,谷壁上还有平行谷底的冰川擦痕。唐古拉山北麓的纳饮曲和布曲亦明显呈新、老冰川槽谷的内叠关系,即相当于庐山冰期的冰川槽谷叠置在相当于大姑冰期的冰川槽谷之内。在珠穆朗玛峰地区曲阿儿附近的梅龙溪亦保存有2层冰川槽谷,上层冰川槽谷高出河水面约200米,有冰川漂砾;下层冰川槽谷高出河水面约80米,谷底有冰川泥砾,现代河床下切下层,冰川槽谷呈V形谷。这种套谷现象在螺髻山清水沟冰川槽谷和玉龙山白水冰川槽谷亦十分明显。在岷江上游杂谷脑一带保存有3层冰川槽谷,呈明显的内叠关系,由上而下海拔分别为2470米、2120米和2060米。

中国冰川槽谷长度在800米到60千米之间,目前已知最长大的是天山木扎特冰川槽谷,其长度达66千米,而中国冰川槽谷宽度有自上游向下游逐渐变窄的趋势,如珠穆朗玛峰地区错曼曲河冰川槽谷、螺髻山清水沟冰川槽谷等都是上游宽展,下游束窄,其中,清水沟冰川槽谷上游宽550米,下游海拔3500米处宽为225米。但并非所有冰川槽谷都是如此,祁连山老虎沟冰川槽谷就是一例,它上游宽50米~100米,而下游的宽度则达400米~800米。中国冰川槽谷纵剖面有比较和缓纵剖面和阶梯状剖面之分,它们在一定程度上反映了不同物理性质的冰川类型所塑造的冰川槽谷纵剖面特征。在大陆性冰川发育地区,或新构造运动较弱、地貌和缓的山地的冰川槽谷,多具有比较和缓的纵剖面,西部山地从珠穆朗玛峰地区到天山西段冰川槽谷纵剖面大多属于这种类型——缺乏岩坎和岩盆。珠穆朗玛峰北坡绒布冰川槽谷具有代表性——没有突出深凹和岩盆。而在海洋性冰川发育地区,冰川槽谷在冰床各段岩性的差异,或构造的差异,或原始谷底纵剖面的起伏条件下容易产生岩坎与岩盆相间交替的阶梯状纵剖面,有巨大的冰蚀湖和冰蚀堰塞湖,如螺髻山的清水沟下槽谷和小高桥槽谷就很典型,前者在几平方千米的范围就集中了6个岩坎和10个冰蚀湖,岩坎高数十米至百余米,而后者全长约10千米,横亘在槽谷中的大龙口岩坎和小龙口岩坎均由千枚岩构成,长度分别约250米和150米,比高分别约200米和150米以上,2岩坎之间为葫芦状岩盆。秦岭太白山冰川槽谷、天目山深溪坞冰川槽谷和鄂西建始茅田冰川槽谷纵剖面也具有阶梯状的特征。

(5)悬谷

天山木扎特冰川槽谷、祁连山老虎沟冰川槽谷、念青唐古拉山白朗河冰川槽谷、贡嘎山海螺沟冰川槽谷、玉龙山蚂蝗坝冰川槽谷、岷江上游杂谷脑冰川槽谷、秦岭太白山大爷池冰川槽谷和三官殿冰川槽谷等均有高挂在谷坡上的悬谷。其中蚂蝗坝主冰川槽谷全长820米,宽约150米,在它上段西南方谷坡上高挂着乌头山支冰川槽谷和野猪坡与黑雪山之间的支冰川槽谷,它们高出蚂蝗坝主冰川槽谷谷底约300米,成为显著的冰阶地貌。岷江杂谷脑主冰川槽谷左、右谷坡上分别高挂着打色尔沟支冰川槽谷和丹扎木沟支冰川槽谷。而玉龙山干河坝冰川槽谷的源头上方也有高出谷底约150米的悬谷。

2. 冰碛地貌

中国的冰碛地貌类型齐全,主要有终碛垄、侧碛堤、中碛堤、冰碛丘陵、冰碛平原等,其中,终碛垄、侧碛堤在冰川作用的山地中分布相当广泛。

(1)终碛垄

终碛垄是中国冰碛地貌中最为常见的地貌形态,它是鉴定中国山地高原地区冰川作用的重要标志之一,亦是划分中国第四纪冰期的一个主要依据。当然,通过终碛垄也可以确定山地冰川作用的下限。

中国全新世冰川在冰后期气候冷暖波动中进退,所形成的终碛垄形态典型,保存完整,而且组成终碛垄的冰碛物疏松,块砾新鲜。中国全新世终碛垄集中分布在西部现代冰川地区。据对西部100条现代冰川的统计,绝大多数冰川在全新世中都沿古冰川槽谷发生多次前进,叫新冰期。西藏全新世冰川就有明显的3次前进,第1次冰进是在3000年开始,叫绒布德寺冰进;第2次冰进发生在1920±110年~1514±85年,叫通珠冷冰进;第3次冰进出现在17世纪~19世纪,这次冰进与全球小冰期时间基本一致,而且在每次冰进中又常有若干次一级波动,因此形成一些小的终碛垄系列。喜马拉雅山、唐古拉山、昆仑山、祁连山、天山、阿尔泰山、横断山系等全新世冰川在进退中都形成终碛垄,但各地并非一样(表3-2-11)。唐古拉山姜古迪如冰川在小冰期阶段性后退中形成3道最新终碛垄;阿尔泰山分布有一道新冰期终碛垄和3道小冰期终碛垄;玉龙山在海拔3900米~4000米处有2道~3道新冰期终碛垄,距现代冰川末端0.8千米~1千米,相对高度达十几米。由上可见,中国新冰期终碛垄均分布在现代冰川末端以下的冰川槽谷内,距现代冰川末端有1千米~2千米,与现代冰川末端高差达100米~200米,而小冰期终碛垄则与冰舌紧接或不超过200米左右的距离。但这些不同地区终碛垄一般均可分别与乌鲁木齐河河源3道新冰期终碛垄—北山组(年代分别为5680±150年、4080±150年和2800年)和3道小冰期终碛垄(年代分别为400年、210年和70年)进行对比。

表 3-2-11　中国西部全新世终碛垄

| 山系 | | 流域 | 小冰期终碛垄形态特征 | 新冰期终碛垄形态特征 |
|---|---|---|---|---|
| 喜马拉雅山 | 珠穆朗玛峰北坡 | 绒布河 | 终碛垄末端海拔高度5180米,以垄状横贯谷地,相对高度40米~50米,两端与低侧碛堤相连 | 绒布德寺新冰期,绒布德寺终碛垄,它在现代绒布冰川末端以下2.2千米范围的绒布德寺附近,在海拔5100米处由8列互相终碛垄组成,高出谷底20米~50米 |
| | 卓奥友峰北坡 | 热火藏布 | 在海拔4980米处有3道紧密相连的终碛垄,高出谷底30米~50米 | 在海拔4900米处有终碛垄,长达1千米,高出谷底80米 |
| | 希夏邦马峰北坡 | 那克多拉河 | 17世纪~19世纪冰进,在海拔5530米处的现代终碛与埋藏冰舌共长2000米,相对高度达25米~30米 | 在现代冰川末端以下12千米的冰川槽谷内的海拔5430米有几组阶段性终碛垄,与侧碛堤相连,表面起伏,高出河床100米 |
| 天山 | 汗腾格里山 | 木扎尔特河 | 在现代冰川末端以下的冰川槽谷内海拔2930米处有两道弧形终碛垄,横栏谷地,高出谷底90米 | 土格别里齐新冰期,土格别里齐终碛垄,它在海拔2520、2560、2630、2710米处由四道终碛垄组成,高出谷底50米 |
| | 博格达山 | 四工河 | 在距现代冰舌300米~400米、270米和20米处有3道终碛垄,年代分别为400年、210年和70年,高出河床10米~35米 | 力行大板新冰期,力行大板终碛垄有3道终碛垄,成台阶状分布,年代分别为5680±150年、4080±150年和2800年,分别高出河床250米、130米和50米~95米 |
| | 哈尔里克山 | 庙尔沟 | 弧形终碛垄横栏谷地,顶宽20米~70米,海拔3280米处终碛垄又分为3道,高出谷底30米~70米 | 在海拔2750米处的终碛垄,顶宽20米~40米,高出谷底30米~60米 |
| 祁连山东段 | 冷水岭 | 水管河 | 在海拔4050米、4100米和4150米处有3列弧形终碛垄,分别高出河床30米、60米和100米 | 在海拔3740米和3840米处有两列终碛垄,分别高出谷底10米~20米和20米~40米 |
| | | 闸渠河 | 在海拔4200米和4260米处有两列终碛垄,分别高出谷底60米和40米 | 在海拔3900米~4000米处有两列终碛垄,分别高出谷底110米~120米和80米~90米 |
| 横断山 | 雀儿山 | 养克塘河 | 在海拔4300米的现代冰川末端有年轻终碛垄 | 在年轻终碛垄下方的冰川槽谷中有两道弧形终碛垄,高出谷底30米和50米,终碛垄堵塞形成南北长约3千米、东西宽约1千米的新路海终碛垄堰塞湖 |
| | 贡嘎山 | 别托西河 | 终碛垄与冰舌紧接,前坡高陡,高出谷底约400米 | 在现代冰川末端以下约1000米处有3道终碛垄,高出谷底10米~50米 |

　　中国晚更新世终碛垄保存良好,形态较典型,而且组成终碛垄的冰碛物稍有胶结,块砾浅风化,主要分布于东西部地区晚更新世冰川作用山地,尤以末次冰期终碛垄最清楚。西部地区主要山脉均有末次冰期终碛垄遗迹。珠穆朗玛峰的北坡绒布河、东坡甘马藏布河、东北坡卡达河等都有珠穆朗玛冰期冰川堆积的终碛垄。其中,绒布河在绒布冰川末端以下10千米的海拔5000米绒布寺附近就有4列终碛垄,其表面起伏,呈丘陵状,相对高度为80米~100米,南北长约800米,东西宽400米,成为绒布寺终碛垄。在珠穆朗玛峰的东侧坡麓上有4列侧碛堤与这4列终碛垄相对应。唐古拉山纳钦曲冰川槽谷口海拔5100米处有末次冰期形成的4道高大终碛垄,总宽度达3千米许,高度由北而南递增,最后一道终碛垄相对高度达60米~70米,终碛垄坡形明显。昆仑山垭口东北侧的山间盆地边缘有相当于玉木冰期山麓冰川形成的终碛垄。祁连山冷水岭的水管河和闸

渠河均有这次冰期的3道终碛垄,前者在海拔3300米、3400米和3640米处;后者在海拔3400米~3600米、3620米和3650米~3720米处。天山的汗腾格里山木扎特河谷和博格达山四工河谷中分别有由破城子冰期形成的破城子终碛垄和驴尾巴梁冰期形成的驴尾巴梁终碛垄,前者在海拔1950米~2250米之间,约有10列~26列大小不等的弧形终碛垄,南北延伸7千米,东西最大弧长达7.5千米,比高约40米~80米;后者在海拔1950米处,呈长垄岗状,高出谷底70米~200米。玉龙山冰碛物以终碛保存最为完整,其形态极为典型,其中干河坝、扫坝和日卡必斗冰川槽谷均有大理冰期的弧形终碛垄。干河坝冰川槽谷有6道终碛垄,日卡必斗冰川槽谷出口处有玉石坎终碛垄,它呈弧形状迭置于洪积扇上。贡嘎山海螺沟冰期的终碛垄,在子梅山东、西两侧3600米~4100米处有一道厚约100米冰碛物组成的终碛垄,而在汪家沟牲口棚一代终碛垄则高达800米。

从上可见,中国西部地区现代冰川山地第四纪末次冰期终碛垄遗迹多而明显。但东部地区海拔大都在2000米以下,仅在海拔3000米以上山地曾发生末次冰期冰川作用,只在这些山地才有终碛垄遗迹,如螺髻山、秦岭太白山、台湾中央山地等,因此东部地区末次冰期终碛垄遗迹少。螺髻山主峰海拔4350米,山顶保存发育完好的螺髻冰期终碛垄多见于北段的冰川槽谷和冰斗中,相对高度达数十米至百余米,终碛垄的内侧多有海子,即冰碛湖。秦岭太白山主峰拔仙台海拔3767米,在大爷海冰川槽谷、二爷海冰川槽谷末端均有太白冰期弧形终碛垄,海拔在3000余米。其中,大爷海冰川槽谷末端终期垄海拔为3200米,相对高度15米~20米,而二爷海冰川槽谷末端则有3道终碛垄,其海拔分别为3200米、3190米和3120米,第2道终碛垄长200米,宽达250米,其内侧形成终碛湖,即三清池,其下为峡谷。台湾中央山地有许多山峰海拔都在3000米以上,如玉山、雪翁山、南湖大山等,它们都受到雪翁冰期冰川的作用,其中南湖大山主峰海拔为3740米,除发现冰斗外,还有冰川槽谷,而最大的冰川槽谷下降到海拔3000米,谷中有弧状终碛垄。

中国中、早更新世终碛垄受后期各种外营力破坏严重,尤以早更新终碛垄破坏殆尽,无法辨认。中更新终碛垄也仅在一些山地保存其残迹,仍可恢复其形态,如唐古拉山、天山、西藏东南部山地、玉龙山、秦岭、庐山等。唐古拉山长江河源沱沱河地区纳钦曲冰川槽谷有相当里斯冰期终碛垄,它多达4列,宽7千米~8千米,长22千米,相对高度30米~50米。天山地区伊连哈比尕山北坡的巴音果勒沟口,在喇嘛庙北的海拔1500米处,有契克大坂冰期环形的终碛丘。西藏东南部察偶冰川槽谷中有瓦弄冰期的瓦弄终碛垄。玉龙山日卡必斗冰川槽谷口以外的海拔2800米处有丽江冰期终碛垄。庐山山下大姑冰期终碛垄多呈长丘,状如新月,由红色泥砾组成。

(2)侧碛堤

中国全新世侧碛堤是第四纪保存最完好和形态最典型的侧碛堤,常与全新世终碛垄相连,它集中在西部现代冰川地区。在青藏高原和西北高山区,现代冰川两侧在较典型情况下,有3道新侧碛堤,如喜马拉雅山的珠穆朗玛峰北坡、东坡绒布冰川、久达冰川、康雄冰川和卓奥友峰北坡加布拉冰川以及希夏邦马峰北坡野博康加勒冰川,都有明显3道现代侧碛堤。其中,绒布冰川西侧的3道现代侧碛堤,在中、西绒布冰川汇合处分别高出冰面60米、100米和250米,它们一般呈平直的堤状分布在冰川两侧,而位置较高的两道侧碛堤向下游伸展已超过了现代冰川末端;久达冰川末端外围现代侧碛堤保存完好,一般较典型的可分出2道~3道,高出冰面50米~70米;康雄冰川有3道现代侧碛堤,外侧碛堤高出河床约90米,它沿着冰舌两侧向下游延伸,在距冰舌末端以下2千米处与1道形态完整的终碛垄相连。这些现代侧碛堤的3道分化的典型情况,在中国唐古拉山、天山、祁连山、阿尔泰山等都有表现,其形成时代大体都在16世纪~19世纪中叶全球性转冷时期。

中国更新世尤以晚更新世侧碛堤保存良好,形态亦较典型;而中、早更新世侧碛堤则遭受后期各种外营力破坏严重,特别是早更新世侧碛堤,几乎已被破坏殆尽。中国更新世侧碛堤在西部的喜马拉雅山、天山、祁连山、阿尔泰山、西藏东南部山地、横断山地等都有分布。喜马拉雅山珠穆朗玛峰的北坡、东坡和东北坡的绒布河、甘马藏布河和卡达河等都有珠穆朗玛冰期侧碛堤。其中,绒布河冰川槽谷中有与绒布寺终碛垄相应的侧碛堤,在东侧坡麓上有4道侧碛堤,西侧坡麓的侧碛堤向上游延伸,即成为绒布冰川的高侧碛堤。甘马藏布河冰川槽谷上游有高、中、低3道侧碛堤,它们分别高出谷底160米~180米、100米左右和数十米;卡达河冰川槽谷上游亦有2道侧碛堤,它们分别高出谷底140米~160米和90米~100米。天山西段腾格里山木扎尔特冰川槽谷在昌萨雷苏河口以南约5千米处保留有高约100米左右的侧碛堤,而且在冰川悬谷内也有侧碛堤发育。祁连山团结峰南坡在现代冰川终碛垄之外分布有三叉口冰期内外两道侧碛堤,相对高度10米~30米,向下延伸到冰舌前端3千米~4千米。阿尔泰山西南坡河谷中分布有3次冰期侧碛堤,其比高分别为120米~150米、50米~90米和10米~15米,它们分别形成于更新世初期至中期、更新世晚期和更新世晚期至全新世之间,但第一冰期侧碛堤已被严重破坏不清楚。西藏东南部山地是中国主要的季风海洋性冰川,在安贡—来古一带分布有2道侧碛堤。雀儿山北坡马尼干戈以上冰川槽谷两侧山坡上和竹庆盆地边缘均有大理冰期侧碛堤分布,形态十分完整。贡嘎山分布有海螺沟冰期侧碛堤;在贡嘎寺有一道长约600米~700米、宽约30米、高出河床100米的侧碛堤。在燕子沟冰川槽谷上游海拔3500米处有一道长3000米、厚80米~110米、宽500米的侧碛堤。在磨西河冰川槽谷上游有一道高出河面120米、宽数百米的侧碛堤。玉龙山的白水河、干河坝、扫坝冰川槽谷都分布有侧碛堤,其中白水河冰川槽谷两侧连续分布高低2道侧碛堤,长度达6千米~7千米。低的一道为大理冰期侧碛堤,它主要分布在下冰川槽谷中,高出河床30米,顶部宽5米~50米不等;高的一道为丽江冰期侧碛堤,它主要分布在上冰川槽谷中海拔3500米以下的两侧山坡,南、北侧分别有4道和3道侧碛堤,总宽度分别达1千米和1.5千米以上,高出谷底80米~150米。干河坝、扫坝冰川槽谷的谷口南北两侧和谷中两侧的侧碛堤,其高度相若,均是大理冰期冰川堆积形成的。

中国东部地区保存更新世侧碛堤遗迹远不如西部地区多,亦没有西部地区清楚,仅在螺髻山、岷江上游、秦岭等发现有侧碛堤,尤以螺髻山、秦岭的晚更新世侧碛堤为典型。螺髻山螺髻冰期典型侧碛堤见于黑龙潭、日得林冰川槽谷,其中,黑龙潭冰川槽谷两侧分布着2道高低侧碛堤,它们分别高出谷底约100米多和40米~50米。日得林冰川槽谷左壁亦分布有高低两道侧碛堤,它们分别高出谷底150米和30米~40米。秦岭太白山南坡二爷海、佛爷池冰川槽谷有保存完好的太白冰期侧碛堤。其中二爷海冰川槽谷在三清池由内向外分布侧碛堤Ⅰ、侧碛堤Ⅱ和高侧碛堤,前两道侧碛堤分别高出河床20米~30米和40米~50米,侧碛堤Ⅰ直接倚附在侧碛堤Ⅱ的内侧,而侧碛堤Ⅱ则直接倚附在高侧碛堤的内侧,高侧碛堤则分布在冰川槽谷两侧的基岩直坡上;在佛爷池冰川槽谷亦可见到二爷海冰川槽谷相似的横剖面,不同之处是冰川槽谷较窄,两侧的冰期物较新的倚靠在较老冰碛物的内侧。

(3) 中碛堤

中国的第四纪中碛堤不甚发育,其遗迹保存甚少,远不如终碛垄和侧碛堤分布广泛,仅在东西部地区一些山地如唐古拉山、西藏东南部山地、螺髻山、龙门山、大别山、庐山、天目山等个别地点有所分布。其中,唐古拉山长江上游沱沱河源头地区有末次冰期中碛堤和西藏东南部安贡错—来古地区中碛堤外,在螺髻山显著的中碛堤是日得林主冰川侧碛堤与右侧支冰川侧碛堤相堆积形成的中碛堤。龙门山杂谷脑南的胆扎木沟是一个典型的冰川槽谷,其上游有4条支冰川槽谷,其中,肥料山的支冰川槽谷侧碛堤与相邻支冰川槽谷侧碛堤合成为杂谷脑冰期中碛堤,其长达70米,比高30米。大别山东麓的马鞍山是黄屯冰川与三官桥冰川汇合形成的庐山冰期中碛堤,它呈南北向,长2.5千米,东西宽400米~800米,高出黄屯谷地近50米,几乎全为冰川泥砾所组成。

### 四、中国著名冰川

(1)喜马拉雅山绒布冰川(西藏)  绒布冰川地处珠穆朗玛峰脚下海拔5300米~6300米的广阔地带,由西绒布冰川和中绒布冰川这2大冰川共同组成。长22.4千米,面积达85.4平方千米。冰舌平均宽1.4千米,平均厚度达120米,最厚处在300米以上。绒布冰川规模大,在广阔的冰雪面上最引人注目的是冰塔,其次是表碛丘陵和迂回曲折、时隐时现的冰面河流以及明镜般的冰面湖泊。冰川地貌类型齐全,其上限一般在7260米。冰川广泛分布着冰斗冰川和悬冰川,并拥有冰蚀湖、冰陡崖、冰洞、冰河、冰裂隙。前端可以看到冰塔林、冰蚀湖、冰斗、角峰、刃脊等奇异的天然冰川现象。千姿百态的冰塔林突兀而立,有的像锋利的宝剑,有的像古刹钟楼,还有冰桌、冰桥、冰柱、冰洞。冰锥形似一柄柄利剑直插苍穹,又似一群群动物形态万千,其间更有幽深的冰洞,曲折的冰河,奇特壮观。冰川的补给主要靠印度洋季风2大降水带积雪变质形成。冰川上有千姿百态、瑰丽罕见的冰塔林、冰茸、冰桥、冰塔等,千奇百怪,美不胜收。又有高达数十米的冰陡崖和步步陷阱的明暗冰裂隙,还有险象环生的冰崩雪崩区。近年来的观测发现,珠峰地区绒布冰川正在强烈退缩,冰川消融加速,消融区在扩大。冰川的强烈退缩形成了大量具有蓄水功能的冰碛湖,而且冰碛湖形成的趋势正在向上游扩大。

图3-2-11  绒布冰川　　　　　　　　　图3-2-12  特拉本坎力冰川

(2)特拉本坎力冰川(新疆)  位于喀喇昆仑山脉的特拉木坎力峰(海拔7441米)下,冰川长28千米多,面积为124.53平方千米,冰川末端高度为4520米,冰川雪线高度为5390米。冰川冰净储量为26.774立方千米,换算成水量可达22.758亿立方米,是一座名副其实的"固体水塔"。冰川地貌复杂多变,消融区表碛密布,冰塔林十分发育。高达数十米的冰塔林自海拔5200米处发育向下至冰川末端,长度在11千米以上。冰川上的连座冰塔形成一座座冰峰甚是壮观,冰峰下常伴有冰湖,碧波荡漾。同时冰塔林向下又有无数条"冰胡同"相连。孤立的冰塔多呈"金字塔"形,塔尖如利剑直刺长空。在冰塔林还有不少其他类型的冰川喀斯特地貌景观,如瑰丽奇特的冰洞,高大的冰桌、冰桥、冰蘑菇、冰芽等。冰舌上段冰面洁净,冰塔及各种冰雕形态随处可见。

(3)贡嘎山海螺沟冰川(四川)  位于著名山峰贡嘎山东坡,其最下端的海拔高度仅为2850米,低于贡嘎山雪线1850米,使具有一般体力的旅游者都可以亲身登上宽达2千米、冰体厚度达100米~300米的冰川。冰川生成于大约1600年前,地质学称其为现代冰川。它是贡嘎山最大的一条冰川,长14.2千米,末端落入森林带内6千米,又形成冰川与原始森林共生的绝景。巨大的冰洞、险峻的冰桥,使人如入神话中的水晶宫。冰面河、冰面湖、冰下河、冰川城门洞、冰裂隙、冰阶梯、冰石蘑菇、巨大的冰川漂砾、冰川弧拱和极其宽阔的U形冰川峡谷,两侧高逾数百米的留有冰川擦痕的绝壁和黛绿色的原始森林等,形成唯冰川所有的独特景观。冰川流动在陡坡段,冰体呈坠落或滑落状态,形如瀑布,称为冰瀑布。海螺沟冰川冰瀑布是中国已知最大的冰瀑布,高1080米,宽500米~1100米。更妙的却是沟中接近冰川的地方,却有大流量的温泉、热泉甚至沸泉。由于冰体融冻作用,它不断产生冰崩。海螺沟冰川活动剧烈的春夏季,一天可达上千次,最多时一次可塌垮上百万立方米的冰体。

(4)阿扎冰川(西藏)　属海洋型冰川,位于察隅县上察隅镇境内,是目前西藏海拔最低的冰川,主峰高度6882米,雪线海拔只有4600米,朝向西南,长约27千米,其冰舌分为南北2支,其北支为附冰舌,分布在然乌镇境内。其南支为主冰舌,分布在察隅县境内,基本上穿行在森林之中,形成世界上极为罕见的森林、冰川景观。冰川的地形地貌由高向低分为3个阶梯:第一阶梯是冰川的形成区。在这个区域里,由于海拔高,除可作专业登山队的训练基地外,一般旅游者无法涉足。只能从高处远眺其雄伟壮观的风姿。第二阶梯是冰川中间的大冰瀑布,第三阶梯是冰川下端的冰川舌。

(5)卡钦冰川(西藏)　又称恰青冰川。位于念青唐古拉山东段南坡易贡藏布江北侧,西藏自治区东南部,波密县八盖乡境内。系山谷冰川,冰川朝向东南,冰舌末端伸入森林区。长35千米,面积约172平方千米。冰舌末端海拔为2530米,冰舌伸入原始森林10千米以上,在冰舌末端附近还形成了一道高约600米的冰瀑布。是中国最大的海洋型冰川、西藏境内最大的冰川、中国第3大冰川。弧拱构造大多位于冰川瀑布脚下,是在冰川表面形成的一圈圈凸向下游的弧形条带,黑白相间,就像流水瀑布在下方的水潭中激起的道道涟漪。

(6)米堆冰川(西藏)　位于念青唐古拉山与伯舒拉岭的接合部,波密县玉普乡米美、米堆2村,距县城所在地扎木镇90多千米。米堆冰川主峰海拔6800米,雪线海拔只有4600米,末端海拔只有2400米。由世界级的冰瀑布汇流而成,每条瀑布高800多米,宽1000多米,2条瀑布之间还分布着一片原始森林。冰川下段已穿行于针阔叶混交林带,是西藏最主要的海洋型冰川之一、中国3大海洋冰川之一,也是世界上海拔最低的冰川。这是典型的现代季风型温性冰川,地貌类型齐全,尤以巨大的冰盆、众多雪崩、陡峭巨大的700米~800米冰瀑布、消融区上游的冰面弧拱构造,以及冰川末端冰湖和农田、村庄共存为特点。冰川发育在源头海拔6000米左右的雪山,雪山上有2个巨大的围椅状冰盆。冰盆3面冰雪覆盖,积雪随时可以崩落,直立的雪崩槽如刀砍斧劈般,在几个小时内就能观察到3次雪崩。频繁的雪崩是冰川发育的主要补给方式。还是一条会"突然跃动"的冰川,这在全世界的冰川中都是非常罕见的。

(7)各拉丹东冰川(青海)　位于格尔木市唐古拉山乡境内、唐古拉山脉最高峰。南北长50千米,东西宽30千米。除主峰各拉丹冬峰外,海拔6000米以上的山峰还有40余座,冰川覆盖面积790.4平方千米,有冰川130条。雪线高度北坡5570米,南坡侧各有一条弧形冰川,南支姜根迪如冰川,长12.8千米,宽1.6千米,尾部有5千米长的冰塔林,是长江正源沱沱河的发源地;北支冰川长10.1千米,宽1.3千米,尾部有2千米长的冰塔林,冰桥、冰草、冰针、冰蘑菇、冰湖、冰钟乳等构成千姿百态的冰塔林世界。格拉丹冬冰山群属于山岳冰川,高达六七十米的冰塔林,银盔白甲,高耸入云,一座挨一座,千姿百态。有小规模更新世冰川残留,刃脊、角峰、冰川地形普遍,中更新世形成的冰川比今天的大约28倍,准平原面上可成小片冰盖,它的两坡冰川堆积物厚达800米以上。

南坡比北坡的冰川少,但冰川地形以南坡发育。

图 3-2-13　各拉丹东冰川

图 3-2-14　托木尔冰川

(8)天山托木尔冰川(新疆)　托木尔峰海拔7435.3米,是天山最高峰。位于天山西部温宿县境内。4000米以上的地区,即使在炎热的夏季,也是一派玉龙飞起、周天寒彻的冰雪世界。托峰地区是中国最大的现代冰川作用区之一,共有冰川829条,其中发育在中国境内的509条,冰川总面积达2746平方千米,冰雪储量3500亿立方米,是中国冰川之最,比祁连山和珠穆朗玛峰地区冰雪储量的总和还大得多。冰川上常形成消融区热喀斯特现象,水深莫测的冰面湖,风情万种的冰钟乳,数百米深的冰裂缝,还有浅蓝绿色的冰溶洞、冰蘑菇、冰下河道等相当发育的冰川奇景,大量冰川融水由冰舌末端的冰洞流出。山上天气多变,有时晴空万里,却突然"雷声"震天响;雪尘滚滚,飞泻而下,掀起数十米高的雪浪,这就是雪崩。高山探险家们若晚上躺帐篷里,冰河的流水声伴着被冰水冲动的滚石沉闷的隆隆声,不绝入耳,别具一番风味。托峰地区的冰川为亚大陆性冰川,这里长度10千米以上的冰川有20余条,最长的冰川是托木尔峰北部的汗腾格里冰川,是世界8大山谷冰川之一,号称"天下第一冰川",长60.8千米,横跨中、吉2国;托木尔冰川长32千米,是中国最长冰川之一;另外,还有著名的大冰川——木扎特冰川、喀拉古勒冰川、吐盖拜里齐冰川等。在山谷冰川中,有许多巨大的树枝状冰川,称之为"托木尔山谷型冰川",这类冰川占冰川总量的85%。

(9)音苏盖提冰川(新疆)　位于新疆喀喇昆仑山脉乔戈里峰北坡,长约42千米,冰舌长约4200米,面积达380平方千米,估计冰储量不少于116立方千米,其融水注入叶尔羌河。是中国面积最大、长度最长、冰储量最大的山谷冰川。属于在高原内部干旱半干旱气候条件下发育的大陆性冰川,冰川温度低,消融慢,进退幅度小,运动速度慢,它是由4条巨大的支冰川和10余条规模不等的冰流汇合而成的树枝状山谷冰川。冰川末端下伸至海拔4000米左右的谷地中,冰川消融区表碛密布,冰塔林十分发育,裂隙密集,又称为"裂隙冰川"。冰川上有千姿百态、瑰丽罕见的冰塔林、冰茸、冰桥、冰塔等千奇百怪,美不胜收。又有高达数十米的冰陡崖和步步陷阱的明暗冰裂隙,还有险象环生的冰崩雪崩区。

(10)天山乌鲁木齐河源1号冰川(新疆)　简称为天山1号冰川、乌鲁木齐河源1号冰川、中国1号冰川等,它是乌鲁木齐河的源头。位于市区西南120余千米处的天格尔山中,海拔3740米~4480米,雪线平均高度为4055米,其周围是2、3、4、5等编号冰川,大小有76条现代冰川,最大的是天格尔峰北坡的1号冰川,它是世界上离大都市最近的冰川。属双支冰斗—山谷冰川,长2.4千米,平均宽度500米,面积1.85平方千米,最大厚度140米,年均运动速度约5米,底部海拔高度为3740米。冰川内部晶莹蔚蓝,冰面裂隙纵横;金字塔般的角峰,锯齿形的刃脊,弧形的冰川终碛和喧腾的冰川河独具魅力,令人震撼。在1号冰川下面海拔3500米以上,可以看到成层的槽谷、岩坎、岩盆、冰斗及状似绵羊脊背的羊背石等冰蚀景观,在海拔 2800 米以上的谷地保存着各时期的冰川堆积物。天山 1 号冰川形成于第三冰川纪,距今已有 480 万年的历史了。由于现代冰川类集中,冰川地貌和沉积物非常典型,古冰川遗迹保存完整清晰,所以 1 号冰川有"冰川活化石"之誉,成为中国观测研究现代冰川和古冰川遗迹的最佳地点。这里冰川冲积地貌非常明显,对于进行地质科学考察旅游的客人,可以从这里探察乌鲁木齐河亿万年间发育的过程。整个冰川有各种形状的"呈舌状的冰川前缘""金字塔般的角峰""弧形的冰川终碛"。

(11)祁连山七一冰川(甘肃)  位于甘肃省嘉峪关市西南 116 千米处的祁连山,是中国距离城市最近的可游览冰川。为典型的高原冰川。冰舌部位海拔 4300 米,冰峰海拔 5150 米,面积 3 平方千米,冰层平均厚度 78 米;坡度小于 45°,全长 30.5 千米,冰层平均厚度 78 米,最厚处达 120 米,年储水量为 1.6 亿立方米,融水量 70 万立方米~80 万立方米,成为一大固体淡水水库。七一冰川景观奇特,远望似银河倒挂,白练悬垂;近看则冰舌斜伸,冰墙矗立,冰帘垂吊,冰斗深陷,神秘莫测。七一冰川正逐渐萎缩,近年来尤为明显,主要表现为冰川物质出现严重的负平衡、冰川零平衡线位置不断升高等。

(12)梅里雪山明永冰川(云南)  位于云南梅里雪山东坡,是卡瓦格博峰下其中一条长长的冰川,这是一条低纬度热带季风海洋性现代冰川,山顶冰雪终年不化。由于它所处的雪线低,气温高,消融快,靠降水而生存,因而它的运动速度也快。冰面积为 12.55 平方千米,长 11.5 千米,宽约 3 千米,据推算冰川表面平均运动速度为每百年 533 米左右,是目前所知运动速度最快的冰川之一。到冬天,它的冰舌可以从海拔 5500 米往下延伸到海拔 2800 米处,如一条银鳞玉甲的游龙,从高高的雪峰一直延伸到山下,直扑澜沧江边,离澜沧江面仅 800 多米。梅里雪山冰斗、冰川随处可见,其中最长的冰川,藏语称"明永恰","明永"系冰川下一村寨。"洽"是冰川融化的水之意。"明永"即火盆,因该村四周山峦起伏,气候温和而得名"明永"。冰川呈一个巨大的冰雪凹地,夏季晴天,冰雪融水汇集成湖,湖的直径约 50 米,湖水呈蓝黑色,深浅莫测,夜晚复又冻结,是横断山区少见的粒雪盆奇观。大量冰雪溢出粒雪盆沿陡坡而下,形成具有 2 级巨大冰瀑布的山谷冰川,是横断山脉除位于贡嘎山长 13.6 千米的海螺沟冰川之后的第 2 条最长的山谷冰川。在明永冰川的南侧为一条北东走向的山岭,有几个残留的山顶面,向北东倾斜,其海拔约为 5500 米。平顶山岭上覆盖冰雪形成一个冰帽,西坡冰雪流入明永冰川大粒雪盆南侧的冰雪走廊,北坡冰雪流入悬崖下形成了 5 个悬冰川和再生冰川。因此,明永河谷上源冰川类型多样,明永冰川本身冰面地貌形态亦千变万化,冰墙、冰柱、冰面小河、冰洞、冰天生桥、冰中潜流河道、冰杯、小冰丘、冰桌、表碛丘陵和洼地等构成了滇西北独特的冰川奇观。

(13)祁连山老虎沟 12 号冰川(又名透明梦柯冰川,甘肃)  位于甘肃肃北蒙古族自治县境内的祁连山西段。长 10.1 千米,面积 21.9 平方千米,储冰量 2.63 立方千米,是中国西北地区即将开发的最大的极大陆型山谷冰川。冰川规模较大,冰面景象丰富、变幻奇特,突兀的雪峰险峻嶙峋、纵横交错的冰谷曲折迂回、冰洞神幻奇妙、冰壁高耸陡峭、冰瀑好似银河倒挂,冰谷、冰蘑菇、冰斗、冰瀑布、冰裂缝等特有冰川地貌在这里随处可见。冰面洁净,少有冰碛物,宽广的雪原、奇形怪状的冰蘑菇、冰塔、冰洞等热融冰雕造型变幻莫测,让人目不暇接,峰、塔、溪、谷、洞、壁、湖、瀑等景物不断在眼前闪现;冰挂玉坠、河口冰乳、冰峡骇浪、冰雪瑶池、群鳄戏冰、巨鳄啸天等景点使人目不暇接。新奇、神秘、幻变是透明梦柯冰川的最大特点;雄浑、壮阔、旷达是大雪山老虎沟透明梦柯冰川的特色。老虎沟地区共有冰川 44 条,面积共 54.3 平方千米左右,"透明梦柯"冰川是其 12 号冰川。

（14）来古冰川（西藏） 位于西藏昌都地区八宿县然乌镇境内，紧邻然乌湖。来古冰川为世界3大冰川之一，是帕隆藏布的源头，冰雪融水流进然乌湖，湖畔是茂密的原始森林，还有很多原始的藏族村落。由美西、亚隆、若骄、东嘎、雄加和牛马等6条冰川组成，因为所有这些冰川都围绕着来古村，所以它们被人们统称为来古冰川。该冰川群中亚隆冰川最为壮观。亚隆冰川长12千米，从岗日嘎布山海拔6606米的主峰延伸至海拔4千米的岗日嘎布湖；气候上，地处印度洋季风向青藏高原输送冷空气的主要通道，降水充分，有利于冰川的发育，属于海洋性冰川。围绕着来古村的多条冰川，在村子前形成了多个冰湖，因不同的冰川所在的地质和土壤成分不同，每一个冰湖都会反射出不同的颜色，有一个冰湖上还漂浮着大大小小的冰山，看上去真有点到了南极的感觉。冰川的末端与冰湖之间，断裂的冰川露出十数米高蓝幽幽的冰层。

（15）玉龙雪山冰川（云南） 云南玉龙雪山主峰扇子陡海拔5596米，是中国现代冰川最南的分布区。山脊两侧分布着19条冰川，其中东坡15条，西坡4条，总面积11.61平方千米，冰川平均面积0.61平方千米。白水河1号冰川是玉龙雪山最大冰川之一，长2.7千米，面积1.52平方千米。玉龙雪山的现代冰川的类型可分为山谷冰川、冰斗冰川和悬冰川以及它们之间的过渡类型——冰斗山谷冰川和冰斗悬冰川，属海洋性冰川。随着全球气候变暖，位于云南省丽江市以北25千米处的玉龙雪山冰川近20年来出现消融量增加、冰舌位置后退、冰川面积减小、雪线上升现象。据监测显示，从1982年到2002年，玉龙雪山最大的白水1号冰川冰舌大约后退了250米，厚度和积雪面积也在减小。冰川末端海拔高度由2004年的4255米上升至2009年的4320米；海拔4680米处的冰川宽度由2004年的336米缩减为2009年的318米。

（16）岷山雪宝顶冰川（四川） 中国现代冰川作用最东部的山峰——四川岷山雪宝顶，海拔5588米，分布着8条冰川，其中7条属岷江流域，一条属涪江流域，冰川总面积为2.64平方千米，冰川规模比较小，大都是悬冰川，中值高度为4800米~5220米。属岷江流域的7条现代冰川按流域内反时针方向依次编号为1号~7号冰川，雪宝顶冰川最大，编号为7号冰川，长度仅为1.5千米，面积1.2平方千米，冰储量约为0.0444立方千米。其他6条冰川，其长度在0.4千米~1.3千米，面积仅在0.09平方千米~0.28平方千米。流入涪江流域的现代冰川只有1条，长0.6千米，面积为0.15平方千米。都是小型的冰斗冰川和悬冰川。雪宝顶的冰川属于海洋型冰川，这一冰川的最大特点是冰温在零度。夏天，冰川可以起到降低局部地区温度的作用；冬天，在气温零下十几度时，冰川可以将自身的热量传递出来，起到升温的作用。雪宝顶冰川虽然小，它却为区内各种生物和非生物的自然景观地貌的形成提供了稳定的水化学和水动力资源。如果没有高踞于雪宝顶高峰之上的现代冰川这座天然固态水塔，如果没有冰川融水稳定地为黄龙景区内钙华泉的形成，为森林植被的繁衍生息提供最基本的水源保证，黄龙的钙华泉池就不会有那么的完美，森林也不会有那么的茂密。

（17）普若岗日冰原 位于西藏那曲地区，海拔在6000米~6800米，冰川覆盖面积422.85平方千米，是世界上最大的中低纬度冰川。冰川学界根据冰川的规模，将冰川分为冰盖、冰原和山谷冰川等类型。其中，最大的冰川，比如覆盖着南北两极大陆的成百万、上千万平方千米的冰川被称作"冰盖"；规模次于冰盖，成百、上千平方千米的冰川被称为"冰原"。普若岗日冰原于1999年被中美科学家首次发现，并被确认为世界上除南极、北极以外最大的冰川。被称为世界第3大冰川，也是世界上最大的中低纬度冰川。冰原表面平坦，呈西北东南方向条形分布。冰原向四周山谷放射溢出50多条长短不等的冰舌，最低处海拔5350米。冰舌高近百米，分几个坡面。最底层坡度最大,超过45°。其冰峰晶莹剔透,冰洞空旷如宫,令人仿佛置身于宝石山或者水晶宫。尤其是那一个个冰塔、一个个冰柱、一个个冰蘑菇……构成了一个神奇的童话世界。白茫茫的冰原紧邻绵延起伏的沙丘,清莹莹的湖泊如同一颗颗明珠镶嵌在冰原周围,这种冰川、沙漠、湖泊融为一体的景色堪称世界奇观。

## 第四节 中国的黄土地貌

### 一、黄土地貌的形成条件

中国是世界上黄土地貌分布最广、发育最典型的国家,黄土地貌的形成深受黄土、古地貌和外营力等条件的影响。

1. 黄土是黄土地貌的组成物质

黄土地貌是由特定的黄土物质形成的一种特殊的地貌。黄土是第四纪形成的一种灰黄色或棕黄色的特殊的土状堆积物。中国是世界上黄土分布最广、厚度最大的国家,其范围北起阴山山麓,东北至松辽平原和大、小兴安岭山前,西北至天山、昆仑山山麓,南达长江中、下游流域,面积约63万平方千米(图3-2-15)。其中,黄河中游流域是中国黄土分布最集中地区,黄土厚度大多达100米~200米,且黄土呈连续分布,其面积达27.56万平方千米,占全国黄土总面积的43.75%。在甘肃西部、青海西北部及新疆等地前低山丘陵及一部分山地的山坡上,黄土呈片状分布,而在山麓洪积—冲积平原和古河谷阶地上,也断续分布着经过搬运的黄土状土层,黄土和黄土状土堆积较薄,一般在20米以内,最厚不过30米。东北松辽平原、辽西冀北山地、华北平原和山东低山丘陵等地亦分布有黄土和黄土状土层。松辽平原的黄土特别是黄土状土分布很广,大致从哈尔滨以南、沈阳以北、大兴安岭东麓以及长白山地西麓等地势较高地区均有分布,其厚度中部大约20米~25米,西部和东部在10米以下,局部地区最大厚度可达50米~60米。辽西、冀北山地的黄土和黄土状土主要散布在西拉木伦河、老哈河、大凌河、滦河、永定河等中上游地区,厚度一般为10米~20米,最后可达30米~40米。华北平原与山东丘陵的黄土和黄土状土主要出现在燕山南麓、太行山和伏牛山东麓、泰山和鲁山北麓、山东半岛西北侧以及大汶河、泗水等上游谷地。此外,长江下游的南京、扬州和南通各处亦有零星分布。这些地区黄土厚度一般都在10米以下。由此可见,中国黄土分布之广、黄土厚度之大,实为世界罕见,这就为特殊的黄土地貌的形成与发育提供了雄厚的物质基础。中国黄土还具有以下几个特性:质地均一,以粉沙颗粒(0.05毫米~0.005毫米)为主,其含量可达50%;结构疏松,多孔隙,孔隙度一般在40%~50%;富含碳酸钙,其含量一般在10%~16%之间;无沉积层理,但垂直节理很发育,直立性甚强。黄土这些特性对黄土地貌形成有重要的影响,为黄土沟谷地貌、黄土谷坡地貌、黄土重力地貌和黄土潜蚀地貌的发育提供了有利条件。以粉沙为主的质地均一和结构疏松的黄土,使地貌现代过程迅速,极易遭受流水侵蚀,形成黄土侵蚀沟谷地貌;多孔隙和垂直节理很发育的黄土,使黄土具有吸水能力强、透水性高的特点,导致黄土谷坡在重力作用下产生块体运动,形成黄土谷坡地貌,促进黄土沟谷扩展;黄土富含碳酸钙,在遇水浸湿后会发生溶解,并使土粒流失,形成黄土潜蚀地貌。

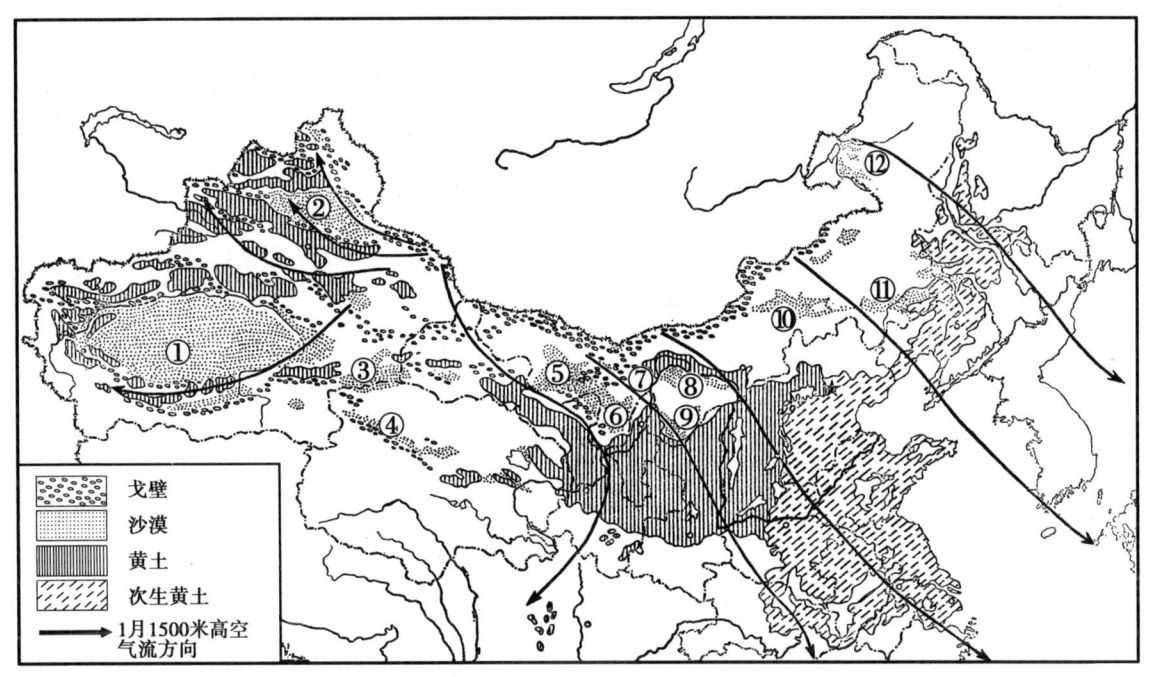

1. 塔克拉玛干沙漠　2. 古尔班通古特沙漠　3. 库姆塔格沙漠　4. 柴达木盆地沙漠　5. 巴丹吉林沙漠　6. 腾格里沙漠　7. 乌兰布和沙漠　8. 库布齐沙漠　9. 毛乌素沙地　10. 浑善达克沙地　11. 科尔沁沙地　12. 呼伦贝尔沙地

图 3-2-15　中国黄土、沙漠和戈壁分布示意图（据陈永文等，1979）

2. 中国黄土发育的阶段

根据黄土堆积环境的不同，可将中国黄土发育划分为 3 个时期，即早更新世、中更新世和晚更新世。

早更新世，相当于第 1 次冰期。和第三纪比较，气候干寒，发生午城黄土堆积。黄土呈红褐色，粘化程度较强，而且越往下粘化程度越强。黄土中缺乏孔隙和碳酸钙，只有碳酸钙结核层。从植物孢粉和动物化石来看，此时期的天然植被具有森林草原特征，动物也以喜森林习性的哺乳动物为多，啮齿类较少。但午城黄土分布面积较小，目前只在局部地区有所发现，如午城、铜川等地。

中更新世，发生第 2 次冰期，气候进一步变干，堆积了离石黄土，范围广，土层厚。北起鄂尔多斯，南至秦岭，西起湟水流域，东到山东丘陵北部和西部，黄土厚度达数十米至百余米。说明这期黄土堆积过程时间较长。土层中富含碳酸钙；植物以蒿属、藜科、禾本科占优势，木本植物极少；上部以草原型动物为主，下部有森林草原型动物。

晚更新世，处于第 3 次冰期，气候更趋干寒，黄土分布地区当时已属于草原性质。草原或森林草原南界以向南推移到白水江—秦岭大梁子（略阳北）、柴关岭、淮阳山地北麓，更向东南直指芜湖、太湖一带。这次黄土堆积范围更广，但土层薄。北方称为马兰黄土，南方形成一种黄土状土，称为下蜀黄土。长江下游凡 200 米以下的丘陵、孤山和低原多有下蜀黄土堆积，其中以南京附近堆积较厚，最厚处可达十余米。因地处亚热带北缘，气候比较湿润，土层中碳酸钙经淋滤下移，形成了很多碳酸钙结核层—砂礓层。

马兰黄土堆积后进入全新世，气候转暖转湿，在承袭老的流水网络基础上，流水侵蚀作用加强，黄土高原发育了典型的现代黄土地貌。

3. 古地貌是黄土地貌的骨骼

中国黄土沟间地貌的形成与黄土堆积前古地貌的关系极为密切，它们承袭了各种埋藏古地貌形态。黄河中游流域黄土区各地古地貌发育过程虽然有差别,但都在黄土堆积之前为黄土堆积地貌形成奠定了古地貌的基础。六盘山以西的陇中地区是新生代的拗陷盆地,接受甘肃群的堆积,黄河及其支流都随着甘肃群堆积地面的抬升下切,谷坡的扩展,致使沟间地缩窄,到更新世黄土开始堆积时,地面已经成为起伏很大的丘陵,它们就是黄土梁、黄土峁的形态基础,因此,本地区黄土沟间地地貌以黄土梁、黄土峁为主,其中又以黄土梁最多。六盘山、渭河北山和吕梁山之间的陇东、陕北、晋西地区的地面经历长时期的剥蚀和夷平形成了准平原,三趾马红土广泛堆积在准平原上,在上新世晚期到更新世初期的新构造运动中,除边缘的断陷盆地和地堑谷地进一步扩大和加深外,黄河及其支流随着广大地面掀斜式的整体抬升而从三趾马红土堆积地面下切,并切入中生代基岩。黄土堆积之前,由于谷坡的不断扩展,沟间地的形态有些成为面积大小不一的平台,有些成为长条形或椭圆形的丘陵,这些古地貌就是绝大部分黄土塬、黄土梁、黄土峁的形态基础。因此,陇东在泾河中游为完整的黄土塬,而陕北以延安为界,以北为黄土梁和黄土峁,以南则为黄土塬。但在晋西除有面积小的黄土塬外,主要为黄土梁和黄土峁。吕梁山与太行山之间的晋中南地区,黄土塬、黄土梁、黄土峁主要分布在漳河、沁河的中上游流域,其下伏基岩地貌的演进与前一地区大致相同,这里也经历剥蚀和夷平而形成了准平原,但由于中新世末地质构造分异活动,漳沁准平原便形成为浅凹形盆地,接受三趾马红土的堆积。上新世晚期到更新世早期再一次构造分异活动,漳河、沁河随着整个区域抬升而从三趾马红土堆积地面下切,到更新世黄土开始堆积时,地面已经形成起伏很大的丘陵,其中保存着若干面积大小不一的平台,而这正是黄土梁、黄土峁和黄土塬的形态基础。因此,在黎城、沁县、晋城都有黄土丘陵分布,在长治盆地发育有黄土塬。

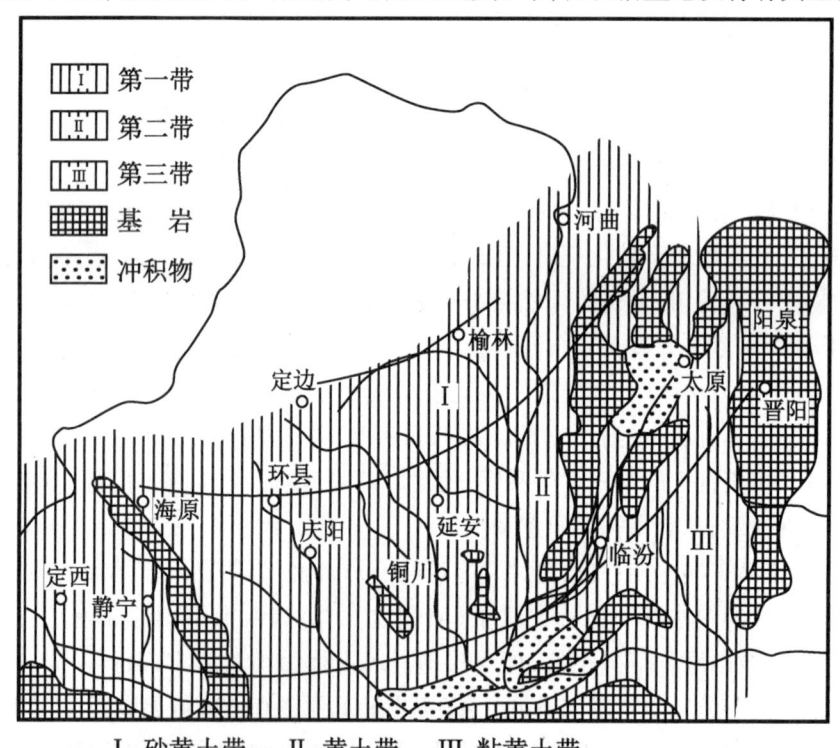

图 3-2-16 黄土高原马兰黄土水平带图(据刘东生、张宗祜等,1962)

综上所述,黄河中游流域黄土区在黄土堆积之前有以下几种古地貌类型:

(1)喀斯特地貌 黄土以不大的厚度充填在溶蚀洼地中,如山西岚漪河以北喀斯特山地中的溶蚀宽谷洼地。有的被厚层黄土所掩埋,如陕西关中盆地北部。但山头则出露在黄土之上。

(2)波伏基岩丘陵 这类古地貌往往呈长梁形或椭圆形与沟谷相间,主要分布在陕北盆地、山西西部、陇东北和陇西的大部分地区,它们是绝大部分黄土梁、黄土峁的形态基础。

(3)盆地或倾斜平原 它们往往是黄土堆积中心,覆盖着厚层的黄土,形成黄土塬,如陇东的董志塬和陕北的洛川塬就是在宽坦的古盆地基础上发育的。而山西吕梁山西侧的破碎的古地貌就是倾斜平原。

(4)大河流谷地 黄河中游流域黄土区主要河流在黄土堆积之前都切入基岩,形成宽阔谷地,黄土覆盖在阶地上亦形成平坦的黄土塬。古河谷还是黄土墹的形态基础,如在渭河及其支流葫芦河上游常可见到黄土覆盖在河谷形成的黄土墹,并见到黄土墹被冲沟切割形成的黄土坪。

4. 外营力作用是黄土地貌的动力

中国黄土地貌形成的外营力作用是非常多样的,主要有风力作用、流水侵蚀作用、重力侵蚀作用和潜蚀作用等。

(1)风力作用 中国黄土是第四纪冰期干冷气候的产物,由风力搬运而堆积,即所谓风积黄土。其中,黄河中游流域的黄土因呈连续分布而成为独特的黄土地貌区。但在风力搬运、堆积的同时,风力可以把颗粒极细而结构又疏松的黄土吹扬起来,这种风力吹蚀作用遍布沟间地,特别是高处的黄土塬面和黄土梁峁顶部最为强烈,每年被刮去大量土层。

(2)流水侵蚀作用 流水侵蚀作用在中国现代黄土侵蚀地貌发育中最为普遍。它主要表现为面状侵蚀和沟谷侵蚀2种形式。面状侵蚀对黄土地貌形态的改造作用不十分明显,但沟谷侵蚀对黄土堆积地貌形态的改造和破坏以及沟谷地貌的形成和发展却有着非常显著的作用。因为遭受沟谷侵蚀而出现沟床下切、谷坡扩展和沟头溯源侵蚀是各类沟谷共有的侵蚀方式,其中尤以谷坡不断扩展和沟头不断后退为甚。这就使得沟谷面积不断扩大,导致沟间地面积日益缩小。黄河中游流域沟谷密度居全国之首就是有力的证据。因此,在沟谷侵蚀严重区,也客观存在有黄土塬被侵蚀沟线分割成黄土梁,又被侵蚀沟分割成黄土峁的现象,但并非沟间地地貌类型的根本原因。此外,黄河中游流域暴雨性质的降水对黄土地面侵蚀尤为剧烈,因此,暴雨也成为黄土区沟谷形成和发展的主要动力。由于黄土侵蚀量是非常惊人的,广大黄土塬、黄土梁、黄土峁地区直至1949年初,平均每年被蚀去的黄土厚度仍在1厘米左右。由此可见,现代黄土侵蚀沟谷地貌主要是流水侵蚀作用的产物。

(3)重力侵蚀作用 重力侵蚀作用是造成黄土沟谷的谷坡迅速扩展的主要外动力之一,其主要方式是谷坡黄土物质的块体运动形成黄土重力地貌,包括泻溜、崩塌、滑坡、溜塌等,其中崩塌和滑坡对沟谷谷坡扩展尤为显著。黄河中游流域黄土区一次崩塌可以使谷坡扩展数米至数十米,重力侵蚀强度不仅在不同的黄土地貌区有明显的差异,而且不同的沟谷类型也不尽相同。一般来说,黄土塬区重力侵蚀导致谷坡扩展的速度大于黄土丘陵区,冲沟重力侵蚀导致谷坡扩展的速度大于坳沟,坳沟重力侵蚀导致谷坡扩展的速度又大于河沟。

(4)潜蚀作用 潜蚀作用是黄土特有的侵蚀方式。它是地表水沿着黄土的裂隙和孔隙渗入地下,进行地下的侵蚀和溶蚀,形成特殊的黄土潜蚀地貌。陷穴是潜蚀地貌之一,其分布比较集中的地区主要是黄土高原中部和北部。潜蚀还是导致沟谷迅速后退和谷坡扩展的重要方式,因此,潜蚀能促进沟谷发展的进程。

## 二、黄土地貌特征

典型的黄土地貌有以下特征:

(1)沟谷众多、地面破碎。中国黄土高原素有"千沟万壑"之称,多数地区的沟谷密度在3.3千米/平方千米~5千米/平方千米以上,最大达10千米/平方千米,比中国其他山区和丘陵地区大1倍~5倍。沟谷下切深度为50米~100米。沟谷面积一般占流域面积的30%~50%,有的地区达到60%以上,将地面切割为支离破碎景观。地面坡度普遍很大,大于15°的约占黄土分布面积的60%~70%,小于10°的不超过10%。

(2)侵蚀方式独特、过程迅速。黄土地貌的侵蚀外营力有水力、风力、重力和人为作用。它们作用于黄土地面的方式有面状侵蚀、沟蚀、潜蚀(或称地下侵蚀)、泥流、块体运动和挖掘、运移土体等。其中潜蚀作用造成的陷穴、盲沟、天然桥、土柱、碟形洼地等,称为"假喀斯特"。强烈的沟谷侵蚀或地下水浸泡软化土体,使上方土体随水向下坡蠕移形成的泥流,只有在黄土区才易见到。黄土的抗蚀力极低,因而黄土地貌的侵蚀过程十分迅速。黄土丘陵坡面的侵蚀速率为1厘米/年~5厘米/年,高原区北部沟头前进速率一般为1米/年~5米/年,个别沟头达到30米/年~40米/年,甚至一次暴雨冲刷成一条数百米长度的侵蚀沟。黄河每年输送到下游的大量泥沙中,有90%以上来自黄土高原。黄土高原河流输沙量大于5000吨/(平方千米/年)的区域约占黄土高原面积的65.6%,其中陕北窟野河的神木水文站至温家川水文站区间输沙量达到35 000吨/(平方千米/年)。

(3)沟道流域内有多级地形面。一般有三级:各流域的最高分水岭为第一级,其顶面高程彼此相近,为黄土的最高堆积面;降低60米~80米为第二级;再降低40米~60米为第三级。各级地形面的地层结构互不相同。构成第一级地形面的黄土地层层序完整;第二级地形面离石黄土上部地层(中更新世晚期)较第一级地形面区薄,甚至消失;第三级地形面多数地面只有马兰黄土(晚更新世)堆积。第二级和第三级地形面可以分别构成完整的谷形,第三级地形面之下是现代沟谷。此外,在较大的河沟沟谷内,还有两级发育不良的沟阶地,其中第二级阶地比较明显,第一级阶地仅见于局部地点。沟道流域黄土地貌层状结构,是黄土地貌发育历史过程的记录。

图3-2-17 黄土沟道流域地貌层状结构(延安杏子河中游)

## 三、黄土地貌类型

中国黄土地貌极其发育,黄土地貌类型也最齐全,主要有黄土沟间地地貌、黄土沟谷地貌、黄土重力地貌和黄土潜蚀地貌等,其中以前2种类型为黄土地貌的主体。黄土高原由这2种类型组合成两大类地区：一类是黄土高原沟壑区。它的地区范围不大，主要分布于泾河、洛河的中游流域，以及延水关到禹门口的黄河两侧，沟间地地貌以黄土塬为主。另一类是黄土丘陵沟壑区。它的地区范围很广，遍布各地，沟间地地貌几乎全为黄土梁和黄土峁，但一般来说，黄土梁多于黄土峁。

1. 黄土沟间地地貌

中国黄土沟间地地貌类型主要有黄土塬、黄土梁和黄土峁，另外还有黄土墹和黄土坪等。它们是高空粉尘均匀降落堆积形成的。黄土塬、黄土梁、黄土峁是黄土高原沟间地地貌的主体。

(1) 黄土塬　黄土塬是黄土高原沟壑区沟间地地貌的主体。它是黄土堆积的高原面，其四周均为沟谷环绕，在平面图上常呈花瓣状。黄土塬塬面平坦，中心部分斜度不到1°，边缘地带斜度一般可达3°～5°。黄土塬两旁沟谷相向伸展所剩余的一条极窄的长脊，当地群众称之为"崾"。黄土塬按其形态可分为完整塬、破碎塬和台塬3种。完整塬是指所遭受沟谷侵蚀不很强烈而仍保存较大面积的黄土塬，它主要分布在黄土高原的南部，如陇东的董志塬、陕北的洛川塬和交道塬，就是典型的完整塬；黄土塬经沟谷长期强烈切割而比较破碎呈指状的称为破碎塬，以陕北洛川塬北面、甘肃合水、晋西隰县和大宁一带的破碎塬最为典型；台塬除分布于秦岭北麓和渭北山地南麓外，在山西各断陷盆地还见有多级台塬。此外，黄土塬在黄土高原北部也有零星分布，面积较大者如白草塬和长城塬等。

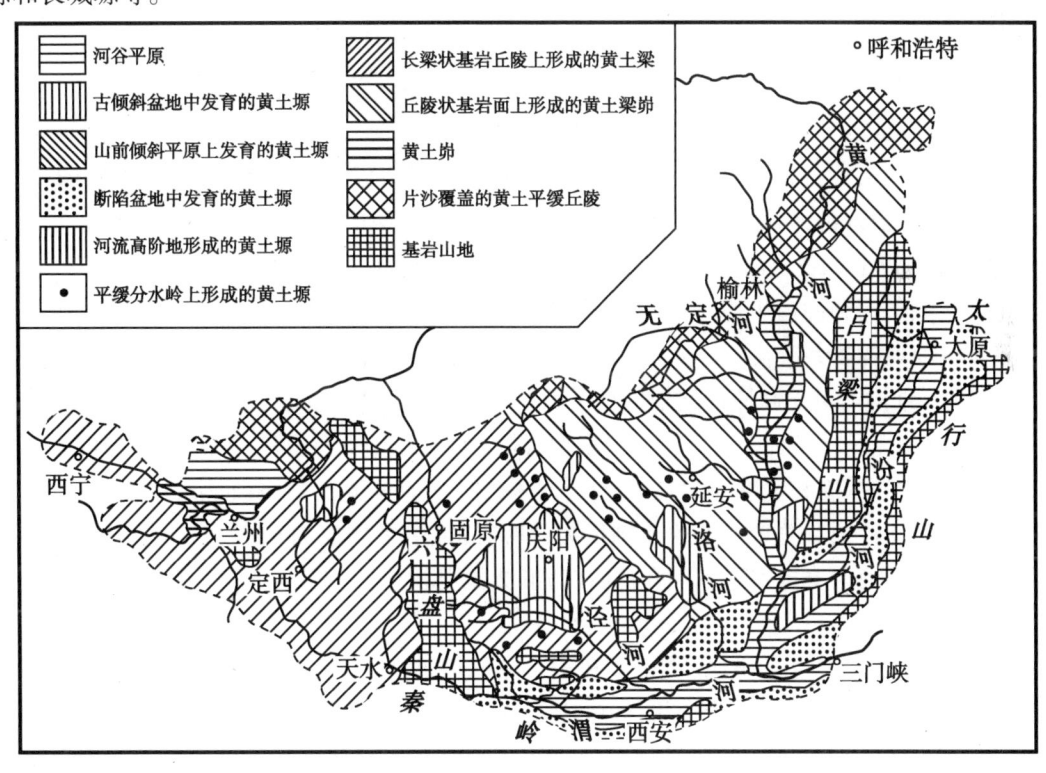

图 3-2-18　黄土高原黄土地貌类型图（据刘东生等，1985）

(2) 黄土梁　黄土梁是长条形的黄土丘陵，横剖面呈穹形，在黄土丘陵沟壑区分布范围较广泛。根据形态可将黄土梁分为黄土平顶梁和黄土斜梁两种。黄土平顶梁是黄土高原沟壑区中最普遍的沟间地地貌，分布在完整黄土塬的周围，如董志塬北部庆阳、环县附近和陇中祖厉河流域、兰州九州台周围和晋西黄河岸边的黄土平顶梁。其顶部宽平，纵向斜坡不过1°～3°，但它宽度不一，多数可达400米～500米；其横剖面略呈穹形，坡度多在1°～5°。其梁坡坡长很短，坡度大概在10°以上。黄土斜梁顶部浑圆，纵向有较大的起伏，但宽度不大，其横剖面呈明显的穹形；梁顶纵向和横向的斜坡,由3°~5°到8°~10°;其梁坡较长,坡度变化于15°~35°。黄土斜梁是黄土丘陵沟壑区中最普遍的沟间地地貌,如六盘山、子午岭的北麓就是以黄土斜梁为主的地区,它是黄土高原群众真正所指的"梁"。

(3)黄土峁 黄土峁是西北地区群众对外形呈穹状或馒头状的黄土丘陵的俗称。黄土峁占黄土分布区面积的70%以上,在平面图上呈圆形或椭圆形。黄土峁的2峁之间为地势凹下的分水鞍部,峁坡为凸形坡。黄土峁按其形态可分为连续峁和孤立峁2种。连续峁也称平顶峁,因为它在黄土高原沟壑区是黄土平顶梁由沟谷进一步切割而成的,常与黄土平顶梁分布在一起,泾河各支流2岸就有黄土平顶峁分布;孤立峁是黄土高原群众真正所指的"峁",它与连续峁最大差别就是整个外形呈馒头状,而且峁顶面积不大,其横剖面呈明显的穹起。2峁之间为地势显著凹下的窄深分水岭,当地群众称为"墕"。2峁之间低凹的狭窄长脊,当地群众亦称为"崾崄"。孤立峁广泛分布在黄土丘陵沟壑区内。

(4)黄土墹 黄土墹是指黄土覆盖古河谷,且未受到现代沟谷的侵蚀切割的长条状凹地。多出现在黄土高原的泾河、洛河、渭河上游的固原、环县、吴起一线北部,如白于山两侧就有黄土墹的发育。黄土墹的横剖面呈宽浅的凹地形态(直到分水岭呈浑圆状曲线),宽达几百米至数千米;其纵向坡度十分平缓,长达几千米至数十千米。

(5)黄土坪 黄土坪亦多出现在黄土高原的泾河、洛河、渭河上游的固原、环县、吴起一线北部。因为它是黄土墹被沟谷侵蚀切割而残留在沟谷两侧梁峁边缘的局部平坦地貌,往往呈台阶形态。

2.黄土沟谷地貌

黄土沟谷地貌是黄土高原的负向地貌,沟谷密布,沟道总长度超过100万千米,大于1千米长度的沟谷共有30余万条,因此,沟谷密度很大。如陕北和晋西的沟谷密度达4千米/平方千米~6千米/平方千米以上。黄土高原沟谷形态复杂多样,按其成因可分为2大类:一类是新生沟谷,主要有细沟、浅沟、切沟和冲沟4种;另一类是承袭沟谷,主要有坳沟、河沟和干沟。这2种地貌形态构成了黄土高原的沟谷系统。

(1)细沟 细沟是黄土高原沟间地的坡度由5°~6°或7°~8°到35°的黄土梁峁坡地最先出现的一种沟形,其特点是横剖面呈宽浅的"V"字型,沟底纵剖面与所在斜坡形态一致,深度和宽度都很小,如单条细沟的深度和宽度通常在50厘米以内,但它却是黄土梁峁坡地最主要的侵蚀方式,其侵蚀量在沟间地侵蚀量总量中占的比例很大,细沟侵蚀量平均值为13 770.0吨/平方千米。而多条细沟在不同的坡形上排列是不一样的,在凸形坡作扇状分散,在凹形坡作扇状集合,在直斜坡上则大致平行。

(2)浅沟 浅沟发育在黄土塬、黄土梁和黄土峁的坡地上,它是由细沟进一步发展而来的,其横剖面呈倒"人"字形,纵剖面呈阶梯状,沟床比降与所在的坡面坡度大体一致。浅沟规模不大,深度几十厘米至1米~2米,宽度与深度相当,长度只有数米或数十米。浅沟的沟口常与切沟相连。

(3)切沟 切沟是浅沟进一步发展而来的,它是黄土高原最常见的侵蚀沟,可分为黄土梁峁坡切沟和沟谷的谷坡切沟2种。有许多沟谷地谷坡切沟是黄土梁峁坡切沟在谷坡上延续,黄土梁峁坡切沟多见于坡长大、坡度较陡的坡面,尤其以邻近谷缘线处最发育。这些切沟横剖面呈尖锐的"V"字型,并有明显的沟缘线和陡崖的沟坡,一般深度为一二米至十几米,宽几米至几十米。而纵剖面大体与所在坡面的坡度一致,但具有跌水或明显波折,常呈阶梯状,切沟长度一般达几十米以上。

(4)冲沟 冲沟是黄土高原上分布非常普遍亦十分典型的侵蚀沟,它是切沟进一步发展而来的,是现代侵蚀沟发展的高级阶段,其深十几米至几十米,宽几十米甚至百米,长度达数千米或数十千米。黄土高原上冲沟的发展可分为早、中、晚期冲沟3个阶段。早期冲沟的平面图形大致呈等宽的长条形,其横部面呈尖锐的"V"字形,沟床纵剖面与所在的坡面大体一致;中期冲沟的平面图形是上段窄而下段宽,状如酒瓶,其横剖面上段与早期冲沟相同,下段呈宽窄的"V"字形,沟床纵剖面呈下凹曲线形,纵比降要比所在的坡面缓;晚期冲沟的平面图形成梭形,其横坡面呈"V"形,纵坡面呈弧曲线。冲沟的这3个发展阶段,充分反映了冲沟水流塑造沟床纵剖面、加宽河沟横坡面的过程。

(5)坳沟 坳沟是黄土高原上小于河沟而大于冲沟的沟谷,它最大特点是在沟头上方还保留着古代沟谷的槽形的深洼地。黄土高原上所见坳沟的沟底宽广而平坦,沟坡为缓和的上凸形,没有明显的沟缘,其沟床纵剖面比较平缓。

(6)河沟 河沟是黄土高原上的沟谷侵蚀和河流侵蚀之间的类型,数目不少,绝大多数是现代干支河谷两侧的第一级支沟,其平面图形比较曲折,横剖面呈屉形,可划分出谷坡、阶地和深窄沟床,洛川塬区河沟的深度和宽度之比例,一般是1:2.5~1:3.6,深度达几米甚至几十米,但大部分切入黄土下伏的地层中,在六盘山以西割切甘肃群中,而六盘山以东则割穿三趾马红土层,并切入中生代岩层中。黄土高原河沟纵剖面呈上凹的弧形曲线,河沟长度从几千米~20千米,沟床比降变化于2%~5%,在沟床上有多级石质跌水,甚至形成瀑布。在洛川塬河沟开始发育时代距今已有20万年~25万年历史。

(7)干沟 干沟在黄土高原上是介于河沟与冲沟之间的沟谷,其数目更多,且绝大多数为现代河沟的支沟,其平面形状略有曲折,沟床弯曲弧度不大,纵剖面坡度较陡,沟床比降变化于5%~15%,除降雨时有流水外,一般情况下都呈干涸状态。

**3.黄土重力地貌**

黄土重力地貌是指黄土谷坡上的黄土主要在重力作用下沿坡下滑块体运动所形成的一系列独特的地貌。它叠加在黄土沟间地地貌和黄土沟谷地貌类型之上,是沟谷的沟头后退和谷坡扩展的最主要方式。它大体可以划分为泻溜、崩塌、滑坡等类型。

(1)泻溜 泻溜是黄土高原上全年发生的侵蚀方式,尤以冬末春初冻土解冻时期或雨后天晴之初最为活跃。它是黄土谷坡的黄土在重力作用下顺坡泻溜而下,在谷坡上、下方分别形成了泻溜面和泻积坡,其坡度分别为35°~45°和35°~38°,广泛出现在冲沟和河沟的背阴坡。黄土高原谷坡泻溜面积所占沟谷总面积的比例很大。在庆阳西峰镇南小河沟的中游流域占31.5%,离石王家沟流域占26.2%。

(2)崩塌 黄土高原的黄土陡崖土体遭受风雨袭击或陡崖基部土体吸水软化的外部触发因素影响,在抗剪强度小于剪切力的情况下突然发生向下急剧垮落,因此黄土高原黄土崩塌大多发生在暴雨或雨后不久,尤其易发生在数日降雨过程中。黄土崩塌在谷坡上、下方分别形成黄土陡崖和黄土塌积体,所以黄土高原各类沟谷谷缘的所有黄土陡崖大多是崩塌的产物。新近的崩塌所形成的黄土崖,通常出现于河沟和干沟的沟头地段以及各期冲沟中,其崖面具有新鲜的裂开面,崖脚下往往有完好的黄土崩塌体。

(3)滑坡 黄土滑坡是黄土梁、黄土峁上晚更新世黄土或中、早更新世黄土沿着中、早更新世黄土滑动面或基岩滑动而整体下滑,特别是晚更新世黄土与中、早更新世黄土的接触面,更是滑坡常见的场所。延安以北的延河、清涧河、洛河上游、无定河等流域和陇中地区所见到的滑坡,多发生在黄土与红粘土接触面以上土层中,形成了半圆弧的滑坡壁、陡斜的滑动面、庞大的滑坡体和众多的滑坡裂隙以及滑坡平台、滑坡鼓丘等比较完整的滑坡地貌形态特征。大型的滑坡体体积可达数百立方米乃至千万立方米,有时堵塞沟谷成"堰塞湖",当地群众称为"聚湫"。

黄土高原黄土区的滑坡一般可分为厚层滑坡、中层滑坡和浅层滑坡3种。厚层滑坡一般都是大型滑坡,滑坡壁高十几米或数十米,坡度大于60°,滑坡体的厚度大于20米,滑动土体可达上万立方米,有时甚至会出现整个黄土梁坡体的下滑,在滑坡体中部有滑坡平台和滑坡洼地,而且在滑坡体前后缘均有滑坡裂隙,前缘还有滑坡鼓丘。中层滑坡在黄土高原上发生几率较高,其滑坡壁外形呈半圆状,高度一般不超过20米,坡度45°～60°,滑坡体的厚度6米～20米,多纵向裂隙。浅层滑坡多见于陕北大理河流域的子洲至青阳岔河段凹岸。这类滑坡的滑坡壁低矮,坡度较陡,滑坡体的厚度2米～6米,并裂隙纵横。在黄土高原上新近发生的滑坡,不仅滑坡壁崖面新鲜,而且滑坡体亦完整,六盘山以西的黄土丘陵区黄土梁坡下部常见有滑坡体分布。

4. 黄土潜蚀地貌

潜蚀是导致黄土高原上沟谷的沟头后退和谷坡扩展的重要方式,在陇东和陇中的黄土坪分布区就常见到由潜蚀造成黄土沟谷沟头快速后退,因此,潜蚀是黄土高原黄土中特有的侵蚀方式。潜蚀常形成特殊的黄土潜蚀地貌,主要有黄土碟、黄土陷穴、黄土盲沟、黄土穿洞、黄土桥和黄土柱等。黄土潜蚀地貌在黄土高原上也常叠加在黄土沟间地地貌和黄土沟谷地貌类型之上。

(1) 黄土碟　黄土碟分布于黄土高原黄土塬面上,其形状为一种圆形或椭圆形的近似碟状的浅洼地,深度数米,直径10米～20米。它是潜蚀发育的初期由于地表水下渗、黄土被浸湿,在重力作用下湿陷而形成的。

(2) 黄土陷穴　黄土陷穴是地表水沿垂直裂隙下渗潜蚀形成的洞穴,主要分布于黄土高原的黄土沟间地地貌边缘地带和黄土沟谷谷坡上部。由此可见,黄土陷穴分布是有规律的,尤其是与地质地貌条件的关系密切,榆林、靖边、河曲和兰州等地的黄土陷穴较少,而西峰、绥德、秦安、会宁等地的黄土陷穴则较多,比较集中的地区是黄土高原中部和北部,尤其西峰董志塬区和六盘山以西的秦安地区更多,当地群众称为"壶圈"。

黄土高原的黄土陷穴根据形态可分为漏斗状黄土陷穴、竖井状黄土陷穴、串珠状黄土陷穴、盆状黄土陷穴和葫芦状黄土陷穴5种。漏斗状黄土陷穴呈口大底小的漏斗状,口径一般在2米左右,深度不超过10米,主要分布在黄土沟谷谷坡上部和黄土梁、黄土峁的边缘地带。竖井状黄土陷穴呈口小深度大的井状,深度达20米以上,主要分布在黄土塬的边缘地带。串珠状黄土陷穴呈黄土陷穴连续分布的串珠状,其底常与地下穴道相连,主要分布在坡面长、坡度大的黄土梁、黄土峁斜坡上。盆状黄土陷穴呈口大深度小的盆状,主要分布在黄土墹和黄土坪中。葫芦状黄土陷穴呈口小底大的葫芦状。

(3) 黄土盲沟　黄土盲沟是黄土陷穴侵蚀进一步发展。因为所有黄土陷穴都有地下穴道,而每一个穴道末端都有出水口,其位置多数在晚更新世黄土与中、早更新世黄土接触面上,因此,黄土盲沟就是地下穴道在水流作用下而不断扩大形成的,所以,黄土盲沟是潜蚀发育中期。它在黄土高原上往往与黄土陷穴分布在一起。

(4) 黄土穿洞　黄土穿洞亦是黄土陷穴侵蚀进一步发展,但它是潜蚀发育的晚期。黄土陷穴的地下穴道,其长度很短的则成为穿洞。因此,在黄土高原上,黄土穿洞往往与黄土陷穴分布在一起。

(5) 黄土桥　黄土桥是两个黄土陷穴之间的残留土体,其下为地下穴道。黄土桥一般形成在黄土串珠状陷穴之间,所以在黄土高原上往往与串珠状陷穴分布在一起。

(6) 黄土柱　黄土柱分布在黄土沟谷边的残留土体,其形状有柱状和尖塔状,高度一般几米到十几米不等。

### 三、黄土地貌的发育

黄土高原在距今240万年前第四纪开始接受黄土堆积。全球第四纪有干冷的冰期气候与温湿的间冰期气候的交替变化,黄土高原第四纪时期有20次冰期气候旋回,在干冷的冰期气候时是黄土堆积时期,而在温湿的间冰期气候时是黄土堆积间断期,因此,黄土高原黄土地貌发育过程就是流水活动阶段和风积黄土阶段多次更替的过程。

1. 黄土沟间地地貌的发育

黄土高原在黄土堆积时期是草原—荒漠草原环境,气候寒冷干燥,风力为主要外营力,黄土堆积速率高,高空黄土均匀降落堆积在宽坦的盆地或倾斜平原、波状基岩丘陵和河谷等古地貌上,形成黄土塬、黄土梁、黄土峁和黄土墹等黄土沟间地地貌。因此它们都承袭了黄土堆积以前的各自古地貌形态,尤其是黄土塬的形成与古地貌关系更为密切,除承袭下伏新第三纪盆地和倾斜平原外,还承袭更新世各时期的冲积平原和倾斜平原,如陕西关中盆地北部的渭北高原上的几级黄土台塬。凡是原始地面起伏度小和沟间地宽阔的区域,只有二者都具备的区域就能形成黄土塬,最典型的是董志塬和洛川塬,因为这样区域不易遭受强烈的外力侵蚀。如果只是地面起伏度小而沟间地宽度则小的区域,黄土堆积在这种古地貌形态上只是形成黄土梁,如延河的支流杏子河流域就是这种黄土堆积地貌类型。在黄土高原上可以经常见到黄土梁受基岩地貌控制,这种情况尤以六盘山以西的天水附近最为典型。此外,还有一些黄土梁承袭了早期黄土组成的丘陵形态。但是,黄土高原上黄土峁承袭基岩古地貌并不多见,不过也有一些黄土峁承袭了早期黄土组成的丘陵形态。由此可见,黄土高原上黄土峁不像黄土塬、黄土梁与古地貌的关系那样密切。

图3-2-19　大多数峁是由黄土梁进一步侵蚀切割形成

黄土高原在黄土堆积间断时期是森林草原环境,属温暖湿润的气候,流水为主要外营力,黄土堆积速率低,在黄土堆积地貌体的表层黄土发育土壤。这种土壤在整个黄土层中约有20层,称为埋藏古土壤,同时或者形成剥蚀面。它们都是当时的古地面,在黄土塬区古土壤层比较平坦,而在黄土梁峁区古土壤层则向邻近大沟谷方向倾斜。这些古地面的起伏与今日黄土地面形态大体相似,因此,古土壤和剥蚀面是黄土堆积间断期的古地貌遗迹。此外,黄土高原在黄土堆积间断时期流水侵蚀最为普遍,黄土沟间地地貌不仅受面状水流侵蚀,更遭受沟谷水流强烈侵蚀,对沟间地地貌给予很大的改造和破坏作用,使原来稳定的黄土堆积地貌变为不稳定的地貌体;完整塬被沟谷强烈侵蚀切割演变成破碎塬;黄土塬被两侧沟谷的沟头相向溯源侵蚀伸展分割成黄土平顶梁;黄土平顶梁进一步被沟谷侵蚀分割演变成黄土连续峁。现代的黄土峁主要是由黄土梁经过长期沟谷侵蚀分割演变而成的。

在黄土高原的黄土沟间地地貌类型上叠加了一些黄土重力地貌和黄土潜蚀地貌。在黄土塬的塬面和边缘地带分别发育有黄土碟和黄土陷穴及黄土滑坡等。在黄土梁、黄土峁边缘地带分布有黄土陷穴和黄土滑坡。在黄土墹和黄土坪中均有黄土陷穴的发育。

2. 黄土沟谷地貌的发育

黄土高原上坳沟、河沟和干沟都是流水在黄土堆积覆盖的古沟谷中切割形成的,它们形成于更新世,称之为古代沟谷或承袭沟。坳沟承袭古代沟谷,在黄土堆积时期被黄土堆积覆盖变成为深洼地,再经近代黄土堆积间断时期的沟谷水流沿深洼地侵蚀切割形成的。河沟是在黄土堆积前发育的基岩地面上的沟谷,这种沟谷在黄土堆积时期被中、早更新世黄土堆积覆盖而变成浅洼地,其后经黄土堆积间断时期的流水切割成为沟谷,之后又在黄土堆积时期被晚更新世黄土堆积覆盖又变成浅洼地,最后经近代黄土堆积间断时期的流水再沿浅洼地下切形成沟谷。干沟原先是发育在黄土堆积时期堆积中、早更新世黄土中的沟谷,其后在黄土堆积间断时期被晚更新世黄土所堆积而变成深洼地,最后经近代黄土堆积间断时期的流水沿此深洼地下切形成沟谷。

黄土高原上细沟、浅沟、切沟和绝大部分冲沟都是在晚更新世黄土堆积之后的近代黄土堆积间断时期产生和发展的,称之为现代侵蚀或新生沟谷。黄土高原黄土区由于人类大规模生产活动,沟谷水流现代侵蚀异常强烈,以各种方式的水土流失强烈的表现出来,每年流失泥土达16亿吨。沟床下切、谷坡扩展和沟头溯源侵蚀是黄土高原黄土区各类沟谷共有的侵蚀方式,形成各类侵蚀沟并促进各类侵蚀沟发展。细沟可以发展成浅沟,浅沟进一步发展成切沟,切沟又进一步发展成冲沟,致使黄土高原黄土区沟谷纵横,沟谷密度一般为4千米/平方千米~6千米/平方千米,最大的地区可达10千米/平方千米以上,沟谷割切深度多在100米左右,从而导致今日黄土高原成为千沟万壑的地貌。

# 第五节　中国的风成地貌

## 一、风成地貌形成的因素

风成地貌是风力对地表物质的作用所形成的地貌,因此风力作用和地表物质是风成地貌形成的两大因素,但同时也受到地表形态、水文、植被和人类经济活动等因素的影响。

1. 风力作用是风成地貌形成的最主要动力

风力作用是风成地貌的最主要塑造者。在中国西北和内蒙古地区,夏季风不易到达,形成世界上最大的、典型的温带内陆干燥气候区。这种气候具有干燥少雨、日照强烈、冷热剧变和风力强劲而频繁,在风季风速达到5级~6级以上是常见的。风速在地域分布上具有北大南小的特点,并在一些山隘、峡谷风口地段形成特大风区。号称"世界风库"的安西,全年平均有80天出现超过8级的大风;准噶尔盆地西部的准噶尔门和新疆东部都是著名的大风区,前者最大风速超过40米/秒,后者的克尔碱瞬时极大风速可高达45.5米/秒,因此,这些地方风蚀作用强烈,成为中国风蚀地貌重要分布区,特别是迎风地段更为典型。中国干燥气候不仅风力强劲,而且十分频繁,风沙日全年一般在20天~100天左右,塔克拉玛干沙漠南部风沙日常占全年的1/3,民勤多年平均风沙日达133.5天,准噶尔门全年大风天数高达165天,克尔碱全年≥8级的大风天数高达183天,全年≥10级的大风天数也有100天。中国大部分沙漠地区的起沙风每年可达300次以上,而缺少植物被覆的疏松裸露的沙质地表在起沙风作用下,风沙流挟带沙子并堆积形成风积地貌。干燥少雨是中国干燥气候区的最突出特点,该地区年降水量大致自东向西递减,由东部沙区的200毫米~400毫米减少到西部沙漠区的200毫米以下,其中黑河下游以及塔里木盆地东部为2个极端干旱中心,年降水量分别在50毫米以及25毫米以下,吐鲁番盆地西部的托克逊多年平均降水量仅3.9毫米,为全国最低记录。该地区不仅降水稀少,而且蒸发极为强烈,多年平均蒸发量在2500毫米~3000毫米以上,而作为干旱指标的干燥度,也由东部沙区的1.5~4.0增加到西部沙漠区的大于4.0,其中塔克拉玛干沙漠和东疆更是高达20~60。因此,干燥气候区地表径流贫乏,流水作用微弱,仅骤然暴雨偶成洪流,冲刷地表,形成冲沟,并在沟口堆积成洪积扇,如塔里木、准格尔和柴达木等盆地,其边缘都分布有洪积扇,这就为风积地貌的形成提供了充足的沙源。中国干燥气候的冷热剧变主要表现在年较差和日较差上,前者一般可以达到30°~40°,后者亦在10°~20°以上,极端干旱的甘肃、新疆毗邻地区更是达到35°~40°以上。因此,岩石遭受物理风化作用非常强烈,产生了大量风化碎屑物资,亦为风积地貌的形成提供了沙源。由此可见,干燥少雨是风成地貌形成的必要条件。

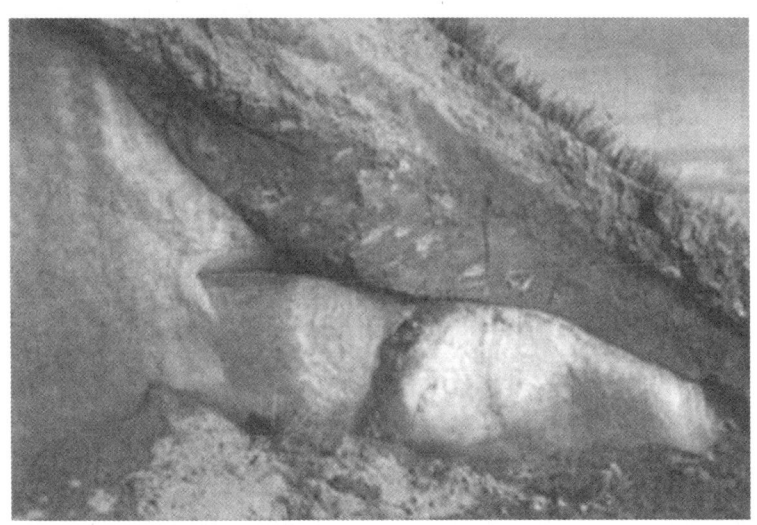

图 3-2-20 含有冰晶的土层

### 2. 地表物质是风成地貌形成的物质基础

中国西北和内蒙古地区的地表物质是由软硬不同的岩石和丰富的第四纪沉积物构成。风蚀地貌除风蚀雅丹和风蚀洼地发育在第四纪沉积物外,其余都发育在基岩上。如准噶尔盆地古尔班通古特沙漠西北部的乌尔禾风蚀城堡就发育在岩性软硬不同的吐鲁番砂岩和泥岩水平互层的构造台阶上,而塔里木盆地塔克拉玛干沙漠北部的库车盐水沟石窝则发育在砂岩岩壁上。由此可见,岩石为中国绝大部分风蚀地貌形成提供了物质基础。

风积地貌几乎全部分布在内陆的巨大山间盆地或高原上的盆地内,因为这些盆地内沉积有深厚的第四纪松散砂土层。风积地貌不仅表现为形成了沙漠,而且还表现在发育有各种沙丘形态。塔里木盆地、柴达木盆地和准噶尔盆地四周均为高山环绕,由于地势高峻,气候严寒,因而还分布有现代冰川,而它们在第四纪寒冷干燥的冰期亦都发育有山岳冰川,山谷冰川前进在山麓地带冰舌或相互汇合成山麓冰川,冰川规模比现代冰川要大许多倍,寒冻风化作用和冰川活动都十分强烈,残积物、冰碛物和冰水沉积物都比较发育,并且整个地区自然环境也发生演变,即使现代半干旱地带的内蒙古东部和东北平原西部的东部沙丘,在晚更新世大理冰期时演变为荒漠和半荒漠环境。由于冰期气候寒冷干燥,降雨稀少,植被稀疏,加上风力强劲,沙丘活化,沙漠大规模的扩展。但这些山岳冰川在温暖湿润的间冰期则发生大规模后退,冰川融水加上降水增加,河流携带大量碎屑物质到盆地里堆积,形成冲积平原,如中国最大的塔克拉玛干沙漠所在的塔里木盆地,北部为发源于天山南坡诸河的洪积扇和塔里木河冲积平原,南部为来自昆仑山、阿尔金山北坡许多河流的冲积扇和干三角洲平原,西部为源出于帕米尔高原诸河的干三角洲平原,东部罗布泊和台特马湖地区汇集了塔里木河、孔雀河、车尔臣河、米兰河等形成的干三角洲和湖积平原。这些地方第四纪沙质沉积物厚度都在100米~200米,甚或达到400米~500米,为塔克拉玛干沙漠的风积地貌发育提供了雄厚的物质基础。中国其他沙漠和沙地的情况亦是这样,都有丰富的第四纪沙质沉积物。如准噶尔盆地冲积平原砂层厚度达200米~400米,为古尔班通古特沙漠的风积地貌形成提供了丰富的沙源;西辽河平原砂层厚度也有130米,为科尔沁沙地的风积地貌发育提供了重要沙源。由于间冰期气候温暖湿润,降雨丰沛,湖泊扩展,草木生长繁茂,沙丘得到自然固定,沙漠范围和面积缩小。

综上所述,中国沙漠的风积地貌形成的沙源是十分复杂的,成因类型也多种多样,加之沙质又丰富,因而这些第四纪松散沙质沉积物在强大的风力吹扬、搬运和再堆积作用下,就会形成各种各样的沙丘形态。所以说,丰富的沙源是中国沙漠风积地貌形成的物质基础。

### 二、风成地貌的分布特点

中国的风成地貌分布在沙漠地区,广袤千里的沙漠,呈一条弧形沙漠带绵亘于西北、华北北部和东北西部,它南北宽600千米,东西长4000千米,面积达71万多平方千米,约占全国陆地总面积的7.4%,是世界上沙漠分布最多的国家之一(图3-2-15)。

(1)风成地貌多深居内陆  中国风成地貌的分布,大致以乌鞘岭和吕梁山为界。此线以西比较集中,这里有中国最大的风蚀地貌分布区——柴达木盆地西北部和中国第2大风蚀地貌分布区——罗布泊洼地西北部;风积地貌发育地的沙漠约占全国沙漠面积的75%,这里有中国最大的沙漠——塔克拉玛干沙漠,中国第2大沙漠——古尔班通古特沙漠和中国第3大沙漠——巴丹吉林沙漠。而在此线以东分布则比较分散,只占全国沙漠面积的25%。

(2)风成地貌绝大部分集中在内陆盆地  中国风蚀地貌几乎都分布在柴达木盆地西北部、塔里木盆地东端的罗布泊洼地、新疆东部的吐鲁番盆地和哈密盆地以及准噶尔盆地西北部。其中,柴达木盆地西北部风蚀地貌区面积为2.24万平方千米,占盆地内风成地貌面积的67%,风蚀地貌形态主要有风蚀长丘和风蚀劣地;罗布泊洼地西北部风蚀地貌十分发育,风蚀地貌区面积为2600余平方千米,风蚀地貌形态主要有风蚀雅丹、风蚀方山和风蚀劣地;新疆东部有不少大风的风口,这里的风蚀地貌形态主要有风蚀残丘、风蚀方山、风蚀城堡等;准噶尔盆地西北部若干风口都发育有风蚀地貌,其中以乌尔禾的"风城"最为典型。中国风积地貌发育地的沙漠,绝大部分都在内陆盆地中,有塔里木盆地中的塔克拉玛干沙漠、准噶尔盆地中的古尔班通古特沙漠、阿尔金山北麓的库姆塔格沙漠和柴达木盆地中的沙漠。其中,塔克拉玛干沙漠是世界上最大沙漠之一,其面积达到33.76万平方千米,占全国沙漠面积的47%。风积地貌显著特点是:流动沙丘占绝对优势,一般占到沙漠面积的85%以上;沙丘高大,形态复杂,沙丘一般高度在100米~150米,其中高度在50米以上的沙丘占全沙漠流动沙丘面积的80%,沙丘形态极为复杂,常有中国其他沙漠中所没有的各种特殊形态的沙丘,如巨大复合型沙丘链、复合型纵向沙丘、鱼鳞状沙丘、金字塔沙丘和穹状沙丘等。古尔班通古特沙漠的面积为4.88万平方千米,是中国面积最大的固定、半固定沙漠,其主要特点是:固定、半固定沙丘占绝对优势,这种沙丘占整个沙漠面积的97%;沙丘形态主要是以树枝状沙垄为主,这种沙垄占固定、半固定沙丘面积的80%。库姆塔格沙漠的面积为2.28万平方千米,其主要特点是:沙漠中全部属流动沙丘;沙丘形态主要是角锥状沙丘和羽毛状沙丘。柴达木盆地的沙漠是中国海拔最高的沙漠,其面积包括风蚀地貌在内为3.49万平方千米,沙丘形态主要有新月形沙丘、沙丘链和沙垄等,但面积不大。

(3)风成地貌横跨不同自然地带 中国风成地貌的分布,横跨经度50°之多,分属于4个自然地带。西部沙漠区属于温带干旱荒漠地带,大部分风成地貌都分布在这个自然地带,占全国沙漠面积的80%;中部沙漠区属于温带干旱半荒漠地带,沙漠仅占全国沙漠面积的3%强;东部沙区属于温带半干旱干草原地带和温带半湿润草原地带,其沙漠面积占全国沙漠面积的16%左右。

(4)风成地貌的分布自西向东呈明显地域差异 中国风成沙漠中的沙丘自西向东分布在不同的自然地带,因此它的固定程度有着明显的地域差异。西部沙漠区以流动沙丘占绝对优势,如塔克拉玛干沙漠中流动沙丘占85%,而固定和半固定沙丘只占15%;中部沙漠区的流动沙丘和固定、半固定沙丘的比例,介于西部沙漠区与东部沙区之间,如毛乌素沙地中流动沙丘占64%,而固定和半固定沙丘占36%;东部沙区以固定和半固定沙丘占绝对优势,流动沙丘只零星分布在沙地边缘植被被破坏的地方,如科尔沁沙地中固定和半固定沙丘占90%,而流动沙丘只占10%。由上可见,中国沙丘自西向东流动沙丘递减,而固定、半固定沙丘则递增。

### 三、风成地貌的主要类型

1. 风蚀地貌

中国风蚀地貌广泛分布在大风区域。由于岩性和岩层产状等因素的影响,形成不同的形态类型。

(1)石窝 塔克拉玛干沙漠北部库车盐水沟的砂岩岩壁上、阿尔泰山青格里附近的低山带、艾比湖北部的玛立山、七角井附近的天山山地和吐鲁番盆地西北部一些石质丘陵的迎风坡岩壁上,以及其他许多地区的干燥剥蚀山地的山坡岩壁上都发育有石窝,其中以库车盐水沟砂岩岩壁上石窝最为典型。另外,在有些地区,风蚀城堡往往伴有这种地貌形态。石窝的形成主要是由于沙漠区的昼夜的较大温差,使得这些地区的矿物体积不断发生膨胀和收缩,从而产生热力差别风化,使岩石表面松散破碎,再经风力的吹蚀和磨蚀,就会形成状如窗格和蜂窝的石窝。

(2) 风蚀蘑菇　中国塔克拉玛干沙漠西部的麻扎塔格、吐鲁番盆地西北部的石质丘陵和准噶尔盆地西北部的乌尔禾等地都发育有风蚀蘑菇,其中以麻扎塔格风蚀蘑菇最为典型。在有些地区,风蚀蘑菇一般是风蚀城堡的附生形态。风蚀蘑菇的形成由于孤立突起的岩石受含沙气流高度限制的差别磨蚀而致。

(3) 风蚀城堡　中国准格尔盆地的乌尔禾、新疆东部兰新铁路十三间房风口以南一带、罗布泊洼地的楼兰古城东北的孔雀河畔一带等地都分布有风蚀城堡。乌尔禾的"风城"是其中最典型的代表之一,它发育在白垩纪砂岩和泥岩水平互层的构造台阶上,在干燥的气候条件下,风化和盐化作用强烈,因而使岩石表面疏松,并且经常受到这里6级~7级以上大风的吹蚀,形成远看宛如废弃的古城堡的断垣残壁,其比高多为20米~30米,高者可达50米。

图 3-2-21　风蚀地貌——风蚀蘑菇和风蚀柱

(4) 风蚀长丘和风蚀劣地　风蚀长丘和风蚀劣地在柴达木盆地西北部分布最广,这里由第三纪泥岩、粉砂岩和砂岩所构成的北西—南东走向的短轴背斜构造非常发育,岩层软硬相间,且多断层和节理,在风向与构造方向相近似的情况下,经强烈的风蚀作用,形成与构造方向相一致、与风向大致平行的垄岗状风蚀长丘和风蚀劣地。风蚀长丘高度在10米~20米不等,有的达40米~50米,而长度在10米~200米不等,也有长达数千米的。

(5) 风蚀雅丹　中国罗布泊洼地附近、甘肃西部疏勒河下游、新疆喀什三角洲平原的西南部、吐鲁番盆地燕木什以南冲积平原等地都广泛分布着风蚀雅丹,其中以罗布泊附近最为典型。它发育在第四纪河湖相的土状堆积物中。雅丹是指风蚀土墩和风蚀洼地的地貌组合,其地面崎岖起伏,支离破碎,高起的风蚀土墩多作长条形,与主风向平行,相对高度多在4米~10米,长度不等。在罗布泊盐碱地北部的东西两侧,粘土土墩的顶面是盐结块,外表呈白色,形状似龙,故称白龙堆。

(6) 风蚀洼地　准噶尔盆地3个泉子干谷以北的平坦薄层粗沙地上分布有许多风蚀洼地,其直径都在50米以下,而深度则仅1米左右。一些大型的风蚀洼地,或称风蚀盆地,在甘肃河西走廊的弱水(额尔济纳河)东西两侧、新疆乌伦古河下游西南至玛纳斯湖之间、乌伦古河与额尔齐斯河之间的丘陵平原区、新疆七克台与哈密之间、准噶尔盆地东部二台以南将军庙戈壁一带等地,都分布有这种地貌形态,其面积小者不足1平方千米,大者可达数百平方千米,深度一般数米至20米~30米不等,有的可达250米。

当风蚀深度低于潜水面时,地下水出露可潴水成湖,如中国呼伦贝尔沙地中的乌兰湖、浑善达克沙地中的查干诺尔、毛乌素沙地中的纳林淖尔等,它们的共同特点是面积不大、水浅、无出口、长轴方向多和主风向一致。

2. 风积地貌

沙漠地区风积地貌最基本的形态是各种沙丘,连绵的沙丘构成了波涛起伏、浩瀚无垠的茫茫沙海。沙漠地区沙丘形态复杂多样,根据成因—形态原则,可采用三级分类系统。首先,按沙丘与风向的关系,主要可分为3大基本类型,即:与起沙风合成风向垂直,或不小于60°交角的横向沙丘;与起沙风合成风向相平行,或成30°以下交角的纵向沙丘;多方向风作用下的沙丘。其次,按沙丘稳定程度把每一种沙丘基本类型划分为流动沙丘和固定、半固定沙丘的2个亚类。最后,每一种沙丘亚类根据沙丘形态特征进行细分(表3-2-12)。

表3-2-12  中国沙漠地区的主要沙丘类型

| 按沙丘与风向的关系分类 | | 按沙丘稳定程度的分类 | |
|---|---|---|---|
| | | 流动沙丘 | 固定、半固定沙丘 |
| 类别 | 风的状况 | 沙丘类型 | |
| 横向沙丘 | 单向风或两个相反方向的风 | 新月形沙丘 | 梁窝状沙丘 |
| | | 沙丘链 | |
| | | | 抛物线型沙丘(马蹄形沙丘) |
| | | 复合新月形沙丘和复合型沙丘链 | |
| | 2个近于相垂直方向的风 | 格状沙丘 | 沙垄—蜂窝状沙丘 |
| 纵向沙丘 | 2个锐角相交的风 | 新月形沙垄 | 树枝状沙垄 |
| | 单一方向的风 | 复合型纵向沙垄 | |
| 多方向风作用下的沙丘 | 1个或2个相似方向占优势的多方向风 | 线型复合型金字塔沙丘(线形角锥状沙丘、线形星状沙丘) | |
| | 1个或若干个方向占优势的多方向的风 | 金字塔沙丘(角链状沙丘、星状沙丘) | |
| | 风力较为均匀的各个方向的风 | 穹状沙丘圆形沙丘 | 蜂窝状沙丘 |

(1)横向沙丘

新月形沙丘  新月形沙丘是中国沙漠地区最常见的、分布最广泛的、形态最简单的一类沙丘,为一种流动沙丘。它在塔克拉玛干沙漠的西部和北部、塔里木盆地东端库姆塔格沙漠、腾格里沙漠、毛乌素沙地、巴丹吉林沙漠边缘和柴达木盆地的山前洪积平原等地都有广泛分布,其显著特征是:平面图形似新月,有顺主风向伸出的2个翼;丘体纵剖面2坡不对称,迎风坡凸出而平缓,背风坡凹下而较陡;沙丘高度不大,一般为1米~5米,很少超过15米。

沙丘链  沙丘链是许多密集的新月形沙丘相互连接而成,广泛分布在塔里木盆地西部的布谷里沙漠、毛乌素沙地和巴丹吉林沙漠等地,但其形态则随各地风向情况而有差异。在单一风向的地区,沙丘链弯曲度较大,在平面图形上仍然保持原来单个新月形沙丘的特征;在2个相反风向交替作用的地区,沙丘链比较平直,剖面形态往往成为复式,顶部有一条摆动带,背风坡较缓。沙丘链的高度一般在10米~30米,而巴丹吉林沙漠边缘的沙丘链,高度40米~50米的则很常见,高者还可达80米~90米,这是一般沙漠所罕见的。

复合新月形沙丘和复合型沙丘链　复合新月形沙丘和复合型沙丘链广泛分布在塔克拉玛干沙漠和巴丹吉林沙漠,它们都是流动沙丘,其总的特征是:沙丘高大,在迎风坡上分别层层叠置次一级新月形沙丘和沙丘链。在塔克拉玛干沙漠,高度一般在50米~100米,最高可达200米,长度一般为5千米~15千米,最长可达30千米左右;宽度一般为0.3千米~0.8千米,最宽可达1千米~1.5千米,而在巴丹吉林沙漠,高度一般在200米~300米,最高可达420米;长度一般为5千米~10千米,宽度1千米~3千米不等;丘体剖面形态一般不对称,迎风坡缓而长,背风坡陡而短。

梁窝状沙丘　梁窝状沙丘主要分布在古尔班通古特沙漠、毛乌素沙地、小腾格里沙地和科尔沁沙地等地。它是一种固定、半固定沙丘,是由新月形沙丘和沙丘链被植物所固定或半固定而形成的,其主要特征是:有一新月形的深凹的沙窝和曲弧状的沙梁;迎风坡较陡,两侧比较对称。

图3-2-22　风积地貌——新月形沙丘

抛物线形沙丘(马蹄形沙丘)　抛物线形沙丘在毛乌素沙地、小腾格里沙地和科尔沁沙地等都有大片分布。它是一种较特殊的固定和半固定沙丘,其形态特征与新月形沙丘相反,即沙丘的2翼指向上风方向,迎风坡平缓而凹进,而背风坡陡而弧形凸出;沙丘平面图形似马蹄,又像一条抛物线;沙丘高度不大,一般在10米~20米左右。

格状沙丘和沙垄—蜂窝状沙丘　格状沙丘主要分布在腾格里沙漠的东部和南部、库布齐沙漠的中部等。它是一种流动沙丘,其主要的特征是:由2个相互垂直方向风作用下形成的纵横交叉的沙丘所组成,主风形成沙丘链(主梁),次要风造成沙丘链之间的低矮沙埂(副梁),两者呈直角相交,平面形态呈网格状。如腾格里沙漠的格状沙丘就是由西北风形成的东北—西南走向的平行排列的沙丘链(主梁)和由西南风产生的西北—东南走向的低矮沙埂(副梁)所组成。沙垄—蜂窝状沙丘主要分布在古尔班通古特沙漠的中南部,它是格状沙丘被植物所固定和半固定的沙丘形态。

(2)纵向沙丘

新月形沙垄　新月形沙垄主要分布在喀什三角洲的托克拉克库姆沙漠、若羌与且末之间的喀特库姆沙漠、民勤西北及柴达木盆地西部等地。它是一种流动沙丘,其主要特征是:状如钓鱼钩,这是新月形沙丘的一翼向前延伸很长和另一翼相对退缩形成的;丘体剖面形态不对称,有刃形沙脊;沙垄高度一般3米~5米(阿尔金山北麓的沙垄长度达5000米以上)。

树枝状沙垄　树枝状沙垄广泛分布在古尔班通古特沙漠,它是一种固定和半固定沙丘,在中部地区植被覆盖度为15%~25%。沙漠北部边缘地区可达40%~50%,其主要特征是:平直做线状伸展,常相互连接,平面形态呈树枝状;剖面形态有比较对称的斜坡,也有两坡明显不对称的,前者在沙漠东部地区见到,这里近乎南北走向的沙垄,其东西2坡的坡度分别为19°~28°和12°~24°,后者见于沙漠西部地区,这里的西北—东南走向的沙垄,其东西2侧的坡度分别为29°~33°和12°~17°;沙垄长度从数百米至10余千米,甚至数十千米,高度一般在10米~25米,最高可达70米。这种沙垄形态在小腾格里沙地、科尔沁沙地和托克拉克库姆沙漠亦有较大面积的分布。

复合型纵向沙垄　复合型纵向沙垄主要分布在塔克拉玛干沙漠的西南部罗斯塔格以南皮山以北的倍尔库姆,以及中部东经82°~85°之间的广大地区。它是一种流动沙丘,其主要特征是:垄体表现覆盖着许多叠置的次一级沙丘链;沙垄延伸长度一般为10千米~20千米,最长可达45千米;垄体高度为50米~80米,宽为500米~1000米,垄间低地宽度为1000米~2000米,其间散布一些低矮的沙垄或沙丘链;沙垄剖面形态比较对称。

纵向沙丘基本类型除上述沙丘形态类型外,还有鱼鳞状沙丘群和羽毛状沙丘。前者广泛分布在塔克拉玛干沙漠的西部和西北部,后者见于新疆东部、甘肃西部、罗布泊低地以南和阿尔金山以北的库姆塔格沙漠。

(3) 多方向风作用下的沙丘

金字塔沙丘(角锥状沙丘、星状沙丘)　金字塔沙丘主要分布在塔克拉玛干沙漠南部的且末、于田一带及西北部的麻扎塔格北坡、巴丹吉林沙漠的东南缘和库姆塔格沙漠的南部等地。它是一种流动沙丘,其主要特征是:沙丘外形似埃及金字塔,沙丘形态总特征为角锥体状,沙丘平面图形类似多角星,故称金字塔沙丘,或角锥沙丘,或星状沙丘,它具有尖顶和三角形斜面,斜面坡度通常为25°~30°,每个斜面代表一种风向,通常有3个~4个斜面,亦有多到5个~6个斜面的;丘体高大,一般在50米~100米,有的可高达100米以上。

复合型金字塔沙丘(复合型角锥状沙丘、复合型星状沙丘)　复合型金字塔沙丘见于巴丹吉林南部和东北边缘,它往往是数个高大的金字塔沙丘串联成垄岗,其主要特征是:沙丘高大,高度达200米~300米,长可达5米~10米,貌似"山"一般,但它属于流动沙丘。

穹状沙丘(圆形沙丘)　穹状沙丘主要分布在塔克拉玛干沙漠北部塔里木河老河床以南和克里雅河下游干河床的东北,以及乌兰布和沙漠西南部地区等。属于流动沙丘,其形态主要特征是:沙丘平面图形呈圆形或椭圆形,犹如馒头;沙丘两侧斜坡较为对称,其上叠置次一级沙丘链,没有明显高大的曲弧形落沙坡;沙丘一般低矮,但复合型穹状沙丘则比较高大,一般在40米~60米之间,其长、宽大致相等。

蜂窝状沙丘　蜂窝状沙丘主要分布在吉尔班通古特沙漠的西南部、小腾格里沙地的东南部以及呼伦贝尔沙地等地。它是属于固定和半固定沙丘,其主要特征是:它是一种中间低而四周围无一定方向的沙埂所形成的圆形或椭圆形的沙窝地貌;沙丘缺乏固定方向的沙梁。

(4) 草灌丛沙堆

草灌丛沙堆在中国西部沙漠的边缘或深入沙漠中的河流两岸现代冲积平原上,以及东部沙地中凡是水分条件较好和植物生长较密的地方都有分布,这是因为它是风沙流在草灌丛周围遇阻风速减弱堆积形成的,是固定、半固定沙丘中最普遍的一种,其主要特征是:沙堆平面图形呈圆形或椭圆形;沙堆大小不一,高度不大,一般在1米~5米。草灌丛沙堆可根据其上主要植物种类命名,如红柳沙堆、白茨沙堆、沙蒿沙堆等,它们的高度取决于形成沙堆的植物,如沙蒿沙堆一般为0.2米~1.0米左右,白茨沙堆一般在2米以下,红柳沙堆一般为3米~6米左右,个别可高达10米。

### 四、中国主要的雅丹地貌

#### 1. 柴达木盆地雅丹地貌

柴达木盆地的雅丹地貌世界闻名,有中国规模最大的雅丹群、迄今国内发现最大的风蚀土林群,广布于柴达木西北部的南八仙、一里坪、牛鼻子梁、尕斯库勒湖盆地等地的第三系泥岩、粉砂岩和砂岩地层中,总面积达2.15万平方千米。柴达木的雅丹地貌,是7500万年前第三纪晚期和第四纪早期的湖泊沉积物,由于地质运动抬高而脱离水体,期间的盐和沙凝结地壳被西风侵蚀雕塑而成。由于亿万年的地质变迁,因褶皱而隆起和因断裂破碎的裸露第三级地层在外因力的长期作用下,吹蚀一部分地表物质形成的多种残丘和槽形低地。盆地瀚海盐碱滩,由于受强烈风沙的侵蚀,久而久之,使裂缝越来越大,将原平坦的地表发育成许多不规则的垄脊沟槽,顺盛行风方向伸长,沟槽越来越大,垄脊越来越小,出现不连接的许多土墩,形成了戈壁滩上特有的一大奇观。

在冷湖1.7万平方千米的土地上,雅丹林的面积占到94%以上。柴达木冷湖以南的南八仙、大风山、黄瓜沟、俄博梁、牛鼻子梁、开特米里克、冷湖4号至7号构造、一里坪、茶冷口、尕斯库勒湖一带有大面积的风蚀残丘,沙丘较大而密集,又称沙蚀林。南八仙雅丹地貌是柴达木盆地的主要地貌类型之一,属最典型的雅丹地貌之一,茶(茶卡)冷(冷湖)公路、茫(茫崖)格(格尔木)公路穿越其间。它由一列列断断续续延伸的长条形土墩与凹地沟槽间隔分布的地貌组合,这里的泥岩有的成20米~30米高的小峰;有的像巨神屹立直插云霄;有的像蘑菇破土而出;有的像美丽的芭蕾舞姿,其形态奇异壮观,令人有置身另一世界之感,所以人们又称此为"魔鬼城"。远远望去奇形怪状,有的酷似古城堡、庙宇、帝王坟、千军帐;有的类似"鲸群戏沙海""百万海狮朝阳""万龙布阵",千姿百态,十分壮观。从近处看,有的土堆就像一艘艘鼓满风帆的战船即将远航;有的像雄赳赳的大公鸡,正伸脖打鸣;有的像小桥流水里的亭台楼阁,有的像骏马、骆驼、大象、狮、虎、鲸、龙、鸟等动物。

#### 2. 罗布泊雅丹地貌

罗布泊雅丹地貌群分布在罗布泊古湖盆地区,面积约3000平方千米,是中国仅次于柴达木盆地的第2大雅丹地貌分布区,主要分布于孔雀河下游、白龙堆、三垄沙、阿奇克谷地等4个地区(图3-2-23)。从分布范围来看,孔雀河下游地区最大,白龙堆、三垄沙雅丹最集中,阿奇克谷地雅丹相对零散。

(1)孔雀河下游雅丹地貌　分布于罗布泊的北岸和西岸、孔雀河下游的龙城和楼兰古城一带,南北长约80千米,东西宽40千米,面积约1800平方千米,主要在中晚更新世之间形成的泥岩、砂质泥岩、砂岩的基础上发育而成。由于物质组成的差异性和发育时间的长短不一,在形态特征上有明显区别,大致以孔雀河为界,以北为龙城雅丹分布区,地层为中、晚更新世河湖相泥岩、砂质泥岩、砂岩,组成雅丹地貌的垄岗和槽谷相对高差较大,垄岗一般高20米~25米,长30米~50米,槽谷长轴走向为20°,以"高峻似城廓宫阙,其形似龙伏卧"得名;以南为楼兰雅丹分布区,全部为中、晚更新世湖湘富含石膏层的浅棕色泥岩,垄岗和槽谷相对高差较小,垄岗高4米~7米,长度不等,沟谷长轴走向为30°。在楼兰古城附近,发育大量低矮的雅丹地貌,相对高差不大,一般不超过1米,形成时间不超过1000年。

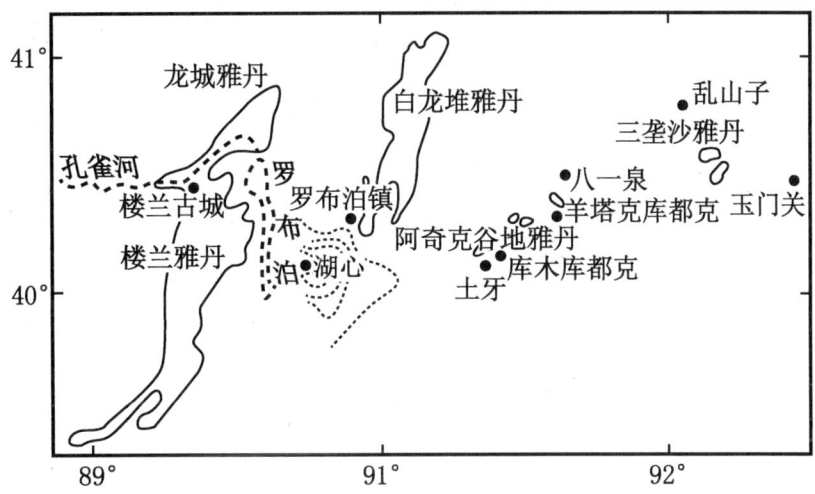

图 3-2-23　罗布泊雅丹地貌分布示意图(据董瑞杰等,2013)

(2)白龙堆雅丹地貌　位于罗布泊东北部一带,南北长约80千米,东西宽约20千米,面积约1000平方千米,是罗布泊著名景观之一,在历史书籍上常被提及。地层是中、晚更新世湖湘灰白色砂泥岩夹石膏层,是一片盐碱地土台群,是第四纪湖积层抬升形成的砾质土丘地貌,由于水蚀和风蚀作用,形成东北至西南走向的长条状土丘群,横卧于罗布泊地区的东北部。由于白龙堆的土台以砂砾、石膏泥和盐碱构成,颜色呈灰白色,在清晨阳光映照下反射出灿烂的银光,似鳞甲般,远望如一条条白色巨龙蜷伏在大漠之中,聚首天涯,故名白龙堆。垄岗一般高10米~20米,延伸很长且有弯曲,一般长200米~500米,也有长达几千米的,槽谷长轴延伸方向为10°。白龙堆千姿百态的雅丹,具有极高的观赏性,是吸引游人趋向罗布泊的一种特殊景观。然而,你要亲临雅丹,却极不容易。如龙城雅丹,由于当年地表经水侵蚀,沟谷遍野,成为阻挡人们前往楼兰的天然障碍。当年《汉书》就曾记载,由于白龙堆一带地形险阻,辎重车辆无法通过,为"避白龙之厄",后来新开北道,经伊吾、车师西行,绕过白龙堆,遂使丝路由2道变为3道。

(3)三垄沙雅丹地貌　位于罗布泊东部的流动沙丘带三垄沙东部边缘,即玉门关西北100千米处的敦煌雅丹国家地质公园的主体部分,东西长约10千米,南北宽约10千米,面积100平方千米。地层为中、晚更新世河湖相浅棕色泥岩和砂岩互层。三垄沙是一条横亘于罗布泊东部地区的流动沙丘带,至今仍受东北风的影响,随时游动。这条沙漠带长约百千米,宽约数千米,在汉代土梁道的沙带最窄,约200米。遇到起风,沙如游蛇,在风口中行走,细沙会沿足盘旋到膝盖处。民间有谚语道:急走流沙慢走水。这里雅丹特别高大,一般高20米~40米,最高可达100米,长200米~300米不等,错落有致、布局有序。每个雅丹地貌都各具形态,千奇百怪,造型生动,惟妙惟肖。像宝塔、像宫殿、像麦垛、像昂首屹立远眺的金孔雀、像展翅欲飞的雄鹰、像大海中乘风破浪的船队、像怒目远视的武士,还有的像亭亭玉立的美女……。2001年5月批准为敦煌国家地质公园。这一带雅丹地貌又可分为2片,北片与主风向平行,沟谷长轴走向10°;南片与主风向垂直,槽谷长轴走向近于东西。

(4)阿奇克谷地雅丹地貌 在罗布泊东部阿奇克谷地中分布着零散的雅丹群,面积不大,约100平方千米。主要展布在东西长约150千米、南北宽约20千米~30千米的狭长地带,有3个比较集中的分布区,即八一泉东部雅丹群(八一泉至盐水岭之间)、乱梁附近的雅丹群及库木库都克北部的雅丹群,也有单个分布的雅丹垄岗。主要是在中、晚更新世形成的灰白色泥岩和砂岩互层的基础上发育而成的,表层有洪积砾石层覆盖。垄岗高10米~20米,长30米~50米,宽20米~30米。在垄岗剖面上残存有芦苇、柽柳和沙拐枣植物残体。一般顶部层位均已被破坏,说明其形成时间较长,但也有个别顶面保留完整者(如八一泉西南10千米处的雅丹群)。

3. 准噶尔盆地雅丹地貌

在准噶尔盆地,雅丹地貌特别出众,面积大,分布广,且形状和色彩极其丰富。

(1)五彩湾雅丹地貌 五彩湾魔鬼城又称五彩城。位于准噶尔盆地北东部富蕴县和吉木萨尔县交界地带,它西邻沙漠,北靠卡拉麦里山,东去十几千米便是恐龙沟,向东南30多千米就是奇台魔鬼城。五彩湾中心面积约12平方千米,以零星块状分布的低矮丘陵或残丘地貌为主,丘顶基本处于同一高度,丘间沟谷纵横,宽数米至数十米,高一般10米~20米,最高为50米,峰丘密度200个/平方千米。其地貌起伏,奇峰怪石,千姿百态,让人扑朔迷离,应接不暇。岩层由中—上侏罗统石树沟群泥岩夹砂岩、含砾砂岩构成,与其他魔鬼城相比,其颜色更为鲜艳多彩,紫色、褐红色、姜黄色、土黄色、灰绿色、灰黑色、灰白色等数种颜色呈条带状相见,具有较高的旅游观赏价值。在额尔齐斯河谷,常常看到风蚀地貌,河岸形成状态怪异的石群,色彩呈浓艳的土黄和土红色,表层又浮现洁白半透明的石英砾石。五彩湾在地质历史上是个古湖盆区,由于气候冷热干湿的周期性变化和地壳运动的震荡变化,这里沉积了各种鲜艳的湖相岩层,故通称五彩湾。千百年来,由于地壳的运动,在这里形成极厚的煤层,后几经沧桑,覆盖地表的沙石被风雨剥蚀,使煤层暴露,在雷电和阳光的作用下燃烧殆尽,就形成了这光怪陆离的自然景观。这一大片城,由多种色相的泥页岩构成,长期的风化剥蚀和流水冲刷之下,被切割成一座座孤立的小的,有的像金字塔,有的却酷似麦垛子;有的则万变不离其城,似城堡、楼台或建筑物的残垣。地面上零星散布着晶莹的玛瑙石,有时还可以看到古生物化石和硅化木。

(2)乌尔禾魔鬼城 又称乌尔禾风城。位于准噶尔盆地西北边缘的佳木河下游乌尔禾矿区、克拉玛依市乌尔禾镇附近,海拔350米,主要分布于乌尔禾盆地四周边缘,集中分布在魔鬼城景区、帽顶山、沥青矿、油沙山一带,面积120平方千米。这里的风蚀地貌独特,形状怪异,当地人蒙古人将此城称为"苏鲁木哈克",哈萨克人称为"沙依坦克尔西",意为魔鬼城,因而人们习惯称它为"魔鬼城"。乌尔禾魔鬼城岩层中为中生界白垩系吐谷鲁群的灰绿色、棕红色泥岩、砂质泥岩、砂岩、砾岩。地层结构松弱,呈水平或微倾斜产出。雅丹地貌以城堡壮山峦为主,由多个高低不一的垄岗叠加而成,形似古堡。垄岗单体高5米~15米,造型奇异,令人浮想联翩。据考察,大约1亿多年前的白垩纪时,这里是一个巨大的淡水湖泊,湖岸生长着茂盛的植物,水中栖息繁衍着乌尔禾剑龙、蛇颈龙、恐龙、准噶尔翼龙和其他远古动物,这里是一片水族欢聚的"天堂",后来经过2次大的地壳变动,湖泊变成了间夹着砂岩和泥板岩的陆地瀚海,地质学上称它为"戈壁台地"。远眺风城,就像中世纪欧洲的一座大城堡。大大小小的城堡林立,高高低低参差错落。千百万年来,由于风雨剥蚀,地面形成深浅不一的沟壑,裸露的石层被狂风雕琢得奇形怪状:有的龇牙咧嘴,状如怪兽;有的危台高耸,垛蝶分明,形似古堡;这里似亭台楼阁,檐顶宛然;那里像宏伟宫殿,傲然挺立。真是千姿百态,令人浮想联翩。在起伏的山坡地上,布满着血红、湛蓝、洁白、橙黄的各色石子,宛如魔女遗珠,更增添了几许神秘色彩。风城地处风口,四季多风。每当风起,飞沙走石,天昏地暗,怪影迷离。如箭的气流在怪石山匠间穿梭回旋,发出尖厉的声音,如狼嗥虎啸,鬼哭神嚎,若在月光惨淡的夜晚,四周肃索,情形更为恐怖。

(3)奇台魔鬼城　原名诺敏魔鬼城,位于准噶尔盆地东部、古尔班通古特沙漠南缘的将军戈壁一带,距奇台县城北100多千米。在地理上,它和西部的乌尔禾魔鬼城处同一纬度,遥相呼应,都属于典型的雅丹地貌故称"东方魔鬼城"。奇台魔鬼城历史悠久,规模宏大,总面积约84平方千米,以奇特的雅丹地貌为特征。地层为侏罗纪、白垩纪的陆相地层,历经风沙磨蚀雕凿,形成各种各样的造型,起风时如万马奔腾,晴空时见海市蜃楼,宛若缥渺仙境,诗人流连忘返。由奇台县城向北行几十千米,便是一望无际的将军戈壁。传说古代有位将军,率军追讨匪徒,不幸在戈壁上迷了路,结果粮断水绝,全军尽丧于此,所以这片戈壁便由此而得名。后来人们在将军殉难的地方建了一座庙宇,取名"将军庙"。而今将军庙已经倒塌,然而它却作为一个地名而被流传下来,成为通往中蒙边界的必经之路。由此向魔鬼城只有40多千米。

#### 4. 哈密盆地雅丹地貌

哈密盆地西部的十三间房到五堡,南部的南湖戈壁、库如克果勒河谷至沙尔湖地区,广泛发育类型多样的雅丹地貌,东西长约120千米,南北宽约30千米～50千米,其形态各异,蔚为壮观,是中国风蚀地貌(雅丹地貌)规模最大、类型最齐全、保存最完整的区域之一。

(1)哈密五堡雅丹地貌　包括五堡魔鬼城和五堡蘑菇林2部分。五堡魔鬼城又称艾斯克夏尔魔鬼城,位于哈密市五堡乡以南26千米处,距哈密市区90多千米。魔鬼城分布在哈密市西南部沙尔湖(现已干涸),东部库如克果勒河下游的一个古河道北侧,氛围七八个群体,散布在东西长约60千米、南北宽为30千米的地区。五堡魔鬼城是在干河谷的基础上,经强劲大风长期吹蚀古近系—新近系粉红色、灰白色砂岩、泥岩和砂砾岩水平地层而成。由于大风吹蚀软硬相间岩层产生差异风化,形成了众多栩栩如生的象形山石,如城堡、宝塔、圣殿、岩柱和高低错落的宫殿、墩台等,以及大小不等、形态各异的洞穴和凹坑等雅丹地貌。城堡、宝塔、圣殿、墩台比高多为10米～30米,个别可达50米～60米;洞穴直径一般25厘米～60厘米,深1米～2米;凹坑直径一般15厘米～25厘米,深约15厘米左右。在魔鬼城还可以看到混迹岩砾中五光十色的玛瑙、硅化木、枝叶清新的植物化石,偶尔可获得像恐龙蛋化石的小圆石头,海生的鱼类化石、鸟类化石。五堡蘑菇林分布在五堡南部10千米的干燥剥蚀平原上,范围东西长约5.5千米,南北宽约3千米,由风蚀蘑菇、岩柱、方山和各种奇形怪状的造型构成,零乱散布于平原上,大小不等,一般高2米～5米,边缘区发育残丘状的小土堆,表明该雅丹地貌群形成时间较早,已处于衰亡阶段,是在古近系—新近系粉红色、灰白色砂岩、泥岩和砂砾岩地层基础上,经强劲大风长期吹蚀而成。

(2)新疆哈密十三间房雅丹地貌　位于哈密盆地西部的十三间房至大步以南到沙尔湖以北地区,南北长45千米,东西宽35千米。该区广泛分布白垩系、侏罗系和古近系—新近系白色、红色砂岩、泥岩和砂砾岩层,因新构造运动作用而整体抬升,其上几乎没有第四系沉积物覆盖,受临时性暴雨洪水的侵蚀作用,将地面分割成众多南北走向的冲沟;由于这一带处于天山的第2个大风口——百里风口,经强劲大风的长期吹蚀,沿主风向发育了一系列由垄槽、劣地、不规则的垄岗、土丘相间组成的崎岖起伏、支离破碎的垄槽与劣地雅丹地貌。垄岗一般高8米～12米,高者达15米

~30米，长度不一，长者达数千米，短者为50米~80米；土丘一般高6米~15米，长度50米左右；沟槽深5米~15米，而长度达数千米到几十千米；沟槽内和垄岗顶不被大小不一、五彩缤纷的碎石和风棱石充填。从雅丹地貌的规模大小、形态特征和发育程度分析，该雅丹地貌处于最强烈的活动阶段。

### 5. 甘肃瓜州雅丹地貌

瓜州县（原安西县）地处甘肃省河西走廊西端的安敦盆地内，风蚀地貌主要分布在六工城西北南百旗堡以西，踏实农场以南至锁阳城至唐墩湖沿戈壁一线以及桥湾至布隆吉疏勒河北沿岸，县城东南和老师兔也有少量分布，以雅丹地貌类型为主。瓜州县地处2山之间类似狭管的走廊地带，素有"世界风库"之称，因而形成形状奇特、分布广泛的雅丹地貌，为河西走廊的一个代表性地区。瓜州的雅丹地貌有数十处之多，主要分布于布隆吉、桥湾古城、双塔水库西、锁阳城南、百齐堡等地，唯布隆吉和锁阳城西南已形成景观。

(1) 布隆吉雅丹地貌　俗称"人头疙瘩"。位于瓜州县布隆吉乡北3千米的疏勒河北岸，分布在甘新公路南侧东西长约9千米的狭长地段上。形态以土丘峰林为主，夹杂有低矮的岗丘，主要发育在晚更新世粘土和亚粘土组成的河流淤积层上。布隆吉一代由于千万年的风吹日晒，使地表平坦的砂岩层形成风蚀壁龛、风蚀蘑风蚀风蚀垄槽、风蚀洼地、残丘、城堡等各种地貌形态，风景壮观，令人称奇。这里土丘峰林和其间的低洼地，都是按照东西方向，互相平行地排列着。个别丘体还具有流线型外貌。高大的土丘峰林可分为上、下2个部分，上部土丘体颜色发红，颗粒较粗，比较疏松，手感沙性明显，有滑感，而基座组成物较细腻，丘体有圆形孔洞及植物根系等特点，是由遭受破坏的红柳沙丘所组成。这一雅丹地貌的形成，包含了一个在风力作用下的红柳沙丘形成、演化和消亡过程。

(2) 锁阳城南雅丹地貌　位于瓜州县锁阳城镇南，主要是在上更新统洪积层基础上形成的连绵起伏的风蚀台地。此地雅丹地貌和其他各地略有不同，有流水的作用，水流依附于风力吹蚀，增强和加速地表的沙漠化过程，一次暴雨、雪形成地表径流，刻蚀地表，造成明显的沟谷系统，整个外貌极似凝固的海洋波浪，"波浪线"南北纵走，波浪呈不对称状，陡坡朝着东方，缓坡斜向西边，极似流水下的涟痕，说明"波浪线"两面的斜坡不是平坦的，同样经过风力的吹蚀，但分割较浅，沟槽没有南北方向深大，东西向条状排列的地面形态仍然非常明显。他们又很像单斜构造上的地貌，"次成河""逆向河""再顺河"相当发育。这里的风蚀过程进行的较和缓。

(3) 桥湾城雅丹地貌　分布于瓜州县桥湾城附近的疏勒河沿岸10多千米长的狭窄条带。由粘土、亚粘土组成的上更新统淤积层，为风力磨蚀而形成雅丹。雅丹中的垄岗顶面高度大致相等，相对高度在1米左右，主要为长条状陡壁和岗丘，也有流线型外貌的长垄和平顶状土墩，尖顶或金字塔形的小土墩以及小的蘑菇石，在其间则为沟槽和洼地。这里个别小丘高度较大，能够明显区分出基座和土丘主体2个部分。基座是灰白色，表面高度和上述垄岗顶面相等。土丘的主体在阳光下微呈红色，高出基座约五六米，虽然它也受风力的吹蚀，但和下部基座物质组成的雅丹有明显区别。

### 五、中国主要沙漠

(1) 塔克拉玛干沙漠　位于南疆塔里木盆地中心，整个沙漠东西长约1000余千米，南北宽约

400多千米,总面积33.76万平方千米,是中国最大的沙漠、世界第2大流动沙漠。气候极端干旱,年降水量仅10毫米~60毫米,而沙漠内部年降水量却超过80毫米,高于沙漠边缘的绿洲。热量资源丰富。流动沙丘面积达27.7万平方千米,占整个沙漠面积的85%,且沙丘高大,除边缘外,一般均在50米~100米以上。在盆地内东北、西北、北部3个风向的作用下,这些流动沙丘每年约以5米的速度向南移动,极大地威胁着和田绿洲。沙漠东部主要为延伸很长的巨大复合型沙丘链所组成,一般长5千米~15千米,最长可达30千米。宽度一般在1千米~2千米,落沙坡高大陡峭,迎风坡上覆盖有次一级的沙丘链。丘间地宽度为1千米~3千米,延伸很长,但为一些与之相垂直的低矮沙丘所分割,形成长条形闭塞洼地,其间有沮洳地和湖泊等分布。沙漠东北部湖泊分布较多,但往沙漠中心则逐渐减少,且多已干涸,沙漠中心东经82°~85°和沙漠西南部主要分布复合型纵向沙垄,延伸长度一般为10千米~20千米,最长可达45千米。金字塔状沙丘分布或成孤立的个体(如于田、民丰间),或成串状组成一狭长而不规则的垄岗(如且末、民丰间)。沙漠北部可见高大弯状沙丘,西部及西北部可见鱼鳞状沙丘群。沙丘类型复杂多样,复合型沙山和沙垄宛若憩息在大地上的条条巨龙,塔型沙丘群,呈各种蜂窝状、羽毛状、鱼鳞状沙丘,变幻莫测。沙漠有两座红白分明的高大沙丘,名为"圣墓山",它是分别由红沙岩和白石膏组成,沉积岩露出地面后形成的。"圣墓山"上的风蚀蘑菇,奇特壮观,高约5米,巨大的盖下可容纳10余人。白天,塔克拉玛干赤日炎炎,银沙刺眼,沙面温度有时高达70°~80°,旺盛的蒸发,使地表景物飘忽不定,沙漠旅人常常会看到远方出现朦朦胧胧的"海市蜃楼"。干旱河床遗迹几乎遍布于塔克拉玛干沙漠,湖泊残余则见于部分地区(如沙漠的东部等)。沙漠之下的原始地面是一系列古代河流冲积扇和三角洲所组成的冲积平原和冲积湖积平原。沙漠四周,沿叶尔羌河、塔里木河、和田河和车尔臣河两岸,生长发育着密集的胡杨林和怪柳灌木,形成"沙海绿岛"。塔克拉玛干沙漠分为:①具有风蚀雅丹和沙丘覆盖的罗布泊、孔雀河、塔里木河下游河湖平原;②流沙沙丘与灌丛沙堆覆盖的阿尔金山—昆仑山山前洪积、冲积平原;③剥蚀低山与复合型沙丘覆盖的麻扎塔格北部平原;④复合型沙丘覆盖的倍尔库姆;⑤灌丛沙丘及流动沙丘覆盖的塔里木平原;⑥具有"河谷天然绿洲"与高大沙山覆盖的塔克拉玛干中部三角洲平原;⑦高大沙山覆盖并有湖泊残余的塔克拉玛干东部平原。地质勘测表明,在茫茫大沙漠下,水、油、气资源蕴藏十分丰富,是中国西气东输的起点。1992年建成北起轮南,南达塔中,全长346千米的塔克拉玛干沙漠公路。

图3-2-24 塔克拉玛干沙漠

图3-2-25 腾格里沙漠月亮湖

(2)巴丹吉林沙漠 位于中国内蒙古自治区阿拉善右旗北部,雅布赖山以西、北大山以北、弱水以东、拐子湖以南。巴丹吉林沙漠面积4.7万平方千米,是中国第3大沙漠,其西北部还有1万多平方千米的地域尚无人类的足迹。地质构造上属阿拉善地块,地貌形态缓和,主要为剥蚀低山残丘与山间凹地相间组成,第四纪沉积物普遍覆盖于地表,形成广泛分布的戈壁和沙漠。沙漠广大地区全为沙丘覆盖,流动沙丘占83%。西部边缘有以梭梭为主的固定、半固定沙丘,面积约3000平方千米,沙丘高大密集,其中高大沙山占沙漠总面积的61%,高度多在200米~300米,最高沙峰为必鲁图峰,海拔1617米,相对度500多米,是世界最高沙山,俗称"世界沙漠珠峰"。以复合型沙山为主,为北30°~40°东方向排列,系西北风的强大影响所致。高大沙山的周围为沙丘链,一般高20米~50米。沙丘和沙山上长有稀疏植物,西部以沙拐枣、籽蒿、麻黄为主;东部主要为籽蒿和沙竹,沙拐枣、麻黄等逐渐减少。沙漠东南部的沙山之间分布有许多内陆小湖(俗称海子),约140多个,面积一般为1平方千米~1.5平方千米,最大深度可达6.2米,多为咸水,不能饮用。湖周植物茂密,多为湿生、盐生等类型,常以湖水为中心与周围沙丘呈同心圆状分布,接近沙丘的地段出现以沙生植物为主的固定、半固定沙堆。海子周围常为牧场及聚落所在。沙山沙丘、风蚀洼地、剥蚀山丘、湖泊盆地交错分布,奇峰、鸣沙、湖泊、神泉、寺庙堪称巴丹吉林"五绝"。受风力作用,沙丘呈现沧海巨浪、巍巍古塔之奇观。沙漠东部和西南边沿,茫茫戈壁一望无际,形状怪异的风化石林、风蚀蘑菇石、蜂窝石、风蚀石柱、大峡谷等地貌令人叹为观止。生动记录狩猎和畜牧生活的曼德拉山岩画,被称为"美术世界的活化石"。属大陆性气候,年降水量50毫米~60毫米,年均温7℃~8℃,沙面温度达70℃~80℃。年均风速4米/秒,8级大风日为30天左右。沙丘上植物较少,仅于沙丘下部或丘间低地生长有稀疏灌木、半灌木,除梭梭林外,主要生长有沙拐枣、沙竹、霸王、木蓼、沙蒿、柽柳、沙葱等,盖度多在5%左右,在沙山与湖泊之间常出现有白刺沙堆。基本无种植业,全部经营牧业,骆驼为该地主要家畜,数量居全国各旗县之冠;次为山绵羊。沙漠内部无固定道路,中部及东北部基本为无水区。东南部的雅布赖盐湖盛产食盐,西部的古鲁乃湖及巴丹吉林庙附近的一些湖泊内有碳酸钠的沉积。

(3)古尔班通古特沙漠 中国第2大沙漠,位于准噶尔盆地的中央,玛纳斯河以东及乌伦古河以南,面积4.88万平方千米。由索布古尔布格莱沙漠、霍景涅里辛沙漠、德佐索腾艾里松沙漠和阔布北—阿克库姆4片沙漠组成。准噶尔盆地属温带干旱荒漠,年降水量70毫米~150毫米,冬季有积雪,春季和初夏降水略多。固定和半固定沙丘占整个沙漠面积97%,是中国面积最大的固定、半固定沙漠。固定沙丘上植被覆盖度40%~50%,半固定沙丘达15%~25%,为亚洲中部灌木漠的主要部分,为优良的冬季牧场。再加上埋藏的古冲积平原和古河湖平原,沉积有巨厚的第四纪松散沉积,赋存着淡承压水,使古尔班通古特虽有沙漠之名,但也是生机盎然,生存的植物多达300种以上。西部和中部以中亚荒漠植被区系的种类占优势,如白梭梭、苦艾蒿、白蒿、囊果苔草和多种短命植物等;东部和南部边缘,亚洲中部植物区系种类较多,如梭梭、蛇麻黄、花棒等。古尔班通古特沙漠的梭梭分布面积达1万平方千米,形成古湖积平原和河流下游三角洲上的"荒漠丛林"。沙漠的沙粒主要来源于天山北麓各河流的冲积沙层。沙漠中最有代表性垄的沙丘类型是沙垄,占沙漠面积的50%以上。沙垄平面形态成树枝状。在沙漠中部和北部,沙垄的排列大致呈南北走向,东南部成西北—东南走向。在沙漠的西南部分布着沙垄—蜂窝状沙丘和蜂窝状沙丘,南部出现有少数高大的复合型沙垄。流动沙丘集中在沙漠东部,多属新月形沙丘和沙丘链。西部的若干风口附近,风蚀地貌异常发育,尤以乌尔禾的"风城"最著名。沙漠中风沙土广泛分布。沙漠南缘平原上发育灰棕漠土,1949年后已大量开垦,垦区农牧场呈带状分布在沙漠南缘。人为活动破坏了天然植被,造成沙漠边缘流沙再起和风沙危害,现沙漠西缘建立了甘家湖梭梭林自然保护区,为中国唯一以保护荒漠植被而建立的自然保护区。准噶尔盆地蕴藏着丰富的石油资源,在西北部还有大型盐矿。

(4) 腾格里沙漠 中国第4大沙漠。位于阿拉善地区东南部,面积约4.27万平方千米。主要属阿拉善左旗,西部和东南边缘分属甘肃民勤、武威和宁夏的中卫县。沙漠包括北部的南吉岭和南部的腾格里2部分,习惯统称腾格里沙漠。属于阿拉善高原之冲积平原,海拔1050米,在地质构造上是一个断陷盆地,为细沙及粘土状第四纪冲积—湖积物所覆盖,其上为冲积、淤积和风积物,多为高低不等3米~10米的流动、半固定、固定沙丘、平缓沙地及丘间低地相互交错呈复区分布的地貌类型。沙漠内部沙丘、湖盆、山地、平地交错分布。其中沙丘占71%,湖盆占7%,山地残丘及平地占22%。在沙丘中,流动沙丘占93%,余为固定、半固定沙丘。高度一般为10米~20米,主要为格状沙丘及格状沙丘链,新月形沙丘分布在边缘地区。高大复合型沙丘链则见于沙漠东北部,高度约50米~100米。固定、半固定沙丘主要分布在沙漠的外围与湖盆的边缘,其上植物多为沙蒿和白刺。在流动沙丘上有沙蒿、沙竹、芦苇、沙拐枣、花棒、柽柳、霸王等,生长较巴丹吉林沙漠为好。在沙漠西北和西南的麻岗地区还有大片麻黄,在梧桐树湖一带沙丘间有天然胡杨次生林。沙漠内大小湖盆多达422个,多为无明水的草湖,面积在1平方千米~100平方千米。呈带状分布,水源主要来自周围山地潜水。湖盆内植被类型以沼泽、草甸及盐生等为主,是沙漠内部的主要牧场。山地大部为流沙掩没或被沙丘分割的零散孤山残丘,如阿拉古山、青山、头道山、二道山、三道山、四道山、图兰泰山等。沙漠内部的平地主要分布在东南部的查拉湖与通湖之间。沙漠中的湖盆边缘已有小面积开垦,人口密度较巴丹吉林沙漠大。沙漠腹部有查汗布鲁格、图兰泰、伊克尔等乡镇,居民点分布在较大的湖盆外围。沙漠边缘有通湖、头道湖、温都尔图和孟根等居民点,此外还有一些固沙林场。沙坡头附近为国家自然保护区,面积达1.27万公顷。沙漠中有"鸣泉",可预报地震。沙漠内部无固定道路,因沙丘较小而居民点较多,东西通道常直穿沙漠而过。包兰铁路穿过沙漠东南缘。沙漠内部的查汗池、红盐池和屯池等盛产食盐。

(5) 柴达木盆地沙漠 中国第6大沙漠,面积3.49万平方千米,位于青藏高原东北部的一个巨大的内陆盆地柴达木盆地的腹地,海拔2500米~3000米,是中国沙漠分布最高的地区。干旱程度由东向西增大,东部年降水量在50毫米~170毫米,干燥度2.1~9.0;西部年降水量仅10毫米~25毫米,干燥度在9.0~20.0。盆地中呈现出风蚀地、沙丘、戈壁、盐湖及盐土平原相互交错分布的景观。沙丘分布比较零散,并多与戈壁交错分布于山前洪积平原上,其中比较集中的是在盆地西南部的祁曼塔格山、沙松乌拉山北麓等地,形成一条大致呈西北—东南向的断续分布的沙带。北部花海子和东部铁圭等地也有小面积的分布。沙丘多为流动的新月形沙丘、沙丘链和沙垄,一般高5米~10米;高大的(20米~50米)复合型沙丘链也有分布,但面积很小,固定、半固定的灌丛沙堆,则散布在洪积平原前缘潜水位较高的地带。风蚀地貌发育广泛,占盆地内沙漠面积的67%。主要分布在盆地西北部,东起马海、南八仙一带,西达茫崖地区,北至冷湖、俄博梁之间的范围内。那里由第三系的泥岩、粉砂岩和砂岩所构成的西北—东南走向的短轴背斜构造非常发育,岩层疏松,软硬相间。风向与构造走向一致,也是西北方向,强烈的风蚀作用形成了排列方向大致与风向相同的风蚀长丘和风蚀劣地。有一些褶曲隆起的穹形丘陵上也广泛分布有这种风蚀地貌。

(6) 库布齐沙漠 八是距北京最近的沙漠。西、北、东三面均以黄河为界,地势南部高,北部低。位于内蒙古自治区伊克昭盟杭锦旗、达拉特旗和准格尔旗的部分地区。南部为构造台地,中部为风成沙丘,北部为河漫滩地,总面积约1.45万平方千米,流动沙丘约占61%,长400千米,宽50千米,沙丘高10米~60米,像一条黄龙横卧在鄂尔多斯高原北部,横跨内蒙古三旗。形态以沙丘链和格状沙丘为主。气候类型属于温带干旱、半干旱区,年大风天数为25天~35天。东部属于半干旱区,雨量相对较多;西部属于干旱区,热量丰富;中东部有发源于高原脊线北侧的季节性川沟十余条,沿岸土壤肥力较高;西部地表水少,水源缺乏,仅有内流河沙日摩林河向西北消失于沙漠之中。沙漠西部和北部因其地靠黄河,地下水位较高,水质较好,可供草木生长。库布齐沙漠的植物种类多样,植被差异较大。东部为草原植被,西部为荒漠草原植被,西北部为草原化荒漠植被。主要植物种类为东部的多年禾本植物,西部的半灌木植物,北部河漫滩地碱生植物,以及在沙丘上生长的沙生植物。沙漠东、中、西部各具特色,中、东部雨量较多,西部热量丰富。中、东部有发源于高原脊线北侧的季节性沟川约10余条,纵流其间,并具有沟长、夏汛冬枯、含沙量大等特点。在流经沙漠的沟川两岸,常有面积不等的沟谷阶地,地下水埋深1米~3米,土壤肥力也较高,出现了星罗棋布的绿洲景观,形成较优越的小气候条件。沙漠西端和北部的地下水受黄河影响,多系泥沙淤积土壤,土质肥沃,水利条件较好,是黄河灌溉区的一部分,粮食产量较高,向来有"米粮川"之称。

(7)毛乌素沙漠 中国第5大沙漠,位于包括内蒙古自治区的鄂尔多斯南部、陕西省榆林市的北部风沙区和宁夏回族自治区盐池县东北部,总面积为4.22万平方千米,万里长城从东到西穿过沙漠南缘。由于陕北长城沿线的风沙带与内蒙古鄂尔多斯(伊克昭盟)南部的沙地是连续分布在一起的,因而将鄂尔多斯高原东南部和陕北长城沿线的沙地统称为"毛乌素沙地"。海拔多为1100米~1300米,西北部稍高,达1400米~1500米,个别地区可达1600米左右。东南部河谷低至950米。毛乌素沙区主要位于鄂尔多斯高原与黄土高原之间的湖积冲积平原凹地上。出露于沙区外围和伸入沙区境内的梁地主要是白垩纪红色和灰色砂岩,岩层基本水平,梁地大部分顶面平坦。各种第四系沉积物均具明显沙性,松散沙层经风力搬运,形成易动流沙。平原高滩地(包括平原分水地和梁旁的高滩地)主要分布全新统一上更新统湖积冲积层。流动沙丘在沙地南部长城沿线较多,因植被破坏所致,大多为新月形沙丘链,东北—西南向排列,高约4米~6米及10米~15米,过去每年向东南移动约3米~5米。有黄河支流无定河、窟野河等河流穿过。境内有大小湖泊170余个,多为含苏打或氯化物的咸水湖。沙区土地利用类型较复杂,不同利用方式常交错分布在一起。农林牧用地的交错分布自东南向西北呈明显地域差异,东南部自然条件较优越,人为破坏严重,流沙比重大;西北部除有流沙分布外,还有成片的半固定、固定沙地分布。东部和南部地区农田高度集中于河谷阶地和滩地,向西北则农地减少,草场分布增多。现有农、牧、林用地利用不充分,经营粗放。全区流沙面积达1.38万平方千米,通过各种改造措施,毛乌素沙区东南部面貌已发生变化。中华人民共和国成立后,在陕北进行固沙工作,引水拉沙,发展灌溉,植树造林,改良土壤,改造沙漠,成效显著。

(8)库姆塔格沙漠 位于新疆维吾尔自治区吐鲁番盆地东缘,鄯善县城南,沙漠面积约2.2万平方千米,是世界上离城市最近的沙漠。沙漠形成于汉代,主要是因为来自天山七角井风口和达坂城风口的狂风,沿途经过长风程,挟带着大量沙子,最后在库姆塔格地区相遇碰撞并沉积,形成"有沙山的沙漠"这一独特的景观。库姆塔格沙漠主要组成元素不是沙丘,而是沙山。主要分布复合型沙垄、新月型沙垄、线性沙垄,有格状沙丘、新月形沙丘、金字塔形沙丘、线状沙丘等沙丘类型,另外,还有世界上独有的羽毛状沙丘。发育于阿尔金山的季节性地表径流将库姆塔格沙漠自南向北切穿,形成了四条较大的深切沟谷,沟谷自南向北深度从200米左右降低到2米~3米。在沙漠中心腹地至阿奇克谷地40千米范围内,分布有30多条沙垄,沙垄间距100米~2000米。部分沙垄有粒径2毫米~400毫米的砾石出露,有些砾石出露形成梁状或锥状体,形似金字塔。地貌有沙窝地、蜂窝状沙地、平沙地、波状沙丘地、鱼鳞纹沙坡地、沙漠戈壁混合地等。沙丘轮廓清晰、层次分明;丘脊线平滑流畅,迎风面沙坡似水,背风坡流沙如泻。库木塔格沙漠是世界上唯一与城市相连的沙漠,有"城中的沙漠"之称,因千百年来风向交会点始终在鄯善老城南端,从未向北移动,故未把鄯善城淹埋,是世界治沙史上"绿不退,沙不进"奇观的缩影,也是浓缩了世界各大沙漠典型景观的博物馆,更是诠释古楼兰王国消失的最后一片圣地。沙漠南缘就是唐代连通沙州(敦煌)和西州(吐鲁番)的古丝绸之路的另一通道大海道。现已辟为国家风景名胜区。

(9)乌兰布和沙漠　地处内蒙古阿拉善盟和巴彦淖尔市境内。北至狼山,东近黄河,南至贺兰山麓,西至吉兰泰盐池,总面积约1万平方千米。属中温带干旱气候,干旱少雨,昼夜温差大,季风强劲。沙漠南部多流沙,中部多垄岗型沙丘,北部多固定和半固定沙丘。中华人民共和国成立后,开始了大规模的治理,在磴口县二十里柳子至杭锦后旗太阳庙一线,营造一条宽300米~400米、长175千米的防风固沙林带,林带两侧5千米为封沙育草区,控制了沙漠东移。属于阿拉善高原之冲积平原,海拔1050米,在地质构造上是一个断陷盆地,为细沙及粘土状第四纪冲积—湖积物所覆盖,其上为冲积、淤积和风积物,多为3米~10米高低不等的流动、半固定、固定沙丘、平缓沙地及丘间低地相互交错呈复区分布的地貌类型。黄河自南向北流经磴口县的东南端,磴口绿洲的地势自东南向西北倾斜,海拔大体在1048米~1053米。而乌兰布和沙漠整个地势都低于黄河水面,有引黄灌溉的条件,从而弥补了降雨少,蒸发大,干旱缺水的不利因素。且地下水埋深仅5米~8米,浅层水资源丰富,水质良好宜于灌溉。浅层承压、半承压水极为丰富,有100米含水层,总储量为57亿立方米,而且水质良好,是灌溉的优质水源。沙漠内灌木、半灌木占绝对优势,植物基本上都是由沙生、旱生、盐生类灌木和小灌木组成,这些植物对当地生境有极强的适应性和抗逆性。除种树种草外,还开辟出大片耕地,主要种植小麦、玉米、甜菜、葵花籽及各种瓜类。乌兰布和沙漠日照丰富,可以引黄河水自流灌溉,湖池广布,有发展农、牧、林、渔业的良好条件。

# 第三章 中国的海底、海岸和岛屿地貌

## 第一节 中国的海底地貌

**一、中国近海海底地形特征**[1]

中国近海毗邻中国大陆的东部和南部,包括了渤海、黄海、东海和南海,又称为"中国海",均位于太平洋西北部,以北东—南西向为长轴的平行四边形海域环绕着亚洲大陆的东南部,是在第一列岛弧内侧的陆缘海。中国海由北向南依次为渤海、黄海、东海和南海,总面积约472.7万平方千米,大陆海岸线总长约1.8万千米。

中国海位居亚欧大陆板块与太平洋板块之间,系2大板块碰撞作用形成的边缘海,在边缘海中围拦了河流自亚洲大陆携运来的陆源物质,发育了大陆架、岛弧—海沟体系,该体系又是太平洋西部构造活动带,现代火山与地震非常活跃,是新生代环太平洋构造带的组成部分,也是影响中国海岸的海域轮廓与结构最大的边界因素。在构造上,整个边缘海即及毗邻区都是由几条相间排列的隆褶带和凹陷带构成的,构造带走向为北北东—北东,形成时代由东逐渐变新。最东侧为北北东向的现代岛弧—海沟系,是新生代的东海陆架边缘隆褶带与外侧张裂的冲绳海槽,台湾褶皱带属东海陆架边缘隆褶带的南延部分,向西为新生代的黄海南部凹陷带、中生代的浙闽隆起带、中新生代的黄海南部凹陷带与前古生代胶辽隆起带。南海可划分为3个北东向的主要构造带,即南海海盆中央表现为拉开断裂的古陆块,其间有地幔物质上涌为洋壳,并喷溢成火山;中央盆地两侧为多次断裂沉降的西沙与南沙刚性古陆块。这3个北东向构造带的西北侧与西南侧为新生代的南海陆架与巽他陆架沉降盆地。南海的西半部及渤海、黄海、东海与亚洲大陆构造关系密切,而南海东半部及台湾以东海域受太平洋构造活动影响较大。

中国近岸海底地形总体呈自西北向东南倾斜的趋势,继承了陆地地形的自然延伸状态,并呈现明显的南北分带特征。海底地形坡降为0.2‰~1.6‰,平均坡降约0.8‰,其中渤海、南黄海、北部湾地形坡降大多为0.3‰,北黄海、东海、南海北部地形坡降大多为1.0‰,除苏北岸外和长江河口区,等深线基本平行于海岸展布,渤海、苏北岸外、长江口、北部湾海域的等深线较疏,北黄海沿岸、浙闽粤近岸等深线较密,显示出大陆边缘的海岸平原和陆架盆地地形特征。从中国海南省南面经台湾省至日本九州以西的五岛列岛联成一线,可把渤、黄、东海及南海北部的海底地形分成2个不同的区域:西面的海底起伏甚微,坡度小,地势较平坦;东面的海底地势急转直下,坡度骤然变陡,并有海沟、海槽和海脊。至于南海,是一个深度较大、较为封闭、地势复杂、四周浅中央深的大海盆,盆地中央平均深度在3000米左右,海盆中还有几处隆起的礁岛。

---

[1] 曹超,蔡峰,郑勇玲,等.中国近海海底地形特征及剖面类型分析[J].中南大学学报(自然科学版),2014,45(2):483-491.

中国近海海底地形主要受地震构造作用控制,并在不同沉积环境和复杂水动力条件下,形态上划分为沉降盆地型、挤压隆起型、沉积改造型饥饿过渡型等4种类型。沉积盆地型和挤压隆起(造山带)型地形起伏小,沉积物以细粒为主,水流方向单一,易发育海湾堆积平原和水下堆积岸坡等堆积沉降型地貌,同属构造成因地形;沉积改造型地形起伏较大,沉积物以粗粒为主,多发育在河口和潮流辐聚区的大型潮流沙脊上,全新统沉积层发育巨厚,受潮流、径流、海流的后期改造明显;过渡型地形陡缓不均,沉积物颗粒不均匀混合,近岸发育阶地状陡坎,远岸发育陆架平原等侵蚀—堆积型地貌,为地块断陷不完全发育和多次海侵的共同结果。

中国近海海底地形总体隆起带地形陡直、沉降盆地地形平缓、过渡带和河口区地形复杂的特性,沿岸流和涡旋等海流为近海沉积物输运和再分配起到重要作用,潮流和径流共同作用塑造了大型潮流沙脊和水下三角洲地貌,也改造了海底原始底形,并在全新世海侵的影响下形成了多条古岸线和阶地状陡坎地形。

中国海不仅有广阔的大陆架,还有大陆坡、深海盆和深海槽。大陆架是围绕大陆周围、向海缓倾延伸的浅水地带。它虽被海水淹没,实为大陆的自然延伸部分,水深一般在200米以内,其宽度从低潮线起算向海伸至坡度显著增大的地方为止。大陆架具有深度浅、坡度平缓、为大陆地形的延伸等特点。渤海和黄海全属大陆架,东海约2/3的区域属大陆架,南海的大陆架也很宽广。中国海的大陆坡,除东海大陆架东南侧有一小块外,主要分布在南海。深海盆地只存在于南海。

## 二、大陆架

中国近海大陆架是世界上最宽广的大陆架区之一。黄海和渤海整个位于大陆架上,东西宽从最狭处(成山角—长山串)到最宽处(北纬35°)变化于210千米~700千米之间;东海约2/3的海域在大陆架上,其外缘转折点水深约在100米~190米,大陆架宽度为240千米~650千米,是亚洲东部最宽阔的大陆架。南海的大陆架面积也占1/2以上,两广沿岸大陆架在180千米~260千米,转折点水深约150米~200米,南海大陆架最宽处达1500千米。台湾以东大陆架狭窄,最宽处仅十几千米,转折点水深约150米~200米。

中国近海大陆架区的坡度平缓,沉溺地形明显,大陆架坡度基本上不超过0°02′。南海大陆架略陡,坡度也仅0°01′~0°05′。沉溺的地形是近海大陆架区的重要特征之一,如在各海区中常有水下古河道和古三角洲等。

中国近海大陆架有2种成因类型,一种是堆积型,另一种是侵蚀堆积型,以堆积型为主。近海大陆架发育的有利条件:一是有丰富的物质来源。中国沿海大陆架主要是由输沙量相当高的黄河、长江、珠江等大河从大陆冲刷搬运入海的泥沙堆积而成的,其次是岛屿的冲刷与生物成因的堆积。二是有有利于泥沙堆积的水下地形——由一系列水下隆脊所围限的盆地地形,这些大体上呈北东走向的水下隆脊,自西向东主要有:①前古生代基底的与胶辽隆起相连的渤海海峡水下隆脊,庙岛列岛即为其高于水面的部分;②中生代基底的与浙闽—朝鲜半岛南部隆起带相连的水下隆脊。浙、闽沿海的岛屿与济州岛等都属此隆脊出露水面的部分;③新生代基底的与东海陆架边缘隆褶带相连的水下隆脊,位于台湾东北的钓鱼岛等均属于此隆脊带出露水面的部分。

此外,台湾南端至海南岛东南大陆架边缘,亦当有一水下隆脊,其南北两侧凹陷带也形成一系列沉积盆地,位于其北侧的有珠江口盆地、北部湾盆地,位于南侧的有莺歌海盆地、西沙盆地等。

这一系列水下隆脊将从大陆侵蚀搬运入海的泥沙层层拦截堆积在沉降盆地中,泥沙填充了沉降盆地而成为大陆架浅海。当内侧的盆地被泥沙填满后,泥沙则越过构造脊向前堆积,使大陆架范围不断向海发展。中国近海的盆地中有着巨厚的新生代沉积层,而且目前仍处在沉降充填中,圈闭和形成着丰富的石油与天然气矿藏。

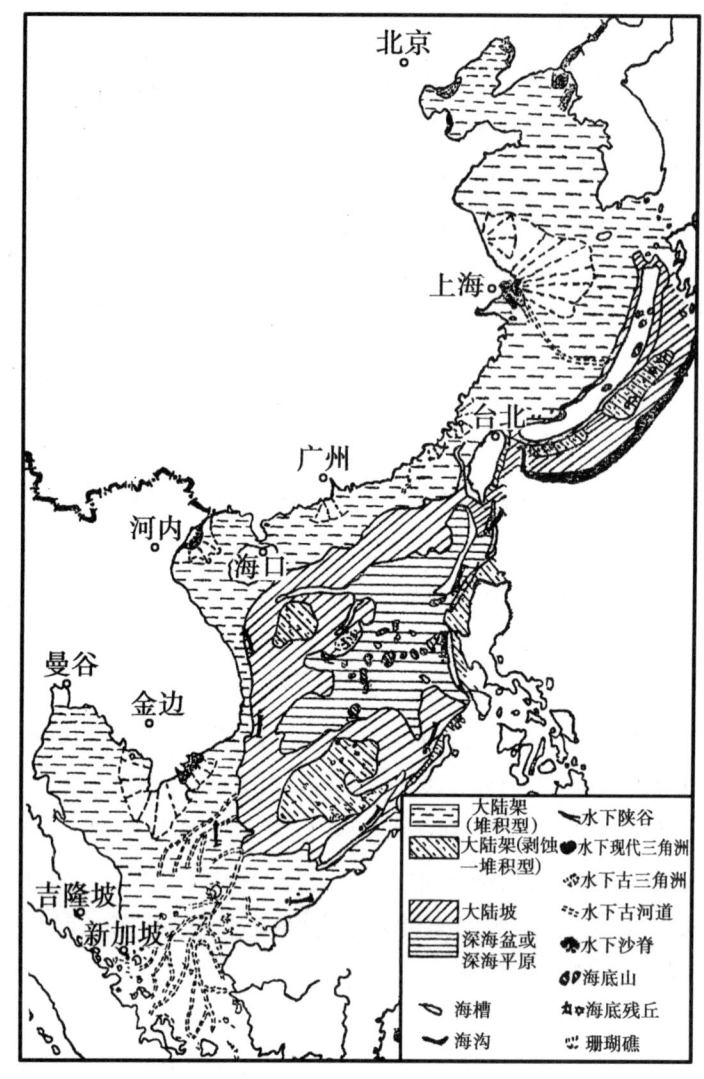

图 3-3-1　中国近海海底地貌示意图(据陈永文,1984)

### 三、大陆坡、海槽和深海平原

中国近海的大陆坡分布在东海、台湾以东海域与南海东部,表现的特点是陡窄的阶梯与海槽、海沟相伴分布,它们是西太平洋新生代的构造活动带,火山、地震活动频繁。

东海大陆坡位于东海大陆架的外缘,陆坡平均坡度为 1°05′,是陆架的 63 倍。东海陆坡从大陆架水深 140 米～180 米处转折,在宽约 30 千米～60 千米的范围内,以大于 1°的陡坡急转直下进入冲绳海槽,构成冲绳海槽的西侧槽坡。海槽以东又以陡急的鲁坡过渡到琉球群岛岛架,然后更以 10°～13°的陡坡成二级阶梯下降到深逾 6000 米的琉球海沟。

台湾以东海区陆架狭窄(一般仅 2 千米～11 千米),大陆坡更为陡急。在花莲岸外 35 千米处水深即达 3700 米,火烧寮、兰屿岸外 35 千米处大陆坡即陡降至水深 5000 米的菲律宾海盆。

南海的大陆架坡多呈阶梯状。通常是由平坦的大陆架明显地转为一陡坡,水深急剧加大,陡坡下有条深沟,地形又转缓,为宽达数百千米断续相连的平台面,平台面外又为一急陡坡降至中央海盆底部——南海深海平原。在南海的东部,则大陆坡呈狭窄的阶梯下降,但坡麓分布着海槽与海沟。阶梯状大陆坡的宽阔平台面,相对于深海平原即为海底高原。海底高原上又常是海岭横亘,岛礁众多,中国的中沙、西沙、南沙群岛,均位于海底高原上。

中国近海的东海和南海分布有若干海槽,而深海平原仅存在于南海海盆中。

冲绳海槽是东海大陆架与琉球群岛岛缘陆架的天然分界,海槽东坡即琉球群岛的西北侧陆坡,海槽西坡即东海大陆坡。冲绳海槽形似新月,向东南凸出,总体走向为北东—南西向,与太平洋岛弧近于平行。海槽长840千米,南宽北窄,平均宽约70千米。海槽北浅南深,最深处2719米,在海槽西南,为东海最大深度。冲绳海槽区构造运动频繁,岩浆活动和火山活动活跃。

南海的海槽多沿地堑或断裂发育,如北东走向的台湾西南海槽、南沙海槽和西沙以东海槽等;近东西走向的西沙以北海槽和中沙以南海槽等;近南北走向的吕宋海槽等。有的海槽将大陆坡分割成阶梯状的几个块段,也有的海槽分布于大陆坡底麓。

南海中部,即在中沙群岛与南沙群岛大陆坡之间,是北东—南西向延伸的深海平原,南北纵长1500千米,东西宽约150千米~660千米,南北端狭小,中部较宽,略呈纺锤状。南海深海平原底部平坦,自东北向西南倾斜,东北部水深约为3400米,西南部水深4200米以上。基底为由地幔层溢出的玄武岩组成,其上覆盖有1000米~2000米厚的火山喷发物、块状珊瑚和已固结的沉积岩,再上则为疏松沉积层,厚度亦及1000米。所以南海深海平原具有大洋地壳结构特征。南海深海平原是亚洲大陆边缘经拉开分裂,引起深部玄武岩流补偿性上升形成的。深海平原中沿北东向断裂带尚有一系列火山岩流的喷发活动。平原中分布着一些孤立的海山,就是由海底火山喷发形成的,这些火山高出深海平原数百米至千米以上,最高的突起在平原上3904米,但大部分海山尚未达到海面。

## 第二节　中国的海岸地貌

**一、现代海岸地貌发育**

海岸地貌是海岸在构造运动、海水动力、生物作用和气候因素等共同作用下所形成的各种地貌的总称。第四纪时期冰期和间冰期的更迭,引起海平面大幅度的升降和海进、海退,导致海岸处于不断的变化之中。距今6000年~7000年前,海平面上升到相当于现代海平面的高度,构成现代海岸的基本轮廓,形成了各种海岸地貌。

在海岸地貌的塑造过程中,构造运动奠定了基础。在这基础上,波浪作用、潮汐作用、生物作用及气候因素等塑造出众多复杂的海岸形态。波浪作用是塑造海岸地貌最活跃的动力因素。近岸波浪具有巨大的能量,据理论计算,1米波高、8秒周期的波浪,每秒传递在绵延1千米海岸上的能量为800万焦耳。海岸在海浪作用下不断地被侵蚀,发育着各种海蚀地貌。被波浪侵蚀的碎屑物质由沿岸流携带,输入波能较弱的地段堆积,塑造出多种堆积地貌。潮流是泥沙运移的主要营力。当潮流的实际含沙量低于其挟沙能力时,可对海底继续侵蚀;当实际含沙量超过挟沙能力时,部分泥沙便发生堆积。在热带和亚热带水域,可有珊瑚礁海岸;在盐沼植物广布的海湾和潮滩上,可形成红树林海岸。生物的繁殖和新陈代谢,对海岸岩石有一定的分解和破坏作用。在不同的气候带、温度、降水、蒸发、风速不同,海岸风化作用的形式和强度各异,使海岸地貌具有一定的地带性。

根据海岸地貌的基本特征,可分为海岸侵蚀地貌和海岸堆积地貌2大类。侵蚀地貌是岩石海岸在波浪、潮流等不断侵蚀下所形成的各种地貌,主要有海蚀洞、海蚀崖、海蚀平台、海蚀柱等。这类地貌又因海岸物质的组成不同,被侵蚀的速度及地貌发育的程度也有差异。堆积地貌是近岸物质在波浪、潮流和风的搬运下,沉积形成的各种地貌。按堆积体形态与海岸的关系及其成因,可分为毗连地貌、自由地貌、封闭地貌、环绕地貌和隔岸地貌。按海岸的物质组成及其形态,可分为沙砾质海岸、淤泥质海岸、三角洲海岸、生物海岸等。

中国海岸带蕴藏有极为丰富的矿产、生物、能源、土地等自然资源,是人类活动的重要地区,这里遍布工业城市和海港,不仅是国防前哨,而且是海陆交通的枢纽、经济发展的重要基地。进行海岸地貌的研究,掌握海岸地貌的演变过程,预测海岸的变化趋势,对港口建设、围垦、养殖、旅游和海岸能源等自然资源的合理开发利用,有着十分重要的意义。

控制中国海岸发育主要是地质构造条件和海面变化的相互作用。新华夏构造体系控制了中国海岸的平面轮廓,而X型断裂构造对中国海岸地貌的影响是十分重要的,大至海岸轮廓线,小到岛屿排列与海湾形状,很大程度上都受它所支配。但海面变化在中国现代海岸形成过程中却占主导地位,中国现代海岸就是从距今6000年左右的大西洋期海面趋于稳定开始发育的,也对现代海岸地貌塑造提供了相对稳定的动力条件。中国从辽宁的鸭绿江到广西的北仑河口的大陆海岸线,长达1.8万多千米,加上沿海众多的岛屿海岸线,总长达3.26万多千米。在这漫长的海岸上,可分为山地丘陵海岸、平原海岸和生物海岸3大类型。

1. 山地丘陵海岸

中国杭州湾以南的海岸、海南岛的南海岸和台湾岛的东海岸,以及山东半岛和辽东半岛的海岸,绝大部分是由基岩组成的山地丘陵海岸,故称为基岩海岸。根据其特点,基岩海岸又可分为岬湾海岸和断层海岸。

(1)岬湾海岸

中国大陆山地丘陵海岸基本上全为岬湾海岸,它具有突出的海岬和深入的海湾这种岬湾相间、岛屿罗列和海岸曲折的特点。海岬直接遭受海蚀作用,发育有海蚀崖、海蚀平台、海蚀柱等海蚀地貌,沉积物堆积在海湾和沿岸,形成岩滩、淤泥滩、沙堤、沙坝等海积地貌。

杭州湾以南大陆岸线异常曲折,岸外岛屿星罗棋布,岬角突出,海蚀作用强烈,海蚀地貌十分发育,而港湾深入内地,呈溺谷状态,湾内风平浪静,潮流成为泥沙运动的主要动力,因而一些湾内便是泥沙沉积的场所,海积地貌非常发育。但从沿岸特别是海湾内的沉积物来看,各岸段也有差异,浙东、闽北岸段淤泥物质来源丰富,发育淤泥滩;闽南、广东和海南岛南部岸段的山丘有厚层花岗岩风化壳,为这一岸段提供了丰富的砂或砂砾物质,因而发育有沙堤、沙嘴、沙坝等海积地貌。

山东半岛突出在黄海中,海岸线曲折,海岸地貌类型齐全,既有花岗岩岬角遭受海蚀作用形成的海蚀崖、海蚀穴、海蚀柱等海蚀地貌,又有海积作用形成的巨大的沙坝、沙嘴、陆连岛和海积平原,以及岩滩等海积地貌。

辽东半岛突出于渤海海峡,它主要由结构致密的古老变质岩系组成,风化壳浅薄,因而短小的河流输送的泥沙不多,海岸地貌发育不如山东半岛齐全,但许多岬角在海蚀作用下亦形成海蚀崖、海蚀穴、海蚀拱桥、海蚀柱等海蚀地貌,而海积地貌有岩滩、淤泥滩、沙堤和沙坝。但岬角环抱的海湾,不少是港阔水深,为天然良港。如大连港,就是中国著名的天然良港。

(2)断层海岸

在中国山地丘陵海岸中,有很多断层海岸段,其中,最为典型的就是台湾岛的东海岸,在世界海岸中也是罕见的。

切截台湾岛东部海岸有3条断层,即玉山山脉东侧断层、中央山脉东侧断层和台东山脉东侧断层,因此海岸具有长距离、高大、挺直的特点。它北起三貂角,南至鹅銮鼻,直线距离约有360千米。台湾岛东海岸群山挺拔,山峰海拔在苏澳至新城岸段达1500米~2000米。这一断层海岸几乎全是悬崖峭壁,有的岸壁高达1800米,为世界上最高的海岸断崖。

图3-3-2 湾东部清水断崖

2. 平原海岸

中国平原海岸比例较大,主要集中分布在杭州湾以北东部大平原的前缘,杭州湾以南仅有的少量分布于入海大河的河口处,其最大的特点是:①浅海与海滨平原都是由细粒泥沙组成;②坡度很小;③岸线很不稳定;④浅海与平原之间有宽几千米到十几千米的潮间带浅滩。中国平原海岸可分为三角洲与三角湾海岸、淤泥质平原海岸和砂质砂砾质平原海岸。

(1)三角洲和三角湾海岸

中国不少河流的输沙量很大,河口三角洲发育很好,其中黄河、长江、珠江、韩江、滦河等三角洲都是中国主要的三角洲海岸。黄河是一条多沙性河流,每年入海泥沙达12亿吨,其中1/3泥沙沉积在河口。黄河在历史上曾多次改道,每次改道都在新入海口形成河口三角洲。现代黄河三角洲是清咸丰五年(1855)铜瓦厢决口改道后形成的,虽然至今仅100多年,但它携带大量泥沙在河口堆积,形成三角洲的面积已达5454平方千米,为一典型的扇形三角洲。现在,黄河三角洲还在继续生长,泥沙在河口附近淤积所形成的河口沙嘴,每年以2千米~3千米的速度向渤海伸展。

长江三角洲在历史上是个三角湾,由于长江每年向东海输送4.8亿吨左右的泥沙,使原来三角湾逐渐淤积成坦荡的三角洲,面积约4万平方千米。长江三角洲河网密布,湖泊众多,其中太湖就是海岸向海推移以及沙坝出现而形成的潟湖,为中国5大淡水湖之一。因此,长江三角洲是在三角湾的基础上发展起来的。现在,长江三角洲海岸和水下三角洲还在不断向东海推进,使三角洲平原海岸不断扩大。

中国有一些河流因为流域来沙不多的缘故,不容易形成三角洲,仍然保持着三角湾状态,钱塘江口的杭州湾就是一个典型例子。钱塘江连同曹娥江在内,每年入海泥沙只有890万吨,不及黄河输沙量的1/130,因此很难改变杭州湾的三角湾面貌。

珠江三角洲在距今6000年~2000年前还是一个浅海湾,散布着160多个基岩岛,但由于珠江以每年1亿多吨泥沙在浅海湾堆积,致使沙洲不断归并,基岩岛相互连接,导致海湾逐渐缩小,形成今日面积达10900平方千米的三角洲平原,但三角洲外缘未突出在海湾口以外,因此口外仍呈三角湾形式,这在杭州以南山地丘陵海岸的瓯江、闽江、九龙江和韩江亦同样存在,它们只是在海湾内部发育了小片三角洲,口外仍然是三角湾。

(2)淤泥质平原海岸

中国淤泥质平原海岸主要分布于渤海湾的辽东湾、渤海湾和莱州湾以及苏北平原,其共同特点是:①高潮线以下的滩地以微小的斜坡向水下延展;②在一般涨潮与落潮的滩地上,往往产生树枝状的潮沟;③高潮冲淤变化不大,有利于喜盐植物的生长,又促使滩地进一步淤高。中国淤泥质平原海岸以渤海湾西部分布面积最大,亦最典型。

渤海湾的淤泥物质主要来自黄河,因此,黄河对中国淤泥质平原海岸的发育有极其重要的作用。影响渤海湾海岸的海水动力主要有沿岸海流、潮汐作用和波浪作用,其中,沿岸海流是输送粉沙淤泥物质的主要动力,从黄河口伸向西北的沿岸海流和从滦河流向西南的沿岸海流均可到达渤海湾的湾顶;潮汐是塑造淤泥质海滩的主要动力,由于涨潮与落潮所引起的底层泥沙运动的不平衡,因此,底层泥沙每经一次潮汐作用,都向海岸移动一段距离,致使淤泥质海滩不断地向外淤涨。

苏北平原具有中国最长淤泥质平原海岸,它的形成亦与黄河有密切关系。黄河于南宋建炎二年(1128年)夺淮河故道入黄海,在河口形成一个宽阔的三角洲,之后黄河又北移,从此古黄河三角洲的泥沙被海流冲刷搬运,形成两股沿岸泥沙流:一股向西北漂运到海州湾淤积,淤泥质海滩迅速向外增涨;另一股流向苏北南部近岸,与来自长江口北上的泥沙流江合,弶港附近,泥沙淤积特别迅速,因而淤泥质平原海岸增长最快。

(3)砂质砂砾质平原海岸

中国砂质砂砾质平原海岸主要分布于台湾岛西海岸、辽西海岸、冀北海岸、吴川以西的雷州半岛和北部湾海岸,以及海南岛北部海岸,以台湾岛西海岸的砂质砂砾质平原海岸最为典型。台湾岛西海岸在白沙岬至枋山之间的平原宽度多在30千米~40千米。其形成是由于发源于台湾岛中部山地的许多海流携带大量的砂砾岛海岸的波场,为砂砾质平原提供丰富的物质基础,又加上台湾海峡风浪大,作用于海岸造成一股巨大泥沙流向南运移,形成沿岸沙堤,所以砂砾质平原海岸特别发育。

3. 生物海岸

在中国南方热带和亚热带沿海地区,有由珊瑚和红树林组成的特殊海岸。

(1)珊瑚礁海岸

中国珊瑚礁海岸的分布,基本上限于北回归线以南,澎湖列岛是中国珊瑚礁分布的北界,列岛中的64个岛屿几乎都有裾礁或堡礁发育,礁平台一般狭窄。台湾岛东南海岸及其附近的火烧岛和兰岛亦有岸礁或堡礁的发育。在福建南部和广东大陆海岸上,局部岸段亦有珊瑚生长。但珊瑚礁海岸分布最广的是海南岛海岸、雷州半岛海岸和南海诸岛海岸,礁平台的宽度达500米,有个别者甚至可达2000米。雷州半岛的南海岸,礁平台宽度有500米,而海南岛海岸珊瑚礁大部分为裾礁,礁平台宽度从几百米到2000米,但南海诸岛几乎全为珊瑚岛,大多是环礁类型,是由堡礁演化而成的。

(2) 红树林海岸

中国海岸的红树林,北起福建的福鼎,向南沿大陆海岸的低平地段、河口、海湾直至广西的钦州湾,以及台湾岛东海岸和海南岛沿岸均有分布,宽1千米~5千米,组成一道绿色的海边林带。它以生长在沿海潮间的淤泥滩上最好,因为淤泥物质具有丰富的有机质,海湾又没有强浪的侵袭,有利于红树种子的萌芽与幼苗的生长,因此,在海南岛和雷州半岛的一些接受细粒玄武岩风化物的海湾和潟湖中生长最茂盛,如铺前港、清澜港、流沙港、乌石港、库竹渡等是红树林生长典型的场所。由于中国自北向南各地的热量和雨量有所变化,因此,组成红树林的树种渐趋多样,树株高度亦随之从灌木到乔木渐次增高。

二、海岸地貌类型

中国海岸横跨一系列地质构造带和气候带,自然条件复杂多样,在波浪、潮汐、沿岸流海洋水动力作用下所形成的海岸地貌,其类型也十分齐全。

1三角洲 2连岛沙洲 3陆连岛 4沙嘴 5潟湖 6潮汐通道 7沙滩 8海蚀柱 9海蚀洞 10海拱石 11海蚀平台 12海湾 13海蚀崖 14珊瑚礁

图3-3-3 海岸地貌类型示意图

1.海蚀地貌

中国沿海山地丘陵海岸海蚀地貌十分发育,形态多种多样,主要有海蚀崖、海蚀穴、海蚀窗、海蚀拱桥、海蚀平台和海蚀柱等。海蚀崖在山地丘陵海岸分布较为普遍,尤以坚硬岩石岸段和断层海岸发育十分显著。台湾岛东海岸、辽东半岛和山东半岛以及浙江、福建沿岸到处是悬崖峭壁。台湾岛的苏澳湾至花莲港和台东至鹅銮鼻岸段,海蚀崖险峻雄伟,崖壁高度达数百米,甚至千米,是台湾岛一大奇观。海南岛西北部海岸海蚀崖延绵不断,长约168千米,陡崖多为玄武岩构成,其高度由几米到20多米不等,崖壁直立。在辽东半岛和山东半岛许多岬角都出现有险峻的海蚀崖,后者如成山山头、崂山头、马山崖等。海蚀穴在辽东半岛南端、山东半岛南端、浙江沿岸和海南岛西北部海岸等均保存完好,以舟山群岛普陀山的潮音洞和梵音洞,以及海南岛玉包港附近的海蚀穴最为典型。潮音洞从崖至脚高达数十米,潮水奔进洞中,有如雷音。而梵音洞高约百米,洞两侧峭壁如门,陡峭如削。玉包港附近海蚀穴高8米,宽8米~12米,深约6米。广州七星岗海蚀崖高约2米,脚处亦有海蚀穴,深仅0.5米。在辽东半岛南端的小平岛一带海岸的海蚀穴中,有的顶洞的顶部被凿通,如似天窗,称为海蚀窗,有的洞穴被穿通,称为海蚀拱桥,高潮时小船可以通过。

海蚀平台在中国山地丘陵海岸均有发育,辽东半岛与山东半岛的两侧普遍有10米左右的海蚀平台。浙、闽、粤海岸普遍有高出低潮位3米~5米的海蚀平台。海南岛西北部海岸海蚀平台分布极为普遍,在老砂堤前海蚀平台亦极为广阔,最宽在华航村附近可达4千米,平均坡度为3°~4°。在中国海岸上升地区,3级~5级海成阶地中大部分是海蚀阶地,是海蚀平台被新构造运动抬升的结果,一般是海拔10米以上的各级阶地,闽浙海岸有5级海成阶地,海拔分别为5米~6米、10米~20米、30米~40米、60米~80米和100米~120米,胶东海岸有海拔5米~10米、20米、40米~60米和80米4级海成阶地发育。海蚀柱在大连、青岛、海南岛等海岸均有发育,大连黑石礁上一丛丛的岩柱、山海关的美女坟、青岛的石老人、海南岛的天涯海角都是海岸后退残留在海滩上的海蚀柱。

图3-3-4　台湾北海沿岸岸野柳奇特的海蚀地貌

2. 海积地貌

中国海积地貌亦十分发育,这是因为有丰富的物质来源:一是山地丘陵海岸遭受海浪强烈侵蚀破坏所产生的海蚀物质,二是南方沿海各省气候湿热,强烈的风化作用所产生的风化物质被河流或暴流带到海洋堆积。这些沉积物都为海积地貌的发育提供了有利条件。

中国海积地貌类型亦齐全,有海滩、沙堤、沙嘴、沙坝等。中国海滩可分为岩滩、沙滩和淤泥滩3种。在中国山地丘陵海岸地带大多发育有宽窄不一的岩滩,在山东半岛由于风化程度深浅不一,因此,岩滩宽度也不同,半岛前端成山角岩滩,宽仅40余米,胶南一带的岩滩宽达200米~300米,而岚山头附近的岩滩宽可超出700米,在台湾岛东海岸的乌石鼻、三貂角附近,有的岩滩更宽达800米~1000米。中国几乎所有大小海湾顶部都有沙滩的发育,滦河有新、老两级三角洲,其中老三角洲主要由2列大沙带组成,其海滨有一条宽约2千米的沙丘带,在它的外侧的海岸多有宽约100米的沙质海滩。闽南、广东和海南岛南部的海岸亦有沙滩发育,一些沙滩在强风作用下,都有可能形成海岸沙丘或沙丘链,甚至发生流沙,破坏村庄、淹没农田,形成沙荒海岸,福建平潭县横山东北,18世纪初曾有13个村庄被风沙压废,广东汕头市潮阳县的海门附近,在20年中有66.7公顷农田被风沙吞没,福建、广东沿海常有宽3千米~5千米的沙荒海岸。中国淤泥滩不仅在辽东湾、渤海湾和莱州湾以及苏北沿岸有大片发育,形成广阔的淤泥质平原,即使在山地丘陵海岸的山东半岛、辽东半岛(图3-3-5)和杭州湾以南海岸的一些港湾亦发育有宽窄不等的淤泥滩,其中,浙东、闽北海岸的一些淤泥滩发育还比较宽广,因为这一带岸线非常曲折,许多港湾深入内地,岸外岛屿罗列，湾内风平浪静，成为淤泥沉积的场所，而且这一带淤泥物质有多方面来源，既有沿海山溪性河流的悬移物质和胶体物质，又有强劲潮流冲刷海底的疏松沉积物，以及沿岸和海岛上山丘的细颗粒风化物。这些细颗粒物质随着较强的潮汐运移到港湾堆积，而浙东海岸还接受来自长江入海的淤泥物质，从而更助长淤泥滩的发育，因此，在一些湾顶或静水岸段形成宽广的淤泥滩，如慈溪庵东海岸的淤泥滩、黄岩平原的淤泥滩和狼矶山的淤泥滩等。

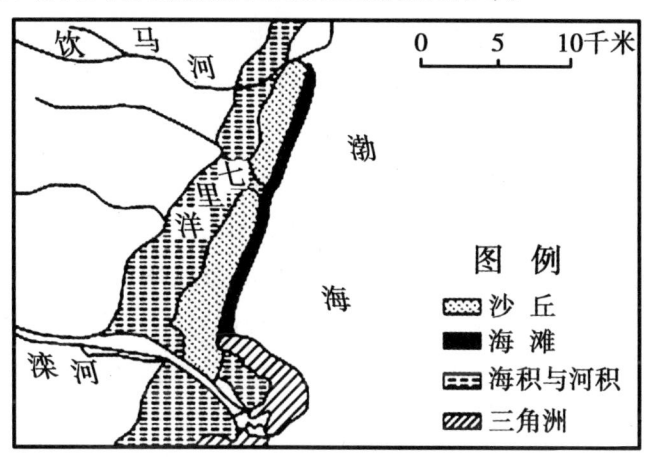

图 3-3-5　渤海沿岸海积地貌示意图

沙堤在山东半岛、辽东半岛、广东、广西和海南岛沿海均有发育。山东半岛日照沿岸海岸线平直，波场物质在偏北风浪影响下，形成长达100多千米的泥沙流，在岗山头以南堆积，造成一条很长的沙堤，一直延伸到兴庄附近，而且在冰后期海侵高海面时期所形成的沙堤，位于海蚀平台后缘，宽达几米，长十几千米，高出海面4米~5米。广东海岸沙堤非常发育，尤以吴川的吴阳到博茂一带海岸最为典型，这里至少有3列较为完整的沙堤，高出海面2米~4米。海南岛南海岸的三亚以西有一巨大的沿岸泥沙流，在九所附近堆积形成较宽的沙堤，并向西延伸到莺歌海，再受西南风浪的作用，沿海岸向北展布到达昌化港附近。在中国平原海岸线以西往往分布有冰后期海面基本稳定阶段的多列贝壳堤，如渤海湾西部平原上的3列比较完整的贝壳堤，苏北平原在范公堤两侧的2条~3条沙堤或贝壳堤等，它们是古海岸变迁的可靠标志。

沙嘴在山东半岛和广东海岸均有分布。山东半岛海岸有不少规模巨大的沙嘴，如荣成湾的沙嘴就横亘在海湾的中部。广东海岸沙嘴亦非常发育，尤以陆丰的甲子港和电白的水东港最为典型，前者从西面的海甲山和东面的象地山都发育向海伸出的沙嘴，把原来的海湾围封成半封闭的潟湖，而且潟湖中一些小海湾多被对生的湾口沙嘴所拦隔，又成为一系列小潟湖；后者口外有相对的沙嘴。

沙坝分布在中国港湾海岸。辽东半岛西北侧熊岳附近的仙人岛就是由岛沙坝连接而成的陆连岛。山东半岛的北面海岸有许多海湾，威海湾、烟台湾、芝罘湾、龙口湾等湾口两侧往往有连岛沙坝和陆连岛的发育，其中，烟台连接芝罘岛，龙口连接屺山母等，都是十分典型的连岛沙坝和陆连岛，在半岛东南海岸的石岛附近及镆铘岛后侧，几年前发育连岛沙坝，最近也变成一个陆连岛。浙江舟山宁海发育有塘头连岛沙坝。闽南沿海在离岸较近有不少岛屿被连岛沙坝连接起来，平潭岛和东山岛都是由连岛沙坝将几个分开的小岛连接而成的，而潭浦的六鳌半岛和古雷半岛更是由巨大的连岛沙坝连接而成的陆连岛。海南岛的三亚湾发育有好几条宽大的沙坝，三亚市的马岭大沙坝，东起三亚，西至黄流，延伸几十千米，这是晚更新世间冰期高海面海侵时期形成的古沙坝。

## 第三节 中国的岛屿地貌

### 一、岛屿的分布

中国海域辽阔,岛屿众多,大小岛共有7372个,约占世界岛屿总数的1/10,是世上岛屿最多的国家之一,不仅构成了中国海防前哨的海上"长城",而且拥有十分丰富的自然资源。中国的岛屿分布于大陆沿海和大陆架、大陆斜坡及深水海盆中,总面积达8万平方千米,约占中国陆地面积的0.8%。就行政区而言,中国的岛屿大部分布在以山地丘陵海岸为主的省份,大约9/10集中在浙江、福建、广东、台湾、海南5省沿海,其中浙江省沿海的岛屿达1806个,居全国首位。而以沙岸为主的江苏、河北两省沿海岛屿最少,它们分别仅有19个和4个。中国的岛屿面积绝大部分是小于1平方千米的小岛,而面积超过200平方千米的大岛有台湾岛、海南岛、崇明岛、舟山岛、东海岛、平潭岛、长兴岛和东山岛,其中,台湾岛和海南岛的面积都在3万平方千米以上,是中国最大的2个岛屿。

表 3-3-1　中国主要岛屿

| 名称 | 位置 | 类型 | 基本情况 | 群岛中最大岛屿 名称 | 群岛中最大岛屿 面积/平方千米 |
|---|---|---|---|---|---|
| 长山群岛 | 辽宁省东南沿海 | 基岩岛 | 由50多个岛屿组成,总面积170余平方千米,分为外长山、里长山和石城列岛3个岛群,海蚀地貌发育典型,海蚀洞、海蚀桥、海蚀柱千姿百态,周缘崖壁峭立 | 大长山岛 | 26 |
| 长兴岛 | 辽东半岛西北侧 | 基岩岛 | 地势呈丘陵地貌特点,西高、中东部低,平均海拔55米,最高峰塔山328.7米,长江以北第1大岛 | | 252.2 |
| 庙岛群岛 | 渤海海峡南部和中部 | 基岩岛 | 由32个岛屿组成,陆地面积55.96平方千米,呈明显的海蚀地貌景观,有99处海湾、65处山峰、41处明礁,以低山丘陵为主,南北向排布,分为北、中、南3岛群 | 南长山岛 | 12.8 |
| 崇明岛 | 长江口附近 | 冲积岛 | 中国第3大岛,世界最大河口冲积岛和沙岛,经多次变迁至今仍不断扩大,有北靠趋势。地势平坦,无山岗丘陵,土地肥沃,林木茂盛,物产丰饶,是有名的鱼米之乡 | | 1267 |
| 舟山群岛 | 长江口以南、杭州湾以东的浙江北部沿海 | 基岩岛 | 中国最大群岛,包括1390个岛屿,陆域面积1440平方千米,东北—西南排列,东北部以小岛为主,大岛多集中在西南部。属于低山丘陵地貌类型,海蚀阶地、洞穴发育,舟山岛、朱家尖、岱山岛都是由于海积平原的扩展形成的大岛。著名渔场 | 舟山岛 | 524 |
| 台湾岛 | 北临东海,东向太平洋 | 基岩岛 | 中国第1大岛。多山,高山和丘陵占面积的2/3以上,台湾山系竖卧于台湾岛中部偏东位置,形成本岛东部多山脉、中部多丘陵、西部多平原的地形特征,多地震 | | 35 759 |
| 澎湖列岛 | 台湾到西部的台湾海峡南部偏东 | 基岩岛 | 包括64个火山岛,总面积126.8 641平方千米,由玄武岩组成,环以珊瑚礁。地势平坦,大部海拔30米~40米,最高的猫屿海拔79米。以澎湖、渔翁、白沙3岛最大,澎湖与白沙岛间筑有石堤相连 | 澎湖岛 | 64.24 |

续表

| 名称 | 位置 | 类型 | 基本情况 | 群岛中最大岛屿 名称 | 群岛中最大岛屿 面积/平方千米 |
|---|---|---|---|---|---|
| 钓鱼列岛 | 台湾岛东北海域 | 基岩岛 | 由11个无人岛组成,总面积约5平方千米。基岩裸露,尖峰突起,土层基薄,缺乏淡水。富藏石油、渔业资源。自古为中国的领土 | 钓鱼岛 | 3.838 |
| 万山群岛 | 广东珠江口外 | 基岩岛 | 包括150多个岛屿,主要岛屿有大濠岛、香港岛、三灶岛、横琴岛、南水岛、淇澳岛等10个大岛及佳蓬列岛、担杆列岛、三门列岛、高栏列岛等岛群,分布密集。地势高差较大,峰岭逶迤,海岸陡峭,峡湾比比皆是,古海蚀阶地和海蚀蘑菇等随处可见。东部岛屿以侵蚀为主,西部岛屿属堆积地貌。航道纵横交错 | 大濠岛 | 141.6 |
| 海南岛 | 北为琼州海峡,西临北部湾 | 基岩岛 | 中国第2大岛。山地位于中央,丘陵、台地、平原依次环绕四周。海南岛平均海拔120米。500米以上的山地占全岛的25%,100米以上的平原、台地占2/3 |  | 34 380 |
| 东沙群岛 | 南海东北部 | 珊瑚岛 | 主要由东沙岛、东沙礁(环礁)、南卫滩(暗礁)和北卫滩(暗礁)所组成,有不少暗沙和暗礁,是南海诸岛中离大陆最近、岛礁最少的一组群岛。东沙岛呈西北西至东南东走向,由珊瑚为主的生物碎屑堆积而成,海产丰富 | 东沙岛 | 2 |
| 西沙群岛 | 南海西北部,海南岛东南方 | 珊瑚岛 | 由永乐群岛和宣德群岛组成,有22个岛屿、7个沙洲、10多个暗礁暗滩。珊瑚礁林立,有8座环礁、1座台礁、1座暗礁海滩,干出礁礁体面积共1836.4平方千米,其中礁坪面积221.6平方千米,礁湖面积1614.8平方千米。中国著名渔场 | 永兴岛 | 1.85 |
| 中沙群岛 | 西沙群岛东侧距永兴岛200千米 | 珊瑚岛 | 主要部分由隐没在水中的30多座暗沙、滩、礁、岛所组成。长约140千米,宽约60千米,从东北向西南延伸,略呈椭圆形。暗沙边缘突起,彼此间的断块又不相连。仅岩岛露出水面,为海盆中的海山上覆珊瑚礁而成,边缘陡峭,内部为一潟湖。是南海重要渔场 | 黄岩岛 |  |
| 南沙群岛 | 中国南疆的最南端 | 珊瑚岛 | 由230多个岛屿、沙洲、暗礁、暗滩、暗沙组成,露出水面的约25座,水域面积约82万平方千米。主要岛屿有太平岛、中业岛、南威岛、弹丸礁、郑和群礁、万安滩等。曾母暗沙是中国领土最南点。岛上灌木繁茂,海鸟群集,是中国最大的热带渔场,油气资源尤为丰富 | 太平岛 | 0.432 |

中国的岛屿按其成因可分为基岩岛、冲积岛、珊瑚岛3种类型。前者的形成是与大陆和大陆架的地质构造作用有直接关系的,其地质构造、地貌特征、动植物类型以及自然景观均与大陆相似;冲积岛主要是入海河流和沿岸流所搬运的泥沙在河口附近不断堆积形成的,这在中国许多河流的河口都有分布;珊瑚岛是珊瑚遗骸堆积形成的,主要集中分布在中国南海海域。由此可见,不同成因类型的岛屿,其分布都有一定的规律性。

**二、岛屿的成因类型**

1. 基岩岛

中国的岛屿绝大部分是基岩岛,台湾岛和海南岛则是中国2个最大的基岩岛。但较小的基岩岛也是甚多,占全部岛屿总数的90%以上,并有不少著名的基岩岛群,如长山群岛、庙岛群岛、舟山群岛、大万山群岛、澎湖列岛、钓鱼列岛就是其中几个重要的基岩群岛。

(1)台湾岛

台湾岛平面图形似纺锤,南北长达385千米,东西最宽达143千米,面积达35759平方千米,是中国第1大岛。它位于东海与南海之间的大陆架边缘上,东面濒临太平洋,西面以台湾海峡与福建省相望。台湾岛在大理冰期盛冰期时与大陆连成一片,是突出于广阔的大陆架平原上的一片山地和丘陵,冰后期是它与大陆最近一次分离为岛屿。

台湾岛地势高峻,山地多平原少是地貌一大特征(图3-3-5)。山地占全岛总面积的45.2%,自东向西依次是台东山脉、中央山脉、玉山山脉和阿里山脉,它们均是喜马拉雅运动的产物,其走向呈北北东,与构造线方向相吻合,而且群山高峻峭拔,山谷幽深两侧多断层。在这些山脉中海拔超过3000米的山峰有62座,其中有22座山峰海拔超过3500米。如此崇峻的地势,在世界海岛中实属罕见。台东山脉北端起于花莲港,南端止于台东,全长约140千米。它形成于上新世末的构造运动,东坡以断层崖壁逼近海岸,西侧为台东山堑纵谷,是一地垒构造山,山岭挺直,南高北低,最高为新港山,海拔达1682米。中央山脉是纵贯全岛的分水岭,其北端起于苏澳的岛岩角,南端止于鹅銮鼻,全长320千米。它在渐新世的褶皱运

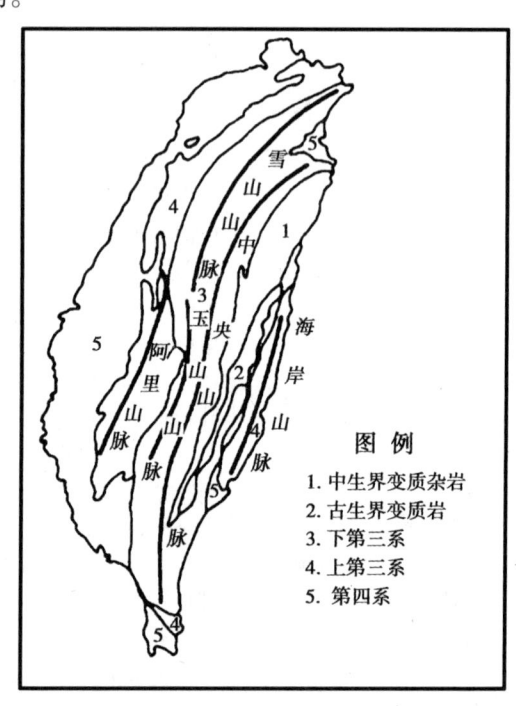

图3-3-6 台湾的地质与山文示意图(据韩渊丰等,1984)

动隆起,是最先露水面,构成了台湾的构造骨架,山势连绵而雄伟,东、西坡的山麓为断裂带所截切,因而山坡陡峭,较高的山峰海拔都在3000米~3500米,并且峰顶连续,因此构成了全岛的"屋脊"。玉山山脉亦在渐新世的褶皱运动隆起,它北端起于三貌角,南端没于屏东平原,全长约300千米,山脉峰岭崇峻,其主峰玉山海拔达3997米,是中国东部地区最高山峰,次高峰的雪翁山海拔3931米,它们同其他海拔在3000米以上的山峰都位于山脉中段,因而玉山山脉山势由中段向南、北段降低,而东、西坡的山麓有明显的断裂带。阿里山脉亦于上新世末的构造运动中形成,它北端起于鼻头角,南端止于凤山,全长约280千米,东、西坡的山麓亦存在明显的断裂带,但山势较低下,平均海拔不过1000米~2000米,其主峰大塔山海拔只有2663米。

台湾岛的平原面积占全岛总面积的31.5%,主要分布在西部沿海地带,为冲积平原。平原宽达40千米~50千米,海拔多在100米以下,其中西螺—台南平原、屏东平原是台湾岛最大的2个平原。前者北起彰化,南至高雄,延长180千米,东西宽度在30千米~50千米之间,面积约为5000平方千米,是台湾岛第1大平原,海拔低于100米,为浊水溪、西螺溪、北港溪、曾文溪等联合形成的三角洲平原。屏东平原南北长50千米,东西宽25千米,面积约1200平方千米,是台湾岛第2大平原,为下淡水溪堆积形成的冲积平原。此外,在台湾岛东部沿海的宜兰、花莲、台东亦有小片冲积平原,它们分别是兰阳溪、花莲溪、卑南溪等冲积而成的三角洲。其中,宜兰平原是东部沿海的唯

一大平原，其面积约 300 平方千米。

台湾岛的丘陵、台地及山间盆地面积占全岛总面积的 23.3%。丘陵主要分布在阿里山脉西麓的山前地带，呈带状展布，海拔一般为 200 米～300 米，而高雄附近的大冈山、小冈山、半屏山、高雄山等则孤立在平原上，海拔为 200 米～350 米；台地主要分布在丘陵地以西的台北至台南之间，亦呈带状展布，海拔在 100 米～200 米之间；山间盆地均分布在断裂带上，如台北盆地、台中盆地都位于阿里山两麓的断裂地带内，它们都是构造盆地，分别是淡水溪和大肚溪的淤积场所，其面积分别约为 800 平方千米和 400 平方千米。又如埔里、鱼池、日月潭、湖头杜、饶置等盆地，它们均位于玉山山脉与阿里山脉之间的断裂带内。

多火山也是台湾岛地貌的一大特征。台湾岛在大地构造上是西太平洋岛弧一环，也是亚洲大陆边缘的组成部分，因此，在更新世有强烈的火山活动，以台北大屯火山群为最著名，海拔多在 500 米～1000 米，形态保存完好，其中以大屯山最高，海拔达 1120 米，呈锥体形态，并且在台南与高雄之间还有 57 个泥火山，大多数沿断裂带分布，其形态大多为截头的圆锥体。

（2）海南岛

海南岛平面图形似一雪梨，长轴约 300 千米，短轴最宽处为 180 千米，面积达 34 380 平方千米，是中国第 2 大岛。海南岛崇山峻岭，地势中央高，四周低，水系呈放射状。其中，山地集中分布在中南部，约占全岛总面积的 20%，是中国最南的山地，海拔多在 800 米以上，好像一丛多顶尖的塔群，基础为广大的丘陵台地。往内为低山，海拔超过 1000 米以上的山峰有 87 座，皆为花岗岩侵入体形成的穹窿断块中山，其主要山峰呈北北东向构造排列，明显的有 3 列：东列有五指山和头烈岭，海拔分别为 1867 米和 1317 米，五指山为全岛最高峰；中列有黎母岭和猕猴岭，海拔分别为 1412 米和 1655 米；西列有雅加大岭和尖峰岭，海拔分别为 1519 米和 1411 米。在中山的周围大部属低山。

山地外围为丘陵，其面积约占全岛总面积的 15%，海拔 100 米～800 米。丘陵有明显的海拔 600 米左右、200 米～300 米和 100 米左右的 3 级剥蚀面。

丘陵外围是宽广的台地和平原，其面积占全岛总面积的 65%，海拔低于 100 米。其中玄武岩台地主要分布于海南岛的北部，集中在东案港—文昌—加积—龙塘—定安连线范围内，以及定安—澄迈—中和连线以北地区。它是在第四纪火山喷发时，由火山熔岩流溢凝结而成，一般呈盾状，因此玄武岩台地是由这种盾状地貌复合组成的。但由于多次的火山喷发，有 10 米～15 米、25 米～35 米、45 米～55 米、60 米～80 米以及 100 米～150 米等 5 级剥蚀面，而且在玄武岩台地上分布有不少的火山锥，有的成圆锥形，有的成火口湖。在北部沿海地带的玄武岩台地上至少有 17 个以上火山锥，临高的多文岭海拔 257 米，是海南岛最高的火山锥，在临高的高山岭，琼山的雷虎岭、马鞍山、云龙山，文昌的青山岭、迈豆岭等均保存有清晰的火口湖。海南岛的海岸线曲折，在海滨地带有两级海成阶地，其下为近代河口三角洲和海积平原。

海南岛河流以五指山为中心，呈放射状分布。向北流的南渡江为全岛第 1 大河，全长 311 千米；向西流的昌化江为全岛第 2 长河，全长 230 千米；向东流的万泉河，全长 180 千米；向南流的陵长河、藤桥河、崖城河等，长度均不到 100 千米。

（3）其他基岩岛屿

长江口至闽江口的浙东、闽北海岸，是中国沿海岛屿最密集的岸段，基岩岛星罗棋布，其中舟山群岛是中国沿海最大的基岩岛群。它由 600 多个岛屿组成，以舟山岛为最大，面积达 524 平方千米，是中国第四大岛，其他较大的岛屿有六横岛、桃花岛、朱家尖、金塘岛、岱出岛、长途山、大衢山、泗礁山等，还有嵊泗列岛、中街山群岛、浪岗山列岛等较小的群岛。在这一岸段，由舟山群岛向南有一系列的小岛群，如韭山列岛、鱼山列岛、东矶列岛、台州列岛、大北列岛、北麂山列岛、南麂山列岛、台山列岛、四礵列岛、马祖列岛、白犬列岛等。在闽江口还有琅岐岛。

闽江口到吴川博茂港的闽粤海岸，岛屿也比较多，有中国沿海第2大岛群岛大万山群岛，它位于珠江口外，由150个左右的岛屿组成，其中较大的岛屿有香港岛、大濠岛、大横琴岛、高栏岛、荷包岛、大襟岛、上川岛、下川岛等，也还有浦台列岛、担杆列岛、万山列岛等较小的岛群。在这一岸段，自东北向西南的较大岛屿有平潭岛、金门岛、厦门岛、东山岛等。

雷州半岛海岸的东海岛是中国第5大岛，其面积为317平方千米。此外，还有硇洲岛和新寮岛，它们都以玄武岩为骨架。

台湾岛沿海有许多火山岛，有的分散，如龟山岛、火烧岛和兰屿；有的群集，如澎湖列岛、钓鱼列岛、花瓶屿、棉花屿和彭佳屿，其中澎湖列岛位于台湾海峡的南部，海拔一般不超出50米，由64个岛屿组成，面积最大的是澎湖岛，而海拔最高的是猫屿(79米)。钓鱼列岛则位于台湾东北的东海大陆架的前缘，由钓鱼岛、黄尾屿、赤尾屿及南小岛、北小岛等组成，以钓鱼岛面积为最大。

山东半岛海岸的岛屿有庙岛群岛、崆峒岛、刘公岛、鸡鸣岛、海驴岛、苏山岛、田横岛、灵山岛等。其中庙岛群岛是山东沿海的最大岛群，它位于渤海海峡，由大小30多个岛屿组成，自北而南分为北岛群、中岛群和南岛群。前者有南、北隍城岛和大、小钦岛等；中者有砣矶岛、高山岛、猴矶岛等；后者有南、北长山岛和大、小黑山岛、庙岛等。

辽东半岛附近岛屿棋布，长兴岛、交流岛在辽东半岛西北海岸岛群中为最大，而辽东半岛东南海岸的岛群，统称为长山群岛，它由50多个岛屿组成，可分为石城列岛、里长山列岛和外长山列岛。前者包括石城岛和王家岛；中者包括大、小长山岛、广鹿岛、哈仙岛和乌蟒岛等；后者包括獐子岛、海洋岛和塔连岛等。其中以大长山岛面积为最大，而海洋岛海拔则为最高。

2. 冲积岛

冲积岛通常又称为沙岛，中国许多河流的河口都有沙岛。

(1) 长江口冲积岛　中国以长江口沙岛最为著名，因为这里一方面长江携带大量的泥沙，而长江口又属于中等强度的潮汐河口，涨潮落潮的流路不一致，所以，泥沙在这双向潮流之间的缓流区产生沉积，再加上江流海潮的交汇，无论是物理作用还是化学作用都十分有利于泥沙沉淀，所以长江口段沙洲很多，崇明岛、长兴岛、横沙岛都是长江口最有名的沙洲。崇明岛面积达1267平方千米(2006)，是中国最大的冲积岛，亦是中国第3大岛。它的形成过程很复杂：公元7世纪以前还是一片茫茫的江海，只是在公元7世纪初才出现东沙和西沙2个沙洲，而西沙的西北在公元11世纪时又出现姚刘沙，后来在姚刘沙的东面出现三沙，之后在三沙的东南面又出现平洋和长沙。但这些沙洲很不稳定，时坍时涨，不过总的趋势是在不断东移扩大。到公元16世纪才初步形成了现在崇明岛的规模，但它同样受长江主航道变化的影响，或则南坍北涨，或则北坍南涨，位置游移不定。直到1949年后先后修筑了环岛大堤和丁字坝，有力地阻挡了水流的冲刷，从而稳定了坍岸。不过目前崇明岛还在不断扩大中，每年仍以143米的速度向东海延伸。

(2) 珠江口冲积岛　珠江口冲积岛的成因，有的是由河口心滩发展起来的，有的则由岩岛横阻产生汊河，泥沙在岛屿背风侧缓流区沉积的沙滩扩大形成的。今日的珠江三角洲就是原先星罗棋布的沙洲扩大合并形成的，目前珠江三角洲外围的沙岛仍在不断生长，其中磨石门的灯笼沙生长很快，每年向外伸展80米～100米，而万顷沙的外涨速度更快。

(3)台湾岛西岸冲积岛　台湾岛西岸冲积岛是由河口沙嘴发展起来的,以浊水溪、曾文溪三角洲外的南列沙岛、中列沙岛和北列沙岛最为典型。其中以南列沙岛为最老和最长,它分布在布袋泊地至曾文溪口的国圣港之间;中列沙岛长20千米,其前端成为向内弯的钩状沙咀;北列沙岛较新和最短,长仅11千米。

此外,在黄河三角洲、韩江三角洲、滦河三角洲和辽河口沿岸亦都有冲积岛分布。

3. 珊瑚岛

南海是中国珊瑚岛集中分布的海域,这个海域在中新世以后由于海底火山喷发,形成了一系列露出海面的火山锥,珊瑚在其周围繁殖,形成岸礁,第四纪以来岸礁经过堡礁发育阶段,进而演化为环礁。中国南海诸岛有珊瑚岛、暗礁、暗沙、暗滩有170多个。

(1)东沙群岛　东沙群岛位于南海北缘的大陆架上,主要由东沙岛、南卫滩和北卫滩组成。其中以东沙岛为最大,面积约2平方千米,全岛形如新月,故又称月牙岛,它高出海面6米。而南卫滩和北卫滩则属于水下暗滩。

(2)西沙群岛　西沙群岛位于南海中西部的大陆架边缘,由近40个左右的礁岛、礁滩、沙岛和沙洲所组成,面积共约200多平方千米,可分为宣德和永乐两个群岛。宣德群岛包括永兴岛、和五岛、东岛、石岛、南岛、中岛、赵述岛等7个岛屿和银砾、西渡、湛涵、滨湄、海王、高尖石、蓬勃等一些礁滩。永兴岛是西沙群岛中最大的岛屿,面积为1.85平方千米,高出海面4米~6米,呈椭圆形,岛的周围为珊瑚和贝壳的滩地,北岸和东北岸岸礁平台较宽。和五岛四周有宽达180米~500米的礁滩,而蓬勃礁为一典型的环礁。

永乐群岛包括珊瑚岛、甘泉岛、金银岛、伏波岛、广金岛、琛航岛、盘石屿、中建岛等8个岛屿和北礁、森屏滩、羚羊礁、玉琢礁、觅出礁、先驱礁等一些礁滩。永乐群岛大部分属于环礁,其中以觅出礁的礁湖为最大。

(3)中沙群岛　中沙群岛位于南海中部,由20多个暗沙和暗滩组成,在海面以下约10米~25米,它们排列成一个椭圆形的大环礁。

(4)南沙群岛　南沙群岛位于南海中部的广大海域中,是岛、礁、滩、沙数量最多的群岛,共有230余个,其中岛屿有25个,明、暗礁有128个,明、暗沙有77个。南沙群岛按地理位置和航运关系又可分为危险地带、东群、西群和南群等4个岛群。危险地带的主要岛屿有西月岛、景宏岛、费信岛、马欢岛及许多礁、滩及暗沙。东群的主要岛礁有海马礁、蓬勃暗沙、航长暗沙和月暗沙等。西群以北纬9°分为南北两组,北组包括太平岛、双子礁、牛业群礁、道明群礁、郑和群礁、渚碧礁、福禄寺礁、大现暗礁、小现礁、永署礁以及永登暗沙、丽水暗沙等,其中以郑和群礁为最大,是一大环礁;南组包括尹庆群礁、南威岛、奥援暗沙、金盾暗沙、广雅滩、李准滩、西卫滩、万安滩、南微滩和安坡沙洲等,其中南威岛是一个重要珊瑚岛,而尹庆礁是其中一个较大的环礁。南群主要由九章礁、南华礁、柏礁、弹子礁、皇路礁、南通礁、安渡滩、榆雅暗沙、北康暗沙、南康暗沙、八仙暗沙和曾母暗沙等礁滩、沙组成,其中九章礁是一个椭圆形的大环礁。

# 第四篇

# 中国地貌科学信息要览

- 中国地貌学科研单位
- 中国地貌学学术期刊
- 中国地貌科学家
- 中国地貌学大事记
- 中国地貌学主要文献

# 第一章　中国地貌学科研究单位

中国地貌学科尚无独立建制的研究单位。研究组或研究室均附设在其他研究所之中。中华人民共和国成立前，有蔡元培为院长的国立中央研究院中，设有由李四光任所长的地质研究所。为了推动研究工作进展，根据性质的不同，将全所分成古生物地层、古植物、矿物岩石矿床、地质构造及地质力学、地形地文及冰川等6个组，但分组不分家，遇到各组互有关联的问题时，各组人员便通力合作，以求问题的顺利解决。当时地貌称为地形地文，算是首创的重点研究中国地貌的研究组，其最主要的研究成果为《冰期之庐山》一书，在国内外具有很大的影响。

目前，具有地貌研究职能的单位主要有中国科学院地理科学与资源研究所、中国科学院成都山地与自然灾害研究所（重点研究泥石流及山地灾害地貌等）、中国科学院南京地理与湖泊研究所（重点研究湖泊沉积与湖泊地貌）、中国科学院青藏高原研究所（专门研究青藏高原上的现代冰川与第四纪古冰川形成的遗迹与冰川地貌）、中国科学院寒区旱区环境与工程研究所（风成地貌与冰川地貌是其主攻研究项目）、中国地质科学院岩溶研究所（研究水对石灰岩的溶蚀过程以及溶蚀所形成地下地貌如溶洞、钟乳石、石笋、石柱、石漫等，和地表的石芽、溶沟、石峰、石林等等喀斯特地貌）、中国地质科学院水文地质与工程地质研究所（主攻水文地质，其中地下水的溶蚀形成的溶洞等喀斯特地貌也是他们研究的主要项目之一）、中国地质科学院天津地质矿产研究所（重点研究第四纪冰川地貌与海岸地貌）、中国地质科学院地质力学研究所（从事第四纪冰川地貌学研究）等。以上所述是科学研究单位，虽然它们不完全是研究地貌单位，但它们单位中均设有研究各种地貌的二级单位。尤以中国科学院地理研究所内以沈玉昌任地貌研究室主任的为最。

中国普通高校中，凡设立地理学系科的都把地貌学作为必修课程之一。中华人民共和国成立前，国立浙江大学以叶良辅为指导老师、任美锷为副导师，培养了一批以地貌学与第四纪为方向的硕士研究生，如丁锡祉、施雅风、沈玉昌、陈述彭、陈吉余、李治孝、严钦尚等。国立中央大学、国立西南联合大学、国立东北大学等，也建立过地学研究生部，培养这方面的硕士研究生，但在大学本科中均无地貌学专业。中华人民共和国成立后，首先在普通高校建立本科地貌学专业的是南京大学，由任美锷与杨怀仁创办。1955年，北京大学地质地理系也成立了以王乃樑为主任的地貌教学研究室，于1956年在本科生中设立了地貌学专业课程。改革开放以来，北京大学、南京大学、北京师范大学、华东师范大学、兰州大学等先后被国务院学位委员会批准建立了地貌与第四纪专业的硕士点、博士点与博士后流动站，培养地貌与第四纪专业的高级人才，使全国地貌与第四纪专业的研究水平大大地提高了。

中国涉及地貌研究的主要研究单位有：

**中国科学院地理科学与资源研究所自然地理与全球变化研究部/陆地水循环及地表过程重点实验室**　地址：北京市朝阳区大屯路甲11号　邮政编码：100101　网址：http://www.igsnrr.ac.cn/　电话：010-64889276　传真：010-64854230　E-mail：weboffice@igsnrr.ac.cn

**中国科学院青藏高原研究所**　地址：北京市海淀区双清路18号北京2871信箱　邮政编码：100085　网址：http://www.itpcas.cas.cn/　电话：010-62849309　传真：010-62849071　E-mail：tdyao@itpcas.ac.cn yangyp@itpcas.ac.cn　ymma@itpcas.ac.cn

**中国科学院青藏高原环境变化与地表过程重点实验室**　地址：北京市海淀区双清路18号北京2871信箱　邮政编码：100085　网址：http://www.tel.itpcas.ac.cn/　电话：010-62849693　传真：010-62849071　E-mail：tdyao@itpcas. ac. cn    clyi@ itpcas. ac. cn

**北京大学地表过程与分析教育部重点实验室**　　地址：北京市海淀区颐和园路5号逸夫二楼城市与环境学院3301室　邮政编码：100871　网址：http://web5. pku. edu. cn/lesp/　电话：010-62751174　传真：010-62756560　E-mail：jyfang@ urban. pku. edu. cn  xjwang@ urban. pku. edu. cn

**北京大学地理研究所**　　地址：北京市海淀区颐和园路5号逸夫二楼城市与环境学院　邮政编码：100871　网址：http://www. urban-environ. pku. edu. cn/　电话：010-62751172　E-mail：hjjf@ pku. edu. cn  xjm@ urban. pku. edu. cn

**北京师范大学自然地理研究所**　　地址：北京市新外大街19号地理学与遥感科学学院　邮编：100875　网址：http://geog. bnu. edu. cn/　电话：010-58807455-1534　E-mail：ghzhang@ bnu. edu. cn

**北京师范大学地表过程与资源生态国家重点实验室**　　地址：北京市新外大街19号地理学与遥感科学学院　邮政编码：100875　网址：http://www. espre. cn/　电话/传真：010-58805461　E-mail：espre@ bnu. edu. cn  chenjin@ bnu. edu. cn

**北京师范大学山地生态与资源保育研究中心**　　地址：北京市新外大街19号资源学院　邮政编码：100875　网址：http://irs. bnu. edu. cn/　电话：010-58807656　E-mail：xbli@ ires. cn  hasi@ bnu. edu. cn

**河北省科学院地理科学研究所**　　地址：河北省石家庄市西大街94号　邮政编码：050081　网址：http://www. heb-as. com/　电话：0311-86049375　传真：0311-86049375　E-mail：chb@ hbpphosp. com

**山西大学黄土高原研究所**　　地址：山西省太原市坞城路580号　邮政编码：030006　网址：http://www. sxu. edu. cn/yjjg/hts/   huangtus@ sxu. edu. cn   电话：0351-7010700   传真：0351-7018624

**中国科学院东北地理与农业生态研究所**　　地址：吉林省长春市高新区蔚山路3195号　邮政编码：130012　网址：http://www. neigae. ac. cn/　电话：0431-85542266　传真：0431-85542298　E-mail：neigae@ neigae. ac. cn

**吉林大学青藏高原研究所**　　地址：吉林省长春市建设街2199号　邮政编码：130061　网址：http://geo. jlu. edu. cn　电话：0431-88502278　传真：0431-88584422　E-mail：geology@ jlu. edu. cn

**上海河口海岸科学研究中心/河口海岸交通行业重点实验室（上海）**　　地址：上海市浦东新区星升路1045号　邮政编码：201201　网址：http://www. ecsrc. org/　电话：021-68909900　传真：021-68905318　E-mail：ecsrc@163. com

**华东师范大学河口海岸科学研究院/比较沉积研究所/河口海岸动力沉积与动力地貌综合国家重点实验室**　　地址：上海市中山北路3663号地理馆　邮政编码：200062　网址：http://www. re. ecnu. edu. cn/　电话：021-62232597　传真：021-62233302　E-mail：wldai@ re. ecnu. edu. cn  office@ sklec. ecnu. edu. cn

**华东师范大学河口海岸研究所/河口海岸学国家重点实验室**　　地址：上海市中山北路3663号河口海岸大楼　邮政编码：200062　网址：http://www. sklec. ecnu. edu. cn/Default. asp　电话：021-62232887　传真：021-62546441　E-mail：office@ sklec. ecnu. edu. cn  pxding@ sklec. ecnu. edu. cn

**中国科学院南京地理与湖泊研究所**　　地址：江苏省南京市北京东路73号　邮政编码：210008　网址：http://www. niglas. cas. cn　电话：025-86882010　传真：025-57714759　E-mail：niglas@ niglas. ac. cn

**南京大学海岸与海岛开发教育部重点实验室**　　地址：江苏省南京市汉口路22号　邮政编码：210093　网址：http://coastlab. nju. edu. cn/　电话：025-83597082　传真：025-83595387　E-mail：niu@ nju. edu. cn  shixd@ nju. edu. cn

**河海大学河口海岸工程水利部重点实验室**　　地址：江苏省南京市鼓楼区西康路1号港口海岸与近海工程学院　邮政编码：210098　网址：http://ghxy. hhu. edu. cn/　电话：025-83786611　E-mail：ghxy@ hhu. edu. cn

**南京师范大学海岸与滩涂研究所**　　地址：江苏省南京市栖霞区文苑路1号行远楼地理科学学院　邮政编码：210046　网址：http://dky. njnu. edu. cn/　电话/传真：025-85891347　E-mail：09159@ njnu. edu. cn

**浙江省水利河口研究院河口海岸浙江省重点实验室**　　地址：浙江省杭州市凤起东路50号　邮政编码：310020　网址：http://hksys. zihe. org/　电话：0571-86430000　传真：0571-86045839　E-mail：zjhei@ hzcnc. com

**安徽师范大学安徽地理研究所/地表过程与资源生态研究实验室**　　地址：安徽省芜湖市九华南路花津校区国

土资源与旅游学院　邮政编码:241003　网址:http://www.ahnu.edu.cn/site/tourism/　电话:0553-5910688　E-mail:zhangzzmt@163.com

**东华理工大学地貌景观与旅游开发研究所**　地址:江西省抚州市学府路56号地球科学学院　网址:http://dcy.ecit.edu.cn/　电话:0794-8250720　传真:0794-8258309　E-mail:liufujun14@163.com

**国家海洋局第一海洋研究所海岛海岸带研究中心**　地址:山东省青岛市高科园仙霞岭路6号　邮政编码:266061　网址:http://www.fio.org.cn/　电话:0532-88967468　E-mail:sqiaofl@fio.org.cn　uoban@fio.org.cn

**中国海洋大学河口海岸带研究所**　地址:山东省青岛市松岭路238号海洋地球科学学院　邮政编码:266100　网址:http://www2.ouc.edu.cn/earch/　电话:0532-66782488　传真:0532-66781877　E-mail:estuary@ouc.edu.cn　geology@ouc.edu.cn

**鲁东大学海岸研究所**　地址:山东省烟台市红旗中路186号地理与规划学院　邮政编码:264025　网址:http://www.geo.ldu.edu.cn/　电话:0535-6681043　E-mail:andingzhang@sina.com

**河南省科学院地理研究所**　地址:河南省郑州市陇海中路64号　邮政编码:450052　网址:http://www.hagis.cn/　电话:0371-67447875/67446701

**中国地质大学(武汉)青藏高原研究中心**　地址:湖北省武汉市洪山区鲁磨路388号地球科学学院　邮政编码:430074　网址:http://dxy.cug.edu.cn/　电话:027-67883001　传真:027-67883002　E-mail:xllai@cug.edu.cn　dxb@cug.edu.cn

**三峡大学湖北长江三峡滑坡国家野外科学观测研究站**　地址:湖北省宜昌市大学路8号三峡大学地质灾害防治研究院　邮政编码:443002　网址:http://210.42.38.150/ybs/　电话:0717-6792022　传真:0717-6395634　E-mail:Wangsq@ctgu.edu.cn

**广州地理研究所**　地址:广东省广州市先烈中路100号大院　邮政编码:510070　网址:http://www.gig.gdas.ac.cn/　电话/传真:020-87685006

**中山大学河口海岸研究所**　地址:广东省广州市新港西路135号地环大楼地理科学与规划学院　邮政编码:510275　网址:http://gp.sysu.edu.cn/　电话:020-84032834　传真:020-84112593　E-mail:liulin2@mail.sysu.edu.cn　zuozhl@mail.sysu.edu.cn

**华南师范大学地貌与区域环境研究所/地貌研究室**　地址:广东省广州市石牌地理科学学院　邮政编码:510631　网址:http://geography.scnu.edu.cn/　电话:020-85211380　传真:020-85215910　E-mail:zhangzsh@yahoo.com　dl06@scnu.edu.cn　DL01@scnu.edu.cn

**重庆大学山地区域与生态规划研究中心**　地址:重庆市沙坪坝区沙正街174号建筑城规学院　邮政编码:400030　网址:http://www.chongjian.com/　电话:023-65120700　E-mail:master@chongjia.com　shuji@chongjia.com

**西南大学南方山地农业教育部工程研究中心**　地址:重庆市北碚区天生路2号农学与生物科学学院　邮政编码:400716　网址:http://agronomy.swu.edu.cn/　电话:023-68251264　E-mail:ljn1950@swu.edu.cn　ljyh@swu.edu.cn

**重庆交通大学滑坡治理技术研究开发所**　地址:重庆市南岸区学府大道66号河海学院　邮政编码:400074　网址:http://www2.cqjtu.edu.cn/hhxy/　电话:023-62652714　传真:023-62650204　E-mail:hhxl@cquc.edu.cn　hhxy@cqjtu.edu.cn

**重庆师范大学三峡库区山地生态与区域发展研究所**　地址:重庆市沙坪坝区天陈路12号地理科学学院　邮政编码:400047　网址:http://geo.cqnu.edu.cn/geoweb/　电话:023-65362776　E-mail:csgeo@cqnu.edu.cn

**中国科学院水利部成都山地灾害与环境研究所山地灾害与地表过程重点实验室/山地环境演变与调控重点实验室**　地址:四川省成都市人民南路四段9号　邮政编码:610041　网址:http://www.imde.cas.cn/　电话:028-85228216　传真:028-85222258　E-mail:dengwei@imde.ac.cn　gwcheng@imde.ac.cn　sdb@imde.ac.cn

**中国科学院水利部成都山地灾害与环境研究所山区发展研究中心**　地址:四川省成都市人民南路四段9号

邮政编码：610041　网址：http：//www.imde.cas.cn　电话：028-85230627　传真：028-85228557　E-mail：wangyukuan@imde.ac.cn

**中国科学院东川泥石流国家重点野外观测研究站**　地址：四川省成都市人民南路四段9号成都山地灾害与环境研究所　邮政编码：610041　网址：http：//nsl.imde.ac.cn/　电话：028-85235149　传真：028-85222753　E-mail：fqwei@imde.ac.cn

**中国科学院贡嘎山高山生态系统国家重点野外科学观测试验站**　地址：四川省成都市人民南路四段9号成都山地灾害与环境研究所　邮政编码：610041　网址：http：//www.imde.cas.cn/　电话：028-85229891　传真：028-85222258　E-mail：ggs@mail.sc.cninfo.net.cn

**西华师范大学丘陵地区系统研究所/丘陵地区国土资源统筹利用工程四川省高校重点实验室**　地址：四川省南充市师大路1号国土资源学院　邮政编码：637002　网址：http：//218.6.128.149/　电话：0817-2568631　E-mail：gtxylarc@tom.com

**贵州省喀斯特资源环境与发展研究中心（贵州省山地资源研究所）**　地址：贵州省贵阳市陕西路1号　邮政编码：550001　网址：http：//www.gzas.org.cn/　电话：0851-6824329　传真：0851-6832878　E-mail：sdzikast@sina.com

**贵州大学喀斯特地区发展战略研究中心（贵州省高校人文社科重点研究基地）**　地址：贵州省贵阳市花溪区北校区志远楼　邮政编码：550027　网址：http：//210.40.32.30/glxy　电话：0851-3625955　E-mail：gdkarst@163.com　bdu@gzu.edu.cn　mc@gz.edu.com

**贵州大学西南山地生态经济发展研究中心（贵州省人文社科重点研究基地）**　地址：贵州省贵阳市花溪区北校区老图书馆3楼　邮政编码：550027　网址：http：//iseemr.gzu.edu.cn　电话：0851-3621631　传真：0851-3624001　E-mail：xnsd@gzu.edu.cn

**贵州师范大学山地信息系统与生态环境保护贵州省重点实验室**　地址：贵州省贵阳市宝山北路116号分析测试中心大楼地理与环境科学学院　邮政编码：550001　网址：http：//www.gzmelab.cn/　电话：0851-6701986　传真：0851-6702710　E-mail：syzx@gznu.edu.cn　anyulun@126.com

**毕节学院岩溶山区生态建设研究所**　地址：贵州省毕节市学院路　邮政编码：551700　网址：http：//kyc.gzbjc.edu.cn/　电话：0857-8331248　E-mail：kyc@gzbjc.cn

**中国科学院昆明植物研究所山地生态系统研究中心**　地址：云南省昆明市黑龙潭蓝黑路132号　邮政编码：650204　网址：http：//www.chinaagroforestry.org/　电话：0871-5223223　E-mail：kibpub@mail.kib.ac.cn　hsun@mail.kib.ac.cn

**云南大学高原山地生态与资源环境云南省高校重点实验室**　地址：云南省昆明市翠湖北路2号文津楼生命科学学院　邮政编码：650091　网址：http：//www.lancang-mekong.org/　电话/传真：0871-5034577　E-mail：liujiang@ynu.edu.cn

**云南大学云南省地理研究所**　地址：昆明市学府路20号　邮政编码：650223　网址：http：//www.yig.ynu.edu.cn/　电话：0871-5197487

**西南林业大学云南社会林业与山地发展研究中心**　地址：云南省昆明市白龙寺生态旅游学院　邮政编码：650224　网址：http：//www.ecoetf.com/　电话：0871-3863002　E-mail：wcmkjc@swfc.edu.cn　ybkjc@swfc.edu.cn

**中国科学院地球环境研究所**　地址：陕西省西安市高新区沣惠南路10号　邮政编码：710075　网址：http：//www.ieexa.cas.cn/　电话：029-88324369　传真：029-88320456　E-mail：director@ieecas.cn　suoban@ieecas.cn

**中国科学院地球环境研究所黄土与第四纪地质国家重点实验室**　地址：陕西省西安市高新区沣惠南路10号　邮政编码：710075　网址：http：//www.llqg.ac.cn/　电话：029-88326488　传真：029-88320456　E-mail：cao@loess.llqg.ac.cn　director@ieecas.cn

**西北农林科技大学黄土高原治理研究所**　地址：陕西省杨凌区邰城路3号资源环境学院　邮政编码：712100

网址:http://zhxy.nwsuaf.edu.cn/　电话:029-87080055　E-mail:ljlll@nwsuaf.edu.cn　wanghongwu371@163.com

中国科学院寒区旱区环境与工程研究所　地址:甘肃省兰州市东岗西路320号　邮政编码:730000　网址:http://www.careeri.cas.cn/　电话:0931-4967518/4967609　传真:0931-8273894　E-mail:wangtao@lzb.ac.cn　slu@lzb.ac.cn　kych@lzb.ac.cn

中国科学院寒区旱区环境与工程研究所冻土工程国家重点实验室/冻土与寒区工程研究室　地址:甘肃省兰州市东岗西路320号　邮政编码:730000　网址:http://sklfse.casnw.net/　电话:0931-4967653　传真:0931-8271054　E-mail:wgr@lzb.ac.cn　luzijian@lzb.ac.cn

中国科学院寒区旱区环境与工程研究所冰冻圈科学国家重点实验室/冰冻圈与全球变化研究室　地址:甘肃省兰州市东岗西路320号　邮政编码:730000　网址:http://www.sklcs.ac.cn/　电话:0931-4967334　传真:0931-4967351　E-mail:jwren@lzb.ac.cn　icecore@lzb.ac.cn

中国科学院寒区旱区环境与工程研究所冰冻与环境联合重点实验室　地址:甘肃省兰州市东岗西路320号　邮政编码:730000　网址:http://www.casnw.net/WEB_SYS_BX/　电话:0931-8277452　E-mail:tdyao@lzb.ac.cn　qinxiang@ns.lzb.ac.cn

中国科学院沙漠与沙漠化重点实验室/沙漠与沙漠化研究室　地址:甘肃省兰州市东岗西路320号寒区旱区环境与工程研究所　邮政编码:730000　网址:http://www.casnw.net/WEB_SYS_SM/　电话:0931-4967559　传真:0931-8277169　E-mail:duanzh@lzb.ac.cn　dongwsh@lzb.ac.cn

中国科学院沙坡头沙漠试验研究站　地址:甘肃省兰州市东岗西路260号　邮政编码:730000　网址:http://www.sklcs.ac.cn/　电话:0931-8821894/0953-7982072　传真:0931-8821894　E-mail:Lxinrong@ns.Lzb.ac.cn　Lbz@public.yc.nx.cn

中国科学院天山冰川观测试验研究站　地址:甘肃省兰州市东岗西路260号　邮政编码:730000　网址:http://www.sklcs.ac.cn/　电话:0931-4967267　E-mail:wgr@lzb.ac.cn

兰州大学西部环境教育部重点实验室/西部环境与气候变化研究院(地貌与第四纪地质研究所、新生代沉积与环境研究所、自然地理与环境变化研究所)　地址:甘肃省兰州市天水南路222号资源环境学院　邮政编码:730000　网址:http://wel.lzu.edu.cn/　电话:0931-8912329　传真:0931-8912330　E-mail:fhchen@lzu.edu.cn　welab@lzu.edu.cn

中国科学院新疆生态与地理研究所　地址:新疆乌鲁木齐市北京南路818号　邮政编码:830011　网址:http://www.egi.ac.cn/　电话:0991-7885307　E-mail:goff@ms.xjb.ac.cn

# 第二章  中国地貌学学术期刊

中国地貌学虽然是地理科学的一个重要研究方向，但目前尚无专门的公开定期出版的地貌学学术期刊。华南师范大学地理系曾昭璇等曾出版《热带地貌》。地理科学中的各种学术期刊，如《地理学报》《地理研究》《地理科学》《山地学报》《第四纪研究》《冰川冻土》等也经常刊登地貌学研究的学术论文，面向科学技术工作者，广为交流，共同提高。也曾公开出版过各次中国地理学会所属的地貌与第四纪专业委员会历次会议的专门地貌学论文集，反映出中国地貌学当时研究的成果与科学水平。

**冰川冻土**  刊期：双月刊  主管单位：中国科学院  主办单位：中国地理学会、中国科学院寒区旱区环境与工程研究所  主编：程国栋  地址：甘肃省兰州市东岗西路260号  邮政编码：730000  网址：http://bcdt.westgis.ac.cn/  电话/传真：0931-4967248  E-mail：edjgg@lzb.ac.cn  shenyp@lzb.ac.cn  国际标准刊号：ISSN1007-0240  国内统一刊号：CN62-1072/P  国内邮发代号：54-29  国外发行代号：BM440  开本：大16开  定价：35元/期  创刊日期：1979-01-01  学科覆盖包括冰川学、冻土学、水文学、地理生态学、生态经济学、寒区生物学，重点在冰冻圈的资源、环境、工程和全球变化。

**沉积学报**  刊期：双月刊  主管单位：中国科学院  主办单位：沉积学会、中国科学院兰州地质研究所  主编：孙枢  地址：甘肃省兰州市东岗西路382号  邮政编码：730000  网址：http://cjxb.chinajournal.net.cn/  电话：0931-4960916/4960917  传真：0931-8278667  E-mail：cjxb@ns.lzb.ac.cn  国际标准刊号：ISSN1000-0550  国内统一刊号：CN62-1038/p  国内邮发代号：54-45  国外发行代号：Q832  开本：大16开  定价：30元/期  创刊日期：1983-01-01  内容涉及面广，包括沉积学、沉积矿产、地球化学以及相关分支学科、交叉学科的基础和应用基础研究的成果、沉积学研究的新方法、新理论的介绍等等。学报紧密结合国民经济建设的需要，及时报道国内外沉积学方面的新成果、新方法、新技术，坚持开展学术交流、促进沉积学发展的办刊宗旨。

**地理科学**  刊期：双月刊  主管单位：中国科学院  主办单位：中国科学院东北地理与农业生态研究所  主编：朱颜明  地址：吉林省长春市蔚山路3195号  邮政编码：130012  电话：0431-85542212  E-mail：geoscien@neigac.ac.cn  国际标准刊号：ISSN1000-0690  国内统一刊号：CN22-1124/P  国内邮发代号：8-31  开本：16开  定价：16元/期  创刊日期：1981-01-01  刊登中国地理学及各分支学科、边缘学科和学科间交叉的具有创新性、前沿性和探索性的学术论文，侧重报道国家自然科学基金项目、国家重点实验室基金项目、国家科技攻关项目和国际合作项目的最新研究成果，支持反映环境遥感和地理信息系统等新技术方法在地理学研究中的应用成果，注重区域性和综合性以及人地关系研究，关注资源、人口、环境、能源以及全球气候和海平面变化等重大课题的学术论文、研究报道、综述、问题讨论、技术方法、学位论文摘要、书评、国内外学术动态和学术活动等。设有论著、综述、研究报道、研究方法、书评、简介等栏目。

**地理科学进展**  刊期：双月刊  主管单位：中国科学院出版委员会  主办单位：中国科学院地理科学与资源研究所  主编：李秀彬  地址：北京市安外大屯路甲11号  邮政编码：100101  电话：010-64889313  E-mail：editor@progressingeography.com  国际标准刊号：ISSN1007-6301  国内统一刊号：CN11-3858/P  国内邮发代号：2-940  开本：16开  定价：35元/期  创刊日期：1982-01-01  主要刊登地理学及其分支学科的最新研究成果，反映国内外地理学最新研究动态。发表论文的领域为资源与环境、全球变化、可持续发展、区域研究及地理信息系统等方面的成果与新技术。主要栏目有论文、综述、专家论坛、研究方法、学术动态、成果报道、重大课题进展、院系介绍及书评、书讯等。

**地理学报**  刊期：月刊  主管单位：中国科学院、中国科学技术协会  主办单位：中国地理学会、中国科学院地理科学与资源研究所  主编：刘昌明  地址：北京市安外大屯路甲11号  邮政编码：100101  网址：http://www.

geog. com. cn/CN/volumn/　电话:010-64889295　E-mail:acta@ igsnrr. ac. cn　国际标准刊号:ISSN 0375-5444　国内统一刊号:11-1856/P　国内邮发代号:CN 2-109　开本:16 开　定价:30 元/期　创刊日期:1934-01-01　主要刊登能反映地理学科最高学术水平的最新研究成果,地理学与相邻学科的综合研究进展,地理学各分支学科研究前沿理论,与国民经济密切相关并有较大应用价值的地理科学论文。主要栏目有专题科研论文、研究报道、问题讨论、研究方法、进展、综述、实验、观测和调查等。

**地理学报(英文版)**　刊期:双月刊　主管单位:中国科学院、中国科学技术协会　主办单位:中国地理学会、中国科学院地理科学与资源研究所　主编:郑度　地址:北京市安外大屯路甲 11 号　邮政编码:100101　电话:010-64889293　传真:010-64889295　网址:http://www. geogsci. com. cn/　E-mail:jgs@ igsnrr. ac. cn　国际标准刊号:ISSN1009-637X　国内统一刊号:CN11-4546/P　国内发行代号:2-607　开本:16 开　定价:80 元/期　创刊日期:1990-01-01　主要刊登国际上地理学界前沿性的重大研究成果,对国家建设有较大应用价值的地理学论文。除部分论文是中文版优秀稿件的英译文外,还刊有大量的国外来稿和中外合作完成的资源环境热点问题研究成果。

**地理研究**　刊期:双月刊　主管单位:中国科学院　主办单位:中国科学院地理科学与资源研究所　主编:刘毅　地址:北京市安外大屯路甲 11 号　邮政编码:100101　网址:http://www. dlyj. ac. cn/CN/volumn/　电话:010-64889584　E-mail:dlyj@ igsnrr. ac. cn　国际标准刊号:ISSN1000-0585　国内统一刊号:CN11-1848/P　国内邮发代号:2-110　开本:16 开　定价:45 元/期　创刊日期:1982-01-01　主要刊登地理学及其分支学科、交叉学科的有创新性的论文、研究报告,对地理学发展有指导意义的综述、评论,反映国内外地理学进展情况的报道等,是中国地理学界展示、交流地理学成果的一个最重要的窗口与平台。

**地理与地理信息科学**　刊期:双月刊　主管单位:河北省科学院　主办单位:河北省科学院地理研究所　主编:孙立汉　地址:石家庄市中西大街94 号　邮政编码:050011　电话:0311-6050904　E-mail:hbdls@ heinfo. net　国际标准刊号:ISSN1001-8107　国内统一刊号:CN13-1086/P　国内邮发代号:18-27　开本:16 开　定价:12 元/期　创刊日期:1985-01-01　具体栏目有3S 研究与应用、数字城市与数字国土、区域经济、环境与生态、旅游开发、可持续发展研究等,基本涵盖了地理学、地理信息科学的前沿与热点,侧重报道国家自然科学基金、国家重点实验室基金项目、国家科技攻关项目和国际合作项目的最新研究成果。

**地球环境学报**　刊期:双月刊　主管单位:中国科学院　主办单位:中国科学院地球环境研究所　主编:安芷生　地址:陕西省西安市高新区沣惠南路10 号　邮政编码:710075　网址:http://dqhjxb. paperopen. com/　电话:029-88324462　传真:029-88320456　E-mail:jee@ ieecas. cn　国际标准刊号:ISSN1674-9901　国内统一刊号:CN61-1482/X　开本:大16 开　定价:60 元/期　创刊日期:2010-08-01　刊发世界范围内地球环境科学领域研究的新成就、新技术、新方法,涵盖环境地学、环境生物学、环境化学、环境水文学、环境监测与评价等相关学科,探讨地球环境科学理论与实践问题,促进地球环境科学发展,为解决人类面临的环境问题提供科学依据。

**地球科学进展**　刊期:月刊　主管单位:中国科学院　主办单位:中国科学院资源环境科学信息中心、国家自然科学基金委员会地球科学部、中国科学院资源环境科学与技术局　主编:程国栋　地址:甘肃省兰州市天水中路8 号　邮政编码:730000　电话:0931-4968256　传真:0931-8275743　网址:http://www. adearth. ac. cn　E-mail:adearth@ lzb. ac. cn　国际标准刊号:ISSN1001-8166　国内统一刊号:CN 62-1091/P　国内邮发代号:54-86　开本:16 开　定价:50 元/期　创刊日期:1986-01-01　开设的栏目有院士论坛、发展战略论坛、IODP 研究、学科发展与研究、研究论文、综述与评述、探索与争鸣、全球变化研究、可持续发展研究、生态学研究、新学科·新发展·新技术、基金项目管理与成果介绍、研究简报等。

**地球信息科学学报**　刊期:双月刊　主管单位:中国科学院　主办单位:中国科学院地理科学与资源研究所　主编:陈述彭　地址:北京大屯路甲 11 号　邮政编码:100101　电话:010-64888891　传真:010-64876545　网址:http://www. dqxxkx. cn/　dqxxkx. periodicals. net. cn/　E-mail:dqxxkx@ igsnrr. ac. cn　国际标准刊号:ISSN1560-8999　国内统一刊号:CN11-5809/P　国内邮发代号:82-919　开本:大16 开　定价:25 元/期　创刊日期:1996-01-

01 主要刊登理论研究、科研成果、学位论文、专题论坛、工程技术设计、应用解决方案等探索性的学术论文。栏目有地球信息综合研究、GIS应用、数字地图、遥感技术与应用、区域开发与生态、学苑动态等。

**地学前缘** 刊期：双月刊 主管单位：教育部 主办单位：中国地质大学（北京）、北京大学 主编：翟裕生 地址：北京市学院路29号中国地质大学 邮政编码：100083 网址：http://www.cugb.edu.cn 电话：010-82322973 传真：010-82326368 E-mail：frontier@cugb.edu.cn 国际标准刊号：ISSN1005-2321 国内统一刊号：CN11-3370/P 国内邮发代号：82-919 开本：16开 定价：50元/期 创刊日期：1994-01-01 《地学前缘》为主题期刊，每期选择一个对中国和世界具有广泛、重要影响的地质学科或专题为主题，由中外地质学家共同撰稿，反映该主题的前沿研究成果、发展态势、研究热点及与该主题相关的分支学科、边缘学科的研究现状，是集综述信息与前缘成果为一体的地学期刊。选择主题时考虑了主题的基础性、交叉渗透性和大跨度性，每期内容都经过专家宏观策划、精心审定，因此期刊深受国内外地学界、出版界人士的好评，逐步成为具有一定影响力的中国科技期刊。

**地域研究与开发** 刊期：季刊 主管单位：河南省科学院 主办单位：河南省科学院地理研究所 主编：冯德显 地址：河南省郑州市陇海中路64号 邮政编码：450052 电话：0371-67939201 Email：yjkf@371.net 国际标准刊号：ISSN1003-2363 国内统一刊号：CN41-1085/P 国内邮发代号：36-109 开本：大16开 定价：10元/期 创刊日期：1982-01-01 地理学综合性学术期刊，始终贯彻"百花齐放，百家争鸣"的方针，促进学术交流，发展本学科；突出地理学综合性、区域性特色，服务于国民经济建设。该刊主要刊载地域研究与开发方面的理论、方针与实践性文章。

**干旱区地理** 刊期：季刊 主管单位：中国科学院出版委员会 主办单位：中国科学院新疆生态与地理研究所、新疆地理学会 主编：黄文房 地址：乌鲁木齐北京南路40号附3号 邮政编码：830011 电话：0991-7885506 E-mail：aridlg@ms.xjb.ac.cn 国际标准刊号：ISSN1000-6060 国内统一刊号：CN65-1103/X 国内邮发代号：58-45 国外发行代号：Q4557 开本：大16开 定价：25元/期 创刊日期：1978-01-01 刊载范围具体包括自然地理、区域地理、全球变化、地理信息与遥感技术的应用、土壤学、水文与水资源、环境变化、气候、气象、植物生态与植物地理以及植被恢复、动物生态学与动物地理学、干旱区生态与及其生态系统建设、灾害与防治、资源开发与利用、干旱区与大气圈、水圈、生物圈、岩石圈和人类活动之间的相互作用，特别是干旱区资源环境研究重大科学问题：即干旱区生态系统与演化机制、干旱区生态建设与环境治理、资源开发利用与区域发展，并反映干旱区地理学的研究成果，干旱区研究报道，为促进国内外学术交流、繁荣和发展干旱区地理学提供论坛，同时还欢迎对《干旱区地理》发表的文章进行讨论和评论。

**干旱区研究** 刊期：双月刊 主管单位：中国科学院 主办单位：中国科学院新疆生态与地理研究所、中国土壤学会 主编：李彦 地址：新疆乌鲁木齐市北京南路818号 邮政编码：830011 网址：http://www.egi.cas.cn/ 电话：0991-7885364 传真：0991-7885320 E-mail：azr@ms.xjb.ac.cn 国际标准刊号：ISSN1001-4675 国内统一刊号：CN65-1095/X 国内邮发代号：58-37 国外发行代号：Q4927 开本：大16开 定价：20元/期 创刊日期：1984-01-01 主要刊登干旱区水、土、生物、气候和环境等方面具有创新性的研究论文、专论综述和评论、研究方法和新技术应用、学术讨论与争鸣、国内外学术动态、论坛以及干旱区新书介绍等。着重刊载全球变化的干旱区响应、内陆水循环与水资源、干旱区脆弱生态系统适应气候变化对策、绿洲生态系统建设、绿洲学科发展等干旱区基本科学问题，以及沙漠改造利用等成果。

**寒旱区科学（英文版）** 刊期：双月刊 主管单位：中国科学院 主办单位：中国科学院寒区旱区环境与工程研究所、科学出版社有限责任公司 主编：程国栋 地址：甘肃省兰州市东岗西路260号 邮政编码：730000 网址：http://www.scar.ac.cn/ 电话/传真：0931-4967733 E-mail：scar@lzb.ac.cn 国际标准刊号：ISSN1674-3822 国内统一刊号：CN62-1201/P 国内邮发代号：54-185 国外发行代号：BM578 开本：大16开 创刊日期：2008-01-01 及时报道寒冷、干旱环境下，地球表层系统的过程和格局研究的最新成果。寒区研究侧重低温环境下，寒区特殊的物理过程、化学过程和生物过程及其相互作用的研究；强调冰冻圈对全球变化和人类活动的响应，及其对环境的影响和适应对策；突出冰川、积雪、河、湖、海冰、多年和季节冻土、冰缘地貌等研究对象；重视寒区工程技术。旱区研究侧重干旱环境下，旱区特殊的物理过程、化学过程和生物过程及其相互作用的研究；强调旱区环境对人类活动和全球变化的响应，及其对环境的影响和适应对策；突出沙漠、绿洲、黄土和风沙地貌等研究对象；扶植干旱区流域，以水为主线，山地—荒漠—绿洲系统的综合集成研究，积极为旱区的水安全、生态安全和粮食安全提供可靠的科学技术支撑。

**热带地理** 刊期：双月刊 主管单位：广东省科学院 主办单位：广州地理研究所 主编：黄光庆 地址：广东省广州市先烈中路100号大院广州地理研究所 邮政编码：510070 网址：http://www.rddlzz.com/ 电话：020-37656954 Email：bjb@gdas.ac.cn 国际标准刊号：ISSN1001-5221 国内统一刊号：CN44-1209/N 开本：大16开 定价：18元/期 创刊日期：1980-01-01 内容涵盖自然地理和人文地理两大门类，重点反映热带亚热带地区地理学及分支学科、边缘学科具创新性、前沿性的学术研究成果；该区资源调查和经济开发规划专题论文、学术动态、综述、简讯等。

**山地科学学报（英文版）** 刊期：季刊 主管单位：中国科学院 主办单位：中国科学院水利部成都山地灾害与环境研究所、中国地理学会 主编：钟祥浩 地址：四川省成都市一环路南二段10号 邮政编码：610041 电话：028-85252110/85252044 传真：028-85222258 网址：http://www.ilib.cn/ www.imde.ac.cn/journal E-mail：jms@imde.ac.cn yudf@imde.ac.cn 国际标准刊号：ISSN1672-6316 国内统一刊号：CN51-1668/P 国内邮发代号：62-274 开本：16开 定价：25元/期 创刊日期：2004-03-01 专注于山地及其周围低地——具有全球意义的生态区，特别是青藏高原和邻近的喜马拉雅山脉的研究。主要发表在自然条件和（或）人类影响下山地环境演变与可持续发展的研究论文。其覆盖范围广泛，包括山地环境演变及其与人类活动的关系，山地生态系统退化与修复，以泥石流、滑坡、土壤侵蚀为重点的山地灾害的动力过程及防治理论和技术等。

**山地学报** 刊期：双月刊 主管单位：中国科学院 主办单位：中国科学院水利部成都山地灾害与环境研究所、中国地理学会 主编：钟祥浩 地址：四川省成都市一环路南二段10号 邮政编码：610041 网址：http://www.imde.cas.cn/xscbw/xsqk/sdxb/ 电话：028-85223826 传真：028-85222753 E-mail：hyfeng@imde.ac.cn 国际标准刊号：ISSN1008-2186 国内统一刊号：CN51-1516 国内邮发代号：62-90 开本：大16开 定价：10元/期 创刊日期：1983-03-01 目前中国唯一专门报道山地科学研究理论与山区开发、环境整治、灾害防治、生态建设实践相结合的综合性科技期刊。内容涵盖自然科学与人文科学两大门类中的与山地有关的多学科知识，重点报道和发表山地资源开发与山地生态环境演变、山区工程建设与山地灾害（崩塌、滑坡、泥石流、水土流失、山洪等）防治、山区社区发展与城镇规划、山区经济发展与产业结构调整等领域的理论、应用技术、研究和实验方法、管理经验等方面的内容和文章。

**云南地理环境研究** 刊期：季刊 主管单位：云南省教育厅 主办单位：云南大学 主编：唐川 地址：云南省昆明市学府路20号 邮政编码：650223 网址：www.ger.ynu.edu.cn 电话：0871-5134021 E-mail：dlhjyj@public.km.yn.cn 国际标准刊号：ISSN1001-7852 国内统一刊号：CN53-1079/P 开本：16开 定价：15元/期 创刊日期：1989-01-01 着重刊登国内外地理环境研究的理论、方法与成果。辟有地理环境探索、区域环境展顾、人地关系研究、国土开发整治、资源开发论证、山区开发建设、流域规划研究、山地灾害防治、环境保护建设等栏目。

**中国地理科学（英文版）** 刊期：双月刊 主管单位：中国科学院 主办单位：中国科学院东北地理与农业生态研究所 主编：朱颜明 地址：吉林省长春市蔚山路3195号 邮政编码：130012 电话：0431-85542243 传真：0431-5542298 E-mail：egeoscien@neigae.ac.cn 国际标准刊号：ISSN1002-0063 国内统一刊号：CN22-1174/P 国内邮发代号：12-365 定价：30元/期 创刊日期：1991-01-01 开本：大16开 主要介绍中国地理学及各分支学科具有先进水平的学术论文和研究成果、地理学的新理论、新观点、新方法，服务于经济建设，促进国内外学术交流，繁荣和发展地理科学事业。刊登国内外地理学及各分支学科、边缘学科和学科间交叉的具有创新性、前沿性和探索性的学术论文，侧重报道国家自然科学基金项目、国家重点实验室基金项目、国家科技攻关项目和国际合作项目的最新研究成果,支持反映环境遥感和地理信息系统等新技术方法在地理学研究中的应用成果,注重区域性和综合性以及人地关系研究,关注资源、人口、环境、能源以及全球气候和海平面变化等重大课题的学术论文、研究报道、综述、问题讨论、技术方法、学位论文摘要、书评、国内外学术动态和学术活动等。

**中国沙漠** 刊期:双月刊 主管单位:中国科学院 主办单位:中国科学院寒区旱区环境与工程研究所 主编:王涛 地址:甘肃省兰州市东岗西路260号 邮政编码:730000 网址:http://zgsm.westgis.ac.cn/ 电话/传真:0931-4967253 E-mail:caiedit@ns.lzb.ac.cn 国际标准刊号:ISSN1000-694X 国内统一刊号:CN62-1070/P 国内邮发代号:54-14 国外发行代号:BM4715 开本:大16开 定价:25元/期 创刊日期:1981-01-01 以沙漠学研究为主的综合性学术刊物,侧重报道国家自然科学基金项目和国家科技攻关项目在沙漠科学方面的最新研究成果,以及沙漠学及相邻学科研究的前沿理论;注重区域性和综合性、可持续发展研究,关注资源研究与全球变化等重大课题在沙漠学科上有创新的新思想、新观点和新学说;促进沙漠科学研究和整治水平进一步提高以及国内外学术水平的交流。

**中国岩溶** 刊期:季刊 主管单位:中国地质科学院 主办单位:中国地质科学院岩溶地质研究所 主编:蒋忠诚 地址:广西桂林市七星路50号 邮政编码:531004 网址:http://www.karstjournal.ac.cn/ 电话:0773-5812949 传真:0773-5813708 E-mail:carso@tom.com 国际标准刊号:ISSN1001-4810 国内统一刊号:45-1157/P 国内邮发代号:48-19 国外发行代号:DK45011 开本:大16开 定价:7元/期 创刊日期:1982-01-01 主要刊登岩溶地质基础理论、岩溶地貌与洞穴、岩溶水文地质工程地质、岩溶环境地质、国土规划和整治、岩溶生态地质、岩溶矿产地质、岩溶旅游地质、岩溶勘探测试技术等方面的内容,国内外典型岩溶景观介绍、岩溶学术动态报道、新书评介等方面的短文。主要栏目有岩溶基础理论研究、岩溶地貌与洞穴、岩溶水文地质与工程地质、岩溶生态环境地质、岩溶国土开发管理、岩溶矿产地质、岩溶旅游地质、岩溶探测方法与技术等。

# 第三章 中国地貌科学家

**艾南山**(1939.5~ ) 男,四川自贡人,1963年毕业于兰州大学自然地理专业,1979年~1981年在奥地利维地纳技术大学进修地球物理。四川大学建筑与环境学院教授、博士生导师,曾任兰州大学副校长、驻德意志联邦共和国大使馆教育参赞、四川大学环境科学与工程研究所所长、中国地理学会山地专业委员会副主任、国际地理联盟地貌对环境变化的影响委员会委员、中国计算机用户协会袖珍机分会副理事长、国际地理联盟理论测量应用地貌专业委员理事等。研究方向为地理学中的数量研究、环境管理与公共政策、人居环境、理论地貌学。主持完成的研究项目和成果主要有"黄土高原综合研究""新构造应力场和侵蚀问题""应力侵蚀问题""地理学的数量方法研究""地貌系统演化的非线性动力学研究""泥石流与主河相作用非线性机制研究""西南生态脆弱区资源开发与利用研究""不同类型区沙漠化过程中人为作用的定量分离研究"等。出版译著2部、著作5部,发表学术论文200余篇,主要有《再论流域系统信息熵》《新构造应力场与公路滑坡和公路建设》《计算机绘制砾向组构密图》《地表形态发育的对抗性原理》《东南沿海水系及新构造应力场》《Great earthquakes and their geomorpholgical effects》《On the Connection between the Neotectonic Stress Field and Catastrophic Landseides》等。曾获四川省科技成果三等奖、四川省高校科技成果一二等奖等多项。

**包浩生**(1932~2007.10.16) 男,出生于江苏省常熟市,1956年毕业于南京大学地理学系,1979年~1981年在澳大利亚国立大学生物地理与地貌学系深造。著名自然地理学家、资源学家和喀斯特学家,中国自然资源综合研究与人才培养的创始人之一。南京大学地理与海洋科学学院教授、博士生导师,曾任中国自然资源学会副理事长、中国科学院资源委员会委员、国家生物圈委员会委员、国家自然科学基金评审委员会委员、江苏省地理学会理事长、南京大学自然资源研究中心主任等。长期致力于区域自然地理、自然资源、喀斯特地貌与水文的教学与科研工作,在中国自然地理、西藏喀斯特、自然资源以及地理学思想等多方面具有广泛的学术影响。协助任美锷先生等提出了中国热带橡胶宜林地北移的理论,促进了中国热带地区自然资源尤其是橡胶这一当时关键战略资源的开发利用;率先在南京大学创立了自然资源专业,开创了中国系统培养综合型资源人才的先河;在长期的资源教育教学实践中,提出的调查、评价、规划、开发、利用、保护和管理的理论体系,得到了中国其他高等院校和科研院所的广泛重视和推荐。主持过国家级、省部级及国际合作等重点科研项目,考察调查研究遍及全国。发表学术论文100多篇,主编《中国自然区域及开发整治》《自然资源学导论》《自然资源简明辞典》等专著。曾荣获国家级优秀教材特等奖、国家教委科技进步二三等奖项。

**陈吉余**(1921.9.17~ ) 男,出生于江苏省灌云县,1945年毕业于浙江大学史地系,1947年获浙江大学地貌学硕士学位。中国工程院院士、国际欧亚科学院院士,地理学家,中国河口海岸科学的开拓者与倡导者。华东师范大学河口海岸科学研究院名誉院长、河口海岸学国家重点实验室教授、中国海洋湖沼学会名誉理事长,曾任中国海洋湖沼学会和中国海洋学会副理事长。长期从事与水利交通等工程建设有关的地学研究工作。开拓了以动力、沉积、地貌相结合为特色的河口海岸学科体系,在河口治理、海岸工程、围海工程、水利电力工程环境、都市给排水等方面取得了重要成果。建立了动力、地貌、沉积相结合的学科体系,率先提出动力地貌概念,继而又注入了沉积学的内容;总结出长江河口的发育模式及自适应和人工控制理论,提出长江河口治理需要抓住3个关键河段和河势控制利用的基本原则,为长江口深水航道选槽和河口治理提供了科学依据;积极倡导并参与全国海岸带和海涂资源综合调查,主持了温州海岸带调查试点工作和"全国海岸带调查规程"的编写,为中国海岸带调查的范围提出了理论依据;建议利用潮滩建设浦东国际机场并主持了九段沙生态工程,为国家节省数以亿计的投资;根据涨潮冲刷槽理论提出陈山原油码头选址方案,开创了在杭州湾强潮海湾建港的先例;提出钱塘江河口沙坎形成的历史过程和结合围垦治理江槽的治理原则;主持了三峡工程对长江河口生态环境影响的研究,并在水资源、滩涂围垦、护岸工程等方面作出了突出贡献;主持了中国主要河口研究国家重大基金项目和海岸带资源环境利用关键技术"九五"攻关项目等多项任务;建立了中国第1个河口海岸专门研究机构,为中国河口海岸学人才培养作出来重要贡献。完成研究报告60余种,发表论文(著)180余篇(部),先后获国家科技进步一等奖1项、省部级科技进步一二等奖16项。

**陈述彭**(1920.2～2008.11.25)　男,生于江西省萍乡市,1942年毕业于浙江大学,1947年获浙江大学史地研究所硕士学位。中国科学院院士、国际欧亚科学院院士、第三世界科学院院士,地理学家、地图学家、遥感地学专家,中国遥感应用和地理信息系统科学的创建者和奠基人、地球信息科学的倡导者。中国科学院地理科学与资源研究所研究员、中国科学院遥感应用研究所名誉所长。开拓了中国现代地图学和地球信息科学领域,带领中国遥感和地理信息系统研究跻身于世界先进行列,并在地学分析、野外科学考察、地学信息图谱、地球系统科学与空间信息科学对接研究等领域做了大量开创性工作。首先倡导航空相片系列制图与计算机辅助制图;致力于开拓遥感应用;创建了中国科学院遥感应用研究所、资源与环境信息系统国家重点实验室;设计黄河、长江中下游洪涝灾情评估信息系统,兼任中巴资源卫星应用分系统总设计师;编制有《中国地形鸟瞰图集》,参加《中华人民共和国大地图集》的组织领导工作,提出《中华人民共和国自然地图集》总设计书,并主持和编制;参与地球信息科学及全球变化及数字地球战略研究。著有《地学的探索》文集6卷、《石坚文存》《遥感地学分析》《地理信息系统导论》《地球系统科学》《遥感大词典》《地学信息图谱》等著作,编制《中国地形鸟瞰图集》《中华人民共和国自然地图集》《卫星遥感分析图集》等地图集10余种,发表学术论文300余篇。曾获国家自然科学二三等奖和多次国家科技进步一二等奖、中华绿色科学特别金奖、国家计委资源与环境学科布局论证金牛奖、陈嘉庚地球科学奖、国际欧亚科学院一级勋章(1999)、美国地理学会奥·米纳地图学金奖、泰国邦英德拉巴亚洲遥感贡献金奖、国际岩溶学会首届荣誉金奖、国际地图学协会最高荣誉奖等。

**陈永森**(1933.5～　)　男,山东兖州人,1957年华东师范大学毕业。自然地理学家。云南师范大学地理系区域地理学教授、云南地理学会理事长、云南省中学地理教学研究会理事长。研究方向为区域地貌及区域自然地理。在地理学的诸多领域特别是农业地理、区域地貌、云南地理和自然保护等方面,进行了大量的野外考察和实证研究,并以此为基础进行系统的理论总结,丰富了地理学理论,为云南社会经济发展提供了科学依据。主持和参加"云南省农业地理综合研究""云南省综合农业区划""云南省地理志""高黎贡山自然保护区综合考察""云南国土资源""腾冲地貌遥感调查""滇池地区生态环境及经济考察""云南省地图集"等项目和课题的研究。主要著作有《哀牢山自然保护区综合考察》《云南省情》《云南农业地理》《云南地理概况》等。曾获中国科学院重大科技成果一等奖、国家级科学技术进步二等奖、云南省科技成果二三等奖等10多项。

**崔之久**(1933.9～　)　男,安徽宣城人,1955年南京大学地理系地貌学专业毕业,同年保送为北京大学地理系研究生。地质地貌学家,中国现代冰川学研究的开拓者。北京大学城市与环境学系教授、博士生导师,曾任中国地理学会地貌与第四纪专业委员会主任、中国科学院对外开放实验站——天山冰川站学术委员会副主任、国家南极研究学术委员会委员及冰川地理组副组长、兰州大学中国第四纪冰川和环境研究中心副主任、国际地理联合会冰缘委员会委员、国际冻土协会冰缘环境工作组成员等。长期从事地貌和第四纪地质的教学科研工作。对中国冰川冰缘地貌和第四纪地质做了大量科考工作,是第1个到达世界"三极"的中国科学家,写下了中国第1篇现代冰川论文,在中国山地地貌研究中作出了突出贡献。提出了划分大陆性高位山地冰川和海洋性低位山地冰川两种中低纬山地冰川气候类型的观点;讨论了中国西部第四纪覆盖类型;提出青藏高原在最大冰期时期的冰川覆盖应为"网状覆盖、局部冰盖和掌状覆盖"3个不同类型;提出了"大陆性冰川稳定发展"理论;奠定了中国西部第四纪冰期划分的基本模式,提出了喜马拉雅山在早期抬升中有利于冰川发育而在后期由于进一步抬升阻碍了水汽运移并超越了最大降水带而抑制冰川发育的"有限控制"理论;首次提出了"准对称冰缘带"的概念,根据青藏高原与东北等地冰缘地貌的对比分析提出了冰缘现象"纬度坡降值"的理论;提出了世界范围内石冰川划分的4种区域类型;首次提出"三层式大陆型冷底石冰川"和"四层式海洋型暖底石冰川"的学说。撰写并发表了200多篇科学论文和多部专著。曾获全国科学大会重大科技奖、国家自然科学一等奖、国家教委科技进步二等奖、北京大学科学成果奖和冰川冻土学会优秀基础理论奖等。

**丁宝田**(1920.5~  ) 男,安徽宿县人,1943年毕业于西北大学地质地理系。武汉测绘科技大学教授,曾在天津中国矿业学院、北京矿业学院、武汉测绘学院(现改为武汉测绘科技大学)等校任教及科研工作。从事武汉地区新构造运动,地壳稳定性,第四纪与地震活动的专题研究。对地震地质、地貌、第四纪地质、新构造等方面多有论著,发表过数十篇(部)论著,主要有《武汉地区第四纪与新构造的基本特征及需要进一步研究的问题》《根据新构造及地貌特征试论武汉地区地壳稳定性》《武汉地区地震地质基本特征及地震活动》《武汉地区环境地貌》《武汉地区东西间构造带后造山期运动中地貌形成的基本规律》《武汉地区震中分布的地震地质背景及发展趋势》《武汉地区新构造运动、地壳稳定性与地震活动》《武汉市及邻区新构造运动与地震活动》《武汉青山砂山的形成与青山岬与"百慕大"海损事故的原因》等,不但对武汉地区第四纪与新构造的研究作出了贡献,而且为武汉的城市建设提供了科学依据。多次获湖北省优秀学术成果奖。

**丁锡祉**(1916.4.4~2008.2.18) 男,出生于浙江省吴兴县(现湖州市),1938年清华大学地学系地理专业毕业,1942年获浙江大学研究院地貌专业硕士学位。著名地貌学家、地理学家。中国科学院水利部成都山地灾害与环境研究所研究员,历任中央地质调查所实习调查员,贵州大学和西北大学讲师,东北大学和清华大学副教授,上海师范专科学校教授、东北师范大学教授、系主任、副教务长、校长助理,中国科学院长春地理研究所所长,中国科学院成都地理研究所所长等职。长期从事地貌学的教学和研究工作,对气候地貌学进行了较系统的研究。筹建东北师范大学(原东北大学)地理学专业;首先提出了开展冰缘学和湿地学研究,对冰缘地貌学进行了系统研究与论述,为中国冰原地貌学研究奠定了基础;提出并开拓了中国气候地貌学研究;提出了应加强山地综合研究,竭力推行山地综合开发、贫困山区经济开发;是中国较早开展地貌与区域发展、地貌与农业发展研究的地貌学家,开创了中国山地学和城市地貌学研究,为推动中国地貌学应用研究作出了突出贡献;主持完成吉林省地貌区划研究,首次全面系统地对吉林省地貌特征、发育规律及与工农业发展的关系进行了论述;倡导并指导砂矿地貌研究,总结了砂矿床普查勘探方法和砂矿图编制方法,同时结合港口和海岸开发利用的需要对辽宁省海岸地貌进行了研究;参加中苏两国科学院联合进行的对黑龙江流域的综合考察,主持开展了东北地区地貌区划和东北西部自然地理条件的综合考察研究。著有《地貌学》《冰缘地貌学》《中国现代气候地貌营力》(英文)、《黑龙江流域地貌与农业》(俄文)、《中国气候地貌和山地灾害》(日文)等论文30余篇(部)。

**董光荣**(1936.2.16~  ) 男,江苏宜兴人,1960年毕业于北京大学地理系,1962年该系地貌专业海岸动力地貌研究生肄业。中国科学院寒区旱区环境与工程研究所研究员、博士生导师。主要从事中国沙区第四纪、沙漠化和风沙地貌研究。从全球气候变化和人为作用角度对沙漠化过程、成因、趋势和防治途径等方面提出新见解;先后承担科研项目20多个。发表学术论文130余篇,出版著作4部,主要有《青海共和盆地土地沙漠化与防治途径》《中国沙漠形成演化与青藏高原隆升的关系》《150千年以来中国北方沙漠、沙地演化与气候变化》等。有5项科研成果获国家科技进步一等奖等,并获竺可桢野外科学工作奖。

**方辉亚**(1927.7~  ) 男,湖北黄冈人,1958年东北师范大学研究部地质学进修班毕业。湖北大学资源环境学院教授,曾任湖北大学区域规划研究所所长、湖北省地质学会第四纪及地貌专业委员会常务理事、湖北省土地学会土地资源专业委员会常务理事。长期从事农用地貌与土地资源研究。先后主持完成"秦巴山区资源开发及其优化模型设计""鄂西北山岳风景资源评价""神农架林区综合农业区划""湖北省综合农业区划"等国家自然科学基金及湖北省研究项目多项;对湖北省山地地貌进行了全面研究,在山区农业发展、旅游资源开发、综合农业区划等方面成果突出。主要论文有《日本国土资源特征与国土开发计划》《湖北山区生产建设战略构想》《汉江分洪区自然资源系统及其战略开发研究》《湖北省农业地貌分类研究》《亚热带山区土地类型的划分》《从土地资源特点探讨鄂西山区农业发展方向》等。曾获全国农业区划成果三等奖、湖北省科技进步三等奖、湖北省科研成果一等奖等。

**甘枝茂**(1938.4.18~  ) 男,陕西华县人,1961年毕业于陕西师范大学地理系。著名地貌学家和土壤侵蚀学专家。陕西师范大学旅游与环境学院教授、博士生导师,曾任陕西师范大学地理系副主任、陕西省水土保持学会土壤侵蚀专业委员会副主任、全国高等师范院校地貌教学研究会副理事长等。从事地貌学、土壤侵蚀与防治、地貌调查与制图、旅游资源开发的教学与研究工作。先后主持和参加完成的国家及部委重大项目10余项。"七五"期间参加了国家黄土高原科学考察。提出表达地貌特征对土壤侵蚀综合影响的"土壤侵蚀面",黄土地貌的垂直变化,黄土地貌的发育与土壤侵蚀的辩证关系,黄土高原土壤侵蚀方式具有地带性、垂直性、季节性分布规律和以小流域为单元的组合规律等观点。出版专著9部、专题地图两幅,发表论文70多篇,主要有《陕西省榆林地区地理志》《陕西省延安地区地理志》《黄土高原地貌与土壤侵蚀研究》《黄土高原侵蚀地貌与水土流失关系研究》《中国1∶100万西安幅地貌图》《中国1∶100万秦岭大巴山地区地貌图》《陕晋蒙三角地区的土壤侵蚀》《陇中地区的土壤侵蚀方式及其特点》《地貌特征对土壤侵蚀的影响》等。先后获中国科学院科技进步二等奖2次、黄河水利委员会科技进步一等奖2次、陕西省科技进步三等奖3次、国家教委科技进步三等奖1次等。

**郭令智**(1915.4.4~  ) 男,号叔明,出生于湖北省安陆县,1938年毕业于中央大学地质系,1949年赴英国深造。中国科学院院士,地貌学、区域地质学、板块构造学家,中国板块构造和地体构造研究的重要开拓者之一。南京大学地球科学系教授、博士生导师,曾任南京大学副校长、代校长和顾问,中国地质学会副理事长,联合国教科文组织国际地质对比计划(IGCP)224项构造组召集人和267项领导人之一,教育部地学学科评议组组长和地学规划组组长,以及国务院学位委员会第2届学科评议组成员。长期从事中国南部和东南部区域大地构造与地貌研究,在华南首次发现板块运动和俯冲碰撞所形成的江南元古代沟弧盆系,突破了板块构造限于晚显生宙的观念;建立华南构造演化模式和格局,论证了板块俯冲边界自西北向东南跃迁的总趋势;得出华南成矿带和油气资源的分布规律,提出鉴别大陆边缘的8项标志,揭示中国陆内板块A型俯冲和前陆盆地形成机制;探索了大陆动力学与山脉盆地耦合机制。代表作有《中国大地构造问题》《板块构造基本问题》《华南板块构造》等。出版专著10多部,发表学术论文150余篇。曾获李四光地质科学荣誉奖、何梁何利基金会地球科学奖、国家自然科学奖3项、省部级科技进步奖3项。

**郭绍礼**(1935.1.7~  ) 男,山西平定人,1958年毕业于兰州大学地理系。中国科学院自然资源综合考察委员会研究员,曾任北京市地理学会副理事长等。长期从事区域地貌、区域规划、资源开发方面的研究。曾主持完成国家攻关项目"黄土高原地区综合治理开发总体方案""晋陕蒙接壤区环境整治与农业发展研究"等;先后参加青、甘、内蒙古、宁综合考察和中国1∶100万地貌图的编制工作;完成了5个县的经济发展规划研究制定。在中外学术刊物发表论文近50篇,出版专著6部,主要有《内蒙古及东北部地貌》《应用突变模型研究沙漠化过程的演变》《科考纪实》等。研究成果获全国、中国科学院多项奖励,曾获竺可桢野外科学工作奖。

**郭蓄民**(1929.11~  ) 男,辽宁沈阳人,1953年东北师范大学毕业。华东师范大学地理学教授。研究方向为第四纪地质、地貌学和自然地理学。主持完成"长江三角洲地区第四纪晚期的沉积、底层与环境"等研究课题多项,主要研究成果有"长江三角洲的发育与砂体类型"等,曾领导小腾格里沙地考察等,在长江三角洲的地质地貌方面进行了系统研究。出版《硅藻》译著1部,发表《长江河口地区晚更新世晚期以来沉积环境的变迁》《上海滨海平原贝壳砂堤》《全新世长江三角洲的发育》《长江河口地区全新世的分层与分区》《北海道中新统海相沉积花粉》《内蒙小腾格里沙漠自然景观》等学术论文数十篇。曾获上海市科技进步奖等多项。

**黄春海**(1925.11~  ) 男,辽宁新民人,1953年毕业于东北师范大学地理系,1955年毕业于华东师范大学地理系研究生班。山东师范大学地理学教授,曾任山东地理学会和山东地震学会副理事长、山东华水水资源技术开发部总工程师等。主要从事地下水开发与地貌调查研究。主持完成国家自然科学基金、联合国经济开发署援助以及省级科研项目多项,如"华北平原北部古河道及其在国民经济上的意义""蒙阴县饮水工程""泉水来源试验研究"等;完成《中国1∶100万地貌图南京幅》《黄淮海平原地貌图(山东部分)》《中国1∶100万地貌图北京幅》《中国1∶100万地貌图旅大幅》《烟台市城市抗震地质、土质、地貌、抗震地下水调查报告》等地貌图编制和调查研究成果报告;结合山东省水资源匮乏实际,运用水文地质理论技术与物探方法,成功的打出一大批机井,解决了山区农村饮水困难;潜心研究济南泉水成因,成功预测趵突泉喷涌时间。主要著作有《地下水开发研究》《山东省地理》《山东省地貌区划》等多部,发表论文《风化剥蚀台地与地下水开发》《山东断块新构造运动的基本特征及与地震的关系》《济南的名泉为什么会断流》《黄河三角洲地区地貌演变特征及其与石油开发的关系》《中国1∶100万地貌图制图中若干问题的探讨》《黄河三角洲国土开发与整治》《山东喀斯特地貌发育的几个问题》《济南地区地震地质背景》《山东地貌的类型》等30余篇。曾获中国科学院自然科学二等奖、山东省教育厅科技进步三等奖等。

**黄进**(1927~  ) 男,广东丰顺人,1952年中山大学地理系毕业。著名丹霞地貌学家,全国丹霞地貌旅游开发研究会的发起和创立者之一。中山大学地理与规划学院教授,曾任中山大学地理系主任、中国地理学会地貌与第四纪专业委员会副主任、全国丹霞地貌旅游开发研究会理事长。长期从事丹霞地貌研究。第一次对丹霞地貌作了科学定义;先后对陕、甘、宁、川、黔、黑、冀、豫、鄂、湘、浙、皖、赣、闽、粤、桂、青、蒙、新、滇等省区进行丹霞地貌考察,已实地考察了780余处丹霞地貌。在系统考察的基础上,对丹霞地貌的坡面特征和发育规律、丹霞地貌特殊的风化作用、地壳上升与地貌发育过程的关系、减压节理与丹霞地貌发育的关系、丹霞洞穴地貌、丹霞喀斯特地貌、土林式丹霞地貌、低等生物对丹霞地貌坡面风化的影响、丹霞地貌的分布与区域差异、丹霞地貌分类等方面的研究均作了开创性工作,是当代中国丹霞地貌研究领域的学术带头人,为"中国丹霞"正式列入《世界遗产名录》作出了重要贡献。出版《中国丹霞地貌》等著作多部,先后发表丹霞地貌研究论文40余篇。曾获"首届中国十大当代徐霞客"称号。

**黄培华**(1931.10~1999.2.17) 男,安徽芜湖人,1952年毕业于南京大学地理系,1959年获南京大学第四纪地质和地貌学专业副博士学位。第四纪环境和年代学家、地震地质和地球动力学家,中国科学技术大学地球化学教授。研究方向为第四纪环境与年代学、构造物理学。对中国东部第四纪气候变化进行了深入探讨;引进了电子自旋共振测年技术并进行剂量学测量,探讨了古地震断层活动年代测年的可能性及存在问题。在地球动力学方面侧重大地构造地貌形成、新构造运动和应力场研究;最先引入地球卫星重力数据反演岩石圈底面地幔流动状态和应力特征,得到地幔流动向东扩散与岩石圈向东拉伸图像,验证了中国断块构造学者先前提出的大陆东缘向东蠕散假说;发现天山下部存在区域地幔流发散中心,支撑天山的隆起;对冲绳海槽和琉球岛弧地震活动与应力场研究,提出海槽扩张过程中伴有垂直于海槽的正断层作用和存在2个发震层分布的可能。主持完成"北京猿人的年代研究和化石年龄测定""地震断层的电子自选共振年代测定方法研究""巢湖水域环境的生态评价及对策研究""电子自选共振测龄和剂量学研究""中国东部第四纪气候(温度)环境演变研究"等国家自然科学基金、全国地震联合科学基金及省部级等研究课题多项。主要著作有《地震地质学基础》等,发表学术论文130余篇,主要有《新疆富蕴地震断裂带构造应力场的教学模拟研究》《中国东部第四纪自然环境演化及庐山"冰碛层"堆积时期的自然环境》《电子自旋共振法(ESR)测定第四纪物质年龄的研究》《地幔对流格局与中国大陆岩石圈构造运动》《中国岩石层下的地幔对流的探讨》《中国第四纪气候演化与庐山冰川遗迹问题》《中国第四纪气候变迁的初步探讨》《湘西喀斯特地貌发育问题》《云南地貌(盆地)发育问题》《云南新构造运动特征》等。曾获省重大科技成果奖等。

**景才瑞**(1924.6~  ) 男,山西临猗人,1948年毕业于中央大学理学院地理系,后又结业于华北大学史地系与华东师范大学自然地理进修班。地貌学家、地理学家。华中师范大学城市与环境科学学院教授,曾任中国地理学会长江流域开发研究会副主任、湖北省地理学会理事长、湖北省旅游学会顾问、湖北省李四光研究会常务副理事长兼秘书长、中国大百科全书《中国地理卷》编委兼《华中区》主编。长期从事地貌学与第四纪地质学研究,尤其在第四纪冰川地质及中国黄土成因方面取得突出成果。曾主持完成"中国东部第四纪古地理环境变迁模式""第四纪古地学环境变迁规律及其开发利用""弄弄坪第四纪地层调查"等研究课题;参加对攀枝花钢铁厂选址考察、中国1:100万地貌图编制、长江流域第四纪地质考察。主要著作有《自然地理研究些什么》《黄山》《人类和自然》《李四光学术研究》等。发表学术论文《论第四纪的下限问题》《再论庐山冰川遗迹》《论人生代地质学》《谈冰川黄土与古人类的关系》《中国黄土形成的气候条件时代与成因》《鄂西第四纪冰川遗迹和冰期划分》《关于庐山冰蚀地形的讨论》《地貌学史》《论地貌波》《论地貌发育的相关阶段》《论新构造运动与地壳稳定性》《论环境变化与可持续发展》等300余篇。曾获湖北省科学大会奖、湖北省高校先进科研个人奖、国家教育委员会荣誉奖、国家新闻出版总署荣誉奖、中国科学院自然科学二等奖、湖北省优秀学术论文一等奖,享受国务院政府特殊津贴。

**李炳元**(1939~  ) 男,江苏常熟人。地貌与环境专家。中国科学院地理科学与资源研究所研究员。主要从事青藏高原地貌与自然环境研究。曾先后近10次赴青藏高原进行科学考察。主编了中国地貌图和承担了中国自然灾害区域规律、中国生态地理区域划分等有关地貌与环境课题研究。参加编著的专著有《大型地貌图》《中国地貌图》《青海省地貌图》《青藏高原第四纪冰川遗迹分布图》。10 多次获得了国家及院省级奖励。

**李承三**（1898.5.22～1967.5） 男，号继五，河北涉县人，1928 年毕业于河南大学，1936 年获德国柏林大学地质系博士（哲学）学位。著名地质学家、地理学家和地质教育家。历任中央研究院地质研究所所长、研究员，中央大学（现南京大学）教授，重庆大学地质系主任、教授，成都地质学院（现成都理工大学地球科学学院）教务长、教授。从事区域地质地理研究。领导嘉陵江流域地理考察，绘制了中国第 1 幅河流地貌图，对嘉陵江河流地貌的特征、水系的演化，特别是河曲的形成演化进行了深入研究，率先在中国开辟了河流地貌研究领域，是中国河流地貌学的奠基人；首次提出玉门砾石层是冰水沉积的典型代表；科学地把气候的变化与青藏高原隆升紧密联系起来。最早把中国第四纪冰期划分为 5 次冰期和 4 次间冰期，从冰水沉积作用的特征阐述了四川松潘漳腊砂金矿的分布规律，对金矿的勘查和开发有重要指导意义；主持编制了四川第 1 幅百万分之一大地构造图，详细划分界定了四川地区的大地构造单元，为四川大地构造学的研究奠定了基础；先后发现了西康来子沟铁矿、漳腊冰川式沉积沙金矿、大巴山冰川地形、嘉陵江离堆山地形等；创办了中国第 1 个石油地质专业。发表论著数十篇（部）。

**李吉均**（1933.10.9～ ） 男，出生于四川省彭州市，1956 年毕业于南京大学地理系，1958 年获兰州大学地理学硕士学位。中国科学院院士，自然地理与地貌学家。兰州大学资源环境学教授、博士生导师、西部环境教育部重点实验室学术委员会主任。长期研究青藏高原现代冰川、第四纪古冰川、地貌学及青藏高原隆生及其在东亚和全球环境变化中的影响等，对黄河起源、黄土形成及中国东部庐山古冰川问题有独到见解。主持完成"中国东部第四纪冰川问题""青藏高原综合科学考察"等项目。对青藏高原隆升及其对环境的影响进行了深入研究，在国内外首次系统全面提出了青藏高原的上升阶段、幅度和形式问题；对西藏现代和第四纪冰川进行了系统研究，首次指出庐山存在大量湿热地貌遗迹和部分寒冻与泥石流地貌系统；把黄土与青藏高原隆起联系起来，指出兰州黄土比洛川黄土年轻许多，沉积速率是洛川黄土的 4 倍～5 倍；首次将临夏北塬黄土记录与南极冰芯氧同位素曲线进行对比，重建了与冰芯记录相比拟的 15 万年来的环境变迁，提出了"季风三角"的概念，阐明了第四纪时期中国北方存在着两种环境变迁的模式，即季风区模式与西风区模式，对中国北方第四纪环境变迁的研究起了重要的推动作用。著有《西藏冰川》《横断山冰川》《青藏高原晚新生代隆升与环境变化》《高原隆升与第四纪冰川研究》等著作，主要文章有《青藏高原隆起的时代、幅度和形式探讨》《青藏高原隆起与环境变化研究》等。曾获竺可祯野外科学工作奖、全国科学大会奖、中国科学院科技进步特等奖、国家自然科学一等奖及国家科委、国家教委等多项奖项。

**刘苍字**（1938.9～ ） 男，江苏省邗江人，1959 年毕业于华东师范大学地理系。华东师范大学河口海岸科学研究院教授、博士生导师，曾任河口海岸研究所所长。长期从事河口海岸动力地貌与沉积研究，曾参加海州湾、长江口、杭州湾、浙、闽沿海等地港口、航道、滩涂开发，以及全国海岸带、海岛资源综合调查等多项科研任务。在国内外发表《长江三角洲南部古沙堤的沉积特征、成因及年代》《福建沙埕港的沉积特征与泥沙来源研究》等 40 余篇论文，并参加《中国自然地理·地貌》《The World's Coastline》等专著的编撰。科研成果曾获上海市重大科技成果奖二等奖、国家教委科技进步二等奖等。

**刘东生**（1917.11.24～2008.3.6） 男，出生于辽宁省沈阳市，1942 年毕业于西南联合大学地质地理气象系，1949 年南京大学生物系肄业。中国科学院院士、第三世界科学院院士、欧亚科学院院士，著名第四纪地质环境学家、中国第四纪研究委员会和中国科学院西安黄土与第四纪地质研究室的主要奠基人之一。中国科学院地球环境研究所名誉所长、中国科学院地质与地球物理研究所研究员。曾任第六七届全国人大常委会委员、国际第四纪研究联合会主席、中国第四纪研究委员会名誉主任。在中国的古脊椎动物学、第四纪地质学、环境科学和环境地质学、青藏高原与极地考察等科学研究领域中，特别是黄土研究方面取得了大量的研究成果，使中国在古全球变化研究领域中跻身世界前列。创立了黄土学，提出了"新风成学说"和"多旋回学说"，基于中国黄土重建了 250 万年以来的气候变化历史，使黄土与深海沉积、极地冰芯并列成为全球环境变化研究的 3 大支柱，为全球气候变化研究作出了重要贡献；长期致力于青藏高原隆起与东亚环境演化的研究，把青藏高原研究同黄土高原研究结合起来，把固体岩石圈的演化同地球表层圈的演化结合起来，开辟了地球科学一个新的研究领域；领导建立了多学科交叉的现代化科学实验室,已成为中国及国际第四纪环境科学的研究中心之一。发表学术论文100多篇,被SCI论文引用3000多次,出版专著5部,主编文集10余部。曾获中国国家最高科技奖、国际泰勒环境成就奖和洪堡奖。

**刘泽纯**(1933.12~  ) 男,安徽六安人,1956年毕业于南京大学地理系地貌与第四纪专业,1959年获南京大学地理系自然地理专业硕士学位。南京师范大学地理科学学院教授、博士生导师,曾兼任海岸与第四纪研究所所长、中国第四纪学会海岸线分委会副秘书长和副主任。长期从事地貌学与第四纪地质学研究工作,在北京周口店猿人洞穴演化与古人类活动关系、洞穴堆积气候地层划分与对比、柴达木盆地沉积地层划分及古气候演化、江苏和西藏等地区的石器文化考古、中国第四纪冰川和冰期问题以及海平面变化等领域取得了具创新性的研究成果。主持完成"江苏省海岸线变迁""柴达木盆地东部地区第四纪地层与环境沉积相研究""第四纪岩溶洞穴堆积与环境变迁研究"等研究课题。主要著作有《第四纪地质》《中国第四纪冰川与冰期问题》等,在国内外学术刊物上发表学术论文数十篇。曾获得全国科学大会奖、国家自然科学二等奖、国家科技进步科学三等奖、国家教委科技进步二等奖、江苏省科学大会奖、江苏省科学技术进步三等奖、江苏省哲学社会三等奖以及国家优秀教材特等奖等多项科研奖励等。

**刘振中**(1923.5~2010.1.28) 男,陕西商州人,1948年中央大学地理学系毕业。地貌学家。南京大学地理与海洋科学学院教授,江苏省地理学会自然地理专业委员会主任委员、南京竺可桢研究会副理事长,江苏省政协常委、副秘书长,九三学社江苏省委副主委、秘书长等。长期从事岩溶发育与岩溶水文资源合理开发研究。主持参加"江苏省山丘的合理开发利用""庐山地形调查"等58个项目的调查研究工作,完成并提出生产性报告30余件。出版《托木尔峰科学考察》《科学庐山》《中国自然地理》《中国地貌区划》《地貌学》《地壳运动地貌演变》《黄土与黄土状岩石》《陆地上的水》《简易测绘》学术著作与教材《岩溶学概论》等20余部、《我国的自然环境》等科普读物3种,翻译出版《古密西西比河》等多篇论著,还参加过《辞海》《测绘辞典》《地理学辞典》及《大百科全书》等有关部分的编撰,发表《江苏省低山丘陵区的造林条件及前景》《武夷山的形成与地貌发育》《庐山构造地貌与地貌发育》《岩溶发育的地带性与多带性》《南京地区地貌及第四纪地质若干问题的初步研究》等论文近50篇。曾获国家科学大会奖、国家教委科技进步奖及江苏省科技成果奖。

**罗来兴**(1916~1998.3.28) 男,出生于江西省玉山县,1942年毕业于中山大学地理系。著名地貌学家,中国黄土地貌研究奠基人。中国科学院地理研究所研究员。从事地貌学、自然地理学研究,在地貌学、自然地理学、古地理学、方志学等领域造诣颇深,成果卓著。多次参加和组织对黄土高原的综合考察及西部南水北调综合考察,发表黄土地貌研究学术论文10余篇,在黄土侵蚀地貌类型的形成和发展的理论研究方面成果突出,提出了黄土地貌侵蚀类型划分原则和依据,阐述了黄土沟谷的发育过程,开创了中国黄土地貌学研究的新篇章;对中国西部荒漠和山地作了充分的调查研究,提出科学报告和论文多达36篇,提出青藏高原面南倾变形的新观点,为南水北调研究作出了重要贡献;建立古地理学研究室;主要著述有《中国自然地理·地貌》《广东省分县地图册》《黄土丘陵沟壑发育与侵蚀量计算的实例》《川西滇北地貌形成的探讨》《天山山体演化过程》《地方志若干问题的探讨》《试论新方志的研究领域》等。

**罗章仁**(1936.12~  ) 男,广西北流人,1958年南京大学地理系毕业。中山大学河口海岸研究所教授,曾任中山大学河口海岸研究所所长、中国地理学会海洋地理专业委员会副主任委员,中国海岸河口学会理事,中国港口协会发展规划委员会委员。主要从事海岸河口动力地貌和资源开发利用及治理研究。主持与主笔研究项目30多项,主要有"海南岛砂质海岸侵蚀后退及对策""粤西海岸带(东段)滩地水文沉积和动力地貌调查研究""珠江三角洲东平水道床沙与河道特性""海口港深泥沙回淤研究""海口湾秀英、后海深水泊位建设自然条件评价"等。研究范围涉及河口海岸地貌演变、华南砂质海岸侵蚀与海岸防护、人类活动海岸效应、港口泥沙回淤、围垦滩涂与填海造地、河口综合开发与治理、港口发展与港口规划等。发表《华南港湾》等专著3部,论文50多篇,主要有《珠江三角洲港口资源及港口布局设想》《龙滩水电工程对珠江三角洲河道和口门侵蚀和淤积的影响分析》《华南港湾自然条件及港口建设若干问题》《海南岛现代海岸地貌》《珠江干流广州至黄埔段水道特征及整治》《沙角浪蚀地貌断面形成分析》《现代浪蚀地貌断面分析》《珠江河口区干流水道演变》等。曾获国家优秀成果奖、广东省科技成果二等奖、广东省高教局科技进步二等奖等。

**穆桂春**(1930.2~  ) 男,辽宁海城人,1954 年华东师范大学研究生班肄业。湖北大学资源与环境学院教授。研究方向为区域地貌学、环境地貌学、城市地貌学。主持完成"城市环境地貌研究""四川省东部地区地貌区划""喜马拉雅地热资源考察"等研究课题。主要著作有《四川省 1:100 万地貌图及说明书》《中国 1:100 万地貌图成都幅及说明书》《地貌与农业》《四川北碚马鞍溪流域地貌图集》等。发表学术论文数十篇,主要有《地貌研究中几个问题的探讨》《国土整治与地貌图构思》《我国亚热带地理研究中值得探讨的几个问题》《四川省南亚热带河谷的自然资源自然区划与自然发展史》《腾冲的温泉》《关于平原城市地貌制图的探讨》《城市地貌学的理论和实践》等。曾获全国科学大会奖、湖北省重大科技成果奖等多项。

**潘凤英**(1934~  ) 女,江苏武进人,1958 年 8 月华东师范大学地理系普通自然地理研究班毕业。南京师范大学地理科学学院教授,曾任南京师范大学地理系副主任。从事综合自然地理、第四纪地质、地貌学、海岸地貌、地貌学基本理论与问题等课程教学和区域地貌与第四纪环境变迁研究。重点研究江苏、南京等地的区域地貌,力求科研能为经济社会建设提供可靠的基础科学资料,具有一定应用价值。先后发表学术论文《晚全新世以来江淮之间湖泊的变迁》《全新世以来苏南地区的古地理演变》《试论城市建设中的研究埋藏地貌的意义》《南京市区坳沟地貌探讨》《历史时期射阳湖的变迁及其成因探讨》《南京城郊灾害性重力地貌的初步研究》《历史时期江浙沿海特大风暴潮研究》等 20 余篇,著有《京杭运河巡礼》《普通地貌学》著作和教材,译著《地貌野外手册》1 部。

**齐矗华**(1922~1991.1.23) 男,生于河北省昌黎县,1947 年毕业于西北大学地质地理系。知名的地理教育家和地貌学专家。陕西师范大学地理系教授,兼任全国高等院校地貌科研教学研究会副理事长、高等师范院校第四纪地质教学研究会副理事长、西安师范专科学校地理系兼职教授。长期从事地貌学、第四纪地质等教学和研究,特别在黄土地貌研究方面成果突出。曾参加了中国科学院西部地区南水北调综合科学考察,承担了滇西、川西、西藏东部等地的地貌考察。主要著述有《黄土高原侵蚀地貌与水土流失关系研究》《陕西省境秦巴山地区岩溶地貌的基本特征》《新疆地貌及其环境效应》《中国 1:100 万地貌图西安幅》《陕西东秦岭构造地貌基本特征》《丹江上游河谷地貌的演变及其发展趋势》《陕北黄土高原晚更新世以来环境变迁的初步探讨》《新疆吐鲁番盆地地貌结构特征》《陕西省境秦巴山地白马塘小南海地区岩溶地貌的基本特征》《太白山古冰川遗迹与冰期问题》等。曾多次获科研成果奖。

**裘善文**(1934.1~  ) 男,浙江天台人,1958 年毕业于南京大学地理系。中国科学院东北地理与农业生态研究所研究员,曾任中国科学院东北地理与农业生态研究所副所长、吉林省地理学会理事及其地貌专业委员会主任委员、国际地理协会河流与海岸平原地貌专业委员会委员等。长期从事区域地貌与地貌制图、第四纪自然环境变迁、区域农业自然资源开发、生态环境保护与整治等方面的研究。承担"八五"国家科技攻关"松嫩平原低洼易涝盐碱地与风沙地农业综合发展研究"和国家自然科学基金等 30 多项任务,在区域地貌与地貌制图、应用地貌、气候地貌和第四纪自然环境变迁等方面有较深入的研究和造诣,为区域资源开发、国土整治,以及国民经济发展提供基础资料和科学依据,填补了冰缘地貌空白,为发展中国地貌学事业作出了贡献。在国内外刊物上发表论著(文)100 余篇(部),主要有《中国东北平原第四纪自然环境形成与演变》《吉林省农业地貌区划及 1:5 万地貌图》《松嫩平原盐碱地与风沙地农业综合发展研究》《松辽平原更新世地层及其沉积环境研究》等。研究成果曾获国家、中国科学院、省科技进步一二三等奖多项。

**任美锷**(1913.10.7~2008.11.4) 男,出生于浙江省宁波市,1934 年毕业于中央大学地理系,1939 年获英国格拉斯哥大学博士学位。中国科学院院士,著名地貌学家、地理学家、海洋地质学家。南京大学地理与海洋科学学院教授、博士生导师、中国地理学会和中国海洋学会名誉理事长。长期从事自然地理学、地貌学与海岸科学的研究与教学工作,擅长海洋地貌、海洋沉积、喀斯特地貌研究等。主持国家和部委重大研究项目 4 项。提出的"准热带"和"热带山原"等新的科学理论用于中国自然区域的划分;撰写的《中国自然地理纲要》一书译成英、西班牙和日语出版发行;在三峡地区喀斯特的研究中提出的"深部喀斯特作用"新观点,对三峡工程中的溶蚀基底的确定具有重大的科学指导意义与应用价值。主持了江苏省海岸带和海涂资源综合调查;应用并发展了潮汐汊道理论,在海南岛铁炉港等地建设中发挥了主导作用;作为中方首席科学家与美国科学家共同推进了中美合作研究项目"长江口及东海大陆架海区沉积动力学"的工作,对中国的流域—海岸相互作用研究起了显著的推动作用;深入研究了黄河入海通量及其环境效应,对黄河三角洲东营深水港的建设作出了重要贡献;建议建设太仓港为上海国际航运中心副港,被地方政府部门所采纳。发表专著10多部,论文200余篇。曾获英国皇家地理学会国际地理学维多利亚奖章、何梁何利基金科学与技术进步奖等。

**沈焕庭**(1935.9~　) 男,江苏无锡人,1957年华东师范大学地理系毕业,1960年~1962年在山东海洋学院进修物理海洋学。华东师范大学河口研究所教授、博士生导师。长期致力于河口水文学、沉积动力学和动力地貌学研究。负责和参加黄浦江污水治理、长江口和闽江口通海航道治理、张家港和南通港扩建、上海第二水源选址、南水北调和三峡工程对长江河口影响、中美海洋沉积动力学研究等10多项重大项目的研究任务。在基础理论研究方面以长江为主要研究基地,对河口的潮汐潮流、余流、盐淡水混合、余环流、口外流系、冲淡水扩展、河口最大浑浊带、河口物质通量和陆海相互作用等进行了一系列开拓性研究。在国内外合作发表论文150余篇和论著5部,内容涉及河口的动力、泥沙、河槽演变、化学、海平面、工程对河口的影响、河口分类、开发治理等诸多方面,主要有《长江河口物质通量》《长江冲淡水扩展机制》《长江河口动力过程及地貌演变》《长江三峡工程对生态与环境的影响及对策研究》《国外河口水文研究动向》《长江河口悬沙输移特征》《长江河口环流及其对悬沙输移的影响》《长江河口通航道治理研究》等。曾荣获国家三等奖1项,部委科技进步一等奖2项、二等奖3项、三等奖1项。

**沈玉昌**(1916.12.26~1996.11.24) 男,浙江湖州人,1940年毕业于浙江大学史地系,1942年获浙江大学地貌专业硕士学位。著名地貌学家、地理学家,中国现代河流地貌研究的开拓者和奠基人。中国科学院地理研究所研究员,先后在中央资源委员会、东北大学地理系、国立编辑馆、地名委员会、中国地理研究所、浙江省湖州中学工作,中华人民共和国成立后一直在中国科学院地理研究所任地貌研究室主任。在河流地貌、地貌区划与地貌制图以及应用地貌诸领域中形成了具有中国特色的河流地貌研究体系,并作出了重要贡献;负责创建了中国科学院地理研究所的地貌研究室;完成了若干流域规划与大型水利枢纽建设中的地貌研究,进行了中国地貌区划、地貌分类与制图等方面的研究工作;对动力地貌的理论研究在中国具有开创性。提倡地貌学与相邻学科相互交叉联合研究,强调地貌学的基础理论研究与国家经济建设相结合,主编的《河流地貌学概论》一书是中国第1本河流地貌学专著。著有《河流》《河流地貌学概论》《洞庭湖之水文》《长江上游河谷地貌》《湖南衡山的地文》《中国地貌区划》等著述。曾获得国家自然科学二等奖1项、中国科学院自然科学一等奖1项、二等奖2项。

**施雅风**(1919.3.21~2011.2.13) 男,出生于江苏省海门县,1942年毕业于浙江大学史地系,1944年获浙江大学研究生院硕士学位。中国科学院院士,著名地理学家、冰川学家,中国现代冰川科学和冻土研究、泥石流研究的开拓者和奠基人。中国科学院寒区旱区环境与工程研究所名誉所长、研究员,南京地理与湖泊研究所研究员。长期从事冰川学和地理学研究,领导和促进开展冻土学与泥石流的研究,在发展中国地貌学、干旱区水文学、青藏高原综合科学考察、第四纪气候和环境变化研究等方面都有重要建树。直接考察并领导编著了有关祁连山、天山、喜马拉雅山和喀喇昆仑山的冰川考察报告和中国冰川综合性专著,奠定了中国冰川学基础;组建了中国科学院兰州冰川冻土研究所;提出的将高亚洲冰川划分为海洋型温冰川、亚大陆型和极大陆型冷冰川3类;参与领导了20世纪50年代中国地貌区划的研究,并负责华北、西北等地区的区划和地貌图的编制;较深入地探讨了川东鄂西地区经济社会发展的历史过程;在预报喀喇昆仑山巴托拉冰川的变化基础上,确定了中巴公路的通过方案;首先指出中国西部山区小冰期、末次冰期与最大冰期遗迹和特征;提出了庐山等中国东部中低山地不存在第四纪冰川和中国全新世大暖期气候与环境特征以及20世纪亚洲中部气候暖干化,21世纪可能趋于暖湿的意见;领导编纂完成了《中国冰川目录》,是中国目前精度高、登记内容多的冰川库;开创的冰川冻土事业为中国干旱区水资源合理利用、寒区道路工程建设起到了重要的作用。发表论文200多篇,主编出版专著20余部。曾获国家自然科学奖一二三等奖、中国科学院自然科学一等奖和二等奖多次、何梁何利科技进步奖、中国地理科学成就奖、甘肃省科技功臣奖、中国第四纪功勋科学家奖等。

**宋林华**(1942.8～2004.8.23)　男,江苏武进人,1966年毕业于南京大学地质系水文地质工程地质专业。中国科学院地理科学与资源研究所研究员、博士生导师,石林研究中心主任、风景地学研究中心主任,中国地质学会岩溶地质专业委员会副主任委员、中国地质学会洞穴研究会副主任委员、中国地理学会喀斯特与洞穴专业组组长、中国风景名胜区协会专家咨询委员会专家、国际地理联合会喀斯特委员会委员、国际水文学家联合会喀斯特委员会委员、国际洞穴协会执行局委员和副秘书长。长期从事喀斯特水文地质、喀斯特生态环境、洞穴学及风景旅游资源的研究。主持或参加国家自然科学基金项目、国家、水利水电部、贵州省、云南省、北京的喀斯特水资源开发与水利水电枢纽工程的渗漏问题防治等重大项目,对中国风景名胜区的规划、资源开发与保护、生态环境恢复作了大量研究与咨询工作。主持了中国与保加利亚、法国、英国等国家的喀斯特方面的国际合作研究,考察了法、德、美、英、加拿大、西班牙、南斯拉夫、瑞士、越南、韩国等20余国家与地区的喀斯特与国家公园。在国内外学术刊物、国际会议上发表100余篇论文,主编5本文集。多次获得中国科学院、水利水电部、广西、贵州、云南省的科技成果奖。

**苏珍**(1938.12～　)　男,甘肃临洮人,1960年毕业于西北师范大学地理系自然地理专业。中国科学院寒区旱区环境与工程研究所研究员。主要从事冰川学与地貌第四纪研究工作。通过主持或参加中国科学院组织的有关冰雪资源与环境等考察研究和国家组织的一些重大的综合科学考察及"六五""七五"重大基础科研项目、"八五"国家攀登计划、"九五"国家重点基础研究以及国际合作等科研项目,对中国西部山区及青藏高原冰川与环境进行了深入考察研究,还承担了对巴基斯坦巴托拉公路沿线冰川冰毁工程修复方案的调查研究及天山0503线公路雪害防治等应用研究项目,填补了许多科研空白区,提出了一些有效的冰雪灾害防治方案的冰雪资源利用建议。在国内外学术刊物发表论文100余篇,出版《天山托木尔峰地区的冰川与气象》《横断山冰川》《喀喇昆仑—昆仑山地区冰川与环境》《中国第四纪冰川与环境变化》等著作。曾获全国科学大会奖3项、中国科学院科技成果二等奖和科学进步特等奖各1项、国家自然科学一等奖和三等奖各1项等。

**孙广友**(1939.12～　)　男,出生于黑龙江省哈尔滨市,祖籍山东省安山县,1962年毕业于东北师范大学地理系。中国科学院东北地理与农业生态研究所研究员、博士生导师,长期主持参加国家及科学院重大项目,主要研究领域为地貌学与第四纪地质、沼泽湿地学。提出当曲是长江正源的新见解;出版中国首部沼泽区域性理论研究专著;国内外首次发现了泥炭纹泥构造和青藏高原苔原,发现黑龙江、松花江、嫩江及黄河古道等;在湖沼演化过程方面建立了一沼一湖新的模式。发表学术论文80余篇,合撰著作10部,其中5部任主编或副主编,代表性著述有《长江正源再考》《横断山区沼泽与泥炭》等。曾荣获兰祯野外科学工作奖,国家级、省部级及科学院科技进步奖7项,国家发明专利1项,并荣获四川省政府颁发的长江科考漂流勇士称号、吉林省政府授予的吉林省科教兴农先进工作者称号、路易斯安那州立大学科研合作成果突出荣誉奖状等。

**孙顺才**(1934.11～　)　男,江苏南京人,1961年北京大学地质地理系毕业。中国科学院南京地与湖泊研究所研究员。主要从事湖泊与三角洲沉积学和地貌学研究。主持完成的研究项目及成果有"长江三角洲及长江中下游地区湖泊现代沉积研究""太湖水土资源与农业远景研究""云南断陷湖泊水域环境与现代沉积""云南抚仙湖综合研究""启东肝癌病因研究"等。主要论文有《太湖形成演变与现代沉积》《GPY线地层剖面仪在湖泊沉积中应用》《中国湖泊与湖泊沉积学研究》《运用GPY地层剖面仪对太湖探测》《太湖现代沉积速率与化学元素分布》《太湖现代风景流沉积》《罗伽湖缺盐结核》《长江三角洲全新世沉积特征》《沉积磷酸盐方法对古盐度测定》。曾获全国科技大会奖、国家科技进步三等奖、中国科学院二等奖等。

**唐邦兴**(1933.12～　)　男,安徽合肥人,1956年南京大学地理系毕业。地理学家,中国早期从事泥石流研究的组织者和奠基人。中国科学院成都山地灾害与环境研究所研究员,曾任中国科学院成都地理研究所副所长、四川省地理学会理事长、四川省科学探险协会常务副主席、四川省人大代表等。致力于泥石流崩塌等山地灾害地貌的研究,对泥石流形成条件和综合防治有较系统的研究。先后主持并完成各类课题50多项,在西藏、四川、云南等省区特别是在成昆铁路、川藏公路泥石流研究中,解决了生产实践中的问题,提出泥石流研究与山地环境保护和经济发展结合起来的新兴边缘学科——泥石流科学,为中国泥石流学科体系的建立作出了贡献。为探索高山与江河源区资源环境的奥秘,曾参加和主持珠穆朗玛峰登山科学考察、中国长江科学考察漂流探险工作,填补了中国高山和江河源区环境资源的空白。汶川大地震发生后,多次赴汶川、北川、青川等10个极重灾县深入一线调查地震泥石流、崩塌、滑坡等次生灾害,提出40余项地质灾害应急治理方案和建议。主编和参编《黄淮海地貌类型图》《中国珠穆朗玛峰地区登山科学考察报告》《风景区泥石流研究与防治》《中国泥石流》《四川省自然灾害及其防治》《山洪泥石流滑坡灾害及其防治》《世界自然遗产九寨沟自然环境及其保护》等专著10余部,发表论文80余篇。获首届竺可桢野外工作奖、中国百年地理杰出成就奖、第一届全国科学大会奖、四川省科技进步一二等奖、5项省部级三等奖等。

**王宝灿**(1931.4~　) 男,福建惠安人,1958年毕业于华东师范大学地理系自然地理研究生班。华东师范大学河口海岸研究所自然地理学和河口海岸学教授、博士生导师,中国海岸河口学会副理事长,中国海洋工程学会理事及海岸工程委员会委员。主要从事海岸河口学、海岸动力学与动力沉积研究。致力于创建具有中国特色的海岸动力地貌学科技体系,在淤泥质潮滩研究和沙质海岸的研究中都提出了不少创见。同时将理论研究应用于生产实践,对北起塘沽新港,南止海口新港的10余个大小港口岸段作了大量的调查和研究工作。曾主持完成国家自然科学基金、国家教委博士点基金等国家和部省级研究项目多项,主要有"近百年来海平面变化及其对长江三角洲的影响""长江口及杭州湾潮滩沉积及其与生态环境的关系""全国海岸带和海涂资源温州试点调查""上海石化总厂二期工程化工物料码头选址研究""连云港泥沙来源和抛泥地选址"等。主要著作有《海岸动力地貌》《三亚南山海岸地质地貌奇观的生成与演变》《海南岛港湾海岸的形成与演变》等;在国内外发表论文50多篇,主要有《中国红树林的分布及其对海岸的防护作用》《温州海区海岸和潮间带基本特征》《海州湾岸滩演变和泥沙流向》《第四纪时期海平面变化与我国海岸线变迁的探讨》《连云港地区(林洪河口—灌河口)海岸地貌》等。曾获国家教委优秀科技成果奖、中国科学院科技进步二等奖、上海市重大科技成果二等奖等。

**王乃樑**(1914.10.7~1995.4.24) 男,出生于辽宁省安东市(今丹东市),福建闽侯人,1939年毕业于清华大学地学系,1951年获法国巴黎大学自然科学硕士学位。地貌学家、地理教育家。历任清华大学讲师、北京大学地理系主任、教授、博士生导师,中国地理学会地貌专业委员会主任委员、中国第四纪研究委员会副主任委员、国际地貌学会工作委员会委员。专于地貌学与第四纪研究。创建中国第1个地貌学与第四纪地质专业;结合沉积学研究地貌发育,倡导从地区地貌特征研究新构造运动,预测地震活动,是中国从新构造运动角度研究地貌发育的倡导者之一;发表的中国新构造运动研究的回顾与展望和构造地貌学的理论、方法、应用与动向等重要论文,对中国地貌格局的形成、区域构造地貌的主要特征作了专门的总结与论述,在若干地貌学与分支学科研究中作出了重要贡献。先后参加黄土高原、山西大同、青铜峡水库、辽东半岛、广西、银川贺兰山、长江三峡水利工程、川西等地貌第四纪地质调查与考察及黄壁庄水库、内蒙古呼伦贝尔盟达赉湖、四川安宁河谷和雅砻江水电站新构造活动研究,20世纪80年代中后期集中精力对山西构造地貌和新生代沉积进行调查研究,同时在新疆、甘肃指导石油开发的沉积相工作。主要论著有《一些沉积方法在区域地形研究中的应用》《门系地层的岩性特征及其与新构造运动的关系》《中国自然地理》《现代沉积环境概论》《山西地堑系新生代沉积与构造地貌》等。

**王树基**(1935.1.5~　) 男,甘肃秦安人,1959年兰州大学地质地理系毕业。中国科学院新疆生态与地理研究所研究员,曾任中国科学院新疆地理研究所所长、新疆地理学会理事长、中国科学院冰冻圈动态变化基础研究专家委员会副主任等。从事现代冰川与古冰川、山地地貌、山区水资源、地震地质、第四纪地质新构造及干旱地理等研究工作。主持完成的研究课题和成果主要有"天山南北山麓地带晚新生代地层、构造与构造地貌研究""罗布泊科学考察与研究"等。主编或参与编写的专著、汇编和论著有《天山山体演化》《新疆地震资料汇编》《干旱地区地理学集刊》及《神秘的罗布泊》《亚洲中部山地夷平面研究》《阿克苏—塔里木河流域水土资源合理利用与环境保护对策》等多部,在国内外发表论文《干旱区地理学研究中的几个基本认识问题》《天山南北麓新生代地理环境演变》

《天山间盆地及其实际意义》《天山南北麓第四纪构造运动及地貌显示》等60多篇。曾获中国科学院及新疆维吾尔自治区科技成果奖多项。

**王颖**(1935.2~ ) 女,辽宁康平人,1956年南京大学地理系地貌学专业毕业,1961年北京大学地质地理系海岸地貌与沉积学专业副博士研究生毕业,2001年被加拿大Waterloo大学授予环境科学荣誉博士学位。中国科学院院士,海洋地貌和沉积学家。南京大学地理与海洋科学系教授、博士生导师,中国地理学会海洋地理专业委员会主任委员、江苏省科学技术协会副主席。主要研究方向为海岸海洋地貌与沉积学,专长于从海洋动力、地质地貌与沉积多学科结合的途径研究海岸海洋的成因特点、变化趋势与开发利用。主持和参加30多项海岸工程研究项目。在具有地域特点的淤泥质潮滩海岸、鼓丘海岸以及河海体系与大陆架沉积等、在海洋地貌与海洋沉积理论方面有重要贡献;曾6次赴大西洋远洋考察,并于1981年在圣劳斯湾深潜至126米深处从事海洋地貌地质研究;总结潮滩动力环境的沉积与生态模式,分析中、新生代泥沙粉砂岩沉积环境,把中国潮滩研究推向国际先进水平;从中国主要河流对大陆架的沉积作用深入到河海体系相互作用、沉积物搬运与陆源通量、黄海辐射沙脊群形成演变等研究,推动发展了具有学科交叉特点的海岸海洋科学,将海陆相互作用研究与全球变化相结合并应用于海岸与大陆架浅海工程建设之中,完成近30项中国港口的选址与海岸规划工作。发表论文150多篇,出版《海岸地貌学》《黄海陆架辐射沙脊群》《中国海洋地理》等专著16部。曾获省部级科技成果奖多项。

**王永焱**(1914.2.20~1989.3.9) 男,甘肃兰州人,1934年~1937年在日本九州工业大学矿山工学科学习,1958年~1960年在莫斯科地质学院进修第四纪地质学。地质地貌学家,西北大学地质系教授,曾先后在甘新公路工程处、甘肃阿干镇煤矿、甘肃省教育馆、西北文化部工作。主要从事黄土与第四纪地质学的教学与研究。在甘肃境内发现了菱铁、石墨、赤铁、锰、硫等矿和古代遗址30余处;探索性地编写了中国第1部《黄土学》教材,组建了国内高等院校首家黄土研究室;对黄土的物质来源、结构特征、工程地质性质、形成年代以及第四纪大气候变化等方面进行了全面系统研究;首次采用超宏观和超微观的手段,阐明了黄土原始物质的生成、搬运和沉积过程,为解决学术界有争论的黄土成因问题奠定了科学基础;建立了中国黄土磁性地层划分方案及中国黄土区第四纪古气候演变模式。著有《黄土学》《中国黄土图册》《黄土与第四纪地质》《关于中国黄土编年诸问题》《岩漠、砾漠、沙漠、黄土》《中国黄土的最新研究》《中国黄土的微结构与古气候古环境的关系》等专著,发表论文30多篇。

**吴尚时**(1904.9~1947.9.22) 男,出生于广东省开平县,1928年毕业于中山大学英语系,后赴法国学习地理学,1934年获取硕士学位。著名地理学家、教育家,岭南近代地理学开山大师。历任中山大学和岭南大学教授、中山大学地理系主任。长期从事华南及岭南地区自然地理调查研究,开创了华南地貌学的研究,首次揭示了华南海岸地貌、流水地貌、构造地貌和区域地貌的许多现象和规律;发现广东"七星岗古海蚀遗迹",对古海蚀有详尽论述;提出了中国山脉走向及分布规律的"一带三弧"结构的理论;系统研究了红层与地形发育的关系;对传统的南岭山脉提出质疑,认为南岭并不是一条自成体系的山脉;为国家培养了大批地理学人才。有70多篇论著译作,主要有《中国之山脉概论》《广东乐昌盆地概要》《南岳之地形》《南岭何在》《广东政治经济地图》等。

**吴正**(1935.7~ ) 男,出生于浙江省杭州市,原籍浙江省浦江县,1957年毕业于南京大学地理系地貌学专业。风沙地貌学家、中国风沙地貌学研究的开拓者之一。华南师范大学自然地理学教授,曾先后在中国科学院地理研究所、兰州沙漠研究所工作,历任国家自然科学基金委员会地理学科评审组成员、国家自然科学奖励委员会地球科学复审组组员、中国地理学会理事兼地貌与第四纪专业委员会副主任、中国第四纪委员会热带亚热带专业委员会副主任、全国高校地貌教学研究会副理事长等。长期从事沙漠与沙漠化特别是风沙地貌与工程防沙的研究,筹建了中国第1个沙风洞实验室,组织和领导了风沙运动和防沙工程的风洞模拟实验研究及风沙地貌与沙漠第四纪研究工作,对中国沙漠及其治理的研究特别是风沙地貌与工程防沙研究作出了重要贡献,是中国风沙地貌学科的学术带头人之一。曾多次参加沙漠科学考察研究与治沙试验中的风沙地貌研究,在国内率先比较全面系统地开展了中国海岸风沙地貌与沉积研究,引起国内外的关注。成果丰硕,出版(含合著)了《风沙地貌学》《地貌学》《塔克拉玛干沙漠风沙地貌研究》《中国沙漠概论》《中国沙漠及其治理》《风沙地貌与治沙工程学》《华南海岸风沙地貌研究》等 10 余部,发表学术论文《粤东沿海"老红沙"成因探讨》《海南岛东北部海岸沙丘的沉积构造特征及其发育模式》《塔克拉玛干沙漠成因的探讨》《风沙运动的若干规律及防止风沙危害问题的初步研究》等 100 多篇。曾获全国科学大会奖、中国科学院三等奖、国家教委高校优秀教材一等奖等 10 多项。

**夏训诚**(1934.3.29~　) 男,江苏高邮人,1957 年南京大学自然地理专业毕业。地理学家、生态环境研究专家。中国科学院寒区旱区环境与工程研究所研究员、博士生导师,曾任中国科学院新疆生物土壤沙漠研究所所长、罗布泊考察队队长、塔克拉玛干沙漠综合考察队队长、中国科学院兰州沙漠研究所所长、中国国际沙漠化研究治理培训中心主任、中国治沙暨沙产业学会副理事长、中国自然资源学会干旱区委员会副主任、联合国干旱地区开发委员会会员、国际沙漠工程委员会委员等。长期致力于干旱自然地理和沙漠科学的研究与实践,尤其对塔克拉玛干沙漠的形成、演变规律,罗布泊的位置、变化机制,沙漠化与绿洲等均有创造新成果。1980 年随科学家彭加木一同进入罗布泊,之后的 20 多年间先后 28 次出入罗布泊考察,创立了中国的罗布泊学说;跑遍了新疆全区的 84 个市县,对新疆的生态环境、自然资源、人文状况都有深刻的了解,特别是对全区的沙漠治理与研究,见解独到。主持"中日阐明沙漠化机理合作研究""塔克拉玛干国际科学大会"等国际会议项目和国际大会。出版《罗布泊科学考察与研究》《神秘的罗布泊》《新疆沙漠和改造利用》等专著 15 部,发表有关地貌、沙漠的论文、报告 100 余篇。曾获自治区首届科技进步特等奖、全国杰出专业技术人才奖等国际、省部级奖励 102 项。

**谢广林**(1938~　) 男,广东澄海人,出生于马来西亚,1963 年毕业于南京大学地理系。国家地震局地震研究所遥感应用研究所研究员,湖北省归国华侨联合会常务委员。从事区域地质、地貌、地震地质及其灾害烈度区划与区域稳定性、宏观异常与震情分析、活动构造的遥感信息、岩石圈动力学等的研究。主持和参加中国地震局、国家计委、国家科技部下达的科研项目 20 余项,为中国地震地质研究和自然灾害区划与综合研究作出了重要的贡献。出版著作有《中国主要活动断裂带卫星图像集》《中国岩石圈动力学概论》《地裂缝》等 7 部,发表的学术论文有《应用卫星图像分析中国东部地区断裂活动的几点特征》《中国东南地区地震活动的对偶现象》等 70 多篇。获国家自然科学三等奖 1 项、国家地震局科技进步三等奖 2 项、二等奖 1 项、一等奖 1 项,"梁亮胜侨界科技奖励基金"一等奖、全国优秀科技图书一等奖等。

**许炯心**(1948.12~　) 男,出生于四川省。1977 年毕业于西南师范大学地理系;1981 年获中国科学院研究生院硕士学位,1986 年 9 月~1987 年 7 月在荷兰国际地学与航测学院进修。中国科学院地理科学与资源研究所研究员、博士生导师,中国地理学会地貌专业委员会副主任。主要从事河流地貌、流域侵蚀产沙和河流泥沙灾害方面的研究。主持或参加国家自然科学基金重大及面上项目、973 项目、国家六五、七五、八五、九五科技攻关项目、中国科学院知识创新重要方向及领域前沿项目等共 20 余项。出版《黄河下游地上河发展趋势与环境后效》《中国不同自然带的河流过程》《基于气候地貌植被耦合的黄河中游侵蚀过程》《中国江河地貌系统对人类活动的响应》等专著多部,发表学术论文 110 余篇。曾获中国科学院自然科学二等奖、科技进步二等奖等。

**徐近之**(1908.1.18~1982.1.15) 男,四川(现重庆)江津人,1932 年毕业于中央大学地理系,1940 年获英国爱丁堡大学地理专业博士学位,1940 年~1946 年在美国芝加哥大学、哈佛大学深造。著名地质学家。曾任国立中央大学地理系教授,中国科学院南京地理研究所自然地理研究室主任、研究员。著述甚多,尤长于地形学方面的研究。1933 年赴青海湖考察写成了中国考察青藏高原的最早论述《青海纪游》;1934 年详查四川松潘大地震后地质地形的变化写成《岷江峡谷》,最早报道了地震后岷江峡谷的变化实况;在布达拉宫侧建立了西藏高原第 1 个气象站,将中国第 1 次取自西藏高原海拔 3700 米的高山气象资料写成《1935 年拉萨之雨季》,单骑考察世界屋脊上的大天湖(纳木错),测绘地形图,写成《西藏之大天湖》,最早记录了位于海拔 4 750 米的中国高原内陆湖泊考察资料及其地理上的变化。中华人民共和国成立后,先后赴黄泛区实地考察,参加了新疆天山和阿尔泰山地形考察、南水北调勘查、贵州乌江河道调查、江西南部红土丘陵和大庾岭一带沙砾岩地的水土流失研究等一系列科考活动,整理出中国历史气象资料 14 卷约 300 万字,编辑有英、法、德、汉文对照的《地质学和地表学形态词汇》以及 1731 年~1910 年近 200 年的丰水年趋势曲线,为中国历史气候研究的开创者之一。代表著作有《青藏高原自然地理资料》

《南极洲地理概要》《中国历史气候资料》《长江流域河湖结冰年表》和《我国历史气候学概述》等。

**许世远**（1938.10~ ）　男，浙江绍兴人，1962年华东师范大学研究生毕业。华东师范大学终身教授、博士生导师，中国地理学会副理事长、全国地貌与第四纪专业委员会副主任、国际海湾环境专业委员会通讯委员。长期从事地貌、沉积、第四纪与自然地理教学、科研工作，研究领域包括城市自然地理、环境演变与可持续发展、全球变化与区域响应、灾害风险评估与管理。撰写了中国研究天山现代冰川的第1篇综合性论文；论证了全新世以来长江三角洲发育的阶段性与沉积模式；发现并获得了中国现代风暴沉积特征、识别标志及其数据，建立了风暴沉积层序；提出并构建了城市自然地理系统理论框架，编制了《上海市城市自然地理图集》，主审新世纪高等师范院校教材《水文与地貌》；开展了苏州河底泥污染与整治研究，提出了城市河流治理的系统思路与方法；主持了"长江口潮滩复杂环境条件下的物质循环研究""长江三角洲地区沉积与地质发育""风暴潮沉积系列研究""现代河流与海岸沉积""上海市地貌类型与地貌区划"等研究课题，为河口海岸地区的环境保护与整治提供了科学依据；启动了沿海城市自然灾害风险研究，为城市规划与安全提供依据与对策。发表论著（文）100余篇（部）。获国家和省部级科技进步奖8项。

**徐叔鹰**（1935.1~ ）　男，浙江宁波人，1957年北京大学地质地理系毕业。苏州铁道师范学院地理系教授。从事地貌发育与环境演变研究。主持完成的研究课题和成果有"中国三大自然区域近三万年来自然环境演变对比研究""青藏高原隆起及其对于自然环境与人类活动影响的综合研究""青藏高原东北边缘地区晚新生代古地理演变""青藏铁路基本建设中冻土研究""中国地貌图西宁幅制图试验研究""中国及毗邻地区冰川与冰缘环境演化"等。主要著作有《青海共和盆地晚新生代环境变迁》《甘青地区水系格局与新构造应力场》《苏州地理》《喀喇昆仑山西北部冰川与冰缘沉积》（英文）等，发表的学术论文主要有《青藏高原东北边缘区冰缘发展探讨》《巴基斯坦北部地貌发育与第四纪冰期问题》《巴基斯坦波特瓦尔高原构造地貌研究》《中国陕甘宁青地区新构造应力场》（英文）、《唐古拉山上新世至第四纪古地理环境的演变》《中国东部末次冰期多年冻土带的界线问题》《青藏高原东北部的古土壤及其对环境变迁的反映》等数十篇。曾获全国科学大会奖、中国科学院科技进步特等奖、江苏省科技进步二等奖、江苏省高校科技成果一等奖等。

**严钦尚**（1917~1992.8.22）　男，江苏无锡人。1940年毕业于中央大学地理学系，1942年获浙江大学地貌学硕士学位，1948年获澳大利亚悉尼大学自然地理学硕士学位。著名地理学家、地貌学家和沉积学家，传承中国地球科学家注重野外实践优良传统的杰出代表。华东师范大学地理系教授、博士与博士后流动站导师。长期从事河流、冰川、风沙、海岸等地貌方面的研究。创办华东师范大学比较沉积研究所。曾主持国家和地方的系列科研项目，在冰川与荒漠、河流与坡地、现代海岸与风暴潮沉积、油田地质以及环境演变等领域的理论和实践中均作出了重要贡献。发现大兴安岭第四纪古冰川遗迹，对长江三角洲近代沉积及杭州海岸线变化的研究提出了新见解；参与了中国多个水库坝址的调查研究，为著名的新安江水库选址作出贡献；曾赴陕北榆林、定边一带考察，参与治沙研究；提出了中国北方沙地"沙是就地而起"的观点，指出了治理的方向；参加浙江地貌区划工作，为当地自然资源的利用和规划奠定了基础；参加中苏科学院合作的新疆综合考察队工作，就新疆的冰雪作用、沙漠治理和水资源开发等做了深入考察；深入西部山区，开展了宝成铁路沿线滑坡治理和工程地貌研究，提出了《坡地研究计划》；研究了上海潮坪沉积，提出了风暴沉积的重要性，建立了舟山普陀岛海滩沉积模式，论证了杭州湾北岸70年来的岸线变化等。出版著作5部，发表了具有重要学术价值的论文60多篇。曾获国家教委科技进步二等奖、国家级科技进步三等奖、国家教委高校优秀教材一等奖等。

**杨达源**（1941.7~ ）　男，江苏武进人。1964年毕业于南京大学地理系，1981年获南京大学地理系自然地理专业硕士学位。南京大学地理与海洋科学学院教授、博士生导师，中国第四纪研究会海岸线分会副主任委员，江苏徐霞客研究会学术委员会主任委员、南京市人民政府参事，曾任南京大学地理学院长江研究所所长。从事自然地理学，地貌与环境变迁，旅游地理学、科研与规划和管理研究。讨论过中国南海北部的深海沉积、中国东部地理环境的变化、鄂西山区的夷平面、黄土与季风、黄河及长江三峡河段古洪水、金沙江虎跳峡—石鼓河段的二次河流袭夺等问题。出版《庐山自然地理实习》《自然灾害学》《自然地理学》等高校教材和《长江研究》《全球变化与区域响应》《长江地貌过程》等专著，发表学术论文120多篇。曾获高校自然科学奖二等奖、省级课程建设优秀二等奖等。

**杨怀仁**(1917.11~2009.10.20) 男，安徽宿州人，1941年毕业于浙江大学地理系，1943年获浙江大学地理系硕士学位，1949年~1951年在英国皇家学院进修。著名地貌与第四纪地质学家。南京大学地理与海洋科学学院教授、博士生导师，历任南京大学教授，中国科学院海洋研究所、地理研究所兼职研究员，中国地质学会第四纪地质专业委员会副主任，中国海岸河口学会第1届副理事长。长期从事地貌学与第四纪地质学的研究。根据历史事实考证，首次用中文定名了东沙、中沙、西沙及南沙群岛，并将其总称为中国的"南海诸岛"，为捍卫国家主权作出了贡献；在国内首次设立地貌专门化方向（后改为地貌与第四纪地质学专业）；建立了完整的第四纪地质科学理论体系。对环境变迁及全球变化也有独到的研究成果，对贵州高原的地貌分期与演化模式进行了研究；发现并系统分析了长江中下游地区的古冰川遗迹和冰缘地貌现象；发现"天山小冰期"并对天山及其他地区近代冰缘作用和堆积过程进行了研究；建立造貌运动等内力作用与中国地貌发展的理论；在国内首次提出中国的古季风问题以及中西部气候地貌与堆积差异的机理；对中国气候及海面变化、中国第四纪环境演变规律及未来环境变化趋势预测等问题进行了研究；对气候与海面突变问题、全球变化背景下的区域生态系统变化等课题进行了研究。专著有《第四纪地质学》《第四纪冰川与第四纪地质文集》《地貌学》等，发表学术论文100余篇。研究成果多次获奖。

**杨景春**(1933.9~ ) 男，安徽舒城人，1956年南京大学地理系毕业。北京大学城市与环境学院教授、博士生导师，曾兼任中国地理学会地貌与第四纪专业委员会副主任、国家教委首届高等学校指导委员会成员、中国第四纪委员会新构造分会副主任、山西省地震局科学技术顾问等。主要从事地貌与第四纪地质研究。在构造地貌中把地貌发育与新构造应力场结合，提出了构造地貌场概念，创立了构造地貌发育模式；在第四纪研究中首先将华北泥河湾湖相沉积的上部划分到中更新世，并被学术界广泛采用；在大同盆地首先发现了晚更新世后期古冰砂楔，并重建了晚更新世后期古地理环境。著有《地貌学教程》《活动构造地貌学》等教材和专著多部，发表学术论文《中国北部和东北部构造地貌发育和第四纪构造应力状态的关系》《河西走廊挤压构造盆地发育模型》等学术论文50余篇。

**杨明德**(1933.10~2004.8.23) 男，陕西汉中人，1957年华东师范大学自然地理研究生毕业。喀斯特地貌学专家。贵州师范大学地理系教授，兼任贵州省人大常委会委员、中国地质学会洞穴研究会副会长、贵州洞穴协会副理事长、国际地理联合会（IGU）喀斯特环境变迁委员会成员等职。长期从事自然地理研究与教学，在洞穴地貌研究方面成就突出，开创了研究喀斯特水文地貌的新方向。结合国民经济建设，多次参加和主持国家及省的有关重大科研项目。70多岁高龄时还在贵州为中国喀斯特景观申请世界自然遗产工作，不幸在野外考察途中惨遭车祸而遇难。在国内外学术刊物上发表《贵州岩溶水赋存的地貌规律性》《贵州喀斯特地貌及演化规律》《论喀斯特环境脆弱性》等论文50余篇和《贵州农业地貌区划》《喀斯特流域水文地貌系统》等专著数部。科研成果曾10次获国家、省（部）级一二三四等科技进步奖、曾宪梓教育基金会二等奖，是贵州省有突出贡献的优秀专家。

**杨勤业**(1940.11~ ) 男，出生于四川成都市，1963年毕业于中山大学地理系。中国科学院地理科学与资源研究所研究员，曾任《地理知识》杂志社社长、国际地理联合会环境脆弱与危机研究委员会委员、国家减灾委员会专家。长期从事区域地理、高原山地和自然地理综合研究。参加全国及省区自然区划、青藏高原和黄土高原科学考察、中国自然地理系列丛书编撰工作。发表学术论文和专著160余篇（部），主要有《西藏自然地理》《中国自然地理》《中国的青藏高原》《现代地理学》《黄土高原自然环境及其演变》《黄河流域环境演变与水沙运行规律研究》《横断山区自然地理》等。获多项国家级科研成果奖。

**杨逸畴**(1935.4~ ) 男，江苏常州人，1957年南京大学地理系地貌专业毕业。水资源专家、地理地貌学家、科学探险家。中国科学院地理科学与资源研究所研究员。侧重于地貌学研究。长期从事青藏高原科学考察，登山科学考察和塔克拉玛干沙漠的科考探险活动，前后20次上青藏高原、8次深入雅鲁藏布江大拐弯峡谷、5次深入塔克拉玛干探险，对高原地貌的形成和演化、高原区域环境的演变（湖泊、冰川、喀斯特、风沙、雅鲁藏布江河流方面）

研究作出了开拓性的贡献。特别在发现论证推出雅鲁藏布江下游大拐弯峡谷为世界之最,为发现雅鲁藏布江大峡谷为世界之最的第1人,发现和解释了福建平潭石人碑、船帆石、花岗岩海蚀造型地貌为世界之最等。先后发表学术专著10部、论文80余篇,科普文章50余篇,代表作有《青藏高原隆起及其对自然环境和人类活动影响》《西藏(图库)地貌》《西藏第四纪地质》《西藏高原地貌的形成与演化》《对西藏的喀斯特地貌的疑议》等。曾获国家自然科学一等奖、中国科学院科技进步特等奖及二等奖、陈嘉庚地球科学奖、竺可桢野外工作奖。

**姚檀栋**(1954.7.26~ ) 男,甘肃通渭人,1978年毕业于兰州大学地质地理系,1982年获兰州大学地理学硕士学位,1986年获中国科学院地理研究所博士学位,1987年~1988年在法国格勒诺贝尔大学冰川与环境地球物理所从事博士后研究。中国科学院院士,冰川环境与全球变化学家,中国冰芯研究的主要开拓者之一。中国科学院青藏高原研究所所长、研究员、博士生导师,曾先后担任中国科学院兰州冰川冻土研究所所长,中国科学院寒区旱区环境与工程研究所副所长、所长职务。长期从事冰川学研究,开拓和发展了中国的冰芯研究。获得了青藏高原大气降水氧同位素的变化规律;揭示了青藏高原冰芯中微生物与环境的关系;发现末次间冰期以来青藏高原同两极地区一样,经历了5次大的气候波动旋回;以年分辨率,揭示了过去2 000年来青藏高原气候变化的特征;通过大规模野外实地考察、连续定点观测和对航片、遥感、冰川编目等资料的室内分析,发现在现代全球变暖影响下,青藏高原的冰川正发生全面和加速退缩,并对这一地区的水资源产生重要影响。发表论著300多篇(部),其中126篇被SCI收录、243篇被CSCD收录,SCI论文被引用1632次、CSCD论文被引用1974次。曾获首届青藏高原青年科技奖、冰川冻土基础理论奖、何梁何利奖、973计划先进个人奖、竺可桢野外工作奖、国家自然科学三四等奖各1项、中国科学院自然科学一等奖2项、甘肃省自然科学一等奖1项等,并获有国家发明专利。

**易朝路**(1959~ ) 男,湖北监利人,1982年华中师范大学地理系毕业,1984年获华中师范大学地理系硕士学位,1992年获北京大学城市与环境学系博士学位。中国科学院西藏高原研究所研究员、博士生导师,李四光研究会副理事长,曾任中国科学院测量与地球物理研究所研究员、中国科学院小巷湿地生态站副站长、南京大学城市与资源学系教授。主要从事地貌与第四纪冰川研究,研究方向主要有冰川地貌与沉积及其冰下动力过程、河流与湖泊环境演变、地貌沉积动力与生态环境工程建设研究、青藏高原及其周边高山高原第四纪冰川发育的动力、地表环境变化过程及其环境生态效应与对策等。目前与美国爱达荷大学地球科学系、辛辛那提大学地质系、华盛顿大学第四纪研究中心、德国柏林自由大学地理系、英国伦敦大学学院环境演变研究中心的地质和地理学家进行第四纪冰川和河流湖泊地貌的国际合作研究。在国内外重要学术期刊发表学术论著(文)50余篇(部),获2项发明专利。

**叶良辅**(1894.8.1~1949.9.14) 男,字左之,原籍浙江余杭县,出生于杭州佑圣观巷,1916年毕业于工商部地质研究所,1922年获美国哥伦比亚大学硕士学位。中国早期地质学家、岩石学家、中国地貌学开创者之一,中国地质学会创始人之一。曾任农商部地质调查所调查员、北京大学地质系教授、中山大学地质系教授兼系主任、中央研究院地质研究所研究员、浙江大学史地系主任、浙江大学地理系主任等。早年参加北京西山地质调查,根据调查结果发表了《北京西山地质志》,为北京地区地质研究奠定了基础;对青岛崂山花岗岩时代的确定有重要贡献;对宁镇山脉火成岩提出了岩浆分异、循环演化的系统理论;对长江中下游铁矿的成因与分类,提出了新见解;对浙江平阳矾矿成因的研究,尤为中国地质界所推崇。重视地文、地貌学的研究,在区域地质工作中,都探究各种地表形态的成因与发育规律,系统论述了巫山以下长江发育的历史过程。主要论著有《浙江北部长兴煤田》《中国东南沿海区流纹岩及凝灰岩之矾石化及叶腊石化作用》《中国东南沿海火成岩区之研究》《地形研究指要》《山东海岸变迁之初步观察及青岛一带火成岩之研究》《巫山以下扬子江地质构造和地文史》《瀚海盆地》等。

**尹泽生**(1937.7~ ) 男,河北定州人,1963年北京大学地质地理系地貌专业毕业。地理专家、旅游研究专家。中国科学院地理科学与资源研究所研究员,曾任中科院地理所旅游规划中心学术顾问、中国城市规划设计研究院旅游中心总规划师、中国社会科学院旅游中心研究员、中国地理学会旅游地理专业委员会副主任、联合国工发组织投资与技术促进处中国绿色产业专家委员会委员等。主要从事区域地貌与地貌制图学、历史环境变迁、旅游地理与旅游资源开发研究。主持多项国家自然科学基金、国家"八五"科技攻关等研究项目,如"西北地区全新世环境变迁与文明兴衰""海水入侵综合防治研究""西藏第四纪地质""西宁幅地貌制图研究"等,参与省区和地方旅游研究和旅游开发工作,主持全国旅游资源普查规范、旅游区(点)质量等级划分与评定、旅游资源分类调查与评价等旅游标准的起草,编写出版了相关文件。主要著作有《祁连山地区地貌与制图研究》《西宁1:100万地貌图》《中比例尺地貌制图指南》《中国1:100万地貌图制图规范》《祁连山地区地貌图》等。曾获国家、中国科学院等单位和部门自然科学奖、科学进步奖多项。

**尤联元**(1938～ ) 男,出生于内蒙古,1962年研究生毕业于华东师范大学地理系。河流地貌专家,中国科学院地理科学与资源研究所研究员,曾任中国地理学会长江分会的副主任、国际泥沙研究中心管理委员会委员、地理所地貌研究室副主任。长期从事河流地貌、环境地貌和区域地貌领域的研究。承担多项国家级重大科研项目和自然科学基金研究项目,曾参加黄河源头、长江源头等科学考察,特别对于长江、黄河、澜沧江等大河的河源确定、河谷地貌和河床演变等方面有独到的见解,所提出的长江中下游分汊河道的成因和演变规律、黄河下游地上河流演变趋势和环境后效应等成果有很好的科学价值和实际指导意义。出版地理学专著10多部,发表论文100余篇,主要著作有《黄河下游断流发展趋势与水环境效应》《长江三峡工程修建后下游河流环境变化》等。多次获得国家和中国科学院的奖励。

**余泽忠**(1918.5～1997) 男,福建古田人,1943年获浙江大学硕士学位。福建师范大学地理科学学院教授。研究方向为福建水文地理和闽江河口动力地貌。曾主持完成"闽江下游水文和动力地貌研究""闽江下游冲淤问题探讨""福建水文区划"等课题。主要著作有《福建自然地理(水文部分)》《闽江中下游冲淤问题探讨》等,主要论文有《论三都沃是世界一流天然良港》《从冲淤规律论马尾港的扩建》《水口水电站建设与闽江中下游生态环境关系的预测》《闽江下游和闽江口若干水文现象及其同水利关系》《福建永安益溪河谷地貌特征和地质构造关系》《福州盆地内闽江下游洪水和潮汐关系》《福建地表径流》等。曾3次获福建省科学大会奖。

**袁复礼**(1893.12.31～1987.5.22) 男,河北徐水人,1915年毕业于清华大学高等科,1920年获美国哥伦比亚大学硕士学位。地质学家、地貌第四纪地质学家,中国地貌学及第四纪地质学的先驱。中国地质大学北京研究生院地层考古学教授,中国地质学会创立会员之一。长期从事地层学,考古学与地貌学及第四纪地质学研究。参与并领导了由斯文赫定发起的"中国—瑞典西北科学考察团";与安特生一起从事过"仰韶文化"的考古研究;在甘肃武威最早发现中国的早石炭系地层;在西北最早发现大批爬行动物化石。晚年在冀东完成了迁安、卢龙、滦县简测地形图,并在迁安铁矿进行过铁矿评价及圈定矿体的工作;参加了长江水利综合考察和三峡水利枢纽的选址工作;参加了黄河中、上游水利考察和三门峡、刘家峡的选址工作;曾为北京地铁选线献计献策。主要论文有《中国西南区第四纪地质的一些资料》《新疆准噶尔东部地质报告》《第四纪地质研究及和它相关联的一些问题》《新疆吉尔萨县三台以南大隆口及水西沟一带地质岩层及构造》等。获瑞典皇家科学院的"北极星奖章"。

**恽才兴**(1935.6～ ) 男,江苏武进人,1957年毕业于华东师范大学地理系。华东师范大学河口海岸重点实验室教授、博士生导师,曾任重点实验室主任、中国海洋遥感学会副理事长、中国海洋地理专业委员会副主任、国家教委科技委地学学科组成员、国际海洋研究委员会、中国海平面变化与海岸侵蚀工作组委员等。长期从事河口海岸动力地貌及海洋遥感的研究工作,在河口河槽演变、潮滩动力地貌过程及海洋遥感应用等方面取得显著成就。先后承担国家"六五""七五""八五"科技攻关等重点项目多项,主要项目有"长江口拦门沙航道演变规律研究""成像光谱在海岸带的应用示范研究""民用遥感器应用基础研究""海洋水色遥感"等。主要著述有《长江河口现代动力过程及河床演变》《洞庭湖变迁的淤积问题的遥感图像分析》《斯里兰克西南海岸环境遥感》《丹东新港建港条件卫星片分析》《利用卫星相片分析长江入海悬浮泥沙扩散问题》《两千年来长江河口发育模式》等。曾获国家科技进步二等奖、上海市科技成果一等奖、国家教委科技进步二等奖等。

**曾昭璇**(1921.12～2007.8.14) 男,出生于广东省广州市,1943年毕业于中山大学地理系,1946年获中山大学人类学系硕士学位。著名地貌学家、地理学家、教育家,中国丹霞地貌研究的主要奠基人,第四纪研究功勋科学家。华南师范大学地理科学学院教授、博士生导师,历任岭南大学教员,国立海疆学校、湖北师范学院副教授,广东省立文理学院副教授、地理系主任,广东文理学院地理系副教授、系主任,华南师范大学地理系教授、系主任,第六届全国政协委员。长期从事热带地貌学及华南自然地理学、人类学研究,在地貌学、历史地理学、第四纪地质学等学科领域成就卓著。中国岩石地貌学研究领域的先驱和代表,20世纪40年代开始从地质学和岩石学的角度研究粤北红层及其地貌表现,发表大量关于中国东南部红层与丹霞地貌的文章,首先提出"丹霞地貌"作为地貌学的专业概念;历史地貌学理论研究,系统论述了中国红层及其丹霞地貌的岩石特点、构造变动和外力作用,将在红色砂岩上发育的丹霞地貌总结出5种基本类型,论述了岩石构造和外力作用在丹霞地貌发育中的关系,在国内开辟了丹霞地貌作为一种地貌类型的研究方向。出版《中国的地形》《岩石地形学》《历史地貌学》《地貌学》《台湾自然地理》《广州历史地理》《中国自然地理》《人类地理学概论》等著作70多部,发表论文500多篇。曾获中国地理科学成就奖、国家教委高校优秀教材一等奖、中国科学院一等奖等。

**张光业**(1922.3～　) 男,安徽合肥人,1947年复旦大学毕业。河南大学地理系教授。主要从事地貌学、自然地理学教学与研究。主持完成了"河南省地貌区划""豫西中部山地区自然条件与自然资源"等项目。主要著作有《地貌学简明教程》《我国的平原》《气候学基础》等,发表《豫西山地1:100万地貌制图初探》《河南省第四纪古地理的演变》《河南山地的自然环境特点及其开发利用》《豫西中部山地区自然条件与自然资源》《嵩山构造地貌分析》《三门峡水库区地貌图》《试论豫东黄淮平原的地貌类型与制图》《河南省农业地貌分区及其评价》《伏牛山区农业地貌及其分区》《河南省山地垂直自然带的分类及其基本特征》等学术论文。曾获河南省重大成果三等奖等奖项。

**张忍顺**(1940.7～　) 男,江苏徐州人,1963年毕业于山东海洋学院(今青岛海洋大学)海洋水文专业。南京师范大学地理科学学院教授、博士生导师,曾任南京师范大学海岸和第四纪研究所所长、南京师范大学海洋与滩涂研究所所长、全国丹霞地貌旅游开发研究会副理事长、江苏省海洋湖沼学会常务理事兼科普委员会主任等。长期从事海洋动力学、海洋地貌、海洋地理学的教学与研究,尤其以动力学与地貌学相结合为手段,在淤泥质海岸研究中颇有建树。在滩涂工程及围垦、海洋功能区划与开发规划、港口航道建设、海洋环境保护、海洋资源调查评估、海洋旅游可持续发展等方面,能够有效地指导生产实践,取得了较大的效益,为海洋经济的可持续发展做出了较大的贡献。曾经主持或参与国家自然科学基金、省部级或其他各级项目20多项,近年来主持完成了条子泥促淤并陆工程试验、江苏沿海生态旅游可持续发展研究、江苏小庙洪牡蛎礁生态保护和开发研究、江苏省东台市仓东垦区围垦可行性论证、江苏大比例尺海洋功能区划、江苏海洋污染基线调查、江苏海岸冲淤趋势预测与海涂围垦前景、江苏沿海海岸侵蚀研究、东沙滩基本自然要素稳定性及可持续利用研究、黄渤海潮汐道稳定性、沿海滩深动态与开发利用以及海洋功能区划等课题的研究。发表专著1部、译著1部、参编论著5部、论文60余篇。获国家教委、国家海洋局、江苏省、贵州省及江苏省教委科技进步奖计10项。

**张英骏**(1914.10～　) 男,河南荥阳人,1936年清华大学地学系毕业。贵州师范大学地理学教授。长期从事岩溶地貌、洞穴及环境研究,提出从水动力学研究溶蚀微形态的见解,为中国喀斯特地理学洞穴学和水文地质学研究作了大量开创性工作。主要论著有《应用岩溶学及洞穴学》《贵州旅游洞穴环境保护刍议》《徐霞客在应用洞穴学方面的贡献》《贵州西部的岩溶地貌》《关于洞穴大小的一些问题》《崩塌在喀斯特洞穴和地貌发育中的作用》《贵州洞穴研究史》《关于岩溶地貌类型划分与制图的某些问题》《利用洞穴沉积和微形态推断古地理环境的一些资料》《黄果树瀑布成因初探》《都匀小地方水落洞洞穴形态》等。多次获得科研成果奖励。

**赵焕庭**(1937.1～　) 男,广东江门人,1958年毕业于中山大学自然地理学专业。中国科学院南海海洋研究所研究员、博士生导师。主要从事珊瑚礁、海岸与河口的地质和地貌与自然地理研究,在珠江河口演变研究、华南海岸动力地貌研究、华南海岸和南海诸岛珊瑚礁研究等方面作出了贡献。从1974年以来多次赴南海诸岛、海南岛和雷州半岛珊瑚礁进行野外调查,获取了丰富的资料,研究成果累累,推动中国珊瑚礁学科的发展,并培养了一代新人。建立了中国第四纪珊瑚礁地质研究的典型剖面;开拓了中国珊瑚礁工程地质研究;系统论述了南海珊瑚礁地貌发展规律,揭示了某些古海洋学状况和新构造运动性质;首次研究了南海珊瑚礁潟湖沉积记录的历史气候;首次进行了中国珊瑚礁区综合海洋地理学研究;较全面开展华南大陆沿岸唯一岸礁徐闻西岸珊瑚礁调查研究;初步总结了我国现代珊瑚礁研究史。出版专著14部,发表学术论文148篇、其他报刊文章22篇,主要著述有《珠江河口演变》《华南海岸和南海诸岛地貌与环境》《南沙群岛永暑礁第四纪珊瑚礁地质》《南沙群岛自然地理》《南沙群岛水道锚地与港口选址研究》《南沙群岛珊瑚礁工程地质》等。其科技成果获国家级奖3项、省部级奖11项。

**郑本兴**(1933.11~ ) 男,四川广汉人,1956年毕业于南京大学地理系地貌与第四纪地质专业。地貌与第四纪学家。中国科学院寒区旱区环境与工程研究所研究员、博士生导师。多年来从事冰川、冰缘地貌与沉积和第四纪地质研究,在中国西部和青藏高原第四纪冰期的划分与对比、冰川地貌图的编制理论与方法、青藏高原的古冰川演变与山地上升和气候变化的关系、西部末次冰期以来的冰川变化、冰川与类冰川沉积的砾石矿物表面的形态特征、青藏高原没有发育起大冰盖、贡嘎山地区全新世冰川变化、黄河源区古冰川与古环境探讨等方面都取得了重要研究成果。主持完成"西昆仑山地区第四纪冰川与环境""青藏高原隆起及对人类活动和自然环境影响的综合研究""天山博格达峰—阿尔泰山区科学考察""0503公路雪害防治""西藏冰川考察"考察研究课题。主要著作有《西藏冰川》等,发表学术论文《喜马拉雅山上升及其对第四纪冰川发育的影响》《西昆仑山南坪第四纪冰川与古地理初步研究》《青藏高原第四纪冰川演化与高原隆起问题》《珠穆朗玛峰科学考察报告(1966~1968):第四纪地质》《祁连山西南区现代冰川考察报告》等。获全国科学大会奖2项、中国科学院科技进步特等奖1项、中国科学院科技进步三等奖1项、中国科学院自然科学二等奖1项、竺可桢野外科学奖等。

**周廷儒**(1909.2.15~1989.7.18) 男,出生于浙江省新登(今富阳)县,1933年毕业于中山大学地理系,1948年获美国加州大学伯克利分校硕士学位,1948年~1950年在加州大学伯克利分校攻读博士学位。中国科学院院士,著名地理学家、地貌学家、中国新生代古地理研究的开拓者。北京师范大学地理系教授、博士生导师。历任清华大学地理系教授、中国科学院地理研究所研究员、北京师范大学地理系教授兼系主任,中国地理学会副理事长、中国第四纪研究委员会全新世副主任委员。长期从事自然地理、地貌学和古地理学的教学和科研工作。在新生代古地理学、干旱区地貌等学术领域有很高的造诣。多次参加了西北、西南各省的科学考察,在历时5年的中苏新疆综合考察(地貌)工作中成绩尤为突出。绘制了嘉陵江曲流分布图,与施雅风、陈述彭撰写的《中国地形区划草案》,首次提出中国地形3大区划分的思想。《古地理学》《新疆地貌》《中国自然地理·古地理》等学术专著和《中国第四纪古地理环境分异》《新生代以来中国自然地带的变迁》等学术论文是中国地理学的重要学术著作。特别是关于中国东部第四纪冰川问题的学术见解,是中国古地理学领域的有创见性的科学贡献,受到国内外地理学界的普遍重视。曾获国家自然科学二等奖、中国科学院科研成果一等奖等。

**朱震达**(1930.6.20~2006.9.30) 男,浙江海宁人,1952年毕业于南京大学地理系,1956年~1958年在前苏联科学院地理所进修沙漠学。第三世界科学院院士,著名沙漠学、地貌学家,中国沙漠与沙漠化科学的创始人和原中国科学院兰州沙漠研究所奠基人。中国科学院兰州沙漠研究所研究员、博士生导师,曾任中国科学院治沙队塔克拉玛干沙漠队队长、中国科学院兰州冰川冻土沙漠研究所沙漠室主任、中国科学院兰州沙漠研究所所长,联合国环境规划署、国家环保局和中国科学院"国际沙漠化治理研究培训中心"主任,中国地理学会沙漠学会理事长,防治荒漠化公约中国执行委员会高级专家顾问等。长期从事地貌及沙漠的研究和实践,创建和发展了中国沙漠科学,创建和发展了中国沙漠化研究的新领域,建立和发展了中国沙漠和沙漠化学科体系,对中国沙漠地表形态的形成、风沙运动及不同类型沙漠的治理均取得了显著的成就并产生了广泛的影响,并在国际上占据着整体领先的地位。晚年仍指导并主持着重要的研究项目和国际合作课题。发表论文150余篇,专著10余部。多次获得国家和国际研究与实践奖。

# 第四章　中国地貌学大事记

**战国时代**　《山海经·五藏山经·南次山经》记载了喀斯特地貌的地下溶洞:"南禺之山地下多水,有穴焉;水春则入,夏乃出,冬则闭。"《禹贡》中记载中国的山脉"自西向东的三条四列",人称"三条四列说"。

**唐代**　僧一行(683~727)为辨星野提出山河两戒说。　颜复卿(709~784)在《麻姑山仙坛记》中指出:"东海三为桑田。向间蓬莱水乃浅于往者,会时略半也,岂将复还为南陵乎?"提出海陆变迁说。

**宋代**　朱熹记有波浪状地貌:"今登高山而望群山皆为波浪之状,便是水泛如此,只不知因什么事凝了。"范成大的《桂海虞衡志》中列有《志岩洞》专章,专记桂林等地区的喀斯特地貌溶洞。

**明代**　徐霞客(1587~1641)专门考察桂、黔、湘、滇等省的喀斯特地貌,厘定喀斯特地貌的类型及名称;指出喀斯特地貌发育的地区差异;对喀斯特地貌的成因进行了分析,均记入《徐霞客游记》之中。　王士性(1546~1598)提出昆仑三龙说。

**清代**　流行魏源(1794~1857)的葱岭三龙说。龙脉之说不衰,把"天下山脉源于葱岭""两水之间必有一山""两山之间必有一水"视为必然。　约1718年,清政府请西方传教士协助测绘《皇舆全览图》,中国测绘员发现珠穆朗玛峰,标于图上。　乾隆嘉庆间(1736~1821)刻印《山海经水经合刻》。　同治、光绪年间(1862~1908)印刷清代《京口三山志》。

**20世纪初**　赴罗布泊地区考察的中外学者,在罗布泊荒原中发现大面积隆起的土丘地貌,当地人称"雅尔当",即维吾尔语中"陡峻的土丘"之意。发现者将这一称呼介绍了出去,以后再由英文翻译过来,"雅尔当"变成了"雅丹"。从此,"雅丹"成为这一类地貌的代名词。在世界干旱区许多地方的类似地貌,均统称为雅丹地貌。

**1908年**　张相文首次提出"秦岭—淮河线",首次正确界定了中国南北方的自然地理分界线,对于认识中国自然地理规律和指导农业生产都具有重要的意义。

**1909年**　5月,广东水师提督李准巡视西沙群岛,测绘地图。

**1925年**　翁文灏发表《中国山脉考》。

**1928年**　冯景兰等在粤北仁化县发现了形成丹霞地貌的红色砂砾岩层,命名为"丹霞层"。此后陈国达、吴尚时、曾昭璇、李见贤(黄进)等考察研究,命名了"丹霞地貌"。

**1930年**　时任中山大学教授的克勒脱纳率队考察云南点苍山,发现了洗马潭古冰斗(海拔3800米),认定是古冰川作用的遗迹。1939年魏斯曼据此提出中国更新世末次冰期并命名为"大理冰期"。这是中国第四纪研究中第1个有真实根据的冰期命名。林超教授当年是考察队成员之一。

**1934年**　《中华民国新地图》(申报馆出版)及其缩编本《中国分省新图》以分层设色标示出中国地貌的自西向东分为3个台阶。

**1935年**　太平苏氏百一砚斋印刷苏宗仁辑《黄山丛刊》。

**1936年**　王氏仅好书斋印刷王价藩《泰山》丛书第1集。

**1947年**　正式出版李四光著《冰期之庐山》。吴尚时发表《中国之山脉概论》,对中国山脉的分布格局和总体特征概括为"一带三弧",即"昆仑—秦岭为重要之轴线,北为向南突出的蒙古弧,南侧有藏滇、华南两弧,分据西东,融会于康定昆明道上"。同时探讨了山脉格局与地质构造的关系,提出"中华对角线"的创见:即从大兴安岭至滇南谷地画一条直线,将中国分成西北与东南两大部分,阐明了中国地形的东西分异,并明确提出中国地势"三级阶梯"的总体格局,这是认识中国自然地理区域的重要依据。

**20世纪50年代**　刘东生等对黄土高原进行了大量的野外考察和实验分析,完成了《黄河中游黄土》《中国的黄土堆积》等多部专著,提出了"新风成说"。后又根据黄土与古土壤的多旋回特点,建立了环境变化的多旋回理论。

1952年　铁道部勘测设计院与中国科学院地理研究所开展腾格里沙漠南缘风沙地貌和沙丘移动的定位观测研究。

1953年　中国科学院地理研究所成立(1986年后改称中国科学院、国家计划委员会地理研究所)。

1954年　在宁夏中卫沙坡头建立了中国第1个风沙观测站。

1956年　中国科学院自然资源综合考察委员会成立(1986年后改称中国科学院、国家计划委员会自然资源综合考察委员会)。直到20世纪90年代,以刘东生、施雅风、孙鸿烈等领导的青藏高原综合科学考察取得一系列重要发现:①发现喜马拉雅地热带;②提出青藏高原隆起过程及高原季风的形成演化;③高原植被的地理地带性;④确认雅鲁藏布江正源与高原寒旱核心;⑤确定湖泊的成因及湖泊化学特征变化的地理地带性;⑥通过对青藏高原冰芯的研究,揭示了历史气候的变迁。

1957年　中国登山队首次登上贡嘎山主峰,进行第1次高山考察。

1958年　10月,中国科学院吉林分院地理研究所成立,1978年7月更名为中国科学院长春地理研究所,2002年3月与中国科学院黑龙江农业现代化研究所合并为中国科学院东北地理与农业生态研究所。　沈玉昌《中国地貌类型与区划问题商榷》一文发表。　华东师范大学成立河口海岸研究所。　中国科学院高山冰雪利用研究队(兰州冰川冻土研究所前身)成立,开始对中国冰雪资源进行考察、研究。首先大规模考察祁连山冰川分布、气候、水文、地貌条件与储水量,后相继考察其他冰川山地,承担国际组织规定的中国冰川目录编制任务,提供每条冰川34项指标,设计冰雷达测定冰川厚度,详细、彻底查明冰川资源,在总结研究基础上提出山地冰川物理气候分类,划分高亚洲冰川为海洋型、亚大陆型、极大陆型3类,考察巴基斯坦长59千米特大型巴托拉冰川后,补充复合型类,受到广泛应用。　罗来兴主编《黄河中游黄山区域沟道流域侵蚀地貌及其水土保持关系论丛》出版。

1959年　3月,中国科学院治沙队(兰州沙漠研究所前身)成立,开始对中国沙漠和戈壁进行考察、研究,朱震达等从沙漠地区第四纪古地理、下伏沉积物组成、分异特点入手,提出"就地起沙"的论点,阐明了从沙饼到沙丘链的发育过程、沙丘移动与沙丘高度的关系,从而揭示了各种形态沙丘形成的基本过程和移动规律。　7月,中国科学院南京地理研究所正式成立(1988年后改称中国科学院南京地理与湖泊研究所)。　《中国地貌区划(初稿)》出版。这是中国科学院自然区划工作委员会主持的中国自然区划的组成部分。主编沈玉昌,科学出版社出版。书中总结了1958年以前中国地貌调查与工作的成果,论述了地貌区划的意义、地貌分类与分区的原则,并对中国地貌的轮廓、地貌形成的内外力因素、地貌发育历史等做了扼要叙述。它按地貌成因将全国划分为66个类型,按照成因形态原则、区域性原则、大地构造标志原则和综合指标原则将全国划分为18个一级区(地貌区)、44个二级区(地貌地区)和114个三级区(地貌省),采用地名、成因和形态的三名法命名。　中国首次对珠穆朗玛峰进行科学考察。

20世纪60年代初　周廷儒开创了自然地理学的古地理研究,并率先开展了中国新生代古地理研究,先后发表多部专著,揭示了中国新生代古地理环境的演变过程。他最早提出了中国老第三纪(古近纪)的自然带受行星风系控制呈南北分异,到新第三纪(新近纪)转变为受季风环流影响的东西分异的重大推断,并将古季风的形成归因于青藏高原隆起造成的行星风系的破坏及欧亚大陆与太平洋对比关系的改变;进而提出,青藏高原隆起驱动了季风气候的出现,导致中国东部季风区、西北干旱区和青藏高原3大自然区分异的形成,从而奠定中国现代自然地理环境分异的基础。

1961年　2月27日~3月4日,在中国科学院地学部主持下,于广西南宁举行了第1次全国喀斯特研究会议,会后出版了论文选集。　12月,在上海召开的地貌学术讨论会上,成立中国地理学会地貌专业委员会。首任专业委员会主任为任美锷,第2任主任为王乃樑。后来继任主任的还有李吉均、崔之久、许炯心等地貌学科学家。

1962年　徐铁良发表论文《台湾海岸地形之研究》中指出,野柳海岸的海蚀平台发育在倾斜的层状岩石之上,在波浪侵蚀作用进行的过程中,不同层的岩石,因为强度不同,抵抗侵蚀的力量不同,而形成平行且各自隆起或低下的微起伏地形,造成了线状排列的景观特征。风化作用使岩石表面的颗粒逐渐剥落。由于岩石各部分软硬不同,风化作用又沿着岩石的破裂而进行,因此仿佛雕刻一般,大自然逐渐雕刻出各种形状的大小地质景观。 中国科学院高山冰雪利用研究队调整为中国科学院地理研究所冰川冻土研究室。

1963年 12月17日~24日,教育部直属高等院校校际地貌学术报告会在南京江苏饭店召开,由王乃樑、丁锡祉、周廷儒、任美锷、袁复礼、严钦尚、曾昭璇、沈玉昌8位教授组成主席团。袁复礼教授致开幕词,任美锷教授作大会总结。会议期间还召开了高校地貌学教学交流座谈会。 曾昭璇《广东沿海岸地形类型的划分》发表。

1959年~1965年 沈玉昌著《长江上游河谷地貌》出版。

1965年~1975年 进行"701"全国海岸带调查。

1965年 中国科学院地理研究所冰川冻土研究室与中国科学院地理研究所沙漠研究室(原治沙队)合并成立中国科学院兰州冰川冻土沙漠研究所。

1972年 河北省科学院地理研究所的郭康在太行山考察中发现了一种气势壮阔的红崖长墙砂岩地貌,后经多年考察研究,正式将该地貌命名为嶂石岩地貌。

1973年~1988年 中国对青藏高原开展综合科学考察。

1974年 由南京大学地理系地貌教研室完成《中国第四纪冰川和冰期问题》专著出版。

1975年 国测一队首次对珠穆朗玛峰进行精确测量,通过6000米以上的6个测绘点,测得海拔高程为8848.13米,先后被世界各国使用。

1976年 地质矿产部岩溶地质研究所成立。

1977年 8月1日~20日,英国地貌代表团在团长牛津大学地理学特别讲师马乔里·斯威延博士率领下,一行6位地貌学家对中国北京、西安、郑州、武汉、桂林、广州等地的地貌单位与地貌学家进行访问,互相交流地貌学科学研究成果和教学经验。

1977年~1981年 《中国地理学会1977年地貌学术讨论会文集》(科学出版社,1981)问世。此文集由中国地理学会地貌专业委员会编辑,书中杨怀仁提出中国地貌运动与地貌学基本理论问题,徐近之提出地表形态管见,均具有独到见解。

1978年 5月,中国科学院兰州沙漠研究所成立。 10月,由中国科学院地理研究所主持,在重庆宾馆召开了《1:100万中国地貌图》制图会议。中国陆地部分共计69幅,安排了制图分工,统一了思想,制定了标准。规定海拔5000米以上为极高山,海拔4000米~5000米为高山,海拔3000米~4000米为高中山,海拔1500米~3000米为中山,海拔1500米以下为低山。丘陵分为浅丘区和深丘区。浅丘区的特点是:2 丘间的丘间地多为水田,丘间地宽广;深丘区的特点是:2 丘间的丘间地多为旱地,丘间地较窄。 10月15日~25日,由华中师范学院地理系景才瑞负责主持的"庐山第四纪地貌学术讨论会"在江西庐山牯岭饭店举行,共同讨论李四光所创立的庐山冰川学说。国家科委、中国科学院和前农林部正式提出编制包括1:100万中国地貌图在内的全国一套自然条件与自然资源图的任务,并将编制地貌图的任务委托中国科学院地理研究所组织全国有关单位共同完成。中国科学院兰州冰川冻土研究所成立。

1979年 年初,汪朝阳、金德明开始对黄果树瀑布进行了5年考察。 3月,组织编写了《1:100万中国地貌图》和《1:100万中国地貌图分类系统与图例系统说明》,并部署了全国范围内的样图实验。

20世纪80年代 刘东生基于中国黄土重建了250万年以来的气候变化历史,使中国黄土成为古气候变化记录的最重要档案库,与深海沉积、极地冰芯并列成为全球环境变化研究的3大支柱。

1980年 4月4日,在中国科学院成都分院召开了"横断山研究座谈会",开展对横断山地的研讨。 4月15日~19日,在成都地理研究所召开了第1届全国泥石流学术会议,会后出版了会议论文集。 朱震达、吴正合作完成《中国沙漠概论》(科学出版社)一书。1988年吴正又完成了《风沙地貌学》(科学出版社)。 《中国自然地理(地貌)》由科学出版社正式出版,该书56.6万字,由罗来兴、邢嘉明、王乃樑、沈玉昌、任美锷、刘振中、王飞燕、俞锦标、王富葆、曾昭璇、黄少敏、朱震达、吴正、施雅风、任炳辉、杨怀仁、周幼吾、崔之久、杜榮桓、陈吉余、王宝灿、刘苍宇等22位地貌学家分别执笔写成,是有关中国地貌研究的权威著作,为中国地貌研究中的具有重大意义大事。《热带地貌》半年刊由华南师范大学地理系研究室曾昭璇、黄少敏创办,主编曾昭璇。11月3日～5日,由华南师范大学主持,在广州召开了全国地貌录像片观摩交流学术会议,会后对石碣村的古海蚀穴、西樵山、海南岛进行了野外地貌实地考察。

1981年 2月14日,在广州中国科学院南海海洋研究室召开了中国第四纪研究委员会珊瑚礁分会成立会议与全国第1届珊瑚礁学术会议。8月,中国地理学会地貌专业委员会在山西省大同市召开第1次构造地貌学术讨论会,会后出版内容丰富的论文选集《中国地理学会第一次构造地貌学术讨论会论文选集》(科学出版社)。

1982年 《徐霞客游记》再版问世(上海古籍出版社),全书共10卷,60余万字,包括地学的各个方面,最突出的成就是对湘、桂、黔、滇等省(区)喀斯特地貌的考察和研究。书中记载石灰岩溶洞288个,入内考察记录的有250个,对喀斯特地貌的分布、类型、特征和成因都有记载、分析。《徐霞客游记》是世界最早的喀斯特地貌学和洞穴学文献。

1983年 3月15日～22日,由中国科学院地理研究所左大康所长主持,在福建省厦门市鼓浪屿宾馆召开了《1:100万中国地貌图》第2次制图工作会议。4月11日～15日,由华东师范大学地理系副主任刘树人主持,在上海华东师范大学召开了全国高校地貌学教学研究讨论会,研究讨论并分工编写地貌学实习教材、地貌学小丛书、地貌学教学参考资料等。4月25日,中国地名委员会受权发表公告,根据全国地名普查的统一要求,对中国南海诸岛中的岛、洲、礁、暗沙、暗滩共287个地名进行标准处理,并附有汉语拼音、地理坐标和当地渔民的习称。

1984年 11月16日,中国地理学会山地研究委员会在中国科学院成都地理研究所成立,主要工作为中国山地的研究,尤其是山地灾害的研究与防治。从1984年起,中国科学院地学部、南海海洋研究所等单位对中国南海诸岛进行了连续系统的综合科学考察,从领土归属、资源、环境诸多方面进行研究,获得了大量资料,为维护南海诸岛领土主权和开发建设提供了科学依据。

1987年 6月,黄河水利委员会设计院测绘总队编制、王学海主编的《中国黄土高原地貌图集》(水利电力出版社)出版,该图集汇集了黄河中游地区各类黄土典型地貌,用照片、航摄立体像对卫星相片等表现形式及文字进行说明,是了解黄河流域黄土地貌情况的宝贵资料。

1988年 《丁锡祉文集》问世,其中有他的地貌代表作《遵义地形发育》《黔北湄潭地形》《黑龙江中游(右岸)地貌》《吉林地形初步观察》《吉林省地貌区划(草案)》《中国现代气候地貌特征(英文)》《中国气候地貌与山地灾害(日文)》等。《中国地貌图》(1:1 000 000)由科学出版社出版。

1989年 施雅风、崔之久、李吉均等著《中国东部第四纪冰川与环境问题》一书由科学出版社出版,全书包括中国东部第四纪冰川研究的发展和争论、山地冰川遗迹的识别、中国东部及邻近地区有确切冰川遗迹的若干地点及其分布规律性,中国东部第四纪冰期环境特征等6章。书中最大的特点是认为中国东部第四纪山岳冰川不存在,其主要根据就是认为这些山岳均在雪线以下。同时认为,东部山岳地区有争议堆积物属泥石流或水石流堆积。书后附录了赵良政教授与何培元研究员的书面意见。赵、何2位学者均认为庐山地区第四纪大冰期时有发育冰川的条件,赵良政并提出"金锭山组冰川成因的证据"。杨怀仁主编的《叶良辅与中国地貌学》(浙江大学出版社)问世。张宗祜、张之一、王芸生著《中国黄土》(科学出版社)问世,书中最关键的论点是反对黄土的单一风成说,提出了多成因说和黄土化作用的新概念。到1989年底,共有15幅地貌图和总图例表由科学出版社出版。

1990年 11月,中国科学院遥感应用研究所成功地编制了中国第1幅彩色1:600万的《中国卫星影像图》(科学出版社)。

1991年 齐矗华主编的《黄土高原侵蚀地貌与水土流失关系研究》出版(陕西人民教育出版社)。由陈传康、黄进发起在广东省丹霞山召开了第1届全国丹霞地貌旅游开发学术讨论会,并成立了丹霞地貌开发研究会,第1届理事长为中山大学地理系黄进教授。《任美锷地理论文选》(商务印书馆)问世。

1994年　《严钦尚地学论文选》(许世远主编,上海科学技术文献出版社)出版,书中收录了他的代表作《大兴安岭附近冰川地形》《浙江省地貌区划》《坡地分类问题》《苏北中部滨海平原贝壳砂堤》《浙江省钱塘江及太湖流域地貌发展过程》等重要论文。　陈业裕、黄昌所著《应用地貌学》一书由华东师范大学出版社出版。　杨逸畴、高登义、李渤生等论证确认雅鲁藏布大峡谷是世界上最大的大峡谷。峡谷全长496.3千米,最深处5382米。

1996年　景才瑞著《冰川黄土古人类》(华中师范大学出版社)问世。　《李四光全集》(景才瑞主编,湖北人民出版社)出版,分为8卷,其中,第1卷为中国地质,第2卷为冰川地质,第3卷为地质古生物,第4、5卷为地质力学,第6卷为区域地质,第7卷为矿产地质与地震地质,第8卷为其他。

1998年　10月下旬~12月初,中国科学探险协会组织的考察队徒步穿越了雅鲁藏布大峡谷,并对大峡谷进行测量,进一步确定了其世界最大峡谷的地位。　陈述彭主编的《地球系统科学》(中国科学技术出版社)出版。编撰该书的主旨是求新不求全,论述了该学科在中国的进展与世纪展望。其中有地貌系统、地貌界限、地貌学史、风沙地貌学等内容。　台湾大学的杨建夫邀请北京大学崔之久赴台进行考察,他们在雪山主峰附近发现了典型的第四纪冰川作用遗迹,包括大型磨光面、擦痕、冰碛堤、冰碛丘和冰蚀洼地等,并首次做了年代测定。从而终结了台湾学术界争论多年的第四纪冰川遗迹问题。

1999年　6月,中国科学院原兰州冰川冻土研究所、兰州高原大气物理研究所、兰州沙漠研究所整合成立中国科学院寒区旱区环境与工程研究所。　7月1日~9月9日,中国科考队乘"雪龙"号科考船,从上海出发,历时71天,航行14 180海里,对北极进行现场科学考察,并圆满完成3项科考预定任务。　9月22日~26日,中国地理学会地貌与第四纪专业委员会在石家庄召开1999年全国地貌与第四纪学术会议暨嶂石岩地貌研讨会,并出版了1999嶂石岩会议论文集——《地貌·环境·发展》。

2000年　陈富斌、蔡爱智、田明中主编的《中国应用第四纪研究——全国第2届应用第四纪学术会议论文集》(成都科技大学出版社)出版。

2001年　8月26日~30日,在四川省成都市召开了"青藏高原东缘环境演化与森林生态学术研究会"。会后集体考察了海螺沟与贡嘎山冰川地貌。

2002年　1月,《地貌学及第四纪地质学》(中国地质大学出版社)出版。　8月20日~24日,在四川省都江堰市开了"第8届全国第四纪学术大会"。全国第四纪研究委员会名誉主席、中国科学院院士刘东生致开幕词,中国科学院院士程国栋作了《青藏铁路建设中的冻土问题》的主题报告。会后集体考察了卧龙与九寨沟、黄龙地貌。钟祥浩主编的《青藏高原东缘环境与生态》(四川大学出版社)出版。

2003年　6月8日,丹霞山世界地质公园申报工作正式启动。

2004年　《地理学报》创刊70周年(1934~2004)。　2月03日,在巴黎召开的联合国教科文组织(UNESCO)评委会批准中国广东丹霞山同黄山、庐山、张家界、石林、云台山、五大连池、嵩山一起成功跻身首批世界地质公园行列。

2005年　1月18日,中国南极冰盖科考队成功抵达南极内陆冰盖——DOME-A的最高点。冰穹A是冰盖上距海岸线最遥远的一个冰穹,也是南极内陆冰盖海拔最高的地区,这里气候条件极端恶劣,被称为"不可接近之极"。现在,这个1亿年来寒冷孤独的地球"不可接近之极",终于被人类所征服。　5月22日,中国成功进行珠穆朗玛峰登顶测量。将在对取得的数字进行分析处理的基础上,确定其最新高程为8844.43米。这项结果获得联合国教科文组织和世界各国的承认(1975年数据停止使用)。

2006年　1月1日,《现代地貌学》一书由高等教育出版社出版。　2月25日,中国投资7亿多元建成的国家基础地理信息系统地形数据库通过验收,达到国际先进水平,将为经济建设提供1:50 000的精确信息。　3月28日凌晨,执行中国第22次南极科考任务的考察人员,经过131天,跨越南北半球往返22 700多海里,完成了30多项科考任务后,乘"雪龙"船胜利返回出发地上海民生港码头。这次科考的亮点之一,是科考队用58天时间对南极内陆格里夫山地区的综合性考察,考察收获可观。　6月3日,在中国科学院地理科学与资源研究所召开了新一届中国地理学会地貌与第四纪专业委员会部分委员工作会议,会议就下次全国地貌与第四纪学术讨论会筹备、开展国际交流、专业委员会网页建设,以及大家感兴趣的问题进行了讨论,并通报了委员会换届情况。 7月24日~28日,第1届国际花岗岩地质地貌研讨会在江西省上饶市举行。 9月18日,由联合国教科文组织的9人评委会一致通过了中国泰山为"世界地质公园"的评审。该公园面积158.6平方千米,为华北地区最古老的地层。周成虎编撰的中国第1部《地貌学词典》(中国水利水电出版社)出版。王宝灿、陈沈良、龚文平等编著的《海南岛港湾海岸的形成与演变》(海洋出版社)出版。 12月12日,建设部在长沙主持召开"中国丹霞地貌申报世界自然遗产研讨会"。 12月26日,中国丹霞申遗列入国家"十一五"发展规划。

2007年 2月,中国科学院南京地理与湖泊研究所陈志明研究员编制完成1∶800万《亚洲与近邻陆海地貌全图》,该图将亚洲大陆及邻近海域的主要地貌特征浓缩在一起,并赋予动力的概念,这使亚洲陆海地貌特征及其目前人类知之不多的断裂带也被清晰地表现出来。 左键主编的《地质地貌学》(高等教育出版社)出版。 4月27日,中国国务院新闻办公室公布了国家测绘局新测的中国19座名山新高度(海拔高程)数值,它们分别为:泰山1532.7米,华山2154.9米,衡山1300.2米,嵩山1491.7米,五台山3061.1米,云台山624.4米,普陀山286.3米,雁荡山1108.0米,黄山1864.8米,九华山1344.4米,庐山1473.4米,井冈山1597.6米,三清山1819.9米,龙虎山247.4米,崂山1132.7米,武当山1612.1米,青城山1260.0米,峨眉山3079.3米。这些山之中,有些名山高度比原先高度"变矮",其原因和以往测时测量工具不够先进,或因自然地理条件等因素影响有关。这些新测的名山,国家测绘局今后还将为其设立高程标志牌。 5月27日,丽江玉龙雪山与环境观测研究站揭牌,这是中国第1个研究现代海洋性冰川的观测站。中国的冰川研究已开展了40多年,但此前只有位于北部天山的大陆性冰川观测站,中国南方地区特别是海洋性冰川区一直没有固定的冰川及生态观测站。丽江玉龙雪山与环境观测研究站的建立,为中国季风海洋性冰川研究提供了很好的野外综合观测研究平台。 6月27日,由云南石林、贵州荔波、重庆武隆共同组成的"中国南方喀斯特"被列入《世界自然遗产名录》。 8月20日,岱崮地貌的科学意义与开发价值评审会在山东蒙阴县召开,以沂蒙72崮为代表的"崮"这种地理形态被地质地貌专家们认定为一种新的地貌类型,命名为中国第5种岩石地貌——"岱崮地貌"。 10月24日,中国"嫦娥1号"探月卫星在四川省西昌成功发射。从此,中国成为继俄罗斯、美国和日本之后,第四个对月球展开探索的国家。11月7日,"第3届世界自然遗产大会中国丹霞地貌国际专家研讨会"在峨眉山召开。 11月20日~22日全国地貌与第四纪学术研讨会在福建师范大学召开。会议仍以"地貌·环境·发展"为主题。会议围绕地貌与地球系统、全球变化、地貌与演变过程,地貌过程观测模拟、第四纪环境演变、人类活动与地貌过程,以及海岸地貌、地貌资源与灾害等议题进行了学术交流。还组织了全体代表到平潭岛对老红砂、海滩岩、花岗岩风化地貌、海蚀地貌等进行了考察。代表们对这些地貌现象的成因展开了深入的讨论。 11月26日9时40分许,"中国首次月球探测工程第1幅月球图像(地形图)"通过新华社传到了世界各地。 李炳元等对阿尔金山自然保护区进行考察,在阿尔金山和祁曼塔格之间的库木库里沙漠,面积达1600平方千米,海拔在3900米~4700米之间,沙丘类型主要是金字塔沙丘、复合型新月形沙丘和新月形沙丘链,沙山平均高度约100米。对比国内外资料,认为库木库里沙漠是世界上海拔最高的大沙漠。

2008年 3月27日,908专项"我国近海海底地形地貌调查与研究"进行成果集成启动,将提供这国地形地貌调查数据集(包括整个908专项海洋地形地貌调查的数据)和数据处理方法说明书;统一规范处理和质量控制的我国近海地形地貌调查数据集(包括成图数据),以及相应的质量控制报告;《中国近海海洋图集—海底地形地貌》和图集说明书,重点海域海底地形地貌图集和图集说明书;中国近海海底地形地貌调查研究报告;《中国近海海洋—海底地形地貌》专著和相关论文。项目成果可为这国海洋经济发展、减灾防灾、科学研究、环境保护、海域综合管理、数字海洋以及国防安全等提供基础数据和支撑。 4月16日,由中国科学院地理科学与资源研究所主持、中俄蒙3国科学家共同参与的国家科技基础性工作专项"中国北方及其毗邻地区综合科学考察"重点项目正式在北京启动。按照"点、线、面"相结合的总体技术方案,中、俄、蒙科学家将在未来5年内有计划地联合开展综合野外科学考察。 10月31日,由中国科学院地理科学与资源研究所许炯心研究员主持完成的国家自然科学基金委与黄河水利委员会联合资助的黄河联合研究基金重点项目"基于气候地貌植被耦合的黄河中游侵蚀过程",历经3年的研究,取得了丰硕成果。该项目深入研究了气候—植被—地貌—侵蚀相互作用机理,阐明了坡面—沟道耦合关系及其侵蚀产沙效应,揭示坝系、草类植被等典型水保措施的蓄水减蚀作用及其机理,提出了不同沟坡类型上水保措施优化配置模式,可以为黄河中游多沙粗沙区的水土流失治理提供比较坚实的理论依据。 11月22日~23日,全国喀斯特石林地质地貌研究成果报告会在湖南长沙召开。此次会议是为总结和交流"中国喀斯特石林地质地貌成因及对比研究"课题的研究成果而召开的。全国共有11个省、自治区、直辖市参与了子课题研究,取得了重要成果:开辟了地质公园联合研究的新方式(民间、自愿、合作);对全国主要石林分布省区的石林地貌进行了较系统的实地考察和资料收集,完成了各子课题报告编写和地貌图册编制工作;初步对全国石林地貌景观类型进行了划分;对石林地貌的形成机理、成景时期得出了初步结论;对个别景观(如阿诗玛)的成景年龄取得了数据;对若干地区的成景母岩进行了较系统的显微镜鉴定;对喀斯特硫酸溶蚀成因进行了初步探索;为地质公园喀斯特地貌和其他地貌进行联合研究,摸索出了一套方法。

2009年 1月,由中国科学院地理科学与资源研究所资源与环境信息系统国家重点实验室编撰的《中华人民共和国1:100万地貌图集》全面编辑完成,全国百万地貌图研究面向国际自然环境与生态调查、区域发展规划等重大需求,在继承前人工作的基础上,经过8年的联合研究与攻关,完成全国1:100万地貌图编制出版和地貌数据共享系统建设。 3月,经过3代人、2个时期、持续近30年的努力,由中国科学院地理科学与资源研究所资源与环境信息系统国家重点实验室编撰的《中华人民共和国1:100万地貌图集》出版。全国百万地貌图研究面向国家自然环境与生态调查、区域发展规划等重大需求,在继承前人工作的基础上,经过8年的联合研究与攻关,完成全国1:100万地貌图编制出版和地貌数据共享系统建设。图集正图部分包括地貌类型图74幅,有中国陆域和海域的70幅整幅和4个拼接幅(由8个半幅拼接而成),还包括74个分幅的1:200万地貌晕渲图和Landsat TM遥感影像图,并附有74个分幅的简要文字说明。正图前为序图组,包括中国行政区划图、中国地势图、卫星影像图、1:100万国际分幅索引图;正图后为地貌图的中英文图例系统。该图集是中国目前开本最大、内容最丰富的百万系列地图之一,也是唯一覆盖了中国全部陆域和海疆国土的百万系列专题地图集。 7月10日,"气候变化影响下喜马拉雅山区山地地表过程与区域适应对策前期研究"国际合作重点项目启动研讨会在中国科学院成都山地研究所召开。项目旨在通过对喜马拉雅地区的典型跨境流域开展野外调查、观测和模拟研究,并采用多源空间数据的解析与反演,开展该地区跨境流域在气候变化驱动下,水文循环与陆地生态系统演变及环境灾害综合性研究,为地区间多边资源、环境与生态可持续共享管理和安全保障的重大国际科技合作奠定重要的基础。 11月10日,中国国家地理杂志社发布了"寻找十大'非著名山峰'"榜单,湖南韭菜岭、广东船底顶、四川九顶山、甘肃扎尔那山、江西武功山、河北小五台山、陕西鳌山、北京海坨山、云南雪岭、贵州佛顶山脱颖而出。"非著名山峰"多环绕城市,是城市居民休闲旅游的度假地,有重要的生态和经济价值。 11月21日~22日,全国地貌与第四纪学术研讨会在上海华东师范大学举行,会议对地貌学与区域地貌、风沙地貌与灾害、地貌过程与地貌演变、第四纪气候与环境以及河湖地貌与环境等5个议题进行了学术交流。

2010年 8月1日,在巴西利亚举行的第34届世界遗产大会上,经联合国教科文组织世界遗产委员会批准,由福建泰宁、湖南崀山、广东丹霞山、江西龙虎山(包括龟峰)、浙江江郎山、贵州赤水等6个丹霞地貌风景区"捆绑"的"中国丹霞"被正式列入《世界遗产名录》。 11月9日~11日,张家界地貌国际学术研讨会暨中国地质学会旅游地学与地质公园研究分会第25届年会在湖南省张家界市武陵源举办,与会专家对天子山、袁家界、金鞭溪、黄石寨等张家界典型地貌区进行了实地考察,听取了张家界地貌研究课题组关于张家界地貌特征与演化过程的主题报告,以及关于中国、澳大利亚和世界范围内砂岩地貌空间分布与典型特征的专题研究报告,系统交流了国内外砂岩地貌研究的理论方法和实例。会议期间,国内外权威专家对世界自然遗产地张家界武陵源特有的石英砂岩地貌进行深入对比分析研讨,并就"张家界地貌"一词的界定问题各抒己见,集中讨论"张家界地貌"的界定命名。会议将张家界特征鲜明、规模巨大的独特砂岩地貌类型,确定为"张家界地貌",凡在世界任何国家和地区发现类似张家界石英砂岩峰林的地貌,都可统称"张家界地貌"。自此,"张家界地貌"获得国际学术界认定。

2011年 1月11日,由中国科学院寒区旱区环境与工程研究所、中国科学院冰冻圈科学国家重点实验室等单位的30余位专家经过近一年考察研究的"迭部县扎尕那景区冰川地貌考察及开发保护研究成果"项目,通过了评审验收。 4月8日,武陵源区人民政府与中国科学院正式签约,就"张家界地貌"联合研究合作共建事宜达成一致意见,标志着"张家界地貌"已正式进入科研课题。 8月18日~20日,第12届全国丹霞地貌旅游开发学术讨论会暨龙虎山旅游发展研讨会在江西鹰潭市龙虎山风景名胜区(世界遗产地、世界地质公园)召开,会议就红层与丹霞地貌基本理论与方法研究成果、区域红层与丹霞旅游开发的理论与应用研究成果、关于国际红层与丹霞地貌的研究成果及其研究动态、中国丹霞申遗成功后的新问题与科学研究及保护利用研究、关于中国丹霞地貌旅游开发研究会的未来发展问题讨论、龙虎山旅游发展等议题进行了研讨。 8月22日~24日,2011年全国地貌与第四纪学术研讨会在河南内乡县召开,就"中国地貌重大科学问题——黄河形成与演化"开展了专题研讨,并就第四纪气候与环境、流域水沙产输与河床演变等议题分组进行了学术交流。 8月25日,国家西部地区1:5万地形图空白区测图工程实现了1:5万基础地理信息数据的全面覆盖。2006年,西部测图工程开始实施。5年时间里,在西部的广大区域内,圆满完成了西部200万平方千米5032幅1:5万地形图空白区测图任务。 9月2日上午,由中国科学院地理科学与资源研究所和张家界武陵源区世界地质公园联合建立的"张家界地貌联合研究中心"第1届学术委员会成立大会在中国科学院地理科学与资源研究所举行。 10月28日~31日,国际地貌学家协会丹霞地貌工作组第1次会议暨第2届丹霞地貌国际学术讨论会在世界丹霞地貌命名地广东丹霞山所在地韶关市举行,交流丹霞地貌的研究成果,探讨丹霞自然遗产的科学保护与合理开发。讨论会的主题是"红层与丹霞地貌科学发展及其资源环境保护",会议同时探讨红层及丹霞地貌研究理论方法及动态、红层与丹霞地貌全球对比、红层与丹霞地貌区的资源环境保护等问题。

2012年 2月6日,国防科工局发布了嫦娥2号月球探测器获得的7米分辨率、100%覆盖全月球表面的全月球影像图。此次完成的嫦娥2号7米分辨率全月图共746幅,数据量约800GB,还原月球表面真实地形地貌,其分辨率、影像质量等优于国际同类产品。 2月29日,由中国科学院地理科学与资源研究所承担的"辽宁海岸带保护与利用规划"项目启动。 4月25日~28日,第3届欧洲砂岩景观学术讨论会在波兰召开,国际地貌学家协会丹霞地貌工作组主席、中山大学地理科学和规划学院彭华教授应邀参加了会议,作了题为《丹霞地貌基本问题》的特邀报告和《丹霞顺层洞穴风化特征及发育过程研究》论文展示。 8月24日,国家海洋信息中心在天津召开了2012年度海洋公益性行业科研专项"典型海域海底地貌特征及命名示范研究"项目启动会议。本项目是在全球海洋权益斗争形势日益严峻的背景下,围绕海底地名提案研究,制定与国际接轨的海底地名命名标准规范;开展海底地理实体命名关键技术研究;选取典型海域开展海底地名提案研究,形成一批海底地名提案和反制预案;建立海底地名支撑数据库和名称管理系统,为海底地名工作直接提供信息和技术支撑服务。 9月24日,"陕西省延安市治沟造地"土地整治重大工程项目获批复。 10月9日~10日,第四纪地质与岱崮地貌国际学术研讨会在山东临沂召开,就第四纪地质与地貌、第四纪风尘堆积研究、河流系统演化与环境、古海洋学与海陆相互作用、第四纪全球变化、干旱区环境及沙漠化、古洪水研究、区域资源开发利用与环境效应、树木年轮与区域环境演变、人类活动与环境变化、古生物研究等议题展开了探讨。 11月5日,新华网报道,经中国科学院专家课题组实地考察论证,位于山东省临沂市蒙阴县境内的"岱崮地貌",成为继丹霞地貌、喀斯特地貌、嶂石岩地貌、张家界地貌之后的中国第5大造型地貌。岱崮地貌的核心区位于山东省蒙阴县东北部的岱崮镇,有崮30多个,为群崮荟萃簇集之地,是中国崮型地貌最典型的区域。崮的典型地貌特征是四周陡峭、顶端较平坦。在地貌学上属于地貌形态中的"桌形山"或"方形山"。 12月14日,中国常驻联合国代表团代表中国政府向联合国秘书处提交了东海部分海域200海里以外大陆架外部界限划界案。该划界案指出,地貌与地质特征表明东海大陆架是中国陆地领土的自然延伸,冲绳海槽是具有显著隔断特点的重要地理单元,是中国东海大陆架延伸的终止。 12月20日~21日,中国青藏高原研究会学术年会在广西北海隆重举办,主题为"青藏高原地表圈层相互作用及其环境影响"。会议与国家自然科学基金重大项目"第三极地球系统中水体的多相态转换及其影响"、国家重大科学研究计划项目"青藏高原气候系统变化及其对东亚区域的影响与机制研究"、科技部基础性工作专项"青藏高原资料匮乏区综合科学考察"、中国科学院战略性先导科技专项"青藏高原多圈层相互作用及其资源环境效应"等一批重点关注青藏高原地表过程研究的重大研究项目相结合,对青藏高原地表过程研究的大气环流与地—气相互作用、水体相态转化及其环境影响、生态系统对气候变化与人类活动的响应与适应等开展了深入的讨论。

2013 年 2 月 28 日,"国务院关于开展第一次全国地理国情普查的通知"发布,普查对象为中国陆地国土范围内的地表自然和人文地理要素。普查内容一是自然地理要素的基本情况,包括地形地貌、植被覆盖、水域、荒漠与裸露地等的类别、位置、范围、面积等,掌握其空间分布状况;二是人文地理要素的基本情况,包括与人类活动密切相关的交通网络、居民地与设施、地理单元等的类别、位置、范围等,掌握其空间分布现状。普查标准时点为 2015 年 6 月 30 日。 4 月,由中国测绘科学研究院主编,武汉大学、中国科学院地理科学与资源研究所、国家基础地理信息中心等多单位联合编制的《中国西部地区典型地貌图集》由中国地图出版社正式出版。《图集》是以表达中国西部地区(渝、川、贵、云、藏、陕、甘、青、宁、新)典型地貌形态特征为主题的区域性专题地图集,是国家西部测图工程成果之一。内容包括:序图、构造地貌、流水与湖成地貌、冰川地貌、风成地貌、黄土地貌、喀斯特地貌、重力地貌、人工地貌和附录 10 个部分。图集主体采用了航空航天遥感影像与等高线地图对照、文字说明解释的方法,共选取典型地貌样点 126 个、航空航天遥感影像 133 幅、等高线地图 126 幅、地貌晕渲图 23 幅、三维立体图 7 幅、景观图片 86 张、剖面图 5 幅和用于描述各类地貌类型、样点影像纹理和等高线图形特征的文字说明 5 万余字,附录介绍了古今多种地貌形态表示方法。 5 月 28 日,中国科学院寒区旱区环境与工程研究所等单位承担的"察尔汗盐湖雅丹地貌沉积物粒度特征研究"取得进展,科研人员采用了粒度分析方法对察尔汗盐湖雅丹地貌的沉积物进行分析研究。运用萨胡判别公式及沉积物粒度组成和粒度分布曲线特征进行判断,可知察尔汗盐湖雅丹地貌沉积物的形成环境主要为湖相、滨湖相和河流、三角洲沉积环境,同时还有浊流沉积和极少的风沙沉积环境,形成环境十分复杂。

7 月 25 日,由中国地调局青岛海洋地质研究所和同济大学共同承担的国家科技基础性工作专项重点项目"典型中小入海河流河口动力沉积地貌与环境本底数据调查"启动,该项目旨在系统收集和整理我国沿海典型中小河流和河口近岸各历史时期的基础调查和监测数据,补充开展代表性河口野外调查、监测,构建中小河流河口动力沉积地貌本底数据库和信息系统。该项目的预期成果可以更好地了解自然与人类活动双重因素驱动的河口演化过程和趋势,为河口和海岸带综合管理提供指导,对河口与海岸带地区的可持续发展及灾害评估与预防也具有重要意义。 8 月 15 日~17 日,第 13 届全国丹霞地貌旅游开发学术讨论会在中国内蒙古巴彦淖尔市召开,会议主题是"红层与丹霞地貌科学发展及其资源环境保护"。 8 月 29 日~31 日,第 8 届国际地貌大会在法国巴黎召开,首设中国丹霞分会场,江西龙虎山和广东丹霞山成为中国首次组织参加汇报丹霞地貌研究成果的世界地质公园和世界遗产地。 10 月 16 日~20 日,2013 年国际地貌计量学(数字地貌学)大会在南京师范大学举行,来自美国、英国、澳大利亚等 20 多个国家和地区约 100 余名学者参加了此次大会。 10 月 25 日~28 日,2013 年全国地貌与第四纪学术研讨会在浙江天台县举行,会议主题为"地貌·环境·发展",就地貌演变与第四纪环境变化、自然因素与人类活动影响下的地貌过程、地表过程定量表达及其模拟、地貌灾害与防治、地表过程观测新技术及应用、旅游地貌与地貌资源的保护和开发利用等议题开展了研讨和交流。 10 月,由中国测绘科学研究院和中国科学院地理科学与资源研究所等单位共同编制的《中国西部地区典型自然景观地图集》正式出版。该图集是国家西部测图工程成果之一,综合了地理学、测绘学、生态学等多个学科,利用多尺度、多时态的卫星遥感影像全面、系统地介绍了中国西部地区地表形态景观、水域景观、植被景观 3 大自然景观类型,反映了自然景观的现状、变化与自然景观资源利用中的问题。 12 月 19 日~21 日,中国青藏高原研究会学术年会在福建厦门隆重召开,主题为"青藏高原综合科学考察与地球系统科学研究"。2013 年恰逢中国科学院青藏高原综合科学考察 40 年,也是中国科学院战略性先导科技专项"青藏高原多圈层相互作用及其资源环境效应"的全面开展之年,年会围绕青藏高原圈层相互作用以及对人类活动影响等,对青藏高原综合科学考察与青藏高原研究发展的机遇、国内外开展的青藏高原大型科学研究计划、青藏高原的前沿科研成果等开展了广泛深入的学术交流。

2014年 1月11日,"秦巴山地环境与发展暨干旱半干旱区河流断流及其影响研讨会"在中国科学院地理科学与资源研究所召开。 5月30日~6月8日,中国科学院地理科学与资源研究所顺利完成了西沙群岛科考任务,获得一批珊瑚岛礁地貌本底、水深、土壤、植被相关样品及数据。此次考察包括永兴岛等15个岛礁。在相关岛礁通过采用珊瑚本底断面调查法采集了珊瑚岛礁水下断面影像,通过ASD光谱仪和水深锤获取了珊瑚礁本底光谱数据以及相应的水深数据,还采集了不同地貌带的土壤样本,以及开展了植被光谱测量工作等。 6月16日,中国科学院地理科学与资源研究所开展的"张家界地貌发育演化动力过程研究"项目科研成果在北京通过张家界地貌联合研究中心组织的专家验收。项目组通过对公园河床、河谷和河网及流水过程和地貌过程的系统研究,从水动力地貌角度全面、系统地研究了张家界地貌形成的机理和过程,很好地完成了预定的科研任务,取得的高水平成果,极大地提高了张家界地貌理论研究的整体水平,丰富了张家界世界地质公园的科学内涵,为公园的地质遗迹保护和地学知识的科普奠定了坚实的基础,填补张家界地貌科学研究基础理论研究的空白。 7月18日~25日,第15届海峡两岸地貌学研讨会在南宁召开,会议以"南海及地貌学相关研究"为主题,内容包括南海资源环境、全球变化与海岸环境演变、生态与环境保育、海洋开发管理与重大工程、海洋调查与新技术、灾害预警与防护、海疆沿革与权益等。 8月18日~21日,第14届全国红层与丹霞地貌旅游开发学术讨论会暨崆峒山旅游发展研讨会在平凉举行,研讨会围绕红层与丹霞地貌的基础理论研究成果、区域丹霞地貌旅游开展的理论与实践研究成果、丹霞地貌的研究成果及其研究动态、崆峒山旅游资源开发及丹霞地貌基础研究等5个方面进行学术研讨。 11月29日~12月1日,数字地貌遥感综合调查及精细划分研讨会在中国科学院地理科学与资源研究所成功召开。会议的主题为:基于遥感等多源数据进行数字地貌类型精细划分方法、精细数字地貌分类方法、地貌类型精确定位技术和规范、省域精细地貌遥感调查及解译等。本次研讨会对于我国的区域地貌遥感综合调查、数字地貌精细划分、精细地貌过程等研究具有积极的促进作用。 12月25日,中国第31次南极科考队"南极地貌遥感调查"项目取得关键性进展。在本次"南极地貌遥感调查"项目中,"极鹰1号"小型遥感无人机主要对拉斯曼丘陵和达尔克冰川2个重点区域展开航拍测绘。对这2个典型区域进行遥感调查,不仅能监测人类活动对该地区环境的影响,更能有效观测南极冰盖变化,精确测量冰的流失量对海平面及对全球水循环的影响,从而为研究全球变暖问题提供数据支撑。 12月,由中国科学院地理科学与资源研究所主持完成的国家科技基础性工作专项重点项目"澜沧江中下游与大香格里拉地区科学考察"完成。该项目是中国首次在流域尺度上开展的多学科、多尺度、大范围的综合科学考察,范围涉及中国西南地区与中南半岛毗邻地区,接续了中断数十年的中国西南科学考察。成功获取项目区内包括水、土地覆被、森林、灌丛、草地等300多个样方数据,获取植物、动物和菌物等珍贵样品和标本5万多个(号),大量的地图和数据文献资料,制作数据库(集)6个,图集3部,填补了中国近几十年在该地区的资料空白。

# 第五章　中国地貌学主要文献目录

佚名. 诗经. 周,公元前11世纪~前6世纪.

佚名. 禹贡·导山. 周,公元前5世纪~前3世纪.

佚名. 山海经·五藏山经. 周和西汉.

佚名. 尔雅. 秦或西汉成书.

管仲(托名). 管子·地员. 战国时期.

孙武. 孙子兵法·地形篇. 春秋末至战国初.

徐霞客. 徐霞客游记. 明代,1641年著成;清代1776年问世.

任美锷. 祖国的地形. 北京:开明书店,1951.

李四光. 中国地质学. 上海:正风出版社,1953.

陈述彭. 中国地形鸟瞰图集. 北京:中华书局,1954.

周廷儒,施雅风,陈述彭. 中国地形区划草案. 北京:科学出版社,1956.

孙殿卿. 中国第四纪冰川遗迹纪要. 北京:科学出版社,1957.

方正三,杨文治,周佩华. 黄河中游黄土高原梯田的调查研究. 北京:科学出版社,1958.

罗来兴. 黄河中游黄土区域沟道流域侵蚀地貌及其对水土保持关系论丛. 北京:科学出版社,1958.

陈述彭. 地图学笔记. 北京:科学出版社,1959.

中国科学院地质研究所. 中国大地构造纲要. 北京:科学出版社,1959.

周廷儒,刘培桐. 中国的地形和土壤概述. 北京:商务印书馆,1959.

中国科学院自然区划工作委员会. 中国地貌区划(初稿). 北京:科学出版社,1959.

曾昭璇. 岩石地形学. 北京:地质出版社,1960.

南京大学地貌教研室. 地貌学. 北京:高等教育出版社,1961.

中国科学院兰州沙漠研究所. 沙漠地区风沙地貌调查方法. 北京:科学出版社,1961.

中国科学院地学部. 全国喀斯特研究会议论文选集. 北京:科学出版社,1962.

任美锷,祈延年,朱大奎. 中部地区南水北调渠线地貌调查报告. 北京:科学出版社,1962.

中国地理学会,中国科学院地学部. 1960年全国地理学术会议论文选集(地貌). 北京:科学出版社,1962.

中国地理学会地貌专业委员会. 1961年地貌学术讨论会论文摘要. 北京:科学出版社,1962.

刘东生. 黄河中游黄土. 北京:科学出版社,1964.

任美锷,曾昭璇. 中国热带亚热带地貌区划. 北京:中国科学院综合考察委员会,1966.

李四光,李承三. 中国第四纪冰川遗迹研究文集. 北京:科学出版社,1964.

沈玉昌. 长江上游河谷地貌. 北京:科学出版社,1965.

刘东生. 中国的黄土堆积. 北京:科学出版社,1965.

中国地理学会地貌专业委员会. 中国地理学会1963年年会论文选集(地貌学). 北京:科学出版社,1965.

中国地理学会地貌专业委员会. 中国地理学会1965年地貌学术讨论会文集. 北京:科学出版社,1965.

刘东生. 黄土的物质成分和结构. 北京:科学出版社,1966.

任美锷,曾昭璇. 中国热带亚热带地理规划. 北京:中国科学院综合考察委员会,1966.

徐俊鸣. 珠江三角洲. 广州:广东人民出版社,1973.

中国科学院兰州冰川冻土沙漠研究所研究室. 中国沙漠概论. 北京:科学出版社,1974.

南京大学地理系地貌学教研室. 中国第四纪冰川与冰期问题. 北京:科学出版社,1974.

李四光. 中国第四纪冰川. 北京:科学出版社,1975.

中国地质科学院地质力学研究所. 中国第四纪冰川地质文集. 北京:地质出版社,1977.

中国科学院新疆综合考察队. 新疆地貌. 北京:科学出版社,1978.

北京大学,南京大学,上海师大,等. 地貌学. 北京:人民教育出版社,1979.

中国科学院地质研究所岩溶研究组. 中国岩溶研究. 北京:科学出版社,1979.

张利丰. 海岸地貌. 济南:山东科学技术出版社,1979.

中国科学院《中国自然地理》编辑委员会. 中国自然地理·地貌. 北京:科学出版社,1980.

中国科学院内蒙宁夏综合考察队. 内蒙古自治区及东北西部工区地貌. 北京:科学出版社,1980.

朱震达,吴正,刘恕. 中国沙漠概论. 北京:科学出版社,1980.

赵伯礼,陈荣华. 峨眉山. 成都:四川人民出版社,1980.

曾昭璇. 中国地貌. 济南:山东科学技术出版社,1981.

中国科学院成都地理研究所. 泥石流论文集. 重庆:科学技术文献出版社重庆分社,1981.

中国地理学会地貌专业委员会. 中国地理学会1977年地貌学术讨论会文集. 北京:科学出版社,1981.

朱震达,陈治平,吴正,等. 塔克拉玛干沙漠风沙地貌研究. 北京:科学出版社,1981.

朱震达,刘恕. 中国北方地区的沙漠化过程及治理区划. 北京:中国林业出版社,1981.

中国科学院兰州冰川冻土研究所. 中国地理学会冰川冻土学术会议论文选集(冻土学). 北京:科学出版社,1982.

中国科学院兰州冰川冻土研究所. 中国地理学会冰川冻土学术会议论文选集(冰川学). 北京:科学出版社,1982.

王永焱. 黄土与第四纪地质. 西安:陕西人民出版社,1982.

任美锷,任振中. 岩溶学概论. 北京:商务印书馆,1983.

杨逸畴,李炳元. 西藏地貌. 北京:科学出版社,1983.

李炳元,王富葆,张青松,等. 西藏第四纪地质. 北京:科学出版社,1983.

中国科学院地理研究所渭河研究组. 渭河下游河流地貌. 北京:科学出版社,1983.

中国科学院兰州冰川冻土研究所. 中国地理学会中国土木工程学会第2届全国冻土学术会议论文选集. 兰州:甘肃人民出版社,1983.

北京大学,南京大学,上海师大,等. 地貌学. 北京:高等教育出版社,1984.

中国地理学会地貌专业委员会. 中国地理学会第一次构造地貌学术讨论会论文选集. 北京:科学出版社,1984.

赵希涛. 中国海岸演变研究. 福州:福建科学技术出版社,1984.

刘东生. 黄土与环境. 北京:科学出版社,1985.

陈治平. 中国喀斯特地带性因素初探——喀斯特地貌与洞穴. 北京:科学出版社,1985.

中国地貌图集编辑组. 中国地貌图集. 北京:测绘出版社,1985.

中国海洋湖沼学会,海岸河口学会. 海岸河口区动力、地貌、沉积过程论文集. 北京:科学出版社,1985.

中国科学院地理研究所,长江水利水电学院,长江航道局规划设计研究院. 长江下游河道特性及其演变. 北京:科学出版社,1985.

中国科学院地理研究所地貌研究室. 黄淮海平原地貌图(1∶500 000)及说明书. 济南:山东地图出版社,1985.

中国科学院兰州冰川冻土研究所等. 中国第四纪冰川冰缘学术讨论会文集. 北京:科学出版社,1985.

严钦尚,曾昭璇. 地貌学. 北京:高等教育出版社,1985.

杨景春. 地貌学教程. 北京:高等教育出版社,1985.

曾昭璇. 中国的地形. 广州:广东科学技术出版社,1985.

沈玉昌,龚国元. 河流地貌概论. 北京:科学出版社,1986.

卢耀如. 中国岩溶——景观、类型、规律. 北京:地质出版社,1986.

高道德,张世从. 黔南岩溶研究. 贵阳:贵州人民出版社,1986.

中国科学院地理研究所. 地貌制图研究文集. 北京:测绘出版社,1986.

吴正. 风沙地貌学. 北京:科学出版社,1987.

夏训诚. 罗布泊科学考察与研究. 北京:科学出版社,1987.

钱宁,张仁,周志德. 河床演变学. 北京:科学出版社,1987.

中国科学院地理研究所. 中国1∶1 000 0000地貌图(北京幅、齐齐哈尔幅、呼和浩特幅、西宁幅、兰州幅、太原幅、旅大幅、西安福、南京幅、成都幅、上海幅、大理幅、衡阳幅、海南岛幅). 北京:科学出版社,1987.

中国1∶100万地貌图编辑委员会. 中国地貌图(1∶100万). 北京:科学出版社,1988.

施雅风,姚檀栋,黄茂恒. 中国冰川概论. 北京:科学出版社,1988.

陈永宗,景可,蔡强国. 黄土高原现代侵蚀与治理. 北京:科学出版社,1988.

朱学稳. 桂林岩溶地貌与洞穴研究. 北京:地质出版社,1988.

袁道先,蔡桂鸿. 岩溶环境学. 重庆:重庆出版社,1988.

中国科学院自然资源综合考察委员会. 黄土高原遥感调查试验研究. 北京:科学出版社,1988.

朱震达,刘恕,邸醒民. 中国的沙漠化及其治理. 北京:科学出版社,1989.

施雅风,崔之久,李吉均. 中国东部第四纪冰川与环境问题. 北京:科学出版社,1989.

杨怀仁. 叶良辅与中国地貌学. 杭州:浙江大学出版社,1989.

陈永宗. 黄河粗泥沙来源及侵蚀产沙机理研究文集. 北京:气象出版社,1989.

王宝灿,黄仰松. 海岸动力地貌. 上海:华东师范大学出版社,1989.

中国1∶1000 000地貌图编委会:中国1∶1000 000地貌图制图规范. 北京:科学出版社,1989.

甘枝茂. 黄土高原地貌与土壤侵蚀研究. 西安:陕西人民出版社,1989.

中国自然地理编写组. 中国自然地理(第2版). 北京:高等教育出版社,1990.

刘东生,安芷生. 黄土·第四纪地质·全球变化(第1集). 北京:科学出版社,1990.

刘东生,安芷生. 黄土·第四纪地质·全球变化(第2集). 北京:科学出版社,1990.

叶青超,陆中臣,杨毅芬,等. 黄河下游河流地貌. 北京:科学出版社,1990.

裘善文. 中国东北平原第四纪自然环境形成与演化. 哈尔滨:哈尔滨地图出版社,1990.

李炳元,李吉均. 青藏高原第四纪冰川遗迹分布图. 北京:科学出版社,1991.

中国地理学会地貌与第四纪专业委员会. 地貌及第四纪研究进展. 北京:测绘出版社,1991.

齐矗华. 黄土高原侵蚀地貌与水土流失关系研究. 西安:陕西人民教育出版社,1991.

中国地理学会地貌与第四纪专业委员会. 地貌过程与环境. 北京:地震出版社,1991.

袁宝印,李容全,张虎男,等. 地貌研究方法与实习指南. 北京:高等教育出版社,1991.

梁名胜,张吉林. 中国海陆第四纪对比研究. 北京:科学出版社,1991.

李淑珍,李钟武. 中国城市地貌研究. 成都:成都地图出版社,1992.

周泽松. 水文与地貌. 上海:华东师范大学出版社,1992.

何培元,段万倜,邢历生. 庐山第四纪冰期与环境. 北京:地震出版社,1992.

金德生. 应用河流地貌实验与模拟研究. 北京:地震出版社,1992.

林承坤. 泥沙与河流地貌学. 南京:南京大学出版社,1992.

尹泽生,徐叔鹰. 祁连山区域地貌与制图研究. 北京:科学出版社,1992.

刘东生,安芷生. 黄土·第四纪地质·全球变化(第3集). 北京:科学出版社,1992.

任美锷,包浩生. 中国自然区域及开发整治. 北京:科学出版社,1992.

陈浩. 流域坡面与沟道的侵蚀产沙研究. 北京:气象出版社,1993.

中国地理学会地貌与第四纪专业委员会. 地貌及第四纪研究进展. 北京:测绘出版社,1993.

宋林华,丁怀元. 喀斯特景观与洞穴旅游. 北京:中国环境科学出版社,1993.

谭明,潘新显. 喀斯特水文地貌学. 贵阳:贵州人民出版社,1993.

景可,陈永宗,李风新,等. 黄河泥沙与环境. 北京:科学出版社,1993.

杨景春. 中国地貌特征与演化. 北京:海洋出版社,1993.

谢又予. 中国南极长城站地区地貌与沉积. 北京:海洋出版社,1993.

朱震达,王涛,崔书红. 中国土地荒漠化的地貌过程及其环境整治——地貌过程与环境. 北京:地震出版社,1993.

陈志明. 中国及其毗邻地区地貌图(1:400万). 北京:科学出版社,1993.

袁道先. 中国岩溶学. 北京:地质出版社,1994.

赵景波. 西北黄土区第四纪土壤与环境. 西安:陕西科学技术出版社,1994.

王颖,朱大奎. 海岸地貌学. 北京:高等教育出版社,1994.

陈业裕,黄昌发. 应用地貌学. 上海:华东师范大学出版社,1994.

宋林华. 喀斯特与洞穴风景旅游资源研究. 北京:地震出版社,1994.

朱诚. 现代冰缘地貌研究. 南京:江苏科学技术出版社,1994.

李炳元,李钜章. 中国地貌图(包括毗邻海域)(1:4 000 000)及其说明书. 北京:科学出版社,1994.

金德生. 地貌实验与模拟. 北京:地震出版社,1995.

吴正,黄山,胡守真. 华南海岸风沙地貌研究. 北京:科学出版社,1995.

吴正. 中国的沙漠. 北京:商务印书馆,1995.

王文介. 广东海岛地貌与第四纪地质. 广州:广东科学技术出版社,1995.

中国地理学会地貌与第四纪专业委员会. 地貌·环境·发展(1995年广西大化会议文集). 北京:中国环境科学出版社,1995

许炯心. 中国不同自然带的河流过程. 北京:科学出版社,1996.

陈吉余. 中国海岸带地貌学. 北京:海洋出版社,1996.

严钦尚. 地貌学. 北京:高等教育出版社,1996.

沈继方,李焰云,徐瑞春,等. 清江流域岩溶研究. 北京:地质出版社,1996.

景才瑞. 冰川黄土古人类. 武汉:华中师范大学出版社,1996.

李炳元,顾国安,李树德,等. 青海可可西里地区自然环境. 北京:科学出版社,1996.

中国科学院登山科学考察队. 南迦巴瓦峰地区自然地理与自然资源. 北京:科学出版社,1996.

曾昭璇,梁景芬,丘世钧. 中国珊瑚礁地貌研究. 广州:广东人民出版社,1997.

许世远. 长江三角洲地区风暴沉积研究. 北京:科学出版社,1997.

吴普特.动力水蚀实验研究.西安:陕西科学技术出版社,1997.

施雅风,李吉均,李炳元.青藏高原晚新生代隆升与环境变化.广州:广东科技出版社,1997.

叶青超,尤联元,许炯心,等.黄河下游地上河发展趋势与环境后效.郑州:黄河水利出版社,1997.

景可,卢金发,梁季阳,等.黄河中游侵蚀环境特征和变化趋势.郑州:黄河水利出版社,1997.

刘祥,向天元.中国东北地区新生代火山和火山碎屑堆积物.长春:吉林大学出版社,1997.

吴正.中国沙漠与海岸沙丘研究.北京:科学出版社,1997.

崔之久,熊黑钢,刘耕年,等.中天山冰冻圈地貌过程与沉积特征.石家庄:河北科学技术出版社,1998.

陈述彭.地球系统科学.北京:中国科学技术出版社,1998.

倪晋仁,马霭乃.河流动力地貌学.北京:北京大学出版社,1998.

蔡强国,王贵平,陈永宗.黄土高原小流域侵蚀产沙过程与模拟.北京:科学出版社,1998.

苏时雨,李钜章.地貌制图.北京:测绘出版社,1999.

中国地理学会地貌与第四纪专业委员会.地貌·环境·发展(1999年嶂石岩会议文集).北京:中国环境科学出版社,1999.

吴传均,刘昌明,吴履平.世纪之交的中国地理学.北京:人民教育出版社,1999.

施雅风,李吉均,李炳元.青藏高原晚新生代隆升与环境变化.广州:广东科学技术出版社,1998.

吴正.地貌学导论.广州:广东高等教育出版社,1999.

杨勤业.地貌奇观.郑州:大象出版社,1999.

刁承泰.城市地貌学.重庆:西南师范大学出版社,1999.

张青松,李炳元.喀拉昆仑山—西昆仑山晚生代以来环境.北京:中国环境科学出版社,1999.

赵焕庭.华南海岸和南海诸岛地貌与环境.北京:科学出版社,1999.

米德生.中国雪山地图.西安:西安地图出版社,2000.

唐邦兴.中国泥石流.北京:商务印书馆,2000.

彭华.中国丹霞地貌及其研究进展.广州:中山大学出版社,2000.

马友良.地貌学及第四纪地质学.北京:地质出版社,2000.

孙保平.荒漠化防治工程学.北京:中国林业出版社,2000.

谢宇平.第四纪地质学与地貌学.北京:地质出版社,2000.

谢又予.沉积地貌分析.北京:海洋出版社,2000.

施雅风.中国冰川与环境——现在、过去和未来.北京:科学出版社,2000.

周幼吾,郭东信,邱国庆,等.中国冻土.北京:科学出版社,2000.

杨景春,李有利.地貌学原理.北京:北京大学出版社,2001.

左建.地质地貌学.北京:中国水利水电出版社,2001.

王国忠.南海珊瑚礁区沉积学.北京:海洋出版社,2001.

牛叔文.西北地区荒漠化环境演变与生态农业建设模式研究.北京:中国农业科技出版社,2001

李昭淑.陕西省泥石流灾害与防治.西安:西安地图出版社,2002.

国家自然科学基金委员会地球科学部.21世纪初地球科学战略重点.北京:中国科学技术出版社,2002.

姚檀栋.青藏高原中部冰冻圈动态特征.北京:地质出版社,2002.

董光荣.中国沙漠形成演化气候变化与沙漠化研究.北京:海洋出版社,2002.

梁成华.地质与地貌学.北京:中国农业出版社,2002.

曹伯勋.地貌学及第四纪地质学.武汉:中国地质大学出版社,2002.

郑度. 青藏高原形成环境与发展. 石家庄:河北科学技术出版社,2003.

李祥根. 中国新构造运动概念. 北京:地震出版社,2003.

杨世伦. 海洋环境与地貌过程导论. 北京:海洋出版社,2003.

赖良杰,彭东. 喀斯特地貌景观特点及旅游形象塑造. 中国岩溶,2003(4).

吴正. 风沙地貌与治沙工程学. 北京:科学出版社,2003.

李乃胜,石学法,赵松龄,等. 崂山地质与古冰川研究. 北京:海洋出版社,2003.

吕惠进. 地质地貌学. 北京:科学出版社,2003.

史学建. 东亚边缘海区地貌特征及其形成探讨. 郑州:黄河水利出版社,2003.

王澄海. 气候变化与荒漠化. 北京:气象出版社,2003.

杨永春. 中国西部河谷型城市的发展与空间结构研究. 兰州:兰州大学出版社,2003.

吴珍汉. 青藏高原腹地的地壳变形与构造地貌形成演化过程. 北京:地质出版社,2003.

中国地理学会地貌与第四纪专业委员会. 地貌·环境·发展(2004丹霞山会议文集). 北京:中国环境科学出版社,2004.

钟德才. 中国现代沙漠动态演变图(1:400万). 北京:中国地图出版社,2003.

王涛. 中国沙漠与沙漠化1. 石家庄:河北科技出版社,2003.

王涛. 中国沙漠与沙漠化2. 石家庄:河北科技出版社,2003.

王涛. 中国沙漠与沙漠化3. 石家庄:河北科技出版社,2003.

王涛. 中国沙漠与沙漠化4. 石家庄:河北科技出版社,2003.

王涛. 中国沙漠与沙漠化5. 石家庄:河北科技出版社,2003.

李家彪,高抒. 中国边缘海海盆演化与资源效应. 北京:海洋出版社,2004.

彭华. 中国红石公园——丹霞山. 北京:地质出版社,2004.

黄进. 丹霞山地貌考察记. 广州:中山大学出版社,2004.

高天钧. 福建泰宁盆地质构造与丹霞地貌的研究. 福州:福建地图出版社,2004.

郑度,姚檀栋. 青藏高原隆升与环境效应. 北京:科学出版社,2004.

吴正. 风沙地貌研究论文选集. 北京:海洋出版社,2004.

景才瑞. 景才瑞地学文选. 武汉:湖北科学技术出版社,2004.

王凡,许炯心. 长江、黄河口及邻近海域陆海相互作用若干重要问题. 北京:海洋出版社,2004.

刘建坤. 冻土流变学. 北京:中国铁道出版社,2004.

刘振夏,夏东兴. 中国近海潮流沉积沙体. 北京:海洋出版社,2004.

张维江. 盐池沙地水分动态及区域荒漠化特征研究. 北京:北京林业大学出版社,2004.

缪钟灵. 桂林水文岩溶及旅游资源研究. 武汉:中国地质大学出版社,2004.

杨景春,李有利. 地貌学原理(修订版). 北京:北京大学出版社,2005

王数,东野光亮. 地质学与地貌学教程. 北京:中国农业大学出版社,2005.

刘忠臣,刘保华,黄振东,等. 中国近海及邻近海域地形地貌. 北京:海洋出版社,2005.

克雷默. 地表形态的塑造. 周刚,译. 北京:北京大学出版社,2005.

张根寿. 现代地貌学. 北京:科学出版社,2005.

赵逊,马寅生,吴中海,等. 云台山主要景观地学背景研究. 北京:地质出版社,2005.

江新胜,潘忠习. 中国白垩纪沙漠及气候. 北京:地质出版社,2005.

张立权. 中国山河全书(上下). 青岛:青岛出版社,2005.

王金. 敦煌·雅丹地貌. 乌鲁木齐:新疆人民出版社,2005.

杨湘桃. 风景地貌学. 长沙:中南大学出版社,2005.

赵志忠,何培元,钱方,等. 庐山第四纪冰川研究的有关问题. 北京:地质出版社,2005.

郑公望,夏正楷,莫多闻,等. 地貌学野外实习指导. 北京:北京大学出版社,2005.

王涛. 1:40 00 000 中国沙漠与沙漠化图. 北京:中国地图出版社,2005.

王涛. 1:40 00 000 中国沙漠冰川冻土图. 北京:中国地图出版社,2005.

杨根生. 中国沙漠研究与治理50年. 北京:海洋出版社,2005.

杨景春,李有利. 地貌学原理(第2版). 北京:北京大学出版社,2006.

刘凡. 地质与地貌学(南方版). 北京:中国农业出版社,2006.

吴时国,喻普之. 海底构造学导论. 北京:科学出版社,2006.

周启鸣,刘学军. 数学地形分析. 北京:科学出版社,2006.

高抒,张捷. 现代地貌学. 北京:高等教育出版社,2006.

施雅风,崔之久,苏珍,等. 中国第四纪冰川与环境变化. 石家庄:河北科学技术出版社,2006.

张修桂. 中国历史地貌与古地图研究. 北京:社会科学文献出版社,2006.

柳建新. 西部特殊地貌景观区双频激电法方法及应用研究. 长沙:中南大学出版社,2006.

国家海洋局908专项办公室. 海底地形地貌调查技术规程. 北京:海洋出版社,2006.

杨达源. 长江地貌过程. 北京:地质出版社,2006.

崔灵周,朱永清,李占斌. 基于分形理论和GIS的黄土高原流域地貌形态量化及应用研究. 郑州:黄河水利出版社,2006.

鞠建华,戴传固. 岩溶石漠化遥感监测与防护规划. 北京:地质出版社,2006.

周成虎. 地貌学辞典. 北京:中国水利水电出版社,2006.

童绍玉,陈永森. 云南坝子研究. 昆明:云南大学出版社,2007.

左建. 地质地貌学(第2版). 北京:中国水利水电出版社,2007.

曹梅盛,李新,陈览章,等. 冰冻圈遥感. 北京:科学出版社,2007.

明庆忠. 三江并流区地貌与环境效应. 北京:科学出版社,2007.

许炯心. 中国江河地貌系统对人类活动的响应. 北京:科学出版社,2007.

余新晓,秦富仓. 流域侵蚀动力学. 北京:科学出版社,2007.

郭康,邸明慧,张聪,等. 嶂石岩地貌. 北京:科学出版社,2007.

陈吉余. 中国河口海岸研究与实践. 北京:高等教育出版社,2007.

王文介. 中国南海海岸地貌沉积研究. 广州:广东经济出版社,2007.

王涛. 中国沙漠与沙漠化图. 北京:中国地图出版社,2007.

韩同林. 火星地貌与地质. 北京:地质出版社,2007.

蔡锋,戚帅,夏东兴. 华南海滩动力地貌过程. 北京:海洋出版社,2008.

王运生,孙书勤,李永昭. 地貌学及第四纪地质学简明教程. 成都:四川大学出版社,2008.

王涛. 中国的沙漠·戈壁. 上海:上海科技文献出版社,2008.

马蔼乃. 动力地貌学概论. 北京:高等教育出版社,2008.

戴志军,李春初. 华南弧形海岸动力地貌过程. 上海:华东师范大学出版社,2008.

赵富海. 嵩山地质地貌. 北京:中国工人出版社,2008.

吴忱. 华北地貌环境及其形成演化. 北京:科学出版社,2008.

裘善文. 中国东北地貌第四纪研究与应用. 长春:吉林科学技术出版社,2008.

施雅风. 地理环境与冰川研究(续集). 北京:气象出版社,2008.

王宝灿,陈春华,王道儒. 三亚南海海岸地质地貌奇观的生成与演变. 北京:海洋出版社,2008.

赵逊,马寅生,吴中海,等. 云台地貌特征及区域对比研究. 北京:地质出版社,2008.

王克勤,陈奇伯,赵雨森,等. 水土保持与荒漠化防治概论. 北京:中国林业出版社,2008.

王文福,孟庆武,朱春晓. 自然地理与地貌. 哈尔滨:哈尔滨地图出版社,2008.

李锐,杨文治,李壁成,等. 中国黄土高原研究与展望. 北京:科学出版社,2008.

周成虎. 数字地貌解析. 北京:科学出版社,2008.

李培英,徐兴永,赵松龄,等. 海岸带黄土与古冰川遗迹. 北京:海洋出版社,2008.

沈焕庭,朱建荣,吴华林. 长江河口陆海相互作用界面. 北京:海洋出版社,2009.

夏东兴. 海岸带地貌环境及其演化. 北京:海洋出版社,2009.

许炯心,姚文艺,韩鹏,等. 基于气候地貌植被耦合的黄河中游侵蚀过程. 北京:科学出版社,2009.

施满堂,俞建长. 冰期白云山. 北京:地质出版社,2009.

田明中,程捷. 第四纪地质学与地貌学. 北京:地质出版社,2009.

中华人民共和国地貌图集编委会、中国科学院地理科学与资源研究所. 中华人民共和国地貌图集(1:100万). 北京:科学出版社,2009.

吴正. 现代地貌学导论. 北京:科学出版社,2009.

王锡魁,王德. 现代地貌学. 长春:吉林大学出版社,2009.

黄进. 丹霞山地貌. 北京:科学出版社,2009.

谢宇. 绵延的起伏——山脉. 西安:西安地图出版社,2009.

周成虎,程维明,钱金凯. 数字地貌遥感解析与制图. 北京:科学出版社,2009.

戎昆方,戎庆,刘志宇. 研究岩溶的新观点:以贵州独山南部、织金洞为例. 北京:地质出版社,2009.

史兴民. 旅游地貌学. 天津:南开大学出版社,2009.

陈曦. 中国干旱区自然地理. 北京:科学出版社,2010.

赵松龄. 中国东部低海拔型古冰川遗迹. 北京:海洋出版社,2010.

黄进. 丹霞山地貌. 北京:科学出版社,2010.

黄进. 武夷山丹霞地貌. 北京:科学出版社,2010.

王明章. 岩溶石漠化治理的地学模式研究. 北京:地质出版社,2010.

陈吉余. 中国海岸侵蚀概要. 北京:海洋出版社,2010.

赵逊,马寅生,赵汀,等. 云台地貌与美国大峡谷地貌的对比研究. 北京:地质出版社,2010.

赵逊,赵汀,冀显江,等. 中国房山岩溶地貌研究. 北京:地质出版社,2010.

恽才兴. 图说长江河口演变. 北京:海洋出版社,2010.

张根寿. 现代地貌学. 北京:科学出版社,2010.

卢耀如. 中国的喀斯牧:厅峰异洞的世界. 北京:高等教育出版社,2010.

施雅风. 中国第四纪冰川新论. 上海:上海科学普及出版社,2011.

黄进. 崀山丹霞地貌. 北京:科学出版社,2011.

董治宝,苏志珠,钱广强,等. 库姆塔格沙漠风沙地貌. 北京:科学出版社,2011.

李志龙. 华南岬湾砂质海岸侵蚀演变及滨海旅游开发. 北京:旅游教育出版社,2011.

陈志明. 亚洲与邻区陆海地貌全图. 北京:测绘出版社,2011.

程弘毅,王乃昂. 西秦岭地质地貌野外实习教程. 北京:科学出版社,2011.
杨景春,李有利. 活动构造地貌学. 北京:北京大学出版社,2011.
陈安泽. 中国喀斯特石林景观研究. 北京:科学出版社,2011.
蒋忠诚,李先琨,胡宝清,等. 广西岩溶山区石漠化及其综合治理研究. 北京:科学出版社,2011.
郭慧敏. 黄河三角洲河道与海域地形变化研究. 东营:中国石油大学出版社,2012.
黄进. 石城丹霞地貌. 北京:科学出版社,2012.
李栓科. 多彩张掖:中国地貌景观大观园. 北京:中国大百科全书出版社,2012.
卢琦,吴波,董治宝. 库姆塔格沙漠研究. 北京:科学出版社,2012.
卢耀如. 中国喀斯特:奇峰异洞的世界(英文版). 北京:高等教育出版社,2012.
骆银辉,崔子良. 云南三江并流区地质环境问题研究. 昆明:云南科学技术出版社,2012.
王轲道. 工程影响下的细粉沙质岸滩地貌演变. 济南:山东人民出版社,2012.
王颖. 中国区域海洋学——海洋地貌学. 北京:海洋出版社,2012.
王永红. 海岸动力地貌学. 北京:科学出版社,2012.
许炯心. 黄河河流地貌过程. 北京:科学出版社,2012.
徐树建. 晚第四纪我国风尘堆积的区域对比研究. 济南:山东人民出版社,2012.
徐兴永,于洪军. 冰消期地貌. 北京:海洋出版社,2012.
杨景春,李有利. 地貌学原理(第3版). 北京:北京大学出版社,2012.
张祖陆. 地质与地貌学. 北京:科学出版社,2012.
赵松龄,王珍岩. 海陆沧桑之变. 北京:海洋出版社,2012.
蔡锋,曹超. 中国近海海洋:海底地形地貌. 北京:海洋出版社,2013.
陈安泽,浦庆余. 黄山花岗岩地貌景观研究. 北京:科学出版社,2013.
地貌演化与环境变迁编委会. 地貌演化与环境变迁. 北京:科学出版社,2013.
丁永建,周成虎. 地表过程研究概论. 北京:科学出版社,2013.
黄进. 广丰丹霞地貌. 北京:科学出版社,2013.
李嘉,汪媛,李奋生. 稻城地区地质景观研究. 北京:科学出版社,2013.
童立强,刘春玲,聂洪峰. 中国南方岩溶石山地区石漠化遥感调查与演变研究. 北京:科学出版社,2013.
童立强,祁生文,安国英,刘春玲. 喜马拉雅山地区重大地质灾害遥感调查研究. 北京:科学出版社,2013.
王建民. 鄂尔多斯盆地东部奥陶系风化壳岩溶古地貌与储层特征. 北京:石油工业出版社,2013.
王数,东野光亮. 地质学与地貌学(第2版). 北京:中国农业大学出版社,2013.
向树元,王岸,王国灿,等. 青藏高原及邻区第四纪地质与地貌图及说明书(1:3000 000). 武汉:中国地质大学出版社,2013.
徐韧. 上海市海岛调查与研究. 北京:科学出版社,2013.
徐韧. 上海市近海海洋综合调查与评价. 北京:科学出版社,2013.
寻美中国编辑部. 寻美中国惊艳地貌. 北京:化学工业出版社,2013.
寻美中国编辑部. 寻美中国巍峨名山. 北京:化学工业出版社,2013.
杨永发. 寻觅丹霞胜景. 上海:上海交通大学出版社,2013.
尤联元,杨景春. 中国自然地理系列专著:中国地貌. 北京:科学出版社,2013.
赵汀,赵逊,吴珍汉,等. 三清山花岗岩地貌特征及成因. 北京:地质出版社,2013.
曾克峰. 地貌学教程. 武汉:中国地质大学出版社,2013.

中国测绘科学研究院等.中国西部地区典型地貌图集(中英文).北京:中国地图出版社,2013.

中国西部地区典型自然景观地图集编纂委员会.中国西部地区典型自然景观地图集.北京:中国地图出版社,2013.

朱大奎.地貌学家的足迹:国内外地理散记.上海:上海科学技术出版社,2013.

陈思,马磊,李德万,等.重庆武隆岩溶国家地质公园古生代:中生代沉积环境与古地理研究.武汉:中国地质大学出版社,2014.

傅伯杰,赵文武,张秋菊,等.黄土高原景观格局变化与土壤侵蚀.北京:科学出版社,2014.

胡小猛,郭家秀.神奇的地质公园:地貌景观赏析.上海:上海科学普及出版社,2014.

李渤生,黄复生,卯晓岚.大峡谷探索之旅——寻觅雪线上的生命.福州:福建教育出版社,2014.

邓美成.崀山丹霞地貌景观资源开发研究新进展.长沙:湖南科学技术出版社,2014.

王震洪.云贵高原典型陆地生态系统研究(3)——喀斯特植物生态、景观格局与水土流失.北京:科学出版社,2014.

石朋,芮孝芳,陈喜.分布式水文模型及地貌瞬时单位线研究.北京:中国水利水电出版社,2014.

孙建国.黄土高原土地退化与植被动态的遥感分析.北京:中国环境科学出版社,2014.

陶宝祥.大峡谷探索之旅——最后的秘境.福州:福建教育出版社,2014.

夏东兴,边淑华,丰爱平,等.海岸带地貌学.北京:海洋出版社,2014.

杨逸畴.大峡谷探索之旅——领悟世界之最.福州:福建教育出版社,2014.

游雄,王光霞,张寅宝,等.地形建模原理与精度评估方法.北京:测绘出版社,2014.

张文敬.大峡谷探索之旅——冰川上的脚印.福州:福建教育出版社,2014.

朱千华.南方秘境——中国喀斯特地理全书.北京:中国林业出版社,2014.

李育,王岳,张成琦.三大自然区过渡带地貌景观与环境变化.北京:科学出版社,2015.